東京大學館藏善本

# 李三才撫淮小草校注

賴貴三 校注

賴貴三

本書為科技部補助專題研究計畫成果
東京大學典藏明萬曆刊本
李三才《撫淮小草》研究
計畫編號：MOST 104-2410-H-003-103 -
執行期間：一〇四年八月一日至一〇五年七月三十一日

**東京大學**

上：筆者於春日路校門留影
下：春日路校門
攝於 2016 年 1 月 25 日

東京大學春日路舊時女學生出入之「赤門」
攝於 2016 年 1 月 25 日

東京大學醫院「鐵門」
攝於 2016 年 1 月 25 日

東京大學安田講堂前留影
攝於 2016 年 1 月 25 日

東京大學安田講堂旁古樟樹
攝於 2016 年 1 月 25 日

東京大學農學院門內
「朱舜水先生終焉之地」紀念碑
攝於 2016 年 1 月 25 日

**東京大學總合圖書館入口門銜牌**
攝於 2016 年 1 月 25 日

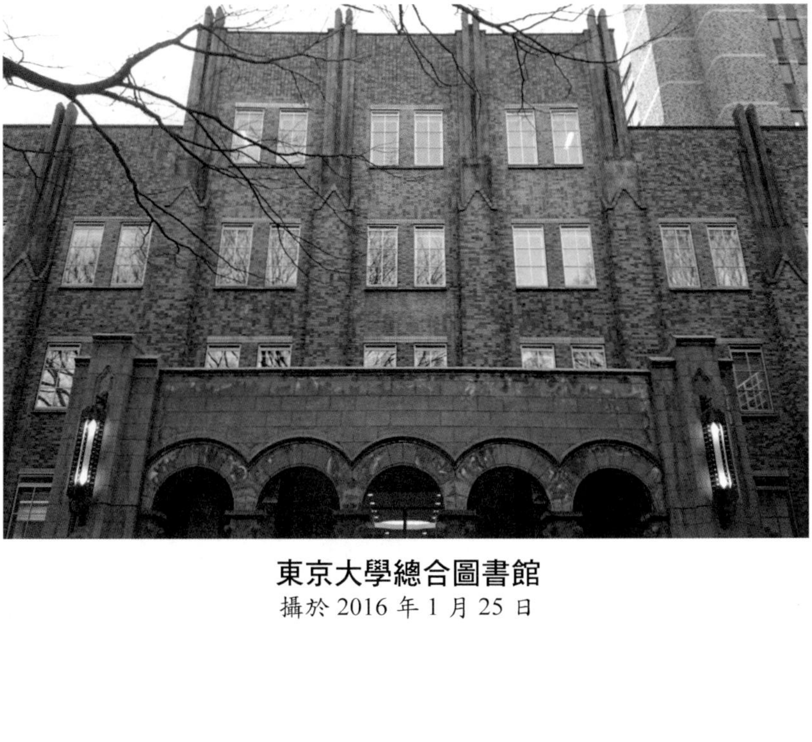

**東京大學總合圖書館**
攝於 2016 年 1 月 25 日

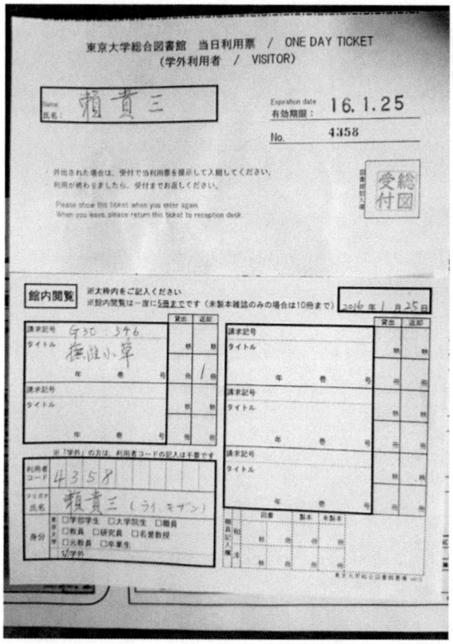


東京大學總合圖書館
《撫淮小草》簽借單
攝於 2016 年 1 月 25 日

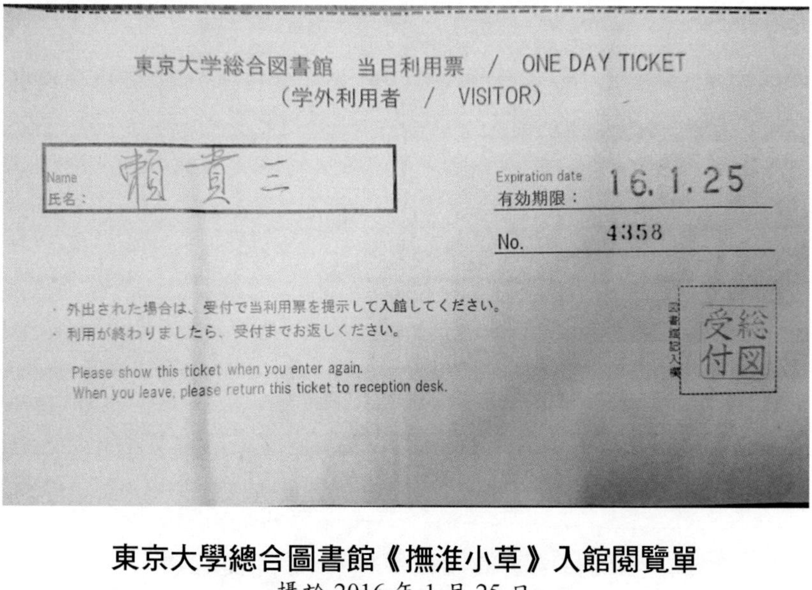


東京大學總合圖書館《撫淮小草》入館閱覽單
攝於 2016 年 1 月 25 日

東京大學總合圖書館漢籍目錄
攝於 2016 年 1 月 25 日

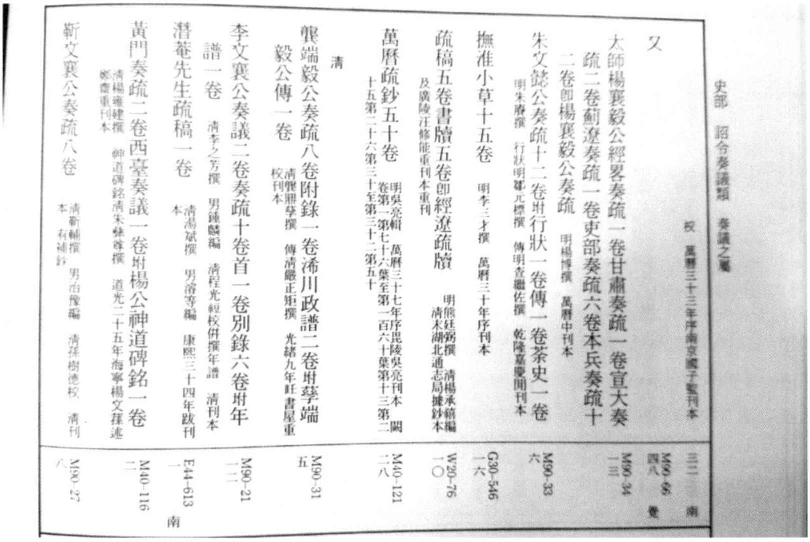

史部　詔令奏議類　奏議之屬

校　萬曆三十三年序南京國子監刊本　M90-66 四八 卷

又

太師楊襄毅公經畧奏疏一卷甘肅奏疏一卷宣大奏疏二卷薊遼奏疏一卷吏部奏疏六卷本兵奏疏十二卷卽楊襄毅公奏疏　明楊博撰　萬曆中刊本　M90-34 一三

朱文懿公奏疏十二卷卅行狀一卷傳一卷茶史一卷　明朱賡撰　行狀明鄒元標撰　傳明萱繼佐撰　乾隆嘉慶間刊本　M90-33 六

撫淮小草十五卷　明李三才撰　萬曆三十年序刊本　G30-546 一六

疏稿五卷書牘五卷卽經遼疏牘　明熊廷弼撰　清楊承禧編　及廣陵汪修能重刊本重刊　清末湖北通志局據鈔本　W20-76 一〇

萬曆疏鈔五十卷　明吳亮輯　萬曆三十七年序毘陵吳亮刊本　闕卷第一第七十六葉至第一百六十葉第十三第二十五第二十六第三十至三十二第五十　M40-121 二八

清

龔端毅公奏疏八卷附錄一卷浠川政譜二卷卅孳端毅公傳一卷　清龔鼎孳撰　傳清嚴正矩撰　光緒九年旺書屋重校刊本　M90-31 五

李文襄公奏議二卷奏疏十卷首一卷別錄六卷卅年譜一卷　清李之芳撰　男鍾麟編　清程光經校併撰年譜　清刊本　M90-21 一二

潛菴先生疏稿一卷　清湯斌撰　男溥等編　康熙三十四年跋刊本　E44-613 一

黃門奏疏二卷西臺奏議一卷卅楊公神道碑銘一卷　清楊雍建撰　神道碑銘清朱彝尊撰　道光二十五年海寧楊文蓀述鄭齋重刊本　M40-116 二

靳文襄公奏疏八卷　清靳輔撰　男治豫編　清孫樹德校　清刊本　有補鈔　M90-27 八

南

東京大學總合圖書館漢籍目錄 · 詔令奏議類
攝於 2016 年 1 月 25 日

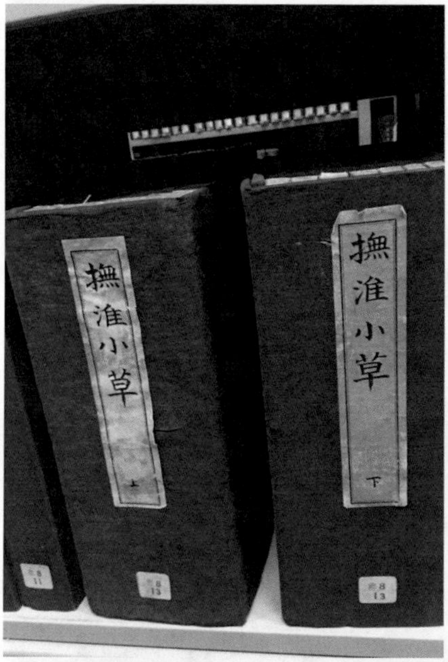

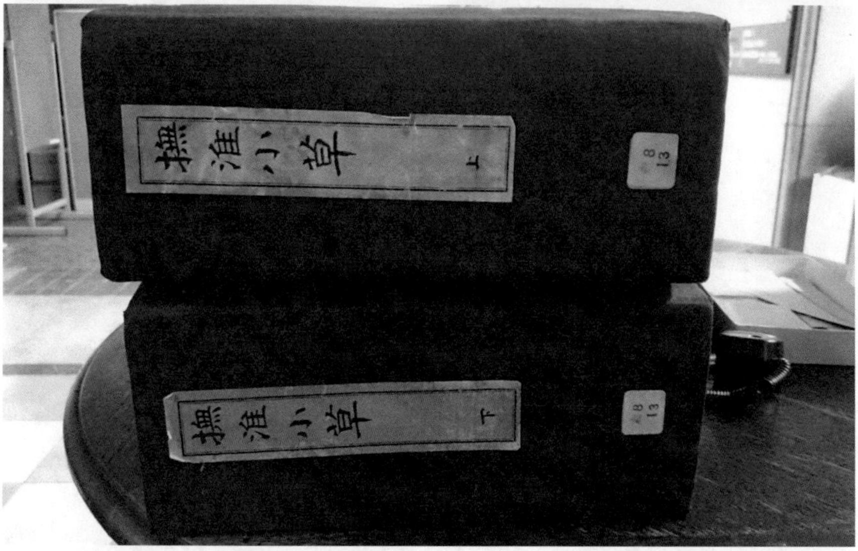


**東京大學總合圖書館藏〔明〕李三才《撫淮小草》**

上左為全帙；上右為書卡；下為全帙，攝於 2016 年 1 月 25 日。

東京大學總合圖書館南葵文庫大閱覽室
攝於 2016 年 1 月 25 日

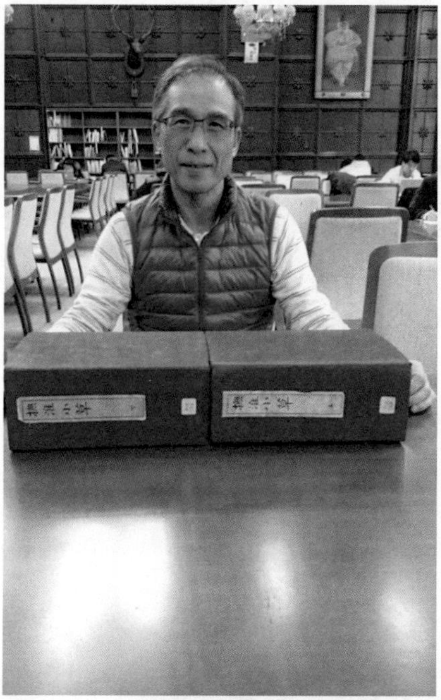

**東京大學總合圖書館南葵文庫大閱覽室讀書**
攝於 2016 年 1 月 25 日

**東京大學總合圖書館藏〔明〕李三才《撫淮小草》**
攝於 2016 年 1 月 25 日

東京大學總合圖書館藏
〔明〕李三才《撫淮小草》書函
攝於 2016 年 1 月 25 日

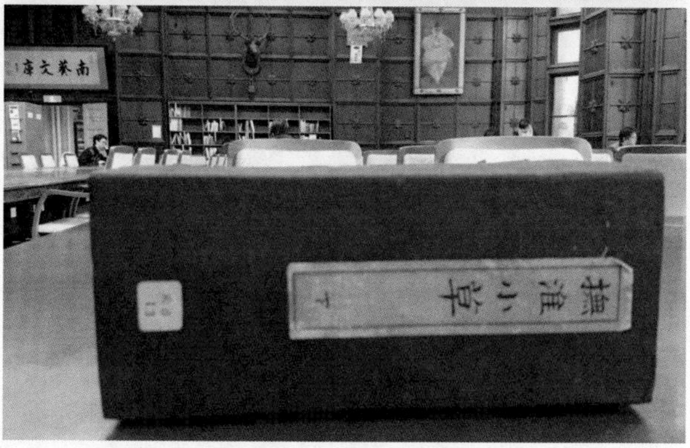

東京大學總合圖書館藏
《撫淮小草》書函
攝於 2016 年 1 月 25 日

東京大學總合圖書館藏
《撫淮小草》書函
攝於 2016 年 1 月 25 日

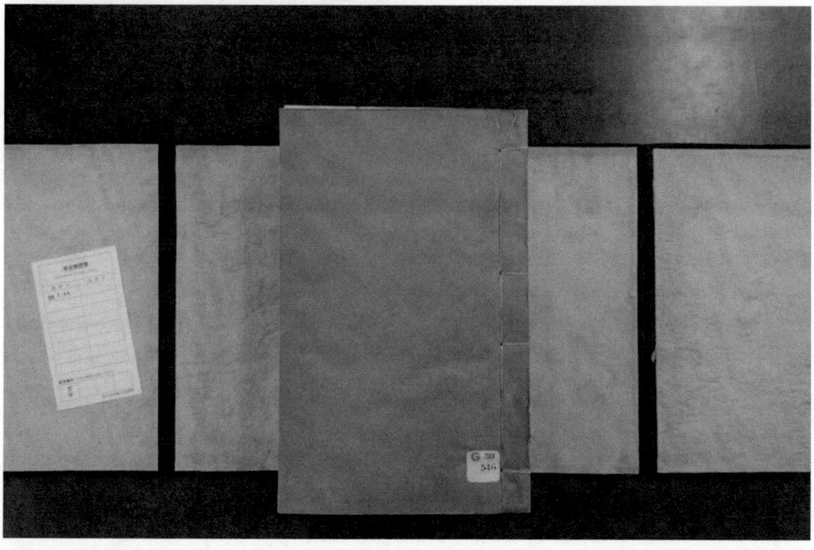

「東京帝國大學圖書印」二
攝於 2016 年 1 月 25 日

「東京帝國大學圖書印」一
攝於 2016 年 1 月 25 日

東京大學總合圖書館藏〔明〕李三才《撫淮小草》典藏章
攝於 2016 年 1 月 25 日

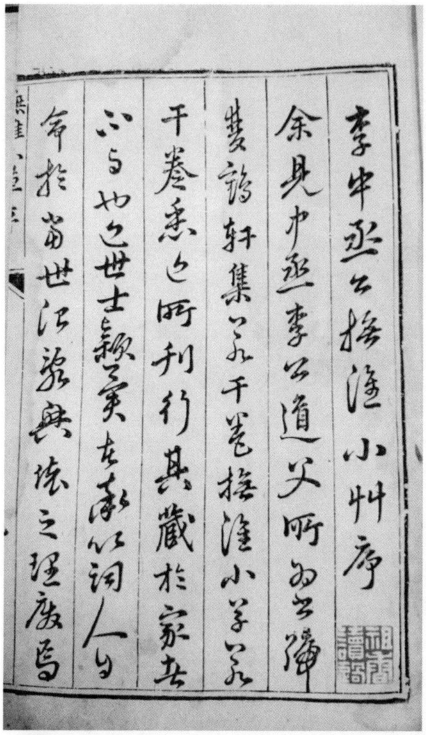

東京大學總合圖書館藏
〔明〕李三才《撫淮小草 · 序》一
攝於 2016 年 1 月 25 日

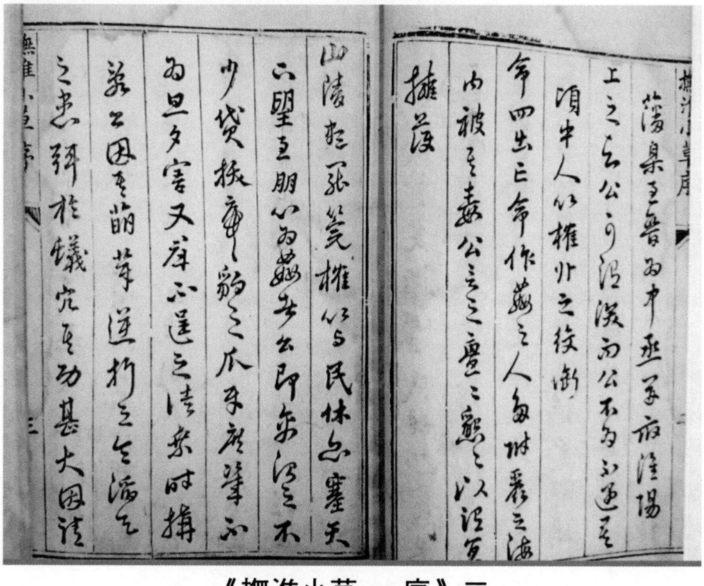

《撫淮小草 · 序》二
攝於 2016 年 1 月 25 日

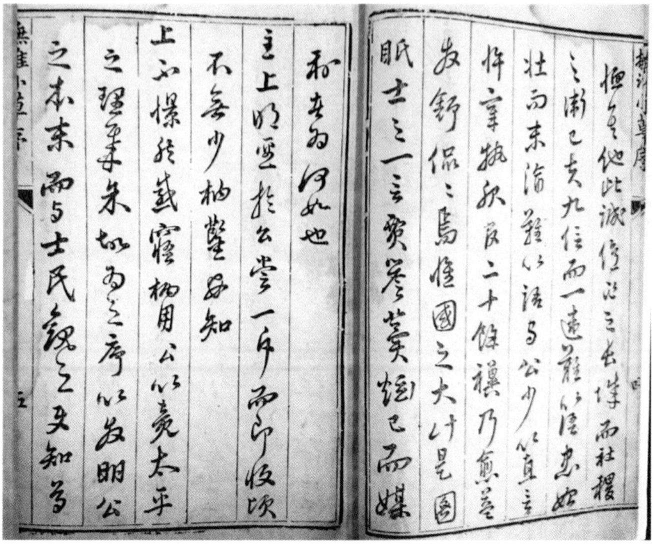

《撫淮小草 · 序》三
攝於 2016 年 1 月 25 日

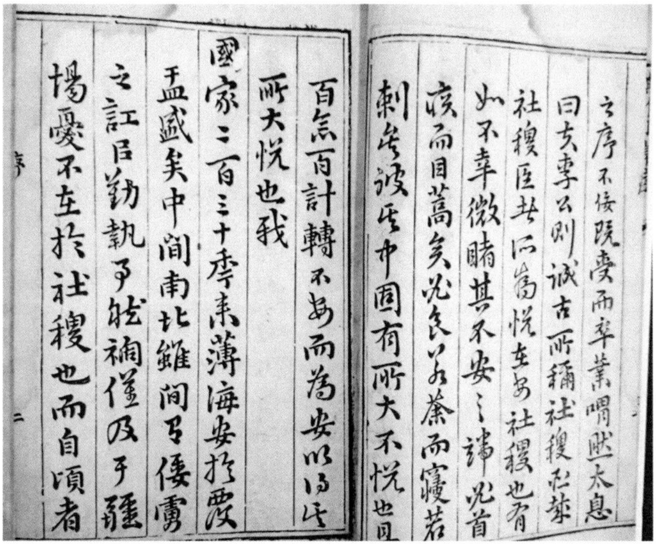

《撫淮小草 · 序》四
攝於 2016 年 1 月 25 日

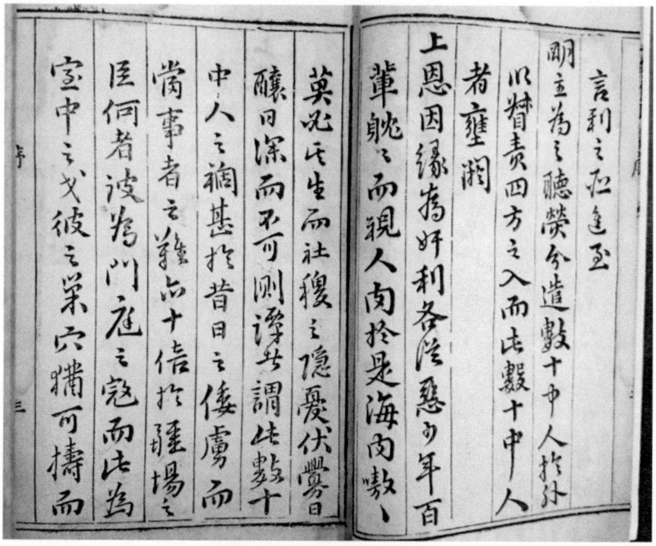

《撫淮小草 · 序》五

攝於 2016 年 1 月 25 日

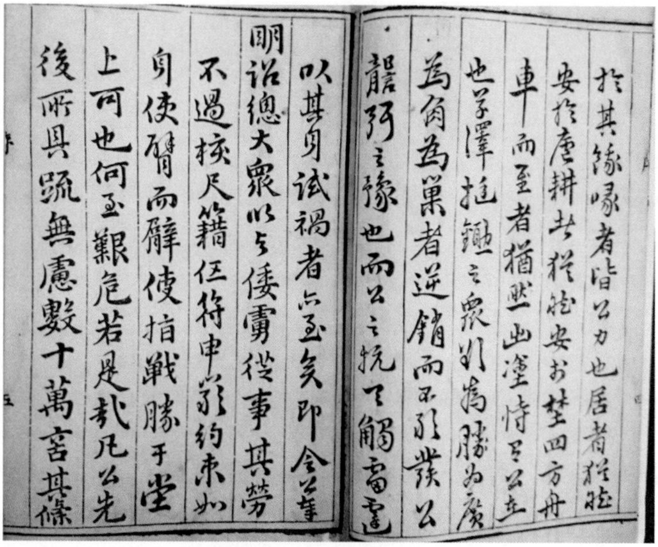

《撫淮小草 · 序》六

攝於 2016 年 1 月 25 日

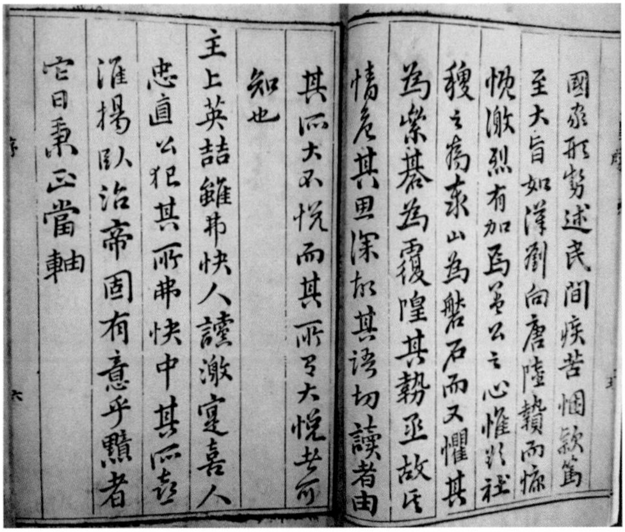

《撫淮小草 · 序》七

攝於 2016 年 1 月 25 日

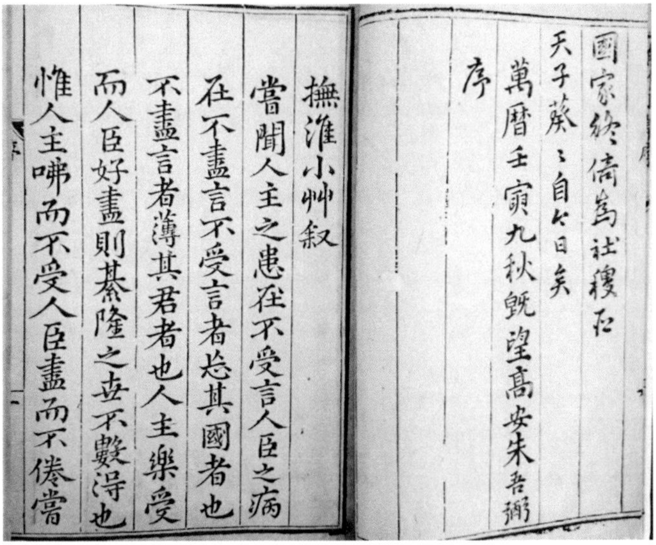

《撫淮小草 · 序》八

攝於 2016 年 1 月 25 日

《撫淮小草 · 序》九
攝於 2016 年 1 月 25 日

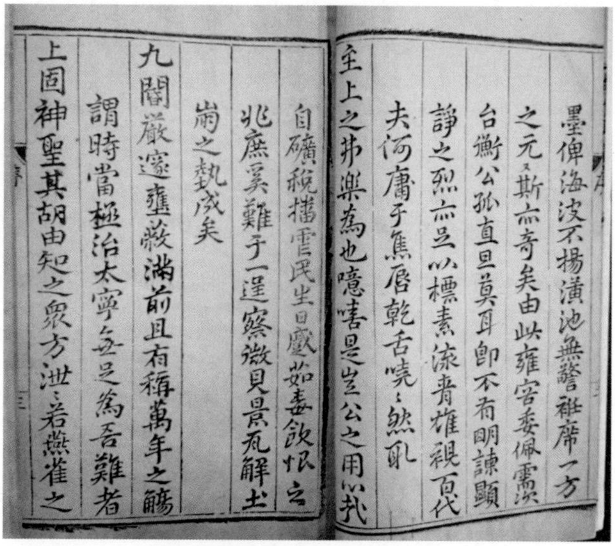

《撫淮小草 · 序》十
攝於 2016 年 1 月 25 日

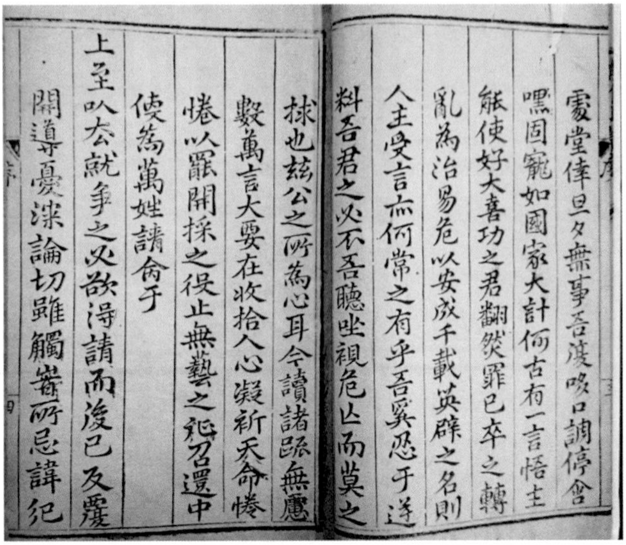

霎堂倖旦夕無事吾虔喙口誦停含
嘿固寵如國家大計何古有一言悟主
能使好大喜功之君翻然罷已卒之轉
亂爲治易危以安成千載英辟之名則
人主受言亦何常之有乎吾奚恐于逆
料吾君之必不吾聽坐視危亡而莫之
救也茲公之所爲心耳今讀諸疏無慮
數萬言大要在收拾人心凝祈天命惓
惓以罷開採之役止無藝之征召還中
使爲萬姓請命于
上至以去就爭之必欲得請而後已及覆
閱遵憂深論切雖觸審所忌諱犯

《撫淮小草 · 序》十一
攝於2016年1月25日

主之怒弗顧也今欽屆大夫賈太傅于
九原聽之亦當慷慨悲壯此豈持祿保
位之具臣所能窺其際耶不佞璧屬公
綱紀之下獲卒業茲編自惟曩者立
在交戟曾弗能少有建明當公疏一吷
茲伏處疏遯心卽怦怦然動詎能言乎
故特僭申片詞於簡末以託不朽庶
幾蒼蠅附驥之義云爾曰文也與我
整飭揚州海防兵備浙江布政使司右
布政使陳璧拜手謹書

《撫淮小草 · 序》十二
攝於2016年1月25日

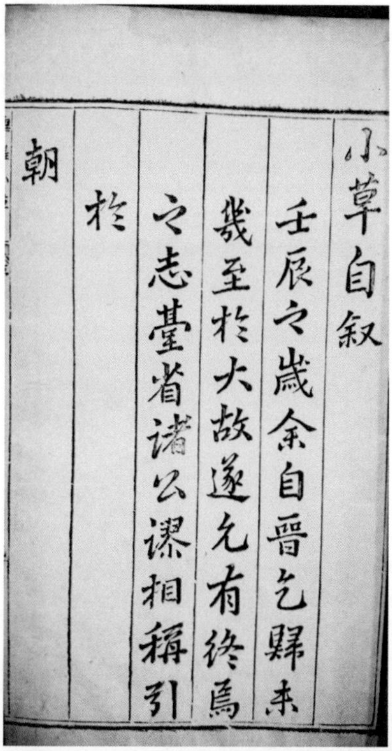

小草自叙
壬辰之歲余自晉乞歸來
幾至於大故遂允有終焉
之志甚省諸公謀相稱引
於
朝

東京大學總合圖書館藏
〔明〕李三才
《撫淮小草 · 自敘》一
攝於 2016 年 1 月 25 日

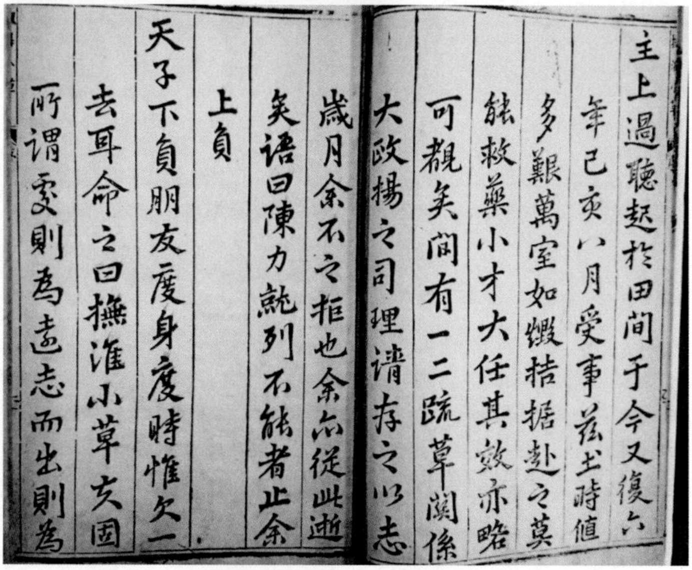

主上過聽起於田間于今又復六
年己亥八月受事茲土時值
多艱萬室如綴拮据赴之莫
能救藥小才大任其效亦略
可覩矣間有一二疏草關係
大政揚之司理請存之以志
歲月余不之拒也余亦從此逝
矣語曰陳力就列不能者止余
上負
天子下負朋友度身度時惟欠一
去耳命之曰撫淮小草夫固
所謂處則為遠志而出則為

《撫淮小草 · 自敘》二
攝於 2016 年 1 月 25 日

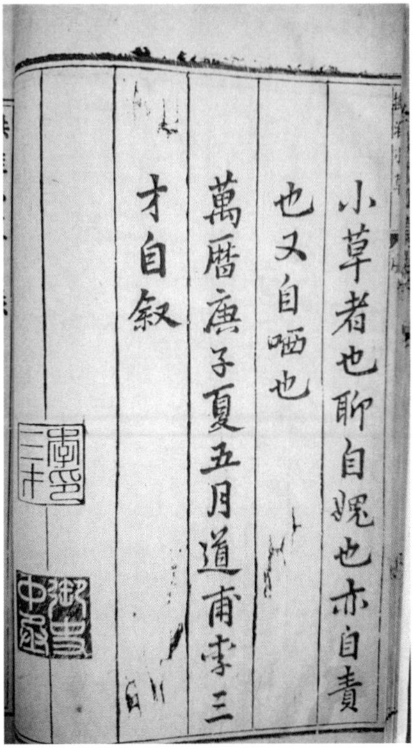
小草者也聊自娛也亦自責
也又自哂也
萬曆庚子夏五月道甫李三
才自叙

《撫淮小草 · 自敘》三
攝於 2016 年 1 月 25 日

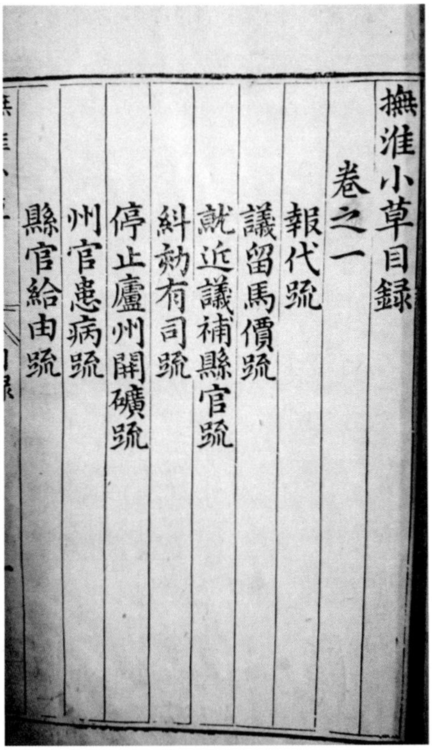
撫淮小草目録
卷之一
報代疏
議留馬價疏
就近議補縣官疏
糾劾有司疏
停止廬州開礦疏
州官患病疏
縣官給由疏

東京大學總合圖書館藏
〔明〕李三才《撫淮小草 · 目錄》
攝於 2016 年 1 月 25 日

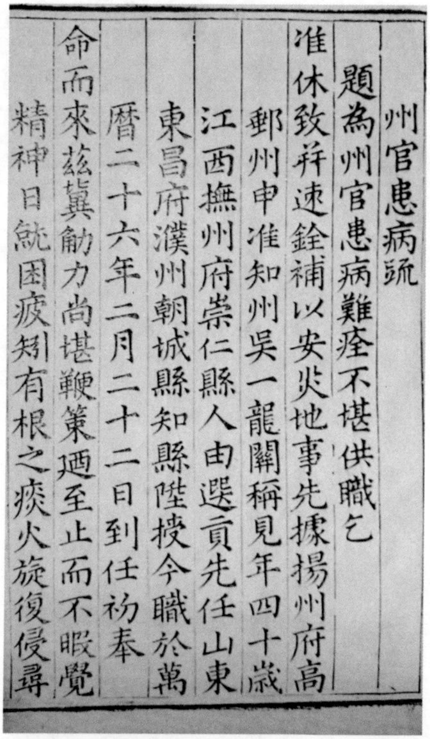
州官患病疏
題為州官患病難痊不堪供職乞
准休致并速銓補以安岦地事先據揚州府高
郵州申准知州吳一龍關稱見年四十歲
江西撫州府崇仁縣人由選貢先任山東
東昌府濮州朝城縣知縣陞授今職於萬
曆二十六年二月二十二日到任礽奉
命而來茲冀勉力尚堪鞭策迺至止而不暇覺
精神日就困疲矧有根之痰火旋復侵尋

東京大學總合圖書館藏
〔明〕李三才
《撫淮小草》卷之一
攝於 2016 年 1 月 25 日

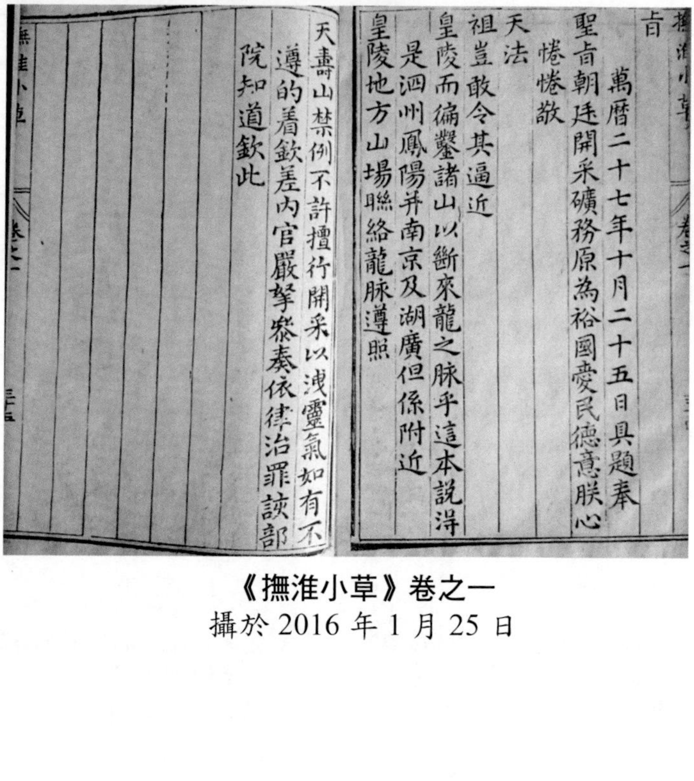
旨
萬曆二十七年十月二十五日具題奉
聖旨朝廷開采礦務原為裕國愛民德意朕心
惓惓敬
天法
祖豈敢令其逼近
皇陵而徧鑿諸山以斷來龍之脉乎這本說滀
是泗州鳳陽并南京及湖廣但係附近
皇陵地方山場聯絡龍脉遵照
天壽山禁例不許擅行開采以洩靈氣如有不
遵的着欽差內官嚴拏參奏依律治罪該部
院知道欽此

《撫淮小草》卷之一
攝於 2016 年 1 月 25 日

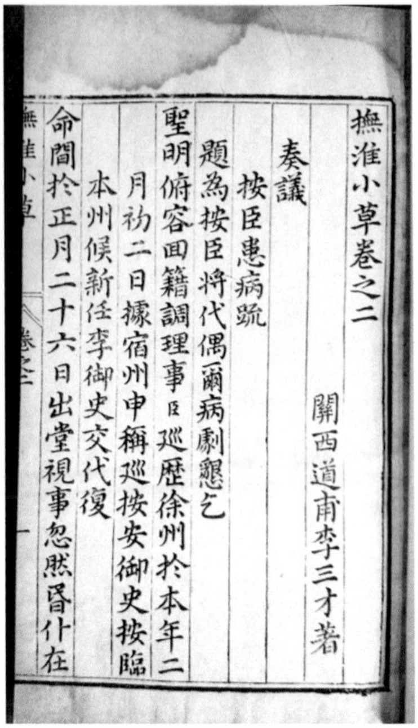
撫淮小草卷之二
關西道甫李三才著
奏議
按臣患病疏
題為按臣將代偶爾病劇懇乞
聖明俯容回籍調理事臣巡歷徐州於本年二
月初二日據宿州申稱巡按安御史按臨
本州候新任李御史交代復
命聞於正月二十六日出堂視事忽然昏仆在

《撫淮小草》卷之二
攝於 2016 年 1 月 25 日

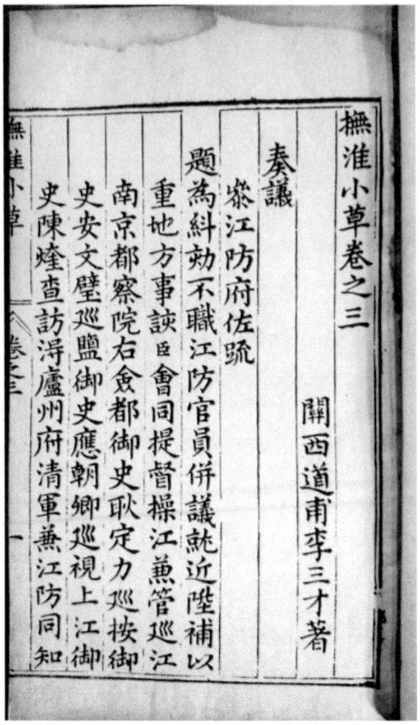
撫淮小草卷之三
關西道甫李三才著
奏議
叅江防府佐疏
題為糾劾不職江防官員併議就近陞補以
重地方事該臣會同提督操江兼管巡江
南京都察院右僉都御史耿定力巡按御
史安文璧巡鹽御史應朝卿巡視上江御
史陳熢查訪浔廬州府清軍兼江防同知

《撫淮小草》卷之三
攝於 2016 年 1 月 25 日

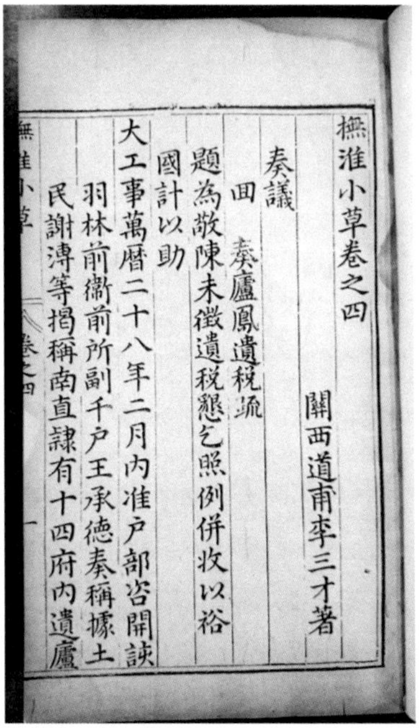
撫淮小草卷之四
關西道甫李三才著
奏議
田　奏廬鳳遺稅疏
題為敬陳未徵遺稅懇乞照例併收以裕
國計以助
大工事萬曆二十八年二月內准戶部咨開該
羽林前衛前所副千戶王承德奏稱據土
民謝溥等揭稱南直隸有十四府內遺廬

《撫淮小草》卷之四
攝於 2016 年 1 月 25 日

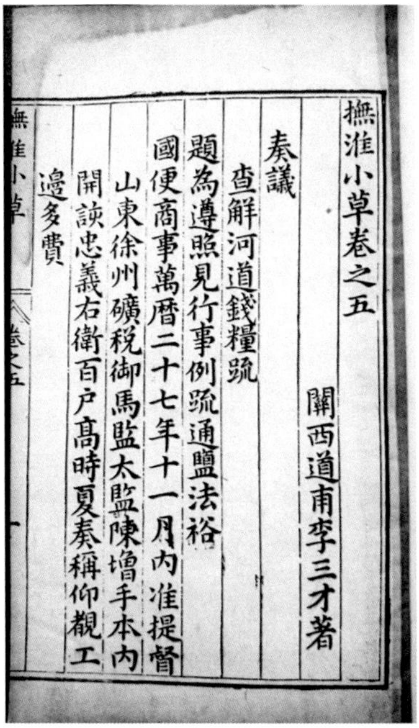
撫淮小草卷之五
關西道甫李三才著
奏議
查解河道錢糧疏
題為遵照見行事例疏通鹽法裕
國便商事萬曆二十七年十一月內准提督
山東徐州礦稅御馬監太監陳增手本內
開該忠義右衛百戶高時夏奏稱仰覲工
邊多費

《撫淮小草》卷之五
攝於 2016 年 1 月 25 日

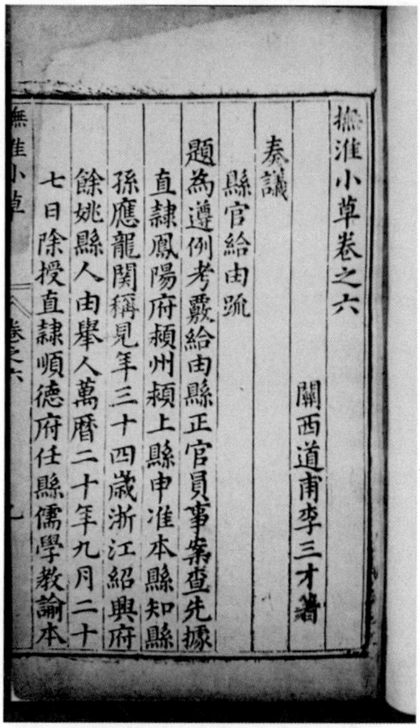
撫淮小草卷之六
闗西道甫李三才著
奏議
縣官給由疏
題為遵例考覈給由縣正官員事案查先據
直隷鳳陽府潁州潁上縣申准本縣知縣
孫應龍関稱見年三十四歲浙江紹興府
餘姚縣人由舉人萬曆二十年九月二十
七日除授直隷順德府任縣儒學教諭本

《撫淮小草》卷之六
攝於 2016 年 1 月 25 日

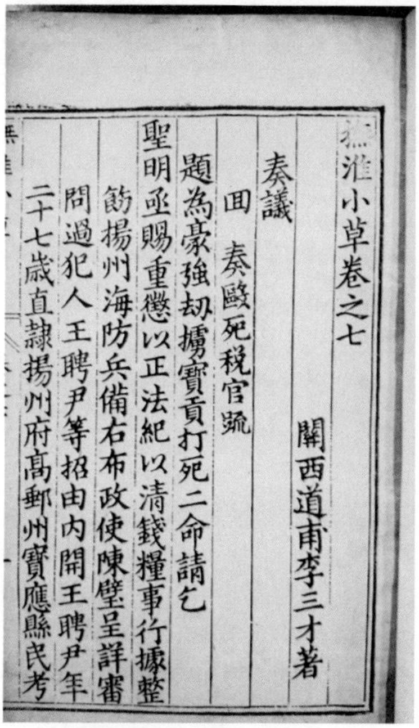
撫淮小草卷之七
闗西道甫李三才著
回　奏毆死稅官疏
奏議
題為豪強劫擄實貢打死二命請乞
聖明亟賜重懲以正法紀以清錢糧事行據整
飭揚州海防兵備右布政使陳壁呈詳審
問過犯人王聘尹等招由內開王聘尹年
二十七歲直隷揚州府高郵州寶應縣民考

《撫淮小草》卷之七
攝於 2016 年 1 月 25 日

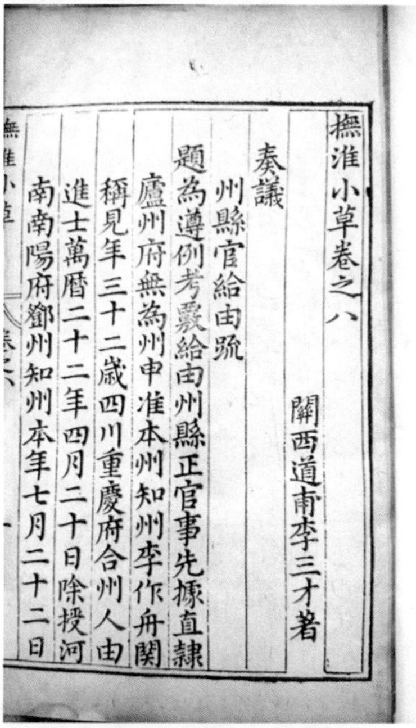
撫淮小草卷之八
闗西道甫李三才著
奏議
州縣官給由疏
題為遵例考覈給由州縣正官事先據直隷
盧州府無為州申准本州知州李作舟関
稱見年三十二歲四川重慶府合州人由
進士萬曆二十二年四月二十日除授河
南南陽府鄧州知州本年七月二十二日

《撫淮小草》卷之八
攝於 2016 年 1 月 25 日

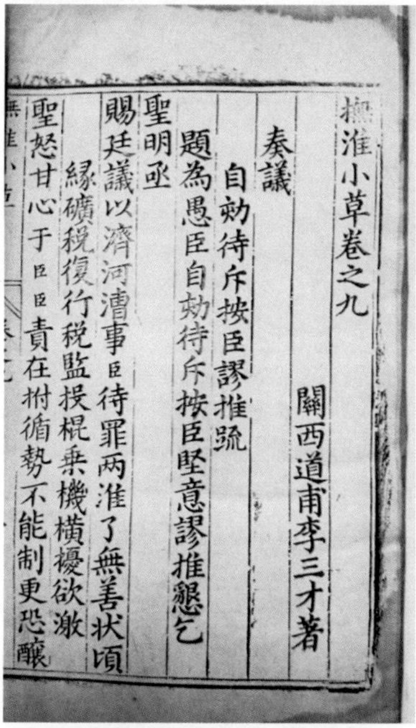
撫淮小草卷之九
闗西道甫李三才著
奏議
自劾待斥按臣謬推疏
題為愚臣自劾待斥按臣堅意謬推懇乞
聖明亟
賜廷議以濟河漕事臣待罪兩淮了無善狀頃
緣礦稅復行稅監挼棍乘機橫擾欲激
聖怒甘心于臣臣責在拊循勢不能制更恐釀

《撫淮小草》卷之九
攝於 2016 年 1 月 25 日

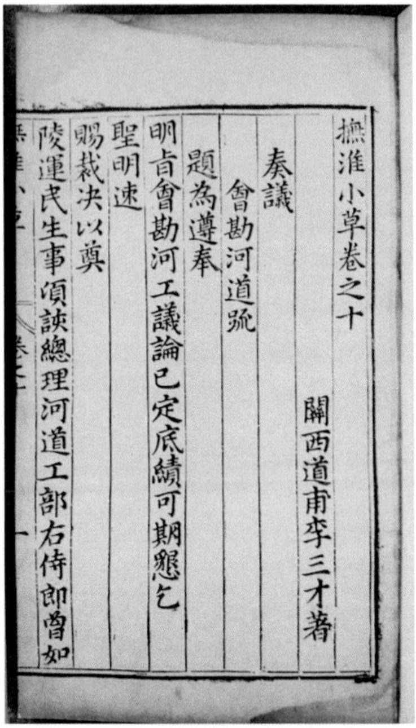
撫淮小草卷之十
關西道甫李三才著
奏議
會勘河道疏
題為遵奉
明旨會勘河工議論已定底績可期懇乞
聖明速
賜裁決以奠
陵運民生事須該總理河道工部右侍郎曾如

《撫淮小草》卷之十
攝於 2016 年 1 月 25 日

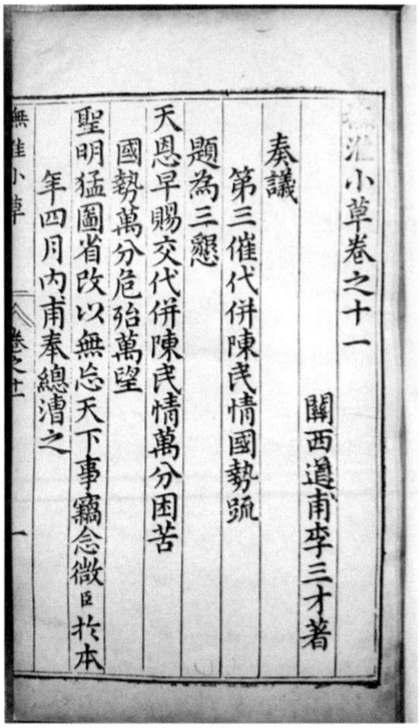
撫淮小草卷之十一
關西道甫李三才著
奏議
第三催代併陳民情國勢疏
題為三懇
天恩早賜交代併陳民情萬分困苦
國勢萬分危殆萬望
聖明猛圖省改以無忘天下事竊念微臣於本
年四月内甫奉總漕之

《撫淮小草》卷之十一
攝於 2016 年 1 月 25 日

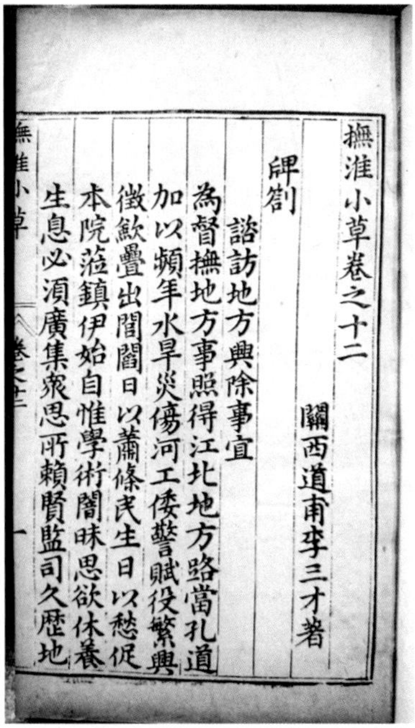
撫淮小草卷之十二
關西道甫李三才著
牌劄
諮訪地方興除事宜
為督撫地方事照得江北地方路當孔道
加以頻年水旱災傷河工倭警賦役繁興
徵歛疊出閭閻日以蕭條民生日以愁促
本院蒞鎮伊始自惟學術闇昧思欲休養
生息必須廣集衆思所賴賢監司久歷地

《撫淮小草》卷之十二
攝於 2016 年 1 月 25 日

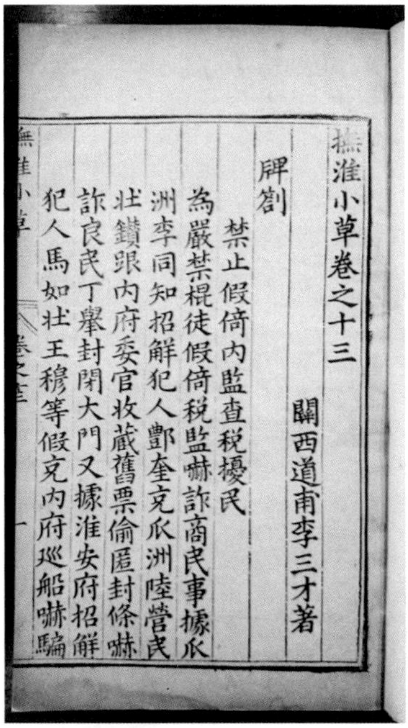
撫淮小草卷之十三
關西道甫李三才著
牌劄
禁止假倚内監查稅擾民
為嚴禁棍徒假倚稅監嚇詐商民事據爪
洲李同知招解犯人鄭奎克爪洲陸營民
壯鑚跟内府委官收藏舊票偷匿封條嚇
詐良民丁舉封閉大門又據淮安府招解
犯人馬如壯王穆等假充内府巡船嚇騙

《撫淮小草》卷之十三
攝於 2016 年 1 月 25 日

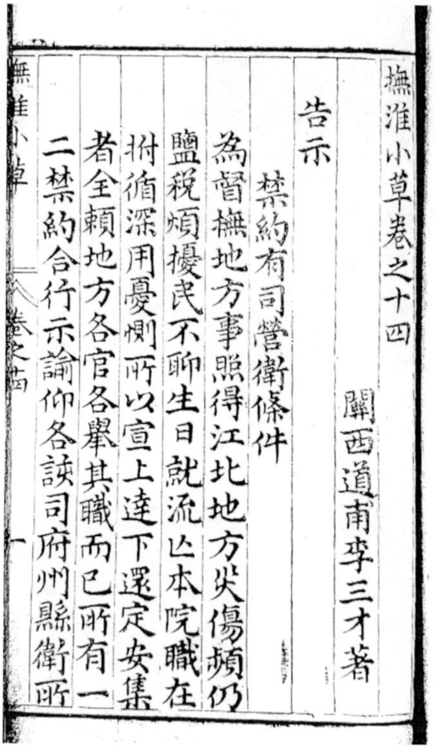
撫淮小草卷之十四
關西道甫李三才著
告示
禁約有司營衛條件
為督撫地方事照得江北地方災傷頻仍
鹽稅煩擾民不聊生日就流亡本院職在
拊循深用憂惻所以宣上達下還定安集
者全頼地方各官各舉其職而已所有一
二禁約合行示諭仰各該司府州縣衛所
撫淮小草《卷之十四 一

《撫淮小草》卷之十四
攝於 2016 年 1 月 25 日

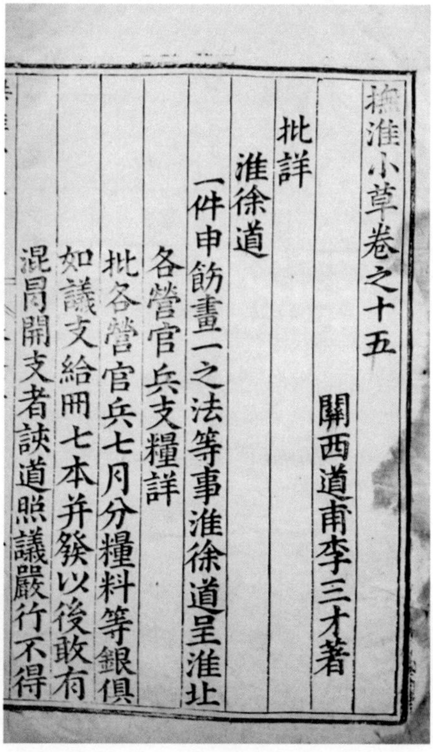
撫淮小草卷之十五
關西道甫李三才著
批詳
淮徐道
一件申飭畫一之法等事淮徐道呈淮北
各營官兵支糧詳
批各營官兵七月分糧料等銀俱
如議支給冊七本并發以後敢有
混冒開支者該道照議嚴行不得

《撫淮小草》卷之十五
攝於 2016 年 1 月 25 日

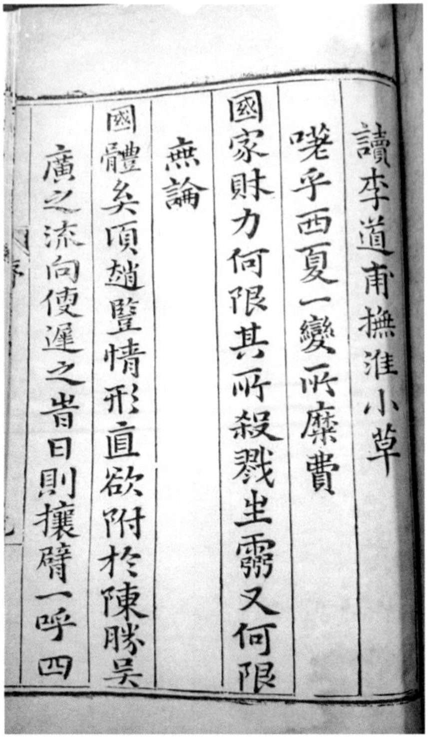
讀李道甫撫淮小草
嗟乎西夏一變所糜費
國家財力何限其所殺戮生靈又何限
無論
國體矣項趙豎情形直欲附於陳勝吳
廣之流向使暹之旨日則攘臂一呼四

《撫淮小草》後序一
攝於 2016 年 1 月 25 日

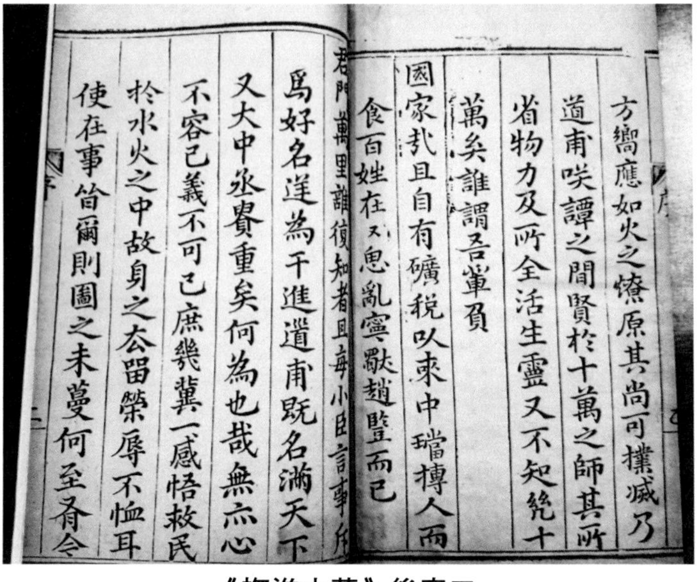
方嚮應如火之燎原其尚可撲滅乃
道甫咲譚之間賢於十萬之師其所
省物力及所全活生靈又不知幾十
萬矣誰謂吾輩負
國家哉且自有礦稅以來中璫摶人而
食百姓在又患亂寧獻趙豎而已
君門萬里誰復知者且每小臣言事所
焉好名逞為干進道甫既名滿天下
又大中丞貴重矣何為也哉無亦心
不容已義不可已庶幾冀一感悟救民
於水火之中故身之否留榮辱不恤耳
使在事皆爾則圖之未蔓何至膋令

《撫淮小草》後序二
攝於 2016 年 1 月 25 日

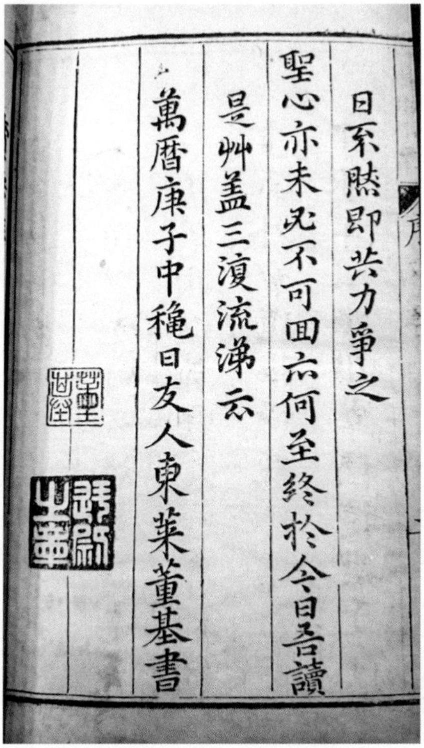
日不暇卽共力爭之
聖心亦未必不可回六何至終於今日吾讀
是州盖三復流涕云
萬曆庚子中穐日友人東萊董基書

《撫淮小草》後序三
攝於 2016 年 1 月 25 日

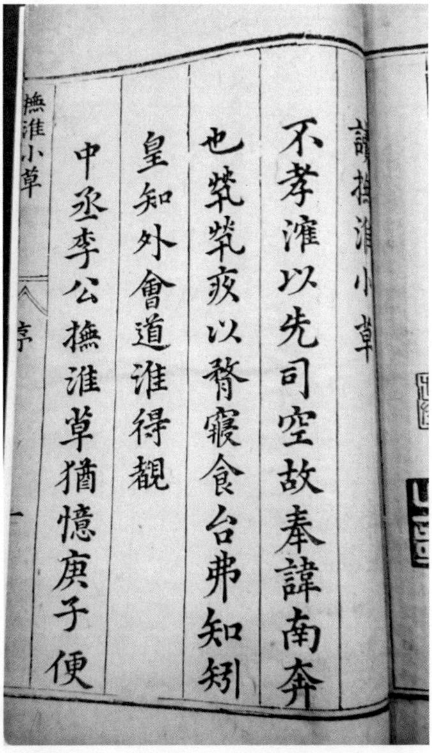
讀撫淮小草
不孝濉以先司空故奉諱南奔
也煢煢疚以脊寢食台弗知矧
皇知外會道淮得覩
中丞李公撫淮草猶憶庚子便
撫淮小草　序　一

《撫淮小草》後序四
攝於 2016 年 1 月 25 日

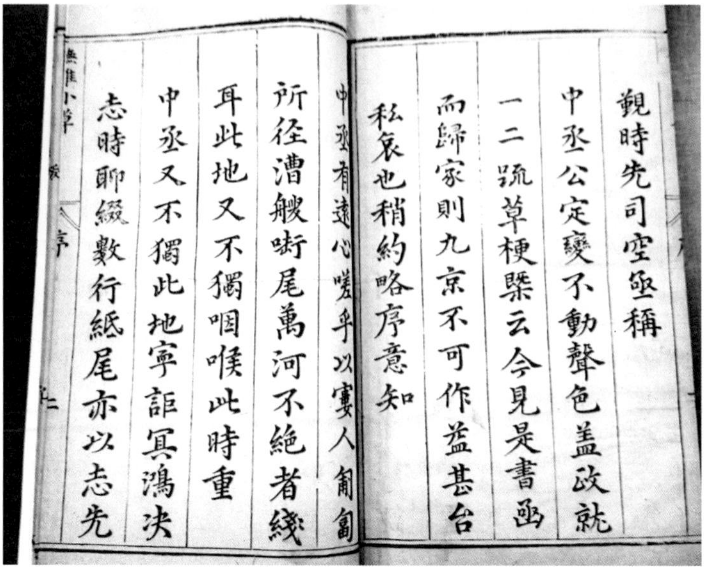
中丞有遠心嗟乎以寰人匍匐
所徑漕艘啣尾萬河不絕者綫
耳此地又不獨咽喉此時重
中丞又不獨此地寧詎冥鴻決
志時聊綴數行紙尾亦以志先
覲時先司空亟稱
中丞公定變不動聲色蓋政就
一二疏草梗槩云今見是書函
而歸家則九京不可作益甚台
私衷也稍約略序意知

《撫淮小草》後序五
攝於 2016 年 1 月 25 日

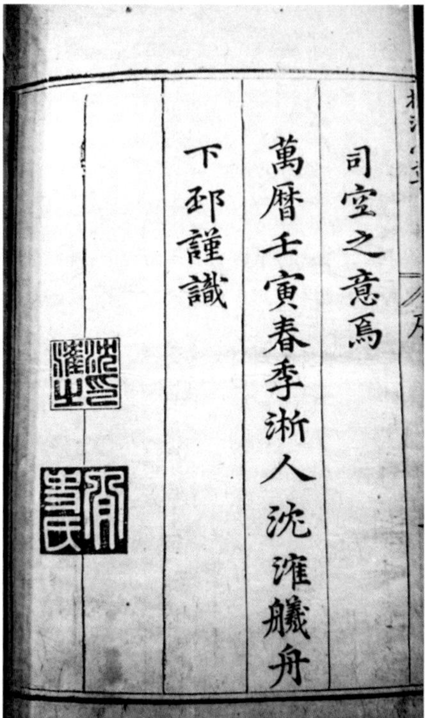
司空之意焉
萬曆壬寅春季淅人沈淮艤舟
下邳謹識

《撫淮小草》後序六
攝於 2016 年 1 月 25 日

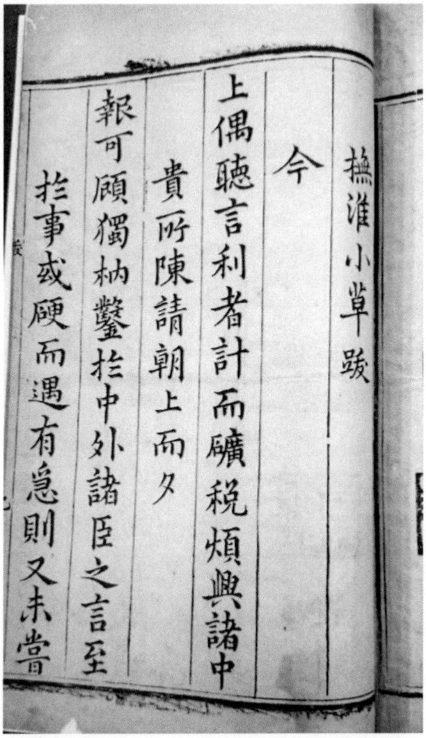
撫淮小草跋
今
上偶聽言利者計而礦稅煩興諸中
貴所陳請朝上而夕
報可顧獨枘鑿於中外諸臣之言至
於事或硬而遇有急則又未嘗

**《撫淮小草》跋一**
攝於 2016 年 1 月 25 日

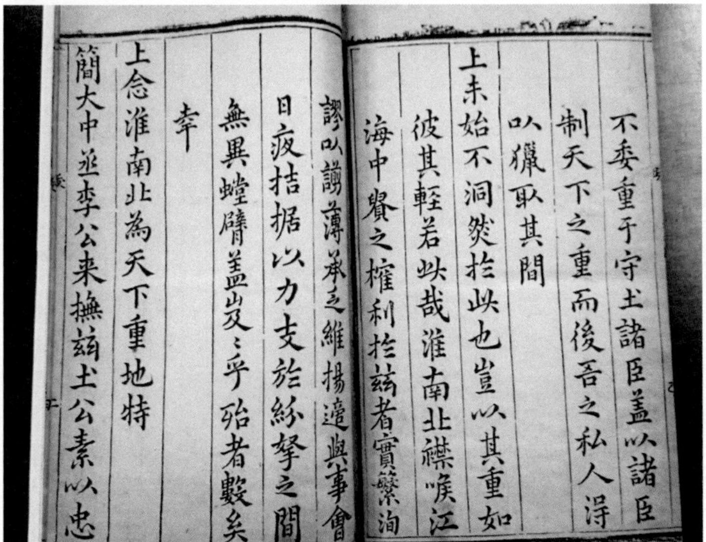
不委重于守土諸臣蓋以諸臣
制天下之重而後吾之私人得
以獵取其間
上未始不洞然於此也豈以其重如
彼其輕若此哉淮南北襟喉江
海中贅之榷利於茲者實繁洶
謬以讒薄承乏維揚適與事會
日夜拮据以力支於紛拏之間
無異螳臂蓋岌岌乎殆者數矣
幸
上念淮南北為天下重地特
簡大中丞李公來撫茲土公素以忠

**《撫淮小草》跋二**
攝於 2016 年 1 月 25 日

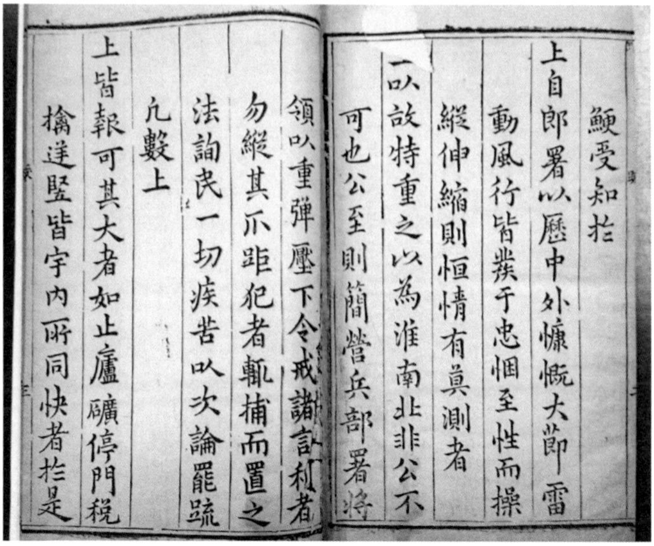
鰥受知於
上自郎署以歷中外慷慨大節雷
動風行皆粜于忠悃至性而操
縱伸縮則恒情有莫測者
一以故特重之以為淮南北非公不
可也公至則簡營兵部署將
領以重彈壓下令戒譏訶利者
勿縱其爪距犯者輒捕而置之
法諭民一切疾苦以次論罷疏
凡數上
上皆報可其大者如止蘆礦停門稅
擒逆監皆宇內所同快者於是

《撫淮小草》跋三
攝於 2016 年 1 月 25 日

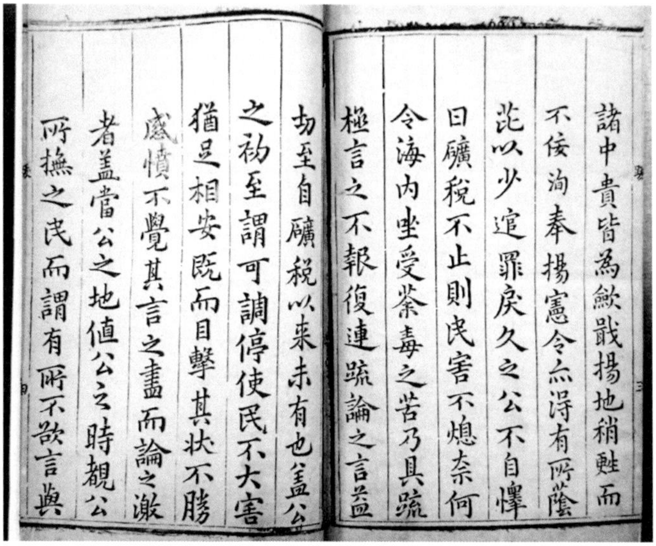
諸中貴皆為斂戢揚地稍甦而
不佞洵奉揚憲令亦得有所蔭
芘以少逭罪戾久之公不自憚
曰礦稅不止則民害不熄奈何
令海內坐受荼毒之苦乃具疏
極言之不報復連疏論之言益
切至自礦稅以來未有也蓋公
之初至謂可調停使民不大害
猶足相安既而目擊其狀不勝
感憤不覺其言之盡而論之激
者蓋當公之地值公之時覩公
所撫之民而謂有所不敢言與

《撫淮小草》跋四
攝於 2016 年 1 月 25 日

不必言者皆非其意也公知盡
所當言豈所欲言之意已矣又
烏知平日勲名足以為重而不
必於言與夫言之益以為重於
天下而有心言之哉言之不聽
則吾可無憾逆揆其
上之不聽而逆不為之言公弗恐也
且千鈞之重加銖兩而移矧大
臣素著威望於朝為
主上所倚信而敬憚者其重非特銖
兩也藉令當事者皆如公言弗
已安知

**《撫淮小草》跋五**

攝於 2016 年 1 月 25 日

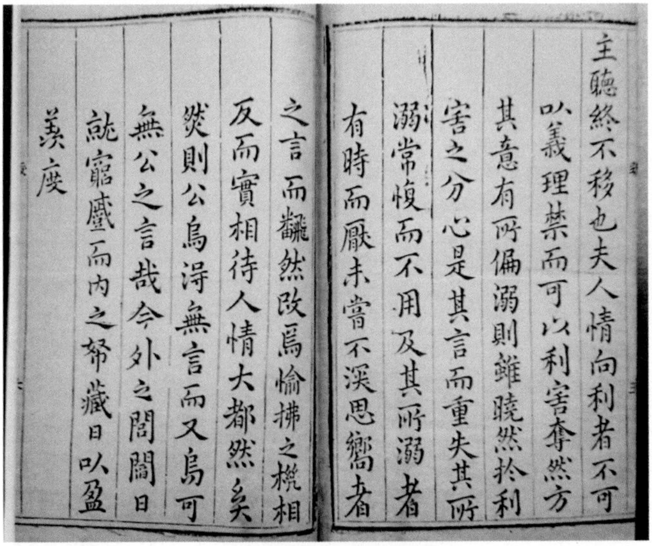
主聽終不移也夫人情向利者不可
以義理禁而可以利害奪然方
其意有所偏溺則雖曉然於利
害之分心是其言而重失其所
溺常愎而不用及其所溺者
有時而厭未嘗不深思嚮者
之言而翻然改焉愉拂之機相
反而實相待人情大都然矣
然則公烏得無言而又烏可
無公之言哉令外之閫闈日
就窮蹙而內之帑藏日以盈
羨廢

**《撫淮小草》跋六**

攝於 2016 年 1 月 25 日

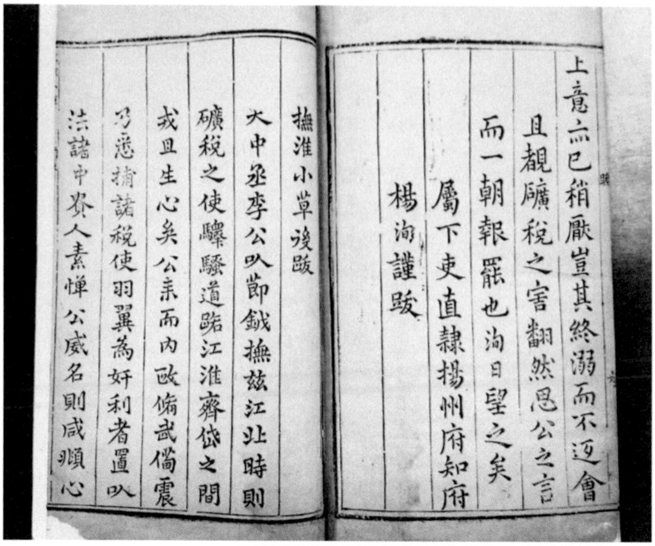


《撫淮小草》跋七
攝於 2016 年 1 月 25 日

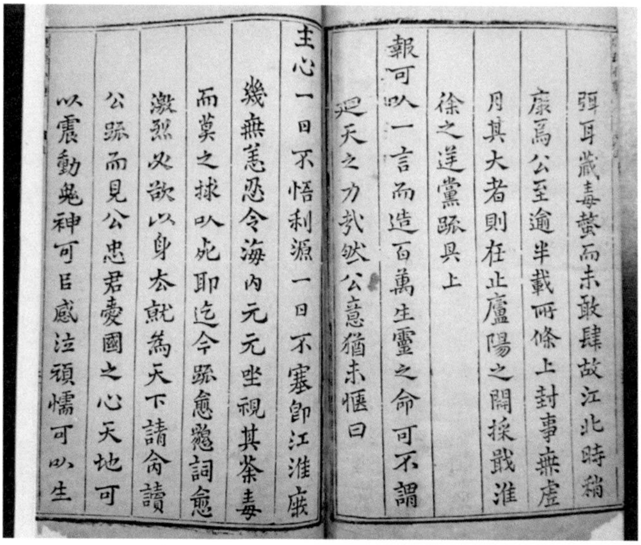


《撫淮小草》跋八
攝於 2016 年 1 月 25 日

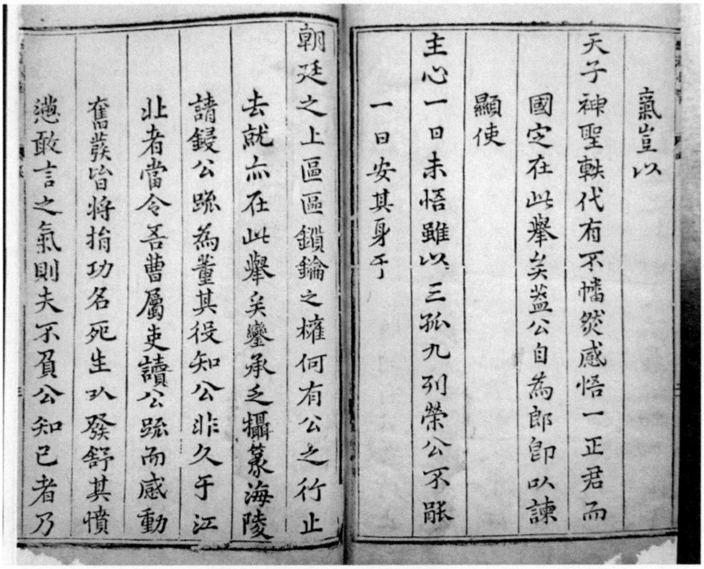
氣豈以
天子神聖軼代有不憣然感悟一正君而
國定在此舉矣蓋公自為郎即以諫
顯使
主心一日未悟雖以三孤九列榮公不暇
一日安其身于
朝廷之上區區鎖鑰之權何有公之行止
去就亦在此舉矣鑾承乏攝篆海陵
請鍰公疏為董其役知公非久于江
北者當令吾曹屬吏讀公疏而感動
奮發皆將捐功名死生以發舒其憤
懣敢言之氣則夫不負公知己者乃

《撫淮小草》跋九
攝於 2016 年 1 月 25 日

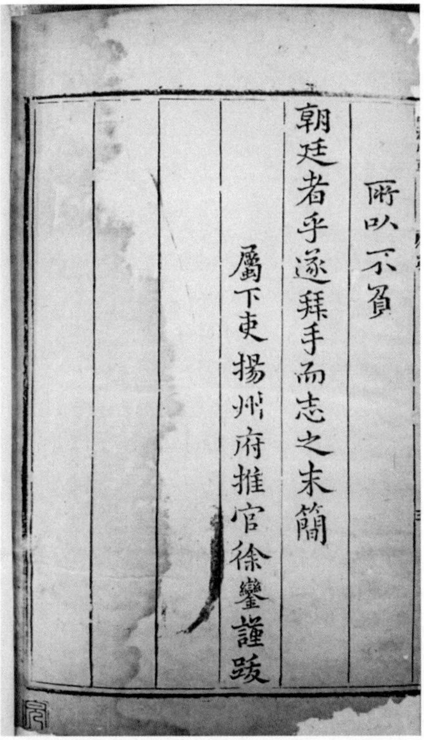
所以不負
朝廷者乎遂拜手而志之末簡
屬下吏揚州府推官徐鑾謹跋

《撫淮小草》跋十
攝於 2016 年 1 月 25 日

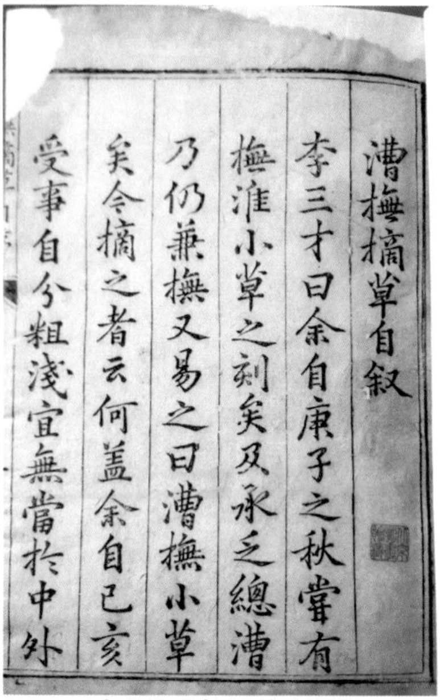
漕撫摘草自敘
李三才曰余自庚子之秋嘗有
撫淮小草之刻矣及承乏總漕
乃仍兼撫又易之曰漕撫小草
矣今摘之者云何蓋余自己亥
受事自分粗淺宜無當於中外

中國國家圖書館藏
《漕撫摘草 · 自敘》一
攝於 2022 年 2 月 17 日

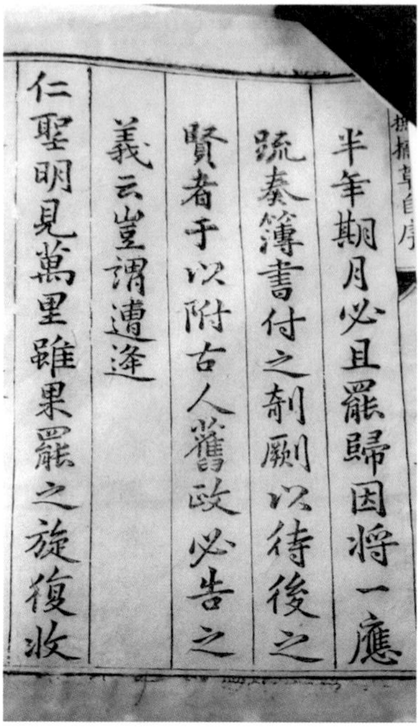
半年朞月必且罷歸因將一應
疏奏簿書付之剞劂以待後之
賢者于以附古人舊政必告之
義云豈謂遭逢
仁聖明見萬里雖果罷之旋復收

《漕撫摘草 · 自敘》二
攝於 2022 年 2 月 17 日

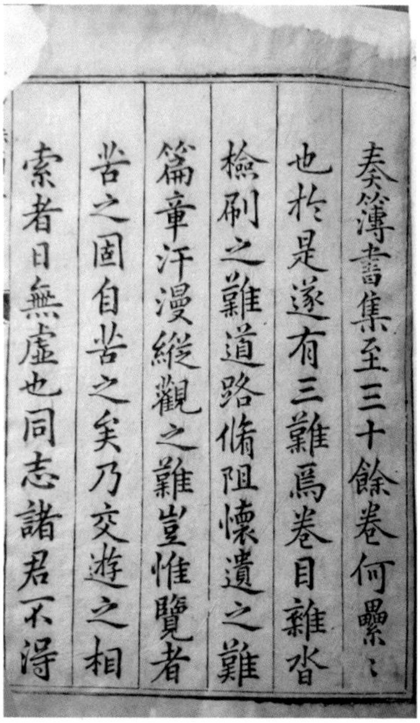
奏簿書集至三十餘卷何纍纍
也於是遂有三難焉卷目雜沓
檢刷之難道路脩阻懷遺之難
篇章汗漫縱觀之難豈惟覽者
苦之固自苦之矣乃交遊之相
索者日無虛也同志諸君不得

《漕撫摘草 · 自敘》三
攝於 2022 年 2 月 17 日

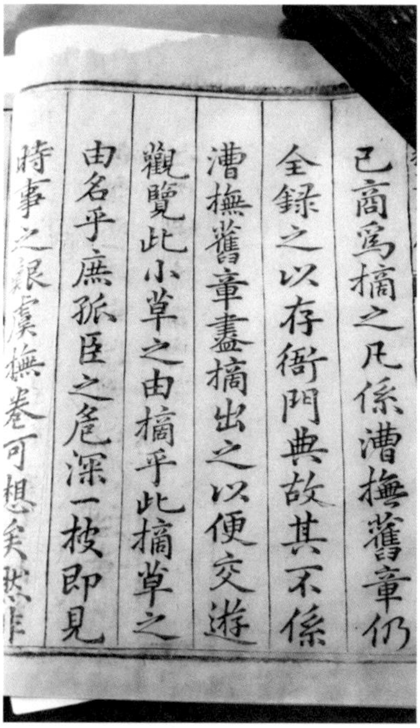
已商爲摘之凡係漕撫舊章仍
全錄之以存衙門典故其不係
漕撫舊章盡摘出之以便交遊
觀覽此小草之由摘乎此摘草之
由名乎庶孤臣之危深一披即見
時事之艱虞撫卷可想矣然非

《漕撫摘草 · 自敘》四
攝於 2022 年 2 月 17 日

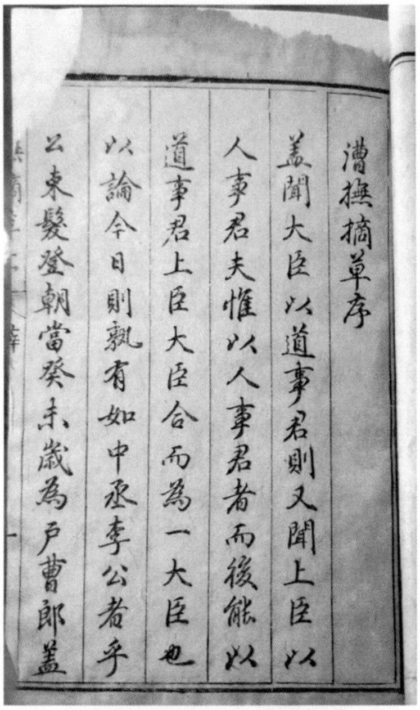
漕撫摘草序
蓋聞大臣以道事君則又聞上臣以
人事君夫惟以人事君者而後能以
道事君上臣大臣合而為一大臣也
以論今日則孰有如中丞李公者乎
公東髮登朝當癸未歲為戶曹郎蓋

中國國家圖書館藏
《漕撫摘草 · 序》一
攝於 2022 年 2 月 17 日

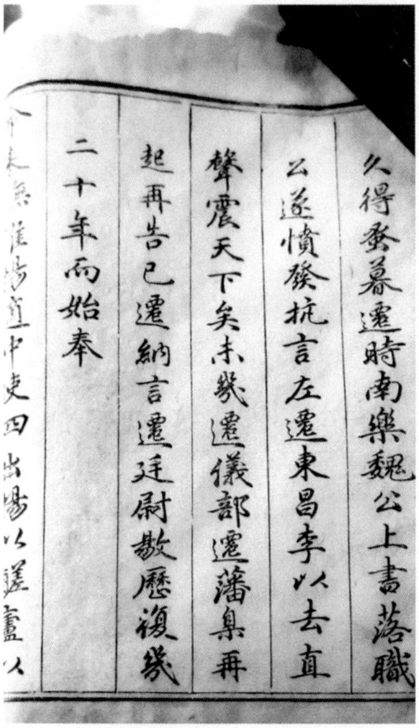
久得發暮還時南樂魏公上書落職
公遂憤發抗言左遷東昌李以去直
聲震天下矣未幾遷儀部遷藩臬再
起再告已還納言遷廷尉歛歷復幾
二十年而始奉

《漕撫摘草 · 序》二
攝於 2022 年 2 月 17 日

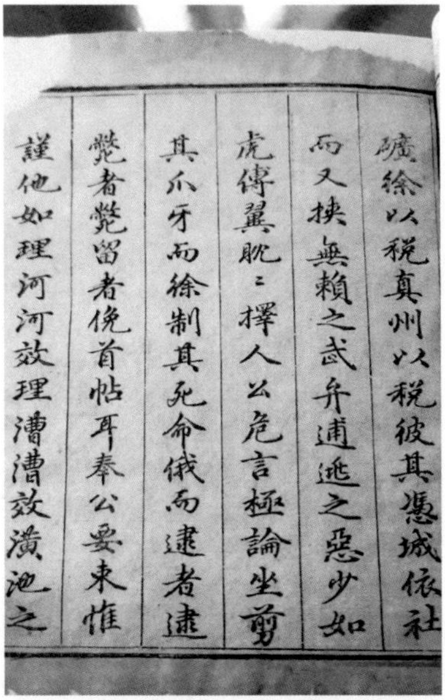
礦稅以稅真州以稅彼其憑城依社
而又挾無賴之武弁逋逃之惡少如
虎傅翼眈眈擇人出危言極論坐剪
其爪牙而徐制其死命俄而逮者逮
覺者覺留者俛首帖耳奉公要束惟
謹他如理河河效理漕漕效潰池之

《漕撫摘草 · 序》三
攝於 2022 年 2 月 17 日

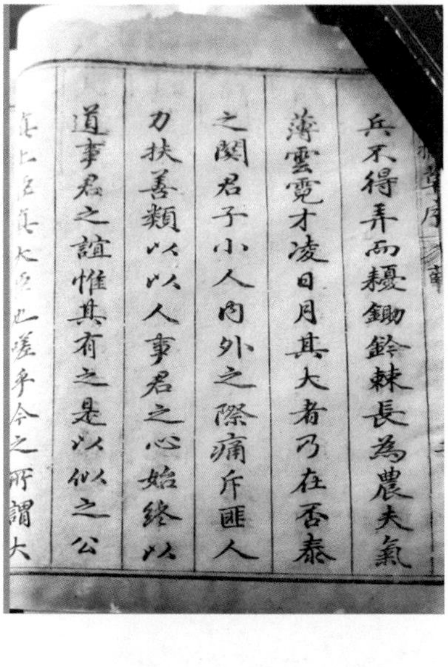
兵不得弄而耰鋤鈴棘長為農夫氣
薄雲霓才凌日月其大者乃在否泰
之關君子小人內外之際痛斥匪人
力扶善類以以人事君之心始終以
道事君之誼惟其有之是以似之公

《漕撫摘草 · 序》四
攝於 2022 年 2 月 17 日

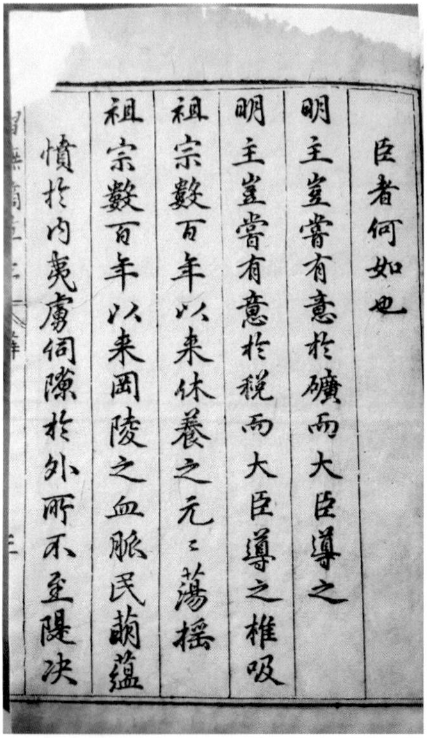

臣者何如也
明主豈嘗有意於礦而大臣導之
明主豈嘗有意於稅而大臣導之椎吸
祖宗數百年以來休養之元〻蕩搖
祖宗數百年以來國陵之血脈民藴蘊
憤於內夷虜伺隙於外所不至隄決

《漕撫摘草 · 序》五
攝於 2022 年 2 月 17 日

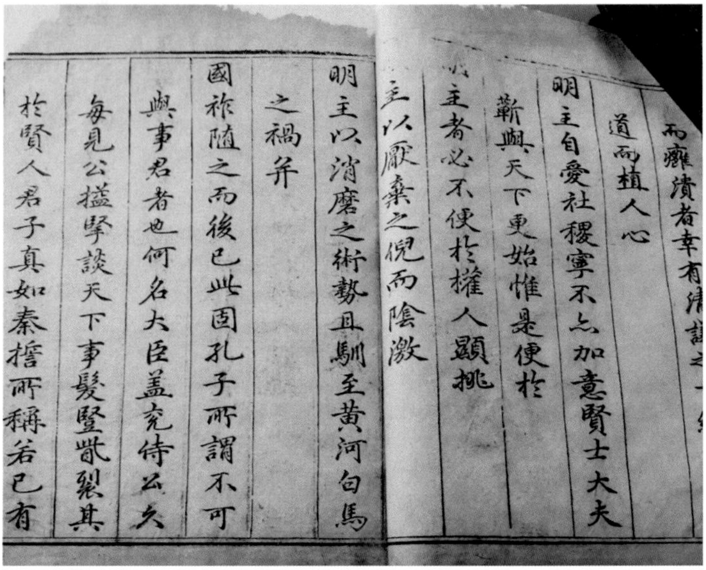

而靡潰者幸有清議之一綫
道而植人心
明主自愛社稷寧不亦加意賢士大夫
靳興天下更始惟是便於
主者必不便於權人顯挑
主以厭棄之倪而陰激
明主以消磨之術勢且馴至黃河白馬
之禍并
國祚隨之而後已此固孔子所謂不可
與事君者也何名大臣盖充侍亦久
每見公搤擘談天下事髮豎眥裂其
於賢人君子真如秦檜所稱若已有

《漕撫摘草 · 序》六
攝於 2022 年 2 月 17 日

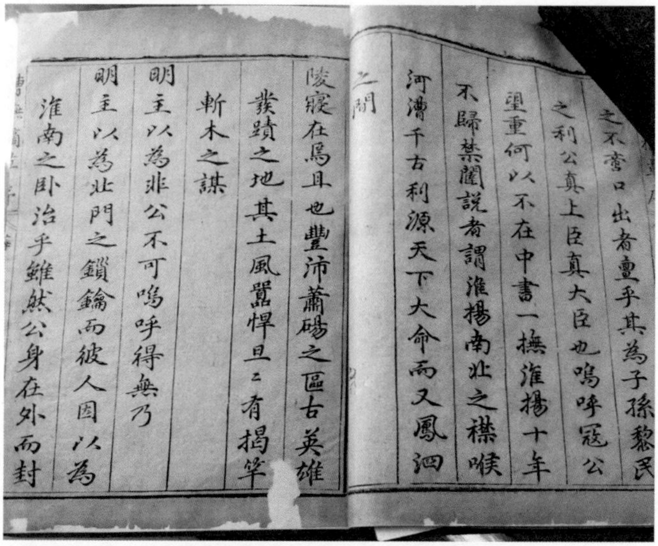


《漕撫摘草・序》七
攝於 2022 年 2 月 17 日

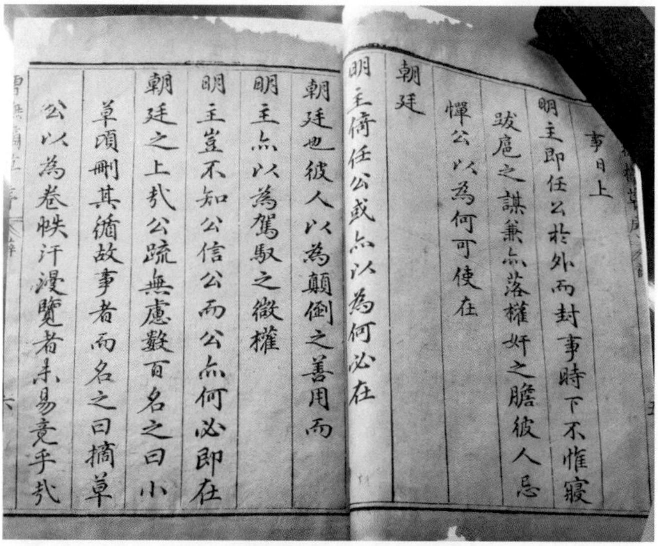


《漕撫摘草・序》八
攝於 2022 年 2 月 17 日

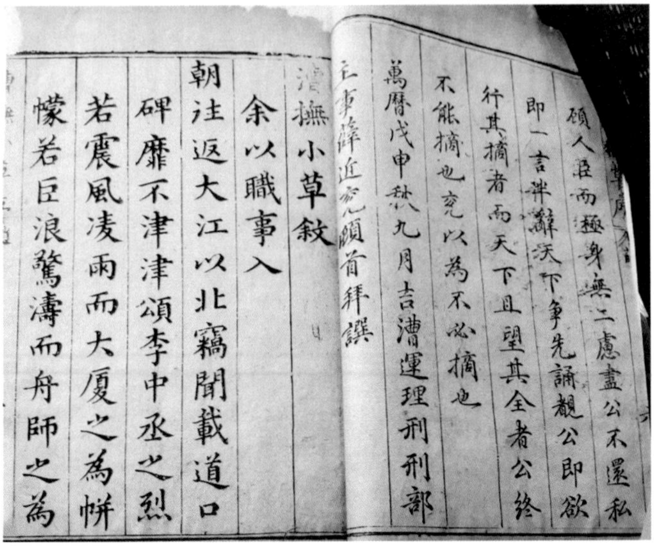
頑人涖而極身無二慮盡公不還私
即一言半辭沃下爭先誦覯公即欲
行其摘者而天下且望其全者公終
不能摘也究以為不必摘也
萬曆戊申秋九月吉漕運理刑刑部
主事薛近兗頓首拜譔

漕撫小草敘
余以職事入
朝往返大江以北竊聞載道口
碑靡不津津頌李中丞之烈
若震風凌雨而大厦之為㭊
幪若巨浪驚濤而舟師之為

《漕撫摘草 · 序》九
攝於 2022 年 2 月 17 日

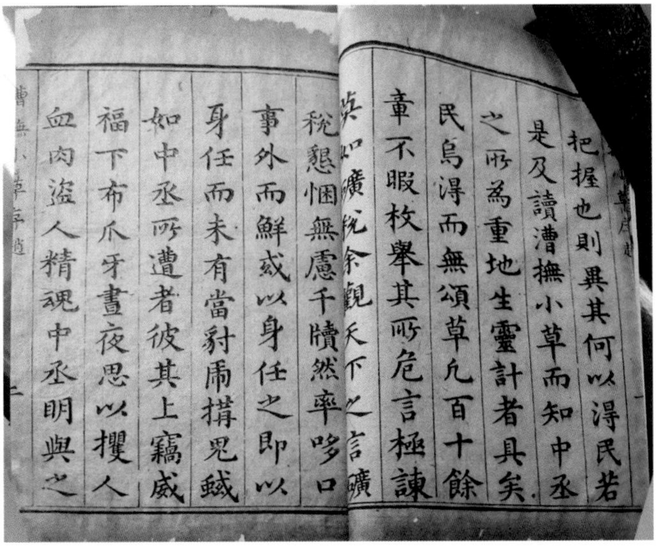
把握也則異其何以淂民若
是及讀漕撫小草而知中丞
之所為重地生靈計者具矣
民烏淂而無頌草凡百十餘
章不暇枚舉其所危言極諫
莫如礦稅余覩天下之言礦
稅懇惻無慮千牘然率哆口
事外而鮮或以身任之即以
身任而未有當豺虎搆兕䖍
如中丞所遭者彼其上竊威
福下布爪牙晝夜思以攫人
血肉盜人精魂中丞明與之

中國國家圖書館藏《漕撫摘草 · 敘》二之一
攝於 2022 年 2 月 17 日

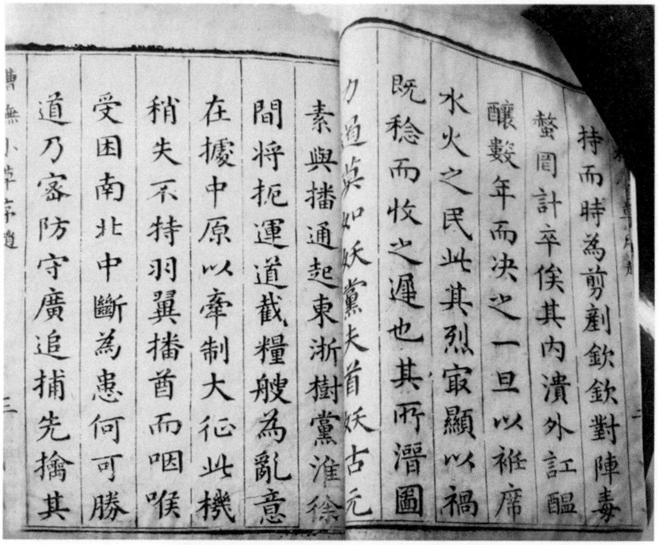

持而時為剪劓欽欽對陣毒
螯罔計卒俟其內潰外訌醞
釀數年而決之一旦以衽席
水火之民此其烈宜顯以禍
既稔而收之遲也其所滑圖
乃逍遙如妖黨夫首妖古元
素與播通起東浙樹黨淮徐
間將扼運道截糧艘為亂意
在擾中原以牽制大征此機
稍失不持羽翼播酋而咽喉
受困南北中斷為患何可勝
道乃客防守廣追捕先擒其

《漕撫摘草・敘》二之二
攝於2022年2月17日

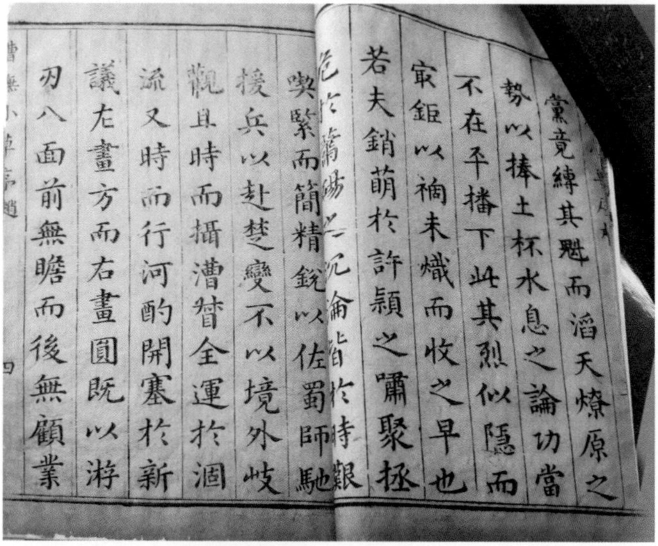

黨竟縛其魁而滔天燎原之
勢以捧土杯水息之論功當
不在平播下此其烈似隱而
宜鉅以禍未熾而收之早也
若夫銷萌於許潁之嘯聚拯
危於蕭碭之沉淪皆於時艱
喫緊而簡精銳以佐蜀師馳
援兵以赴楚變不以境外歧
觀且時而攝漕督全運於涸
流又時而行河酌開塞於新
議左畫方而右畫圓既以游
刃八面前無瞻而後無顧業

《漕撫摘草・敘》二之三
攝於2022年2月17日

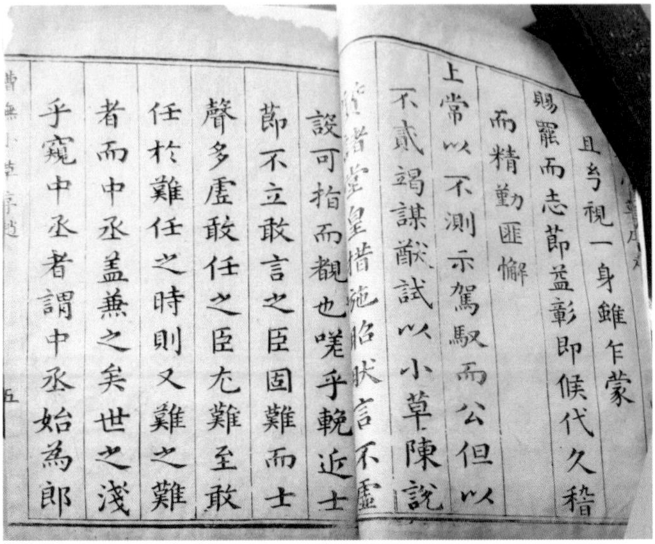
且矜視一身雖乍蒙
賜罷而志節益彰即候代久稽
而精勤匪懈
上常以不測示駕馭而公但以
不貳竭謀猷試以小草陳說
俾諸堂皇措施胎狀言不盡
設可指而覩也嗟乎輓近士
節不立敢言之臣固難而士
聲多虛敢任之臣尤難至敢
任於難任之時則又難之難
者而中丞蓋兼之矣世之淺
乎窺中丞者謂中丞始為郎

《漕撫摘草 · 敘》二之四
攝於 2022 年 2 月 17 日

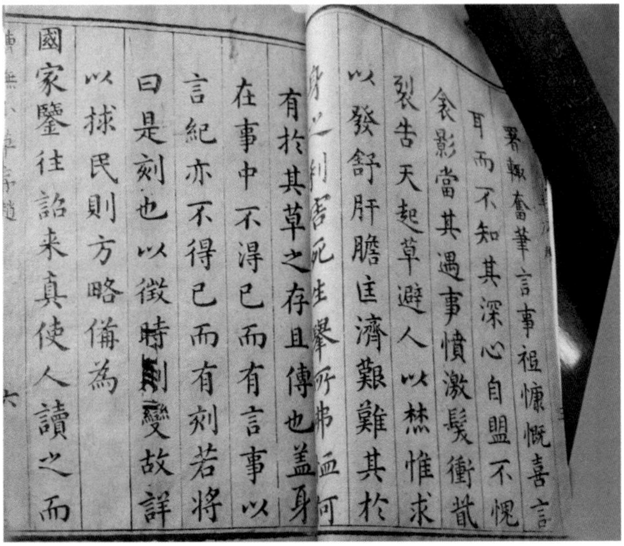
署輙奮筆言事祖慷慨喜言
耳而不知其深心自盟不愧
衾影當其遇事憤激髮衝背
裂告天起草避人以悊惟求
以發舒肝膽匡濟艱難其於
身之利害死生舉所弗恤何
有於其草之存且傳也蓋身
在事中不淂已而有言事以
言紀亦不得已而有刻若將
曰是刻也以徵時變故詳
以捄民則方略備為
國家鑒往詔來真使人讀之而

《漕撫摘草 · 敘》二之五
攝於 2022 年 2 月 17 日

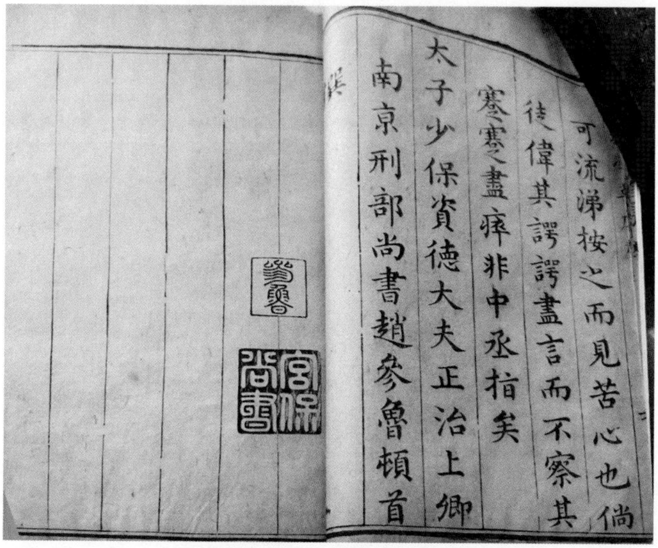


《漕撫摘草 · 敘》二之六
攝於 2022 年 2 月 17 日

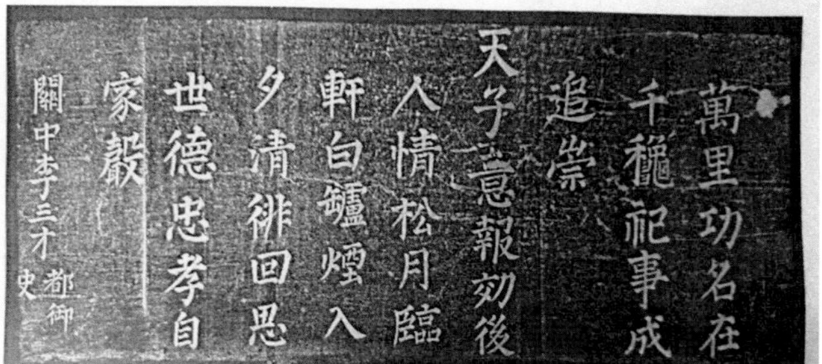


臺北「國家圖書館」藏李三才詩碑搨本
攝於 2015 年 12 月 15 日

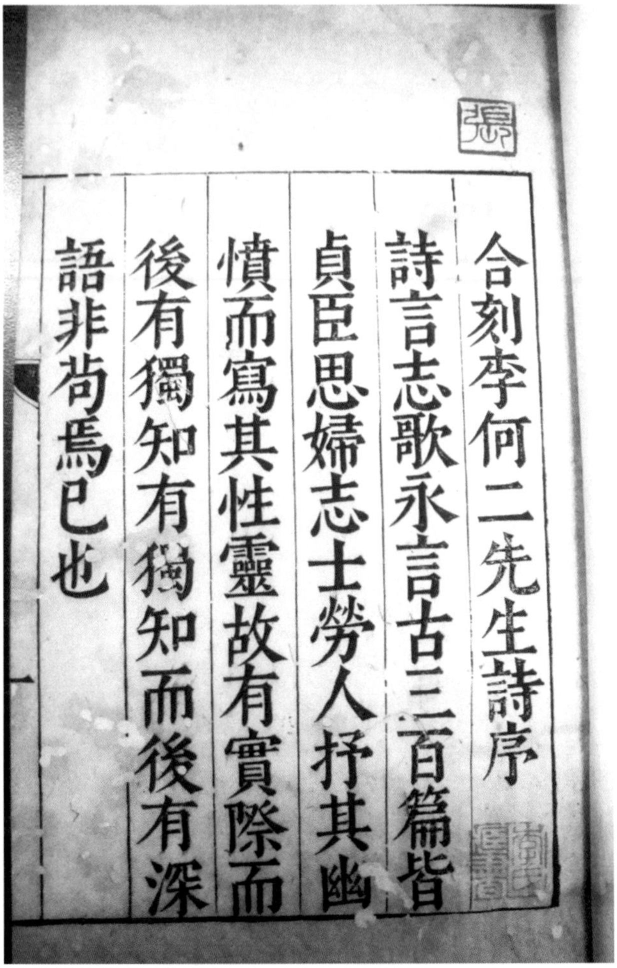
合刻李何二先生詩序
詩言志歌永言古三百篇皆
貞臣思婦志士勞人抒其幽
憤而寫其性靈故有實際而
後有獨知有獨知而後有深
語非苟焉已也

北京大學古籍圖書館藏
李三才輯《合刻李何二先生詩 · 序》一
攝於 2015 年 12 月 4 日

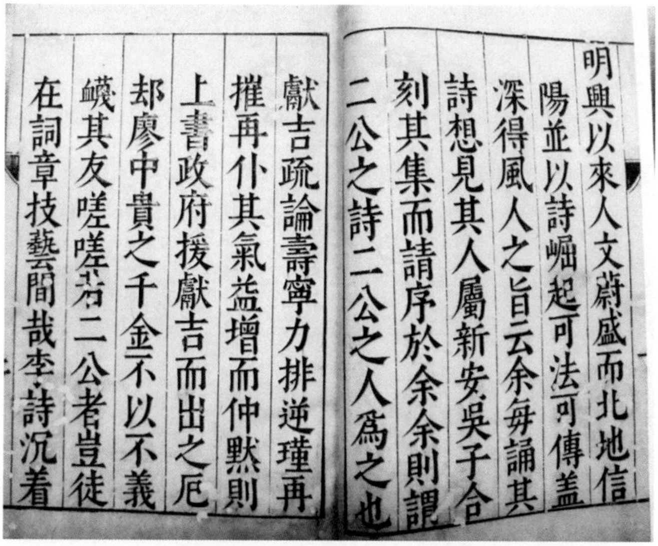
明興以來人文蔚盛而北地信
陽並以詩崛起可法可傳蓋
深得風人之旨云余毎誦其
詩想見其人屬新安吳子合
刻其集而請序於余余則謂
二公之詩二公之人爲之也
獻吉疏論壽寧力排逆瑾再
摧再仆其氣益增而仲默則
上書政府援獻吉而出之厄
却廖中貴之千金不以不義
嬂其友嗟嗟若二公者豈徒
在詞章技藝間哉李·詩沉着

《合刻李何二先生詩・序》二
攝於 2015 年 12 月 4 日

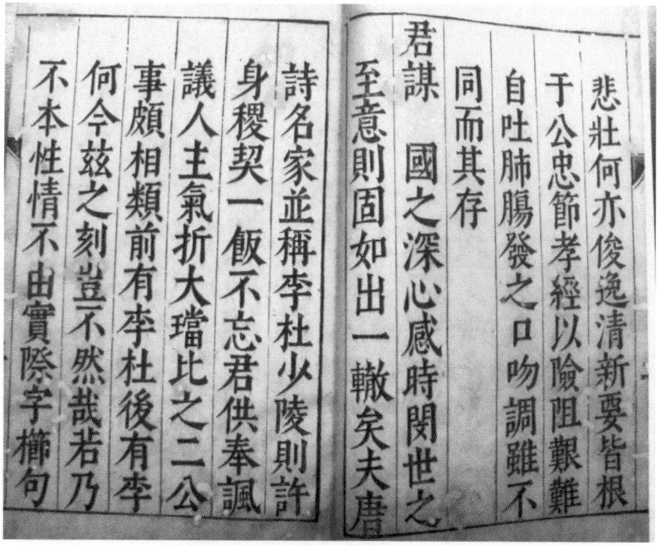
悲壯何亦俊逸清新要皆根
于公忠節孝經以險阻艱難
自吐肺腸發之口吻調雖不
同而其存
君謀　國之深心感時閔世之
至意則固如出一轍矣夫唐
詩名家並稱李杜少陵則許
身稷契一飯不忘君供奉諷
議人主氣折大璫比之二公
事頗相類前有李杜後有李
何令茲之刻豈不然哉若乃
不本性情不由實際字櫛句

《合刻李何二先生詩・序》三
攝於 2015 年 12 月 4 日

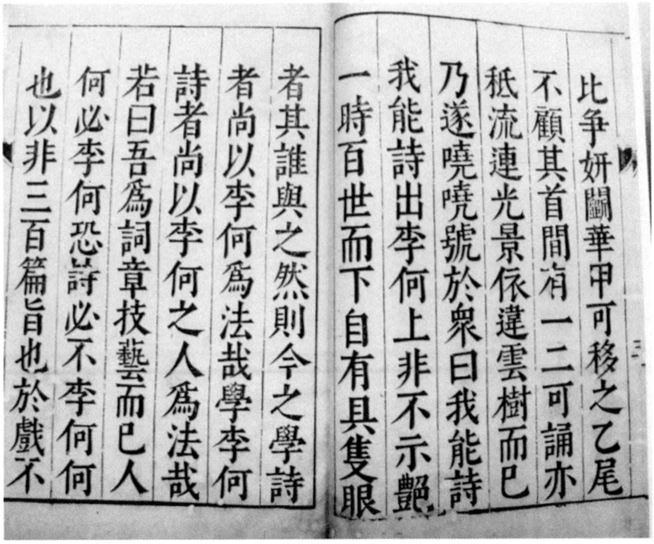
比爭妍鬬華甲可移之乙尾
不顧其首間有一二可誦亦
秪流連光景依違雲樹而已
乃遂嘵嘵號於衆曰我能詩
我能詩出李何上非不示艷
一時百世而下自有具隻眼
者其誰與之然則今之學詩
者尚以李何爲法哉學李何
詩者尚以李何之人爲法哉
若曰吾爲詞章技藝而已人
何必李何恐詩必不李何何
也以非三百篇旨也於戲不

《合刻李何二先生詩 · 序》四
攝於 2015 年 12 月 4 日

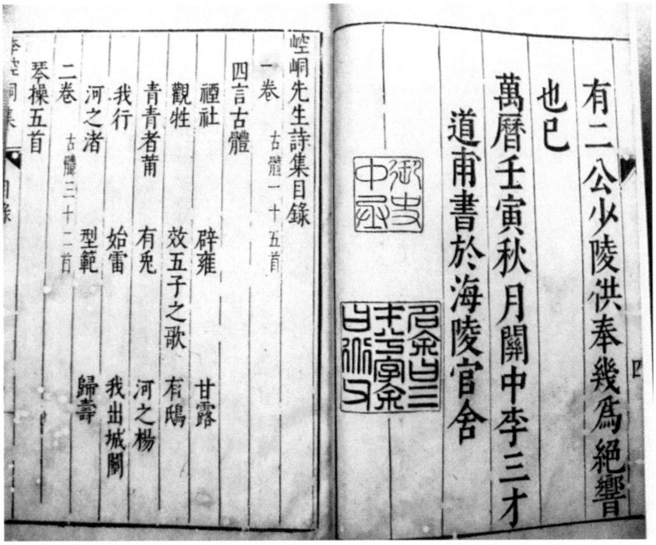
有二公少陵洪奉幾爲絕響
也已
萬曆壬寅秋月關中李三才
道甫書於海陵官舍

崆峒先生詩集目錄
一卷 古體一十五首
四言古體
禋社 辟雍 甘露
觀牲 效五子之歌 有鴟
青青者莆 有兔 河之楊
我行 始雷 我出城闉
河之渚 型範 歸壽
二卷 古體三十二首
琴操五首

《合刻李何二先生詩 · 序》五
攝於 2015 年 12 月 4 日

# 目次

東京大學移地研究與書影紀念照片……三
點校版本暨體例文獻說明……七一
導論……七五
一 前言……七五
二 知人論世：李三才生平事略與大事年表……八一
三 東瀛遺珍：《撫淮小草》版式與內容……九五
四 結論……一一二
附錄：《明史・李三才傳》……一一七
《撫淮小草・序》……一三一
一 祝世祿〈李中丞公《撫淮小艸》序〉……一三一
二 朱吾弼〈《撫淮疏艸》序〉……一三三
三 陳璧〈《撫淮小艸》敘〉……一三五
四 李三才〈《小草》自敘〉……一三六

《撫淮小草・目錄》……一四一

《撫淮小草》卷之一……關西道甫李三才著　一五一

第一冊　奏議……一五一

一　報代疏（萬曆二十七年八月十五日）……一五一

二　議留馬價疏（萬曆二十七年九月十三日）……一五二

三　就近議補縣官疏（萬曆二十七年十月初八日）……一六〇

四　糾劾有司疏（萬曆二十七年十月十三日）……一六一

五　停止廬州開礦疏（萬曆二十七年十月二十五日）……一六四

第二冊　奏議……一七七

六　州官患病疏（萬曆二十七年十一月初四日）……一七七

七　縣官給由疏（萬曆二十七年十一月二十二日）……一七八

八　方面患病疏（萬曆二十七年十一月二十二日）……一八〇

九　按臣患病疏（萬曆二十七年十二月十八日）……一八二

十　議助川貴兵餉疏（萬曆二十七年十二月二十九日）……一八三

十一　回　奏詐騙鹽商疏（萬曆二十八年正月十六日）……一八八

十二　預報盜情并停礦稅疏（萬曆二十八年正月十六日）……一九〇

《撫淮小草》卷之二……關西道甫李三才著 二〇三
第三冊 奏議……二〇三
一 按臣患病疏（萬曆二十八年二月初六日）……二〇三
二 逆謀就擒疏（萬曆二十八年二月十七日）……二〇五
三 報援川貴官兵起程疏（萬曆二十八年二月二十日）……二三四
《撫淮小草》卷之三……關西道甫李三才著 二四三
第四冊 奏議……二四三
一 參江防府佐疏（萬曆二十八年三月二十三日）……二四三
二 題催逆犯 旨意疏（萬曆二十八年四月初二日）……二四四
三 縣官給由疏（萬曆二十八年四月初六日）……二四七
四 請修 皇陵疏（萬曆二十八年四月初六日）……二四九
五 議改折色馬匹疏（萬曆二十八年四月初六日）……二五四
六 回 奏失防貢物疏（萬曆二十八年五月初十日）……二五七
七 回 奏棍徒詐騙鹽商疏（萬曆二十八年五月初十日）……二五九
八 第一停罷礦稅疏（萬曆二十八年五月十七日）……二六二
九 回 奏歲改叚絹疏（萬曆二十八年六月初一日）……二六七

十　縣官給由疏（萬曆二十八年六月初八日）……二七二
十一　第二停罷礦稅疏（萬曆二十八年六月二十五日）……二七三
《撫淮小草》卷之四……關西道甫李三才著　二八三
第五冊　奏議……二八三
一　回　奏盧鳳遺稅疏（萬曆二十八年七月初三日）……二八三
二　回　奏淮揚遺稅疏（萬曆二十八年七月初三日）……二九二
三　解發逆犯赴京疏（萬曆二十八年八月初一日）……三〇六
四　報秋災疏（萬曆二十八年八月初四日）……三一〇
五　第三停罷礦稅自陳疏（萬曆二十八年八月十八日）……三一五
《撫淮小草》卷之五……關西道甫李三才著　三二一
第六冊　奏議……三二一
一　查解河道錢糧疏（萬曆二十八年八月二十五日）……三二一
二　州縣正官免　覲疏（萬曆二十八年九月二十二日）……三三五
三　完解京庫錢糧各官開俸疏（萬曆二十八年十月二十八日）……三三七
四　府佐給由疏（萬曆二十八年十一月初二日）……三四四
五　考察有司官員疏（萬曆二十八年十一月十六日）……三四六

六　府佐給由疏（萬曆二十八年十二月初四日）……三五五

《撫淮小草》卷之六……關西道甫李三才著　三六三

第七冊　奏議……三六三

一　縣官給由疏（萬曆二十八年十二月初四日）……三六三

二　就近降補疏（萬曆二十九年二月十一日）……三六五

三　催補淮潁二道疏（萬曆二十九年三月十八日）……三六七

四　府官給由疏（萬曆二十九年三月二十二日）……三六九

五　議改將領駐劄要地疏（萬曆二十九年三月二十七日）……三七一

六　回　奏棍徒串同礦稅詐騙疏（萬曆二十九年五月初三日）……三七五

七　參坐營中軍疏（萬曆二十九年五月十三日）……三九七

八　報夏秋災傷疏（萬曆二十九年五月十四日）……四〇〇

《撫淮小草》卷之七……關西道甫李三才著　四〇五

第八冊　奏議……四〇五

一　回　奏毆死稅官疏（萬曆二十九年五月二十五日）……四〇五

二　糾同稅官嚇詐平民疏（萬曆二十九年六月初二日）……四一三

三　府佐給由疏（萬曆二十九年六月二十四日）……四一六

四 兵備患病疏（萬曆二十九年六月二十四日）……四二八
五 參狼山水陸將領疏（萬曆二十九年七月初四日）……四三一
六 就近陞補州官疏（萬曆二十九年八月十七日）……四三四
七 薦江防府佐就近陞補疏（萬曆二十九年八月二十日）……四三五
八 府佐給由疏（萬曆二十九年八月二十日）……四三七
九 報上源水患疏（萬曆二十九年九月十五日）……四三九

## 《撫淮小草》卷之八……關西道甫李三才著 四四七

第九冊 奏議……四四七
一 州縣官給由疏（萬曆二十九年十月十四日）……四四七
二 急缺兵備疏（萬曆二十九年十月十四日）……四五〇
三 江防府佐給由疏（萬曆二十九年十二月初二日）……四五一
四 造報河道錢糧并陳府官被參疏（萬曆二十九年十二月初十日）……四五三
六 勘議河工截留漕糧疏（萬曆二十九年十二月十六日）……四五六
七 縣官被逮歷查貢扛疏（萬曆三十年正月十八日）……四六六
八 回 奏貪肆將官疏（萬曆三十年正月二十九日）……四七〇
九 本院給由疏（萬曆三十年二月十六日）……四七五

十　參狼山副將縱容販鹽疏（萬曆三十年二月十六日）……四七六
十一　歷陳　國勢病由疏（萬曆三十年閏二月初十日）……四七八
十二　內使被弄無已疏（萬曆三十年三月初二日）……四八一

## 《撫淮小草》卷之九……關西道甫李三才著　四八五

第十冊　奏議……四八五
一　自劾待斥按臣謬推疏（萬曆三十年三月十五日）……四八五
二　坐營參將患病疏（萬曆三十年三月二十日）……四八八
三　州縣官給由疏（萬曆三十年三月二十日）……四八九
四　州官給由疏（萬曆三十年四月十五日）……四九一
五　報收漕運印卷疏（萬曆三十年四月二十日）……四九三
六　報糧船過淮疏（萬曆三十年四月二十八日）……四九四
七　被論留守毆傷知府疏（萬曆三十年五月初八日）……四九六
八　報離任疏　查近例候代具而未上（萬曆三十年五月　日）……五〇〇
九　報夏災疏（萬曆三十年五月十五日）……五〇三
十　報糧船過洪疏（萬曆三十年六月初六日）……五〇六
十一　就近陞補運同疏（萬曆三十年六月二十二日）……五〇七

十二　管河府佐給由疏（萬曆三十年六月二十六日）……五〇九
十三　府佐給由疏（萬曆三十年六月二十六日）……五一二
十四　州縣官給由疏（萬曆三十年七月初十日）……五一三
十五　釋放高墻罪宗疏（萬曆三十年七月初十日）……五一六

## 《撫淮小草》卷之十……關西道甫李三才著　五二七

第十一册　奏議……五二七
一　會勘河道疏（萬曆三十年七月十一日）……五二七
二　報秋災疏（萬曆三十年七月二十六日）……五四三
三　回　奏府官并未隱匿河道錢糧疏（萬曆三十年七月二十六日）……五四七
四　第一催代疏（萬曆三十年八月初四日）……五五三
五　薦舉押運官員疏（萬曆三十年八月初六日）……五五五
六　查參奸黨妄獻鹽利疏（萬曆三十年八月初六日）……五五六
七　州縣官給由疏（萬曆三十年九月初二日）……五六〇
八　第二催代疏（萬曆三十年十月初二日）……五六三
九　縣官給由疏（萬曆三十年十月十四日）……五六四

《撫淮小草》卷之十一……關西道甫李三才著 五六七
第十二冊　奏議……五六七
一　第三催代併陳民情國勢疏（萬曆三十年十一月二十七日）……五六七
二　府佐給由疏（萬曆三十年十二月十二日）……五七一
三　報清河水涸稽阻糧船疏（萬曆三十年十二月初六日）……五七三
四　停查田房稅契疏（萬曆三十年十二月二十日）……五七六
五　報獲潁州賊首疏（萬曆三十一年正月初九日）……五七九
六　第四催代疏（萬曆三十一年正月十□日）……五八五
七　清河日涸改限疏（萬曆三十一年二月初九日）……五八八
八　州官給由疏（萬曆三十一年三月初六日）……五九二
九　減兵留餉疏（萬曆三十一年三月十五日）……五九三
《撫淮小草》卷之十二……關西道甫李三才著 六〇五
第十三冊　牌箚……六〇五
一　咨訪地方興除事宜……六〇五
二　禁止參謁……六〇六
三　戒飭違例參謁司官……六〇六

四　禁送節禮……六〇七
五　申明屬官相見禮節……六〇七
六　申飭隔省遠年牌票……六〇八
七　申飭公差多索馬匹……六〇九
八　禁約承舍騷擾驛遞……六〇九
九　發問生事承差……六一〇
十　禁約回南兵士騷擾……六一一
十一　申飭皇籓運官……六一一
十二　察院置辦家活答應上司不許擾累里甲……六一二
十三　清革衙門冗役……六一三
十四　申革衙門掛搭積役……六一三
十五　申飭假訪詐騙……六一四
十六　嚴究違法衙役……六一五
十七　訪拏通州惡人……六一六
十八　斥逐不肖官員……六一六
十九　禁約管糧官科歛……六一七

二十　拏問科尅羨耗署印州同……六一八
二十一　禁解捆委官擅取貨物……六一九
二十二　知縣被論小民報怨行署印官禁諭……六二〇
二十三　申飭鄉約勸懲善惡……六二〇
二十四　地方災荒行撫屬賑粥……六二一
二十五　刊刷練兵書冊發營習練……六二二
二十六　發三眼鎗與沿海各營操練……六二二
二十七　行各營置旗鼓……六二三
二十八　考試旗牌聽用……六二四
二十九　委官點選營兵……六二四
三十　挑選精兵援西……六二五
三十一　選補新兵驗中開糧事故糧銀扣解貯庫……六二六
三十二　行泰州蓋營房……六二七
三十三　查征西回兵私賣……六二八
三十四　拏問狼山中軍將官……六二八
三十五　申諭坐營都司……六二九

三十六　申明捕盜賞格……六三〇
三十七　申飭捕快不許私下徑拿賊犯拷打……六三一
三十八　給牌隔省緝拏賊盜……六三二
三十九　訪拿鹽盜窩主……六三二
四十　發問強盜窩主……六三三
四十一　朝會屆期申飭防禦賊盜……六三三
四十二　行令淮徐兵備駐箚淮安……六三四
四十三　又令淮徐兵備專駐淮安彈壓……六三五
四十四　責成江防總巡同知并參將協拏江洋大盜……六三五
四十五　責成徐州參將緝捕強盜……六三六
四十六　申飭緝捕奸細防護糧運……六三七
四十七　申飭嚴防逆黨……六三八
四十八　分布官兵防緝逆賊……六三八
四十九　續獲逆賊奸細申飭道府防守……六三九
五十　逆賊謀亂調兵防禦……六四〇
五十一　逆犯餘黨發配……六四一

五十二　釋放逆犯脅從……六四一
五十三　解逆犯赴京行道府撥兵防護……六四二
五十四　議徐州改府及潁州道屬地方廣闊應否再分一道……六四三
五十五　申嚴獄禁……六四四
五十六　申飭獄禁……六四四
五十七　清理監犯……六四五
五十八　行三道置循環簿……六四六
五十九　申飭倒換循環不得違季赴比……六四七
六十　申飭吏書比較不許雇人代替……六四八
六十一　知會出巡事宜……六四九
《撫淮小草》卷之十三……關西道甫李三才著……六五三
第十四冊　牌劄……六五三
一　禁止假倚內監查稅擾民……六五三
二　行查清丈蘆洲惡棍裘廣等……六五四
三　行道查跟隨復丈蘆洲內監手下人役……六五五
四　侵越鈔關會題停免……六五五

五 河道錢糧不得搜括解進……六五六
六 回稅監不得參奏府官……六五七
七 知會停稅……六五八
八 查究首領官誤犯鹽監……六五九
九 禁立私稅……六六〇
十 祈晴……六六一
十一 祈雨……六六二
十二 申飭武官不許受詞……六六二
十三 禁分司官不許受詞……六六三
十四 申飭誣告……六六四
十五 禁白蓮無爲等教……六六四
十六 禁止揚州妖巫……六六五
十七 查涿州賊犯……六六六
十八 緝拿打劫過客強盜……六六六
十九 申飭馬兵……六六七
二十 取大察賢否……六六八

二十一　議留朝　覲正官……六六九
二十二　催朝　覲官事畢回任……六七〇
二十三　清查解京錢糧……六七一
二十四　行查海門生員侵占官地……六七二
二十五　行有司保護被逮馮鄉宦家屬……六七二
二十六　查宿州封筒內匿名揭帖……六七三
二十七　河工做工徒犯原解……六七三
二十八　塞黃堌濬故道……六七四
二十九　查各院贓罰解助河工……六七五
三十　禁諭運船夾帶……六七六
三十一　查漕庫預備造船……六七七
三十二　行潁道馳赴鳳陽安戢……六七七
《撫淮小草》卷之十四……關西道甫李三才著　六七九
第十四冊　告示……六七九
一　禁約有司營衛條件……六七九
二　應恤應禁軍令……六八二

三　禁諭坐營官兵……六八四
四　斥逐不肖官員……六八五
五　申明出首盜贓……六八五
六　禁約泰州生員……六八六
七　禁生員囑託……六八六
八　禁通州匿名豎旗……六八七
九　禁止誣告……六八八
十　禁諭里甲供應……六八九
十一　安撫遺稅商民……六八九
十二　安撫蘆課佃戶……六九〇
十三　嚴禁棍徒查洲嚇詐……六九〇
十四　禁諭棍徒詐冒丈洲……六九一
十五　安撫舒城合肥二縣因稅監提人鼓噪……六九一
十六　嚴禁奸民指礦訐害……六九二
十七　禁諭陳監委官打詐……六九三
十八　安撫稅監侵擾淮揚商民……六九三

十九　奉　旨停罷礦稅……六九四
二十　被論留守毆打知府安撫地方……六九五
《撫淮小草》卷之十五……關西道甫李三才著……六九七
第十五冊　批詳……六九七
一　淮徐道……六九七
二　揚州道……七〇四
三　潁州道……七一五
《撫淮小草》卷之十五……關西道甫李三才著……七二三
第十六冊　批詳……七二三
四　廬州府……七二三
五　鳳陽府……七二四
六　淮安府……七二七
七　揚州府……七三〇
八　各州縣……七四〇
第十六冊　序跋……七四六
一　董基〈讀李道甫《撫淮小草》〉……七四六

二　沈漼〈讀《撫淮小草》〉……七四七
三　楊洵〈《撫淮小草》跋〉……七四七
四　徐鑾〈《撫淮小草》後跋〉……七四九

## 附錄　增補未收序跋十一篇……七五三

一　顧憲成〈中丞脩吾李公《漕撫小草》序〉……七五五
二　湯顯祖〈讀《漕撫小草》序〉……七五七
三　趙南星〈《漕撫小草》序〉……七五九
四　陳懿典〈《撫淮小草》序〉……七六一
五　葉向高〈中丞李公《撫淮疏草》序〉……七六五
六　李三才〈《漕撫摘草》自敘〉……七六九
七　薛近兗〈《漕撫摘草》敘〉……七七一
八　趙參魯〈《漕撫小草》敘〉……七七五
九　于慎行〈李中丞《撫淮奏草》敘〉……七七九
十　于若瀛〈《漕撫疏序》跋〉……七八三
十一　鮑應鰲〈《漕撫疏草》序（代）〉……七八五

參考文獻……七八九

# 點校版本暨體例文獻說明

一、本書以原「東京帝國大學附屬圖書館」（今名「東京大學總合圖書館」）典藏〔明〕萬曆刊本李三才（一五五二～一六二三）《撫淮小草》十五卷二函十六冊爲底本，據典藏印記，此書登記於「大正十三年」（一九二四）編號「文5905」，即關東大地震後之次年，原藏「東洋史研究室」，未受總館震災波及損毀；嗣於「昭和七年」（一九三二）始移送總館，著錄於「東京大學總合圖書館漢籍目錄」，編號爲：「東大總G30-546」，封面右下角書記：「30 / 546」，四部分類爲「史部・詔令奏議之類・奏議之屬」。

二、復據嚴紹璗（一九四〇～二〇二二）編著：《日藏漢籍善本書錄》（北京：中華書局，二〇〇七年三月北京第一版，上中下全三冊），上冊《史部・奏議詔令類》，頁五〇四右上，「《撫淮小草》十五卷」下，著錄曰：「〔明〕李三才撰。明萬曆年間（一五七三～一六二〇年）刊本，共十六冊，東京大學總合圖書館藏本。【按】卷首有明萬曆三十年（一六〇二）〈序〉。」而實際上，卷前有萬曆三十年（一六〇二）祝世祿（一五四〇～一六一一）、朱吾弼（生卒年不詳）與陳璧（生卒年不詳）序三篇，以及萬曆二十八年（一六〇〇）李三才自敘一篇。卷末有董基（一五五四～？）〈讀李道甫《撫淮小草》〉、沈潅（？～一六二四）〈讀《撫淮小草》〉兩篇讀記；楊洵（一五五九～一六二七）〈《撫淮小草》跋〉、徐鑾（？～一六一四）〈《撫淮小草》後跋〉兩篇跋記，覽讀各篇序、跋，李三才編刻本書旨趣已然彰明較著。書末附錄增改未收敘跋十一篇，補遺供參。

三、本書版面長約二十九公分，寬約十九公分；正文內頁長約二十三公分，寬約十六公分，天頭四公分，地腳二公分。序跋版心上書標題，雙魚尾下記頁次，每頁各六行，每行約十二字上下之間，每行寬二點五公分。正文每卷首行爲書題，次行署「關西道甫李三才著」；版心上書「撫淮小草」標題，雙魚尾下記卷次與頁碼，每頁各九行，楷書雕版，每行約十六字上下之間，每行寬一點五公分。

四、本書卷首前扉頁，鈐有正方陽文篆印一方：「東京帝國大學圖書印」；首篇祝世祿〈李中丞公《撫淮小艸》序〉文下，鈐有一方「祖唐讀過」陰文正篆，惟經多方考查，無法知悉「祖唐」究係何人？至於本書如何自中國東傳日本，而終歸藏於「東京大學」，復經諮詢館方、文獻學者，亦未能明確考知，猶俟將來。

五、承蒙揚州大學文獻學專業好友傅榮賢（一九六六～）教授協助檢索清查，並未發現其他館藏，應可斷爲宇內孤本，爲存眞此一遺珍古籍原貌，全文皆以傳統繁體字點校注釋，提供學者參閱研究，以期彰顯此書的文獻意義與學術價值。

六、本書點校注釋，皆加上新式標點，並分別段落；凡文中有平抬（單抬與雙抬）以尊尚者，皆空一格爲示；凡文中題疏自稱「臣」，字皆縮小側書，顧及版面字體大小一致，本書俱不另作標示。

七、本書前序四篇、後序二篇、後跋二篇，或書以行草，或書以行楷；本書則以正體楷書，釋文刊行，偶有筆法流利瀟灑，或印刷脫漏漫漶，難以辨識文字，則標以□以示缺字、加注以示疑斷，並盡力推敲釋疑解惑；此外，文中凡有生難字詞、古今異體，以及相關術語專名者，皆於首見時，一律加注說明，並改以通行用字，以資理解，提供參考。

八、凡本書中所見人物，其有史傳、方志或相關文獻，可以考知其生平事略者，一律加注引述，提供參考；其生平不詳，考察無著者，例不加注，以免累贅。

九、本書前序、目錄、各卷疏議與後序跋文，原無冊次、篇目序號，皆於校注新編「目次」另加冊次、篇目序號，以醒眉目，以便省覽；並於「目次」各疏議之後，附加年月日，以利查考。原書卷前目錄已依原貌，列次於本書各序之後，並加案說明，提供參照。

十、本書點校注釋文字中，凡書名號，皆標作《……》；凡篇名號，皆標作〈……〉；書、篇名連用，則標作《……·……》；朝代名，作〔…〕。此外，凡注釋引見古今人名，其有生卒年可考者，一律加注於其姓名之後；帝王傳統廟號、紀年，以及相對應的「公元年」，亦一併標示，以利參考對照。

# 導論

## 一　前言

筆者因緣指導臺北「東吳大學中國文學系」博士班簡毅銘學棣撰寫完成《明末清初儒者經世致用之道》學位論文（二〇〇九），因研究需要，知悉日本東京大學總合圖書館，典藏有明萬曆刊李三才（字道父、道甫，號修吾，一五五二～一六二三）撰著《撫淮小草》孤本；因此，申請專題研究計畫：「東京大學典藏明萬曆刊本李三才《撫淮小草》研究」（MOST 104-2410-H-003-103 -，二〇一五年八月一日至二〇一六年七月三十一日），期望能將此遺珍於東瀛的難得孤本文獻，整理點校，公諸於世，此書即是此一計畫的具體研究成果。期間，經由臺灣師大同仁藤井倫明、金培懿教授賢伉儷的牽線聯繫，渥蒙日本東京早稻田大學永富青地教授熱心協助申請複印全書，筆者並於二〇一六年一月二十二日（星期五）至三十一日（星期五）親訪東京大學總合圖書館借閱，幸得該校東亞思想文化專攻的廖娟博士生（二〇一九深造學成，二〇二〇年獲聘天津南開大學哲學院任教）積極周旋順利，圓滿複核於該館一樓「南葵文庫」大閱覽室；同時，敦請至交好友揚州大學文學院傅榮賢教授代爲檢索海內外相關典藏，竟然發現僅此一處，別無他藏，顯係宇內孤本，彌足珍貴。根據筆者檢索與了解，中外學界對於李三才及其《撫淮小草》的研究成果並不豐富，而有關李三才的傳世資料除《撫淮小草》外，尚有以下四種：

（一）〔明〕李三才撰：《漕撫摘草》刻本二十卷六冊，北京：中國國家圖書館南區善本閱覽室典藏（ID號：008362272，索書號：19693），唯出版者與出版地均不詳。版框二十二點八公分×十五點三公分，每頁九行、每行十八字，白口，四周雙邊，從序文「萬曆戊申」落款時間，可知爲萬曆三十六年（一六〇八）後刊印，目前僅見三篇序文，正文全帙猶俟來日親往借閱，再核對二書內容異同。

（二）李三才撰并書，明刻墨拓本「李三才詩」一幅（三十二公分×七十七公分），字體爲正書，詩爲五律，明無年月，臺北：國家圖書館典藏。（註一）

（三）〔明〕陳子龍（一六〇八～一六四七）等編：《皇明經世文編》，第二十六冊，《李修吾集》（案：李三才，號修吾），據〔明〕崇禎間平露堂刊本影印，臺北：國聯圖書出版公司印行，一九六四年。

（四）〔明〕李三才編：《李何二先生詩》，四十八卷，〔明〕萬曆三十年（一六〇二）刻本，十行二十字，白口、左右雙邊，北京：中國國家圖書館善本特藏部。另有北京大學圖書館典藏，著錄爲李三才輯校《李何二先生詩集》，線裝四十八卷、十六冊、三函。（註二）

案：《李何二先生詩集》即明儒李夢陽（字獻吉，一四七三～一五三〇）、何景明（字仲默，一四八三～一五二一）二家詩集。本刻版卷前，爲李三才〈合刻李何二先生詩序〉，序題天頭有「張」朱文篆印一方，不知何人？序題下有「李氏（朱文）臧（藏）書（白文）」陰陽合珠篆文典藏印記，當是李三才家藏鈐章。特鈔釋並新式標點序文如下，提供研究參考：

「詩言志，歌永言」，古三百篇皆貞臣、思婦、志士、勞人，抒其幽憤，而寫其性靈。故有實際，而後有獨知；有獨知，而後有深語，非苟焉已也。

明興以來，人文蔚盛，而北地信陽，並以詩崛起，可法可傳，蓋深得風人之旨云。余每誦其詩，想見其人，屬新安吳子（註三）合刻其集，而請序於余。余則謂：「二公之詩，二公之人爲之也。獻吉疏論壽寧，力排逆瑾，再摧再仆，其氣益增；而仲默則上書政府，援獻吉而出之厄，卻廖中貴之千金，不以不義蠛其友。嗟嗟！若二公者，豈徒在詞章、技藝間哉？李詩沉著悲壯，何亦俊逸清新，要皆根于公忠節孝；經以險阻艱難，自吐肺腸，發之口吻，調雖不同，而其存君謀國之深心，感時閔世之至意，則固如出一轍矣！夫唐詩名家並稱『李、杜』，少陵則許身稷契，一飯不忘君；供奉諷議人主，氣折大璫，比之二公，事頗相類。前有『李、杜』，後有『李、何』，今茲之刻，豈不然哉？若乃不本性情，不由實際，字櫛句比，爭妍鬬華，甲可移之乙，尾不顧其首，間有一二可誦，亦祇流連光景、依違雲樹而已。乃遂嘵嘵號於眾，曰：『我能詩，我能詩，出李、何上。』非不示艷一時，百世而下，自有具隻眼者，其誰與之？然則，今之學詩者，尚以李、何爲法哉？學李、何詩者，尚以李、何之人爲法哉？若曰：『吾爲詞章、技藝而已。人何必李、何？』恐詩必不李、何，何也？以非三百篇旨也。於戲！不有二公，少陵、供奉，幾爲絕響也已。」

萬曆壬寅秋月，關中李三才道甫，書於海陵官舍。

序文最後，各鈐有二方朱文篆印：「御史中丞」、「名余曰三才兮字余曰衜父（道甫）」。從此序文，可知李三才對於李夢陽、何景明二家詩及其德業之景仰推崇。而中外學者有關李三才的研究發表成果（依刊印時間後先爲序），經檢索約有以下十二種，可以提供研究觀照與參考：

（一）廖筱慧：《明儒李三才《撫淮小草》研究》，臺北：國立臺灣師範大學國文學系碩士學位論文，賴貴三教授指導，二〇一八年，頁一～二〇一。

（二）賴貴三：〈明儒李三才及其傳世文獻考查紀要〉，《澳門文獻信息學刊》，二〇一六年第二期（總第十七期），二〇一六年八月，頁一～十四。

（三）賴貴三：〈明儒李三才及其《撫淮小草》考略〉，臺北：《國語日報．書和人》，二〇一五年八月。

（四）趙承中：〈《石匱書．逆黨列傳》「李三才」辨正〉，中國：《文獻》，二〇一〇年一月，頁一七五～一七七。

（五）邱雯惠：《晚明的輿論——李三才個案的研究（一五九三～一六二三）》，臺灣桃園中壢：國立中央大學歷史研究所碩士學位論文，吳振漢教授指導，二〇〇五年一月，頁一～一七九。

（六）邱雯惠：〈晚明李三才行止考論〉，臺北：《臺灣師大歷史學報》，第三十四期，二〇〇五年十二月，頁五九～九六。

（七）殷勇：〈《明史．李三才傳》勘誤三則〉，中國：《陝西史志》，二〇〇四年十月，頁五十四～五十五。

（八）蔡瑞霞：〈論淮撫李三才〉，《溫州師範學院學報》（哲學社會科學版），第二十卷第四期，一九九九年八月，頁二十八～三十二。

（九）小野和子：《明季黨社考——東林黨と復社》，收入《東洋史研究叢刊》之五十，京都：同朋舍，一九九六年二月，頁二八三～三三三。其中，第五章〈東林黨和李三才〉，公認爲歷來較爲詳盡的李三才研究論著。

（十）周忠泉：〈李三才與東林黨新論〉，《史苑》，第五十一期，一九九〇年十二月，頁三十一～六十。

（十一）林麗月：〈李三才與東林黨〉，臺北：《臺灣師大歷史學報》，第九期，一九八一年五月，頁九十五～一一〇。

（十二）小野和子：〈東林黨考（一）——淮撫李三才をめぐって〉，《東方學報》，第五十二冊，一九八〇年三月，頁五六三～五九四。

因此，筆者就目前掌握研閱的相關研究文獻，爬梳整理李三才生平事略，並編輯簡要年表，以架構其生命進程與學術發展的系譜，作爲知人論世的準據；其次，分別檢視《撫淮小草》版式、序跋及卷目，並就其中撰述內容，提要鉤玄，以爲學者探賾索隱、辨章考鏡的資佐鑒察，冀盼開張先賢李三才的潛德幽光。

## 二　知人論世：李三才生平事略與大事年表

### （一）生平事略

根據《明史・李三才列傳》與周駿富（一九二四～二〇一七）所編《明人傳記資料叢刊》：李三才（一五五二～一六二三），字道甫，號修吾，明朝萬曆大臣，生於明世宗嘉靖三十一年（一五五二），卒於明熹宗天啓三年（一六二三）十月，享壽七十有二歲。世代爲武功右衛軍籍，陝西臨潼人。（註四）因其祖父調衛燕京，其父移家至順天府通州（北京通縣），於張家灣定居（今北京市通州區東南）。（註五）世無顯人，其父李某（?～一五九一），字德潤，號次泉，原爲儒生，後因落第而棄儒從商，於市街中從事賣布的生意。（註六）

李三才登萬曆二年（一五七四）進士，列二甲七十名，授戶部主事，歷任山東僉事、河南參議、大理少卿、郎中、御史中丞；與南樂魏允貞（一五四二～一六〇六）、長垣李化龍（一五五四～一六一一）以經濟相期許。（註七）於萬曆二十七年（一五九九）至萬曆三十九年（一六一一）期間，奉旨擔任「總督漕運兼提督軍務巡撫鳳陽等處兼管河道」，爲明朝漕運事務的高級官員。

李三才有詩才，錢謙益（一五八二～一六六四）《歷朝詩集小傳》錄有其傳，陳田（生卒年不詳）《明詩紀事》卷十一、朱彝尊（一六二九～一七〇九）《明詩綜》卷五十二，都收有其詩。李三才在管理漕務時，又有一本記載自己言行的《撫淮小草》（或作《漕撫小草》），陳子龍（一六〇八～一六四七）主編的《明經世文編》卷四二一，也選錄了其中六篇奏稿。再者，明儒顧憲成（一五五〇～一六一二）《涇皋藏稿》卷六，收錄〈中丞修吾李公漕撫小草序〉；湯顯祖（一五五〇～一六一六）《湯若士小品》與《湯顯祖詩文集》，都收有〈讀漕撫小草序〉；趙南星（一五五〇～一六二七）《味檗齋文集》卷五，錄有〈漕撫小草序〉；陳懿典（一五五四～一六三八）《陳學士先生初集》卷三，載有〈撫淮小草序〉；葉向高（一五五九～一六二七）《蒼霞草》卷六，收錄〈中丞李公《撫淮疏草》序〉。此外，《漕撫摘草》卷前收錄有李三才〈《漕撫摘草》自敘〉、薛近兗（一五六九～一六二一）〈《漕撫摘草》敘〉與趙參魯（一五三七～一六〇九）〈《漕撫小草》敘〉，文秉（一六〇九～一六六九）《定陵注略》卷九，收有《淮撫始末》，都可以提供研究參考。又根據孫承澤（一五九二～一六七六）《畿輔人物志》與孫奇逢（一五八四～一六七五）《畿輔人物考》都記載李三才：

嘗語其子：「身歿之日，用柳木棺一具，牛車載出，一效張湯故事，亦足悲矣。」公歿後，壙無志，墓無碑，所著《無自欺堂稿》、《雙鶴軒集》、《誡（戒）恥錄》（註八）諸書，無一存者。

此外，據朱彝尊《明詩綜》，以及光緒五年（一八七九）《通州志》卷八〈人物志．鄉賢．李三才傳〉記載，李三才還著有《灼艾集》、《無自欺堂稿》與《鶺鴒（軒）詩集》等，又有《永慕錄》著目，可惜現均不存。以下根據相關史載文獻資料，編輯李三才生平大事年表，扼要簡述，提供參考。

## （二）大事年表

**世宗嘉靖三十一年（一五五二）壬子　一歲**

誕生。武功右衛籍，陝西西安府臨潼縣人。

**神宗萬曆二年（一五七四）甲戌　二十三歲**

以二甲第七十名考中進士，（註九）從而「束髮登朝」，（註一〇）授戶部主事。不久，又升爲郎中。期間，與同僚魏允貞（一五四二～一六〇六）、李化龍（一五五四～一六一一）相結交，並成爲終生摯友。他們都是年輕氣盛，初涉仕途，想大顯一番身手，於是相互鼓勵，以經濟名世相期許。

**萬曆六年（一五七八）戊寅　二十七歲**

四月，除授戶部山東司主事。（註一一）

**萬曆九年（一五八一）辛巳　三十歲**

正月，奉欽依候裁。

二月，塡補本司主事。

十二月，陞本部雲南司署員外郎事主事。

**萬曆十年（一五八二）壬午　三十一歲**

九月，實授。

**萬曆十一年（一五八三）癸未　三十二歲**

二月，陞本部山西司署郎中事員外郎。

三月，降調山東東昌府推官。

七月，陞南京禮部祠祭司主事。

御史魏允貞看不慣閣臣張四維、申時行（一五三五～一六一四）的兒子在科舉中都題名金榜，疏劾張、申「不當以甲第私其子，蹈故相張居正覆轍」。（註一二）結果受到嚴旨切責，並左遷外官。李三才爲此十分不平，站出來替魏允貞辯護，同樣也被降職爲山東東昌推官；在東昌任內，李三才雷厲風行，治尚威嚴，頗得民心，以致「二十年後，民猶思之」。（註一三）從此，在朝野中聲名大振。

不久，升任南京禮部郎中，恰好與魏允貞、李化龍、鄒元標（一五五一～一六二四）等意趣相投的知己，都在南京任職，於是「相與講求經世務，名籍甚」。（註一四）隨後幾年，李三才仕途屢有升降，任過山東僉事、河南參議，進爲副使，先後兩次管理山東、山西學政，最後被提拔爲南京通政司參議，召任大理寺少卿。其後被謫十數年，經歷雖然坎坷，但「道甫意甚樂也」，從而獲得東林黨領袖顧憲成（一五五〇～一六一二）的賞識，被譽爲「言足以犯當世之忌，而無其險；功足以爲端人正士之偉，而無其奇；風足以廉頑直儒流映千載，而無其高」。（註一五）

**萬曆十二年（一五八四）甲申　三十三歲**

十一月，陞本部儀制司署郎中事主事。

**萬曆十五年（一五八七）丁亥　三十六歲**

二月，陞山東按察司僉事。

**萬曆十六年（一五八八）戊子　三十七歲**

閏六月，陞河南布政司右參議。

**萬曆十七年（一五八九）己丑　三十八歲**

十二月，陞河南按察使副使。

**萬曆十九年（一五九一）辛卯　四十歲**

閏三月，調山西按察司副使，提督學校。

**萬曆二十年（一五九二）壬辰　四十一歲**

五月，因病具奏，回籍調理。

**萬曆二十一年（一五九三）癸巳　四十二歲**

引發閣部衝突。

**萬曆二十三年（一五九五）乙未　四十四歲**

五月，起山東按察司副使，提督學校。

六月，內陞南京通政司右參議。

**萬曆二十六年（一五九八）戊戌　四十七歲**

九月初六日，陞大理寺右少卿。

十二月十日日，到任。

**萬曆二十七年（一五九九）己亥　四十八歲**

閏四月，內轉左少卿。

以右僉都御史總督漕運，巡撫鳳陽諸府。時礦稅使四出，再疏陳礦稅之害，踰月未報；又上言，亦不報。（註一六）

由於對礦稅事件屢次上疏直諫，引起士林矚目。（註一七）礦稅事件之後，聲勢逐漸爬升，不但在抑制礦稅上的績效受到肯定，更因其直諫的形象與正面的評價，成爲當時輿論的重心。此時，朝野水火之勢已大體形成，播州、朝鮮戰火連綿不斷，萬曆又置朝政於不顧，派遣大量礦監稅使，搜括民脂民膏，以供自己揮霍，舉國怨聲載道。其中，陳增尤爲橫暴和貪婪，甚至侮辱各級官吏，李三才看透種種官僚弊病，抱定自幼銘刻在心的「治國平天下」願望，視「富貴功名都如夢幻」，（註一八）對於陳增的貪暴，一方面利用手中的權力與之周旋，裁抑陳增的幫凶爪牙，盡量減輕礦監稅使可能造成的危害，安撫受到騷擾的百姓市民；同時，對於那些因不堪忍受礦監稅使凌辱，以及地方官員剝削而反抗的百姓，也毫不留情地加以鎮壓。

**萬曆二十八年（一六〇〇）庚子　四十九歲**

浙江人趙一平（古元）自稱宋室後代，在徐州聯絡孟化鯨、馬登儒等，欲在二月起義，結果謀事不愼，爲李三才捕獲。李三才深知造成地方不安局面的根源，在於皇帝的貪婪，於是連連上疏陳述礦監稅使給地方帶來的危害，要求萬曆停止遣派。但萬曆對於這些正當呼籲視而不見，聽而不聞，李三才以十分激烈的措詞再次向萬曆上疏：「陛下愛珠玉，民亦慕溫飽；陛下愛子孫，民亦戀妻孥，奈何陛下欲崇聚財賄，而不使小民享升斗之需，欲綿祚萬年，而不使小民適朝夕之樂。自古未有朝廷之政令、天下之情形一至於斯，而可幸無亂者。」萬曆仍無動於衷，這份奏疏也被擱置一月有餘。於是，李三才上疏更尖銳地指出：「一旦眾畔土崩，小民皆爲敵國，風馳塵騖，亂眾麻起，陛下塊然獨處，即黃金盈箱、明珠塡屋，誰爲守之？」也沒有得到萬曆皇帝的任何回音。

## 萬曆三十年（一六〇二）壬寅　五十一歲

帝有疾，詔罷礦稅，俄止之。三才極陳國勢將危，請亟下前詔，不聽。（註一九）

萬曆突然得病，自以爲快要駕崩，曾下詔召回礦監稅使，改革一切弊政。但次日清晨，又突然復元而後悔，將已下達的詔令手諭，硬從閣臣手中搶了回來。李三才得知此事後，再上疏告誡這種危險的狀況，仍如泥牛入海。

當時運河清口一段河水乾涸，阻隔了船隻來往，需要開浚並建立新閘。李三才對整個工程進行盤算，大約要花費二十萬兩白銀才能完工，明廷無力支出這筆鉅款，他就請朝廷留下北運的漕粟暫時用作工費。這一建議遭到戶部督儲侍郎趙世卿反對，計畫無法實現，李三才便提交辭呈，早就對李三才不滿的萬曆皇帝，自然不假思索就批允了。

淮揚巡按御史崔邦亮，巡漕御史李思孝，給事中曹于汴，御史史學遷、袁九皋，都紛紛上章要求挽留李三才，其中史學遷更直截了當地指出：「陛下以陳增故，欲去三才，托詞解其官。」萬曆皇帝心虛，又不願收回成命，只好不予理睬。李三才不得不離開鳳陽到了徐州，上疏催請萬曆皇帝另外選派替代官員，也沒有得到回音。恰好此時趙世卿職位由另一個侍郎謝傑代替，謝傑也向萬曆皇帝上疏挽留李三才，萬曆皇帝迫於無奈，又找到了下臺階，於是命令李三才仍在原任供職，直到新任命的接替者到來，但始終沒有派出接替人選。

李三才對礦監稅使深惡痛絕，屢次上疏請求罷除都毫無結果。於是，他開始採取一些積極的對策，打擊在他轄區內作威作福的陳增及其爪牙。他暗地裏留意礦監稅使的爪牙中，哪些最爲貪暴，買通死囚在受審招供時，引這些爲害最深的爪牙爲自己的同黨，然後將他們一一捕殺，從而使得陳增及其追隨者大爲喪氣，不得不略爲收斂。這種隱蔽的打擊活動，一直進行到萬曆三十二年陳增死去才停止。

李三才還不斷上疏力陳己見。如萬曆三十年，因得龍孫，歡喜下詔頒佈撤併礦稅等弊政，但在地方上卻毫無執行的跡象。李三才認爲這與內閣首輔沈一貫的執行不力有關，上疏陰詆沈一貫，從中作梗，「而致新政阻格」。由於李三才的政見，如推補空缺官員、罷遣礦監稅使等，都與當時東林黨人看法相同；而且與東林黨領導人顧憲成是至交，深得信任；也常常站在東林黨立場，爲東林人物辯護，如曾上疏：「諸臣只以議論意見一觸當塗，遂永棄不收，要之於陛下無忤。今乃假天子威以錮諸臣，復假忤主之名以文己過，負國負君，罪莫大此。」實際上是爲顧憲成、高攀龍（一五六二～一六二六）等在東林書院講學作辯護，同時也暗斥輔臣沈一貫等當政者假公濟私、打擊報復等不法行爲。

李三才在淮徐一帶治理漕政，巡撫鳳陽諸府長達十三年之久，狠狠打擊陳增等礦監稅使的威風，實行不少恤民的惠政，深得百姓擁護，名聲漸漸遠揚，晉擢至戶部尚書。

**萬曆三十一年（一六〇三）癸卯　五十二歲**

九月，復疏，亦不報。既而，睢州盜就獲，三才因奏行數事，部內晏然。（註二〇）上書反映上天有變，以示警告；官員離心離德，睢州又有巨盜，請示免徵賦稅，以緩解人民困苦，結果又被權奸截而不報。不久，睢州大盜被擒，一方安定。

歙縣人程守訓，一貫依附稅監惡使陳增而任意妄爲。李三才不畏權勢，對他進行揭發檢舉，查出贓款數十萬，並且查獲他擅自超出規定，使用帶有龍紋的衣服器物，嚴拿治罪，使其伏法，遠近大快人心。

**萬曆三十三年（一六〇五）乙巳　五十四歲**

乙巳京察事件，使閣部衝突愈演愈烈，言路的爭議，也因派系心結而日益嚴重。

**萬曆三十四年（一六〇六）丙午　五十五歲**

皇孫生。詔併礦稅，釋逮繫，起廢滯，補言官，既而不盡行。三才疑首輔沈一貫泥之，上疏陰詆一貫甚力。帝得疏，震怒。嚴旨切責，奪俸五月。（註二一）

**萬曆三十五年（一六〇七）丁未　五十六歲**

因請盡撤天下稅使，帝不從，命魯保兼之。是時顧憲成里居，講學東林，好臧否人物。三才與深相結，憲成亦深信之。朝中缺官嚴重，三才嘗請補大僚，（註二二）選科道，錄遺佚。意爲憲成諸人發聲。已，復極陳朝政廢壞，請帝奮然有爲，與天下更始。且力言遼左阽危，必難永保狀。帝皆置不省。會內閣缺人，建議者謂不當專用詞臣，宜與外僚參用，意在三才。及都御史缺，需次內召。由是忌者日眾，謗議紛然。（註一三）至此，已頗具政治實力的李三才，進而成爲在野士人推舉的熱門人選，更捲入朋黨派系的角力之中，自此成爲朝臣互相攻訐的引爆點。

## 萬曆三十七年（一六〇九）己酉　五十八歲

正月，加戶部尚書。十二月十八日，工部郎中邵輔忠上疏參劾李三才，謂其「大奸似忠，大詐似直」，列具「貪、僞、險、横」四大罪，御史徐兆魁繼之。三才四疏力辨，且乞休。朝端聚訟，迄數月未已，而帝皆不省。三才亦力請罷，疏至十五上。久不得命，遂自引去。帝亦不罪也。（註一四）

李三才身爲東林黨中的重要人物，深爲當時在朝浙黨等反對派人物所忌恨。於是，紛紛上疏彈劾李三才，如工部郎中邵輔忠攻擊李三才是「大奸似忠，大詐似直」，又一一列數李三才「貪、僞、險、横」四大罪狀。御史徐兆魁又繼之猛烈詆劾李三才。按照常例，一旦受到彈劾，官員就得辭職迴避，等待皇帝的最終裁決。但李三才不僅沒有這麼做，反而「盛氣陳辯，不自引去」，（註一五）從而引來更多非議與更深敵意。面對這種複雜的情況，李三才無能爲力，只好請求罷職。他一連上了十五次辭職疏章，都沒有得到回音，他就不等萬曆允許，自動離職卸任，回到通州定居，結果對什麼事都興趣索然的萬曆，竟也沒有爲此責罰他。

## 萬曆三十八年（一六一〇）庚戌　五十九歲

朝中御史喬應甲兩疏力訐，舉列李三才「十貪五奸」之說，正反黨論交相攻防，言路爭議不斷。（註二六）東林黨顧憲成貽書大學士葉向高，爲當時的撫淮李三才辯護，力稱三才廉直，又貽書孫丕陽力辨之。御史吳亮素善三才，即以兩書附傳邸報中，由是議者益譁，致使朝野互訐，朋黨傾軋；其後，南北言官疏論李三才者，長達數月之久。（註二七）

顧憲成不顧輿論喧嘩，分別寫信給輔臣葉向高和掌握吏部銓選大權的孫丕揚，一方面爲李三才辯白，一方面極力稱讚李三才廉直可用，而這兩封信爲好事的吳亮附載在邸報上，在朝野廣爲流傳，結果更使輿論大譁，反對者引以爲據，更加起勁攻擊李三才，如喬應甲甚至列出李三才「十貪」、「五奸」的罪狀，進而發展到攻擊整個東林黨。當時爲李三才辯護的人也不少，除顧憲成外，還有胡忻、曹于汴、段然、史學遷、史記事、馬孟禎、王基洪等。情勢如此發展，從而李三才任用與否的問題，實質上演變成爲一個東林黨與浙黨等反對黨之間的黨爭問題，並且成爲萬曆朝東林黨與反對黨之間最爲激烈的一次直接交鋒。錢謙益對此曾評論道：李三才一事，導致「物議旁午，飛章鉤黨，傾動朝野。從此，南北黨論，不可復解，而門戶之禍，移之國家矣」。（註二八）

## 萬曆三十九年（一六一一）辛亥　六十歲

辛亥京察前夕，李三才雖自行以病引去，然言路之間衍生的派系攻防，卻因隨即而至的京察糾紛，持續延燒，並未稍減。

李三才離任回籍之日，淮徐一帶百姓「老幼提攜，塡街塞巷，擁輿不得行。已而相與頂輿號泣，一步一籲，及抵舟，又挾兩岸號泣，奪纜不得行」。（註二九）其後，淮徐一帶百姓爲了紀念李三才，集資修建生祠，「聚族爲之肖像其中，朝夕起拜於其下不絕」。

李三才致仕返家後，仿效顧憲成、高攀龍等在東林書院講學授徒，也在家鄉置辦雙鶴書院，並講學其中。《明史．李三才傳》評論他：「才大而好用機權，善籠絡朝士，撫淮十三年，結交遍天下。性不能持廉，以故爲眾所毀。」他也曾對顧憲成說過自己：「恥效俗人飾邊幅，裝格套於青天白日之下，作鬼魅技耳。」（註三〇）

**萬曆四十二年（一六一四）甲寅　六十三歲**

御史劉光復上疏彈劾李三才，盜用皇木和侵占公地營建私第，並且暗地控制銓部推舉之權。李三才上疏陳辯，請求派人查核。（註三一）不久，其他忌恨李三才的人也紛紛加以詆毀，其中有李三才一手提拔的李徵儀、聶心湯，爲此十分傷心憤怒，更加堅決請求會勘。萬曆遂命李徵儀及吳亮嗣，前往勘問。

**萬曆四十三年（一六一五）乙卯　六十四歲**

御史劉光復坐事下獄。三才陽請釋之，而復力爲東林辯白。疏入，眾益恨之。（註三二）首劾李三才的劉光復因犯事被關進監獄，李三才表面替劉求情，要萬曆釋放他，暗裏卻竭力爲自己和東林黨辯白。同時，又寫信給閣臣方從哲，公開指斥他「必欲置僕於死地」。（註三三）這一切更引起眾人的不滿，會勘結果自然是不利於他，仍以劉光復所陳的事實送呈萬曆，萬曆至此毫不客氣將李三才落職爲民。

**萬曆四十四年（一六一六）丙辰　六十五歲**

十一月，落職爲民，（註三四）仕途就此結束。

**熹宗天啟元年（一六二一）辛酉　七十歲**

新興的後金政權努爾哈赤（一五五九～一六二六）不斷騷擾東北邊疆，戰爭激烈，遼東告急。御史房可壯（一五七九～一六五三）請求起用李三才。「有詔廷臣集議，通政參議吳殿邦力言不可用，至目之爲盜臣。御史劉廷宣復薦三才，帝是其言，即欲用三才，而廷議相持未決。議竟不決，事遂寢。」（註三五）

於是，圍繞著李三才可用與否，又掀起一場軒然大波，力言宜用者有之，力陳不可用者更有之，相爭不下，終究沒有結果。

**天啟三年（一六二三）癸亥　七十二歲**

天啓皇帝重新任命李三才爲南京戶部尚書，還沒來得及赴任；十月，就因病逝世。但事情還沒有了結，不久，魏忠賢爲首的閹黨得勢，全力打擊東林黨人。李三才被目爲東林巨魁，魏黨御史石三畏追劾之。而在王紹徽所編《東林點將錄》中名列榜首，詔削籍，奪封誥。崇禎初，始復原任官銜。

## 三　東瀛遺珍：《撫淮小草》版式與內容

二〇一六年一月二十二日至三十一日，筆者特別前往東京大學移地研究，親訪考校李三才《撫淮小草》版本內容。於該校總合圖書館一樓古籍部，雙手敬捧兩大函十六冊（每函八冊）之《撫淮小草》，進入一樓「南葵文庫」大閱覽室，古典靜謐，鴉雀無聲，振奮激動兼而有之。俯首逐冊、逐頁翻覽檢視，神交古賢，宛如夢中一般，虛實之間，游心騁懷，樂不可支。經查一九二三年關東大地震，東京大學總合圖書館幾乎全毀，七十餘萬冊圖書灰飛煙滅。復據「東京帝國大學附屬圖書館」典藏印記，此書登記於「大正十三年」（一九二四）編號「文5905」，即地震後之次年，此書原藏「東洋史研究室」，故未受波及損毀；於「昭和七年」（一九三二）始移送總圖書庫。至於雕印刊本何時購入？何人經手？購資幾何？如何流傳？經填單申請，未有回音，無法解惑，難明其詳。惟據此書「帶出期限票」，有唯一注記「返卻日：2000.1.11」，可知此書曾經借出，而於此日歸還。以下就版式及書序、卷次內容及後跋，逐一加以考查敘明。

## （一）版式及書序

《撫淮小草》爲明萬曆刊本，凡十五卷，十六冊，分裝二函。卷前有萬曆三十年（一六〇二）祝世祿〈李中丞公《撫淮小艸》序〉、朱吾弼〈《撫淮疏艸》序〉與陳璧〈《撫淮小艸》敘〉三篇，以及萬曆二十八年（一六〇〇）李三才〈《小草》自敘〉一篇。原係「東京帝國大學」收藏，今典藏於「東京大學總合圖書館」，善本書目著錄於「東京大學總合圖書館漢籍目錄」，編號爲：「東大總G30-546」，封面右下角書記：「30／546」，四部分類爲：「史部・詔令奏議之類・奏議之屬」。至於雕印刊本如何自中國歸藏於此，以文獻不足故，並未能明確考知。（註二八）

此書卷首前鈐有正方陽文篆印一方：「東京帝國大學圖書印」，版面長約二十九公分，寬約十九公分；正文內頁長約二十三公分，寬約十六公分，天頭四公分，地腳二公分。序跋版心上書標題，雙魚尾下記頁次，每頁各六行，每行約十二字上下之間，每行寬二點五公分。正文每卷首行爲書題，次行署「關西道甫李三才著」；版心上書「撫淮小草」標題，雙魚尾下記卷次與頁碼，每頁各九行，楷書雕版，每行約十六字上下之間，每行寬一點五公分。以下卷前各序內容，筆者逐字釋文，標點分段，已錄於本書，故不再贅引，以下簡敘提供參考。

## 1 祝世祿〈李中丞公撫淮小艸序〉

祝世祿（一五三九～一六一〇），江西省德興人，萬曆十七年（一五八九）己丑科進士出身，官至南京吏科給事中、尙寶司卿。爲耿定向（一五二四～一五九七）高足，列於《明儒學案》卷三十五〈泰州學案四〉「耿定向、耿定理、焦竑、潘士藻、方學漸、何祥」之後，傳世有《老子奇評》、《祝子小言》、《環碧齋小言》、《環碧齋尺牘》、《環碧齋詩集》等書。祝氏也是西來耶穌會士利瑪竇（Matteo Ricci，一五五二～一六一〇）的重要贊助人之一，曾序李贄（一五二七～一六〇二）《藏書》、焦竑（一五四〇～一六二〇）《養正圖解》，並題安徽還古書院楹聯：「世人爭入世，吾道喜開山。」傳世法書多種，皆燦然大觀。

此序爲行草書刻印，書法甚善，當是祝世祿親書手筆。標題下鈐有正方陰文篆印「祖唐讀過」，惟「祖唐」究係何人，經查未悉。末題記爲「萬曆歲壬寅」，即萬曆三十年（一六〇二）。後有篆刻鈐印三方，分別是正方陽文「天垣諫議之章」、正方陰文「世祿之印」與長方陰文「字無功」。

## 2 朱吾弼〈撫淮疏艸序〉

朱吾弼，生卒年不詳，字諧卿，江西高安（廬陵）人，萬曆十七年（一五八九）己丑科進士出身，授寧國推官，歷官南京御史、浙江右布政使。當時禮部侍郎郭正域（一五五四～一六一二）因妖書案被告罪，朱吾弼與兵部主事龐時雍（生卒年不詳）上書批評沈一貫（一五三一～一六一七），不久稱疾離去。三年後，復起爲南京光祿少卿，再改大理右丞。天啓五年（一六二五）爲御史吳裕中（?～一六二六）劾罷。《明史》卷二百一十八有本傳可以參考。

此序行書刻印，筆力遒勁，書法佳善。題記亦爲「萬曆壬寅」三十年（一六〇二）。

### 3 陳璧〈撫淮小艸敘〉

陳璧，生卒年不詳，字道良，福建福州府懷安（福清）縣人，萬曆五年（一五七七）丁丑科進士出身，生平事略，史載未詳。

此序基本爲楷書，偶有行書筆法刻印，書法端麗。後有鈐篆印兩方，分別是正方陰文「陳璧之印」、「道良父」。案：「道」作古字，內爲「人」，外爲「行」，兩字合體爲古「道」（衜）字；「父」同「甫」，男子之美稱。

### 4 李三才〈小草自敘〉

此序基本爲楷書，偶有行書筆法，書法較前一序，筆力益遒，行氣尤正。序末題記「庚子」，當萬曆二十八年（一六〇〇），李三才時年四十九歲。後有鈐篆印兩方，分別是正方陽文「李三才印」、正方陰文「御史中丞」。

## （二）卷次內容及後跋

本書目錄總十一卷（遺漏卷之十二至卷之十五「牌箚」，以及後跋四篇），凡九十八篇奏議、九十四篇牌箚，二十篇告示、八篇批詳，以及二篇讀記與二篇跋記，分別爲兩函十五卷，線裝爲十六冊，每函各八冊，原書各卷次、起迄頁與篇名如下：

卷之一，凡十二篇奏議，〈報代疏、議留馬價疏、就近議補縣官疏、糾劾有司疏、停止盧州開礦疏、州官患病疏、縣官給由疏、方面患病疏、按臣患病疏、議助川貴兵餉疏、回奏詐騙鹽商疏、預報盜情并停礦疏〉，頁一至七十三。

卷之二，凡三篇奏議，〈按臣患病疏、逆謀就擒疏、報援川貴官兵起程疏〉，頁一至六十八。

卷之三，凡十一篇奏議，〈參江防府佐疏、催處分逆犯疏、（註三七）縣官給由疏、請修皇陵疏、議改折色馬匹疏、回奏失防貢物疏、回奏棍徒詐騙鹽商疏、第一停罷礦稅疏、回奏歲改段絹疏、縣官給由疏、第一停罷礦稅疏〉，頁一至六十八。

卷之四，凡五篇奏議，〈回奏盧鳳遺稅疏、回奏淮揚遺稅疏、解發逆犯赴京疏、報秋災疏、第三停罷礦稅自陳疏〉，頁一至六十六。

卷之五，凡六篇奏議，〈查解河道錢糧疏、州縣正官免覲疏、完解京庫錢糧各官開俸疏、府佐給由疏、考察有司官員疏、府佐給由疏〉，頁一至六十八。

卷之六，凡八篇奏議，〈縣官給由疏、府佐被察就近降補疏、催補淮潁二道疏、府官給由疏、議改將領駐劄要地疏、回奏棍徒串同礦稅詐騙疏、參坐營中軍疏、報夏秋災傷疏〉，頁一至六十六。

卷之七，凡九篇奏議，〈回奏毆死稅官疏、參誠意伯糾同稅官嚇詐平民疏、府佐給由疏、兵備患病疏、參狼山水陸將領疏、就近陞補州官疏、薦江防府佐就近陞補疏、府佐給由疏、報上源水患疏〉，頁一至七十三。

卷之八，凡十一篇奏議，〈州縣官給由疏、急缺兵備疏、江防府佐給由疏、造報河道錢糧并陳府官被參疏、勘議河工截留漕糧疏、縣官被逮歷查貢扛疏、回奏貪肆將官疏、本院給由疏、參狼山副將縱容販鹽疏、歷陳國勢病由疏、內使被弄無已疏〉，頁一至七十四。

卷之九，凡十五篇奏議，〈自劾待斥按臣謬推疏、坐營參將患病疏、州縣官給由疏、州官給由疏、報收漕運印卷疏、報糧船過淮疏、被論留守毆傷知府疏、報離任疏（查近例候代具而未上）、報夏災疏、報糧船過洪疏、就近陞補運同疏、管河府佐給由疏、府佐給由疏、州縣官給由疏、釋放高牆罪宗疏〉，頁一至六十五。

卷之十，凡九篇奏議，〈會勘河道疏、報秋災疏、回奏府官並未隱匿河道錢糧疏、第一催代疏、薦舉押運官員疏、查參奸黨妄獻鹽利疏、州縣官給由疏、第二催代疏、縣官給由疏〉，頁一至七十六。

卷之十一，凡九篇奏議，〈第三催代併陳民情國勢疏、府佐給由疏、報清河水涸稽阻糧船疏、停查田房稅契疏、報獲潁州賊首疏、第四催代疏、清河日涸改限疏、州官給由疏、減兵留餉疏〉，頁一至六十八。

以上皆爲「奏議」陳疏，但於卷之十一正文之後，尚有卷之十二至卷之十五，凡四卷，前兩卷皆爲「牌劄」，後兩卷爲「告示」與「批詳」；各條內容未著於卷前目錄，以下續錄卷之十二以下各篇目與起迄頁。

卷之十二，凡六十一篇牌劄，〈咨訪地方興除事宜、禁止參謁、戒飭違例參謁司官、禁送節禮、申明屬官相見禮節、申飭隔省遠年牌票、申飭公差多索馬匹、禁約承舍騷擾驛遞、發問生事承差、禁約回南兵士騷擾、申飭皇簰運官、察院置辦家活答應上司不許擾累里甲、清革衙門冗役、申革衙門掛搭積役、申飭假訪詐騙、嚴究違法衙役、訪拏通州惡人、斥逐不肖官員、禁約管糧官科歛、拏問科尅羨耗署印州同、禁解捆委官擅取貨物、知縣被論小民報怨行署印官禁諭、申飭鄉約勸懲善惡、地方災荒行撫屬賑粥、刊刷練兵書冊發營習練、發三眼鎗與沿海各營操練、行各營置旗鼓、考試旗牌聽用、委官點選營兵、挑選精兵援西、選補新兵驗中開糧事故糧銀扣解貯庫、行泰州蓋營房、查征西回兵私賣、拏問狼山中軍將官、申諭坐營都司、申明捕盜賞格、申飭捕快不許私下徑拿賊犯拷打、給牌隔省緝拏賊盜、訪拿鹽盜窩主、發問強盜窩主、朝會屆期申飭防禦賊盜、行令淮徐兵備駐箚淮安、又令淮徐兵備專駐淮安彈壓、責成江防總巡同知并參將協拏江洋大盜、責成徐州參將緝捕強盜、申飭緝捕奸細防護糧運、申飭嚴防逆黨、分布官兵防緝逆賊、續獲逆賊奸細申飭道府防守、逆賊謀亂調兵防禦、逆犯餘黨發配、釋放逆犯脅從、解逆犯赴京行道府撥兵防護、議徐州改府及潁州道屬地方廣闊應否再分一道、申嚴獄禁、申飭獄禁、清理監犯、行三道置循環簿、申飭倒換循環不得違季赴比、申飭吏書比較不許雇人代替、知會出巡事宜〉，頁一至六十一。

卷之十三，凡三十三篇牌箚，〈禁止假倚內監查稅擾民、行查清丈蘆洲惡棍裘廣等、行道查跟隨復丈蘆洲內監手下人役、侵越鈔關會題停免、河道錢糧不得搜括解進、回稅監不得參奏府官、知會停稅、箚仰揚淮潁三道照依咨箚備奉、查究首領官誤犯鹽監、禁立私稅、祈晴、祈雨、申飭武官不許受詞、禁分司官不許受詞、申飭誣告、禁白蓮無爲等教、禁止揚州妖巫、查涿州賊犯、緝拿打劫過客強盜、申飭馬兵、取大察賢否、議留朝覲正官、催朝覲官事畢回任、清查解京錢糧、行查海門生員侵占官地、行有司保護被逮馮鄉宦家屬、查宿州封筒內匿名揭帖、河工做工徒犯原解、塞黃堌濬故道、查各院贓罰解助河工、禁諭運船夾帶、查漕庫預備造船、行穎道馳赴鳳陽安戢〉，頁一至三十五。

卷之十四，凡二十篇告示，〈禁約有司營衛條件、應恤應禁軍令、禁諭坐營官兵、斥逐不肖官員、申明出首盜贓、禁約泰州生員、禁生員囑託、禁通州匿名豎旗、禁止誣告、禁諭里甲供應、安撫遺稅商民、安撫蘆課佃戶、嚴禁棍徒查洲嚇詐、禁諭棍徒詐冒丈洲、安撫舒城合肥二縣因稅監提人鼓噪、嚴禁奸民指礦訐害、禁諭陳監委官打詐、安撫稅監侵擾淮揚商民、奉旨停罷礦稅、被論留守毆打知府安撫地方〉，頁一至二十二。

卷之十五，凡八篇批詳，〈淮徐道、揚州道、穎州道、廬州府、鳳陽府、淮安府、揚州府、各州縣〉。此書卷後，另刊二篇讀記，董基〈讀李道甫《撫淮小草》〉、沈潅〈讀《撫淮小草》〉；二篇跋記，楊洵〈《撫淮小草》跋〉、徐鑾〈《撫淮小草》後跋〉，頁一至九十八。

## 1 董基〈讀李道甫《撫淮小草》〉

董基（一五五四～？），字巢雄，又字繼可，山東萊州府掖縣人，軍籍。隆慶四年（一五七〇）庚午科舉人，萬曆八年（一五八〇）庚辰科進士，歷任刑部主事、南京禮部主事、員外郎、南京光祿寺寺丞，升南京大理寺右寺丞，官至南京大理卿。此讀記爲楷書，偶用行書筆法。落款時間「萬曆庚子」，當萬曆二十八年（一六〇〇），李三才時年四十九歲。後有正方篆印兩方，陽文「董基」、陰文「廷尉之章」。

## 2　沈漼〈讀《撫淮小草》〉

沈漼（?～一六二四），字銘鎮，浙江湖州烏程縣人，萬曆二十年（一五九二）壬辰科進士出身。在內書堂曾任宦官魏忠賢（一五六八～一六二七）老師，擔任南京禮部侍郎時，反對利瑪竇傳播天主教；在萬曆四十四年（一六一六）連上三回〈參遠夷疏〉，指責傳教士「暗傷王化」，要求「聖明申嚴律令，以正人心，以維風俗」。明光宗即位，陞任爲禮部尚書兼東閣大學士；熹宗天啓元年（一六二一）七月正式入閣，九月晉任太子太保文淵閣大學士，十月再晉少保武英殿大學士。天啓二年（一六二二）七月，與魏忠賢勾結，朝臣交相彈劾，無奈致仕回鄉，天啓四年（一六二四）去世，諡號文定，有《沈文定公集》傳世。傳詳《明史》卷二百一十八〈列傳〉第一百零六。

此讀記爲楷書，偶用行書筆法，與前記略同。落款時間「萬曆壬寅」，時當萬曆三十年（一六〇二），李三才時年五十一歲。後有正方篆印兩方，陽文「沈漼之印」、陰文「胥史氏」。

## 3 楊洵〈《撫淮小草》跋〉

楊洵（一五五九～一六二七），字暉吉，號崑源，山東兗州府濟寧州人，萬曆二十年（一五九二）壬辰科進士出身，初授南京刑部主事，後歷任中憲大夫、揚州知府。萬曆二十九年（一六〇一），升爲揚州海防兵備副使，後又調往蘇州、松江一帶，不畏權貴，法辦惡盜；後居鄉十多年，晚年短暫出任河南布政司參政、徐淮兵備道。任揚州知府時，曾主持修撰《萬曆揚州府志》，因此而入祀揚州名宦祠。天啓七年（一六二七）與繼妻聶氏同年去世，享壽六十九歲。楊洵平生潛心理學，謂「構大廈必固其基，篤踐履尤當慎細微」，著有《述言》、《適堂稿》、《適園草》等書，均已佚。傳詳《明代登科錄彙編》第二十一冊《萬曆二十年壬辰科進士履歷便覽》、《乾隆濟寧直隸州志》卷二十四〈人物二〉、《大明神宗實錄》卷三百六十二「萬曆二十九年八月」。

此跋爲楷書，偶用行書筆法，與前記略同，後跋亦類此。未署年月。

## 4 徐鑾〈《撫淮小草》後跋〉

徐鑾（？～一六一四），字鳴卿，福建漳州府龍溪縣人，萬曆二十三年（一五九五）乙未科進士，授揚州府推官，擢兵部武選司主事。三十一年（一六〇三）八月典試山東，升兵部職方司郎中。三十九年（一六一一）京察，以浮躁被降職。四十二年（一六一四）卒，著有《輶雅集》四卷。任揚州府推官時，曾爲僚友郭光復《倭情考略》作叙。又參贊萬曆二十九年（一六〇一），揚州知府楊洵主持修撰之《揚州府志》，任編纂一職，此書於萬曆三十三年（一六〇五）刻成。

此跋爲楷書，偶用行書筆法，與前記略同，未署年月。

由以上《撫淮小草》序跋及卷次內容可知，由於萬曆中葉以來，連年征戰及宮殿火災，於是財政急遽惡化，遂有「徵礦稅」以充實國庫之窳政。因此，整部《淮撫小草》，可以說是萬曆國政衰敗、民生凋敝的縮影寫照，也是一位深具經世韜略的有志士大夫，眞切篤實的理政心聲。據《明史．陳增傳》記載，云：

> 至二十年，寧夏用兵，費帑金二百餘萬。其冬，朝鮮用兵，首尾八年，費帑金七百餘萬。二十七年，播州用兵，又費帑金二三百萬。三大征踵接，國用大匱。而二十四年，乾清、坤寧兩宮災。二十五年，皇極、建極、中極三殿災。營建乏資，計臣束手，礦稅由此大興矣。（註二八）

萬曆三大征（註三九）及宮殿火災，使得國用匱乏，於是才徵收礦稅。由於徵收礦稅，係由朝廷欽命派遣宦官執行，直接繳入國庫，並不受到中央及地方官的節制，這便產生了各種嚴重的弊端。據趙翼（一七二七～一八一四）《二十二史箚記．萬曆中礦稅之害》也說道：

帝（萬曆）即命中官與其人偕往，蓋自二十四年始，其後又於通都大邑，增設稅監，故礦、稅兩監遍天下。兩淮又有鹽監，廣東又有珠監，或專或兼，大璫小璫，縱橫驛騷，吸髓飲血，天下咸被其害矣。其最橫者，有陳增、馬堂、陳奉、高淮、梁永、楊榮等。增開採山東，兼徵東昌稅，縱其黨程守訓等，大作奸弊，稱奉密旨搜金寶，募人告密，誣大商巨室藏違禁物，所破滅什百家，殺人莫敢問。又誣知縣韋國賢、吳宗堯等皆下詔獄，凡肆惡山東者十年。……陳奉徵荊州店稅，兼採興國州礦砂，鞭笞官吏，剽劫行旅，商人恨刺骨。伺其出，數千人競擲瓦石擊之。至武昌，其黨直入民家，奸淫婦女，或掠入稅監署中。……是時廷臣章疏悉不省，而諸稅監有所奏，朝上夕報可，所劾無不曲護之，以故諸稅監益驕。……論者謂明之亡，不亡於崇禎，而亡於萬曆云。（註四〇）

從上文可知，萬曆徵收各種礦、鹽、珠等商業稅，主要是為了充實私房內庫，而專派太監充當稅監，違反國家體制，（註四一）因此得不到朝中大臣的支持，李三才即為反對最為激烈嚴切者。太監奉皇帝欽命，肆無忌憚，違法亂紀，以致各種駭人聽聞的弊端層出不窮。根據統計，當時稅監所收之稅，僅百分之十至三十五左右，歸進皇帝大內庫房，其餘則落入宦官之手，大飽私囊；因此，徵收礦稅的最大獲益者，其實不是皇帝，而是這一小撮貪得無厭的宦官們。當時朝中大臣反對礦稅奏疏甚多，茲舉萬曆二十八年（一六〇〇），巡撫鳳陽等處兼海防右僉都御史李三才《撫淮小草》，卷之三，〈第一停罷礦稅疏〉爲例，其奏議云：

竊自礦稅繁興，萬民失業，朝野囂然，莫知爲計。閣部九卿、臺省百執事，無不誦言之，忠臣、烈士、孝子、仁人亦無不極言之，　皇上莫之省也。豈以或出於風聞，而不足憑與？抑以或過於激切，而不能聽與？臣今所言，何能加於諸臣？顧披肝瀝膽，必欲一效於　陛下者，實以得之於目擊之眞，申之以和平之說，不敢浮辭蔓語，一味眞誠，爲萬民請命。……不惟不衣之，且併其衣而奪之；不惟不食之，且併其食而奪之。征榷之使，急於星火，搜括之令，密如牛毛。今日某礦得銀若干，明日又加增銀若干；今日某處可稅銀若干，明日又加稅銀若干。今日某官阻撓礦稅，差人拏解矣，明日某官怠玩礦稅，罷職爲民矣。上下相爭，惟利是聞，遠邇震駭，怨讟載道，子萬民、君四海者，顧如是耶？如臣境內，抽稅者，徐州則陳增，儀眞則暨祿；理鹽者，揚州則魯保；蘆政者，沿江則邢隆。千里之區，中使四布，棊置星列，如捕叛亡。加以無賴亡命，附翼虎狼，……如中書程守訓，尤爲無忌，假　旨詐財，動以萬數。……且一人之心，千萬人之心也，　皇上愛珠玉，人亦愛溫飽；皇上憂萬世，人亦戀妻孥。奈何　皇上欲黃金高於北斗之儲，而不使百姓有糠粃升斗之儲？　皇上欲爲子孫千年萬年之計，而不使百姓有一朝一夕之計？試觀往籍，　朝廷有如此政令，天下有如此景象，而有不亂者哉？（註四二）

由李三才上疏奏議內容看來，有幾點值得注意。首先，礦稅繁興使萬民失業；其次，搜括之政令頻下，阻撓者皆得罪；其三，收稅者多爲無賴之徒，假旨詐財的行爲屢見不鮮；最後，李三才提醒萬曆皇帝，皇帝的職責在於使百姓衣食無缺，百姓地位雖卑下，渴望滿足基本的生活需求卻無異於皇帝；若不能滿足百姓的基本需求，天下絕對不可能安定。李三才此疏，已觸及皇帝之職責、百姓之生存權利，與黃宗羲（一六一〇～一六九五）〈原君〉所呈現的思想極爲類似，差別僅在於未涉及君主專制的起源罷了。

明太祖朱元璋（一三二八～一三九八）嘗云：「朕觀《周禮》，奄寺不及百人。後世至踰數千，因用階亂。此曹止可供洒掃，給使令，非別有委任，毋令過多。」又說：「此曹善者千百中不一二，惡者常千百。若用爲耳目，即耳目蔽；用爲心腹，即心腹病。」（註四三）萬曆皇帝派去徵礦稅、珠稅、鹽稅的征榷之使，就是宦官，很顯然沒有將這個祖訓聽進去。由於萬曆至崇禎這一段期間，宦官爲禍最烈者，不外乎萬曆時之礦監及天啓時的魏忠賢。前文引述趙翼〈萬曆中礦稅之害〉，提到陳增、馬堂、陳奉、高淮、梁永、楊榮等人最爲貪橫，筆者藉義大利耶穌會傳教士利瑪竇（Matteo Ricci，一五五二～一六一〇）之口，敘述太監馬堂的惡形惡狀，如下：

一、但是當談到太監馬堂時，他（鍾萬祿）變得很低沉地說：「你（利瑪竇）別想不受損失就逃出他的手心。他那一類的人現在正得皇帝的寵，皇帝只和他們商量。……所以一個外國人怎麼可能逃脫他們的傷害呢？」

二、收稅官馬堂除了建築各式各樣的官邸和廟宇之外，還造了一隻很講究的大船，甚至于適合皇帝乘坐；船上的大廳、房間以及眾多艙室都極爲精緻而寬敞。

三、馬堂對此付之一笑，並誇口說沒有一個高官對皇帝能像他那樣有影響。「你看」，他說：「我的請求在上奏皇帝的第二天就能得到處理。而別人的請求要很遲才得到答覆，或者根本得不到答覆。」

四、太監馬堂來了，……太監在一隊二百來個同伙強盜的簇擁之下，怒氣沖沖瞪著利瑪竇神父說道，他（馬堂）得到北京的消息說利瑪竇隱藏了一批寶石不想把它獻給皇帝。……于是太監命令把他們所有的行李都搬到相鄰的院子裏去；他在那裏翻箱倒櫃，仔細檢查每一件東西，憤怒地把東西四處亂扔，從而不僅凌辱，還加以破壞。……最後，當他（馬堂）未能找到他所假裝要尋找的東西時（寶石），……他（馬堂）指控他們帶這個魔物（十字架上的基督像），目的是要用妖術謀害皇帝。（註四四）

上述四段引文都反映了馬堂作威作福的某個側面，但是誠如樊樹志（一九三七～）所謂：

礦稅太監的弊端是制度性的，即對一種特殊權力缺乏必要的制衡手段。礦稅太監是皇帝直接委派，又直接向宮廷內庫進奉，不受中央政府及地方政府監督，又無制度保障可言，於是形成了財政上的巨大漏洞——徵多繳少，太監們中飽私囊，大量財富落入他們私人腰包。萬曆三十一年十月，山西巡撫白希綉向神宗揭發，山西每年徵解稅銀45200兩，稅監孫朝只向內庫進奉15800兩，其餘29400兩全由孫朝以假稱拖欠的手法攫爲己有。這就意味著65%的稅銀被孫朝貪污了。萬曆三十三年十二月，山東巡撫黃克纘向神宗揭發，稅監馬堂每年抽取各種稅銀不下25萬至26萬兩，而每年向內庫進奉才78000兩，七年之內隱匿稅銀130餘萬兩。所謂「隱匿」云云，意味著70%以上的稅銀被馬堂貪污了。（註四五）

礦稅太監之貪污，雖然造成人民極大的財物損失，但是掠奪式的徵收商稅所引發的民變，可能更爲嚴重。據《明史》載：

> 榷稅之使，自二十六年（萬曆）千户趙承勳奏請始。其後高寀於京口，……或徵市舶，或徵店稅，或專領稅務，……水陸行數十里，即樹旗建廠。視商賈懦者肆爲攘奪，沒其全貲。負戴行李，亦被搜索。又立士商名目，窮鄉僻塢，米鹽雞豕，皆令輸稅。所至數激民變，帝率庇不問。（註四八）

這種設重重關卡徵稅的手段，等於一件商品重複課稅，最後必將導致商品價格上漲，消費者的購買力下降，最嚴重的狀態可能是商業活動停止。更過分的是，侵占較瘦弱商人的商品資金，以及各種非法的糧食稅。而這些太監膽敢如此囂張肆虐，純粹出自萬曆皇帝的包庇，這也是李三才不斷連番抗顏上疏的主要原因。

## 四　結論

據史載萬曆十年（一五八二）後的二十餘年間，即萬曆十一年至三十多年左右，由於萬曆三大征及徵收礦稅，使國家政治及人民經濟起了重大變化，國窮民蹙，據明朝顧起元（一五六五～一六二八）《客座贅語》謂：

余猶及聞教坊司中，在萬曆十年前房屋盛麗，連街接弄，幾無隙地。長橋煙水，清泚灣環，碧楊紅藥，參差映帶，最爲歌舞勝處。時南院尚有十餘家，西院亦有三四家，倚門待客。其後不十年，南、西二院，遂鞠爲茂草，舊院房屋，半行拆毀。近聞自葛祠部將回光寺改置後，益非其故矣。歌樓舞館，化爲廢井荒池，俯仰不過二十餘年間耳。淫房衰止，此是維風者所深幸，然亦可爲民間財力虛羸之一驗也。（註四七）

黃仁宇（一九一八～二〇〇〇）指出，萬曆三大征，使明朝在萬曆二十八年（一六〇〇）財政狀況甚至比嘉靖、隆慶時期更糟。（註四八）義大利耶穌會傳教士利瑪竇也指出，萬曆中葉的礦稅源於朝鮮戰爭後國庫空虛，並且因爲宦官貪得無厭，導致人民普遍貧窮。（註四九）參酌以上顧起元、黃仁宇及利瑪竇的說法，再加上從李三才《撫淮小草》的相關奏議綜合看來，晚明神宗萬曆四十餘年間（一五七三～一六一九），尤其自萬曆中期以後，可以說是由富轉貧的一個關鍵時間點，也是明代史上一個變化最劇烈的階段；（註五〇）不論是政治、經濟與學術思想各方面，都面臨了重大的轉變。（註五一）而李三才身爲晚明一位有治績、除稅監的高級官僚，據《明史》載：

三才揮霍有大略，在淮久，以折稅監得民心。及淮徐歲侵，又請振恤，蠲馬價。淮人深德之。屢加至户部尚書。

三才才大而好用機權，善籠絡朝士。撫淮十三年，結交遍天下。性不能持廉，以故爲眾所毀。其後擊三才者，若邵輔忠、徐兆魁輩，咸以附魏忠賢名麗逆案。而推轂三才，若顧憲成、鄒元標、趙南星、劉宗周，皆表表爲時名臣。故世以三才爲賢。

贊曰：「朋黨之成也，始於矜名，而成於惡異。名盛則附之者眾。附者眾，則不必皆賢而胥引之，樂其與己同也。名高則毀之者亦眾。毀者不必不賢而怒而斥之，惡其與己異也。同異之見歧於中，而附者毀者爭勝而不已，則黨日眾，而爲禍熾矣。……李三才英邁豪雋，傾動士大夫，皆負重名。當世黨論之盛，數人者實爲之魁，則好同惡異之心勝也。《易》曰：『渙其群，元吉。』知此者，其惟聖人乎。」（註五二）

明朝由富轉窮是一個漸進的過程，整個國家社會自萬曆中期以後，人民普遍貧窮，生計日益困頓蕭條；而事實上，最爲嚴重的關鍵，在於皇帝權要的掠奪，尤其以「徵礦稅」此一事件，在天災戰禍頻仍的明末，正是此時國勢消長、經濟榮枯的分界點。雖然，導致明中葉以後國家窳亂、人民困苦的原因很多，透過李三才《淮撫小草》奏議可知，其中有源自制度設計不善者，(註五三)有源自天災戰禍者，更有出於當權者之剝奪與稅收弊端者。尤其，明代施行中央集權制(包括政權與金權)，據黃仁宇研究，十六世紀的明代，整個稅收水平僅為農業產量的十分之一，看來實在很低。(註五四)稅收收入不足，意味著政府不能最充分地管理帝國的資源，實際上對納稅人不利。由於正常的稅收不能彌補支出，必要的項目開支就要通過其他各種方式來解決；而私下的派徵，因缺乏有效的審核，容易造成資金的浪費，往往更成為弊端叢生的犯罪淵藪。(註五五)由於以自耕與佃耕為主體的脆弱小農經濟，導致稅收不善，加上縣官里胥漠視稅收細節及缺乏監督機制，又因戰爭、天災頻仍，成為國政弊病多端的重要原因。(註五六)

整部《淮撫小草》，可以說是萬曆國政衰敗、民生凋敝的縮影寫照，也是一位深具經世韜略的有志士大夫，真切篤實的理政心聲。本書因係宇內孤本，而今遺珍於東瀛，非常值得深入研究，因此加以點校出版，以提供政界與學界參考。綜觀本書，筆者歸納其學術研究與觀照價值有三：

(一)李三才針對礦稅之禍所上的奏議，皆收入於《撫淮小草》。此書共收錄從萬曆二十七年(一五九九)至萬曆三十一年(一六〇三)這五年間李三才所上的奏議，無一不是其親身經歷，並對不合理之事，表達適當的反應與回應。《撫淮小草》是李三才著述中完整無損且留存至今的書，對於其人才、學、識、德的研究，更具一番意義。

（二）《撫淮小草》不僅可以探討李三才督撫期間的作爲，及其當時影響力；進而能闡發詮釋其中奏議內容，以及深入研究其中的政治、經濟、社會、國防、法律、官員考核等價值。整部《撫淮小草》作爲研究李三才與萬曆國政興衰事跡的第一手資料，從中可知李三才眞是一位任重道遠的有志士大夫，而《撫淮小草》便是他眞誠篤實的理政心聲。《撫淮小草》的奏疏揭示萬曆年間的各種腐敗，但歷來研究萬曆年間所發生的重大事件，如：礦稅之禍、缺官不補等，皆鮮少引用裡面的奏議作爲論據，就文獻來說此書便深具辨章考鏡的原典價值。

（三）藉由《撫淮小草》可以釐清宦官與經濟相互間之影響關係。縱觀全書，宦官操縱經濟一事於各奏議中，顯而易見。對於明代宦官與經濟的研究成果，王春瑜、杜婉言《明代宦官與經濟史料初探》（註五七）爲後人提供重要的參考文獻。但此書收入大量明代與部分清代有關明代宦官與經濟的史料，唯獨運輸（漕運）所搜的史料較少，更無收入萬曆年間的漕運史料，而《撫淮小草》不僅可以添補此書不足之處，其中豐富的奏議內容，更足以提供明代中晚期政治、經濟、社會等面向，參考觀鑒的一手原典文獻，值得相關專業領域學者更進一步研究運用。（註五八）

# 附錄：《明史．李三才傳》

李三才，字道甫，順天通州人。萬曆二年進士。授戶部主事，歷郎中。與南樂魏允貞、長垣李化龍，以經濟相期許。及允貞言事忤執政，抗疏直之，坐謫東昌推官，再遷南京禮部郎中。會允貞、化龍及鄒元標並官南曹，益相與講求經世務，名籍甚。遷山東僉事，所部多大猾積盜，廣設方略，悉擒滅之。遷河南參議，進副使。兩督山東、山西學政，擢南京通政參議，召為大理少卿。

二十七年，以右僉都御史總督漕運，巡撫鳳陽諸府。時礦稅使四出，三才所部，榷稅則徐州陳增、儀眞暨祿，鹽課則揚州魯保，蘆政則沿江邢隆，棋布千里間。延引奸徒，僞鍥印符，所至若捕叛亡，公行攘奪。而增尤甚，數窘辱長吏。獨三才以氣凌之，裁抑其爪牙肆惡者，且密令死囚引為黨，輒捕殺之，增為奪氣。

然奸民以礦稅故，多起為盜。浙人趙一平用妖術倡亂，事覺，竄徐州，易號「古元」，妄稱宋後。與其黨孟化鯨、馬登儒輩，聚亡命，署僞官，期明年二月諸方並起。謀泄，皆就捕。一平亡之寶坻，見獲。

三才再疏陳礦稅之害，言：「陛下愛珠玉，民亦慕溫飽；陛下愛子孫，民亦戀妻孥。奈何陛下欲崇聚財賄，而不使小民享升斗之需；欲綿祚萬年，而不使小民適朝夕之樂。自古未有朝廷之政令，天下之情形，一至於斯，而可幸無亂者。今闕政猥多，而陛下病源，則在溺志貨財。臣請渙發德音，罷除天下礦稅。欲心既去，然後政事可理。」逾月未報，三才又上言：「臣爲民請命，月餘未得請。聞近日章奏，凡及礦稅，悉置不省，此宗社存亡所關，一旦衆畔土崩，小民皆爲敵國，風馳塵鶩，亂衆麻起，陛下塊然獨處，即黃金盈箱，明珠塡屋，誰爲守之？」亦不報。三十年，帝有疾，詔罷礦稅，俄止之。三才極陳國勢將危，請亟下前詔，不聽。

清口水涸阻漕，三才議濬渠建閘，費二十萬，請留漕粟濟之。督儲侍郎趙世卿力爭，三才遂引疾求去。帝惡其委避，許之。淮揚巡按御史崔邦亮，巡漕御史李思孝，給事中曹于汴，御史史學遷、袁九皋交章乞留。而學遷言：「陛下以陳增故，欲去三才，託詞解其官。年來中使四出，海內如沸。李盛春之去以王虎，魏允貞之去以孫朝，前漕臣李誌之去，亦以礦稅事。他監司守令去者，不可勝數，今三才復繼之。淮上軍民以三才罷，欲甘心於增，增避不敢出。三才不當去可知。」疏仍不答。三才遂去淮之徐州，連疏請代，未得命。會侍郎謝傑代世卿督儲，復請留。乃命三才供事俟代者，帝亦竟不遣代也。

明年九月，復疏言：「乃者迅雷擊陵，大風拔木，洪水滔天，天變極矣。趙古元方磔於徐，李大榮鏇梟於亳，而睢州巨盜又復見告，人離極矣。陛下每有徵求，必曰『內府匱乏』。夫使內府果乏，是社稷之福也，所謂貌病而天下肥也。而其實不然。陛下所謂匱乏者，黃金未遍地，珠玉未際天耳。小民饔飧不飽，重以徵求，箠楚無時，桁楊滿路，官惟丐罷，民惟請死，陛下寧不惕然警悟邪！陛下毋謂臣禍亂之言，爲未必然也；若既已然矣，將置陛下何地哉！」亦不報。既而睢盜就獲，三才因奏行數事，部內晏然。

歙人程守訓以貲官中書，爲陳增參隨，縱橫自恣，所至鼓吹，盛儀衛，許人告密，刑拷及婦孺。畏三才，不敢至淮。三才劾治之，得贓數十萬。增懼爲己累，並搜獲其奇珍異寶，及僭用龍文服器。守訓及其黨，俱下吏伏法，遠近大快。

三十四年，皇孫生。詔併礦稅，釋逮繫，起廢滯，補言官，既而不盡行。三才疑首輔沈一貫尼之，上疏陰詆一貫甚力。繼又言：「恩詔已頒，旋復中格，道路言前日新政，不過乘一時喜心，故旋開旋蔽。」又謂：「一貫慮沈鯉、朱賡逼己。既忌其有所執爭，形己之短，又恥其事不由己，欲壞其成。行賄左右，多方蠱惑，致新政阻格。」帝得疏，震怒，嚴旨切責，奪俸五月。其明年，曁祿卒；三才因請盡撤天下稅使，帝不從，命魯保兼之。

是時，顧憲成里居，講學東林，好臧否人物。三才與深相結，憲成亦深信之。三才嘗請補大僚，選科道，錄遺佚。因言：「諸臣祗以議論意見，一觸當塗，遂永棄不收，要之於陛下無忤。今乃假天子威，以錮諸臣；復假忤主之名，以文己過。負國、負君，罪莫大此。」意爲憲成諸人發。已，復極陳朝政廢壞，請帝奮然有爲，與天下更始。且力言遼左阽危，必難永保狀。帝皆置不省。

三才揮霍有大略，在淮久，以折稅監得民心。及淮徐歲侵，又請振恤，蠲馬價。淮人深德之。屢加至戶部尚書。

會內閣缺人，建議者謂不當專用詞臣，宜與外僚參用，意在三才。及都御史缺，需次內召；由是，忌者日眾，謗議紛然。工部郎中邵輔忠遂劾三才，「大奸似忠，大詐似直」，列具貪、僞、險、横四大罪，御史徐兆魁繼之。三才四疏力辨，且乞休。給事中馬從龍，御史董兆舒、彭端吾，南京給事中金士衡，相繼爲三才辨。大學士葉向高言，三才已杜門待罪，宜速定去留，爲漕政計，皆不報。已而，南京兵部郎中錢策，南京給事中劉時俊，御史劉國縉、喬應甲，給事中王紹徵、徐紹吉、周永春、姚宗文、朱一桂、李瑾，南京御史張邦俊、王萬祚，復連章劾三才。而給事中胡忻、曹于汴，南京給事中段然，御史史學遷、史記事、馬孟禎、王基洪，又交章論救。朝端聚訟，迄數月未已。憲成乃貽書向高，力稱三才廉直，又貽書孫丕揚，力辨之。御史吳亮素善三才，即以兩書附傳邸報中，由是議者益譁。應甲復兩疏力訐，至列其「十貪」、「五奸」。帝皆不省。三才亦力請罷，疏至十五上。久不得命，遂自引去。帝亦不罪也。

三才既家居，忌者慮其復用。四十二年，御史劉光復劾其盜皇木，營建私第至二十二萬有奇。且言三才與于玉立遙執相權，意所欲用，銓部輒爲推舉。三才疏辨，請遣中官按問。給事中劉文炳、御史李徵儀、工部郎中聶心湯、大理丞王士昌，助光復力攻三才。徵儀、心湯，三才嘗舉吏也。三才憤甚，自請籍其家。工部侍郎林如楚言，宜遣使覆勘。光復再疏，並言其侵奪官廠爲園囿。御史劉廷元遂率同列繼之，而潘汝禎又特疏論劾。既而，巡按御史顏思忠，亦上疏如光復指。三才益憤，請諸臣會勘，又請帝親鞫。乃詔徵儀偕給事中吳亮嗣往。

其明年，光復坐事下獄。三才陽請釋之，而復力爲東林辨白，曰：「自沈一貫假撰妖書，擅傪楚宗，舉朝正人攻之以去。繼湯賓尹、韓敬科場作奸，孽由自取，於人何尤。而今之黨人，動與正人爲讐，士昌、光復尤爲戎首。挺身主盟，力爲一貫、敬報怨。騰說百端，攻擊千狀。以大臣之賢者言之，則葉向高去矣，王象乾、孫瑋、王圖、許弘綱去矣，曹于汴、胡忻、朱吾弼、葉茂才、南企仲、朱國禎等去矣，近又攻陳薦、汪應蛟去矣。以小臣之賢者言之，梅之煥、孫振基、段然、吳亮、馬孟禎、湯兆京、周起元、史學遷、錢春等去矣，李樸、鮑應鰲、丁元薦、龐時雍、吳正志、劉宗周等去矣。合於己則留，不合則逐。陛下第知諸臣之去，豈知諸黨人驅之乎？今奸黨仇正之言，一曰『東林』，一曰『淮撫』。所謂『東林』者，顧憲成讀書講學之所也。從之遊者如高攀龍、姜士昌、錢一本、劉元珍、安希范、岳元聲、薛敷教，並束身厲名行，何負國家哉？偶曰『東林』，便成陷穽。如鄒元標、趙南星等，被以此名，即力阻其進。所朝上而夕下者，惟史繼偕諸人耳。人才邪正，實國祚攸關，惟陛下察焉。」疏入，衆益恨之。亮嗣等既往勘，久之無所得。第如光復言還報，遂落職爲民。

天啓元年，遼陽失。御史房可壯連疏，請用三才。有詔廷臣集議，通政參議吳殿邦力言不可用，至目之爲盜臣。御史劉廷宣復薦三才，言：「國家既惜其才，則用之耳，又何議？然廣寧已有王化貞，不若用之山海。」帝是其言，即欲用三才，而廷議相持未決。詹事公鼐力言宜用，刑部侍郎鄒元標、僉都御史王德完並主之。已，德完迫衆議，忽變前說。及署議，元標亦不敢主。議竟不決，事遂寢。三年，起南京戶部尚書，未上，卒。後魏忠賢亂政，其黨御史石三畏追劾之。詔削籍，奪封誥。崇禎初，復官。

三才才大，而好用機權，善籠絡朝士。撫淮十三年，結交遍天下。性不能持廉，以故爲衆所毀。其後擊三才者，若邵輔忠、徐兆魁輩，咸以附魏忠賢名麗逆案。而推轂三才，若顧憲成、鄒元標、趙南星、劉宗周，皆表表爲時名臣。故世以三才爲賢。

贊曰：「李三才英邁豪雋，傾動士大夫，皆負重名；當世黨論之盛數人者，實爲之魁，則好同惡異之心勝也。《易》曰：『渙其羣，元吉。』知此者，其惟聖人乎！」

## 附註

一　筆者於二〇一五年十二月十五日（星期二），親訪目驗，並攝得複本存念參考。此五律釋文如下：「萬里功名在，千龝（秋）祀事成。追崇天子意，報効後人情。松月臨軒白，罏煙入夕清。徘回思世德，忠孝自家聲。　關中李三才　都御史。」

二　案：北京大學圖書館據李三才〈合刻李何二先生詩序〉文末題記：「萬曆壬寅秋月，關中李三才道甫，書於海陵官舍」，著錄版刻時間為「明萬曆三十年（一六〇二）」。筆者於二〇一五年九月二十五至二十八日（星期五至星期一），於中國人民大學國學院參加會議期間，親往北京大學圖書館考查李三才相關傳世文獻，僅得此詩集；同年十二月七日（星期一），委託北京大學歷史研究所博士生趙永磊仁棣，申請攝得此詩集序文照片，以資存參。

三　「新安吳子」，疑為「吳士奇」（約一六〇七年前後在世）。吳士奇，字無奇，歙縣人。生卒年均不詳，約明神宗萬曆三十五年（一六〇七）前後在世。萬曆二十年（一五九二）進士。官至太常寺卿，以拒魏忠賢致仕。著有《綠滋館稿》九卷，及《史裁》、《明副書》等，《四庫總目》傳於世。

四　詳參文史哲出版社編輯部：《明清進士題名碑錄索引》（臺北：文史哲出版社，一九八二年），頁一二一〇，頁二五五七。

五　有關李三才祖居、遷移紀錄，詳參史傳遠等：《臨潼縣志》（臺北：成文出版社，一九七六年，《中國方志叢書》第五四二號），卷七，新編頁碼五〇一～五〇三。《東林列傳》，卷十六，新編頁碼頁五十一；《畿輔人物志》，卷十，新編頁碼頁三〇七，分別收在周駿富編：《明人傳記資料叢刊》（臺北：明文書局，一九九一年），第六冊與第一四二冊。

六　詳參〔明〕沈鯉（一五三一～一六一五）：〈明封奉直大夫戶部雲南清吏司員外郎次泉李公神道碑銘〉，《亦玉堂稿》，收入《景印文淵閣四庫全書．集部．別集類》一二八八，卷十，頁三五九。

七　傳詳〔清〕張廷玉編、楊家駱新校：《明史》（臺北：鼎文書局，一九七八年），卷二百三十二，列傳第一百二十〈李三才〉，頁六〇六三～六〇六七。

八　案：《誡恥錄》，或作「戒恥錄」、「誡恥錄」，以書無存，無法辨知何名爲是。

九　詳參《明清進士題名碑錄索引》，頁二五五七。

一〇　詳參〔清〕陳鼎：《東林列傳》，收在周駿富編：《明人傳記資料叢刊·五、六》（臺北：明文書局，一九九一年），卷十六，〈李三才傳〉。

一一　以下李三才授官履歷，係參採自《撫淮小草》卷之八，第九篇〈本院給由疏〉（萬曆三十年二月十六日）。

一二　詳參〔明〕王世貞（一五二六～一五九〇）：《弇山堂別集》（臺北：臺灣學生書局，一九六五年），卷六十三，〈科試考三〉。

一三　詳參〔清〕陳鼎：《東林列傳》，卷十六，〈李三才傳〉。

一四　傳詳〔清〕張廷玉編，楊家駱新校：《明史》，卷二百三十二，列傳第一百二十〈李三才〉，頁六〇六三～六〇六七。

一五　詳參〔明〕顧憲成：《涇臯藏稿》（臺北：臺灣商務印書館，一九七八年，《景印文淵閣四庫全書》本），卷八，〈贈山東僉憲李道甫序〉。

一六　引文錄自《明史·李三才傳》。

一七　詳參《明神宗實錄》（臺北：中央研究院歷史語言研究所，一九八四年），卷三三五，萬曆二十七年五月，頁六二〇八。林麗月：〈東林運動與晚明經濟〉，收入《晚明思潮與社會變動》（臺北：淡江大學中國文學系，一九八七年十二月），頁五六五，稱譽「李三才的奏疏爲此中最痛快淋漓之作」。

一八　詳參〔明〕顧憲成：《涇皋藏稿》，卷五，〈與李漕撫修吾〉。

一九　引文錄自《明史·李三才傳》。

二〇　引文錄自《明史·李三才傳》。

二一　引文錄自《明史·李三才傳》。

二二　並可詳參《明神宗實錄》，卷四三六，萬曆三十五年七月，頁八二三九。

二三　引文錄自《明史·李三才傳》。

二四　引文錄自《明史·李三才傳》。

二五　詳參〔清〕錢謙益：《列朝詩集小傳》（上海：上海古籍出版社，二〇〇八年四月一日），丁集中，〈李尚書三才〉。

二六　從《明神宗實錄》卷四六五至四八〇的紀錄來看，光是萬曆三十七年（一六〇九）底至三十八年（一六一〇）五月，短短半年間就有九疏，從次數的頻繁看來，引起的爭議不可謂之不大。

二七　詳參〔清〕張廷玉編，楊家駱新校：《明史》，卷二三一，〈顧憲成〉，頁六〇三三。

二八　詳參〔清〕錢謙益：《列朝詩集小傳》，丁集中，〈李尚書三才〉。

二九　並下引文詳參〔明〕顧憲成：《涇皋藏稿》，卷五，〈與吳懷野光祿〉。

三〇　詳參〔明〕顧憲成：《涇皋藏稿》，卷六，〈中丞修吾李公漕撫小草序〉。

三一　詳參〔清〕張廷玉編、楊家駱新校：《明史》，卷二百三十二，列傳第一百二十〈李三才〉，頁六〇六三～六〇六七。

三二　引文錄自《明史．李三才傳》。

三三　詳參〔清〕陳鼎：《東林列傳》，卷十六，〈李三才傳〉。

三四　詳參《明史．李三才傳》，以及《明神宗實錄》，卷五五一，萬曆四十四年十一月，頁一〇四一三～一〇四一四。

三五　引文錄自《明史．李三才傳》。

三六　並可參見小野和子：《明季黨社考——東林黨と復社》，收入《東洋史研究叢刊》之五十，京都：同朋舍，一九九六年二月，頁二十三。

三七　案：目錄作此題，而文中則題作〈題催逆犯　旨意疏〉。

三八　詳參〔清〕張廷玉編：《明史》（北京：中華書局，一九九七年十一月，《二十四史》縮印本），卷三五〇〈宦官二〉，頁七八〇五。

三九　所謂「萬曆三大征」，即萬曆二十年（一五九二）至萬曆二十六年（一五九八）抵抗豐臣秀吉（一五三七～一五九八）的援助朝鮮戰爭——「壬辰倭亂」，萬曆二十年（一五九二）平定哱拜之亂，以及萬曆二十二年（一五九四）至萬曆二十八年（一六〇〇）鎮壓播州楊應龍與其他苗族部落的叛亂。本書奏議中，多所論及。

四〇　詳參〔清〕趙翼：《二十二史箚記》（臺北：世界書局，一九六二年三月），下冊，卷三十五，頁五〇〇～五〇二，〈萬曆中礦稅之害〉。

四一 《明史·職官三》記載洪武十七年（一三八四）鑄鐵牌。文曰：「內臣不得干預政事，犯者斬。」置宮門中。朱元璋鑄鐵牌之舉，除了訓誡子孫外，同時也宣示了鐵牌的內文具有法律效用。參見〔清〕張廷玉編：《明史》，《二十四史》縮印本，卷七十四，〈職官三〉，頁一八二六。

四二 詳參《撫淮小草》，卷之三，頁三十九至四十八。

四三 詳參〔清〕張廷玉編：《明史》，《二十四史》縮印本，卷七十四，〈職官三〉，頁一八二六。明朝宦官作惡多端者，如：英宗之王振，憲宗之汪直，武宗之劉瑾，熹宗之魏忠賢，都是大家耳熟能詳者，他們所犯下的罪惡，可謂罄竹難書。

四四 以上四段文字，詳參何高濟、王遵仲、李申譯，何兆武校：《利瑪竇中國札記》（北京：中華書局，一九三八年三月），第四卷，第十一章〈在天津入獄〉，頁三八九、三九〇、三九一、三九四～三九五。

四五 樊樹志：《晚明史》（上海：復旦大學出版社，二〇〇三年十月），上卷，頁五六〇。

四六 詳參〔清〕張廷玉編：《明史》，《二十四史》縮印本，卷八十一，頁一九七八～一九七九。

四七 詳參〔明〕顧起元：《客座贅語》（北京：中華書局，一九八七年四月），卷七，頁二三二。

四八 詳參黃仁宇：《十六世紀明代中國之財政與稅收》（臺北：聯經出版社，二〇〇一年一月），頁三五三～三五四。「實際上，幾年前朝廷就已經開始取用太倉庫的存銀了。到萬曆十五年（一五八七）爲止，太倉庫舊仍存銀六百萬兩，在理論上這部分庫銀不能動用。另外，還有四百萬兩埋藏於新庫。最初從新庫開始取用。一五八八和一五八九年動用了一百七十五萬兩，一五九〇年又動用了一百零六萬兩。三年之內，一千萬兩白銀的總量減至七百萬兩多一點。一五九〇年代，朝廷開始動用舊庫、太僕寺掌管的常盈庫以及南京的倉儲和地方府庫。……幸運的是，在庫藏殆盡和增賦無望的時候，一系列的軍事征討也結束了。但是，到一六〇〇年，政府的財政和稅收制度要明顯比一五七二年張居正開始執政的時期更糟，甚至也比十六世紀中期的情況更壞。」

四九　詳參何高濟、王遵仲、李申譯，何兆武校：《利瑪竇中國札記》，頁三七〇。「由於朝鮮戰爭（援朝戰爭），使中國的國庫變得十分空虛，所以皇帝決定充實國庫。……然而當今的皇帝（萬曆皇帝）迫於拮据，不顧祖先的命令，下令重新開採金銀礦山，後來又對各行省銷售的一切商品一律徵收百分之二的新稅，上交國庫。如果皇帝指派行政長官徵收的話，這種新稅本來是可以容忍的。但是，他卻委派宦官收稅，還向每個行省都派出兩三名宦官頭子強徵新稅。他們每一個又都帶去幾名級別較低但同樣貪婪的宦官隨同前往。……宦官們作爲一個等級，既無知又殘暴不堪，……所以不到幾個月的工夫整個帝國就陷入一片混亂，……盜賊和巧取豪奪在各地都成爲司空見慣。……如果他們聽說某某地方有一個富翁居住，他們就說他的住所裏有銀礦，並且馬上決定抄家挖礦。這種收稅方法，使得不幸的受害者爲了保住自己的財產，不等收稅官來臨，就先獻出巨額款項。……這種非凡的掠奪結果是各種物價飛漲，隨著是普遍貧困化的增長。」

五〇　詳參王家儉：〈晚明的實學思潮〉，《漢學研究》，第七卷第二期，一九八九年十二月，頁二七九。

五一　詳參謝國楨：《明清之際黨社運動考》，北京：中華書局，一九八二年。林麗月：《明末東林運動新探》，臺北：國立臺灣師範大學歷史研究所博士論文，一九八四年。潘富堅：《明末黨爭之研究》，臺北：國立政治大學政治研究所碩士論文，一九八四年。傅榮珂：〈晚明政風與學風之探微〉，《中華文化復興月刊》，第二十卷第五期，一九八七年五月，頁三十五～四十四。王天有：《晚明東林黨議》，上海：上海古籍出版社，一九九一年。趙園：《明清之際士大夫研究》，北京：北京大學出版社，一九九九年。蕭敏如：《東林學派與晚明經世思潮》，臺北：國立臺灣大學中國文學研究所碩士論文，二〇〇三年。

五二　並詳前揭新校本《明史》，卷二百三十二，列傳第一百二十，〈李三才〉，頁六〇六四、六〇六七。

五三　就制度面言，其一，稅收人員不足。朱元璋創立制度之初，係爲滿足農村需求，稅收人員嚴重不足。而爲了完成收稅任務，不得不重用胥吏，胥吏多是當地人，熟悉當地事務、權貴，於是極易舞弊以謀私利。其二，縣官缺乏財務、行政上的訓練。當時士子閱讀範圍不出《四書大全》、《五經大全》，無法習得處理政務應有的知識，處理煩瑣的政務，往往不具備足夠的能力。再就政風言，此時上自皇帝，下至縣官，當權者無一不貪，所以人民的財產受到嚴重的剝奪。

五四　詳參黃仁宇：《十六世紀明代中國之財政與稅收》，頁二一三。

五五　詳參黃仁宇：《十六世紀明代中國之財政與稅收》，頁五十一。

五六　詳參黃仁宇：《十六世紀明代中國之財政與稅收》，頁一六六～一六七。

五七　詳參王春渝、杜婉言：《明代宦官與經濟史料初探》，北京：社會科學出版社，一九八六年。

五八　比如：（一）方志遠：《明代國家權力結構及運行機制》，北京：科學出版社，二〇〇八年。（二）毛佩琦：《中國明代政治史》，北京：人民出版社，一九九四年。（三）王春渝、杜婉言：《明代宦官》，北京：紫禁城出版社，一九八九年。（四）杜乃濟：《明代內閣制度》，臺北：臺灣商務印書館，一九六九年。（五）杜婉言：《中國宦官史》，臺北：文津出版社，一九九六年。（六）劉新風：《明朝權宦》，臺北：雲龍出版社，一九九二年。（七）衛建林：《明代宦官政治》，石家庄：花山文藝出版社，一九九八年。以上諸書皆未及利用此份珍貴難得的文獻資料，故筆者拳拳耿耿，而勤勉戮力於此。

# 《撫淮小草・序》

## 一　祝世祿〈李中丞公《撫淮小艸》序〉

余見中丞李公道父所爲書，號《雙鶴軒集》若干卷、《撫淮小草》若干卷，悉近所刊行，其藏於家者不與也。（註一）

近世，士穎異者，率以詞人自命，於當世治亂興壞之理，廢焉不講；而所爲詞，第衣繡其鞶帨，一無當乎性情。公獨閎深流麗，長於諷諭，今所行古今諸詩是已。（註二）乃余讀公《小草》，蓋尤悚然三嘆焉！

公以弱冠登　朝，方起艸行都，（註三）何關言責？而即勇言當世之得失，憤直臣見詘，上書指陳姦人懷私不忠，擯斥異己，以感動　天子之意。雖以忤時得調，而直聲聞天下。　主上旋感其言，召爲南儀曹迴翔藩臬；至晉爲中丞，并府淮陽。　上之知公可謂深，而公不爲不遇矣。

頃，中人以榷丱之役，銜　命四出，亡命作姦之人，多附麗之，海內被其毒，公言之亹亹懇懇，以謂宜擁護　山陵，盡罷筦榷，以與民休息，塞天下望。至朋心爲姦者，公即禽治之不少貸，拔虎豹之爪牙，庶幾不爲旦夕害。又群不逞之徒，（註四）乘時搆亂，公因其萌芽，逆折之。令滔天之患，弭於蟻穴，其功甚大，因請召還中人，脩人事，杜禍源，反復至數千百言。斯時也，　主上有忻然受者，有時未盡酬，徐待於後者。即「禍亂危亡不必然」之語，不難披襟當之。嗚呼！公之能言，與　天子之能容，何必古人傳公稱主容臣直者乎？何其盛也。

自昔官豎挾城社之威，行恣睢之勢，士大夫稍欲自瑩者，孰不歛遜之？公獨橫身當其衝，覘民之蟊賊，不啻如鷹鸇之逐鳥爵也，而遑恤其他，此誠億兆之長城，而社稷之衛已。夫九信而一違，難以語忠；始壯而末渝，難以語專。公少以直言忤章執，服官二十餘禩，乃愈益發舒侃侃焉，惟國之大計是圖。眂士之一言賈譽冀炫，已而媒利者，爲何如也？

主上明聖，於公嘗一斥而即收，頃不無少枘鑿。安知　上不憬然感寤，柄用公以竟太平之理哉？余故爲之序，以發明公之本末，而與士民觀之，更知尊　主庇民之大業，終屬公也。

萬曆歲壬寅長至日，（註五）　賜同進士出身、南京吏科給事中，友人豫章祝世祿撰并書。（註六）

## 二　朱吾弼〈《撫淮疏艸》序〉

迬（註七）不佞吾弼，初備秩留臺時，則修吾李公方爲南納言云已。公奉　上命撫治淮南北，不佞適承乏防江之役，得親覩公行事爲詳。一日，公出《奏草》若干卷視不佞，且屬之序。不佞既受而卒業，喟然太息，曰：「夫李公則誠古所稱社稷臣哉！社稷臣者所爲，悅在安社稷也。有如不幸，微睹其不安之端，必首疾而目蒿矣！必食若荼，而寢若刺矣！彼其中固有所大不悅也。且百念百計，轉不安而爲安，以得其所大悅也。」

我　國家二百三十年來，薄海安於覆盂，盛矣！中間南北，雖間有倭虜之訌，以勤執事，然禍僅及于疆埸，憂不在於社稷也。而自頃者，言利之臣進，至　明主爲之聽熒，分遣數十中人於外，以督責四方之入，而此數十中人者，壅閼　上恩，因緣爲奸，利各從惡，少年百輩躭躭而視人肉，於是海內嗷嗷，莫必其生，而社稷之隱憂伏釁，日釀日深，而不可測。譚者謂此數十中人之禍，甚於昔日之倭虜；而當事者之難，亦十倍於疆埸之臣。

何者？彼爲門庭之寇，而此爲室中之戈；彼之巢穴猶可擣，而此之城社熏灌之，所不能施也。蓋今內自兩畿，外則刓（註八）帶之藩十有三，其毒靡所不螫；守土大吏亦靡不焦思極慮，視四封如沸鼎；而公所賜履之地，北連青、齊，南盡江、淮、鳳、泗，　陵寢在焉。方數千里，皆天下根本要害處，而中人之稅，于徐、于眞（註九）者，䶩于揚者，礦于廬者，勾爪踞牙，環向而錯峙。公以一身獨戰群虎之禽，百方剪其翼、折其齒，奪其已甘之肉，而方數千里，得不盡委於其餓喙者，皆公力也。

居者猶然安於廬，耕者猶然安於埜，（註一〇）四方舟車而至者，猶然出塗，恃有公在也。草澤挺鋤之眾，欲爲勝、爲廣、爲角、爲巢者，逆銷而不敢發，公彎弨之豫也。而公之抗天觸雷，遽以其身試禍者，亦至矣！即令公奉　明詔，總大眾，以去倭虜，從事其勞，不過核尺籍伍符，申嚴約束，如身使臂，而臂使指，戰勝于堂上可也。何至艱危若是哉？

凡公先後所具疏，無慮數十萬言，其條國家形勢，述民間疾苦，悃款篤至，大旨如〔漢〕劉向、〔唐〕陸贄，而慷慨激烈有加焉。蓋公之心，惟欲社稷之爲泰山、爲磐石，而又懼其爲纍棊、爲覆隍。其勢亟，故其情危；其思深，故其語切。讀者由其所大不悅，而其所有大悅者，可知也。

主上英喆，雖弗快人讜激，寔喜人忠直。公犯其所弗快，中其所喜，淮揚臥治，帝固有意乎！黯者它日，秉正當軸，　國家終倚爲社稷臣。　天子葵葵，自今日矣！

萬曆壬寅（註一一）九秋既望，高安朱吾弼序。（註一二）

# 三　陳璧〈《撫淮小艸》敘〉

嘗聞人主之患，在不受人言；人臣之病，在不盡言。不受言者，忘其國者也；不盡言者，薄其君者也。人主樂受，而人臣好盡，則綦隆之世，不數得也。惟人主咈而不受，人臣盡而不倦，嘗竭其憂危悃欵（註一三）之誠，思造宗社無疆之福，發其痛哭流涕之詞，冀收感動改圖之益，斯藎臣之用心，豈養榮持祿、苟且塞責者，可同日語哉？（註一四）

余蓋於大中丞李公《撫淮小草》，重有感焉。公始爲郎，已以直言顯當世，士爭仰如泰山北斗，　主上亦深知中丞，目爲社稷臣久矣。往念淮北咽喉重地，非鼎臣莫可塡撫，而以屬之公出，　上意特簡也。公而挾疇昔宿望乎，第申明功令，振暢威靈，去苛蠲煩，獎廉汰墨，俾海波不揚，潢池無警，衽席一方之元，又斯亦奇矣！由此，雍容委佩，需次台衡，公孤直旦莫耳。即不有明諫顯諍之烈，亦足以標素流青，雄視百代，夫何庸于焦唇乾舌，嘵嘵然，取　主上之弗樂爲也？噫嘻！是豈公之用心哉？

自礦稅播虐，民生日蹙，茹毒飲恨之兆，庶奚難于一逞；察微見景，瓦解土崩之勢成矣。九閽嚴邃，壅蔽滿前，且有稱萬年之觴，謂時當極治太寧，無足爲吾難者。　上固神聖，其胡由知之？眾方泄泄，若燕雀之處堂，倖旦夕無事。吾復哆口調停，含嘿（註一五）固寵，如國家大計何？古有一言悟主，能使好大喜功之君，翻然罪己，卒之轉亂爲治，易危以安，成千載英辟之名，則人主受言，亦何常之有乎？吾奚忍于逆料，吾君之必不吾聽，坐視危亡而莫之捄（註一六）也？茲公之所爲心耳。

今讀諸疏，無慮數萬言，大要在收拾人心，凝祈天命惓惓，以罷開採之役，止無藝之征，召還中使，爲萬姓請命于　上，至以去就爭之，必欲得請而後已。反覆開導，憂深論切，雖觸時所忌諱，犯主之怒弗顧也。令起屈大夫、賈太傅于九原聽之，亦當慷慨悲壯，此豈持祿保位之具臣，所能窺其際耶？不佞璧屬公綱紀之下，獲卒業茲編，自惟曩者立在交戟，曾弗能少有建明，當公疏一呋。茲伏處疏遯，心即怦怦然動，詎能言乎？故特僭申片詞於簡末，以託不朽，庶幾蒼蠅附驥之義云爾。曰文也，與哉？

整飭揚州海防兵備、浙江布政使司右布政使，陳璧拜手謹書。（註一七）

# 四　李三才〈《小草》自敘〉

壬辰之歲，（註一八）余自晉乞歸，未幾，至於大故，遂允有終焉之志。臺省諸公，謬相稱引於　朝；　主上過聽，起於田間，于今又復六年。己亥八月，（註一九）受事茲土，時值多艱，萬室如燬，拮据赴之，莫能救藥；小才大任，其效亦略可覩矣。

間有一二疏草，關係大政，揚之司理請存之，以志歲月，余不之拒也。余亦從此逝矣！《語》曰：「陳力就列，不能者止。」余上負　天子，下負朋友，度身度時，惟欠一去耳，命之曰《撫淮小草》。夫固所謂：「處則爲遠志，而出則爲小草者也。」聊自媿也，亦自責也，又自哂也。

萬曆庚子夏五月，（註二〇）道甫李三才自叙。（註二一）

## 附註

一　本序爲行草書影刻，書法佳善。序題下鈐有正方陰文篆印「祖唐讀過」，全書印記僅此一見，惟「祖唐」究係何人，遍考無著，猶俟將來。又此序前封面有「30 546」典藏編號，扉頁內鈐有正方陽文典藏篆印「東京帝國大學圖書印」一方，以下各冊卷前鈐印均同此，不再贅述。

二　〔明〕李三才著有《雙鶴軒（詩）集》、《灼艾集》、《無自欺堂稿》、《誠恥錄》與《鶗鴂（軒）詩集》等，又有《永慕錄》著目，可惜均已不存。臺北「國家圖書館」典藏有李三才一首五言律詩碑刻墨拓本，已鈔釋於〈導論〉。

三　「行都」二字，書寫甚草，恐辨釋有誤，特此注明。

四　「群不逞之徒」之「群」字，書寫甚草；但據〔明〕王夫之（一六一九～一六九二）評《新、舊唐書》「李敬業起兵討武氏」事，有語云：「群不逞之徒，托義以求盈，而後義絕于人心，悲夫！」又連橫（一八七八～一九三六）《臺灣通史．林爽文列傳》亦有語曰：「群不逞之徒，亦出入其間，眾至萬人。」以形義辨釋，並參證二家引句，釋定為「群」，確然無疑矣。

五　萬曆歲壬寅，萬曆三十年（一六〇二），李三才時年五十一歲。

六　（明）祝世祿（一五三九～一六一〇），江西省德興人，傳略參見〈導論〉。落款後有篆刻鈐印三方，詳參〈導論〉。

七　「迬」，「往」之異體字。此序為行書刻印，筆力遒勁，書法亦善。

八　「刓」（音「完」）字之「元」，於此作「完」，磨損、削刻之義。

九　「眞」，「儀眞」，而「儀眞」實即「儀徵」，原屬江蘇揚州府屬地。凡本書中所見「眞」為地名者，例皆準此。案：「儀眞」始名於宋朝，因鑄造皇帝銅像「儀容逼眞」，故稱之。明代設儀眞縣，清雍正元年（一七二三）為避諱（「眞」與「胤禛」同音）改儀徵縣。

一〇　「埜」，「野」之異體字。

一一　萬曆壬寅，萬曆三十年（一六〇二），李三才時年五十一歲。

一二　（明）朱吾弼，生卒年不詳，字諧卿，江西高安（廬陵）人，傳略參見〈導論〉。

一三　「欵」，「款」之異體字。

一四　此序基本為楷書，偶有行書筆法刻印，書法端麗。

一五　「嘿」，「默」之異體字。

一六　「捄」，「救」之異體字。

一七　（明）陳璧，生卒年不詳，字道良，亦作道良父、道良甫，福建福州府懷安（福清）縣人，萬曆五年（一五七七）丁丑科進士出身，生平事略，史載未詳。後鈐篆印兩方，詳參〈導論〉。

一八 壬辰，萬曆二十年（一五九二），李三才時四十一歲。此序基本爲楷書，偶有行書筆法，書法較前二序，筆力益遒，行氣尤正。

一九 己亥，萬曆二十七年（一五九九），李三才時四十八歲。

二〇 庚子，萬曆二十八年（一六〇〇），李三才時四十九歲。

二一 後有鈐篆印記兩方，詳參〈導論〉。

# 《撫淮小草・目錄》

案：以下爲《撫淮小草》原書「目錄」，十一卷皆爲「奏議」疏文。但卷之十一正文之後，尚有卷之十二至卷之十五，凡四卷，前兩卷爲「牌劄」，後兩卷爲「告示」與「批詳」，以上四卷篇目都未著錄於卷之十一後，筆者已將漏錄四卷目錄，以及本書卷末所刊兩篇「序」：董基〈讀李道甫《撫淮小草》〉，沈潅〈讀《撫淮小草》〉；兩篇「跋」：楊洵〈《撫淮小草》跋〉，徐鑾〈《撫淮小草》後跋〉，皆錄列於校注本「目次」與內文，匡補闕疑，提供觀照參考。


**卷之一**

報代疏

議留馬價疏

就近議補縣官疏

糾劾有司疏

停止廬州開礦疏
州官患病疏
縣官給由疏
方面患病疏
按臣患病疏
議助川貴兵餉疏
回　奏詐騙鹽商疏
預報盜情并停礦稅疏

**卷之二**

按臣患病疏
逆謀就擒疏
報援川貴官兵起程疏

**卷之三**

參江防府佐疏

催處分逆犯疏（案：內文題作「題催逆犯　旨意疏」）
縣官給由疏
請修　皇陵疏
議改折色馬匹疏
回　奏失防貢物疏
回　奏棍徒詐騙鹽商疏
第一停罷礦稅疏
回　奏歲改段絹疏
縣官給由疏
第二停罷礦稅疏

## 卷之四

回　奏盧鳳遺稅疏
回　奏淮揚遺稅疏
解發逆犯赴京疏
報秋災疏

第三停罷礦稅自陳疏

卷之五

查解河道錢糧疏
州縣正官免　覲疏
完解京庫錢糧各官開俸疏
府佐給由疏
考察有司官員疏
府佐給由疏

卷之六

縣官給由疏
府佐被察就近降補疏（案：內文題作「就近降補疏」）
催補淮潁二道疏
府官給由疏
議改將領駐劄要地疏

回　奏棍徒串同礦稅詐騙疏
參坐營中軍疏
報夏秋災傷疏

## 卷之七

回　奏毆死稅官疏
參誠意伯糾同稅官嚇詐平民疏（案：內文題作「糾同稅官嚇詐平民疏」）
府佐給由疏
兵備患病疏
參狼山水陸將領疏
就近陞補州官疏
薦江防府佐就近陞補疏
府佐給由疏
報上源水患疏

## 卷之八

州縣官給由疏
急缺兵備疏
江防府佐給由疏
造報河道錢糧并陳府官被參疏
勘議河工截留漕糧疏
縣官被逮歷查貢扛疏
回　奏貪肆將官疏
本院給由疏
參狼山副將縱容販鹽疏
歷陳　國勢病由疏
内使被弄無已疏

## 卷之九

自劾待斥按臣謬推疏
坐營參將患病疏

州縣官給由疏
州官給由疏
報收漕運印卷疏
報糧船過淮疏
被論留守毆傷知府疏
報離任疏　查近例候代具而未上
報夏災疏
報糧船過洪疏
就近陞補運同疏
管河府佐給由疏
府佐給由疏
州縣官給由疏
釋放高墻罪宗疏

## 卷之十

會勘河道疏

報秋災疏
回　奏府官並未隱匿河道錢糧疏
第一催代疏
薦舉押運官員疏
查參奸黨妄獻鹽利疏
州縣官給由疏
第二催代疏
縣官給由疏

## 卷之十一

第三催代併陳民情國勢疏
府佐給由疏
報清河水涸稽阻糧船疏
停查田房稅契疏
報獲潁州賊首疏
第四催代疏

清河日涸改限疏
州官給由疏
減兵留餉疏

# 《撫淮小草》卷之一

關西道甫李三才著

## 第一冊　奏議

### 一　報代疏　萬曆二十七年八月十五日

題爲交代事。

臣先任大理寺左少卿，萬曆二十七年五月初十日，（註一）該吏部等衙門會題爲缺官事，等因。（註二）奉　聖旨，是李三才陞都察院右僉都御史，（註三）巡撫鳳陽等處地方，兼海防提督軍務，寫勑（註四）與他。欽此。欽遵。該吏部移咨到臣，臣隨赴鴻臚寺（註五）報名，詣　闕謝　恩。六月初六日，領　勑；初八日，　陛辭。於八月十三日，抵臣所屬（註六）境內徐州地方，即准前任巡撫鳳陽，今致仕右僉都御史李銈，（註七）咨將原奉備賑救荒，查催錢、糧、查理班軍、儹（註八）運大木、查催料價，督造黃冊。　勑諭九道，　符驗二道，令字旗牌六面，副巡撫鳳陽關防一顆，并吏卷等項，交送到臣，當即祗（註九）領，望　闕叩頭，接管行事。

伏念微臣，猥以庸流，謬承　簡拔，（註一〇）奔走徒久，尺寸何稱？備員棘寺，（註一一）猶慚平反之未能；進秩柏臺，（註一二）益惟隕越之是懼。蓋（註一三）鳳陽乃　祖宗根本之重地，淮、揚實南北咽喉之要區，既畀以撫綏之權，兼領夫海防之重，光承　明命，顯被　鴻私，自頂至踵，功歸　造化，盡瘁鞠躬，豈獲自己？敢不益勵夙夜之誠，永效涓埃之報？爲此，今將交代日期，具本，專差承差吳洪齎捧，（註一四）謹具，題　知。

萬曆二十七年八月十五日。

## 二　議留馬價疏　萬曆二十七年九月十三日

題爲通計處，以濟匱竭事。

行據整飭揚州海防兵備按察使王之猷、（註一五）淮徐海防兵備副使郭光復（註一六）會呈，奉撫、按衙門箚案，准兵部咨。前事內開車駕、清吏司案，呈奉本部，送據南京太僕寺呈。二十六年，（註一七）分廬、鳳、淮、揚四府，共扣留馬價銀六萬七千兩充餉。該本部查得釜倭盡退，事覺稍寧，前銀應行起觧；（註一八）咨煩將原留馬價六萬七千兩，自二十七年正月起，盡數解部發寺，等因。又准戶部咨，爲奉　詔查，豁加派錢、糧，以蘇民困事。內開四川清吏司案，呈奉本部案驗；山東清吏司案，呈照得。東征以來，登、旅、津、遼、淮、揚等處，增設兵馬，節經督府衙門題　請，俱於丁地內攤派，原議事寧，停止。今島氛蕩掃，奉詔宣諭。諸因東征，加派錢、糧，一切盡令所司除豁，務爲存撫，勿事煩苛。欽此。

案呈到部，該本部看得。先因倭奴猖獗，武備當飭，不得不加賦，以佐軍興。今幸東事敉寧，物力當紓，不容不節浮，以蘇民困。矧（註一九）　明詔嘉與休息，在所司亟宜奉行，咨煩查。凡係東征，加派錢、糧，一切盡令除豁，等因。俱蒙備行兩道會議，通詳該兩道遵依。會查得江北、淮南、淮北各營官兵，除舊額六千六百七十三員名，連船馬租料、軍火器械，歲該銀八萬一千五百餘兩，查有廬、鳳、淮、揚四府，徐、滁、和三州舊額軍餉，僅足供用外；惟自萬曆二十等年以來，因倭勢緊急，節蒙撫、按、鹽三院會議，題　請沿海各營，共新添官兵一萬四千八十四員名，共添戰馬一千三百二十四匹，共添戰船并雇募沙船二百一十一隻，并修戰船、火器、犒賞等項，歲該餉銀一十九萬七千六百餘兩，節留鹽課、漕糧、關稅、贓罰、稅銀、馬價等項，并各府增派賦役、軍餉通融，零湊支給至二十四年。

東事議封，奉文爲查解節留備銀兩，以濟邊費事。要將節留前項備倭銀兩，盡數解部，以是各營官兵，凡有事故，暫行停補，陸續清汰減撤。蒙前任督撫、部、院褚尙書，會按、鹽二院，具題覆奉　欽依。淮南、淮北各營，新增官兵，除前汰減外，止准存留五千三百員名，連船馬、租料、廩犒歲，該餉銀七萬二千九百餘兩，仍准留淮、揚、鳳三府；馬價銀四萬七千兩，巡撫贓罰銀二千兩，淮、揚、潁三道贓罰銀一千兩，各府、州稅契銀二千兩，淮安醃切稅銀二百兩，海船稅銀七百兩，及增派四府三州賦役銀二萬兩，以足前數。嗣因二十五年，倭警復熾，該巡按周御史巡歷海上，目擊兵單，具題。爲倭情叵測，內備當修，敬陳江北戰守要務，以預防範事。又該部、院褚尚書，會同按、鹽二院題，爲倭報十分緊急，重地兵單可虞，亟　請增復兵餉，以固　根本重地事。題議增復官兵九千三百八十六員名，因請留鹽課、漕糧未允，止募完官兵六千一十員名，連船馬、租料歲該餉銀七萬四千六百八十八兩，該兵部覆允廬州府馬價銀二萬兩，户部議留揚州關稅銀一萬兩、巡按贓罰銀七千兩，其鹽課銀兩不准留用。續蒙前任巡撫軍門李都御史蒞任之初，會同按、鹽二院題，爲募兵缺餉，憂在叵測，懇乞聖明，速賜　允請，以安兵心，以裨海防事。議將前項新兵不足糧餉，仍於鹽課內支用，部覆鹽課、關稅、贓罰，俱止留一年，以後要比照山東各省，量派丁地。續該三院具題，户部覆奉欽依，加派江北四府、三州各所屬丁地，銀五萬四千六百八十八兩，自二十七年起派徵，遵照訖今。蒙户部查，豁加派錢、糧，兵部取解馬價，該兩道會議得。

兵餉迺　國家重務，去留繫地方安危，顧議撤、議銷，尤宜審處。頃自東倭報警以來，淮、揚寔爲密邇，　陵京保障，漕運咽喉，非他處比，故節蒙前督、府、部、院，會同按、鹽各院，議增兵將，計處餉銀，以備不虞，以固此重地耳。嗣緣封使一遣，遂謂海上輯寧，一時取觧銷撤，爲宴安無事之圖；不旋踵，狡夷告變，沿海戒嚴，倉皇號召，募船除器，又爲臨渴掘井之計，長慮却顧，似不如是。往事如斯，可爲殷鑒。

邇者，島寇雖云退歸，變幻乃其常態，試觀今日情形，恐難保其不犯。矧地方鹽稅橫征，商民歛怨，揆時度勢，殊切隱憂。若因節餉，而遽爾撤兵，似非萬全之策；況易聚難散之眾，一旦使之盡去安保，其能帖然無事乎？但今二部取觧方急，閭閻物力宜恤，則調停次第之舉，又不容不酌處於其間者，爲今之計，合無以後。凡官兵事故，且暫停補，仍嚴簡汰之法；但有老弱不精、技藝未諳者，盡行革去，假之歲年，不但餉可省，而兵亦可銷。又恐管兵官有缺，不以寔（註二〇）報，莫若歲限以數，定以六年爲期，漸次清汰，直至舊額而止。似於銷兵減餉之意既得，而於防患弭亂之計亦寓矣！雖然，兩道猶有說焉，倭酋爲謀叵測，近聞其造船置器如故，仍欲狂逞；倘我之備禦稍疎，則彼中乘隙而起，濱海遼闊，在在可虞。槩（註二一）依遞減之法，則六年之後，各營無一兵防守矣，豈不可寒心哉？若果眞心謀　國，不爲目前苟且之圖，而爲將來計萬全，似當仍留勿撤，俟二、三年後，果警報大寧，（註二二）海宇淑清，方行議銷，尤爲妥當，等因。會詳前任撫臣李銡，覆加酌議得。陸續新添官兵，節留馬價贓罰各稅，并派丁地軍餉，難以盡減；且歷陳江北沿海一帶，極爲遼闊，倭雖退歸，未可信爲寧息。鹽、稅二使橫肆內地，未可撤兵之時，且見往歲驟然撤兵，禍變立見。不得已，照依各道所議，自萬曆二十八年爲始，以六年爲期，每年遞減而止，已經會議咨達戶、兵二部去後。

萬曆二十七年八月二十三日，該臣接管，准兵部咨覆馬價、錢、糧，係本部正額；往因倭警告急，暫留充餉，此非一定之例，今幸釜倭還巢，兵二之議，奉　旨停止復議，留餉遞加起解，盖淮、揚雖南北咽喉，兵難遽撤；芻糧係司農正額，餉難混留，相應咨催，煩將前項扣留馬價六萬七千兩，自二十七年以後，盡行差官起解。其本處所留兵馬糧餉，徑行戶部處給，等因。准此。

本年九月二十日，准總督薊遼軍務、經略禦倭尚書邢玠（註一二三）咨，據總領水兵總兵陳璘（註一二四）呈稱，各營兵船皆係應召而來，今皆歷有戰功，允宜安插營伍，仍乞移文各撫、院發還舊地，哨守即係各處召募，亦收入空缺營內食糧、防禦，等因。咨煩將狼山營官兵發還舊地，哨守即係各處召募，願歸農者歸農，不願農者行令候缺查補。又准經理朝鮮軍務、都御史萬世德咨開，各該官兵奉調征倭，已收蕩平之功。今議班撤回鎮，發還舊地哨守，并收入空缺、食糧一節，當念其久戍外國，戰功勞苦，亦應准從。查得狼山營係屬江北，咨煩查照，等因。准此。隨據東征千總殷尚質（註一二五）丁寅（註一二六）呈報，撤回官兵一千二百七員名、沙船三十九隻，見（註一二七）今住泊通州修艌聽候分布，據此俱經箚行揚州海防兵備道查照，作何安插，有無舊地發還，哨守不願歸農者，有無候缺查補，務要處置妥當去後。

先，該臣於本年八月內受事以來，即詢諸地方道、府各官，講究兵食之計，畫議地方事宜，僉謂淮、揚重鎮，江、海要津，鹽稅橫徵，人心反側，遽撤、遽減之說，不過圖塞目前而已。明年春汛，未可弛防；兵數眾多，未可驟汰，則前項取鮮馬價、豁免丁地，尤當從長議處。該臣謹會同巡按直隸監察御史安文璧、馬從聘（註二八）議照。江北地方幅員千里，寔為漕運咽喉、　留都門戶，而鳳、泗　陵寢，尤係　祖宗根本重地。嘉靖間，屢被倭寇犯境，極稱要害之地，後緣承平，止留官兵六千六百有奇。萬曆二十年以來，關酋（註二九）大肆狂逞，分兵侵犯朝鮮，而遼東、天津、山東、登萊告急，淮安沿海，贛榆、海州，切近山東，與朝鮮對馬島相望，先後督臣增兵萬餘，適緣東封事成，紛紛議為撤兵之舉，止存新兵五千三百員名，仍留淮、揚二府馬價銀二萬兩，鳳陽府馬價銀二萬七千兩，巡撫贓罰銀二千兩，淮、揚、潁三道贓罰一千兩，各屬稅契銀二千兩，淮安醃切稅銀二百兩，海船稅銀七百兩，加增賦役銀二萬兩，總計七萬二千九百兩充餉。

至二十五年，倭奴背盟，復陷閑山，（註三〇）警報孔棘，（註三一）羽檄交馳，節該撫、按諸臣建議添兵九千，而餉難措處，止召完六千一十員名，復議留廬州府馬價銀二萬兩，揚州關稅一萬兩，巡按贓罰銀七千兩，鹽課銀三萬七千六百八十八兩，後因關稅鹽課巡按贓罰俱止留一年。又議自二十七年為始，於廬、鳳、淮、揚四府，徐、滁、和三州丁地內，加派銀五萬四千六百八十八兩以抵之，總計前後所增官兵一萬一千三百一十員名，所留兵部馬價六萬七千兩，戶部稅契、各稅贓罰五千九百兩，前後二次加派丁地七萬四千六百八十八兩，節該戶、兵二部行文，釜倭退歸，查豁東征加派錢、糧，取鮮原留馬價，故前任撫臣李銈議為遞減之法，六年而止。今兵部回咨，仍欲將原留馬價，自二十七年起觧比，臣謀諸地方，諸臣共謂遞減之說，實屬遷就目前，原非經久之圖。蓋以部文嚴切，不得已而爲之詞耳。

夫淮、揚咽喉南北，號爲重地，自昔人人知之。沿海地方，極屬遼闊，前後撫、按諸臣，歷歷陳之，臣何容復贅？第臣愚，適承人乏，身當其局，計料安危，揆度時勢，有不能已於言者。淮、揚海岸極稱廣遠，並無山谿之險，名爲財貨之藪。昔年倭奴垂涎此地，大肆蹂躪，今新舊官兵不滿二萬，即分布防守，猶落落如晨星。明年春汛，伊邇狡夷之性，尚在叵測，萬一復犯朝鮮，風帆任其所之，東北風一作，不崇朝而抵海贛、安東、鹽城之境矣。此猶外患也，猶蓄艾撤桑之計也。至如理鹽中使駐箚揚州，而沿海通、泰、淮安三十鹽場，數萬竈丁袖手罷煎，計無復之，囂然喪其樂生之念。抽稅中使一駐儀真，(註三二二)一駐徐州，而長隨原奏人等，虎噬狼吞，家剝人削，閭里驚騷，毅然時起偕亡之嘆。此等愁苦，此等景象，必當一逞，姑待時耳。

況兩中使所徵財貨，悉貯此中，悖入悖出，不奪不饜，此尤愚民之久欲甘心者，一旦竊發，將何以制之？即如前日揚州強囚反獄，若非官軍併力，呂㑊先登，則窮賊攘臂一呼，海上亡命無不嚮(註三二三)應，刼庫殺人，禍不知所終矣。即　朝廷雖散內帑百萬，募士擊賊，以安地方，不亦晚乎？且兵部所取馬價六萬七千兩，計銷兵五千五百餘名，則每營當銷其半，恐一旦驟汰窮迫之眾，束手無歸，欲其寂然無譁，得乎？此往歲薊鎮(註三二四)之噪、滇南之變，可爲殷鑒者也。竊謂：「當今時勢可虞，愚民當萬倍於狡倭，防民當萬倍於防海。眞所謂『腹心之患，眉睫之憂』，言之心寒，談之色變。」　皇上萬幾之暇，凝神靜思，當不待臣詞之畢矣。況淮安、揚州並稱重鎭，泗州、鳳陽更屬　陵寢，雖海內熙然，四民樂業，猶當念根本重地，咽喉要區，厚集兵馬，以拱衛之、彈壓之；而況外侮內憂，種種若此，奈何習瞬息之無事，遂忘經久之永圖？以一旦纍卵之不危，而遂謂萬年泰山之可安哉？

兵部原行將馬價六萬七千兩，自二十七年起解，而官兵按月關支，已用過三分之二，業已無從起解；又謂本處所留兵馬、糧餉，徑行戶部處給。今　大工需財甚急，司農告匱，凡各屬庫藏搜括殆盡，又將何項抵補？經略禦倭軍門、經理朝鮮衙門，更以撤回東征官兵一千二百餘名、沙船三十九隻，咨回安插。但此輩久戍外國，歷有戰功，遣之歸農，則稱聽候分布而業；無農可歸，留之哨守，則當處給月糧，而寔無糧可給，無米之炊，誠巧婦所不能辦者。夫時議撤兵，而經略且欲增之兵；時議減餉，而各兵且當增之餉，是以臣日夜焦思，計無所出，遞減之說既屬難行，惟今只有視海上警報之何如，本境人心之何如，以爲撤兵之定準耳。倘明春及秋，內外寧謐，南北無虞，則議減、議留，從實酌處，必不敢虛糜軍餉，上虧　國儲，下竭民力，自取謀　國不忠之罪。

因時制宜之策，似無踰於此者，合無將二十七年兵部馬價六萬七千兩，今既用過三分之二，仍留充餉，免其起解。俟明年春汛，視其警息稍緩，并商民竈戶安堵如故，即自二十九年爲始，盡行觧還。其戶部項下，巡撫贓罰二千兩，名雖濟邊而防倭，即是邊務；三道贓罰一千兩，各屬稅契二千兩，淮安醃切稅二百兩，海船稅七百兩，俱係本地搜括，修理戰船、防汛官兵之用，原非濟邊之數，以上共銀五千九百兩，仍俱照舊留爲備倭支用；二次加民丁地，充餉銀七萬四千六百八十八兩，亦必俟內外緩急，以漸豁免；東征撤回官兵一千二百餘名，俟揚州道查議至日，另行計處，伏乞　勑下戶、兵二部酌議，上　請行臣等，遵奉施行。

萬曆二十七年（註三五）九月三十日，具題，奉　聖旨，該部知道。

# 三　就近議補縣官疏　萬曆二十七年十月初八日

題爲衝繁災地，正官久缺，酌議就近陞補，以免廢墜事。

會同總理河漕、工部左侍郎劉東星，（註三六）巡按御史安文璧、巡鹽御史馬從聘議照。淮安府桃源縣，設居沿河，極爲衝疲，連年水旱災，傷民多流徙，知縣劉體乾（註三七）自舊年六月內，該前任按臣周盤，復　命參論降調，迄今年餘，尚未銓補。徐州豐縣，當黃河上流之衝積，歲沮洳尤苦；河役知縣鍾世章，自今年二月內，該河臣劉東星甄別年終，河官參論迄今八月，亦未銓補。顧桃、豊（註三八）二邑，誠屬孔道，素稱凋瘵（註三九）者，即今漕糧之交兌，屆期河道之歲修，方舉所藉於正官，調劑、撫摩更喫緊也。然須得久於地方，眞知其賢者，方克有濟。及查淮屬海州判官劉邦傑，由舉人原任湖廣綏寧縣知縣，降調委署桃源印務，計已年餘，安靜不擾，深得民心；山東濟寧州判官羅一夔，由選貢註選管河，疏濬多勞，屢經薦剡。（註四〇）此二官者，幹濟既優，若就近陞補桃、豊二縣知縣員缺，譬如駕輕就熟，必能政修職舉，地方相宜，群情允恊，（註四一）相應會題。伏乞　勅下吏部，再加查訪覆議。上　請速將二官，就近陞補前缺，庶災地得人，而政務不廢矣。

緣係衝繁災地，正官久缺，酌議就近陞補，以免廢墜。事理未敢擅便，為此具本，專差承差蔡宗齎捧，謹題，請　旨。

萬曆二十七年十月初八日，具題，奉　聖旨，吏部知道。

## 四　糾劾有司疏　萬曆二十七年十月十三日

題為糾劾，不職有司，以撫彫殘，以肅吏治事。

臣欽奉　簡命，拊（註四二）循江北，第地當南北之衝，且頻年災沴，（註四三）軍興河患，無日無之，民不聊生，眞有不忍見聞者，思所以拯救撫摩，固非責之守令不可。蓋守令職在親民，善則民受其福，不善則民受其敝；若貪劣無狀，恣肆不檢，則民生何賴焉？是以，臣入境之初，夙夜未遑，廉察吏治，惟恐不及。蓋仰體　皇上惠養元元之盛心，少（註四四）盡臣職萬分之一也。所有一二貪肆有司，不堪長民者，謹會同巡按御史安文璧、巡鹽御史馬從聘，據實爲　皇上陳之。

訪得睢寧縣知縣譚廷珂，才既闒茸，（註四五）性更糊塗，遇事漫無可否，惟吏書之是憑；待下全無仁恩，總囊橐之是計。一派秋米五百餘石，給散與長夫食用，扣工食銀二百餘兩，皀頭施敬義、官楊朝相等證一；徵收鞭銀，加二火耗，（註四六）多收銀三百餘兩遞年，沈相花戶、梁田等證一；徵收鞭銀，每次得寬限銀三十兩，張世傑、張至孟過證一；侵扣運歸仁石塊銀二百餘兩，工房書手周俊、扣送埠頭張仰坡等證一；查湖中魚船五百餘隻，每一隻索銀五錢，堂書張至孟、管收船戶王文學等證一；扣除本縣民壯一百五十名，每名扣銀二兩四錢，民壯頭朱存仁等證一；受軍犯甯錦銀三十兩，不行追贓起解，本人證一；每日投文放告，不論原被人犯俱問老不應，仍罰稻二三十石不等，刑吏胡汝珍、柳門子知證一；李友忠因女嫁鍾佳瑞，得產病死，刑吏胡汝珍、門子劉應元指稱，過送詐銀一百兩，事發淮安府見問，軍徒招詳一；本縣汪主簿被盜，拏獲薛登等，聽伊仇攀良民魯尚志等，到官夾打，幾至喪命，魯尚志等證一；疎虞，致強盜薛登等六名越獄，止拏獲三名，乃縱快手郭策、李選等，濫拏無辜平民拷詐，楊桂等證一；邳州拏獲造言惑眾道人四名，本官嚇要同會銀一百兩，但有喫齋者差人訪拏，闔邑不寧。此一臣者，到任業及年餘，邑小而膏脂已竭，守官大騰物議，人窮而怨恨滋深，桑榆既晚，溝壑難填，罷有餘辜，民亦何罪？所當照「不謹例」，革職閑住者也。

江都縣知縣王家瑞，性僻而愚，行乖而躁，心頗誠篤，顧學步於儇佻（註四七）之流，才實庸常，乃效顰爲豪放之舉。一謂其文移，任意寢閣；提人犯，經月不到衙役，因而窟穴其中者。一謂其到任後，稱門子蠢愚，將在京舊用小唱劉三名繼芳，接來使用，並不關防者。一謂其以衙宇不潔，將家眷移住顧鄉宦（註四八）花園，本官在縣與劉繼芳留宿後堂者。一謂其見糧吏顧承聘年幼，即改充庫吏；禮書葛尚賢色美，改爲後堂書辦者。一謂其於縣堂西首，起造花園，拆毀庫吏公廨，凡木料磚石，取之舖行，分文不給價值者。一謂其類考生童，將生員卷，通學全送者。一謂其類考童生，見年幼者面加稱賞，年長者輒行面斥者。一謂其以吳邦俊少年美貌，文理不通，遂取首卷，致提學御史把卷驚訝者。一謂其在書院閱卷，喚進年幼童生三四人，各上紙筆，以致眾童嘩然，開揭各處投遞者。一謂其考取童生，多送四百三十名，致知府等官撫掌太息者。一謂其聽信奸民李化等，於芒稻、白塔二河，告批執照，許其挑盤竹木過壩，致操江都御史行府覆查，加責禁革者。此一臣者，年猶青壯，守未大疵；但事體不諳，狐鼠恣其憑藉之奸；舉動多舛，衣冠傳其淫縱之醜。無禮義以肅官常，何顏面以立民上？然蒞任未久，簡僻或宜，所當照「不及例」調用，以觀後效者也。

再照撫、按諸臣，監臨一方，吏治民生，最其先務。如舊年按臣周盤之論桃源知縣，計今一年有餘；河臣劉東星之論豊縣知縣，計今八月有餘，餘率皆　留中未下。諸臣亟欲進賢退不肖，計安斯民，以稱　皇上委任至意。今乃久而不下，舊者既去，新者未來，萬家之邑，闃若無主，是本除民害，益滋民擾。即如天長縣知縣江楫，近被巡漕御史論劾，該縣愚民遂千百成群，圍繞縣治，肆行噪亂，莫敢誰何，非臣速傳檄嚴諭解散，則無知之民始於報怨，敢行無禮，終於懼罪，計無復之幾何，而不貽地方，以不可收拾之禍耶？今臣等所論二臣，皆訪之道、府，采之士、民，種種的據，方爾　上聞，伏乞　皇上速賜　勅下吏部，再加查訪。如果臣等所言不謬，覆議上　請將譚廷珂革職閑住，王家瑞量行調用，別選賢能，以充斯任，庶災疲慰望雲之想，冠裳無掃地之誚矣！

再惟江都一邑，舟車輻輳，商民雜遝，況鹽、稅二使，盤據於中，調停處分，號爲艱劇；比之睢寧，萬有不同，非得精明強幹，素宦其地者，鮮克堪之，蓋其勢然也。近該臣等，共查鹽城縣知縣劉之沂，到任年餘，賢聲四起，豈弟（註四九）既足以宜民，勤敏又足以集事，似宜就近調繫江都，一則衝邑無曠廢之歎，一則疲民免迎送之擾，計之便宜，無過此者。統乞聖明裁定，行臣等遵照施行。

萬曆二十七年十月十三日，具題，奉　聖旨，吏部知道。

## 五　停止廬州開礦疏　萬曆二十七年十月二十五日

題爲廬州逼近　皇陵，不宜開礦，敬繪圖以進，懇乞　聖明亟　賜停止，以光　聖孝事。

臣於本年九月內准南京戶部咨，該大興左衛中所百戶王遇桂，具　奏奉　聖旨。這奏內南直隸寧國、池州等處，舊產銀礦封禁開採，有裨國用，准差南京守備司禮監太監邢隆、劉朝用，不妨原管事務，帶管督率原奏官民前去，會同撫、按等官，照例開採，銀兩解進，不許擾害地方，寫勅與他。欽此。欽遵。備咨到臣，該臣會同按臣安文璧，當即箚行潁州兵備道，查勘。

隨據該道兵備僉事楊繼先呈，據廬州府知府龔廷賓（註五〇）申稱，竊照百戶王遇桂具奏，議於南直隸寧、池等府開礦，併及廬州。但事關　國脈利害，忝有守土之責者，不敢不以預言，廬屬州、縣多係水田，惟六安、霍山二州、縣，與鳳陽府霍丘縣連界，巉石嵯峨，間有坑洞，相傳爲礦，去　皇陵僅二百里。洪武初年，設六安衛官軍防守，嚴禁開採，是我　太祖之爲　皇陵慮，何深遠也。萬曆二十三年，水滸泗州　祖陵，議欲由廬州開河洩淮水於巢湖，以達於江；而識者謂　皇陵過脉之地，　聖子、　神孫鍾靈毓秀，一有差失，萬死莫贖，是以中止。由此觀之，昔日且不敢以泗　陵之滸，以洩　皇陵之氣；矧今日可爲不急之役，而遍鑿諸山，以斷來龍之脉乎？萬曆二十四年間，有詹事府錄事曾長慶，妄以己意，疏　請霍丘、六安之間，可以開礦，奉　旨下部，該戶部覆議謂：「廬州去　皇陵不遠，恐傷來脉。」題奉欽依，停止在卷。是當事諸臣，皆知其萬無可開之理，第不察氣脉之自來，則不知利害之最切，用是略敘來歷，以便觀覽。

按：皇陵龍穴自岷山發脉，蜿蜒而來江界乎？南淮界乎？北由英、霍至於舒城，復起少祖之山，高矗連雲，名曰「猪頭尖」。折而左，則爲武涉諸山，而盡於六安；折而右，則爲鹿起諸山。由廬江無爲，而盡於裕溪江口，其中抽一枝，則爲紫蓬、鷄鳴諸山，横亘合肥，而爲遠障。復行百里，起平頂、大紅諸山，雄峙定遠，而爲近障，仍出洋三十里，方結禁穴，以鍾王氣，而肇子孫萬世　帝王之業。以鳳凰山爲案，濠梁爲水口；如巢、如和皆其後托，而如淮、如揚則其餘氣也。譬人一身丹田，其結穴之處而咽喉，其過脉之衝咽喉，受傷則呼吸不續，而命蔕其能固乎？

夫　國家之根本在　皇陵，而　皇陵之過脈在廬陽，舉事一不當，異日誰任其咎？即今北直隸地方，凡聯絡　天壽諸陵，如昌平州、居庸關等處，週圍三百里外，礦不敢開，則　皇陵過脉之不可開礦，尤彰明較著矣。合無具　奏停採，則　聖祖在天之神靈以妥，　國家萬世之基本永固；而臣子忠愛之誠心克慰，　聖上仁孝之大德，足以綿綿　國祚，鞏金甌於無疆矣！

抑以　明旨森嚴，業有成議，本府自當奉行，而他日罪有攸歸，毋謂本府今日不言也，等因，呈詳到道爲照。開山採礦，以助　大工，固當今急務，然　陵寢所在，爲根本重地，亦干係匪輕。今廬州與鳳陽連界，去　皇陵僅二百里，廬属諸山，皆　皇陵過脉。先年，因泗州祖陵水患，欲於廬州開河洩水，曾經多官勘議，寔與　陵脈有妨，遂爾中止。今欲鑿山采礦，未免有傷來龍，該府職在守土，是以不敢不言，既經畫圖貼說前來，請乞會議，題　請停止，等因。呈詳到臣，該臣復會同巡按直隸監察御史安文璧，看得百戶王遇桂所　奏，寧國、池州等府開礦，必及廬州、六安等處；但六安山聯絡鳳陽，僅二百里許，山川磅礴，　王氣所鍾，寔我　太祖龍飛之地，　皇祖肇基之所，　根本重大，　聖子　神孫千萬世不拔之業也。故鳳陽爲江北首郡，不設城垣；六安礦洞，洪武初年，設有衛所官軍，以防禁之，盖俱以　皇陵爲靈秀所鍾，不敢擅興工作，不許擅行開采，何其愼也。

萬曆二十四年間，錄事曾長慶妄　奏六安、霍山可以開礦，隨該戶部　題議，六安距鳳陽皇陵不遠，恐傷　王氣來龍之脉，故亟　請停罷。萬曆二十五年間，泗州　祖陵被淮水淹浸，議者欲開廬州支河洩水，亦以風水妨礙而止，其愼重　陵脉類如此。即百戶王遇桂亦明知此事重大，干礙不小，故於　奏內，亦不敢明白開具，而條陳枝蔓之語，乃稍稍及之。此奸人之矇蔽　天聽，而敢行無禮如此。臣等謹將地界之聯近、　龍脉之來歷，繪圖進　覽，伏望皇上仰思　祖宗培植之意，　俯察歷年議罷之由，　勑下戶部，將六安山採礦事情，　早賜停止，仍行南京守備，一體遵守，庶足以慰　祖宗在天之靈，而綿　國家無疆之祚矣。雖然，此猶以神道之幽遠者言也，此猶以風水之杳冥者說也。若臣等之愚，則猶有明白正大，進於地脉之外，超於術數之先者，更爲　皇上陳之。

夫　皇上所嗣者，　太祖高皇帝之大統也；所守者，　太祖高皇帝之家法也。　太祖高皇帝純孝格天，尊重　陵寢，鳳陽不設城垣矣，六安不許開採矣。　聖德　神謨，洋洋如在，固孝子仁人所當萬世欽承者， 皇上前日特未之知耳。今臣等既言之矣， 皇上既知之矣。臣愚竊意 皇上必將以 太祖之心爲心， 太祖之事爲事，優（註五一）然若覩松楸，凄然若見羹墻，沛焉下 明詔，罷礦役，當有不俟終日者，此其因心之孝感，而遂通觸，而即應通於神明、光於四海，何俟臣等之喋喋哉？而區區形勢之斷續，風氣之聚散，則又在可略矣。臣等不勝翹跂，待 命之至。

緣係廬州逼近 皇陵，不宜開礦，敬繪圖以進，懇乞 聖明，亟 賜停止，以光 聖孝。事理未敢擅便，爲此具本；并將 皇陵山川圖說一幅，專差承差蔡宗賚捧，進呈 聖覽，謹題，請 旨。

萬曆二十七年十月二十五日，具題，奉 聖旨。朝廷開采礦務，原爲裕國愛民德意，朕心惓惓，敬 天法 祖，豈敢令其逼近 皇陵，而偏鑿諸山，以斷來龍之脉乎？這本說得是泗州、鳳陽，并南京及湖廣，但係附近 皇陵，地方山場，聯絡龍脉，遵照 天壽山禁例，不許擅行開采，以洩靈氣，如有不遵的，着欽差內官，嚴拏參奏，依律治罪，該部、院知道。欽此。（註五二）

## 附註

一　萬曆二十七年（一五九九），李三才時年四十八歲。

二 「等因」與「奉此」，都是舊時公文用語，後習以「等因奉此」合用。「等因」用來結束所引來文，「奉此」則用來引起下文。「等因奉此」本泛指文牘，後遂轉喻為例行公事、官樣文章。

三 「都察院」，明清兩代最高的監察、彈劾及建議機關；「右僉都御史」，都察院正四品官員。據《明史》卷七十三《志第四十九・職官二》：「都察院。左、右都御史，正二品。左、右副都御史，正三品。左、右僉都御史，正四品。」

四 「勑」，同「敕」，本書各疏議多書作「勑」。敕為帝王自上命下之詔書，分別有「敕書」（皇帝行文給臣僚的文書）、「敕命」（皇帝頒賜爵位或物品的詔命）、敕符（書有皇帝命令的憑證）等。

五 「鴻臚寺」，主掌朝會儀節之中央官署名。「鴻臚」，本為大聲傳贊，引導儀節之意。據《明史・職官志三》：「鴻臚（寺）掌朝會、賓客、吉凶儀禮之事。凡國家大典禮、郊廟、祭祀、朝會、宴饗、經筵、冊封、進歷、進春、傳制、奏捷、各供其事。外吏朝覲，諸蕃入貢，與夫百官使臣之復命、謝恩，若見、若辭者，並鴻臚引奏。歲正旦、上元、重午、重九……，皆贊百官行禮。」下句原作：「詣　闕謝　恩。」「闕」當作「闕」，以下同此。

六 「属」，同「屬」，本書多作「属」，下文所見並同，不另贅注。

七 （明）李銡，生卒年不詳，字廷新，浙江處州府縉雲縣人，神宗萬曆二年（一五七四）甲戌科進士。《縉雲縣志・宦跡》：「李銡，字廷新，琩季子，登萬曆二年甲戌進士，授刑部主事，執法平允。以艱歸，居喪哀毀盡禮，服闋，補北職方司郎中。己丑分考督學粵西，並稱得人。

會倭寇釜山，增設淮揚巡撫，銛以才望簡任。時中使四出，魯保以理鹽據淮上，暨祿以收稅踞儀眞，民心搖搖，幾釀大亂。志抗疏以去就爭，時論危之，屹不少動。旋以大計自陳，吏部疏請留用，上特令致仕去，蓋微有所中也。居數年，起刑部侍郎，改吏部侍郎，尋晉大司寇，又晉御史大夫。年已八十四。每疏辭俱以清望慰留，後疊疏乞休，賜馳驛歸，年九十餘。上遣使存問，卒賜祭葬，贈太子太保，謚貞肅，祀郡邑鄉賢。著有《三游稿》、《奏議錄》、《樂泌堂文集》。」

八　「儹」，音「纂」，同「攢」，積聚、儲積之意。

九　「祗」，音「芝」，敬、恭敬之意。以下所見同此，不另贅注。

一〇　「簡拔」，揀選拔擢之意。語出《昭明文選》所錄〔蜀漢〕諸葛亮（一八一～二三四）〈出師表〉：「此皆良實，志慮忠純，是以先帝簡拔，以遺陛下。」

一一　「棘寺」，本爲「大理寺」別稱，古代聽訟於棘木之下，大理寺爲掌刑獄官署，故稱。後泛指九卿官署，典出《北齊書．邢邵傳》：「美樹高墉嚴壯於外，槐宮棘寺顯麗於中。更明古今，重遵鄉飲，敦進郡學，精課經業。」

一二　「柏臺」，「御史臺」別稱。漢朝御史府中列植柏樹，常有野鳥數千棲其上，事見《漢書•朱博傳》；後因以「柏臺」稱「御史臺」，至清代亦稱「按察使」（臬臺）爲「柏臺」。

一三　「盖」，同「蓋」，或作「葢」，古文常用發語詞之一，可表示因爲、由於之原因，或大約、大概等推測之語；亦可作爲「卻、則」等轉折語氣詞。本書多刊刻作「盖」，凡下文所見同此。

一四 〔明〕吳洪，生平不詳。「齎捧」亦作「賫捧」，文書敬語，捧持陳送之意，本書各條疏議文末，此詞常見。「齎」，音「積」，持送也。

一五 〔明〕王之猷，生卒年不詳，字爾嘉，山東濟南府新城縣人，神宗萬曆五年（一五七七）丁丑科進士。歷任淮揚兵備道、浙江按察使。《重修新城縣志》卷十四〈人物志二〉（頁七）：「王之猷，字爾嘉，號柏峯，重光第七子。隆慶（案：當作「萬曆」）丁丑舉進士，由平陽府推官歷任淮揚兵備道、浙江按察使，仍鎮淮揚，詰奸戢暴，政務便民，節義所關，奮不顧身，有烈丈夫風。崇祀鄉賢。」

一六 〔明〕郭光復，生卒年不詳，湖北武昌人，任官淮徐海防兵備副使、揚州府知府，撰有《倭情考略》一卷，收入《四庫全書．子部．兵家類》，據《四庫全書總目提要》云：「嘉靖中，東南屢中倭患，而揚州當江海之衝，被害尤甚。光復以爲必得其情，始可籌備禦之術，因考次其所聞爲此編，首〈總論〉、次〈事略〉、次〈倭患〉、次〈倭術〉、次〈倭語〉、次〈倭好〉、次〈倭船〉、次〈倭刀〉，載其情狀頗詳，蓋亦知己知彼之意，而得諸傳聞，未必一一確實也。」據其序落款爲「萬曆丁酉夏四月，方城郭光復書于維揚公署」，可知成書於萬曆二十五年（一五九七）丁酉，並錄有揚州府推官徐鑾敘，可供參照。

一七 萬曆二十六年（一五九八），李三才時年四十七歲。

一八 「觧」，「解」之異體，本書刊刻多作「觧」，以下所見皆同此。

一九 「矧」，音「審」，況且、何況、另外之意。凡本書下文所見，皆同此意。

二〇 「寔」，同「實」，書中多作「寔」字。

二一　「槩」，同「概」，書中多作「槩」字。

二二　「寧」字，前文都書作此，然自此以下，則多缺末筆，似爲避諱，但不知所避何人？

二三　（明）邢玠（一五四〇～一六一二），字式如，號崑田，山東益都縣人。穆宗隆慶五年（一五七一）進士，官至薊遼總督，曾在萬曆年間援朝抗倭戰爭中，統帥明軍取得重大勝利。

二四　（明）陳璘（一五四三～一六〇七），字朝爵，號龍崖，生於廣東韶州翁源縣，曾領兵鎮壓多起平民武裝起事，並於萬曆二十六年（一五九八）率軍援助朝鮮，抵抗日本入侵。

二五　（明）殷尚質（一五一七～一五五六），字仲華，號樸齋，北直隸天津左衛人。歷官寧遠守備，延安游擊，太原左參將，遼陽副總兵等職，嘉靖三十四年（一五五五）升爲遼東總兵，次年陣亡，是第一位戰死疆場的遼東總兵。明廷追贈少保、左都督，謚忠勇，立祠紀念。

二六　「丁寅」，疑爲「甲寅」——世宗嘉靖三十三年（一五五四）之誤，殷尚質在世之時，無「丁寅」干支之歲；而「甲寅」適其爲國犧牲之前一年，故當改作此。

二七　「見」，同「現」，古文多作此，本書亦同。本書中，凡「見今」，即同「現今」義。

二八　（明）馬從聘，傳載《明史》卷二百六十七〈列傳〉第一百五十五，略錄其文曰：「馬從聘，字起莘，靈壽人。萬歷十七年進士。授青州推官，擢御史。……加兵部右侍郎。家居凡二十餘年，終熹宗世不出。……崇禎十一年冬，大清破靈壽。從聘年八十有二矣，謂其三子曰：『吾得死所矣。』又曰：『吾大臣，義不可生，汝曹生無害也。』三子不從。從聘縊，三子皆縊。贈兵部尚書，謚介敏。」

二九　「闗酋」，「闗白倭酋」省稱。豐臣秀吉（一五三七～一五九八）曾任「闗白」，此「闗酋」即特指豐臣秀吉。明神宗萬曆二十年（一五九二），朝鮮有「壬辰倭亂」，本文即述說此役之事。

三〇 「閑山」，朝鮮南海「閑山島」，今屬大韓民國慶尙南道統營市閑山面，位於「閑麗海上國立公園」中心。閑山島具有深刻歷史意義，此島是「壬辰倭亂」（一五九二～一五九八）初期，朝鮮李舜臣（一五四五～一五九八）將軍率領忠清、全羅、慶尙三道水軍，利用自製龜船，取得大勝捷報之處。

三一 「孔棘」，很緊急、很急迫之意。語出《詩經．小雅．采薇》：「豈不日戒，玁狁孔棘。」（東漢）鄭玄（一二七～二〇〇）箋：「孔，甚也；棘，急也。」

三二 「儀眞」，即「儀徵」，爲江蘇揚州府屬縣，本書序、文中亦省作「眞」。

三三 「嚮」，當作「響」；「嚮應」，當作「響應」。本文作「嚮」，皆當作「響」。

三四 「薊鎭」，又名「薊州鎭」，今名「薊縣」，屬於天津市，爲明朝九邊重鎭之一。《四鎭三關志》：「薊鎭東自山海關，西抵石塘路，并連口，接昌鎭，慕田峪，界延袤一千七百六十五里。」

三五 萬曆二十七年（一五九九），李三才時年四十八歲。

三六 （明）劉東星（一五三八～一六〇一），字子明，號晉川，謚莊靖，山西承宣布政使司澤州直隸州沁水縣人，穆宗隆慶二年（一五六八）戊辰科二甲賜進士出身。《明史》卷二百二十三，本傳略曰：「劉東星，字子明，沁水人。隆慶二年進士。改庶吉士，授兵科給事中。大學士高拱攝吏部，以非時考察，謫蒲城縣丞。徙盧氏知縣，累遷湖廣左布政使。」「萬曆二十年擢右僉都御史，巡撫保定。時朝鮮以倭難告。王師調集，悉會天津，而天津、靜海、滄州、河間皆被災。東星請漕米十萬石平糶，民乃濟。召爲左副都御史。進吏部右侍郎，以父老請侍養歸，瀕行而父卒。」「二十六年，河決單之黃堌，運道堙阻，起工部左侍郎兼右僉都御史，總理河漕。初，尚書潘季馴議開黃河上流，循商、虞而下，歷丁家道口出徐州小浮橋，即元賈魯所浚故道也，朝廷以費鉅未果。東星即其地開濬。起曲里鋪至三仙臺，抵小浮橋。又濬漕渠自徐、邳至宿。計五閱月工竣，費僅十萬。詔嘉其績，進工部尚書兼右副都御史。」「前總督翁大立首議開濬，後尚書朱衡、都御史傅希摯復言之。朝廷數遣官行視，迄無成畫。河臣舒應龍嘗鑿韓莊，工亦中輟。東星力任其役。初議費百二十萬，及工起費止七萬，而渠已成十之三。會有疾，求去。屢旨慰留。卒官。後李化龍循其遺跡，與李三才共成之，漕永便焉。東星性儉約。歷官三十年，敝衣蔬食如一日。天啓初，謚莊靖。」

三七 〔明〕劉體乾（？～一五七四），字子元，順天東安縣人，嘉靖二十三年（一五四四）甲辰科進士出身，官至戶部尚書，《明史》卷二百一十四有傳可參。

三八 「豊」，即「豐」，江蘇豐縣之簡稱。本書多省作「豊」，凡下文所見同此。

三九 「凋瘵」，音「雕債」，衰敗、困乏之意；亦指困窮之民，或衰敗之象。

四〇 「薦剡」，音「建衍」，原指推薦人之文書，引申作推薦。

四一 「恊」，「協」之異體，同心、和協、相合之意。本書都刊刻作「恊」，凡下文所見同此。

四二 「拊」，音「撫」，通作「撫」，撫慰、撫恤之意。

四三 「渻」，音「立」，本義「渚」，引申為阻水的高地；後轉作「灾（災）害」之意。

四四 「少」，古文通作「稍」，以下本書所見，多同此意。

四五 「闒茸」，音「踏榮」，卑微、庸碌、低劣之意；亦指庸碌、低劣之人或馬等。

四六 「火耗」，又稱「火耗銀」。「火耗」一詞，原本指零碎白銀，經火鎔鑄成銀錠或元寶過程中所生的損耗。後引申指明、清兩朝於正規稅糧或稅金之外另抽之附加稅。「火耗」名稱之確立，自明朝有之；據《清朝文獻通考》卷四〈田賦考四〉稱：「錢糧出於田畝之中，火耗加於錢糧之外，火耗之名，自明以來始有之。蓋由本色變而折銀，其取之於民也，多寡不一，其解之於部也，成色有定，此銷鎔之際，不無折耗，而州縣催徵之時，不得不稍取盈以補其折耗之數，亦猶糧米之有耗米也。」

四七 「儇佻」，音「軒挑」，浮薄輕佻之意。

四八 「鄉宦」，指退休或停職在家鄉居住之官僚仕紳。

四九 「豈弟」，義同「愷悌」，平易近人也。語出〔春秋・魯〕左丘明《左傳・僖公・十二年》：「愷悌君子，神所勞矣。」《荀子・禮論》篇引《詩》曰：「愷悌君子，民之父母。」《孝經・廣至德章第十三》，子曰：「君子之教以孝也，非家至而日見之也。教以孝，所以敬天下之爲人父者也。教以悌，所以敬天下之爲人兄者也。教以臣，所以敬天下之爲人君者也。《詩》云：『愷悌君子，民之父母。』非至德，其孰能順民如此其大者乎！」

五〇 〔明〕龔廷賓，生卒年不詳，字可賢，福建晉江縣人，萬曆十一年（一五八三）同進士出身。據《晉江縣志》卷四十三《人物志・宦跡四》載：「龔廷賓，字可賢。萬曆癸未進士，授縉雲令。心切撫摩，才優振刷，經畫荒政。疏通水利，尤爲民賴。擢戶部主事，歷員外郎中。出守肇慶，有惠澤。丁艱歸，送者塞途。起補廬州，時方議開礦，上記太府，陳其利害，事遂寢。後家居卒。」

五一 「僾」，音「愛」，彷彿、好像、隱約之意。

五二 以上爲第一函第一冊，冊末空白頁下，鈐有橢圓形楷書陽文典藏印記一方，由上而中而下，其文字依次是：「東京帝國大學附属圖書館」、「文5905」、「大正十三年登記」。「大正十三年」（一九二五），以下各冊卷末鈐記同此，不再贅述。

# 第二冊 奏議

## 六 州官患病疏

萬曆二十七年十一月初四日

題爲州官患病難痊，不堪供職，乞　准休致，并速銓補，以安災地事。

先據揚州府高郵州申准知州吳一龍，關稱見年四十歲，江西撫州府崇仁縣人，由選貢先任山東東昌府濮州朝城縣知縣，陞授今職，於萬曆二十六年二月二十二日到任。初奉　命而來，茲冀觔力尚堪鞭策，迺至止而不暇覺，精神日就困疲；矧有根之痰火，旋復侵尋，而鮮效之方劑，徒煩攻治。伏乞俯矜衰朽，速賜歸休，等因，備申前來。隨經批行揚州兵備道，查勘去後。今據該道按察使王之猷呈稱，行據揚州府查勘得，知州吳一龍才守兼優，克勝煩劇，偶以痰火復侵，遽欲亟行回籍，情詞迫切，誠爲可憫。今查別無違礙，相應俯從休致，等因，到道。又經本道覆查，本官委果眞病乞休，並無詐託情弊，合無准令致仕，等因，呈詳到臣。

該臣會同巡按直隸監察御史安文璧，看得高郵州知州吳一龍，心性正直，事體縉練，祗因痰病侵尋，調攝未愈，既經該道勘實，原無規避，例應准其致仕回籍，以便調理。再照該州素稱灾疲，地最衝要，河隄之修築正興，人民之貧困更甚，料理撫綏，全在得人。伏乞　勑下吏部，再加查議，將知州吳一龍照例，准令致仕回籍。遺下員缺，遴選才幹官員，速爲銓補，勒限前來任事，庶官守不致曠廢，而疲民有所倚賴矣。

緣係州官患病難痊，不堪供職，乞　准休致，并速銓補，以安災地。事理未敢擅便，爲此具本，專差承差蔡宗齋捧，謹題，請　旨。

萬曆二十七年十一月初四日，具題，奉　聖旨，吏部知道。

## 七　縣官給由疏　萬曆二十七年十一月二十二日

題爲遵例考覈，給由（註一）縣正官員事。

案查先據滁州來安縣申准本縣知縣魯淶，關稱見年三十七歲，廣東廣州府番禺縣人。由舉人，萬曆十四年三月十九日，除授直隸廣平府清河縣儒學教諭。十六年五月初八日，丁嫡母憂，回籍守制，服滿赴部。十九年八月二十一日，復除順天府霸州大城縣儒學教諭。二十一年九月十八日，陞授直隸延慶州永寧縣知縣，本年十一月十七日到任；二十三年七月二十一日，實歷俸二十箇月零四日，丁生母憂，回籍守制，服滿赴部。二十六年五月初一日，復除今職；本年七月初一日到任，扣至二十七年八月二十六日止，又歷俸十五箇月零二十六日，連閏通前共計三十六箇月。三年任滿，例應給由，備申前來。（註二）隨經批行潁州兵備道，查勘去後。

續據該道僉事楊繼先呈稱，遵行滁州及直隸延慶州永寧縣查勘得，知縣曾淶前後兩任月日，委果相同，任內並無公私過名、粘帶不了事件。兩縣經管，一應起存本折；錢、糧俱經徵解完足十分，積蓄稻穀、拆賣引鹽，俱各逾數過額。農桑等項六事，保民實政五事，俱已修舉；收支贓罰，明白清勾，軍士原未奉單，無憑起解，別無違礙，應准給由考滿，等因，造冊呈報到臣。卷查，先准吏部咨，爲酌議考課之法，以肅吏治事。今後府、州、縣正官給由，免其赴京，聽撫、按從公考覈，賢否具　奏。先令就彼復職，管事牌冊，差人齎繳。其稱職經薦，應得　誥勑命者，照例　請給；又爲邊官，歷俸已深，偶因公務改調等事，今後考滿，官不論前後歷任月日多寡，俱得通理，各題奉　欽依，遵行在卷。（註二）

今據前因，該臣會同巡按直隸監察御史安文璧考覈，得來安縣知縣魯淶，才能馭下，政復宜人，稱職。除行本官，照例復職，管事造冊差人齎部外；伏乞　勑下吏部，覆加考覈施行。緣係遵例考覈，給由縣正官員；事理未敢擅便，爲此具本，專差承差蔡宗齎捧，謹題，請旨。

萬曆二十七年十一月二十二日，具題，奉　聖旨，吏部知道。

# 八　方面患病疏　萬曆二十七年十一月二十二日

題爲方面官員患病乞休，照例代奏，懇　賜回籍調理事。

據整飭揚州海防兵備、浙江按察使王之猷呈稱，本職自本年四月內到任至今，兩感痰火，已於閏四月內乞休，蒙各院勉留，不得已出視事者累月；既而，妻室物故，傷感成疾，復於十月內乞休，又蒙慰留。但病勢纏綿，日復一日，迄今匝月，尚未痊可；近復患驚悸怔忡，延醫張應元等胗視，僉謂元氣委弱，乃陰虛火動之證，必須屏去公事，靜攝方可奏效。但本道百務攸瘁，又當䖍勦（註四）多事之秋，一切江海防禦、兵餉調度、河務刑名，莫非專責，杜門月餘，寧無廢事；且家無主婦，子女伶仃，一心以奉公，又一心以內顧，欲養病則難急公，欲急公則難靜攝。而地方緊要之務，有須面陳，及面自發落者，寧可臥治耶？

乞准照例題　請，另選強幹者代任，早歸一日，即可靜攝一日，等因。據此簿查本年閏四月初六日，先據該道呈稱，赴任舟中，感受風濕之證，奔走瓜、儀、淮、泗之間，痰嗽大作，病入腠理，痰中帶血，病勢愈增，氣體愈弱，乞准休致，仍委別道署事。十月初四日，又據該道呈稱，先因水土不服，奔走過勞，吐血氣喘，形容枯瘦，遂至臥床，具文乞休，不蒙轉達；延至九月，不意妻室病故，悲哀過甚，夙疾復發，日夜不寧，飲食盡廢，病而愈病，道務益廢，懇念情非虛假，特爲准　題休致，等因。俱經批行，在任調理，痊可即出，視事去後。

今本官復呈前來，詞益迫切，歸念已堅，難以力挽。卷查，先該都察院勘箚，爲申飭告病事例，以明臣職，以安地方事。該吏部題，通行各省、直、撫、按官，凡在外官員告病乞休，照依舊例，將本官經管事務，別委相應官署印，即爲代　奏。本部訪其素履，酌量題　請，等因。題奉　欽依通行，欽遵在卷。今據前因，除查委別道帶署到事外，該臣會同總理河漕、工部左侍郎劉東星，巡按直隸監察御史安文璧，議照按察使王之猷，忠孝傳家，眞誠任事，力足遺大投艱，才堪振綱肅紀。自今歲四月到任以來，鹽稅多事，而調停得宜，海防戒嚴，而區畫不爽；秖因奔走急公，勞瘁太甚，以致痰嗽交侵，氣體似弱；近復以亡室之故，悲慘過情，遂爾疾勢愈重，必須靜攝，可望速瘳。（註五）

第該道所轄地方，最號衝繁，百事攸萃，即今鹽、稅二事，闔境騷然，全在該道調停、安輯，兵部不允馬價充餉，須在該道親行點汰。至如東征撤回官兵，無處安插，閧在各港汊，（註六）窺伺爲奸，沿海災疲；不逞之徒出沒江海，非興犯私鹽，則糾夥盜刼，狼山總兵以西事，調赴川貴，沿海僅有二三守令，與一二守把之官。狼山與日本對馬島相望，轉盼春汛且至，與夫一切河務、刑名，種種重大事體，皆該道所當身親料理，時刻不可延緩者。若不速行推補，則下無所承，上無所因，無論廢弛悞（註七）事，倘一旦有意外之故，其誰彈壓之？伏乞　勅下吏部，再加查議合無，准令本官致仕，回籍調理。遺下員缺，另選才賢，即時銓補，仍嚴行勒限前來，速令任事，庶春汛不悞，而道務亦克有濟矣。再照本官年資正強，才猷克壯，遽爾投閒，不無可惜，合候病痊起用，以副　皇上憐才至意。通候該部酌　上請，臣等不敢擅擬。

緣係方面官員，患病乞休，照例代　奏，懇　賜回籍調理。事理未敢擅便，為此具本，專差承差蔡宗齎捧，謹題，請　旨。

萬曆二十七年十一月二十二日，具題，奉　聖旨，吏部知道。

## 九　按臣患病疏　萬曆二十七年十二月十八日

題為憲臣中途患病，乞　賜放歸調理事。

據直隸揚州府申奉，臣批據江西南昌縣民劉明具狀，告稱義父劉曰梧，（註八）由進士任浙江道御史，奉　命差往蘇、松（註九）巡按，事竣得代，時以痰疾舉發，具疏乞歸，得蒙部覆寬限，沿途調理；復　命當携醫藥就道，亦冀漸次痊可，勉強前進。乃緣稟氣孱弱，一生狗馬積勞之後，愈甚狼狽，夜不安枕，食不愈合者數月。今於十二月六日，行至廣陵驛，更覺沉重，醫人胗（註一〇）視，皆為元氣虛薄，心血耗竭，原非旦夕所致，安望時日奏效？即今神嗇氣短，日就尪羸，（註一一）若非習靜攝餌，勢必委頓窮途，只得懇乞代　奏，俯容回籍調理等情，奉批。仰（註一二）揚州府查勘詳報，奉此。隨令醫人張大賓、陳一山，前去御史劉日梧患病處所診視，委果病症沉重，急難調治，并具不扶甘結，（註一三）回報到府，備申到臣。

據此卷，查萬曆元年（註一四）准吏部咨，該科臣具奏本部，覆奉　欽依。凡兩京大小衙門官員，中途患病者，必須所在撫、按官，覆實具　奏，方與准理，等因，欽遵在卷。今據勘報前因，該臣會同巡按直隸監察御史安文璧，看得御史劉日梧，奉差蘇、松巡按，事竣，已經交代。患病乞歸，該吏部覆　題，寬限沿途調理，復　命。今行至揚州地方，疾勢沉重，既經該府勘結明確，委非詐託，相應照例會　題，伏乞　勅下吏部覆議，上　請准令本官回籍調理，庶今日生全，可望方來圖報有期。

緣係憲臣中途患病，乞　賜放歸調理。事理未敢擅便，爲此具本，專差承差蔡宗齎捧，謹題，請　旨。

萬曆二十七年十二月十八日，具題，奉　聖旨，吏部知道。

# 十　議助川貴兵餉疏　萬曆二十七年十二月二十九日

題爲楚滇助餉，勢難如期，懇乞　聖明下部別處，以濟軍興事。

萬曆二十七年十二月二十七日，該兵部差千戶詹永祥齎投咨文前事，內開准巡撫貴州都御史郭子章（註一五）揭稱，募兵征播，（註一六）在楚，以方用兵，勢不暇助；在滇，以帑空竭，勢不能助；而閩、粵之餉，又在有無之間，乞要於實有積貯省分，別爲處給。本部題覆兵與餉，從來相須，必集餉以待兵，未有兵集而待哺者；除處餉事宜，聽戶部覆議外，近該都察院覆議戶、兵二部處餉事宜，該兵部催解鳳陽馬價十萬兩，廣西桂、梧二府，各勸借十萬兩，已奉　明旨。若道路遷延，或爭執不發，貴州然（註一七）眉之急，其何能濟？伏乞　天語，叮嚀鳳陽、兩廣督撫，務以播事爲自己之事，播惡爲自己之讎，川、貴之急如自己之急，傾囊倒庋，亟相救援，容馬上差官，星夜催發，以濟倒懸之苦，等因，奉　聖旨。

川、貴待餉甚急，你部裡便馬上差人，星夜嚴催鳳陽、廣西，如數解彼濟用，不許執留遷延，悞事取罪，還立限與他。欽此。欽遵。備咨前來，照依題奉　明旨事理，將該直前項餉銀一十萬兩，作速委官，解赴四川，定限次年二月十五日，解至軍前應用，毋視泛常，致悞軍機。仍將發過日期，委官姓名，一併咨部查考施行，等因。本日又准戶部，亦咨前事，內開准兵部咨，題奉　明旨，解助川、貴兵餉，合咨前去，煩將鳳陽馬價銀十萬兩，督行該府，星夜差官，限次年正月終，解赴四川軍前應用。如違，定以違悞軍機參究施行，等因。本日又准兵部咨，爲餉事孔棘，僕議非經，懇乞　聖明垂察，以濟時艱事。內開該都察院，會同戶、兵二部，議將兵部鳳陽應解馬價銀六萬七千兩，再將鳳陽來歲應解折色銀三萬三千兩，共十萬兩。

又查將廣西梧州府庫貯銀，借二十萬兩，以足三十萬之數，暫濟川、貴緩急，等因，題奉　聖旨。既會議停當，這兵部錢、糧准借發川、貴用。欽此，欽遵。備咨前來，速爲查照施行，等因，准此。案照本年十一月二十四日，准兵部咨，爲通計處，以濟匱竭事。

內開該本部題覆鳳陽巡撫李三才、巡按御史安文璧會題，復留廬、鳳、淮、揚馬價六萬七千兩，抵充留戍糧餉。本部覆議，縱淮、揚有留戍之兵，當於戶部請餉。據稱二十七年，廬、鳳、淮、揚馬價三分已去二分，應於戶部應解錢、糧扣補六萬七千之數，勒限解納。及查戶部錢、糧在淮、揚者，鹽課、漕折、關稅等項，每年數十萬，係應解戶部正額。今留戍兵馬糧餉，係戶部應出正支，以正支而取給於正額，計無善於此者。前項馬價銀六萬七千兩，實難允留。自二十七年正月起，火速差官起解；如係戶餉，借用若干，即於淮、揚應解錢、糧內，照數補足，通限年終到部，等因，題奉　聖旨。是囧庫（註一八）見今匱乏，着撫、按上緊催解，不許違悞。欽此，欽遵，備咨前來。煩爲欽遵，查照施行，等因，到臣。

該臣隨經箚行揚、淮二海防道遵照，一面查汰各營兵馬，一面將淮南、淮北各營，官兵用過糧餉，查於戶部何項錢、糧扣還。本年十二月二十日，准戶部咨，爲通計處，以濟匱竭事。內開該本部題覆，鳳陽撫、按會題，議將二十七年兵部馬價銀六萬七千兩，今已用過三分之二，仍留充餉；其戶部項下贓罰、稅契、船稅；共銀五千九百兩，照舊仍留備倭二次加派丁地銀七萬四千六百八十八兩，以漸豁免，相應依擬。其支用馬價銀兩，兵部要將本部京庫折銀抵解，似難允從。今於彼中，從長議處抵還，等因，題奉　聖旨。是欽此欽遵，備咨到臣。該臣又行揚、淮二道，查照先後　欽依事理，遵行去後。至今尚未報到銷撤數目，前來查得馬價六萬七千兩，不准充餉，計銷兵五千五百餘名，酌量裁減戰船、戰馬，方可抵數。時已歲暮，未即銷汰，蓋以召之甚易，散之甚難，選擇酌處，頗費心力。

又川貴總督李化龍（註一九）咨行湖廣撫臣支可大，（註二〇）調動淮、揚備倭官兵近萬，赴偏橋地方應援，兵部亦行文到臣衙門酌議，事在喫緊，該臣牌行揚、淮二府推官，親詣淮南、淮北各營點驗，於長中取短汰革三千，挑選精壯者二千餘名；并東征撤回安插一千二百內，挑選五六百名，共成三千一營。適狼山副總兵王鳴鶴（註二一）調赴貴州婺川參將，順委統領前去，亦以見共濟之誼，又以寓銷兵之計。但今兵部差官守，取鳳陽馬價六萬七千兩，前赴四川；但此項江北充餉馬價，並非鳳陽一府所有，而鳳陽止二萬七千兩、廬州二萬兩，淮、揚二府各一萬兩，係二十七年沿海官兵役過之數，支給幾盡，兵部不允，明文係本年十一月二十四日方到，猶云「以戶部錢、糧抵補」；戶部不許動支京庫錢、糧，明文係本年十二月二十日方到，猶云「於彼中，從長議處」。第江北地方，素號凋敝多事之區，庫藏在在空乏，即有解京錢、糧，亦各有正項，將何以議抵此六萬七千之數乎？

是以，臣反覆思維，計無所出，無米求炊，殊用熱中？即坐解來年三萬三千兩，此項亦須見徵，不係已徵在庫錢、糧，即可動支。行據揚州府揭開廬州府，二十七年分充餉馬價二萬，未曾觧到淮南各營，闗支糧料，那東補西，聊應一時之急；但春汛屆期，將何給發？臣即藉此二萬未觧馬價作數，觧赴四川，即揚庫兵餉不繼，另行查處，尚少八萬兩，其勢不得不行借觧，以濟其急，該臣謹會同廵按直隸監察御史安文璧、應朝卿（註二三）議照。

頃，緣播酋狂逞，川、貴急於徵兵，兵部坐派江北馬價，委宜奉行觧助；但一半係二十七年支給，將盡一半，又係明年見徵，將何起觧？部限明年二月十五日，觧至軍前，勢在然眉，若不酌議借觧，未免臨期悞事，合無於漕庫、船料銀內，借動三萬兩；運司、鹽課內，借動五萬兩，同見有廬州府二萬兩，分作二，運委官觧赴四川軍門交割，接濟兵餉。容臣等督催，二十八年分鳳陽府馬價銀二萬兩、淮安府馬價銀一萬兩，觧還漕庫、船料項下；又鳳陽、廬州二府馬價銀各二萬兩、揚州府馬價銀一萬兩，徑觧戶部，抵還運司、鹽課項下，俱勒限三箇月內還完。其二十七年，充餉馬價六萬七千兩內，廬州府二萬兩已觧四川，尚有四萬七千兩，係官兵按月闗支已盡，兵部徑作開銷，庶緩急有濟，不致有違悞之愆矣。伏乞　勑下戶、兵二部覆議，上　請行臣等，遵照施行。

緣係楚滇助餉，勢難如期，懇乞　聖明下部別處，以濟軍興。事理未敢擅便，爲此具本，專差承差涂麒齎捧，謹題，請　旨。

萬曆二十七年十二月二十九日，具題，奉　聖旨，戶、兵二部知道。

# 十一回　奏詐騙鹽商疏　萬曆二十八年正月十六日

題爲奸徒詐害商，擾亂鹽政，懇乞　聖明亟賜究處，以警將來，以肅法紀事。

據署揚州海防兵備道事、直隸揚州府知府楊洵（註二三）呈，觧審問過犯人傅國等招由。內開傅國年三十二歲，直隸揚州府儀眞縣民，有御馬監、魯少監奉　命，差往兩淮地方經理鹽務，國與在官順天府宛平縣民王嘉會，投跟本監前來。萬曆二十七年正月內，國與王嘉會乘見本監，議行存積淮鹽八萬引，（註二四）要得詐財，故違指稱內外大小官員名頭，誆騙財物，計贓犯該徒罪以上者，不分首從，發邊衛充軍事例，輒向今告在官蘇應雷，詐說：「有官賣存積引窩五千，你可處銀與我，替你打點領賣。」比，（註二五）伊不知詐計，遂處銀三十兩交與國等，詐收均分入己。國見在官商人吳正演與吳養晦，爲因別案訟事訐告，本監拘審，國要詐財，密令父傅蘭江即傅教，向吳正演誘說：「我有男在監常隨，你可處銀與我，替你打點方便。」伊將銀一百兩付傅教，過送與國，詐收入己。國又與王嘉會，向在官史承恩說稱，要留存積引窩二萬與國等轉賣；比，恩回稱「前引已經本監搭派淮南、淮北商人支掣」，未聽，因詐未遂。後見史承恩不在官，弟史承志奉文赴南京戶部，關領存積引目，國與王嘉會指稱「送官關引紙張」，詐得伊銀十二兩四錢，均分入己。後蘇應雷訪知國等夥詐，不甘，具狀，前赴本監告准。蒙提國等一干人證，究出前情，將國等，具本奏奉　聖旨，着拏送彼處撫、按衙門問擬，具奏。

隨蒙戶部移咨都察院備由，咨箚巡撫鳳陽李都御史、巡鹽馬御史會同審勘，俱蒙轉行揚州海防兵備道，案行本府楊知府，行提國等犯證、卷詞到官，嚴行究問前情，明白具招，連人申解。本道覆審無異議，得傅國、王嘉會俱合依詐欺，私以取財者，計贓准竊盜論，免刺一百二十貫罪止。傅國爲首，杖一百、徒三年；王嘉會爲傅國從，杖九十、徒二年半。傅教依「說事過錢」減二等，律杖八十、徒二年；傅國、王嘉會照例免其徒杖，定發邊衛充軍終身。審傅教稍有力納贖，照追傅國、王嘉會俱充軍，免紙；傅教，民紙銀一錢二分五釐；蘇應雷，告紙銀二錢五分；傅教贖罪銀七兩二錢，傅國、王嘉會詐分蘇應雷各銀十五兩、史承志各六兩二錢，傅國詐得吳正演銀一百兩，俱合入官，追貯揚州府官庫，照例糶（註一六）穀，支解取實收，收管繳報，等因。具招，連人呈解到臣。據此接管卷查，先准户部咨山東清吏司，案呈奉本部，送戶科，抄出經理兩淮鹽務、御馬監左少監魯保，題前事，奉　聖旨。

這奏內指稱，挾詐商銀奸徒傅國、王嘉會、傅蘭江，都着內官魯保，拏送彼處撫、按衙門，嚴行問擬具奏，不許容縱，該部、院知道。欽此。欽遵。備咨到臣，隨經箚行揚州海防兵備道，究勘去後。今據招解前來，覆加研審無異。該臣會同巡按直隸監察御史應朝卿，看得犯人傅國、王嘉會，挾狐鼠之奸，工魑魅之術，假引窩而誆騙，質證甚明，指打點以詐欺贓私有據，各擬遠戍，夫復何辭？傅教濟子作奸詐財說事，擬以徒贖，亦屬允宜。既經到府究明，又該臣等會勘，俱無異詞，相應依擬，除將各犯發回監羈聽候外，今將問過招由，理合會同，具奏伏乞　勑下部、院覆議，　上請行臣等，遵奉施行。

緣係奉　旨會問人犯，事理未敢擅便，爲此具本，專差承差涂麒齎捧，謹題，請　旨。

萬曆二十八年正月十六日，具題，奉　聖旨，該部、院知道。

## 十二　預報盜情并停礦稅疏　萬曆二十八年正月十六日

題爲預報大盜糾眾倡亂，見行相機擒捕，以安地方事。

臣奉　敕巡撫鳳陽，兼海防提督軍務，駐箚泰州。即今春汛屆期，方料理防禦事宜，始可巡歷海上，閱視兵馬。適於正月初十日，據整飭淮徐兵備副使郭光復揭報，內稱近日山東、河南、北直隸饑民就食徐属者，絡繹相望於道，所在鄉村星布棋置，即地方人等驅逐以方，有賑粥之令，亦莫敢誰何？來者愈眾，見今百十成羣，晝則藉乞化爲搶奪，夜則強竊並行，雞犬不寧。此輩烏合螘聚（註二七）之眾，恐饑寒切身，久之將釀成揭竿之變。此其可爲隱憂者，一也。

又碭山、豊、沛（註二八）之間，接壤河南之永、夏，（註二九）山東之魚、濟（註三〇）等處，彼中白蓮等教盛行，奸人出沒，莫可窮詰。近，風聞有永城人趙撫民，綽號「赶猪」；山東人孟化鯨，綽號「繼山」；浙江人趙天元，改姓名「陳古元」者，時往來豊、碭、徐州之間，招集亡命，布散留言，倡謀於二月間，欲發大難之端。雖本道差人各處密訪，尚未見有實迹憑據；但道路諠傳，大駭聽聞。當此人心思亂之時，恐未必無因。此其可爲隱憂者，二也。

又榷使心術莫測，初，該本道駕馭調停，似亦不甚干擾百姓；但近爲左右奸人播弄，往往波及富民，如徐州監生張之綱，因爲吳希顏挾讐投告內府，其中書程守訓等，大行嚇詐。比，本道將吳希顏重懲枷號，渠計不行，遂將本生裝入吳宗堯事內，仍併將山東各處富民十餘名，具名疏中。見今差官捉拏，立見傾家，遠近聞之，無不股慄。本道目擊歎息，惟有短氣耳。如此景象，奈何地方不釀而爲亂耶？此其可爲隱憂者，三也。

以上事關地方重大，除本道申嚴保甲，驅逐流民，整飭武備，已爲潛消默散之計；仍偵訪的據，另行馳報，以圖設法擒拿渠魁，等因，據此。先該總理河臣，於舊歲十二月初，見得隣境災傷流民，趁食徐方者日眾；而本處鹽稅驛騷，紛紛多事，人心無聊，不糾聚爲盜，則凍餓以死。會同臣及巡按諸臣，牌行淮、徐、鳳、廬四府州，動支倉穀舂米，委廉勤官、委好義之人，於往來衝路設廠煮粥，聊度饑民生命，至農事興起方止。今據報趙撫民輩，往來豊、碭之間，雖有聲聞，未見實迹，亦未可張大輕動；即密箚該道極力調停，多方安戢，惟以收拾人心爲第一義。又令申飭文武將吏，加意防禦，分布淮、徐各營兵馬，懸賞鼓舞，相機偵探，如情形大露，設計擒治；如聲勢未大猖狂，殲厥渠魁，散厥黨與。至如流來趁食饑民，諭令各該有司，善爲撫恤，即粟之不繼，該道可便宜行事，移粟接濟，可止則止，相機而行，惟在得當去後。

本月十三日，又據該道呈報，碭山縣普安口，接壤河南之永、夏，山東之單縣，三面濱臨黃河，近二省失收饑民趁食，遂乘機嘯聚爲非，查得單縣人唐雲峰年四十餘歲，赤面身長，精通武藝，勾引四外教師，及說書、賣藥、算命、無賴之徒，往來蕭、碭之境，不搶財，惟演習武藝，強向富民貸借銀米食用，動稱小廝們到日，一倍還十倍；如不允從，揚言殺害。及偵探，雖未有倡亂實迹，而遠近不無驚疑，已申嚴保甲，以散其黨；整飭武備，以懾其心。本道密差兵快，四外緝訪擒拏外，合行呈報，等因。該臣看得唐雲峰，雖係山東籍民，而倡亂強貸，乃切近蕭、碭之間，似不可以隔省疎縱，漸不可長。批行該道嚴行防禦，以靖地方去後。

本月十五日，又據該道揭報，內稱本道探訪得首惡趙世龍，號「老天」，即「趙赶猪」是也，係浙江人，假稱閣老兄弟；又說是江南人，此惡年三十餘歲，容貌異常，文武皆通，招集省、直亡命之徒不止萬餘，議於二月初二日，自豊縣起手，雖尚未見有顯迹，查其情形似眞。所據偵防號令詞語，及各名諱，合行開報。一號令：「二月二龍擡頭，鎮守的眾將軍，齊來到五鳳樓，先占秦臺爲根由；選令李奎去徐州，截糧運，殺各侯。那時節，一統天下，方顯你我弟兄手段。」「一亭臺集，東方將孟化鯨，號『東王』，知奇門遁法；寇良相，號『書帥』，郭三省名下，將有一百名。」「一歡口集，北方將王尚忠，今改名『會衡』，即王孟誨，寄學秀才兄王尚志，見在學可審，會衡號『機謀將軍』；于養正，號『坐主』，劉繼先名下，將一百名。」「一西方將，李後川，號『莽張飛』；周學武，號『周倉』；劉思智，號『搶命將軍』；蔡桐，號『參謀』。」「一南方將，丘三策，大號『丘中軍』，俱五方之首，其小將有五百名。」「一城裏，關外王尚禮，號『享山』；辛乾，號『屈朱王』；李世能，號『先鋒』；李奎，臺思智，改名『可觀』；白相，術士；王孔如，號『元帥』；劉允武，號『劉先主』，小將有一百名以上。」

逆黨情由，初聞之，猶恐訛傳，未敢輕報；及本道節次查訪相同，事雖未行，而謀實已著。本道於正月十二日，密寂多差兵快，乘其黨與未集之先，分投前去，設法擒拏渠魁，不致株連脅從，以安人心，以消難端。臨期，另行呈報。惟徐州官兵五百，請乞調發；淮安大營官兵，分布防禦應援，亦然眉捄急之計，等因。據此，該臣看得前項鄰境地方饑荒，盜賊理勢必然，若糾眾干紀，謀危　社稷，恐未必盡眞。然盜之聚也，每起於微，若禦之不早，且釀成大變；況今糧運盛行，流移滿目，道路洶洶，俱以搶奪糧運爲言，臣又不敢過爲張皇，驚擾士庶，假以巡歷爲名，已於正月十五日遣牌、十七日起行，閱視兵馬，防護糧運。先至徐州，以示先聲，以觀動靜；又劄行該道，務須權其輕重，酌其緩急。張兵威，以遏其來；示招撫，以散其黨；開以出首之門，許以自新之路，嚴行曉諭，亟令歸首。如係隣省之人，聽所在官司給與執照，俾得生還。雖係眞正盜賊，有能改悔，願求首正者，亦准免前罪。如果聲勢衆大，恃惡不悛，方嚴督官兵，共行撲捕，及令速行。鄰境山東、河南各該有司，協力防禦、擒治；又計賊輩舉動如此，黨與必多。至如江、洋之中，鹽徒、湖盜，動以千萬計；潁、亳之間，白蓮、無爲等教，動以數萬計，恐其窺伺釁隙，待時響應。又箚行揚、潁二兵備道，大加譏察，防備去後。

今照前因，該臣會同總理河漕工部尚書劉東星，巡按直隸監察御史安文璧、應朝卿，覆看得山東、河南等處，赤地千里，死亡載道；徐州、豊、碭之間，率皆饑民就食。而永城之趙撫民，單縣之唐雲峰，乃即乘隙溝會，肆其猖狂，造作謠言，謀發大難，詳味僞號，殊駭觀聽；且徐、淮一方，實爲南北咽喉，極稱緊要之區，自古奸雄必爭之地，乃近年以來，百倍凋疲，加以鹽稅多故，蜂蠆市廛，魚肉閭里，人人喪其樂生之心，在在時起偕亡之歎。時勢之艸，日新月盛，是以草澤亡命之徒，敢爲揭竿斬木之舉。趙撫民輩，皆係么麼無賴，忽動邪謀，咸生妄想，無聊之衆遂爾依附。幸賴　社稷之靈，早得露泄，即當擒服，以正　典刑。第就食饑民，蜂屯蝗聚，不得不刼掠搶奪，以救朝夕；東奔西逐，倏聚倏散，即不弄兵潢池，而流毒地方，待時觀釁，亦非細故，臣等惟以奉宣　朝廷德意，撫諭解散爲主，仍行移粟賑粥，收拾人心，止捕首惡，以明法紀；散其脅從，俾令自新，必不顯行殺戮，致干　天和，有負　皇上惠養黎元至意。

除候臣三才躬至徐州，不動聲色，安示撫綏，仰仗　天威，擒拏首惡，至日另行奏　聞外，所據該道報到前項盜情，係關地方大事，理合先行題　報，仍乞　勅下兵部，申飭山東、河南、北直，各該督撫、兵備、府、州、縣等官，一體招撫饑民，加意防禦施行。又惟　皇上特差內使采礦取稅，原爲裕　國理財，一時權宜之計，初不許其騷擾地方，殘傷百姓。　聖德如天，萬目共覩，乃所遣之內使，紛布四出，　皇上未能一一必其賢也。即　皇上必所遣之皆賢矣，而內使隨從千百成羣，內使安能一一必其賢乎？即內使之隨從皆賢矣，而隨從之眾，更有隨從，又不啻萬萬計，內使又安能一一必其皆賢乎？此輩近不慮　朝廷之憲典，遠不慮萬世之罵名；小不慮自己之滅門，大不慮　宗社之傾覆，惟知有己，何知有　國家？惟知一己之溫飽，何知萬姓之饑寒？磨牙鼓吻，朝剝夕吸，四海鼎沸，而彼惟恐　明主之或聞；天下瓦解，而彼惟恐　明主之或見。不曰地方安靜，並無他事；則曰彼故張皇，結黨　潰擾；不曰小民易制，何敢生亂？則曰責備撫、按，他自有處。是以，虐焰日熾，民怨日深，以故不逞奸徒藉之爲口實，無聊饑民附之爲羽翼，攘臂而奮者，隨地皆然；一呼而應者，動以萬數，共起無將之心，咸有侯王之想。蠢爾愚民，何知何識？前既惑於富貴之熏心，後又迫於饑寒之切骨。彼且不有　皇上，而又何有於撫、按哉？所謂「水以載舟，亦以覆舟」，割肉充饑，終於共斃也已。懇乞　天語申飭礦稅各官，嚴加查訪，如有羣小生事，據實拏　奏，猶存　典刑，稍救赤子，亦然眉之計也。

倘若天昭　聖德，神啓　帝衷，一還萬曆二十年前之美政，盡蠲萬曆二十年後之權宜，沛焉下　明詔與天下，更始一切礦稅之使，盡數撤回；或令地方各官，如數徵解；或念災疲孑遺，　特從罷免，此則　皇天　后土共鑒，　帝治之罔愆，　聖祖　神宗具歆　明德之無斁，率土更生，普天再造，惟在我　皇上一默思之餘，一轉移之間而已，非臣下所能知，亦非臣下所能必者。臣等不勝悚息待　命之至，爲此具本，專差承差涂麒齎捧，謹題，請　旨。

萬曆二十八年正月十六日，具題；二月初九日，太傅兵部尚書田樂等，據揭題，請奉　聖旨。且舊年災沴流行，各省多罹饑饉，朕常憂念，屢旨着有司多方賑恤，嚴飭中外各官，不許生事擾民，用彰愛育之意。何今淮徐賊徒，輒敢肆爲搆結？倡亂惑民，自干法紀，有難清宥。着該督撫官上緊設法，緝拏有名首惡；若在各省流徒，不常通行，廣捕挨拏，務在得獲，毋令漏網，不許推諉，縱奸遺害，致啓釁端。其餘脅從詿誤的，一切勿問，不許株連，以害良善。所在出榜曉示，使百姓咸知朝廷德意，安心生理，還着河南、山東、保定各督撫、巡按，用心撫輯、救濟，以安災民，仍加意防禦，毋令地方有警，責有所歸。欽此。

## 附註

一　本書有關「給由」奏議，除此疏外，尚有卷之三第三、十兩篇〈縣官給由疏〉，卷之五第四、第六兩篇〈府佐給由疏〉，卷之六第一篇〈縣官給由疏〉、第四篇〈府官給由疏〉，卷之七第

三、八兩篇〈府佐給由疏〉，卷之八第一篇〈州縣官給由疏〉、第三篇〈江防府佐給由疏〉、第九篇〈本院給由疏〉，卷之九第三篇〈州縣官給由疏〉、第四篇〈州官給由疏〉、第十二篇〈管河府佐給由疏〉、第十三篇〈府佐給由疏〉、第十四篇〈州縣官給由疏〉，卷之十第七篇〈州縣官給由疏〉、第九篇〈縣官給由疏〉，卷之十一第二篇〈府佐給由疏〉、第八篇〈州官給由疏〉，共計有二十一篇，如能匯整董理，歸納條理，即可證驗明朝中央與地方各級官吏「考滿給由」制度。再者，《大明律》與《大清律》先後相承，其中〈吏律〉相關「給由」法制，亦可一併比較觀照。

二

據清順治三年（一六四六）丙戌所詔頒《大清律》，〈第二部：吏律．門第一：職制〉第六十條「官吏給由」律，遵循明制，可互勘驗，其總則曰：「凡各衙門官吏考滿給由到吏部考功司，限五日移付各司查勘腳色、行止等項完備，以憑類選銓注。若不即付勘完備者，遲一日，吏典笞一十，每一日加一等，罪止笞四十；首領官減一等。若給由官吏於文內將任內公私過名，隱漏不報者，以所隱之罪坐之。若罰贖記過者，亦各以所罰所記之罪坐之。若報重罪爲輕罪者，坐以所剩罪。當該官司扶同隱漏者，與同罪。若各衙門官吏已承行給由轉報開寫詳盡，而於轉申上司之時差寫脫漏，及上司失於查照依錯轉申者，並以失錯漏報卷宗科斷。其漏附履歷行止者，一人至三人，吏典笞一十，每三人加一等，罪止笞四十。若給由人通同當該官吏有增減月日，更易地方，改換出身，蔽匿過名者，並杖一百，罷職役不敘。給由官吏有所規避，及當該官吏受贓者，各從重論。統上文，凡給由官吏，並經該衙門官吏及吏部官吏，若受贓，具從重論。」

三　復據《大清律》，〈第二部：吏律·門第一：職制〉第六十條「官吏給由」律，條例一：「在京官滿後三月，無故不給由者，參問公差准理。」條例二：「在外有司，府、州、縣官，三年考滿，將本官任內行過事蹟，保勘覈實明白，出給紙牌，攢造事蹟、功業文冊，紀功文簿，稱臣僉名，交付本官，親齎給由。如縣官給由到州，州官當面察其言行，辦事勤惰，從實考覈，稱職、平常、不稱職詞語。州官給由到府，府官給由到布政司，如之。以上俱從按察司官覈考，仍將考覈詞語呈部。直隸府、州、縣官考覈，本部覆考類奏，俱以九年通考黜陟。其雲南有司官員，任滿給由，一體考覈，不稱職者黜降。原係邊方，具奏復任，九年通考。」條例三：「在外起送考滿官，俱要合干上司查勘明白，一一具結，如無一處印信、保結者，行查。」條例四：「內外雜職官，三年給由，無私過，未入流陞從九品，從九品陞正九品。稅課司局及河泊所、倉庫官，先於戶部查理歲課，軍器、織染、雜造等局官送工部查理，造作花銷明白送部，通類具奏。倉官收糧不及千石者，本等用。虧折、賠納足備者，照依品級降用。其有杖、笞者，本等用。但犯贓私，並私罪曾經杖斷、未入流降邊遠，從九品降未入流。不識字者，本等用。如有學無成效，及罷閑生員，除授雜職者，犯贓私杖罪，發在京衙門書寫。」

四　「劻勷」，音「匡攘」，急迫、惶遽不安貌，亦謂動亂不寧。

五　「瘳」，音「抽」，病癒之意。《尚書·兌（說）命》曰：「若藥弗瞑眩，厥疾弗瘳。」

六　「汊」，音「義」或「岔」，同「汊」，河流之分岔。

七　「悞」，通「誤」，古今異體同義。本書刊刻作「悞」，下文所見都同此。

八　〔明〕劉曰梧，生平未詳，神宗萬曆十四年（一五八六）丙戌科進士出身，任浙江道御史，官至南京太常寺卿。

九　「蘇、松」，即「蘇州府」、「松江府」，以下所見同此。

一〇　「胗」，音「眞」，同「診」；「胗視」，即察看病情之意。

一一　「尩羸」，音「汪雷」，亦作「尫羸」，身體瘦弱、虛弱之意。

一二　「仰」，公文常用術語，表期望之意，今多以「希」代之。本書下文所見，多同此例。

一三　「甘結」，舊時交給官府的一種畫押字據，具結保證的文書。

一四　萬曆元年（一五七三），李三才時年二十二歲。

一五　（明）郭子章（一五四三～一六一八），字相奎，號青螺，別號蠙衣生，江西吉安府泰和縣人，穆宗隆慶五年（一五七一）辛未科進士出身。明萬曆朝重臣，文武兼資，集政治家、軍事家、史學家、地名學家、文學家、醫學家等於一身，爲罕見的全才，《明史·藝文志》卷九十六至卷九十八，著錄有其四部著作多種可供參考。

一六　「播」，即「播州」，地處今貴州遵義一帶，明萬曆二十七年（一五九九）征討播州世襲土司楊應龍（一五五一～一六〇〇）之亂，爲「萬曆三大征」之殿末。

一七　「然」，「燃」之本字，「然眉」即「燃眉」。

一八　「囧庫」，義同「國庫」。「囧」，疑即「囯」、「圀」，「國」之異體字。

一九　（明）李化龍（一五五四～一六一二），字于田，號霖寰，北直隸大名府長垣縣人，萬曆二年（一五七四）甲戌科進士出身。文武雙才，萬曆三十五年（一六〇七），起用爲兵部尚書，掌京營操練之事。曾上奏減免課稅，以及增兵萬人至遼東。卒於任上，享壽七十，謚襄毅，贈少師，加贈太師。《明史．河渠志》載其開通黃河，於漕運渠道大著利功；《明史》卷二百二十八，本傳略曰：「李化龍，字于田，長垣人。萬曆二年進士。除嵩縣知縣。年甫二十，胥吏易之。化龍陰察其奸，悉召置之法，縣中大治。遷南京工部主事，歷右通政使。」「化龍具文武才。播州之役，以劉綎驕蹇，先摧挫之，而薦其才，故綎爲盡力。開河之功，爲漕渠永利，詳見〈河渠志〉。」

二〇 〔明〕支大可，生卒年不詳，字有功，南直隸蘇州府崑山縣人，萬曆二年（一五七四）甲戌科進士出身。授禮部主事，清介自守，品格清高，後升任順天府丞、湖廣巡撫，之後與宦官陳奉發生爭執，辭職歸鄉。

二一 〔明〕王明鶴，生卒年不詳，字羽卿，著有兵書《登壇必究》四十卷，此書印刷於明萬曆二十七年（一五九九），內有五百六十幅以上的插圖，主題含括天文、占星、地理、戰略規劃、任命將領、訓練部隊、賞罰、探敵、防禦、戰役戰術、海戰機械、人馬醫療、海河運輸、通訊；此外，尚有《火攻問答》、《六壬軍帳賦》一卷等著，皆甚具參研價值。〔法〕魏丕信（Pierre-Étienne Will）監修，田濤主編，岑詠芳、王家茜助編：《法蘭西學院漢學研究所藏漢籍善本書目提要》（北京：中華書局，二〇〇二年第一版），頁九三～九四，編號「SB 3002」：「《登壇必究》四十卷，〔明〕王明鶴撰，四函二十八冊。〔清〕道光活字本，半頁九行二十字，小字雙行同，白口，四周單邊，有圖。框高二十點八公分，寬十五點二公分。」提要云：「王鳴鶴，字羽卿，光鹿邑人，萬曆十年（一五八二）武舉人，萬曆十四年（一五八六）進士，授淮安衛指揮同知，歷官湖廣行都司僉事，兵部考選天下將才第一，任陝西游擊、甘肅永昌參將、貴州清浪參將、狼山副總兵、廣西掛印總兵、驃騎將軍、南京右府都督僉事。此書爲晚明著名的兵書之一，內容爲與軍事有關的天文、地理、兵權、將帥、戰略、戰術等，其中攻防武器配有插圖。〔清〕乾隆四十三年（一七七五）江蘇巡撫奏請因此書中『載武備事宜』而加以禁毀。《清代禁毀書目》著錄。此書原有〔明〕萬曆二十七年（一五九九）刻本，禁毀後鮮見流傳，今北京圖書館有藏。至清代道光時，外患頻發，國人由是大興武備，故此書得以用活字版再度刊行，……。」筆者於二〇一七年十一月二十四日（星期五）上午，與著有《武經七書今用考》的巴黎篆刻名家龍復（字樂恆，Laurent Long）博士，相約聯袂參訪拜會暫時搬遷巴黎東郊的「法蘭西學院漢學研究所圖書館」岑詠芳主任，因緣際遇，獲贈提要，特識於此，以資存念。

二二　〔明〕應朝卿，生卒年不詳，字行叔，號蘭皋，浙江臨海人，神宗萬曆十七年（一五八九）己丑科進士出身。《晉江縣志．政績志．文秩之二》卷之三十五，傳曰：「應朝卿，字行叔，號蘭皋，臨海人。萬曆己丑進士，初授建安縣；十八年，以賢能調知晉江。愷悌明敏，小民得盡其情。清節自勵，不矜詞色。徵賦，寧任拙，不取贏。治盜，誅其魁，悉屏跡。歲饑，發廩捐鍰，多方賑恤，災而不害。積牘盈案，剖決無滯，猾胥不得夤緣。暇則引諸生誦說經學時務，士烝烝然奮。未浹朞，輿人歌曰：『我有蟊賊，侯則息之，我有井邱，侯則殖之。』又歌曰：『烏將雛，吏畢逋。懸冰壺，樂華胥。』擢御史，蘇濬爲文送之。歷官按察使。舊志，參《三餘集》、《田亭草》。」

二三　〔明〕楊洵（一五五九～一六二七），字暉吉，號崑源，山東兗州府濟寧州人，萬曆二十年

（一五九二）壬辰科進士出身，初授南京刑部主事，後歷任中憲大夫、揚州知府。萬曆二十九年（一六〇一），升爲揚州海防兵備副使，後又調往蘇州、松江一帶，不畏權貴，法辦惡盜；後居鄉十多年，晚年短暫出任河南布政司參政、徐淮兵備道。任揚州知府時，曾主持修撰《萬曆揚州府志》，因此而入祀揚州名宦祠。天啓七年（一六二七）與繼妻聶氏同年去世，享壽六十九歲。楊洵平生潛心理學，謂「構大廈必固其基，篤踐履尤當慎細微」，著有《述言》、《適堂稿》、《適園草》等書，均已佚。傳詳《明代登科錄彙編》第二十一冊《萬曆二十年壬辰科進士履歷便覽》、《乾隆濟寧直隸州志》卷二十四〈人物二〉、《大明神宗實錄》卷三百六十二「萬曆二十九年八月」。

二四　「引」，長度單位，古代以十丈爲一引。

二五　「比」，及也，等到之意。以下所見同此。

二六　「糴」，音「迪」，買進糧食；與「糶」，音「跳」，賣出穀物相對。「糴糶」，意即買進與賣出糧食；或作「糶糴」，本書各文所見二字，俱同此義。

二七　「螘聚」，同「蟻聚」，譬如螞蟻般聚集，比喻結集者之多。

二八　「碭山、豊、沛」，「碭山」爲「碭山縣」位於安徽省最北端，地處蘇、魯、豫、皖四省七縣市交界處。「豊」即「豐」，爲江蘇「豐縣」，本書多簡作「豊」，下文並同；「沛」爲江蘇「沛縣」。

二九　「永、夏」，河南「永城」、「夏邑」。

三〇　「魚、濟」，山東「魚臺」、「濟寧」。

# 《撫淮小草》卷之二

關西道甫李三才著

## 第三冊　奏議

### 一　按臣患病疏　萬曆二十八年二月初六日

題爲按臣將代，偶爾病劇，懇乞　聖明俯容，回籍調理事。

臣巡歷徐州，於本年二月初二日，據宿州申稱，巡按安御史按臨本州，候新任李御史交代。復　命間，於正月二十六日出堂視事，忽然昏仆在地，不省人事，隨喚醫官陳文祿、俞梅等，灌以薑汁湯藥，久而復甦，吐痰數盌，吐血數口，目今心神惛憒，喘嗽交作，四肢浮腫，痞氣充脹，藥餌罔功，危在旦夕。此知州馬獻圖，日與醫官陳文祿等，不時診視，若不謝事調理，難望痊瘳。請乞轉　奏，并具官吏、醫官各不扶結狀，申報到臣。

本月初三日，又准巡按御史安文璧揭帖開稱：「職待罪江淮，將幾二載，茲已事竣，例當與接管御史面相交代；但稟賦孱弱，夙抱痞痾。江北地方素稱煩劇，刑名叢聚，案牘蝟集；況値多事之秋，更罹災傷之會，拮据經營，心血耗竭。兼以淮泗卑下，風氣不宜，濕熱交侵，脾胃受困，形枯骨立，幾不可支。然終不敢以病苦他辭，有幸　皇上任使，日親醫藥，勉強視事。幸今告竣，候代境上；惟是元氣久虧，火邪爲患，不期於正月二十六日出堂，忽然昏暈倒地，人事罔知，隨有醫官陳文祿等，灌以薑汁湯劑，良久始甦，吐痰吐血，日見沉篤；況接管御史，杳無相代之期，諸事報完，又無久延之理，萬一塡委異鄉，犬馬微軀，固不足惜，於國家事，亦何濟焉？此職萬不得已，敢爲請乞代　奏，准放回籍調理。」

又遺臣書內謂「病苦之狀，日漸委頓，飲食減少，晝夜不眠，形容枯槁，精神昏憊，萬祈垂憐，代　請得早生還」等語，該臣看得按臣安文璧殫心綜理，竭力激揚，奉　命江北，夙夜匪懈。適値歲民之交病，加以鹽稅之橫徵，是以拮据調停，心神爲耗，遂致夙昔痞痾，乘虛而舉。即今按事已竣，交代伊邇，遽爾病劇，委頓不支；矧原以積勞所致，必須靜攝可瘳，緣此不能候代，亟請回籍調理，既經宿州申報，具有不扶甘結前來。又該本官具揭移書，及道、府各官同聲代懇，並無虛假，實非得已，伏乞　勑下吏部覆議，上　請容令本官回籍調理，俟痊可之日，赴部聽補，庶勞臣獲即次之安，而圖報有不盡之日矣。

緣係按臣將代，偶爾病劇，懇乞　聖明俯容回籍調理。事理未敢擅便，爲此具本，專差承差涂麒賫捧，謹題，請　旨。

萬曆二十八年二月初六日，具題，奉　聖旨，吏部知道。

## 二　逆謀就擒疏　萬曆二十八年二月十七日

題爲大奸謀逆，惡黨就擒，懇乞　聖明誅渠魁，以正　典刑，安反側，以杜禍亂事。

行據整飭淮徐兵備副使郭光復、穎州兵備僉事楊繼先會呈，問得一名孟化鯨，年肆拾歲，原籍山東人，流移直隸徐州豐縣，在本縣亭臺集地方居住。狀招化鯨不合，不守本分，專一私習天文、地理、奇門遁甲、金口訣法，善舞刀鎗，馳馬射箭，自負豪傑不遇，時常嘆息。有見獲王尚禮、鄭彥先，於萬曆十六年，被已結民人李敬，狀開彥與王尚禮等各家，勢列營寨，綽號爵名，納叛招亡，演習鎗棒，謀爲不軌等情，告赴前任漕撫軍門舒侍郎處，批州究問在卷。又有見獲萬曆十九年，蒙前學院先收寄學生員，後考文理不通，黜退爲民，豐縣人王恒誨，即王會衡。又有未獲北直隸永城（註一）賣藥人冦中吾，即冦良相，亦流寓亭臺集，與化鯨隣近居住。又有未獲河南太丘集算命人苗清，常在四外遊走，賣藥打卦，亦流寓亭臺集居住。又見獲濟南府常清縣人吳朝相，同王尚禮各不合，專演刀法，習學兵書、遁甲等法，揑造妖言惑眾；化鯨與苗清、冦良相，結拜兄弟。及有未獲逆犯元兇一名，趙古元即趙撫民，又名陳古元，又名葉天峯，又名趙應龍，混名趙老天，又綽號「趙赶猪」，自稱浙江金華府人，係宋朝後代，年叁拾貳歲，圓面雄軀，虬鬚狼顧，目光閃爍；伊不合，自恃奇姿，素有機謀，久懷異志，遍遊海內十年，招誘奸徒，圖舉大事；又不合，假以點化奇術，蠱惑人心。

萬曆二十六年三月內，趙古元糾使黨與，王官、林璋等，假以捐貲助工，具疏　題請，要於天寧洲地方，招募兵馬，托言防倭，陰圖舉事。奉　旨不允，將林璋等拏獲究問，未曾招出前情。古元於本年五月初五日，攜帶家人一名，投先在官碭山縣術士李師周家，以占卜功名爲由，問六壬神課；李師周斷說，此課主犯太歲，謀事不利。趙元古大怒，罵說「老奴才可惡」等語，遂行，李師周證至。本月初十日，趙古元同已獲王尚禮家，蓄養未獲教師白相、蔣文英，在於河南永城縣山城集地方居慶寺，投先在官僧當喜房內窩住，因招集亡命，被本集居住該縣先在官生員劉洪範，首發本縣，驅逐出境。趙古元懼捕，將原帶斬馬腰刀一把，寄放本集先在官住人湯豹家收貯，原刀起獲，見在湯豹證至。

本年六月十二日，趙古元攜帶男婦十二名口，卷箱家火等件，雇不知名人船，坐到房村集地方；趙古元下船，投彼住先發作眼緝拏古元，賣飯人袁義店內安下，又不合，詐稱「我是金華府人」，係遼東總兵陳璘（註二）公子陳承明，前往遼東征討關白，（註三）因天氣暑熱，暫同家眷在此賃房避暑等情。隨備銀一兩，并猪腿一肘、金酒一罈、扇二把，送與袁義不合，不察來歷不明之人，𩣡（註四）收入己，替伊作中，引領趙古元到於在官承差萬時和家。趙古元仍稱說前情，萬時和亦不合，故違承差犯，該行止有虧，問發爲民事例。圖財允從，賃房十一間與伊，居住一年，納租銀十二兩。先送金酒一罈、猪腿壹肘、廂鞋壹雙，萬時和收受文約照證。萬時和與袁義各又不合，不行出首。

本年十二月十二日，趙古元潛來徐州，訪詢好漢，遇見苗清、冦良相，在州賣藥、打卦，頗有膂力機謀，遂托伊妻瘡病爲由，令家人陳富邀請苗清、冦良相同至房村寓處，古元冒稱「我是舉人葉天峯」，因密說起，如今天下將變，各要結識好漢，謀舉大事，托伊延訪豪傑。苗清、冦良相，因欲藉此惑眾、倡亂，各不合；依聽，遂薦稱「化鯨能曉天文、遁甲，熟知金口訣法」。趙古元即寫書一封，付與苗清、冦良相前來相請，同到徐州，在苗清家等候。止冦良相到化鯨家投下前書，當對化鯨稱說「趙古元是箇異人，偺可速去面會」等語，化鯨思與王會衡結拜相厚。隨於本月二十日，尋向王會衡，又不合，稱說：「今有冦中吾，自徐州來，說有一異人訪賢，見住房村萬時和宅上，有書相請，我同賢弟可去一會，你讀書幾時得成功名？武中取名利甚易。」王會衡又不合，樂從，即與化鯨、冦良相，於本月二十一日前到徐州，在苗清家宿歇一夜；次早二十二日，化鯨與王會衡、冦良相、苗清，同到房村投入趙古元寓處，一見如故。隨備酒飯相待，趙古元稱說「今關白猖獗，見住對馬島，不日分兵入犯；又聞四川楊應龍（註五）要反，我輩可應，庚年乘機，共圖大事。我各處訪賢十年，我浙江有精兵十萬。蘇、常、南京、山東、河南各處，俱已招有兵馬。爾等亦可招集兵馬，候各處起兵，至期嚮應」等語，化鯨與王會衡各又不合，被其煽惑，允從逆謀。趙古元隨送化鯨銀五兩，綠花綾一疋，做成起獲夾襖一件；又送王會衡銀五兩，香色花綾一疋，做成起獲夾襖二件，俱作聘禮；又送冦良相、苗清，銀各十五兩，藍綾一疋，以酬薦賢之勞，事成俱許封爲國公。

比，化鯨與王會衡、冦良相、苗清各又不合，聽信妖言，允收入己。各別至二十七年四月初九日，趙古元恐家口眾多，事機泄漏，隨雇民座船一隻，將家小裝運回南去。訖本年六月內，吳朝松流來徐州，投北關住見獲王古泉，即王松家後院房內潛住。本年七月內，趙古元與白相、蔣文英，遊來新河口隱住。本月初七日，白相來州，尋向吳朝相，稱說「有一陳相公喚你說書」，吳朝相當同白相至新河口，投趙古元寓處，叩頭，議事畢。趙古元先賞銀八錢，與吳朝相收用。本年八月十三日，趙古元帶陳富、趙惠力士二人，前到化鯨家內拜訪化鯨，隨請在官出首親家甯炳然，與未獲浙江人何承齋、蕪州人閻西樓，相陪趙古元，假稱「舉人」，飲酒至晚，甯炳然等各散。次日，趙古元又不合，向化鯨稱說「豊、沛、芒碭舊有王氣，徐、魯、齊、梁、衛、豫地方素多豪傑。我今來此，以應王氣」，因題詩一首云：「悃愊親賢千里遊，隔江彼此各東流。待期六八南還展，必許庚春犁地頭。」題畢，賜化鯨起獲白絲帶二條；後日，作白玉帶二條，親筆供寫在官可據。化鯨扳留古元久住，隨於本月十六日，化鯨報知王會衡，伊即前來邀請，趙古元騎馬，王會衡與化鯨俱騎驢，同由甯炳然門前，經過到歡口集，王會衡未到官垂老外父于一科家潛住，一科見獲姪于養正，同趙古元、化鯨、王會衡俱在伊伯父于一科家會飲。于養正亦請趙古元等，過伊家欵待；古元見于養正年貌瑰偉，又因在伊家窩住，當與銀十兩作爲聘禮。養正收訖，仍封綽號爲「座主」；于養正不合，故違凡左道惑眾之人、軍民人等，接引探聽境內事情，事發屬軍衛者，俱發邊衛充軍；屬有司者，發口外爲民事例。允受聘封，接引打探。

甯炳然訪知趙古元，有點化奇術，意要訪學。本月二十日，有化鯨不在官繼子卞有魁，向甯炳然說稱「趙老天見在于一科家內」。比，甯炳然扮作乞丐，於本年九月初二日，前到于一科家訪尋趙古元，有于養正進一科家內，說與趙古元得知。隨令化鯨、王會衡請進，甯炳然置酒相待，聚飲間，趙古元在于一科家後墻壁（註六）上，又題詩一首，云：「自信親賢四海遊，隨緣遇合是名流。但求能共天生志，甘與羣英盡一樓。」題畢，命眾聯和，化鯨又不合，附會和詩一首，云：「英雄豪氣貫斗牛，掃清宇宙用賢流。那時方遂男兒志，得與君王共一樓。」王會衡又不合，和云：「公若親賢莫浪遊，隨緣遇合罕賢流。若能得遂天生志，舞袖揚袍拜鳳樓。」至晚，各散，俱甯炳然執證。

本月初九日，趙古元與化鯨，由沛縣至新河口，在於不在官高小山家宿歇。趙古元先令化鯨來尋吳朝相，要至徐州探聽事情，化鯨即到王松宅內，尋見吳朝相，報知前情。吳朝相遂與化鯨迎接趙古元，於本月十一日辰時，到於王松家；吳朝相不合，妄造謠言，密向王松說稱「趙爺是眞人，又是我恩主，你可收拾齊整待他」。王松亦不合，允聽即將後房安排圍屛等項，擺酒相待。趙古元上座，化鯨與吳朝相并白相、蔣文英，及未獲張湧泉、劉小泉，俱兩傍列坐。席間，謀議招兵舉事等情。趙古元送吳朝相銀五兩，吳朝相收受。本日，王松壽誕，趙古元將銀二兩，封送王松賀壽，伊又置酒相待。比，王松又不合，妄造妖言，對趙古元稱說「我今夜做一奇夢，門前結着綵樓，兩邊有獅子迎接聖人。又先日，我女二姐曾夢見家有一臺，上有九龍并翠花一株，又有女子八人并伊九人，獨女二姐上臺，南面站立；其八女在下，俱不能上」等語。趙古元聽說，妄念益決，稱說「浙江及各省直，我有精兵十萬，候明年二月間，我先自南來奪取揚州，爾輩占取徐州，阻絕運道接應，大事可成」等語。吳朝相又不合，附會妖言，向王松造說「趙爺有天分，你可將女獻與他，定然富貴」。王松又不合，故說與夢相應，伊又思起，曾與先在官生員馬文煒告狀有讐，要借趙古元兵力，殺死馬姓全族報讐，又不合，輒將馬文煒全族二十二人姓名開帖，遞與趙古元說稱「若大事成就，可將各姓名盡行殺戮，替我出氣」。趙古元將帖付與吳朝相收執，當官首出，見在可據。

王松又不合，當將在官已聘與不在官劉琨，未過門十七歲室女王二姐獻出，相見趙古元。古元大喜，遂與起獲白絲帶壹條、金簪壹根；趙古元將白絲帶圍作帶樣，口說「我成事後，即作白玉帶金簪，即作金鳳冠」等語。趙古元又賜牝馬一匹，暫爲聘禮。王松又不合，盡行收受，同妻妾黃氏、何氏等，俱叩頭拜謝。吳朝相又不合，令王松同王二姐討求封號，王松與女王二姐亦不合，允從跪叩討宮。趙古元稱說「除我山妻一人，你即爲二宮」。吳朝相又不合，令伊叩八頭禮謝。王二姐不識討宮何事，只聽父王松及吳朝相主使，及至事露，當堂鞫審。王二姐又不合，不行從實，首舉隱情，遂將絲帶、金簪縫藏在衣襟內，見今搜獲貯庫，有原差經歷張國麟、快手孫實證。至十二日，有未獲山東賣藥人唐雲峰、孟鬍子、張四，并夏邑縣算卦人劉通神各不合，俱來王松家，見趙古元，叩頭，每人賞銀三兩，授以密語，依允各散。化鯨因見各處投見人甚多，恐致敗露，向古元說稱：「老天我輩在此，倘官司盤詰，將何以應？」古元說稱「我身帶有印密旨命，我代天子訪賢，即見司道亦弗怕」等語，化鯨親筆供證。

趙古元在王松家，又題詩，云：「久抱均平志，須當公處施。重磨開世斧，劈破沒求頭。」題畢，化鯨回家去。訖至十四日，又寫書一封，差蔣文英送至化鯨家。拆書內云：「今有舍親督府奉命征西，招募官兵十千人，各預給安家銀五兩，能招壯士千餘者，即授都司領班；能招百餘者，把總欽依；能招三五十丁者，旗鼓總哨；內有才智過眾者，另行重用。欽限庚年二月完。」外有蔣文英仗吹嘘耳。蔣文英在化鯨家住過三日，化鯨送伊白布一疋，仍回王尚禮家潛住。化鯨又來本州，復見趙古元，相聚議事，趙古元說稱「我已糾人上本，假以征討楊應龍招兵爲由，乘機暗圖，大事可濟」等語，化鯨聽記。

比，吳朝相又不合，向趙古元稱說「白相主家本州人王尚禮，素稱好漢，可去拜他」等語，趙古元聽憑就令，白相引領伊與化鯨，於本月十八日，同到王尚禮家拜望，仍回王松家內。次日，王尚禮同已獲親家鄭彥，亦來回拜趙古元，留茶，畢散。訖本月二十七日，趙古元令白相邀請王尚禮至王松家，趙古元又不合，向伊說稱「我父陳璨是遼東總兵，我要招兵，在於古泉處聚齊，接應父兵，一齊舉事。知你素懷義氣，替我召集好漢，待事成日，封授總兵官職」等語。化鯨又不合，向趙古元說稱「可將圖舉大事實情，說與他罷」。趙古元將前項實情，向王尙禮說知；又將銀二十兩送與王尙禮，銀五兩送與鄭彥，各不合，收受入己。趙古元又向化鯨說：「今太白經天，陝西五山長出，氣數將轉，正合舉事機會，我有約定，兵馬候明年二月十八等日。江西吉安所糧船來，兵器夾雜在內，先取揚州、淮安，次取徐州，堵截新河，阻絕糧運；再取金陵、燕都，大事可成。」所謂『二月十八日』者，即前詩句中『六八南還展』之意，宜留心記之，至期嚮應。」又說「我兵自南來，先使月酥，在杭州武林門等候苗清送信，相會起兵；但看武林門上，有月酥手帖住址地方，就好尋我」等語，化鯨又不合，聽信妖言，傳說惑眾。

比，有見獲本縣人辛軋、（註七）丘三策、李世能、郭三省、劉允武、周學武、臺可觀、劉思智，徐州人李從林，及續獲本縣人王孔儒，俱係無賴喇唬凶徒，素行結黨。本月二十九日，趙古元在王松家住二十日，仍回化鯨家內安插；化鯨又不合，傳說古元有點化神術，見今招兵要征楊應龍，圖大事，在於長店等集，撞遇辛軋、丘三策、郭三省、李從林、李世能、劉允武、周學武、臺可觀、劉思智、王孔儒，向伊邀說「你們這狗骨頭，有造化，可跟我來」，辛軋、丘三策等聽信，各不合，故違左道惑眾，前例各同。

化鯨到於王會衡家，引見趙古元，要糾集亡命舉事，即號辛軋爲「提鎚虎靖街王」，當與辛乹銀一兩、白絲紬衣一件。號郭三省爲「軍師」，號丘三策爲「中軍」，各送銀二兩；號周學武爲「周倉」，送白綾一疋，見起獲做成綾裙襖二件；劉允武號「先主」，李世能號「先鋒」，劉思智號「捨命將軍」，各與銀二兩；又與臺可觀銀二兩，李從林詩扇一柄、履鞋一雙、絲帶一副；王孔儒銀一兩，號爲「溷江龍」，各不合。無知聽信，誘惑亂說，替伊打探事情；糾集挑河夫役、流來饑民，倡率搶亂。趙古元與化鯨又不合，同李從林議策「徐州山河夾道，縱兵多，一時難入；不若先用壯士三五百名，暗進城中，先將兵道、州主捉縛，順了即照舊供職，不順即斬。如太監不行，先將陳太監首級高懸南門城上，厲眾；先得兵道、州主執當，外兵自不敢攻，將監舖囚犯盡行釋放；厚學校，恤孤貧」等語，甯炳然親筆首帖照證。

又有見獲王選，原充本州堂書，壞法革退，伊不合，被惑，故違前例，窩留白相在家，替趙古元窺探地方事情，亦與王尚禮熟識交往。趙古元仍回王松家起身，據王松家僮小張兒稱說「用馬送趙古元至本州下洪，將行李搬在糧船上，稱回南去」；又據王會衡稱說「王松曾對伊說，趙古元僱騾往北京領招兵　聖旨，去訖以後，再未來徐相會。至十一月二十七日，有見獲劉尚忠附搭南來座船，至徐州停住；見獲武舉蔡童，并王尚禮，往拜劉尚忠，至次二十八日，伊來回拜王尚禮，又不合，哄說趙古元曉點化邪術、招兵等事，蔡童卒不合（案：「卒不」二字印刷不清，係以殘形臆斷。），故違前例。與劉尚忠，時常在王尚禮家，晝與白相、蔣文英在教場，演習刀法、射箭；夜同白相、蔣文英在座船宿歇四日，同榻造議。蔡童又對王尚禮、劉尙忠、白相等說「天年不好，陝西地出五山，該分五國。二、三月，各處定要起手作亂」，劉尙忠又說「二月不亂，定在三月」等語。又據劉尙忠自寫供詞，內稱白相、蔣文英在座船上，曾對劉尙忠說「趙古元要招兵，期在二月舉大事，你可同去取功名」等語，要送尙忠銀五兩爲聘，聽許在心。

又王尙禮供稱，同黨見獲白蓮教主馬登儒，居住本州東北辛賈山地方，伊不合，不務本等。平素假以吃齋說法，妄造妖言；及稱善曉符咒、法水、天文、兵法、左道等術，交結直隸、山東、河南各省直門徒不止數千。馬登儒又不合，藏有見獲天文、兵法、陣圖、點化等書三冊，并《推背圖歌》（註八）一紙；又〈做會意紙單〉二本，〈淫詞偈記〉一紙，《經偈》二冊，佛像一軸、醮帖榜文一綑，演習潛謀，相機嚮應趙古元、孟化鯨等舉事。本年十二月十二日，有淮徐兵備郭副使標下親兵王世成，訪知趙古元，交結化鯨等，謀爲不軌，秘稱「近有逆惡趙元天，即陳古元，久蓄逆謀，遊遍海內，召結逆徒無數。今遇庚子事，危朝夕，乞速議，拯濟生靈，以保全勝」等情，開具手本，首報本道，激以忠義，諭以禍福，鼓舞激勸；王世成願効死命，以報本道，先賞銀五兩安家，授以密計，令其陽爲入黨，陰行探察白相、蔣文英信息。本道覆加秘密細訪，間，甯炳然亦將前情具狀，首稱「爲舉報反亂」事。二十七年九月初二日，本集街民孟化鯨，內有南人一名趙古元，假充舉人；未三日，又遷至歡口集北，王會衡外父于家，潛居月餘，炳然聞知生疑，即假作乞丐，向于宅乞食，探訪古元是何等人、作何事。及見面時，古元等惡行毆詈，稱說「伊乃閣老之姪、陳總兵之舅，訪賢西征，期於二十八年三月內動兵，切思事出異常，關係匪輕，不敢隱匿，爲此舉報」等情，赴本道首准案候，併訪間。

又趙古元作歌，號令云：「二月二龍擡頭，鎭守的眾將軍，齊來到五鳳樓。先占秦臺爲根由，選令李奎去徐州，截糧運、殺各侯。那時節，一統天下，方顯你我弟兄手段。」又造逆榜文，云：「二國主，三峰頭，驅朱王，聖旨頒行海內軍民人等知悉。眞冠煽禍朝綱，煙塵突起四野，豚犬橫行殿陛，奴狗血食八方。聖王治世，每十分而取一分，尤恐民窮。今朝中聽讒，竟十分而取十一，尚曰不足，致使天變於上，非滰（註九）而即旱，民窮於下，斗粟値金。朕居登雲右土，目覩下民之苦，寢食俱廢，日夜不安。於上元甲子，祭天拜地，有南順人親提八路雄兵，以救黎民倒懸，生擒內奴，分肉賞軍；活捉奸臣，取心下酒。與爾小民，秋毫無犯，勿得驚懼。有能舉文武全才者，賞銀一千兩，聽封官爵；有能舉術士一人者，賞銀七百兩；有能舉勇士一人者，賞銀五百兩；有能聚義兵百人者，賞銀三百兩，每人每月給銀五兩。待元甲日期，八路兵齊，但看山頭黃旗爲號，的不虛示。」又詩云：「幼主十虎出豐都，烟火凌空接外胡。燕鵲問窠何處有？鷄犬尋室舊主無。虎居秦臺十六將，豹戰望華九萬卒。若還要見文明世，臣讚唐王收五胡。」俱留付化鯨，臨期粘貼。化鯨又不合，聽信妖言，粘貼本方華山二郎廟碑上，地方侯偉揭首存證。

又豊、沛界石碑上，粘一紙帖，內稱「葛家口領兵官黃獻，奉天爺聖旨，帶領三千兵，限本月十二日，在新河口奪糧，拜上楊總兵，早到接應毋遲」等語，原差捕快詹瀾、豊縣快手王沛，地方尹從常，見揭存證。又徐州張知州、沛縣羅知縣、徐營金遊擊，各揭報委，果有倡亂情由；而山東單縣，河南永城、夏邑，及碭山之間，賊首唐雲峰、劉通神等，聚眾四五百人，強借富民銀米食用，及要不在官監生陳管見宅舍，屯棲賊眾。本生稟報碭山縣，及會永城縣官兵捕捉等情，到道併行。間，唐雲峰探知消息，誤疑豊縣申報，即寫一帖，內稱「字拜繼山，孟大哥、辛明宇、臺楚峰、王惺宇得知，今有倪縣官暗申兵道，有名二十四人，今要訪拏，特約諸公至陳家口相會」等語，甯炳然親見原帖執證。唐雲峰等，遂將晉安口，即陳家口窠穴房屋，縱火焚燒四散，見今緝捕。本道一面申報各院，及移文隣近潁州、揚州，并山東濟寧、曹、濮、睢、陳各道，隄防策應，一面差標下中軍陳指揮，同本州阮吏目，密將王尙禮捉獲，并起出本犯往來隱語密書一封，內稱「徐州一路，俱已齊備人馬，相堪及主將是何人」等語，手札見在；鐵闆刀一把、鐵鎗一根、腰刀三把、角弓三張、號箭九枝、羽箭三十一枝、箭壺一箇、大木棍二根、獅補一副、角帶二條、官展翅一副、大帽補服各一件、馬尾巾一頂、玄色羅進士巾二頂、青鸞帶一條；并迯（註一〇）犯蔣文英被套一箇，內盛紅絹綿被一床、青布鞋一雙、梳籠鏡連包，併王尙禮解道審。

據王尙禮供出，同黨白蓮教主馬登儒姓名在官，將王尙禮發該州收禁。白相、蔣文英聞風，先行逃走，不知去向。至二十八年正月初六等日，蒙差快手詹瀾、范奎、王納諫、王從貴、朱惠、劉桂、劉受中、張朝、侯梅等，分投潛伏逆黨窠穴，計圖一時齊擒。又密遣許同知，與本道標下武舉哨官倪化鯨，同金遊擊，差去指揮魏廷璋率領營兵；及徐州張知州，差去番快閻三省等，前往豐縣歡口集等處，策應防護。及令標下中軍指揮陳弘道整點兵馬，防守城池，居中調度擒拿。間，王孔儒見得事發，又不合，於本月十一日逃往河南永城縣躲避，去訖。比，化鯨又不合，拒捕，輒拿見在鮮手尖刀一把，照快手范奎刺來，當被伊用鉄棍隔過，一齊上前，將化鯨與本縣王會衡、辛乾、于養正、臺可觀、丘三策、周學武、李世能、劉思智、劉允武，及將徐州吳朝相、王松、王二姐、鄭彥、李從林、王選，俱陸續捉獲，押解前來。又將白蓮教主馬登儒，并前項天文、兵法、陣圖等書，及〈做會意旨單〉二本，〈淫詞偈記〉一紙、《經偈》二冊、佛像一軸、醮文榜帖一綑，俱起獲。行走間，郭三省騎坐馬匹，身帶腰刀一口，潛來本州窺探，亦被捉獲，并見在刀馬，俱押解本道。一面刊發告示，安撫軍民，止擒渠魁，並不株連窮究；但有脅從黨與，准其出首免罪，一時人心俱已寧帖。隨又會同管理徐倉周郎中、管理中河劉郎中、管理徐營參將事金遊擊，當堂審據，各犯供吐眞情，并搜獲孟化鯨家見在透甲鎗一根、《觀音課》一本、《武經》一本、花琉璃拜匣一箇，茅銀一塊、點化藥一包，并前綠花綾夾襖一件、白絲帶二條。王會衡家見在大鎗一根、剝刀鎗一根、小鎗一根、角弓一張、《六壬課》一本、《皇明通紀》八本，并前香色綾襖二件。于養正家黑桿鎗一根、小鎗一根、新折去頭鎗桿一根，并王松家起獲原收寄趙古元馬尾進士巾一頂、紹興銅鏡一面、玉色縐紗道袍一件、月白湖羅衫一件、油綠道袍一件、青線紬夾襖一件、白線絹衫一件、白綿紬衫一件、生黃絹衫一件、玄色叚（註一一）一疋、黃絹一疋、玉色綺羅裙一條、白湖羅褲一件、黃絹褲三條、白綿紬褲一條、白綿紬小汗衫一件、布襪三隻、布鞋一雙、舊絲帶綠緣香囊三件、手巾四條、銀袱二箇、拜匣一箇、皮箱一箇；餘物，俱王松聞事發，先行焚燬訖。并豊縣申送鄉民侯偉等，原揭趙古元僞榜一張，地方尹從常原揭首，黃獻約會舉事小浮帖一紙，俱驗明貯庫，蒙本道參看得。

逆賊趙古元，雖係大俠，猶屬么麽，乃輒敢窺伺　神器，隱冒名籍，攜帶點化之重貲，遍遊海內，廣結豪俠，召集亡命，包藏禍心，謀爲不軌，盖自二十五年冬起至今止，已幾三年矣。陰謀日久，羽翼已成，倘其覺發稍遲，延至元宵期會，則孟化鯨、王會衡等，弄兵於豊、沛之間；唐雲峰、劉通神等，揭竿於永、單之境；劉尙忠、王尙禮、馬登儒等，起兵於徐、邳之郊；而渠首趙古元，則總大兵於兩浙、江南地方，一處倡起，各處嚮應。匪特竊據郡邑城池，屠戮官民生命；且將焚燬糧艘，阻絕運道，心腹受患，四肢坐困，非若邊徼有警，係在一隅，調兵轉餉，尙易勦除者比。其爲　社稷生靈之禍，可勝言哉？今幸天人協順，先期伐其狡謀，以故兵不血刃，悉縛群雄於庭下，矢未扣弦，解散餘黨，於域中幾危之重地已安，反側之人心遂定，此皆仰荷　皇上洪庥，當事福庇之所致耳。

及審孟化鯨等，供報反逆情形，已著於聘贈禮物、題留詩句，及所通書札名號之中；至於王松惑於夜夢，乃其獻女王二姐與趙古元，而趙賊輒許爲後宮，賜名玉帶、金冠，尤其彰明最著者。王尙禮既已交通趙古元，又出本家所蓄教師白相、蔣文英相會；而劉尙忠、蔡童，亦復徃來王尙禮之家，且與白相、蔣文英學刀、較射，宿處同榻，其爲逆黨，又復何辭？既經多官公同會審，質證已明，寘（註二二）之重典，均屬不枉。但渠魁趙古元，先期邀遊各省，不知向徃，元兇未擒，貽禍深爲可慮；亟應多方懸賞捕獲，以除禍本。合無，俯賜調發官兵，防守徐州重地，一面速行具　奏，及移文各省、直、撫、按衙門，督行司道，嚴行捕緝，務在得獲；并一面申飭武備，仍宿重兵於咽喉要害處，所以爲防範銷弭之計，庶重地可安，而　宗社可固矣。具由通詳，蒙巡撫軍門李都御史批，據呈各賊逆狀已著，但首惡趙古元尙未拏獲，此賊徃來徐、淮境內，各賊必的知其行止，該道嚴鞫細探，務得眞跡，差人密捕。至於「二國主」告示一張，尤爲各賊不軌的據，俱要查收貯庫，本院業已星馳赴徐，已獲各賊，該道究招明確，本院面審，方敢具　題火速觧奪。又蒙巡按御史詳批據報，逆黨就擒，反側已定，此地方之幸也；但元惡脫逃，禍根尙在，不無可憂。該道其嚴行緝捕，務期得獲，更飭武備，以保封疆，餘如議行繳。

又蒙巡鹽應御史詳批據報，匪獨擒其黨，已伐其謀戾，仍宜殲其渠魁，以絕禍根，餘候會各院　題行繳。又蒙巡漕佴御史詳批，難端初見，逆黨成擒，該道之英畧足嘉矣。然必獲渠魁，而後無遺禍也，仍行嚴緝，并飭防範，候招成至日，會　題繳。又蒙巡按安御史憲牌發道，行委多官會審，明確具招詳報，以憑會　題，等因。蒙道備行淮安府許同知、張推官，公同會審，詳確具招，觧道審奪。依蒙提取化鯨等到官，公同徐州張知州會審明白；蒙各官會看得趙古元，久蓄異志，潛肆妄謀，善能燒煉假銀，召集亡命，自稱宋朝後裔，扇惑人心，號王氏女爲二宮，許諸不逞爲軍師，釁孽已萌，逆情漸露，亟宜訪擒，以杜亂本。

孟化鯨尊崇逆首，妄意僞封，邀結群兇，聚謀倡亂，律所不赦者也。王會衡、王尚禮、王松、吳朝相、馬登儒、辛乾、丘三策、劉允武、郭三省、李世能、于養正、劉思智、劉尚忠、蔡童，皆心懷不軌，黨惡爲奸，或暗聚烏合，而乘機舉事；或假名教主，而包藏禍心，叛期已約庚春，聲勢偏聞遠邇，審俱明悉，俛（註一三）首輸認。內，周學武勾引河夫，萬時和容留久住，袁義圖饋作中，鄭彥往來拜望，王選私會逆徒；雖各犯不招別情，均非善類，事干重大，未敢輕擬。除元兇另緝外，未獲餘黨，無知小人，相應諭令自新，免致株連，等因，具由呈詳。

淮徐道蒙批，據審各惡逆謀顯狀，已爲詳悉；但趙古元挾點化奇術，遍遊省、直，延攬英雄，包藏禍心，謀爲不軌者十年。上年，曾先在永城縣山城集僧當喜房內，同白相、蔣文英窩住，召集亡命，被該縣生員劉洪範首發驅逐。及訪李師周占卜觖（註一四）望情節，未曾審出。又化鯨先招趙古元，於二十七年八月十三日至化鯨家，盤桓數日，不知王會衡何日，請至伊岳父于一科家，亦未供說明白。及十九日，古元同化鯨來徐，投王松店窩住，乃八月十九日也。詳文乃稱九月內，先後互異。又古元留銀與化鯨、會衡，在縣招結豪傑，未見審出銀數，及招有兵數若干。于養正、丘三策、臺可觀、辛乾等，原受聘禮的數（註一五）若干。又據化鯨供稱，劉尚忠爲古元差來頭目，又稱係義子、奸細，孰爲的確？及審甯炳然，又自寫供帖，稱李從林爲古元心腹，有「結黨殺害內府」之語，曾同王會衡受古元扇、履等物，亦未曾審出，前後情節，尚多脫落顛倒，事干題　奏，最宜詳慎。

仰許同知、張推官公同，將先後獲到一應犯證，通提覆審，詳確具招，速解審奪。依蒙併行間，本年二月初一日，蒙本道憲牌，該蒙撫院白牌，仰道即將賊犯孟化鯨等，但係此起人卷等項，限明日解院審問，毋遲。蒙道將化鯨等一干人卷，於本月初二日，解赴巡撫李都御史詳審。當蒙憲牌，內開奸賊孟化鯨、王會衡、王尚禮、吳朝相、王松、馬登儒等，附會趙古元等妖書妖言，惑眾倡亂，情節重大，牌行徐、潁二道會審招解。備蒙牌仰趙運同，即便會同許同知，并四府理刑推官，將單開存，留見獲賊犯孟化鯨等，提取到官。逐一隔別細加研審，務得眞情，有罪人犯，依律具招，限本月初四日，連人解詳兩道覆審，轉解赴院覆審，奏　請定奪施行，毋得枉縱。該蒙徐、潁兩道會牌，行委各官會審招解；蒙廬、鳳、淮、揚四府，運同趙坰、同知許一誠，推官蒙而鎡、王家相、張時弼、徐鑾，遵依會審，親詣徐州，公同該州知州張執，提取化鯨等一干人卷到官，逐一會審，各情明白。看得孟化鯨、王會衡、王尚禮、吳朝相、王松，均以闤闠（註一六）么麼，包藏禍心，結搆兇逆，騰播妖言。

逆首趙古元者，自以宋朝後代，生有異姿，久蓄不軌之念，將發大難之端，易名而遊四方，揮金而結亡命，流寓豊、碭，潛至房村，題詩見志，顯爲不道之詞；僞帖招兵，濟以妖邪之術。而孟化鯨等，遂欲藉此搖惑大眾，釀成禍亂，稱世道之將變，尊古元爲眞人，聚黨成群，互相扇動。至於王松，以親女許婚，云「感九龍之夢」；吳朝相爲王氏媒引，令乞二宮之封，何物小醜，妄肆狂悖。趙古元且懸示通衢，自稱「國主」，邂逅群小，輒授將軍，其謀情暴白，反狀甚眞，而踪跡詭秘，潛匿不止。一方附翼眾多，奸黨不啻數萬，所當通行各省、直，嚴行緝捕，殲厥渠魁，永絕禍本。

孟化鯨等五名，雖共謀之事未彰，妖惑之狀已著，依律駢斬，夫復何辭？馬登儒自稱白蓮教主，聚徒千人，藏蓄妖書，僞造偈記，若推背圖、陣法圖，豈道人之所宜有？依妖惑律斬，亦當其辜。若辛乾、丘三策、劉尚忠、鄭彥、郭三省、于養正、臺可觀、李世能、周學武、劉允武、劉思智、王選、蔡童、李從林，或市井酒徒，或流浪遊客，則又慕趙古元點化之術，爭爲結識之人；而古元一見，即餽以財物，得其懽心，本皆妖言之黨，宜在駢斬之條。但所附從者，爲點化邪術，姑引例發遣，庶以安反側，而定人心。蓋礦稅紛紜之秋，正奸雄觀望之際，而徐州南北都會，糧運咽喉，故趙古元欲扼險據要，圖興大事；而群小逞狂，隨聲附和，妖言蝟起，萬室驚惶。若非天敗其奸，陰謀預洩，相機緝捕，惡黨就擒，則以妖異之留言，鼓易搖之眾聽；乘人情之觖望，成意外之逆謀；即黃巾、赤眉之禍，立見於目前；望屋橫行之勢，難免於今日。事變呼吸，可爲寒心。趙古元雖未擒，而倡言首惡，各就芟夷，不煩兵力，不動聲色，遂破逆黨之謀，坐免一城之酷。其緝捕員役，各應優敘賞勞，以示激勸。

萬時和圖財，容留居住；袁義受賄，引領作中，均應擬徒。其王二姐，委係女流，無知釁由；其父、姑，擬徒官賣。劉尚忠，合候拏獲趙古元至日，方行僉遣，庶三尺咸得其平，而奸人無所漏網矣。取供問擬，孟化鯨、王會衡、王尚禮、王松、吳朝相、馬登儒，依造妖言惑眾律皆斬；辛乾、劉尚忠、鄭彥、郭三省、丘三策、于養正、周學武、李世能、臺可觀、劉思智、劉允武、王選、蔡童、李從林，俱依左道亂正，扇惑人民爲從者，律各減杖一百、徒三年照例。蔡童係舍，餘發邊衛充軍終身。辛乾等十三名係民，俱發口外爲民；萬事和、袁義、王二姐，俱徒罪，具招，呈詳兩道覆審，詳批據招。

趙古元久蓄逆謀，遨遊海內，布散妖言，召集亡命，反形已眞；但孟化鯨等，受聘附謀，扇眾倡亂，事雖未行，形實已著，分別坐以妖言惑眾，及左道惑眾律例，果否相合。至於劉尚忠、蔡童，在王尚禮家同白相、蔣文英聚飲學藝；及王尚忠窩藏白相、蔣文英，在船四日同榻造議情節，多從刪漏，與前詳不同，而續獲臺可觀及甯炳然供出，李從林俱爲古元心腹，俱受聘禮，招內未見敘出，而中間情節尚多錯落，事關　題奏，難以允轉，仰趙運同、許同知，會同各推官查照，本道前後駁語覆審，明確招詳，依蒙會審。間，豐縣快手閻文藩等，將王孔儒緝獲，該縣具文申觧兩道，詳審王孔儒，供吐素行喇唬，聽王會衡誘惑，接受聘銀、綽號，前情是實，當蒙牌發各官會審明確，依律議擬，併招觧詳立等，轉觧施行。依蒙行提王孔儒，并化鯨等到官。又該趙運同等，參酌律例究審，招情細敘明白，看得孟化鯨、王會衡、王尚禮、吳朝相、王松、馬登儒，附從趙古元，流布妖詞，惑眾兆亂，一斬，誠未盡辜。然興謀造意，潛圖大事者，獨趙古元一人，孟化鯨等，因而蜚語相扇，意雖不軌，事則未行，幸天道神明，殛此逆黨，罪人就擒，亂萌早杜，引妖書、妖言惑眾，律斬，仍應提　請梟示，以震懾餘孽，永靖地方。

辛乾、劉尚忠、鄭彥、郭三省、丘三策、于養正、周學武、李世能、臺可觀、劉思智、劉允武、王選、蔡童、李從林與續獲王孔儒，市井遊民，趙古元誘以奉督府明文，募兵西征，既愚眾人之耳目，且詐爲幻術，稱善點化，此輩既利其招兵之財，又信其虛妄之說，爲之附從，乃其本情，輕縱則無以懲奸，駢死則情可矜疑，依左道惑眾、接引打探例究遣，分別二罪，上以伸　國法，下以安人心，參酌情律，似非枉縱。萬時和、袁義、王二姐，仍照原擬徒贖允宜，取供具招，連人卷呈觧兩道檢閱，招情覆審無異。

該兩道會審得孟化鯨、王會衡、王尚禮、吳朝相、王松、馬登儒，均以鷄鳴狗盜之雄，素爲豕突鴟張之行，蠅逐逆惡之厚利，結黨成群，蟻附狂逞之奸謀，妖言惑眾。有元兇趙古元者，冒宗前代，豪負異姿，挾點化之妖奇，黃金結客；納逋逃之淵藪，白馬盟心，窺茲沸鼎之秋，肆彼揭竿之志，屢逊名而易姓，實朝越而暮燕，謂庚子爲首難之端，卜豊、沛爲興王之地；周流永、碭，出沒彭城，偵知孟化鯨、王會衡等，素悉緯書，兼諳兵畧，定交杵臼，自云「魚水之懽，枉駕夷門」，遂托梟獍之計，賦詩見志，默定三窟之經營；感夢約婚，僞署二宮之位號。或稱「我奉密旨，代天子訪賢」，而聞者心降；或稱「我奉明旨，征楊酋招兵」，而見者景附；出榜文，則自稱「朕主」，明爲不諱之詞，以搖動人心；宣號令，則動稱「將軍」，陰爲不軌之謀，以阻絕運道，隱情密計，孟化鯨、王會衡之供詞，一一有據；反狀逆行，王世成、甯炳然之稟首，鑿鑿可憑，先後設謀，盖已多年；省、直黨與，何啻數萬？倘令謀蓄而不敗，或事敗而稍遲，則羽翼已就，滋蔓難圖，所爲荼毒生靈，震驚　宗社，將有不可言者矣。茲幸仰仗　皇上威福，當事籌畫，逆黨俱已成擒，而先聲必至奪氣。

又蒙本院通行申飭，已伐彼不逞之奸業；駐節徐州，頓安彼反側之念。裘鑪既爲預戒，霜霰或保無虞；第趙古元爲海內大奸，必不肯甘心鼠竄，恐此惡一日未剪，則隱禍一日未除。除本道差指揮仇國臣、魏廷璋等四員，帶領兵番及熟識眼犯袁義等，分投各省、直緝捕外，仍應通行各省、直官司，併力緝捕，以絕禍本者也。孟化鯨、王會衡、王尙禮、吳朝相、王松、馬登儒等六名，節經各官會審情眞，各已俛首伏罪無詞，合照妖言惑衆律駢斬、梟示，以寒逆魄，以消亂萌。鄭彥、蔡童、辛乾、于養正、臺可觀、郭三省、丘三策、周學武、李世能、劉思智、劉允武、李從林、王選、劉尙忠，與續獲王孔儒等十五名，原聽孟化鯨等之扇惑，餌趙古元之賄利，遂信爲征西招兵，輒附入黨與，盖亦無知被誘者，姑從末減引例，待事平發遣。萬時和、袁義，雖未同謀，然始而不查來歷，既而不行首發，律合併徒，仍責令緝捕趙古元獲日贖罪；王二姐孽由父作，原未成婚，姑擬徒官賣，庶　國法可申，而人心可安矣。

今蒙將化鯨與王會衡、王尚禮、吳朝相、王松、馬登儒，問擬依「造妖言惑衆者律」，皆斬。鄭彥、蔡童、辛乾、于養正、臺可觀、郭三省、丘三策、周學武、李世能、劉思智、劉允武、李從林、王選、王孔儒、劉尚忠，依「左道亂正，扇惑人民爲從者律」，各徒罪。蔡童引例充軍，鄭彥等編發爲民，萬時和依「知情藏匿罪人」，與袁義依「誆騙人財者律」計贓，與王二姐依「知而不首」，各徒罪，具招連人呈觧李都御史處詳批。據招趙古元雖未擒獲與見獲孟化鯨等，凡相會、相語，皆屬逆情；至如，謠言號令，僞示反詩，一一有據，則古元眞爲罪之首矣。化鯨等，受贓附奸，傳言惑衆；辛乾等，深相結納，妄許招兵，擬以「妖言左道」之律，是否盡其辜也。又，劉尚忠不知來自何許，搭船至徐，蔡童、王尚禮先爲往拜，而尚忠次日荅拜，既未見趙賊之面，又未受趙賊之贓，應否同罪，係干　題請大獄，務要事得其實，情當其罪，必詳必愼，毋枉毋縱。仰兩道再會行多官，斟酌妥確，其招內之語，前後不合，更須刪摘簡當，另招速報。妖書、僞示等件，查驗明白，一併封送，以憑咨部查考，備蒙兩道牌行。各官會同，將孟化鯨等一起賊犯，招由查照，批駁詞語，原情擬罪，是否律例相合，務要事實情眞，斟酌妥當，作速具招，覆詳兩道，以憑會議轉詳，此係　題請大獄，必詳必愼，毋枉毋縱。

蒙趙運同等，遵依會同，將化鯨與王會衡、辛乾等，通提到官覆審，得趙古元招誘亡命謀逆甚眞，以重利啗孟化鯨等，令其倡妖惑衆，亂形已成；然後，彼得乘釁舉事。趙古元之造謀，的係反逆；孟化鯨等之附和，不過妖言，引「妖言惑衆」，皆斬，情與律協，委非輕縱。辛乾等市井惡少，見古元募兵多銀，係點化所成，又以征楊應龍爲由，率衆黨附，其事有因，其情可原，合引例遣。劉尚忠來自常州武進縣，遨遊徐州；王尚禮、蔡童等徃來交拜，演習刀兵；又與蔣文英、白相，寢食舟中，亦辛乾等之流也。但未受古元之財，不過爲王尚禮等誘惑，姑免引例，依律擬徒。俟捉獲古元之日，另行議配。萬時和、袁義、王二姐，仍照舊擬徒，不枉取供，具招覆詳到道，檢閱招情，覆詳無異。

蒙兩道覆，看得趙古元遨遊海內，糾結亡命者十年，指以征西招兵爲由，約期舉事，謀爲不軌；據孟化鯨、王會衡、甯炳然之親筆供詞，確有指據，而逆示反詩，尤其罪案之最彰明顯露者，盖古元之逆惡，眞無所容於盖載矣！亟宜緝獲，以伸法典，以絕禍根。孟化鯨、王會衡等，受賄附謀，妖言惑衆，雖端固未大發，亂形實已彰著，姑照「妖言惑衆律」，皆斬，仍請梟示，亦足當厥辜。辛乾等市井俠猾，逐利若膻，一聞趙古元征播招兵，輒相呼引黨附，謀雖不逞，情實被誘，引例遣配，亦非輕縱。及查劉尚忠，籍係常州，遠遊彭城，既主於王尚禮之家，復與白相、蔣文英，學刀、較射，宿處同榻，其必非善類可知。及獲僞榜，有「南順人提兵」之說，而尚忠適自南來，久住此中，踪跡詭秘，大屬可疑，擬與辛乾等同罪，似非枉濫。但本犯止供認聽受白相之許，而實未受趙賊之聘，尚爾執辯，難以深求，姑照本律擬徒，免其引例發遣，俟緝獲趙古元、白相之日，面質的確，另行議處。萬時和、袁義、王二姐，仍照原議徒贖；萬時和、袁義，責令緝捕趙古元，獲日贖罪，情法俱各允服，依「招罪犯」議。

得孟化鯨等所犯，孟化鯨、王會衡、王尚禮、王松、吳朝相、馬登儒，俱合依「造妖言惑衆者律」，皆斬，俱秋後處決。辛乾、鄭彥、蔡童、于養正、臺可觀、郭三省、丘三策、周學武、李世能、劉思智、劉允武、李從林、王選、王孔儒、劉尚忠，俱依「一應左道亂正之術，扇惑人民爲從者律」。萬時和依「知人犯罪，藏匿在家者，減犯人罪一等律」，王二姐依「知而不首者律」，與辛乾等各杖一百、流三千里。袁義依「誆騙人財者」，計贓，准「竊盜論」，免刺八十貫，律杖九十、徒二年半。辛乾等俱有　大誥減等，辛乾等十七名口，各杖一百、徒三年；袁義，杖八十、徒二年。辛乾、鄭彥、于養正、臺可觀、郭三省、丘三策、周學武、李世能、劉思智、劉允武、李從林、王選、王孔儒、劉尚忠、袁義俱民，蔡童係舍，餘萬時和係承差，王二姐係女，各照例。辛乾與蔡童等十四名，免其徒杖。蔡童、拘妻僉解定，發邊衛充軍終身，招達兵部知會。辛乾、鄭彥、于養正、臺可觀、郭三省、丘三策、周學武、李世能、劉思智、劉允武、李從林、王選、王孔儒，俱發口外爲民；各僉妻解抄，招解赴户部編發。劉尚忠情尚可疑，姑照本律擬徒，俟捉獲趙古元至日，另行定議。萬時和納贖，袁義、王二姐審俱無力，袁義免杖，定發衝要驛，分照徒年，限擺站滿放。王二姐决杖一百，餘罪收贖，完日官賣。首實王世成、甯炳然省放，應役寧家；萬時和革役爲民，孟化鯨等六名係重刑，牢固監候詳決，仍請　特旨梟示，以懾餘孽。其有功員役，酌量敘錄，施行照出。

孟化鯨等六名係重刑，蔡童充軍；辛乾等三十名爲民，俱免紙；萬時和官紙銀三錢，王世成、甯炳然各告紙銀二錢五分；劉尚忠、袁義、王二姐，各民紙銀一錢二分五釐，并萬時和贖罪米三十五石，每石折銀五錢，共銀一十七兩五錢。王二姐鈔價銀二錢二分五釐，袁義鵰受趙古元銀一兩，及趙古元原與孟化鯨銀五兩、王會衡銀五兩、王尙禮銀二十兩、鄭彥銀五兩、吳朝相銀五兩八錢、王松銀二兩、于養正銀十兩、辛乾銀一兩，郭三省、丘三策、劉允武、李世能、劉思智、臺可觀各銀二兩，王孔儒銀一兩，俱合追入官。王松原得趙古元牝馬，并郭三省馬共二匹，合行變價；并官賣王二姐價銀，及起獲孟化鯨原受趙古元綠花綾做成，見在夾襖一件、白絲帶二條，并透甲鎗一根、尖刀一把、《觀音課》一本、《武經》一本、花琉璃拜匣一箇、茅銀一塊、藥一包。又在王松家，搜獲趙古元原寄馬尾進士巾一頂、紹興銅鏡一面、玄色雲段一疋、青線紬夾襖一件、油綠道袍一件、玉色縐紗道袍一件、月白湖羅衫一件、白線絹衫一件、白綿紬衫一件、黃生絹衫一件、玉色綺羅裙一條、白湖羅褲一條、黃生絹褲三條、白綿紬褲一條、白綿紬汗衫一件、黃生絹一疋、布襪三隻、舊絲帶綠絛香囊三件、手巾四條、銀袱二箇、拜匣一箇、布鞋一雙、皮箱一箇，并女王二姐原受趙古元見在白絲帶一條、金簪一根。

周學武原得趙古元白綾一疋，做成裙褲二件；辛乾原得趙古元白絲紬衣一件，王尚禮鉄鬬刀一把、鉄鎗一根、腰刀三把、角弓三張、號箭九枝、羽箭三十一枝、箭壺一箇、木棍二根、獅補一副、角帶二條、展翅一副、大帽補服各一件、馬尾巾一頂、玄羅巾二頂、隱語密書一封、青鸞帶一條。王會衡原得趙古元香色花綾一疋，做成見在夾襖二件，并大鎗一根、剁刀鎗一根、小鎗一根、角弓一張、《六壬課》一本、《皇明通紀》八本。于養正黑桿鎗一根、小鎗一根、折頭鎗桿一根，李從林原得趙古元詩扇一把、履鞋一雙、絲帶一副，郭三省腰刀一把。豊縣鄉民侯偉，揭得趙古元僞示一張；蔣文英被套一箇、內紅絹綿被一床、青布鞋一雙、梳籠鏡連包。馬登儒家搜獲《天文書》一冊、《兵法陣圖書》一冊、《燒煉妖書》一冊、《推背圖歌》一紙、〈做會意旨单〉二本、〈淫詞偈記〉一紙、《經偈》二冊、佛像一軸、醮帖榜文一綑，起獲趙古元原寄放湯豹家斬馬刀一口，俱發徐州官庫收貯。紙贖贓，并官賣王二姐價銀，并王松、郭三省各馬價銀兩，聽候支觧。兵器、鎗刀、弓箭等件，妖書、僞示，俱備照通取實收，收管繳報。未獲脱逃趙古元、寇良相、苗清、白相、蔣文英、唐雲峰、劉通神、張湧泉、劉小泉、孟鬍子、張四、何承齋、閻西樓，俱嚴行軍衛有司、巡捕巡司官兵，多方緝捕，候獲日，另行招報。萬時和納銀、批劄、追塗附卷，袁義等原受趙古元猪腿、金酒等物，俱免追，餘無照，等因，招觧到臣。

據此案，照先據淮徐兵備道呈報，徐州、豊、碭之間，有賊黨趙撫民、唐雲峰、孟化鯨等，造作謠言，謀發大難，緣由到臣。該臣已經會同總河巡按諸臣，一面具本題　報；一面行淮安大營都司，調發官兵一千，前赴徐州聽該道分布調遣。又於十五日遣牌，假以閱視兵馬，防護糧運，臣自十七日由泰州起馬，巡歷淮徐地方，途次節據淮徐兵備道揭報，拏獲賊黨孟化鯨等二十餘名，供稱首惡趙古元多變姓名，冒籍浙江蘭谿義烏人，語音又似蘇、常人，容貌異常，招集豪傑，糾合徐州等處賊黨，并白蓮等教，許納王古泉女爲二宮；又稱有精兵十萬，夾雜吉安所糧船內，又寫書孟化鯨召兵十千，約以「二月二日，各處兵馬八路，一齊起手，先取揚、淮，次取徐州新河口，阻絕糧運；次取金陵，再取燕都，大事可定」等語，該臣看得孟化鯨等供稱首惡趙古元，倏去倏來，南北未定，招集亡命，動稱搶奪糧運，聲舉大事，即未否虛的，但當此地方多事，人心思亂之時，恐有不逞奸徒，潛謀附合。

淮、徐地方官兵分布已定，而瓜、儀、揚州實爲漕運咽喉，且當糧艘盛行，亟應預備。牌行原任狼山副總兵王鳴鶴，將調赴川、湖，官兵三千暫留數日，以一千屯住揚州。該總自統，與參將袁世忠協守，以一千屯住瓜洲，以一千屯住儀眞，俱委原領官目防禦，仍差伱俐家丁，四散糧船幫內偵察，如有逆謀踪跡，用計密拏，固不得張皇輕動，亦不得以轉任推諉，惟看徐州動靜，以爲行止。又移行南京內外守備兵部、兵科、操江衙門，及隣壤應天、山東、河南各該撫臣，共加防守，協力擒拏。又分行各該地方道、府有司，軍、衛將領等官，於緊要關津、把隘去處，嚴加譏察。臣於正月二十九日抵徐州，二月初一日發白牌，提取已獲孟化鯨等一干人卷解審，於初二日面鞫各犯，皆係附會，首惡趙古元等，妖書、妖言惑衆倡亂，潁州兵備楊僉事亦至徐州，隨牌行淮、潁二兵備道會審，將重情渠魁，查照律例，正以典刑。其餘無知脅從，悉從寬處，仍遍行出示，並不深求，盡令解散，一時闔境人心始復，帖然無事。前暫留王副總兵之兵，不過示以先聲，以懾群醜之魄；隨行該總星夜統押，前赴援川去訖。

今據淮、潁二道將各犯情罪，再三勘問前來，該臣覆審相同，謹會同總理河漕工部尚書劉東星，巡按直隸監察御史安文璧、應朝卿、佴祺，參看得孟化鯨等，皆市井狂徒，失業怨望，當此水旱頻仍之後，重以賦役繁興之擾，計不聊生，皇皇思亂，故趙古元得以錙銖微利，要結其心，使之傳布妖言，熒惑視聽。蓋趙古元立意甚深，設謀甚巧，始以術愚化鯨等，令人心搖動，亂形已成；然後，乘機搆會，思圖一逞，此誠大奸巨猾，謀逆之首惡也。若化鯨等，初利其財，終墮其計，同聲附和，妖言沸騰，雖兆亂之機一揆，而造謀之因稍異。王松就木殘魂，造言妖夢；馬登儒喫齋事魔，黨與數千，惑衆有徵，流禍匪細。辛乾等，競聞督府招兵之說，又希異人點化之術，附從接引，尤爲古元所愚。若提槌虎、溷江龍等項，名色（註一七）多係綽號，不干僞封，古元深謀秘計，原不與聞，既係多官會審，再三參酌情律，擬化鯨等六人皆斬，其餘分別遣徒；按律反逆重情，皆處以極典，夷及五宗，然必有圖危　宗社之實，攻陷城邑之事；或事權重大，勢有可藉；或憑託親近，機有可乘，方蹈無將之戒，亟服上刑之科。若菜傭、屠子、賈豎、販夫，喪心猖狂，信口謗詈，則妖書、妖言之律，所由設也。且徐、沛風俗強悍，亡命叢集，株連蔓及，實繁有徒，自各惡就擒之後，正人心惶惑之時，轉相驚疑，訛言日至，寬之則自行解散，急之則益堅讐敵。臣反覆思維，夙夜籌度，故莫如鎮靜之中，默寓消弭之計，戮孟化鯨等六名，仍梟示郭門，以彰　國法，以懾餘魂。辛乾等十四名，各行編發，以示寬政，以安人心；其餘聽信惑誘者，大開前禽之網，並許更新之路，市廛無驚，四民安堵，此臣等長慮而却顧，非敢養殃而玩寇也。若趙古元者，久蓄邪謀，橫招亡命，狡焉欲肆窺竊之奸，居然已負夷滅之罪；但今方且鼓煽於四方，未即甘心以竄伏，陰謀未已，隱憂斯在，所當嚴行省、直、地方，協力擒拏，必磔此賊，以除禍本。

又照兵備副使郭光復，眞心任事，竭力效忠，折逆謀於未發，定變故於斯須，其功不在於擒孟化鯨之屬，以靖一方；而在於破趙古元之謀，以弭大亂。若管徐、邳參將事遊擊金一清、淮安府同知許一誠、推官張時弼，徐州知州張執、沛縣知縣羅士學、淮徐道中軍大河衛指揮陳弘道，或先事預防，或相機擒捕，保全地方，幸無失事，應否優敘？未敢擅擬。該道親兵王世成及甯炳然等，風聞首發；及諸應捕員役，用命效勞，該臣等各行分別犒賞，以示激勸。此則臣等撫安地方之一節，保全天下一隅耳。若　皇上收拾人心之機，消弭禍難之本，則臣等前疏已具，無復他詞。伏乞　聖明　勅下部、院覆議，上　請將趙古元通行捕拏，孟化鯨等六名特旨梟示，決不待時。其餘脅從之黨，悉從輕宥，庶不逞之邪謀，既潛消而默奪；反側之人心，亦易危而就安矣。

除將妖書、密箚、僞示、反詩等件，封送刑部查考外。緣係大奸謀逆，惡黨就擒，懇乞聖明誅渠魁，以正　典刑，安反側，以杜禍亂。事理未敢擅便，爲此具本，專差承差張政齎捧，謹題，請　旨。

萬曆二十八年二月十七日，具題。三月二十一日，太子太傅、兵部尚書田樂據揭，題請奉聖旨。是首惡趙古元等，着各該撫、按嚴行緝拏正法，不許縱脫。脅從的，遵照前旨宥免，仍通行申飭邊腹督、撫等官，用心防察奸虞，以靖地方；如玩視忽略的，有事重治不饒。欽此。四月初十日，太子太保、刑部尚書蕭大亨（註一八）准兵部咨，題請奉　聖旨，孟化鯨等，着便處決梟示；辛乾等，依擬發遣、發配、杖贖發落。未獲的，着各該撫、按嚴行緝拏正罪。欽此。

## 三　報援川貴官兵起程疏　萬曆二十八年二月二十日

題爲夷氛甚惡，　天討宜彰，懇乞急發餉銀，以佐軍興，並議增調將兵，以圖底定事。

萬曆二十八年正月初七日，據署揚州道事、揚州府知府楊洵呈稱，依蒙查得援川官兵三千，俱於狼山掘港大河等營內，挑選完足，况係兵部減餉應銷之數，糧餉已無。若照王副總兵所報，浙省西援官兵，一應安家行月糧銀數目，大約每兵一名給安家銀三兩、路費銀二兩；總哨等官，或五六兩、七八兩，惟各兵行月糧銀日支五分，并總哨旗牌掌號隊什，及油燭柴炭，一切廩給犒賞之費，似屬過多，相應酌減；且今又無可動錢、糧，及查該鎮開稱，西征官兵糧餉、安家路費、隨征器械等項，恐淮、揚錢、糧難似彼中多寡，乞要將無處銀兩敘入文內，俟到彼中請支扣算。

今議於兵部取觧四川馬價十萬之內，酌量借給今照所調三千內兵二千五百名，每名行糧銀三兩、安家銀二兩，該銀一萬二千五百兩；家丁一百名，願隨征二百名，該鎮俱作爲親兵俱應，稍從優厚，每名給行糧銀三兩，安家比兵各加銀一兩，共銀一千八百兩；火器手二百名，每名給安家銀二兩、行糧銀三兩，共銀一千兩。統兵、將官路費銀六十兩，沿途犒賞銀四百兩；千總三員，各給銀二十兩；名色、把總五員，各給銀十六兩；嚮導、總練、奇正，并火器把總六員，各給銀十二兩；哨官二十五員，各給銀十兩；旗牌、占候、醫藥等官八員，各給銀八兩。此外，又有馬匹、日支、廩給、紙箚、油燭、醫官、藥餌等費，及一切軍火、器械、旗幟、戰馬等項，共約該用銀二千七百餘兩以上，通共該銀一萬八千兩，作速給散，督令刻期起行。若軍器、火藥及旗幟、鳥銃等項，製造不及，仍行揚州府儘將見有者，查給照數扣銀補造，等因。據此，該臣看得應援各官兵，原係在營調發，不比新募，如何又議給安家銀兩？且路費及旗幟、馬匹等項，俱屬過多，當此民窮財匱之日，須萬分節省爲是。批行該道，作速另議停，詳報去後。

續據該道呈詳，應援官兵安家、行糧及旗幟等項，先查浙省事例過多，故爲酌議減削，所給已去其半；且各兵入川程途萬里，雖係各營見在應撤之數，然諒無贏餘安家之資。至如，東征撤回之兵，則皆枵腹待哺之輩，若給餉太少，恐不樂行，反爲不便。查前歲東征之兵，每名七兩，今已減去二兩，合無再量減五錢，無論安家、行糧，每名總給銀四兩五錢，計兵二千七百名，共該銀一萬二千一百五十兩；家丁三百名內，有原係在營願隨者二百名，仍照原議與兵一體，支給該銀九百兩，其該鎮原自川、貴帶來親丁一百名，每名量加銀一兩，共銀五百五十兩。千總三員，各給銀八兩；名色、把總五員，各給銀七兩；家丁、奇兵、火器、總練、嚮導、把總六員，傳號、旗牌、旗鼓、占候、醫藥等官共十四員，各給銀六兩。哨官二十五員，各給銀五兩；哨探官二員，照兵支給。統領、將官給銀四十兩，馬二匹，銀三十二兩。至於火藥、旗幟、軍器、鳥銃、籐牌、火箭、鉛子、藥餌等項，不下七百餘兩，今俱難照數支給，總計約銀五百兩，仍查府庫見有軍器湊用，以上通共銀一萬四千四百四十兩，比前減去銀三千五百六十兩。如一切廩給月糧，或有不敷，川、湖自有定額，俟到彼造冊請支，等因，到臣。隨經批行，照復減之數，會同有司唱名給散，各兵原係在營調發，自有器械，令其隨帶；如無者，給付去後。

續據該道呈抄，蒙臣批據王鳴鶴呈稱，兵士行糧、安家，已蒙議定，似無容贅。但念各兵原無積聚，東征之兵其苦尤多，此中妻子內顧之私，縱至川、湖找給，何救此中之用？況途路數千，動經年載，似應仍照浙例，每兵給銀五兩。如至彼中，其普例果少，不妨於各兵應支後季糧內，扣除多給五錢，與少給五錢亦等耳。而兵先得五錢，可濟安家，則人無內顧之憂，而踊躍百倍矣。其各官更有衣甲、鞍馬之費，若不資其身口，何以鼓舞前進？至於浙省調兵，亦係三千隨路，皆有犒賞，以將官鋭意請討，亦干嫌疑；但三千之衆，赴數千里之遙，若無賞，何以行罰？罰不行，何以使其帖然而受命？雖避嫌，亦不容已。此旗幟、嚮器、藥餌，亦勢不容少，乞要再議，蒙批到道查議。蒙此，該本道議照援西官兵安家、行糧，先因費巨，量行議減，似難再議；但該鎮開稱，至彼自有普例，如果多支，不妨下月扣除，似應於議觧川銀內，俯准每兵找給銀五錢，共銀一千五百兩；官哨廩糧，與夫旗幟、火藥，難以再增，惟是犒賞一節，實爲鼓舞士卒之用。浙江兵三千，亦有四百兩犒賞，似應量給銀三百兩，以爲前途犒賞之費。給過數目，亦令至川、湖，呈請開銷其官兵月餉。聽該鎮造冊至湖廣省城，關支接濟，一總銷算，等因，到臣。看得加給各兵糧餉，并犒賞銀兩，既云總至彼中扣算，姑准支給，作速唱散，啓行去後。

近據揚州府申報，依蒙於二月十四日，給散援西官兵安家、行糧；於十五日，督發赴儀真聚齊，約十八日長行去訖。又據王鳴鶴呈報官兵花名文冊，前來印鈐，咨送彼中查照。據此，除又咨達川、湖、貴州各軍門外，案照萬曆二十七年十二月內准兵部咨，前事內開該總督川、湖、貴州兵部右侍郎李化龍題稱「楊酋反叛，了無忌憚」，總計酋衆不下十四五萬，必須大集兵糧，亟圖撲滅，孰計四川用兵六七萬，湖、貴用兵四五萬，方保全勝。查將備倭南兵可一萬一千調用，該本部覆議，應移文應天、鳳陽巡撫，及南京兵部各該衙門，無執成心，無貽近慮，若兵有精銳，查照所議，參酌停妥。一面先發，一面具奏，等因，題奉　欽依，備咨到臣。隨經劄行揚、淮二兵備道查議，調發去後。

案查先准湖廣巡撫、都御史支可大咨，爲緊急夷情事，准總督川、湖、貴州李侍郎題，爲循例　請設兵將，以重事權等事。該兵部覆議，欽奉　明旨，節開山東防倭等兵，着精練好的，差忠勇　將官領去。欽此。備咨移文應天、鳳陽各撫、院，責令該管道將整率起發，等因，准此。所有調發備倭南兵，揚州二千、新生洲二千、淮安三千、廟灣二千，行令道將量給行糧遣發，速赴偏橋屯，劄聽候楚中撥發，分布戰守，等因。又准湖廣撫臣支都御史咨，據湖北道林僉事，呈奉川、湖總督李侍郎憲牌，內開將原行調集兵馬，如鎮江、揚州等處兵，聽該道呈請撫、院差官守催前赴領咨，等因，具呈。據此，既經總督具　題部覆，定無異同，事關兵機重務，合行差官咨催，煩將前項兵士酌量調發前來，協征播酋施行，等因，俱經劄行淮、揚二道，遵照去後。今據前因，該臣看得播酋楊應龍，蕞爾小醜，殘（註一九）息遊魂，乃敢公然負固，肆爲狂悖，伏蒙　聖明赫怒，特遣總督恭行　撻伐，計日夕之間，可繫此酋之頸，獻之　闕廷矣。

然徵兵措餉，誠爲急務，而備倭官兵原來無多，而川、貴所開揚、淮之兵大約近萬，要皆遙度之數。頃，緣兵部不允江北馬價六萬七千兩，計銷兵五六千名，臣節經與道、府各官酌議，挑選精銳三千員名，前去援川之急，以寓銷兵之計；但各兵既係減撤之數，則月餉已無，而行糧、安家、犒賞等項，又苦無可動錢、糧。又該道、府各官議處於兵部，取解四川馬價十萬內，權宜支給到彼扣算，是以應調之兵取足，應解之餉計無，便於此者統兵、將官。查有狼山副總兵王鳴鶴，調赴貴州婺川參將，本官忠勇，足用前兵，原係本官教練，素稱有制之兵，就便行委統領前去，聽彼中分布調遣，少（註二〇）裨一臂之力。方在督發啓行，適徐州地方逆黨趙古元，糾合亡命，謀發大難，稱有精兵十萬，夾襍（註二一）糧船幫內，阻絕糧運，取奪淮、揚，圖思一逞。第本地有此警報，故臣將前援川之兵，暫留防衛數日；且臣先於正月初，曾將選兵措餉緣由，預行差官咨，報川、貴各督臣知會，將前應援官兵迎催中途，諭令王鳴鶴統赴，不拘何處險要地方戰守。今照徐州賊黨解散，前項官兵已於二月十八日，督發啓行去訖，理合題　報。

至如，官兵月餉，聽王鳴鶴到湖廣省城，具文關支接濟兵食，與同本地，給過安家、行糧、犒賞等項，或係透支，或係缺欠，俱照彼中普例，一併扣算，伏乞　勅下兵部，移文四川、湖廣、貴州各該督、撫諸臣，知照施行。

緣係題　報，督發援川官兵啓行事理，爲此具本，專差承差涂麒齎捧，謹題，請　旨。

萬曆二十八年二月二十日，具題，奉　聖旨，兵部知道。

## 附註

一　「永城」，印刷不清，據其殘形，釋爲前後文常提及之河南「永城」。又疏文中，常見「不合」一詞，本義爲「違背、不符合」或「不和」；在此多作「不停止、無休止」之義，偶亦作「不應當、不該」解。

二　（明）陳璨，生卒年不詳，字德潤，湖廣岳州府巴陵縣人，嘉靖二十三年（一五四四）甲辰科進士出身。

三　「關白」，本爲「陳述、稟告」之義，典出《漢書·霍光、金日磾傳》：「諸事皆先『關白』光，然後奏天子。」後傳入日本，成爲古代天皇成年後「攝政」職官專名，豐臣秀吉與豐田秀次分別於一五八五至一五九一年、一五九.至一五九五年膺任「關白」，故本文所稱「關白」，當指萬曆朝日本倭亂時之「豐臣政權」。

四　「鷊」，即「騙」，本書刊刻多作「鷊」字，下文皆同此。

五　（明）楊應龍（一五五一～一六〇〇），明中葉後四川遵義人，四川播州楊氏第二十九代世襲土司，「播州之役」爲明軍攻擊，敗死；盤踞播州，二十九世八百餘年的楊氏土司終告結束。

六　原文「璧」，當作「壁」。

七　「乹」，「乾」異體字，以下所見同此。

八　《推背圖歌》是中國古代著名預言書，託名唐代李淳風、袁天罡合著。由於歷朝歷代，均嚴禁此類讖書，該書在流傳的過程中，又不斷被人篡改，將已知的歷史改成圖讖，加以比附，故其本來面目已渺不可考。臺灣中央研究院歷史語言研究所「傅斯年圖書館」所藏版本，全彩二冊，開放線上閱覽，甚便參考。

九 「渰」，音「衍」，本義爲雲興起的樣子，見於〔東漢〕許慎《說文解字．水部》：「渰，雲雨貌。」後通作「淹」，淹沒也。

一〇 「迯」，「逃」之異體字，逃亡、逃走也。

一一 「叚」，「段」之異體字，在此通作「緞」，綢緞也。

一二 「寘」，「置」之古體，安排、放置也。

一三 「俛」，「俯」之異體字，或作「頫」，屈身、低頭也。「俛首」，低頭表示服從也。

一四 「觖」，音「絕」，不滿也。「觖望」，因不滿意而怨恨也。

一五 「的數」，確實之數目。「的」，音「地」，的確、確實之意。本書各文所見「的」，多同此義。

一六 「闤闠」，音「環會」，市區、市場也。闤，環繞市區的牆；闠，市區的門；古時，市道就在牆與門之間，所以通稱市區爲「闤闠」。

一七 「名色」，原爲佛學術語，「名」代表精神層面的心法，而「色」則是代表物質的法。本書中所謂「名色」，當同「名目」、「頭銜」之意。

一八 〔明〕蕭大亨（一五三二～一六一二），字夏卿，號岳峰，籍貫江西吉安府吉水縣人，後寓山東泰安，世宗嘉靖四十一年（一五六二）壬戌科進士出身。據《泰安府志》記載，歷任布政使、按察使、巡撫，後晉升爲兵部侍郎、刑部尚書，召入京，晉少保兼太子太保。致仕後，卒於家，入祀鄉賢祠。著作有《今古文鈔》、《文章正宗》、《岳峰蕭公奏議》、《家訓》、《夷俗記》等。

一九　「殘」字印刷不清，〔明〕歸有光（一五〇七～一五七一）〈論禦倭書〉「今各省之兵四集，無慮十萬，屯聚境上，區區殘息遊魂，滅此而朝食可也」，據此「殘息遊魂」句，斷定作「殘」。

二〇　「少」，音義同「稍」，古文多用「少」。

二一　「襍」，同「雜」，本書多作「襍」，下文所見同此。

# 《撫淮小草》卷之三

關西道甫李三才著

## 第四冊　奏議

### 一　參江防府佐疏　萬曆二十八年三月二十三日

題爲糾劾不職江防官員，併議就近陞補，以重地方事。

該臣會同提督操江兼管巡江、南京都察院右僉都御史耿定力，（註一）巡按御史安文璧、巡鹽御史應朝卿，巡視上江御史陳熣，查訪得廬州府清軍兼江防同知俞賓，性近樸質，事每糊塗，到任一年有半，強半抱病，深居職守，專重防江、濱江。裹足不到，詞狀問理，則借聽於書辦張梓；任情出入，人役去留，則取裁於家人韓栢，公行打點；刑逼陳義等，妄攀姚二爲窩家，水兵余仲遷等，圍屋捉拏，至市人盡行激變；刑逼徐尚賢，妄攀陳四爲窩家，水兵陸文敬等，登門恐嚇，至伊母投水捐生；偏聽監生邢懋和之圖產，胡大桂妻憤自刎，曲庇徇役李琚之占業，謝鄉官被辱吞聲。據其舛錯乖張，似應罷斥；但年力未衰，操持無染，量宜降調，以全器使者也。

又據潁州兵備僉事楊繼先呈稱，同知俞實駐箚無爲州地方，係濱江喫緊之區，本官病久政廢，委難支持，須於附近相應官內選補，方克濟事。查有廬州府屬合肥縣知縣劉志選，（註二）歷任五年，循良最著，陞補江防同知，足資保障，等因。該臣等看得同知俞實，委靡不振，今既論劾降調；第所司江防事宜，即今地方多事，盜賊出沒，最要得人料理。若非就近陞補，恐到任遲延，難以濟急。合肥縣知縣劉志選，品格清高，才猷練達，治邑五年，賢聲四著，陞補同知，似亦相應。伏乞　勅下吏部，再加查訪覆議。上　請將廬州府同知俞實降調，遺下員缺，就以附近合肥縣知縣劉志選陞補，庶江防不至於廢弛，緩急亦有攸賴矣。

緣係糾劾不職江防官員，併議就近陞補，以重地方。事理未敢擅便，爲此具本，專差承差涂麒齎捧，謹題，請　旨。

萬曆二十八年三月二十三日，具題，奉　聖旨，吏部知道。

## 二　題催逆犯　旨意疏　萬曆二十八年四月初二日

題爲賊黨就擒，（註三）情罪已確，懇乞　聖明，速正　典刑，以安地方，以警叵測事。

頃，緣徐州賊黨孟化鯨等，聽信逆惡趙古元奸謀，傳用妖言搖惑視聽，事機敗露，已該淮徐兵備副使郭光復，設法擒拏孟化鯨等三十餘人，于時人心洶洶，轉相皇（註四）惑。該臣聞報，即於正月內，馳赴徐州，出示白牌定罪、定人，觧散餘黨，將爲首孟化鯨、王會衡、王尚禮、吳朝相、王松、馬登儒六名，擬以「造妖言惑衆律」，皆斬。辛乾、鄭彥、郭三省、丘三策、于養正、周學武、李世能、臺可觀、劉思智、劉允武、王選、蔡童、李從林、王孔儒十四名，俱依「左道亂正，扇惑人民爲從者律」，徒罪引例，分別充軍口外爲民。劉尚忠祇與王尚禮等往來誘惑，姑免引例，依律擬徒。節據府、州多官隔別研審明白，淮、潁二兵備道會審的確。該臣反覆駁問，再三面鞫，情眞罪當，始會同總河巡按、鹽漕諸臣，於二月十七日具題，議將孟化鯨等六名，請賜　特旨梟示，以明示中外。

自臣二月十七日發疏，趙古元猶密差家人趙才，前來徐州汪通家打探消息，期於三月內劫獄，與孟化鯨等相約內應，至有「屠城殺官」之語。臣自正月二十九日駐劄徐州，行將一月，擬於二月十九日起馬，巡歷海上，料理兵防事務。時已出院，乃該道及府、州各官、師生耆老，共爲遮留，流涕相向，盖由賊黨繁多，布散謠言，或稱有　旨行剿；或稱反兵且至，于以恐喝軍民，扇禍興亂，以故一時士民分奔逃竄，若眞有旦夕不保之禍者，臣因反覆曉諭，笑而留焉。直至三月初三日，賊期已逾，人心已安，方始南行，猶恐地方驚擾之後，易於搖惑，遂將孟化鯨等六名，帶至淮安府監禁，聽候　明旨處分。

乃今月餘，未蒙　俞旨，將謂此獄或可輕之耶？此固事得情，情當其罪，極眞、極確、極寬、極平，兩運同、四推官、兩兵備道，及臣反覆面審者也。即欲輕之，而有不能也，將謂或可重之耶？治亂理絲，法當如是，批根引蔓，激之愈棼，必將過求，非所以保全地方、安定反側也，即欲重之，而有不可也，將謂　萬幾之煩，不暇　睿覽耶？此則事情重大，不比泛常，章疏上關　宗社，下係民生，　旰食宵衣，猶懼不及，正　萬幾中，所最喫緊者，何可忽也？將謂賊已成擒，業已無虞，遂可遲延時日耶？不知逆亂甫聞，遠邇震駭，若不早爲處分，則耳目不新，法令日玩，奸雄於焉肆志，草澤由之生心，恐盜賊蜂起，如火燎原，不可撲滅矣。況元兇尚爾跳梁，捕獲猶恐無日，正　皇上與在廷諸臣，所當蒿目而憂者，又何可遲也？

近，又據淮徐道呈報，山東滕縣拏獲左清，供同徐州見獲苗清，於去年三月內，約往房村投見趙古元，說：「我到密雲做了總兵，來投我，各與你官做。」別後，趙古元同白相至豐縣孟化鯨家安下，向拜秀才王會衡各送銀五兩、綾二疋；王會衡將古元送至外父于家潛住。今年正月內，清在徐州，聞知古元事發，迯往費縣隱潛，被滕縣挐獲到官。又審左清，執稱趙古元曾說「朝中差內使爲民害，我要替天行道」等語。又魚臺縣拏獲趙古元黨與一名侯應魁，監候審明，另報。又據該道呈稱，據徐州寄住鄞縣人揚贇，首報舊年九月內進京，至今年二月內，同山人吳弘往前門外行走，遇有原在徐州舊識趙古元，向吳弘說：「願出銀三千兩，央吳弘代奏招兵征楊應龍。」吳弘力辭。自二月初八日至十三日，與古元逐日相會於吳弘家，見住紅廠衚衕。又古元要出銀五十兩，買勘合一張，徃湖廣去，欲投楊應龍。又遇浙人趙近橋，自稱筭（註五）命大貴，言說：「有同姓貴人好賢用人，交納可圖富貴。」拉贇同事未允，出京，至三月十五日到徐，方知上司明文拏趙古元，等因。首報到道，呈報到臣。

觀此賊黨廣布，賄賂到處，結納逆惡邪謀，不約而同，此則尤當寒心，非可漫而視之，苟而圖之者。伏乞　聖明大奮　乾綱，速明　國典，將臣等具　題孟化鯨等招罪前疏，早賜　勅下部、院覆議，上請　聖裁，行臣等遵照施行，庶奸宄之潛消者永消，而地方之甫定者眞定矣。

緣係賊黨就擒，情罪已確，懇乞　聖明速正　典刑，以安地方，以警叵測。事理未敢擅便，爲此具本，專差承差涂麒賫捧，謹題，請　旨。

萬曆二十八年四月初二日，具題，奉　聖旨，孟化鯨等處決及遣配發落，已有旨了，着便遵照行。未獲渠魁，務拏正法，其誘惑餘黨，不必株連，俾民安心樂業，該部、院知道。

## 三　縣官給由疏　萬曆二十八年四月初六日

題爲遵例考覈，給由縣正官員事。

案查先據直隸揚州府儀眞縣申准本縣知縣蘇守一，（註六）關稱見年三十六歲，福建泉州府晉江縣人。由進士萬曆二十一年八月二十五日，除授山東兗州府滋陽縣知縣；本年十月十一日到任，二十三年十月初六日，連閏實歷俸二十四箇月零二十四日，聞喪丁父憂，回籍守制，服滿赴部。二十六年八月二十一日，復除今職；本年十月二十一日到任，扣至二十七年八月二十六日止，又歷俸十一箇月零六日，連閏通前共計三十六箇月，三年任滿，例應給由，備申前來，隨經批行揚州兵備道，查勘去後。

續據署道事、揚州府知府楊洵呈稱，遵行揚州府及山東兗州府查勘得，知縣蘇守一，滋陽、儀眞前後兩任月日，委果相同，任內並無別項違礙事件，行查兩縣徵解過，户、禮、兵、工四部起運各項錢、糧、積過稻穀，俱已完足十分；農桑等項六事，保民實政五事，俱已修舉，收支、贓罰明白。清觧過軍匠足數，清查過倉庫獄囚，興舉過學校，捉獲過私鹽、盜賊，編立過保甲，賑濟過餓民，完銷過勘合積案，興革過利弊，審辯過冤獄，問理過刑名，奉委事件，俱各遵行，結勘明白，應准給由，等因。造冊呈報到臣，卷查先准吏部咨，爲酌議考課之法，以肅吏治事。（註七）今後府、州、縣正官給由，免其赴部，聽撫、按從公考覈賢否，具奏。先令就彼復職管事牌冊，差人齎繳，其稱職，經薦應得　誥勅命者，照例　請給。又爲邊官歷俸已深，偶因公務改調等事，今後考滿，官不論前後歷任月日多寡，俱得通理。各題奉欽依，遵行在卷。（註八）

今據前因，該臣會同巡按直隸監察御史安文璧，考覈得儀眞縣知縣蘇守一，守潔而出之以和，才敏而歸之於正，稱職。除行令本官照例復職，管事造冊差人齎部外；伏乞　勑下吏部覆加考覈施行。

緣係遵例考覈，給由縣正官員。事理未敢擅便，為此具本，專差承差涂麒齎捧，謹題，請旨。

萬曆二十八年四月初六日，具題，奉　聖旨，吏部知道。

## 四　請修　皇陵疏　萬曆二十八年四月初六日

題為預修緊要垣屋等項工程，以速完固，嚴謹防守，以益節省事。

先據鳳陽府呈，蒙臣准守備鳳陽等處，管文書內官監、太監吳忠手本，會議修理　皇陵圍牆，預處錢、糧，隨估隨修，年終造冊，銷筭緣由。蒙批仰鳳陽府查報，蒙此卷查　陵工先年奉文，題奉　聖旨。是小有損壞，着隨即修理，若工程大，還要　奏聞。欽此。除欽遵外，萬曆十七年六月內，本府呈修直房并圍牆工料，看得　皇陵自大修之後二十餘年，小修工料多則六七百兩，少則一二百兩，俱派本府所屬州、縣出辦，繼因地方災傷，所估直房圍牆工料，銀二百七十五兩五錢七分零，撘（註九）查庫貯嘉靖等年、京料等銀動支修理。詳蒙前任總督漕撫舒侍郎批，如議照數支銀，委官修葺，勒限完報，以後　陵工用銀，有至數百金者，聽具詳三院別處，不宜偏累該府。

此繳又蒙巡按王御史批，據議上裨　陵工，下恤災庶，具見長策；但直房修繕，既查有貯庫堪動之銀，俱依擬支領，工竣冊報。其大修工程，仍候舉事之先呈議繳。又蒙巡鹽李御史批，前銀准照數動支，修理完日冊報。所議　陵工，倘有大舉，分派七府、州協濟，誠爲均平之法，如議行繳，等因，在卷。

萬曆十九年三月內，修理圍墻，并守備朝房、廚房，工料銀三百一兩五錢六分零；二十一年十月內，修理圍牆、　神廚，工料銀三百六十一兩四錢五分零；二十二年五月內，修理直房圍墻，工料銀二百四十兩四錢二分零。以上三項，欲照例請派，恐屬躭延，議動在庫營、田道扣俸、扣鈔，及以前年分，免造軍器銀兩，申呈撫、按衙門，詳允修理訖。二十三年間，估修正殿等處，并圍墻各項工程，合用工料二千七百七十七兩八錢零，蒙前任總督漕撫褚尚書，會同巡鹽吳御史題　准動支。本府庫貯年久牛犢銀兩，修理完固，造冊回報，　奏繳訖。

今蒙行查　陵墻工程，除見修外，又報倒塌者多，所需工料，實難措辦，若不預爲設處，未免躭延悮事。　陵寢重務，干係匪輕，合無自今爲始，請乞酌定圍墻歲修工料，分派四府、三州出辦。每年催觧鳳陽府庫收貯，聽其隨估隨修，年終造冊銷筭；倘有緊要內工，費用不貲，臨時另行議請，則　陵工易完，而本府不至偏累，等因，查報到臣。又經批行潁州兵備道覆查，詳報去後。

今據該道僉事楊繼先呈稱，依蒙看得該府議定，圍墻歲修工料，分派四府、三州出辦；第今工程大小，既無定數，而一旦派令出銀，恐其不服，案行該府，再加酌議，妥當呈詳，以憑覆議轉詳。續據該府呈稱，票委長淮衛經歷劉良芳、守衛經歷李惪，（註一〇）及移文本監委官督同，逐一細將應修處、所盡數，估勘冊報。今據二官呈送估過四面圍墻裏外，并水關、官亭、角門等處，估用竹木、磚瓦、灰石、顏料、工價等項，共銀二千五百二十六兩二錢二分零。及稱裏面坍塌尤甚，冊報到府，爲照所估圍墻等處工程，係干防護重務，委宜亟時修整，合無轉達，酌派四府、三州出辦。工料銀兩，依期解府，分投委官辦料，立限修理，仍委府佐一員稽查，工完造冊繳報，等因，呈詳到道。該本道看得所呈　陵寢圍墻等處，誠爲重務，但工費議派七府、州協濟，干係錢、糧重大，乃止據二經歷估計，是否的確未知，曾經槩議行令，再委府佐一員，逐細勘明詳報。

今據呈稱，牌行鳳、臨二縣掌印官，將發去原估文冊會勘。又據經歷司呈，節蒙守備吳太監批據祠祭署，及守墻指揮尹褒等各呈報，塌損西廡，并圍墻處所，併行二縣勘估，原呈工料銀二千五百二十六兩二錢二分零，於竹、木、灰料、工食，內量減銀一百兩，及續報新損工料，估用銀一十兩七分三釐，通共銀二千四百三十六兩三錢零，造冊回報到府，看得前項估修陵工，本府庫藏空虛，而　皇陵基址（註一一）廣闊，又有續報，節被風雨摧損之處，欲候通估轉報，誠恐愈加遲誤，合無轉達酌處，分派催解，上緊修理，等因。覆詳到道，據此爲照。

修理　皇陵圍墻等處，係干重務，難以遲緩；但工程浩大，料銀估該二千四百有奇，既先蒙撫、按、鹽三院詳允，後遇大舉，准派江北七府、州協濟相應，酌量於揚州府派銀五百八十兩、廬州府派銀五百四十兩、淮安府派銀三百二十兩、鳳陽府派銀五百七十六兩三錢、徐州派銀一百七十兩、滁州派銀一百五十兩、和州派銀一百兩，催令觧赴鳳陽府庫，聽給委官分投辦料，上緊修理，仍委府佐官一員，總管稽查，完日冊報，等因，呈詳到臣。該臣看得江北地方，皆久災積疲之區，安得堪此重役？據稱先年修　陵，動支牛犢等銀，今獨不可查動乎？而更欲派之各府、州也。仰再查議處妥當，詳報批行該道去後。

今據該道呈詳，行據鳳陽府查出，庫貯年遠牛犢銀一千二百六兩八錢二分零，此外並無堪動銀兩。近又有續報　陵工塌損墻垣丈尺，行委鳳陽中衛經歷張守纓，估勘合用工料銀九兩三錢，應併入先估工料之內，共銀二千四百四十五兩三錢零。今查有牛犢銀兩，堪以動支，抵充工料外，尚欠銀一千二百三十八兩四錢八分零，別無區處，等因，呈詳到道爲照。鳳陽府爲皇陵所在，中間殿廡門墻，時被風雨坍塌，該府議修，不啻屢屢矣。即今損壞處所，俱係緊要工程，費用頗多，難於獨舉，乃援先年各院詳允，如遇大修工程，派行七府、州均出，是以該府呈派出辦，盖有由也。

今復蒙批，再議，查有庫貯牛犢銀一千二百六兩八錢二分零堪動外，尚欠銀一千二百三十八兩四錢八分零。鳳属地方節遇重灾，委難卒辦，合無仍派揚州府出銀三百兩、淮安府出銀一百六十兩、廬州府出銀二百八十兩、徐州并所屬出銀八十兩、滁州并所屬出銀七十五兩、和州并所屬出銀五十兩，鳳陽府仍出銀二百九十三兩零，共合前數，衆擎易舉，請乞詳示，行令各該府、州，如數觧赴鳳陽府，委官辦料，修理完日冊報，等因，覆行呈詳到臣。該臣看得修理皇陵工料銀兩，既經覆查明白，即批行該道，候題　請擇吉明文至日，知會興工外，覆會同巡按直隷監察御史安文璧、應朝卿議照。

鳳陽　皇陵寔　祖宗妥神重地，基址綿遠，今該守備太監節行委官估勘，又經道、府覆行，鳳、臨二縣掌印官查核，損塌四面圍墻裏外，并水關、官亭、角門、西廡等處，工程頗鉅，共該工料銀二千四百有奇。議於廬、鳳、淮、揚四府，徐、滁、和三州，分派出辦；但江北地方，頻年災沴，今復多事之時，民生日促，一旦加派重役，豈復能堪？且查萬曆二十三年，估修　正殿圍墻等工，約用銀二千七百餘兩，曾動鳳陽府庫年遠牛犢銀兩，故批行該道覆查。今據查有支剩牛犢銀一千二百餘兩，僅少一半，別無區處，乞要仍派四府、三州供辦；但係　陵工重務，委宜亟行修舉相應，依議題　請，伏乞　勑下工部，再加查議；覆　請行臣等，遵照轉行。該道、府將在庫牛犢銀一千二百六兩八錢二分零，准其動支，尚該銀一千二百三十八兩四錢八分零，照數分派四府、三州，觧赴鳳陽府庫，類收分投，委官上緊，採辦料物，總委府佐一員程督，擇吉興工，事完覈實，造冊　奏繳。如有怠惰，及虛冒等弊，從重參究施行。

緣係修理　皇陵，事理未敢擅便，爲此具本，專差承差涂麒齎捧，謹題，請　旨。

萬曆二十八年四月初六日，具題，奉　聖旨，工部知道。

## 五　議改折色馬匹疏　萬曆二十八年四月初六日

題爲備用馬匹事。

據整飭淮徐兵備右參政郭光復，潁州兵備僉事楊繼先，署揚州海防兵備道事、揚州府知府楊洵會呈，奉撫、按衙門劄案，准兵部咨派萬曆二十年分本折馬匹，廬、鳳二府，滁、和二州，本色馬三分；淮、揚二府，本色馬一分，通限九月終解完。如節年拖欠馬價，并二十七年分折色，盡行起解，方准改折，等因。備劄通行各道，遵照派行。各府、州將本色馬匹買完解俵，（註一一）折色馬價徵完，起解去後。節據廬、鳳、淮、揚四府，滁、和二州，會呈江北地方，自嘉靖年間以來，俱解折色馬價，盖因地土瘠鹵，素不產馬。若解本色，散往外省俵買負累，傾家蕩產，逃散死亡者，不計其數。自徵折色之後，小民方得安居，即遇奉派本色，隨蒙具　題改折。舊年蒙派廬、鳳、滁、和四府州，本色馬三分；淮、揚二府，本色馬一分，幸蒙撫、按屯馬，各院會　題，仍解折色，小民獲以甦息。

今年又派本色，但僉一馬頭，有攜妻子逃往他方度日者；有攀扯幫貼，株連數十家者，每日盈庭哭告，如赴湯蹈火，若不樂生，請乞轉達，照舊永折，以解倒懸，等因，會呈到道。該各道會議，得廬、鳳、淮、揚四府，滁、和二州，遞年本折馬匹，俱係徵銀解部。二十七年奉文派買，本色有三分、一分者，節據各屬具申災苦賠累之狀，故蒙各院會　題，仍改折色。乃今二十八年，復又派解本色馬匹；第江北之地，迭遭災沴，閭里蕭條，舊逋新徵，追併難前。今再加責以買解本色馬匹，勢必僉報頭户，遠赴河南、山東等處，買解馬之駟劣，堪用與否，路途遙遠，炎天倒斃，百端賠累，傾家喪命，終無濟於馬政耳。仍當照依近　題，永爲折色解銀赴京，倘發產馬地方召買，每匹可省銀十餘兩，則上可充　天廐，而下稍安民生。

今部文所開節年馬價，并二十七年分折色，盡行起解，方准改折。今各道查得廬、鳳、滁、和四府州，節年馬價俱無拖欠；淮、揚二府馬價，祗因久罹灾傷，人民十分凋疲，間有拖欠。今奉文之後，嚴限提比，勒令起解，不敢不完，致有買解本色之累，是以各道會議僉同，請乞速爲題　請，仍改折色，以安災黎，等因，呈詳到臣。據此，案照萬曆二十七年十二月內，准兵部咨前事。該本部覆議，節開合候　命，下箚付兩京太僕寺，將萬曆二十八年分，應派徵馬匹，廬、鳳二府，滁、和二州，本色馬三分；淮、揚二府，本色馬一分，通限九月終解完，如節年拖欠馬價，并二十七年分折色，盡行起解，方准改折。仍行各該巡撫，及咨都察院，轉行巡按印馬御史，一體欽遵施行，等因。題奉　欽依，備咨前來。隨經箚行，淮、揚、潁三兵備道，轉行各府、州，遵照去後。

今據前因，該臣會同巡按直隸監察御史安文璧、巡按屯田馬政監察御史王藩臣（註一三）議照，江北地方災沴頻仍，軍旅繁劇，田土大半蒿萊，閭閻大半蕭索，加以時勢多艱，徵輸孔棘，煢煢凋瘵（註一四）之孑遺，岌岌乎日不聊生；或轉徙他鄉，招之不來；或糾夥爲盜，禁之不止，蓋窮實使之，非得已也。雖臣等加意撫綏，多方賑恤，雖有還定安集之勞，未臻民安物阜之效。今一旦又派本色馬匹，譬諸尫羸垂斃之人，未能僅延殘喘，而復責之以難，應之役令，其負重遠趨，有不顛仆，而轉於溝壑者，鮮矣！且廬、鳳、滁、和四處，山僻瘠薄之地；淮、揚二郡，河海濕鹵之鄉，素不產馬，居人並不乘馬，舊歲派解本色，已該地方諸臣目擊其艱，具疏　題議，已荷　聖明俞允，改解折色，災黎歡若更生。

今年又派買本色，一聞僉報，頭戶有挈家而逃者，有相率告貼，牽連數十家者，洶洶赴愬，月無虛日，夫以素非產馬之地，窮愁困憊之民，強責領買，勢必遠赴山東、河南、北直隸，出產去處收買，竊恐異鄉交易所市之馬，未必堪用。孳牧不諳，水草不調，又虞倒損，所謂「買一馬而費數馬，報一人而累百人」，洵不誣矣。但冏寺（註一五）先因倭警告急，故議買本色，況今海氛寧靖，買馬又在可緩，萬一各邊用馬，以解部馬價，於產馬近地召買，馬既可用，銀復節省，民又稍蘇，是一舉而三善備矣。且部文原謂，如節年拖欠馬價，并二十七年分折色，盡行起解，方准改折。今廬、鳳、滁、和四府、州，每年馬價從來不欠；淮、揚二府，因災疲之甚，間有拖逋一二，自奉文之後，皆嚴限催完。見今起解，則改折似當准從，既經道、府會議，前來相應，題　請伏乞　勑下兵部，再加查議；覆　請將萬曆二十八年分，原派廬、鳳二府，滁、和二州，本色馬三分；淮、揚二府，本色馬一分，行令改解折色，容臣等勒限解京，以後年分照舊改折，永爲定例，庶疲民稍甦，而重地獲安矣。

緣係備用馬匹，事理未敢擅便，爲此具本，專差承差涂麒齎捧，謹題，請　旨。

萬曆二十八年四月初六日，具題，奉　聖旨，兵部知道。

## 六　回　奏失防貢物疏　萬曆二十八年五月初十日

題爲地方失防，貢物被盜，懇乞　聖裁究處，以戒不虞；并　請俯從委官，以便解課事。

行據署揚州海防兵備道事、直隸揚州府知府楊洵呈，詳犯官孔述等招由，內開問得孔述年四十二歲，河南汝州郟縣人，由監生除授直隸揚州府高郵州吏目，狀招萬曆二十七年九月，內蒙經理兩淮鹽務魯少監，徵完本年分存積引價銀六萬八千兩，用木鞘盛貯，并進貢　上用紬段等物；及舖行工食銀兩，俱用撌箱裝盛，於本月二十五日，委述督同在官運司會手張翰等，并不在官張恩等，領解赴京。於本年十月初七日，行至山東兗州府滋陽縣昌平驛，遇晚住宿，述將銀鞘堆放該驛後堂，與張恩等看守；撌箱堆放前堂，責令張翰并在官會手阮德、馬元、韓洪、余遷、彭鸞看守，至夜更深時分，被未獲不知姓名賊人窺得，張翰等行路辛苦，各不合，失於小心；述亦不合，失於防範，俱各睡熟，致賊逾墻進入，將損箱二箇擡放西墻空地，扭開封鎖，盜去鋪行工食銀七百五十兩、　上用絲紬四疋，天明知覺，報知該縣知縣楊明盛，帶同巡捕典史吳楷親詣，驗看失盜數目是的。（註一六）

比，述與伴解不在官舍人許成，具禀魯少監處。本監備將失盜緣由，具本題奏　聖旨，會同撫、按衙門查究，分別奏奪。隨蒙兵部移咨巡撫鳳陽李都御史，并咨都察院備劄，巡按安御史會同該監，將失事員役查究，俱蒙轉行揚州海防兵備道，案行本府楊知府，行提述等到官，研審前情，明白具招，連人申解本道覆審，無異議。得孔述、張翰、阮德、馬元、韓洪、余遷、彭鸞所犯，俱合依「不應得爲而爲之事理重者律」，各減杖七十。孔述係官，審張翰等俱稍有力，與孔述各照例納贖，照追孔述官紙銀三錢；張翰等六名，各民紙銀一錢二分五釐，各贖罪不等。孔述罪銀三兩五錢，張翰等六名各罪銀一兩三錢五分，俱追收揚州府官庫，照例糴穀支鮮，取實收繳報。其盜去銀物，并未獲賊犯，仍聽彼處緝拏究追，等因，具招呈詳到臣。據此卷查，先准兵部咨職方清吏司，案呈奉本部，送兵科抄出經理兩淮鹽務御馬監左少監魯保題前事。奉　聖旨。這奏內貢物、銀兩，在驛公館被盜，原委解官，及所在地方經管員役，准尒會同撫、按衙門查究，分別奏請定奪，立限與他，餘依擬，該部、院知道。欽此。欽遵。立限本年五月終，回奏定奪，等因。備咨到臣，隨經劄行揚州海防兵備道，查究去後。

今據招呈前來，覆勘無異，該臣會同巡按直隸監察御史安文璧、經理兩淮鹽務御馬監左少監魯保參看，得高郵吏目孔逑，既承奉委領解錢、糧，宜當加意防範，廼敢疎玩，致賊盜去箱內財物；雖係張翰等看守，而逑失防之罪難辭。會手張翰等押解銀兩，正爲防盜而設，今共寢其傍，被盜莫覺，雖無侵匿情弊，然典守之咎何逭？（註一七）各擬杖贖，亦屬允宜。其盜去銀物，并未獲賊犯，應聽彼中撫、按緝拏追究外，再照孔逑先因違禁，擅受民詞科罪被告已。該臣批行革職，仍聽另案歸結，既經道、府究明，又該臣等會勘無異，相應依擬。今將問過招由，理合會同具　奏，伏乞　勑下兵部覆議，上　請行臣等，遵奉施行。

緣係奉　旨會問，事理未敢擅便，爲此具本，專差承差涂麒賫捧，謹題，請　旨。

萬曆二十八年五月初十日，具題，奉　聖旨，兵部知道。

## 七　回　奏棍徒詐騙鹽商疏　萬曆二十八年五月初十日

題爲奸民搆黨詐商，計撓鹽政，懇乞　聖明肅振　乾斷，以嚴法紀，以杜擾害事。

行據署揚州海防兵備道事、直隸揚州府知府楊洵呈，解審問過犯人吳永泰等招由，內開問得吳永泰年六十歲，直隸常州府宜興縣民；狀招永泰先年，爲因打詐人財事發，本縣問罪，迯來揚州地方潛住，不合不務本等，專一捏（註一八）寫揭詞，結黨嚇詐人財，向未事發。萬曆二十七年間，有在官商人吳時修等，因奉明文加罪火燒引目，共該銀二十五萬六千六百八十四兩九錢，除先納過銀九萬四千一百九十六兩五錢七分五釐，未完銀一十六萬二千四百八十八兩三錢二分五釐。本年二月內，有吳時修不在官姪吳養晦，揭稟吳時修等漏課等情，赴經理兩淮鹽務魯少監處。除吳時修先納過外，復議追銀二十五萬兩，已經陸續徵觧外，餘銀十萬兩續追間。

本年七月內，永泰綽知吳時修，并伊在官族人吳老太富儒，易於嚇財使用，又不合，糾同先逃今獲在官上元縣民張惟忠，吳縣民鄒心宇，即鄒祥，各不合，依聽前至吳時修等家內，嚇說「如今你們加罰銀兩，又要追併，可處幾千兩銀子與我，不然身家性命難保」等語。吳時修等被嚇，驚恐無柰，只得處銀二百兩；吳老太處銀一百兩，送與永泰等，各又不合，嚇收各分不等，永泰分銀二百二十兩、張惟忠分銀二十五兩、鄒祥分銀五十五兩，各入已在官劉政及先在官汪立等證。後永泰因嚇詐得志，心未饜足，又不合，故違無籍棍徒私自串結，將不干己事情，捏寫本詞，聲言奏告，恐嚇得財，計贓滿貫，發邊衛充軍事例。

捏寫吳時修支鹽的名，吳時泰并伊在官姪吳養貞名諱出詞，內稱存積無鹽，阻撓惑衆。又牽搘（註一九）無干吳老太在內等項，虛情揭帖一紙，執向吳時修等，仍要嚇詐伊等銀兩。因各未理，永泰又不合，揚言要行投托勳戚、勢要具奏。彼時吳時修、吳老太聞知慌懼，遂就具狀爲代奏急救商命、保安地方等情，各另稟訴本監。隨蒙差人捉拏間，張惟忠、鄒祥各又不合，聞風逃走，止將永泰捉獲，并提吳時修等一干人證到官，審出前情，當將永泰等具本，奏

奉　聖旨，會同撫、按等官拏究奏奪。

蒙魯少監接得邸報，隨經備移手本，巡撫鳳陽李都御史、巡按安御史、巡鹽應御史會同提審，俱蒙轉行揚州海防兵備道，案行本府楊知府行提永泰，并續獲張惟忠等一干犯證到官，嚴行究問前情，明白具招，連人申解本道覆審，無異議。得吳永泰、張惟忠、鄒祥，俱合依「恐嚇取人財者，計贓准竊盜論」加一等，免刺一百二十貫罪止律。吳永泰爲首，減杖一百、徒三年；張惟忠、鄒祥爲吳永泰從，各減杖九十、徒二年半。吳永泰照例免其徒杖，定發邊衛充軍終身。審鄒祥稍有力納贖，張惟忠無力免杖，定發衝要驛，分照徒年限擺站滿放，照追吳永泰係充軍免紙，吳時修、吳老太各告紙銀二錢五分，張惟忠、鄒祥各民紙銀一錢二分五釐，并鄒祥贖罪銀九兩，及吳永泰等嚇得吳時修等銀不等。吳永泰銀二百二十兩、張惟忠銀二十五兩、鄒祥銀五十五兩，俱合入官，追貯揚州府官庫，照例糴穀支解取實收，收管繳報，等因。具招，連人呈解到臣。

據此案，照先准經理兩淮鹽務御馬監左少監魯保手本，接得邸報，該本監具題前事，奉
聖旨，這奏內奸民吳永泰等，結黨設騙商民，阻撓鹽政，好生玩法，見獲吳永泰及逃犯張惟忠等，便着內官魯保，會同撫、按等官，上緊嚴拏追究明實，奏請定奪。其黨惡有潛逃在京，惑亂視聽的，着緝事衙門訪拏，具奏。治罪務在得獲，不許容縱，該衙門知道。欽此。欽遵。等因，備移手本到臣，准此。隨經劄行揚州海防兵備道緝拏，嚴究去後。

今據招解前來，覆加研審無異。該臣會同巡按直隸監察御史安文璧、應朝卿，經理兩淮鹽務御馬監左少監魯保，看得犯人吳永泰、張惟忠、鄒祥，俱以無籍流棍，結黨爲奸，迺敢指稱加罰餘銀，嚇騙鹽商吳時修等多贓，心尚未饜，輒捏漏課奏稿，假託勢豪，以圖重揹，（註一一〇）贓證質明，遣徒何枉？既經道、府究確，又該臣等覆審無異，相應依擬，除將各犯發回監羈聽候外，今將問過招由，理合會同具　奏，伏乞　勅下部、院覆議，上　請行臣等，遵奉施行。

緣係奉　旨會問人犯，事理未敢擅便，爲此具本，專差承差涂麒賫捧，謹題，請　旨。

萬曆二十八年五月初十日，具題，奉　聖旨。這奏內事情，你們內外官員，既會審明白，各犯依擬發遣、發配、發落。內吳永泰刁詐，積惡異常，還着大枷，枷號二箇月，滿日發遣，該部、院知道。

## 八　第一停罷礦稅疏　萬曆二十八年五月十七日

題爲政亂民離，目擊眞切，懇乞　聖明承　天念　祖，救之水火，以自盡　君道事。

竊自礦稅繁興，萬民失業，　朝野囂然，莫知爲計。閣部九卿，臺省百執事，無不誦言之；忠臣、烈士、孝子、仁人，亦無不極言之。　皇上莫之省也，豈以或出於風聞，而不足憑與？抑以，或過於激切，而不能聽與？臣今所言何能加於諸臣？顧披肝瀝膽，必欲一效於　陛下者，實以得之於目擊之眞，申之以和平之說，不敢浮辭蔓語，一味眞誠，爲萬民請命，知皇上　仁孝神明，當必有灑泣於臣之言者。夫　皇上之位，　上天所託之位；　皇上之天下，祖宗所授之天下也。　天以大位托之，　皇上豈以崇高富貴，獨厚　一人？蓋付以億萬生民之命，使司牧之也，故曰　「天子」，言代　天子萬民也，則凡寒者衣之，饑者食之，一民不得其所，皆子民者之責也。　祖宗以大統傳之　皇上，亦豈以崇高富貴，私其所親？蓋授以億萬生民之命，使安養之也，故曰　「嗣君」，言繼　祖宗爲民主也，則凡寒者衣之，饑者食之，一民不得其所，皆主民者之責也。

乃今，則如何哉？不惟不衣之，且併其衣而奪之；不惟不食之，且併其食而奪之。征権之使急於星火，搜括之令密如牛毛。今日某礦得銀若干，明日又加增銀若干；今日某處可稅銀若干，明日又加稅銀若干；今日某官阻撓礦稅，差人拏解矣；明日某官怠玩礦稅，罷職爲民矣。上下相爭，惟利是聞，遠邇震駭，怨讟（註二一）載道，子萬民、君四海者，顧如是耶？如臣境內，抽稅者，徐州則陳增，（註二二）儀眞則暨祿；理鹽者，揚州則魯保；蘆政者，沿江則邢隆。千里之區，中使四布，棊置星列，如捕叛亡，加以無賴亡命，附翼於虎狼；不逞奸徒，託名於城社，如含山之潘元等，和州之陳所蘊等，淮安之馬如壯等，揚州之蔣季柔等，瓜州之酆奎等，儀眞之吳大川、汪三等，泰州之郭實等，宿州之顧其禮、戴環等，或假雕印信，而公行嚇詐；或冒充名色，而明肆搶奪。陸續經臣批行該道，有見問未結者，有已問充軍者；有致書內使，求免提解者；至如中書程守訓，（註一三三）尤爲無忌，假　旨詐財，動以萬數，破產、傾家十人而九，屢有告發，臣亦屢批該道行查。手口拮据，日夜調劑，僅僅得此。然，禍本不除，竈薪不去，左支右吾，終何底止？

昨，運同陶允明新自楚來，爲道彼中內使，沿途掘墳，得財方止。眞有盜賊所不敢爲、不忍爲者，生者含冤，死者被虐，毒施人鬼，莫敢誰何？然，此輩實不足責也。夫麒麟之於虎狼，鳳凰之於鴟鴞，固並生於世也；人參之於砒霜，茯苓之於烏頭，固並蓄於肆也。今惟近鴟、虎，而遠麟、鳳；取砒、烏，而棄參、苓，乃令之曰：「爾無殺人，無害人也。」有是理哉？故臣無責於此輩也，夫民心之離叛，臣今不暇論；　社稷之安危，臣今不敢論。獨念　皇上，　天託以司牧之任，而乃甘爲此掊剋之舉；　祖宗傳以安養之衆，而顧使罹此流亡之禍。清宮靜夜，試一思之，　聖心忍乎？不忍乎？安乎？不安乎？臣知其決不忍且安矣，且　一人之心，千萬人之心也。　皇上愛珠玉，人亦愛溫飽；　皇上憂萬世，人亦戀妻孥，柰何　皇上欲黃金高於北斗之儲，而不使百姓有糠粃升斗之儲；　皇上欲爲子孫千年萬年之計，而不使百姓有一朝一夕之計，試觀往籍，　朝廷有如此政令？天下有如此景象？而有不亂者哉？及至於亂，則珠玉之貴，不啻糞土之賤；數年之積，不足一瞬之用，悖入悖出，失衆失國，每誦斯言，心寒魄散，吁！可畏也已。

夫　皇上所居之位非他，乃　太祖高皇帝之所相傳也；　太祖高皇帝非他，乃臣治內鳳陽之所自起也。元政不綱，黷貨無厭，群小擅命，橫征暴求，是以萬民不忍，共託命於　太祖，太祖因而奮其一劍，掃清穢濁，受　天大寶，是以得攜而傳之　皇上。夫胡元盛時，幅員廣大，士馬強壯，無減於今日之天下，而　太祖乃以布衣取之，如摧枯拉朽焉，何哉？則仁與不仁之驗也。仁者，散財以得民；不仁者，亡身以殖貨，先儒之言，豈欺我哉？《詩》云：「殷鑒不遠，在夏后之世。」（註二四）此善鏡者也。且　皇上代　天以子萬民，繼　祖以保　宗社。　一人之身不能獨治，　一人之力不能獨運；於是，設官分理，凡以為民。所謂「巡撫」者，安撫此一方民也；所謂「巡按」者，按察此一方民，恐有害之者也；所謂「知府」、「知州」、「知縣」者，知此一府、一州、一縣之民、之事，不令之失所也。今采抽踏勘，俱會撫、按，少有異同，動蒙切責，起解徵收，任委各司，駕言阻撓，便被逮繫，是上自　皇上，下至撫、按、百司，無非為礦稅計也。故謂臣等為「巡擾」可也，「巡害」可也，「知稅」、「知礦」、「知鹽」可也，豈　上天所以託　皇上之意哉？豈　祖宗所以授皇上之意哉？亦豈皇上所以設官命名之意哉？

嗟嗟！當今時政之闕者，亦多矣。　郊廟之不親也，　朝講之久廢也；　密勿（註二五）輔臣，屢推而不用；臺省各官，既選而不補。建言得罪者，禁錮終身；無辜被逮者，幽滯囹圄。臣皆不及，而獨汲汲以礦稅為請，何哉？曰：「此病根也。」夫人之一心，理欲不並立，公私不同道，此重彼輕，勢固然也。　皇上既溺志於貨利矣，故目之所見，身之所接，晝之所思，夜之所夢，無非金寶、珠玉者，所謂「逐鹿不見泰山」也。即有　睿哲　天眞，時一發見，而欲海茫茫，隨而撲汨之矣，何能及於政事哉？故古之抵璧、投珠，不邇不殖，豈獨非人情耶？誠懼此患耳。

伏望　皇上超然　遠覽，廓然　虛受，仰思　上天所以付託之隆，俯念　列聖所以傳授之遠。察我　國家之所以興，鑒彼胡元之所以亡；痛赤子之傷殘，憫海內之鼎沸，亟下　明詔，罷天下礦稅。其一應內使，盡數撤回，明示中外，與天下更始。其掘墓、殺人，事有顯迹者，仍　嚴勑法司，明正典刑，傳首四方，俾深山窮谷，僻鄉下邑，皆曉然知我　皇上，敬　天法祖，惠養元元。一應虐政，俱屬此輩所爲，則一私不存，萬理明淨將見，　郊廟，必不可不親；　朝講，必不可不復；輔臣，必不可不重；臺省，必不可不信；建言諸臣，必不可不用；無辜被逮，必不可不釋。　大政大典，自將次第舉之矣。由此，而紀之史冊，傳之萬世，必大書曰：「萬曆二十八年，　皇帝用都御史李三才之言，罷天下礦稅。」則　至德、　深仁、鴻名、　徽號，行與天壤共永矣，豈不休哉？豈不烈哉？而臣以草茅疎賤，亦得附名不朽矣。若置臣言而不聽，棄臣計而不用，徒令禽視鳥息，坐待亂亡，被豸懷金，誇耀人士，則臣惟有愧而死耳！

夫貞臣愛　君，惟以效忠；烈士殉節，匪爲圖報，況臣束髮立　朝，渥受　國恩，已逐而旋收，既廢而復用者哉！則臣之竭力效忠，感知圖報，尤萬萬不能已者。惟　皇上留神照詧。（註二六）臣愚，不勝踴躍，候　命之至。爲此具本，專差承差涂麒齎捧，謹題，請　旨。

萬曆二十八年五月十七日，具題，奉　聖旨。

## 九　回　奏歲改段絹疏　萬曆二十八年六月初一日

題爲　獻大木，以建　三殿；查積弊，以裕　國用事。

行據署揚州海防兵備道事、揚州府知府楊洵呈，據揚州府申蒙本道，案驗奉撫、按衙門劄案，即便遵照　明旨事理，將百戶王心澤所奏，本屬地方如有僧、道廢絕寺院、宮觀，山田、地產是何勢豪霸占？又自萬曆十八年起至二十七年止，侵欠歲改段布、黃生絹、錢、糧，是何人包攬欺弊？今後，另審殷實機戶、織造，不許仍用積棍包攬；每錢、糧十萬，有無羨餘五千兩，逐一查究，明實通詳，以憑覆覈會本，回　奏施行，俱毋違玩，奉此遵依。查得揚屬地方，如僧、道廢絕寺院、宮觀，山田、地產有無霸占情由，俟查明，另行回報。

今查得本府歲造段絹，每年工部坐派各色段二百三十疋，計該價銀八百六十兩五錢、水腳鋪墊銀六十九兩、生絹七百疋，計該價銀八百八十九兩、水腳鋪墊銀二百四十五兩，二項共該銀二千六十三兩五錢，係所屬高、江等十州、縣，每年額徵、額觧之數，原無分毫羨餘；且本府原未設有織染官局、機張，如遇織造，皆係召商領織。一有織完段絹，赴府交納，方行給價，然後領赴院道驗印，掛號解部，不係積棍包攬。及查本府自二十年起，至二十五年止，歲造段百三十疋，俱經織完，解部獲批附卷。二十六、七年分，該段四百六十疋亦已織完，於二十七等年、十二等月，日不等，俱批差儀眞縣廣實倉大使劉守，分押同機戶王其等，領赴工部交納。其生絲絹疋，自二十年起至二十二年止，共絹二千一百疋，原係召募機戶李祿、陳其領造，先已織完九百五十二疋，奉例接解獲批附卷訖，未完絹一千一百四十八疋。

又經續完六百九十六疋，交府驗收；餘者，行委本府經歷張一文督造，通候完日解進。其二十三、四、五年分，絹二千一百疋，亦俱織完，批差大使劉守分押，同機戶陳立領解，赴部交納。至於二十六七年分，絹一千四百疋，召募機戶李大兆等，亦已織完，即目（註二七）解赴院、道驗印，掛號領解外。但查本府前項段絹價值，水腳鋪墊每年共止該銀二千六十三兩五錢，係奉部劄成規定數，召商織造，段疋交完，然後照數給價；其鋪墊水腳銀兩，係是解京船腳交納使費之需，中間並無餘積。若欲剋減於商，不無段絹絲縷粗鬆，抑恐躭延，亟難完解；前項所議餘銀，委無設處，等因，申詳到道。據此，該本道看得揚州府歲造段絹，每年派徵價值僅二千有奇，一一當官給發；且係州、縣額徵、額解，及至織造本地，原無機房，召商承領，其鋪墊水腳，皆係應用實數，並無羨餘。及查，各年俱係已完，亦無包攬侵欺別獘，除廢絕寺觀項，候查明，另詳外；今將段絹緣由，合先通詳回報，等因，呈詳前來。

又據該道呈，蒙撫、按衙門行道，轉行揚州府，將百戶吳鎮條陳一欵，南直侵欺歲改絹布叚疋緣由，查與百戶王心澤所奏，原係一事，並無餘積，前已通詳回報，呈乞轉達。又據淮、潁二兵備道呈，查得廬、鳳、淮三府，徐、滁、和三州，並無派有織造叚絹，各等因，呈報到。臣據此，案照萬曆二十八年二月二十九日，准戶部咨前事，該錦衣衛前所百戶王心澤奏稱，節開有土民陳學明等，稱說浙江衢州府接界，江福官山一座，內產大木，兼有金礦可采；又稱，嘉靖三十七年，（註二八）大工浩繁，行查僧、道廢絕寺產，變價助工。今查勢豪霸占寺院、宮觀山田、地產，浙、直兩省可變價二十餘萬；更稱，浙、直自萬曆十八年起至二十七年止，侵欠歲改叚布、黃生絹、錢、糧約百萬餘，皆係包攬欺弊，應查追觧，以裨　國用。另審殷實機戶織造，每錢、糧十萬兩，按季進羨餘銀五千兩，等因，奏　聖旨。這所奏浙江衢州府等處地方，產有金、銀礦洞，便着欽差內官劉忠，會同撫、按等官，遵奉前旨，開采金銀，一併觧進。其采賣大木，并查侵欺歲改叚疋、錢、糧等項事情，還着查議，奏來定奪，該衙門知道。欽此。

本年三月十二日，又准工部咨，前事內開王心澤，又奏爲奉　旨查議明白，請　勅專理，嚴革積弊事節，稱蒙　聖諭，容令條奏。內開衢州大木，金、銀礦洞，并浙、直歲改叚布、黃生絹弊，因印驗拷剋常例，奸棍包攬侵欺，中途變賣，及至上納，將油粉、叚絹搪塞，屢屢驗退。以至萬曆十八年起，至二十七年止，侵欺叚絹、布疋、錢、糧，共約百萬，應專官督造，每錢、糧十萬，按季　進羨餘銀五千兩。又嘉靖三十七年，　大工浩繁，行戶部頒查，天下僧、道廢絕山田、地產，變價助工，勢豪霸占，浙、直兩省清查變價，可有二十餘萬，陸續解進，與同本頭人等，會同內臣劉忠報效，等因，奉　聖旨。浙江衢州府等處地方，產有金、銀礦洞，前已有旨，准着欽差內官劉忠，會同撫、按等官，一併開采，金、銀解進；其采賣大木，并查侵欺歲改叚疋、錢、糧，及清查浙、直兩省，僧、道廢絕山田等項事情，還着彼處內外官員，公同查議，奏來定奪，該衙門知道。欽此。即會同劄行淮、揚、潁三兵備道，轉行江北直隸府、州照依，備奉　明旨內。事理欽遵，查究明實通詳，以憑覆覈，會本回　奏。

續於本年三月二十八日，又准工部咨，爲敬陳未盡事宜，請乞　明旨，以便遵奉事。該金吾左衛前所百戶吳鎮，奏　請長江遺稅，荷蒙　聖恩采納，立法伊始，條陳五款。內一款，據士民夏時等報稱，侵欺歲改叚絹、布疋，浙江、異省各分。凡屬浙江者，已蒙　准，令浙江內臣劉忠查議定奪；今屬南直各府者，乞併差儀、直內臣暨祿，會同撫、按查議定奪，等因，奉　聖旨。着遵前旨，行爲首士民錢文明，准給冠帶合行事宜，都着內官暨祿，公同撫、按等官會議奏行，該衙門知道。欽此。備咨前來查議，復經會行三道，作速遵照，查明通詳，以憑會題定奪。

間，接得邸報，本年五月初十日，該浙江開礦太監劉忠一本，爲　獻大木，以建　三殿等事，節奉　聖旨內，清查浙、直兩省，僧、道廢絕山田事情。浙省所屬，便着內官劉忠會同，從實查理具奏，勿得狥私欺弊，如有抗違阻撓的，准尒指名參來重治。其南直隸，係畿輔重地，且寺院山田，乃焚修香火，福國祐民處所，免行清查，以安慈善法門，該部知道。欽此。欽遵。除將江北直隸四府三州，清查廢絕山田事情，遵照　明旨，通行各屬，出示免行清查外；所據查究侵欺歲改段絹、布疋、錢、糧一項，今據揚州兵備道查報前來，該臣會同巡按直隸監察御史安文璧，督理直隸、儀眞等處地方稅務御馬監右少監暨祿，爲照江北直隸廬、鳳、淮、揚四府，徐、滁、和三州地方；惟有揚州一府，該工部坐派段絹原有成規定數，每年額造各色段二百三十疋、生絹七百疋，其價值并水腳鋪墊，每年分派所屬高、江等十州、縣額徵解府，總計止該銀二千六十三兩五錢，爲數不多。揚地原無機房，召商承領織造；至如，水腳鋪墊俱係觧京船腳交納應用之數，並無羨餘，且此段絹又屬觧　進內庫重務，召商領織，年復觧完，亦無包攬侵欺別弊，既經道、府查明，相應會同回　報，伏乞　勑下工部，行臣等遵奉施行。

緣係會議回　報歲改段絹，並無羨餘侵隱，事理未敢擅便，爲此具本，專差承差涂麒賫捧，謹題，請　旨。

萬曆二十八年六月初一日，具題，奉　聖旨。

# 十　縣官給由疏　萬曆二十八年六月初八日

題爲遵例考覈，給由縣正官員事。

案照先據直隸鳳陽府宿州靈璧縣申准知縣鍾大章，關稱見年三十三歲，貴州都匀衛籍，江西袁州府萍鄉縣人。由舉人，萬曆十七年十月初九日，除授順天府固安縣儒學教諭；本年十一月二十一日到任，十九年閏三月二十四日，丁母憂，服闋。（註二九）二十二年二月二十日，復補直隸眞定府無極縣儒學教諭；本年四月初二日到任，二十五年三月十六日陞授今職，本年六月十二日到任。扣至二十八年五月十一日止，連閏實歷俸三十六箇月，三年任滿，例應給由，備申前來，隨經批行潁州兵備道，查勘去後。續據該道僉事楊繼先呈稱，行據鳳陽府申稱，查勘得靈璧縣知縣鍾大章，三年任內，經管徵解過起運本折，并存留折色，各項錢、糧俱足九分八釐之上；積蓄過，稻穀過倍；拆賣過，引鹽過額；清解過，軍士足數；收支贓罰明白，保民實政五事、農桑六事，俱各修舉，已經該府查明。又該本道覆覈，別無違礙，應准給由，呈詳到臣。卷查先准吏部咨，爲酌議考課之法，以肅吏治事。今後府、州、縣正官給由，免其赴京，聽撫、按從公考覈賢否，具　奏。先令就彼復職，管事牌冊差人齎繳，其稱職經薦，應得誥勅命者，照例　請給，題奉　欽依，遵行在卷。

今據前因，該臣會同巡按直隸監察御史安文璧考覈，得靈璧縣知縣鍾大章，政嚴而守潔，吏畏而民安，稱職。除行令本官接俸，管事造冊差人送部外，伏乞　勑下吏部，覆加考覈施行。

緣係遵例考覈，給由縣正官員，事理未敢擅便，為此具本，專差承差涂麒齎捧，謹題，請旨。

萬曆二十八年六月初八日，具題，奉　聖旨，吏部知道。

# 十一　第二停罷礦稅疏　萬曆二十八年六月二十五日

題為萬民塗炭已極，臣疏關係不小，懇乞　聖明亟賜　省覽，以救天下，以保　社稷事。頃，臣以礦稅殃民，如沸如羹，竭忠極慮，具疏　上請，蓋即臣境內之茹苦，而知天下之荼毒；即臣境內之流亡，而知天下之反側，不敢無稽，不敢過激，直據見聞，明開禍福，自以皇上仁孝明決，本於天性，得臣此疏，將必慨然太息，潸焉出涕，曰：「何礦稅之流毒四方也如此，何內使之暴虐吾民也如此，又何奸人之乘機詐害也如此？字字如獲荊山之璧，言言如得夜光之珠。」沛下　明詔，悉罷各役，不俟崇朝。始於兩畿，達於四海矣。今既月餘矣，翹首跂足，未之或聞，豈左右有所壅蔽耶？　皇上神武不測，近習懾畏，誰敢寢格，自取罪戾？豈睿覽有所未及耶？　皇上聰明天縱，一目十行，又何至不遑致此？躭閣數日以來，遠邇傳聞，凡有章奏，但係礦稅，即束高閣，一切不省。臣且信、且疑，且驚、且駭，信斯言也，是治亂存亡之機也。臣不願　皇上有是也。

夫天下之患，莫大於忌諱，而不敢言；尤莫大於固拒，而不受言。忌諱不敢言，罪在下，猶可說也；固拒不受言，責在　上，不可說也。臣之前疏，非泛常之疏也。　國脉民命之所關，　天心　祖德之所在也，《書》曰：「天視自我民視，天聽自我民聽。」（註三〇）盖言民之視聽，即天之視聽也。夫民慮之於心，而宣之於口，不可拒也。故臣反覆譬喻幾數百言，實集億萬人之心爲一心，合億萬人之口爲一口，剖肝瀝腸，痛哭流涕，是即　上帝明神，遣臣以告　皇上也；是即　二祖　列宗，教臣以告皇上也，而何　皇上之未即　允行也？

且　皇上毋以民爲弱也，　皇上毋謂民可下也。天佑下民，作之君，君固民之主也。得乎丘民而爲天子，則民又君之主也，故省刑薄歛，視之如傷，愛之如子，　人主能爲百姓之主，然後奔走禦侮，尊爲元后，戴爲父母，百姓亦長爲人主之主。若休戚不關，威力是憑，刼奪之已耳，斬刈之已耳，孤人之子，寡人之妻，拆人之屋，掘人之墓，奸貪殘賊，若近日秦、楚等處所奏，即在敵國讎人，猶所不忍，況吾衽席之赤子，無辜之齊民哉？窮困無聊，呼天叩地，奸雄乘機遂生窺竊，如徐州趙古元之類是矣！

夫有土、有衆，則人皆知有　朝廷；衆畔、土崩，則人皆起爲敵國。一旦風馳塵驚，四方雲擾，介焉之身，塊然獨處，即有黃金過斗，明珠塡海，誰爲守之？而又誰爲運之？祗以藉寇兵，而資盜糧耳。及至於此，即家散萬金，人分雙璧，亦何救於敗哉？夫天下非小也，草澤之人，至廣且衆也，所以欲爲古元之所爲者何限？獨以　朝廷處置得宜，綱紀有道，欲乘之而無釁，欲挑之而無端，故俛首、頫心，從教、從令耳。今乃驅之使亂，逼之令反，一个背去，百羣遂奔，臣懼百姓之不肯爲　朝廷主也。是故，古之人君，譬之爲六馬，喻之爲邦本，非直以其同胞一體，不忍殘虐；實以此曹，至弱、至強、至微、至危，亦不敢殘虐之耳。試觀叔季之世，所以亡人家國者，豈在勍（註三二）敵外患哉？民心一去，天命隨之，歷代相傳之業，斬焉！絕矣！漢、唐、宋而下，可歷而數也。吁！可畏哉！可畏哉！語曰：「禍不好，不能爲禍。」今其樂禍也已。

夫臣之心，亦苦矣！臣之積慮，非一日矣！有謂臣職已盡，無復又言者，臣以爲或屬儀文制度之差，或係用人行政之謬，所損無幾，一言可已。此則何等利害，何等喫緊，一日不止，宗社一日不安，若亦以一言塞責，名之曰「誤　國」，是謂「不忠」，臣不敢也。有謂可遂乞身，不必再言者，臣以爲或有不合於時，或有不信於　上，或有繫念於子舍，或有牽情於內顧，可以杜門托疾，一辭而去，臣則二親已葬，義當致身羣工，見信於　朝，　明主委任甚重，當此危急之日，禍亂之興，乃遂苟且避難，全軀自保，名曰「棄　國」，亦謂「不忠」，臣不忍也。有謂氣數實然，不當力爭者，臣以爲夏暑、冬寒，天之氣數也；而衣葛、衣裘，乃以人力而回天。山高水深，地之氣數也；而用馬、用舟，乃以人力而轉地。即令小民實當氣數之厄，　皇上猶當勞心焦思，百計拯救，況此氣數，在我自爲之，而自止之，俾各安家樂業，只一轉移之間耳，安得歸罪歲凶，而漠然不之念耶？有謂跡類好名，不可再言者，臣以爲或無病而呻吟，或危明而憂治，或虛誕而不情，或悻直而太戇，有意求名，故曰「好名」。今則萬民實在倒懸，　宗社實在疊卵，日夜咨嗟，聲淚俱盡，惟知有國，何知有身？況曰「身外之名」乎！

倘　皇上嘉納臣言，一赦天下，則　皇上得堯、舜之主之名，臣亦得堯、舜之臣之名，亦非臣之所惡也。夫都御史之位，不爲卑矣！都御史之祿，不爲薄矣！乃從令，則富貴長保；不從，則貧賤立至。顧臣毫無繫戀，棄之不啻敝蹝焉。豈臣好、惡之性，與人殊哉？所欲有甚於身榮，所惡有甚於身辱，故舍彼取此，掉頭不顧耳。　皇上即此，亦可以一思矣！嗟嗟！臣之口舌敝矣！心膽裂矣！無復說矣！倘　皇上猶謂臣言不實，臣心有他，乞先斬臣頭，懸之　正陽門外，而後　親臨朝宁，（註三二）大集勳戚、文武、大小百官，一一　面詢，果否萬民有水火之苦？是否　宗社有危亡之憂？各處地方曾否有殺人、掘墓之事，賣兒、鬻女之慘？大奮乾綱，速下臣疏，盡除前令，其一應假　旨作威，結黨扇虐，嚴行各處撫、按，查勘明實，如律究罪。傳首天下，明示中外，于以報匹夫、匹婦之讎，于以洩孝子、慈孫之憤。　皇天，后土，　二祖，　列宗，實聞臣此言，是臣草茅之微，遂能挽　國家無疆之祚；鴻毛之軀，乃能救百萬生靈之命。雖死之日，猶生之年也。豈不幸哉？豈不幸哉？若　皇上仍不加察，照前　留中，亦望　察臣無當，速　賜罷歸，別選才賢，以補臣職，臣之願也，然非臣之所得已也。臣不勝泣血椎心，惶恐待　命之至。爲此具本，專差承差涂麒齎捧，謹題，請　旨。

萬曆二十八年六月二十五日，具題，奉　聖旨。

## 附註

一　〔明〕耿定力（一五四一～？），字叔臺，又字子健，湖北黃安（今湖北紅安）人，穆宗隆慶五年（一五七一）辛未科進士出身。升任工部主事，出爲成都知府；萬曆年間，官至右僉都御史、兵部侍郎。辭官後，定居天臺山講學，與兄弟耿定向（一五二四～一五九七）、耿定理（一五三四～一五八四），合稱「黃安三耿」。

二　〔明〕劉志選（？～一六二七），浙江慈谿人，與福建福清葉向高（一五五九～一六二七）同爲神宗萬曆十一年（一五八三）癸未科進士出身，後附魏忠賢閹黨，成爲「東林黨爭」的中心人物之一，後畏罪自殺，傳詳《明史》卷三百零六卷，列傳第一百九十四〈閹黨·劉志選〉。

三　本書卷前原「目錄」題作〈催處分逆犯疏〉，而內文中則題作〈題催逆犯　旨意疏〉。

四　「皇」，同「惶」，「皇惑」即「惶惑」。古文多以聲符偏旁，以表後起形聲通用字。

五　「筭」，同「算」，又作「祘」，異體同義。

六　〔明〕蘇守一，生卒年不詳，字悟臺，福建晉江人，神宗萬曆二十年（一五九二）壬辰科進士出身，據《晉江縣志》卷四十三〈人物志·宦跡五〉：「蘇守一，字際受。萬曆壬辰進士，初令滋陽，後補儀眞。故事兩淮鹽賈由稅宦給單發捆載，甚爲賈病。守一請於當事，罷鹽宦而屬柄於邑令，著爲例。升戶部刑部主事。」

七　據清順治三年（一六四六）丙戌所詔頒《大清律》，〈第二部：吏律·門第一：職制〉第六十條「官吏給由」律，條例五：「官員三年任滿，不論前任、後任，通作三年給由，以領文日爲始。若到部過限四箇月之上，送問一年之上，發回致仕。其九年任滿者，一年之上送問，二年之上發回。致仕雖有事故，並不准理。若九年已滿，託故在任，久住不行，赴部及不申缺者，參提究問，就彼革職，回籍冠帶閒住。」條例六：「在外吏典，除役內丁憂，及人多缺少在官服役聽參外，若一考滿後，不行轉參，兩考滿後不行給由，展轉捏故，在役管事，或歇役三年之上，就彼問發爲民。中間雖有事故，亦不准理。其故違收參，起送官吏，參究治罪。若兩考役滿，接喪丁憂服滿，遷延三年之上，不行起復者，亦發爲民。其未及三年者，果有事故實跡，各該衙門保結，起送吏部，查照定奪。雖在三年之內起送，過限到部者，送問重歷。重歷即納沉曠。」

八　復據《大清律》，〈第二部：吏律·門第一：職制〉第六十條「官吏給由」律，條例七：「考滿各府管糧及州、縣掌印、管糧官，查勘任內經手錢、糧，不分起存，係布政司者，布政司類造；係直隸者，府、州類造。內有起解，司、府、州貯庫，聽候總運，并遇革減免者，俱明白塡寫給付，齎投吏部，先行戶部，將循環并歲報文冊，查對完足，回報吏部，准令給由。未完，仍發回任追補。經該官吏參問，若將行，復遇科派，勢難卒完，及原非舊額，或有蠲免者，俱准給由。果有別項賢能，不待考滿，推陞行取者，照前查有拖欠，追完方許離任。革即赦。」

九　「摻」，「搜」古異體字。本書下文所見「摻」多同此。

一〇　「悳」，「德」之本字，古今異體。

一一　「扯」，誤刻，當作「址」。

一二　「俵」，音「表」，散發、分給之意。

一三　〔明〕王藩臣（？～一六〇〇），字惟相，四川瀘州人，穆宗隆慶舉人。萬曆二十三年（一五九五）乙未，陞任北京監察御史；萬曆二十八年（一六〇〇）庚子，晉陞兩京十三省總巡按三差御史，巡行天下，途中在貴州桐梓去世，享年僅四十八歲。據瀘州檔案館所存《瀘州王氏宗譜》載：「王藩臣，王瑜三子，字惟相，配劉氏、張氏，生默存公，大明舉人。萬曆乙未升北京監察御史，二十八年升十三省總巡按三差御史，巡行天下。公歿葬四十八穴，各處有石人、石馬碑記可考。入瀘州鄉賢祠。子孫現住里仁鄉太平橋流杯池。」宗譜載有萬曆皇帝誥命：「詔曰：職重擎天，朝廷需股肱之功，政事補助臣鄰，属耳目之寄，故監察有資於輔相，而巡行時訪於督撫。爾王藩臣，氣宇寬宏，風裁端重；任巡按而託喉舌，參大政以操遊豫，既文武之統轄，當剛柔之不茹，秉宿德而不回，有嘉謨則入告。刑威賞慶，抒抽握政治之機；外攘內安，邊鄙寓防患之略，不止人文之近古，更羨事業之日新，汝其欽往，予則以懌。」

一四　「煢煢」，音「窮窮」，孤獨無依靠的樣子。「凋瘵」，音「雕債」，衰敗、困乏之意；亦指困窮之民，或衰敗之象。

一五　「冏寺」，音「炯四」，古代官署名，意指「太僕寺」，職掌輿馬及馬政。

一六　「是的」，「是確實」之意。「的」，音「地」，的確、確實之意。

一七　「逭」，音「換」，逃避、免除之意。

一八　「掜」，音義同「擬」。

一九　「撦」，音義「扯」，故「牽撦」即「牽扯」。

二〇　「掯」，音「kèn」（ㄎㄣˋ），強迫、刁難之意。

二一　「讟」，音「讀」，痛怨、怨恨，詆毀、毀謗，憎惡、誹咎也。

二二　（明）陳增，欽命爲礦稅使，大肆開採山東礦，兼徵東昌稅，縱容黨羽程守訓等大作奸弊，宣稱「奉旨搜金寶」；又找人告密，誣賴富商巨室私藏違禁物，因而抄家殺人，縣官被誣劾，下詔獄，在山東作惡十年。傳詳《明史》卷三百零五《列傳》第一九三〈宦官二・陳增列傳〉。自萬曆二十四年（一五九六）設「礦監稅使」以來，廷臣上疏諫阻者不下百餘次，神宗俱不聽，以致礦稅使四出，大肆虐民，流毒全國，結果是民窮財竭，各地騷動。而自萬曆二十五年至三十三年（一五九七～一六〇五），近十年間，最驕橫的礦稅使莫過於山東的陳增、湖廣的陳奉（詳參《明史》卷三百零五〈陳奉列傳〉）、遼東的高淮、天津的馬堂、陝西的梁永、廣東的李鳳等輩，李三才奏議內所疏陳諸內宦，實難望其項背。萬曆三十三年十二月，內閣大臣再次極論礦稅害民狀，又言開礦破壞天下名山大川，盡傷靈氣，恐對皇上玉體大爲不利，只有急停開礦，才能恢復。爲此，於同月初二日，下詔罷天下礦稅，以稅務歸有司，以歲輸所入的一半歸於內府，另一半歸戶、工二部，時稱「停礦分稅」。李三才於此卷之三連陳兩篇〈第一停罷礦稅疏〉、〈第二停罷礦稅疏〉，卷之四又有一篇〈第三停罷礦稅自陳疏〉，於卷之十四第十九篇有〈奉　旨停罷礦稅〉與「告示」，這些奏議、告示，內容敘事詳明，誠爲了解萬曆朝貪黷腐敗政治的重要史料。

二三　〔明〕程守訓爲陳增的親信，自稱「天子門生」，打著「欽命」招牌，橫行淮、徐，縱告「違法致富」，捉人索賄，多者萬金，少亦不下數千金，作惡多端，聲名狼藉。

二四　「殷鑒不遠，在夏后之世」，典出《詩經．大雅．蕩》篇：「文王曰咨（同「諮」），咨女（同「汝」）殷商。人亦有言，顚沛之揭。枝葉未有害，本實先撥。殷鑒不遠，在夏后之世。」這首詩是周代末年的詩人，假借周初賢君周文王斥責殷商的暴君無道，荒廢政事，不問民間疾苦，告戒子孫應以夏、商的滅亡爲借鑒。後泛指前人的教訓就在眼前。

二五　「密勿」，黽勉之意。〈千字文〉有「俊乂密勿，多士寔（實）寧」句，《詩．小雅．十月之交》云：「黽勉從事，不敢告勞。」《漢書．劉向傳》引之云：「密勿從事。」故「密勿輔臣」，意即黽勉輔治之朝臣也。〔明〕毛紀（一四六三～一五四五）有《密勿稿》傳世，收入《四庫全書》，可以參讀。

二六　「詧」，音義同「察」，省察、審知也。〔東漢〕許慎《說文解字．言部》：「詧，言微親詧也。从言，察省聲。」

二七　「目」，當作「日」；「即目」，應作「即日」，義乃明曉。

二八　嘉靖三十七年，明世宗戊午歲（一五五八）。

二九　「服闋」，音「服確」，三年守喪，期滿除服。闋，終了。本書下文各「給由疏」中，所見「服闋」，義皆同此。

三〇　「天視自我民視，天聽自我民聽」，典出《尚書·周書·泰誓中》：「……雖有周親，不如仁人。天視自我民視，天聽自我民聽。百姓有過，在予一人。今朕必往。我武惟揚，侵于之疆，取彼凶殘，我伐用張，于湯有光。」又見引於《孟子·萬章上·第五章》：「舜相堯二十有八載，非人之所能爲也，天也。堯崩，三年之喪畢，舜避堯之子於南河之南。天下諸侯朝覲者，不之堯之子而之舜；訟獄者，不之堯之子而之舜；謳歌者，不謳歌堯之子而謳歌舜，故曰天也。夫然後之中國，踐天子位焉。而居堯之宮，逼堯之子，是篡也，非天與也。《太誓》曰：『天視自我民視，天聽自我民聽』，此之謂也。」

三一　「勍」，音「情」，強而有力也；故「勍敵」，即「強敵」也。

三二　「朝宁」，音「潮注」，即「朝廷」之意。此「宁」字，並非「寧」簡化字，俗多誤讀爲「寧」，不得不辨之。「宁」之本義，當從《說文解字·宁部》：「辨積物也。象形。凡宁之屬，皆从宁。」《說文》無「佇、强」字，惟有「宁」字，後「宁、佇、强」三字通用，皆訓義爲「立」，不論《說文》本義之「辨積物」，或引申義「佇立」，詮解「朝宁」爲「朝廷」，方爲治切。

# 《撫淮小草》卷之四

關西道甫李三才著

## 第五冊　奏議

### 一　回　奏廬鳳遺稅疏　萬曆二十八年七月初三日

題爲敬陳未徵遺稅，懇乞照例併收，以裕　國計，以助　大工事。

萬曆二十八年二月，內准戶部咨開該羽林前衛前所副千戶王承德奏稱，據土民謝溥等揭稱，南直隸有十四府內，遺廬州、徽州、安慶、鳳陽等府、州、縣未經抽稅。若照各府則例徵收，每歲可徵稅銀四萬有奇，就着附近儀眞內臣暨祿兼督，則官不添設，而俸費可省。現今遺下未徵，反被奸宄商牙窺瞰。各府立有稅司，生奸躲避，棄南趨北；若不及早一槩徵收，則非惟商賈有不平之歎，而稅課必致日漸虧縮矣。乞　勑下暨祿，督率謝溥等，前往所遺地方，照例徵收，依期解　進，等因，奉　聖旨。這所奏南直隸內，遺廬州等四府、州、縣，經紀牙稅羨餘，未經徵抽，比照各府則例徵收，每歲可得銀四萬兩，有裨國用，准着儀眞督稅內官暨祿，附近帶管，督率原奏官王承德、爲首土民謝溥前去，會同撫、按等官，照例徵收，銀兩一併解進，不許擾害地方，勑諭不必又給該衙門知道。欽此。備咨前來。

本年三月內，又准戶部咨，爲欽遵　明旨，條陳應行事宜，禁絕匪人覺察，經紀牙稅羨餘，講求裕　國通商，以助工用事。又該王承德具奏，未盡事宜，內稱內臣暨祿先授　勑諭，止開應天、太、寧、淮、揚地方，未曾載入廬、鳳、徽、安等府、州、縣，若不另給　勑諭，難以曉轄諸司，孰爲悉心調理？誠恐奸商、土豪，乘機阻撓擾亂，伏乞另頒　勑諭，庶便諸司知有　新命，而不敢坐視推諉，并將應行條款開列於左：

一、定員名，以免濫用。所遺廬、鳳、徽、安四府、州、縣，照例徵收，可得稅銀四萬有奇，必須責任謝溥等九人，分投徵收，給與冠帶；應役不敷，公同選擇用之。

一、查遺稅。廬、鳳、徽、安四府、州、縣，土產竹、木、板、枋、老引、（註一）魚、鹽，係本山牙商出水開行，自販自賣，原無抽分，比照工部則例徵收。

一、廬州、徽州、安慶、鳳陽等府，滁州、和州、廣德州、巢縣等處，係隸今奏所遺地方，向被奸宄商牙走漏之區，勢豪阻撓甚多，酌量行貨要地，委官榷收，等因，奉　聖旨。

這奏內南直隸內遺廬州四府、州、縣，稅銀每年可得四萬兩。准着儀眞督稅內官暨祿，帶管督率原奏官王承德、爲首土民謝溥前去，會同撫、按等官，徵收銀兩，一併解進。另寫勑與他合行，事宜都着暨祿遵旨，會議奏行；何用多人條議，以滋擾費？該衙門知道。欽此。備咨前來。該臣會同按臣安文璧，遵照　明旨內事理，通行江北潁州兵備道，轉行所屬廬、鳳二府，滁、和二州，查照遵行。其徽、安二府，廣德一州，聽應天撫、按衙門，議行去後。又准戶部咨，爲長江遺稅，乞　恩歸併，以便徵收，以助　大工事。該金吾左衛前所百戶吳鎮奏稱，據土人錢文明等言，獨有太平、安慶、廬州、淮、揚、常、鎮等府，地方往來大小船隻，既獲厚利，安然不納　國課，悉照江西九江鈔關事例，一體徵收，每年可得稅銀八萬兩。儀眞內臣暨祿，況係所轄地方，乞　勑下兼理，按季觧　進，等因，奉　聖旨。

這奏內南直隸沿江一帶，往來船隻遺稅徵收，每年可得銀八萬兩，有裨國用。准着儀眞督稅內官暨祿，不妨原務帶管，督率原奏官吳鎮、爲首土人錢文明前去，會同撫、按等官，徵收銀兩，一併觧進，不許侵越。鈔關疆界，重疊徵收，困累商民，還寫載入廬州府等處　勑諭內，與他該衙門知道。欽此。隨該吳鎮又題爲敬陳未盡事宜，請乞　明旨，以便遵奉事。內稱立法之始，將未盡事宜條陳五款，等因，奉　聖旨。着遵前旨，行爲首土民錢文明，准給冠帶；合行事宜，都着內官暨祿，公同撫、按等官，會議奏行，該衙門知道。欽此。備咨前來，亦該臣會同按臣安文璧，遵照　明旨內事理，通行江北淮、揚、潁三兵備道，轉行所屬廬州、淮、揚三府查照遵行。其太平、安慶、常、鎮等處，聽應天撫、按衙門，議行去後。

續准儀眞抽稅右少監暨祿手本，內開新奉　明旨，徵收廬、鳳等府遺稅四萬，查得本監先

奉　勅旨，徵收直隸等處商稅，除蘇、松、常、鎮四府，題減另徵外，其有應天、太、寧、淮、揚等府所屬州、縣、鎮、集去處，相度要津，設立關隘，照例徵稅。惟安徽廬、鳳、池州等府，及滁、和、廣德等州、縣不榷者，盖緣安徽池州之稅，必歷蕪湖；而廬、鳳之稅，定經清、邳，若復設關，慮有疊徵之擾，困累商民，非舍之而不徵，寔在所徵之內也。今王承德以遺稅未徵，奏　請蒙　命本監帶理，再三參閱地里河道，未免重抽，正在躊躇，經畫未定。俟文到之日，會議調停，惟恐無知棍徒，潛於本監管轄州、縣，通津要口，冒立關隘生事，擾害困累商民，及侵越疆界，合先知會，煩爲查照。

凡本監所轄地方，除徐州所屬外，如有棍徒指稱稅役，越境騷擾者，希即差人緝拏嚴究，以憑會同參　奏施行，仍請示諭通知，庶有同舟共濟之誼，而商民無疊徵之苦矣，等因。該臣隨即通行江北三道，轉行各府、州、縣遵照，并出示遍發曉諭知悉外，又准右少監暨祿手本，內開據原奏官王承德、吳鎮，爲首土民謝溥、錢文明等，齎捧　勅諭，到監欽遵　開讀外，該本監查得遺稅一節，在廬、鳳、徽、安等府、州，據稱每年可徵銀四萬兩；但貨由廬、鳳者，清河已稅之；由徽、安者，蕪湖已稅之，雖曰遺而不徵，實在所徵之內，而所遺止經紀牙稅羨餘耳。今按地而盡徵之，不無重疊之擾；不徵，又恐有違　旨之咎，斟酌權宜，或應照例監委，或應量地派認，孰便孰否，必歸於一。其各府船料等稅，據稱每年可徵銀八萬餘兩；但此項已属鈔關徵過，既不許侵越鈔關疆界，則應徵地方要當擬在何處？況淮、揚一帶，已有別項之供，舍此不能足額，行之窒於重困，或徵、或止，從長酌妥，務在上不拂乎　明旨，下不累於商民，事無掣肘，彼此樂從，庶經久可行合用。手本前去，煩爲查照，公同會議，速賜回文過監，以憑　題覆施行，等因。

行間，續據整飭潁州兵備僉事楊繼先呈稱，節蒙撫、按衙門劄案，并督稅少監手本，行查千戶王承德所奏，廬、鳳二府遺稅；百戶吳鎮所奏，南直隸長江船料等稅。行據廬州府呈稱，本府合屬僻在淮西，不通舟楫，既非四通八達之衢，又非長江大河之濱，其土瘠，其民貧，而富商臣賈，不相往來於其間。惟自五、六月，江水漲發，貫入支流；由巢湖而達府城交，冬春以來，水涸湖淺，而船又不通，一切船鈔、船稅，俱隸蕪湖鈔關。惟有民間些須燒酒、養猪、薑蒜等項，并販賣布、綿、氈、油、磁器，悉係騾駝車運，其數不多，每貨一兩報稅銀五釐。計本府稅課司，并所屬無爲、舒城等七州、縣，每歲得稅銀四百六十兩，觧充合屬廬、六二衛文武官吏俸鈔支用；如竹、木、板、枋等項，已經蕪湖、儀眞而稅矣。土產由內出者，如酒、米、牲畜之類，歷正陽、清、邳而又稅矣。盖廬民惟知務農，原無什一之利，故商賈不藏於市，而稅課甚渺小矣。一聞榷使將至，相顧駭愕，勢必杜門罷市，荒棄田土而逃耳。言之，可爲痛哭流涕。本府雖曲爲調停，亦安能炊無米之飯哉？今一旦變其說，而謂所遺者，止經紀牙行羨餘耳。夫本府稅課司，及各州、縣商稅，才得四百六十兩；彼經紀牙行主歇商貨，無商則無牙，即有之日，覓錢十餘文，爲餬口計，能得羨餘幾何？必令納稅，方且杜門而走耳。勢必派及於民，又非　朝廷不忍加派小民之意。以舟楫不通、商賈不由之地，而抽取牙稅羨餘，徒令小民惶惶逃竄，是所益於上者，太倉一稊米；而所損於下者，　湯沐百萬命也。

竊念　聖主近行礦稅，固出一時權宜之計。曩者，議及南京各府店稅隨已報罷；近日，戶部奏停北京內外牙稅，又報罷矣！矧廬、鳳　陵寢重地，而百姓頻罹灾沴，日不聊生，其蕭條仳離之狀，目擊心酸。　聖主聞之，豈肯重徵已徵之稅，以爲民困哉？若謂原奏該廬屬一萬兩，此武弁（註二）意圖誑　上，不暇計其多寡，而有司誼專急公，自當核其盈縮，豈敢欺蔽，自速斧鉞之誅？倘聽委官前來徵抽，廬屬並無泊船關津，又無聚貨集鎮；若輩呼朋引類，充斥道路，而騷擾驛遞，刻薄商民，其流禍又有不可收拾者，非本府所忍爲也，等因。

又據鳳陽府呈稱，本府并所屬地方，土瘠民貧，惟知力農度日，鮮本爲商市廛，即有商販，不過驢駝肩負布、穀、鞋、蓆、酒、食、瓦、缶之類，各照貨物，每兩納稅一分。在府，赴稅課司交收；在各州、縣，就彼交收，俱觧府庫。每年額辦課程，該觧部濟邊銀二千二百五十兩零；又額辦供應本府鳳、臨三學廩糧，共銀一千四十六兩零。歷年支觧卷簿，查盤明白，其裝載商貨船隻，清、邳地方已經內監抽稅；至於正陽關船稅，上由河南，每年盈縮不等，大約六千餘兩，例應供給五處高牆庶人口糧、布花，及徐州隄夫觧淮軍餉、守備太監廩蔬等項，計一年所入，不彀（註三）所出，此船稅尤難又立一關。且府治地處偏僻，原非四通八達之區，並無巨商、富賈興販希奇之物，經紀牙行羨餘，各州、縣雖間有鎮集去處，貨物本值幾何？而經紀又係無賴貧民，名爲單綽，所得牙用，止於分釐，僅足餬口，供辦正賦尚然難支，有司住俸催併，日加箠楚，猶不能完；若再加重稅，何從出辦？伏乞轉達寬恤，則疲民各得存活，實爲萬世奠安之幸矣，等因。

又據滁、和二州各申稱，滁州距江近百里，和州亦幾五十里，至所屬全、來、含山三縣，去江俱遠，亦無河道相通；且係凋憊去處，自來絕無商賈長江上下，即有貨船，並皆不及此地，既無商賈貿易，亦無開行經紀之家，等因。各申報到道，該本道查得抽稅一節，時勢所急，固不敢以有爲無，亦不敢以無爲有，莊誦　聖旨。南直隸內遺廬州、徽州、安慶、鳳陽等府、州、縣未經抽稅，今查本道所屬廬、鳳地方，通商河道有三，南雖濱江、浦口及江浦縣一帶地方，俱屬江南應天府，其長江往來商艘，非本道所得隸者，惟傍有一小支流，夏、秋水泛，可通無爲、巢縣之焦湖，以達廬城。客舟裝載而入者，不過竹、木、布、綿之物，西歷蕪湖，東經儀眞，各已稅矣。又北有淮河，民船所由載，而南以達鳳境之正陽鎭，亦止綿花、粗布之類，查已從清、邳榷矣。及至廬、鳳分散州、縣鎭集，又有稅課正觧正支，若復再議抽徵，誠如稅監所云：「慮有重徵之擾，抑且困累商民。」至如正陽鎭，上接河南，所有商船，俱係土產豆麥、米糧、柴炭，並無奇貨可取厚利。本鎭舊已專設通判一員駐彼，督鈔逐年盈縮不等，額觧鳳陽守備太監廩蔬，專供高墻庶人口糧、布花，并充隄夫軍餉，往往不敷，已不勝其榷索之苦。然地非要津，恐不足復設關隘，再照廬、鳳二郡爲　聖祖龍飛首善之地，在江以北，最稱凋疲；兼以灾沴頻仍，百姓困苦，每多流移其閭閻，蕭條之狀，恐海內未有若此之甚者。在　廟堂之上，靡不知之。邇年，廬州開採之議，輒爲報罷。　聖明念此根本重地，蓋甚切也。

王承德、吳鎮等，輒將徽、安及長江遺稅，併及廬、鳳。竊思此二府，土瘠民貧，既無商貨輳集，雖有河流，舟楫不多，南北已俱抽過，似非遺稅之地。在督稅內使聞見灼真，豈肯舍之不稅？倘再加稅，恐小民不堪爲之，畏避逃竄，反損舊課。至如經紀牙行，俱係無賴貧民日覓牙用分文，僅爲餬口之計，安得羨餘之輸？倘再議派，恐有派無徵，反爲民累，伏乞會議，上念　祖宗湯沐，下憫地方凋疲，亟賜　題議，俾免疊徵之煩，而灾地亦賴以少安矣！等因。備由呈詳到臣，該臣會同巡按直隸監察御史安文璧，督理儀真等處稅務。御馬監右少監暨祿，覆看得羽林前衛千戶王承德所奏，南直隸有十四府內，遺廬州、徽州、安慶、鳳陽等府、州、縣未經抽稅，每歲可增銀四萬兩；又金吾左衛百戶吳鎮所奏，南直隸太平、安慶、廬州、淮、揚、常、鎮等府地方，沿江船料遺稅，每年可得稅銀八萬兩，俱奉　明旨，行令臣等公同會議奏行，仰見　聖明，洞燭群小，猶恐此輩所奏不實，故欲臣等加慎酌議。　德意洋洋，炳如日星，臣等敢不欽遵，查核妥當而行之乎？隨將臣等所屬境內，廬、鳳二府爲王承德所坐，計該二萬，特爲回　報；而吳鎮長江船料，另行逐款會　題。

夫廬、鳳地方爲　聖祖肇基之所，乃萬世　陵寢根本重地，素號偏僻，民物凋殘。近年以來，歲祲（註四）民瘼，閭里蕭條，殆非昔日之廬、鳳比也，合屬原有些須商稅，俱係正項額供，但今加徵抽稅之說，又爲時政之亟，而儀眞內使曁祿，先奉　勅旨徵稅六萬，不及於廬、鳳二郡者，盖北由清、邳，南由蕪湖，皆已抽過，非舍之而不徵，實在所徵之內，明矣。今查廬州夏、秋之間，即有小河可以通江，不過載販竹、木、布、綿之類，難以重抽；與夫土產燒酒、薑、蒜之物，每年僅約商稅四百六十兩，觧充武官吏俸鈔支用。鳳屬地方不過驢駝肩負布、穀、鞋、蓆之類，各報有商稅，每年僅約銀三千二百九十餘兩，額觧濟邊及供應三學廩糧之用。又有正陽鎮，上接河南，設有鈔關通判管榷，俱土產豆、麥、米糧、柴、炭，每年大約船稅六千餘兩，例供高墻庶人口糧、布花，及守備太監廩蔬、徐州隄夫觧淮軍餉，尚多缺欠，設處甚難，要皆徵之於商者有數，納之於官者有項，纖悉不遺，並無漏報不徵之稅。至如滁、和二州屬，距江既遠，更係偏僻疲憊之區，自來不通商賈，此廬、鳳、滁、和地方，稅課之大較然矣。地方既係凋疲，貿易又非珍奇之物，雖有牙儈，要皆貧子之徒名曰單綽，不過一時轃集，覓取分文，以爲妻子餬口之計，聚散不常，安能頭會箕斂，而有羨餘之徵？此廬、鳳之地，經紀牙行之大較然矣，有何遺稅可抽？有何牙稅可徵？事體最彰明較著者，此不過原奏官民，誑希　俞旨一下，必且橫搶亂奪，自塡谿壑，不恤小民之苦楚，不論　國家之危亡，但求一日溫飽，甘心闔門族誅；市井棍徒，奸猾亡命，何足與之謀國也？

近民間，聞有加徵之令，相與閉門罷市，棄鄉井而逃，臣等身處其地，目擊其艱，即內臣暨祿，先奉　命徵稅六萬，亦多方設處，那東補西，已是重復徵抽，豈又有遺稅、牙稅，置而不抽乎？故臣等節見天下礦稅之扇虐，百姓如在水火，屢疏　請罷，盖見時勢岌岌，爲小民延旦夕之命，非無據而漫爲之說也。況廬、鳳二處，係　國家根本之地，即在平時，尚當愛養賙恤，值此地災民窮，十室九空之時，正賦每多拖逋，見今仕俸督催，亦莫能完其一二。尚在酌議寬處，此地何地？此時何時？若再加遺稅之抽，民愈窮而歛愈急，甘心思亂，禍在不測，此勢之必至，又非臣等所知耳。至如倣照各省派認之說，更屬難行，不惟有派無徵，徒懸虛數，無以爲鮮　進之數，且有背　明旨所謂「不忍加派小民」之意，莫大之罪，其誰敢任之？而誰肯甘之？既經道、府查議，委無遺稅、牙稅，臣等覆加詳核，理合公同會議回　報，伏乞　勑下戶部，亟行停止，行臣等遵照施行。

緣係會議回　報廬、鳳二府，並無遺稅、牙稅，事理未敢擅便，爲此具本，專差承差蔡宗齎捧，謹題，請　旨。

萬曆二十八年七月初三日，具題，奉　聖旨。

## 二　回　奏淮揚遺稅疏　萬曆二十八年七月初三日

題爲長江遺稅，乞　恩歸併，以便徵收，以助　大工事。

萬曆二十八年二月，內准戶部咨開，該金吾左衛前所百戶吳鎭奏稱，據土人錢文明等言，徐州等處船稅，已蒙准　勅內臣陳增徵收矣！今獨有太平、安慶、廬州、淮、揚、常、鎭等府地方，古稱水澤之國，商貨船隻，較徐州尤爲往來要地。其船有裝貨百石，而船戶獲利數十金者；亦有裝貨巨萬，而船戶獲利數百金者。夫既獲厚利，獨安然不納絲毫，以需　國課。於往來船隻編立號票，計其船隻大小，量其樑頭丈尺，悉照江西九江鈔關事例，一體徵收，每年可得稅銀八萬兩。儀眞內臣暨祿，況係所轄地方，乞　勅下兼理，按季觧進，等因，奉　聖旨。

這奏內南直隸沿江一帶，往來船隻遺稅徵收，每年可得銀八萬兩，有裨國用。准着儀眞督稅內官暨祿，不妨原務帶管，督率原奏官吳鎭、爲首土人錢文明前去，會同撫、按等官，徵收銀兩，一併觧進，不許侵越鈔關疆界，重疊徵收，困累商民，還寫載入廬州府等處　勅諭內，與他該衙門知道。欽此。又該吳鎭題爲敬陳未盡事宜，請乞　明旨，以便遵奉。事內稱奏　請長江遺稅，但立法伊始，勢豪奸猾，不遵約束，條陳五款，等因，奉　聖旨。着遵前旨，行爲首土民錢文明准給冠帶，合行事宜都着內官暨祿，公同撫、按等官，會議奏行，該衙門知道。欽此。備咨前來，該臣會同按臣安文璧，遵照　明旨內事理，通行江北揚、淮、潁三兵備道，轉行所屬廬州、淮、揚三府查照，遵行去後。

續准儀眞抽稅右少監暨祿手本內開，據原奏官王承德、吳鎭，爲首土民謝溥、錢文明賫捧勅諭到監，欽遵　開讀外；該本監查得各府沿江船料等稅，據稱每年可徵銀八萬餘兩，但此項已屬鈔關徵過，既不許侵越鈔關疆界，則應徵地方要當擬在何處？况淮、揚一帶，已有別項之供舍，此不能足額行之，室於重困，或徵、或止，從長酌妥，務在上不拂乎　明旨，下不累於商民。事無掣肘，彼此樂從，庶經久可行。合用手本前去，煩爲查照，公同會議，速賜回文過監，以憑　題覆施行，等因。行間，續據署揚州兵備道事、揚州府知府楊洵呈稱，奉撫、按衙門劄案，查議百戶吳鎭所奏，南直隸沿江船税等項，行道將揚州府所屬地方，往來一應裝載大小官民船隻，及回空糧船、裝鹽船隻，長江之內興販客，米、竹、木、板、枋、柴、炭等項抽税事宜，每年揚州約計得税若干。是否遺税？有無侵越鈔關疆界，重疊徵收，困累商民等獘，逐一查議，妥確詳報，以憑公同會議　奏行，等因，奉此。

隨經遵依，備行揚州府，并轉行揚州鈔關、南京戶部分司，并將瓜、儀二閘抽税緣由，逐欵詳議到道，該本道覆議得揚屬地方，樑税、船鈔，歲有定額徵收，已非一項。近緣榷税內使暨祿駐劄儀眞，分投委官，四布抽取，商民坐困舊税，日虧本處之額設兵餉，尙無措處。假使果否遺漏，豈能逃內使之耳目？既經揚州府逐欵查議，登答前來，請乞早賜，轉達會議　題覆施行，等因。又據淮徐兵備右參政郭光復呈稱，依奉備行淮安府查照，百戶吳鎭原奏欵開事宜，轉行各該督税抽分收鈔，各分司各將徵收税鈔緣由，逐欵回報到道。該本道覆議，得淮安河道，雖係漕運通渠，其實距長江六百餘里，凡往來大小官民船隻，在南有揚州鈔關，并內監暨祿；在北有徐州戶部分司，并內監陳增；在淮安境內，有清江收税戶部分司抽分、工部分司板閘鈔關、南京戶部分司，又有內監暨祿各委官，自沿河邳州、清河、淮安、高郵、揚州、瓜、儀，以至沿江瓜埠、南京、浦口、蕪湖等處，星布棊列，逐處稽查，有照貨物抽取稅銀，有照樑頭徵納船料。一船一貨，數處兼徵，可謂取盡錙銖，毫無遺漏矣！

茲據吳鎮奏，將船隻編號榷稅，而又欲將食米及回空糧船等項，一體徵收，勢必吸人膏血，令貧民、悍卒不得安生，嗟嗟！淮、徐何地？尚堪爲此舉動耶？況今逆奸窺伺，人心反側，未定之秋，萬一激成他變，恐其患有不可勝言者矣。　明旨謂不許侵越鈔關疆界，重疊徵收，仰見　朝廷軫恤商民　德意。今淮屬正係設有內使榷稅、各部分司鈔關去處，例難重疊徵收，以滋擾害。今據淮安府逐欵查議前來，本道覆加參酌明確，請乞會議　題寢施行，等因。

又據潁州兵備僉事楊繼先呈稱，查得百戶吳鎮所奏沿江船料等稅；但長江徃來船隻，非本道所得隸者。惟廬州地方東南無爲州、巢縣，濱江有一小支流入巢湖抵廬城，夏秋水盛，或可通舟；至冬春隨涸，則不能行矣。而所載亦止竹、木、布、綿之物，西歷蕪湖，東經儀眞，各已抽稅，廬屬地方並無船料遺稅，已於千戶王承德所奏廬、鳳遺稅事內，回報訖。伏乞會議題寢，以安根本重地，等因。又據監督揚州鈔關、南京戶部分司主事張經世呈稱，本關每歲額收船料，并新有增鈔，共該一萬六千，每季大約四千，職自二月二十一日到關，至三月終，發揚州府收過船料一千六百九十餘兩，是四十日所少，猶數十金耳。夏季以來，商船漸少，自四月初一日起，至五月二十日止，發府收過銀二千一百餘兩，是五十日內所少額銀，已該一百一十餘兩，猶冀補於將來。豈期五月二十一日以後，儀眞內監新增船料，較之本關甚至十倍，以致舟航遠遁，商賈潛藏，往來者，不過高、寶、瓜、儀小船，錙銖餬口，及至六月，商船愈減。查自五月二十一日起，至六月二十日止，額該船料銀一千三百三十餘兩，今止收過銀九百八十餘兩，一月之內，所虧常額三百五十餘兩。近日儀眞內使，復於灣頭設一稅使，其收料之規，亦猶儀眞；但本關以南七十里爲儀眞，以北十里即灣頭，上下八十里內，兩遭暴徵，而鈔關獨居其中，無惑乎？額鈔之日虧也，貂璫（註五）肆虐，人心皇皇，而部使復欲嚴其元額，此必不可得之數，而且必有所不忍，將來秋、冬盈縮未卜何如，是以深惟憂懼，呈乞酌議。

又據淮安各部分司，及淮、揚各府申呈，稅監委官肆出，額課俱虧，呈乞議處，等因。各呈報到臣，除太平、安慶、常、鎭等處，聽應天撫、按酌議施行外，該臣會同巡按直隸監察御史安文璧，督理儀眞等處；稅務御馬監右少監暨祿覆看得百戶吳鎭所奏，南直隸沿江一帶，往來船隻遺稅等項，照依江西九江鈔關事例，每年徵收船料八萬兩，既奉　明旨，臣等敢不遵行？殊不知江北廬州地方，不通舟楫，而揚、淮二府，固爲通漕運河，僅五六百里，往來商船貨物，已設有兩鈔關，一抽分、一督稅，共四分司抽船料、徵貨稅矣。舊歲，又新添儀眞內使暨祿，於淮、揚地方抽稅矣。自淮安之北，既有徐州戶部分司收稅，又新添內使陳增抽稅矣。自揚州之南，出瓜、儀之閘，照船丈尺，又納樑頭之稅矣。而儀眞沿江上下，如青山、瓜埠、浦口、南京、蕪湖地方，既有原設抽稅衙門，復有內使暨祿分布委官，設立關隘而抽矣。由內河，由沿江，數百里之間，錙錙而取，銖銖而榷，可謂嚴且密者，又何有未徵、未榷之地乎？而吳鎭所奏，不過借此虛數，以聳　聖聽，僥倖　俞旨之降，即分布奸棍窮索横分，明搶白奪，各饜其腹耳。幸荷　聖明洞燭，不曰：「依擬。」而曰：「不許侵越鈔關疆界，重疊徵收，困累商民。」不曰：「徑徵。」則曰：「令內臣暨祿，公同撫、按等官，會議奏行。」盖聖明已晰知，羣小盡屬虛誑，故令臣等酌議行之耳。

今道、府各官，歷查各該地方，處處俱係鈔關疆界，無所再設關隘，重疊而徵矣。且各司府，紛紛具呈，謂正額漸虧，欲臣等酌議矣！夫今日吳鎭方奏曰：「長江船料八萬，已有淮、揚、廬州在內。」明日，王承德奏曰：「遺稅四萬，復有廬、鳳陽在內。」又明日，官商于以龍奏曰：「自徐州四通八達，接連沿江一帶，每年船料銀，約有十餘萬兩。將廬州、湖廣江洋船隻，聽吳鎭等徵收；其餘處所，儘數觧進，亦復有徐州、淮、揚地方在內矣。」何莫而非鈔關疆界？何莫而非重疊徵收？不謂此輩，揑造無端，蠹　國害民，誑聳　聖聰，亦至此極矣！充若輩之心，極若輩之意，必待何時是足？必待如何後已？一旦天下有變，即將若輩闔門寸斬，不值狗豕，但不知置　國家於何地耳？況淮、揚爲天下咽喉，　祖宗陵寢所在，柰何重而又重，疊而又疊，使斯民血竭髓枯如此耶？又何恠（註六）乎徐州之奸逆生心，窮民嚮應也。臣等苟且偷安，熙熙自得，眞如燕雀處堂，明不及咫，一旦火發，不知死所。今萬室已有如燬之嗟，人心已有燎原之勢矣！焦爛可期，惟待時耳，可痛哉！可痛哉！故臣以爲榷稅之政，不獨江北一隅當停，須得天下礦稅盡行停罷，則猶可及止耳；不則，所謂「雖有善者，亦末如之何也已」。所據吳鎮奏內，江北淮、揚、廬州，往來船隻遺稅，既經各該分司道、府查明，俱係鈔關疆界，臣等覆加詳核，理合公同會議，逐款登荅回　報，伏乞　勑下戶部，亟行停止，行臣等遵照施行。

緣係會議回　報淮、揚沿江一帶，並無船隻遺稅。事理未敢擅便，爲此具本，專差承差蔡宗齎捧，謹題，請　旨。計開百戶吳鎮原奏五欵，登答於後：

一、定疆界，以分職守。

看得直隸沿江一帶，內外河道除原有鈔關處所，遵　旨不敢重徵外，其餘船隻往來地方，上至邳州、宿遷，下至無錫、太湖等處，凡係總要津隘，一體設立委官，編立號票，以憑查驗。

前件該臣等行據揚州兵備道回稱，據揚州府呈行，准揚州鈔關、南京戶部分司張主事案開。由本關經過南去者，七十里有儀眞由閘之徵；又出江二十里，有青山；四十里，有瓜埠，皆督稅內監抽稅。又前去浦口、南京、蕪湖等處，亦有內監委官抽稅。由本関北去者，五里有北來寺，又五里有灣頭，又百里有高郵州，照票俱內監委官抽稅；再二百里，則有淮安板閘鈔關，又收船料；清江浦戶、工二部分司，又有四稅及抽分之設；再前去清河、桃源、宿遷、邳州，直抵徐州，皆各有內監抽稅，且各府亦有稅課司局，上下數百里中，株連絡繹；周圍數十里，棊布星列，是所張羅網，盖亦甚密，商民困苦，於今已極。本司每臨関問民疾苦，無不蹙額，此時極加寬恤，猶恐民不堪命。

據百戶吳鎮所奏徵稅八萬，即有桑、孔（註七）復生，不能用其謀也，即應從長酌議轉報。該本府看得所屬地方，北自淮安、清江浦，東南至鎮江、京口，西南至蕪湖，相距不遠，除彼處各有額稅外，在本府則有鈔関納鈔，在瓜、儀則有樑頭兵餉；由閘河工，而北來寺、高郵州，及江都、瓜、儀等處，又俱有稅使暨祿分布委官抽稅，是重收疊徵，已絕流而漁，商民不堪，方莫知所底止，矧又可設津隘乎？今疆界查明，乞賜轉達，等因。到道，相應依議，請乞會　題，等因。

又據淮徐兵備道回稱，據淮安府呈行，准板閘鈔關、南京戶部分司呂主事案開，本關奉例監督船鈔。凡係淮安境內地方，河道裝載貨物船隻，例赴本關報納船鈔銀兩。北自桃源縣黃家嘴，南自山陽縣黃浦，東自安東縣，西自清河縣洪澤湖，皆本関所轄地方，已奉　明旨，不許侵越重疊。其桃源以上，寶應以下，又屬別司收鈔。宿遷縣申稱，過往本縣船隻、南來貨船，已經揚州板閘等関；北來貨船已經徐州等関，各報納稅鈔後，因黃堌口衝決，河勢南徙，河南民船多由黃堌，徑達白洋、小河出口。於萬曆二十五年間，徐州鈔関葉郎中議詳，河撫衙門批允委官，在於徐、邳、宿遷之下，白洋、小河二處收鈔，解赴徐關交收，難容再行設關。該本府看得過往載船南來者，已經揚州関納鈔；北來者，已經徐州関納鈔，即由黃堌南行，不由徐閑者，亦委官於白洋、小河出口二處，責令補納。而南北船隻至淮安，又有板閘閑納鈔，若船過三年者，又該清江浦工部分司，照船價三十之一抽稅，以供打造漕船料價之用，可謂錙錙而取之，銖銖而徵之，船戶客商，已不勝其擾累矣。若再設關委官，不但商民困累，且明係侵越鈔閑疆界，重疊徵收，實與　明旨相背，難以議行。至於無錫、太湖長江等處，聽江南撫、按酌議，等因。到道，相應依擬，請乞會　題，等因。

又據潁州兵備道回稱，查得盧州府地方偏僻，不通舟楫，商賈鮮至，惟東南無爲州、巢縣濱江，有一小支流入巢湖，抵盧城，夏、秋水盛，或可通舟，至冬、春隨涸，則不能行矣。而所載亦止竹、木、布、綿之物，西歷蕪湖，東經儀眞，各已抽稅，則盧屬地方並無船料遺稅，乞賜會　題，以安根本重地，等因。各議報到臣，該臣等覆看得淮、揚運河一帶，瓜、儀沿江一帶，往來船隻，及盧州、巢縣一小支流，夏、秋所通之舟，俱有各該鈔關徵榷稅鈔，并徵由閘、樑頭等稅，已爲嚴密，難以再設津隘，則應遵照　明旨，不許侵越鈔關疆界，重疊徵收，困累商民，伏候　聖裁。

一、定船料則例，以便遵行。

看得長江內外，一應裝載貨鹽官民船隻，及回空糧船裝載私貨者，俱照鈔關事例，五尺以上，每尺納銀一錢；一丈以上，每尺納銀二錢，定立准例，庶不混擾。其裝鹽船隻獲利更厚，除鹽遵　旨不抽，外船應照例一體查徵，毋容隱漏。

前件該臣等，行據揚州兵備道回稱，據揚州府呈行，准揚州鈔関、南京戶部分司張主事案開，本關止收船料，不及商貨。其樑頭九尺者，徵銀一錢九分；一丈者，徵銀四錢二分六釐，其餘丈尺不等，該府收銀長單，可以槩見其的數矣。官座船隻原無鈔料，回空糧船裝載客貨者，每艙徵銀二錢一分六釐。儀眞縣申稱，所屬江河上下往來商船，至瓜、儀地方，除經揚州鈔関納鈔外，又納樑頭稅銀，聽操江都察院項下，給瓜洲、三江、儀眞各營兵餉支用，係萬曆四年（註八）該蒙總督漕撫王都御史題　准，每船樑頭一丈徵銀一錢，載在《江防考》（註九）可據。

至萬曆二十五年間，添設永生洲遊巡官兵，因餉無措，又該總督漕撫褚尚書題　准，加徵銀一錢，節經委官徵收，觧聽兵餉，按月支散，如裝鹽船隻在上河，經由鈔関者，俱照丈尺則例，納有船料銀兩；在下江裝載引鹽者，不論樑之大小，每隻納銀一錢五分，聽軍餉支銷，係嘉靖年間，因有倭亂勸納；至萬曆九年，該巡鹽任御史題　准，刋立板榜，照舊徵收，不許加增。及查回南糧船載有私貨，除經揚州鈔関納稅外，由瓜、儀兩閘下江，又每隻納由閘銀一兩四錢，內八錢聽河道項下歲修支觧，六錢聽永生、瓜洲新兵支餉。瓜洲江防同知李仙品回関相同，該本府看得揚州鈔関徵觧船料，歲有定額，無容復喙。如本府樑頭兵餉，上年猶可取盈一萬，自有抽稅內監以來，商賈失利，以致船隻稀少，稅虧幾半。若再加徵，商益不來，船戶重困，豈但營兵枵腹可慮？將恐江洋隱禍可憂。據百戶吳鎮所奏，原有鈔關處所，不敢重徵，是揚屬地方，不在所徵之內明矣。此皆耳目所共覩聞，循行已非一日，不知吳鎭所指八萬稅銀，出自何處？等因。到道，相應依議，請乞會　題，等因。

又據淮徐兵備道回稱，據淮安府呈行，准板閘鈔關、南京戶部分司呂主事案開，船樑有大小，故鈔貫有多寡，查得歷來載志規則，如：五尺者折鈔銀七分、陸尺銀一錢二分、七尺銀一錢九分五釐、八尺銀二錢六分、九尺銀三錢四分、一丈銀五錢六分、一丈一尺銀七錢三分、一丈二尺銀八錢九分、一丈三尺銀一兩零三分、一丈四尺銀一兩二錢二分、一丈五尺銀一兩四錢、一丈六尺銀一兩五錢二分、一丈七尺銀一兩七錢二分、一丈八尺銀一兩八錢七分、一丈九尺銀二兩、二丈銀二兩一錢七分，各照例報納。如：所云五尺以上，每尺銀一錢；一丈以上，每尺銀二錢，本關原無此例。其裝鹽船隻，亦如諸貨相同，照樑頭納鈔，並未分別。回空糧船隨時驗放，並不稽阻；間有一二帶載客貨，例納鈔料者，每足一艙，上納折鈔二錢，即准放行，亦無照樑徵銀則例。

又准清江造船工部分司周主事案開，本部所抽民船三年一次，照則例，如：值銀三十兩，抽銀一兩，係打造漕船應用外；空民船由閘，自九尺以下者，每尺納銀一錢二分；一丈以上者，每尺納銀一錢五分；又裝白糧船隻回南，帶有重載者，每尺納銀二錢五分，係河工歲修支用，等因。該本府看得淮安地方，係板閘鈔關分司，并清江戶、工二分司所轄疆界，奉有明旨，不許侵越，已於各欵酌議免抽。又查得板閘鈔關徵收船料，係論隻，如：樑頭五尺者，每隻納銀七分；一丈者，每隻納銀五錢六分，鹽船亦同；而回空糧船，止摘其有載者，每貨一艙，納銀二錢。清江工部分司，三年船稅，照價徵取，如：原船値銀三十兩，抽銀一兩，則例已久，船戶易辦。乃吳鎭所奏，照尺納銀，加至四五六倍之上，窮苦船戶，豈堪重累？且歲運漕糧四百萬石，誠爲　京師命脉，回空糧船沿途催赶，恐其回南不速，有悞領兌。而原奏官吳鎭，亦要照尺徵歛，旗軍貧窮無措，稽阻新運，所繫不小，俱難議行，等因。到道，相應依議，請乞會　題，等因。各議報到臣，該臣等覆看得民船、鹽船，自有議定規則，已赴淮、揚二鈔関報納稅鈔。瓜、儀由閘，又照梁頭報納兵餉，回空糧船原不阻滯，間有裝貨，報納艙稅。若瓜、儀出閘，又報河道歲修，及新兵餉銀，如：民間船隻若過三年，又赴清江工部分司，三十抽一，不知吳鎭所奏船料則例，照尺納銀何所據，而至四五六倍？且船料既經各處関閘徵收，已極嚴密；又於何地而再設津隘，則應遵照　明旨，不許重疊徵收，伏候　聖裁。

一據土民朱富、戴山、沈雲報稱，長江之內，大艘巨艦裝載客米，相應徵抽。除民間食米不抽外，凡係興販客米，每石量徵銀一分，每年又可加銀三千餘兩。前件該臣等行據揚州兵備道回稱，據揚州府呈行，據儀眞縣申稱，長江之內，興販客米船隻，前欵所開，以梁頭一丈徵銀一錢，聽操江衙門給瓜、儀、三江各營兵餉；後緣新設永生洲遊兵，以梁頭一丈，加餉銀一錢，皆係題　准遵行。季報院、道、本府，循環可考，並無遺稅，瓜洲江防同知李仙品回関相同。該本府看得長江之內，裝載客米船隻，已納有新舊梁頭兵餉，且客販柴米抽稅，內監所頒勅書內，原不許徵稅，似難重抽，等因。到道，相應依議，請乞會　題，等因。

又據淮徐兵備道回稱，據淮安府呈行，准清江戶部分司吳主事案開，本部監督四稅內，凡客販米貨到淮過壩，往別處發賣者，每石納軍餉銀八毫、濟漕銀一釐、斛抽銀五毫，共銀二釐三毫，名爲「過壩稅」。若在淮上房，并就船發賣者，止納軍餉八毫，名爲「賣載稅」，此從來舊例，沿行已久，是過壩與見賣，皆有例納之稅矣！每石若再徵銀一分，遽難定擬，等因。該本府看得商販糧米，乃民間日用之需，自來免行徵稅，後經題　准，凡有糧米到淮過壩，裝往別處發賣者，納軍餉銀八毫、濟漕銀一釐、斛抽銀五毫，共銀二釐三毫。在淮發賣者，止納軍餉銀八毫，蓋因軍餉不敷，并淮、大二衛，操運官軍糧餉不足，不得已而爲權宜之計。今吳鎮所奏，專指長江之內，裝載客米而言。淮地即有零星小販，已有過壩、賣載二稅，難以重徵，況先經督稅內監暨祿，明文議將稅務，並不兩地重抽，而食米、柴、薪、蔬、果、書籍，一槩不稅，誠於抽取之中，分別輕重。上不損　國課，下不病民生，議極公，而惠甚溥，應遵此議，免行再徵，等因。到道，相應依議，請乞會　題，等因。各議報到臣，該臣等覆看得，長江裝載客米船隻，至儀眞已納有樑頭稅餉，而客商販賣米貨至淮安，又有議定規則，赴清江戶部分司報納過壩、賣載二稅，即抽稅內監暨祿，議將稅務並不兩地重抽，誠通商惠民至計，則應遵照　明旨，不許重疊徵收，伏候　聖裁。

一據土民陳嘉猷、王宇、楊棟報稱，長江之內，順流而下竹、木、板、枋、柴、炭，彌漫壅塞。除徽、廬等山出產外，未經部關抽納者，悉令照例抽分，每年又可加稅銀五千餘兩。前件該臣等行據揚州兵備道呈稱，據揚州府呈行，據儀眞縣申稱，長江之內，順流而下竹、木、板、枋，先由蕪湖、南京二處抽分；及至儀眞，不數百里，由閘而上者，每楠木一根、雜木二根、茅竹百根，各納纜銀三分；每杉木一百根，納纜銀五分，俱聽修閘及河道項下歲修支用。裝載柴、炭船隻，前款所開，已經納有樑頭兵餉，季報院、道、本府，循環可考，並無遺稅，瓜洲江防同知李仙品回関相同。該本府看得，長江之內，竹、木、板、枋之數，已經蕪湖、南京地方，各照例抽分；至儀眞由閘，又納有河道纜銀，客販柴、炭船隻，納有樑頭兵餉，而柴、炭民間日用之物，抽稅內監原不徵稅，俱難重抽，等因。到道，相應依議，請乞會　題，等因。

又據淮徐兵備道回稱，據淮安府呈行，准清江浦工部分司周主事案開，本司所抽竹、木、板、片、柴、炭等物。應干造船者，俱照漕志刋定，三十抽一，如：貨物價值三兩，抽銀一錢，專爲供造漕船之需，以歲之豐歉、貨之多寡爲盈縮，等因。該本府看得，經過淮安竹、木、板、枋、柴、炭之類，該工部分司三十抽一，以供打造漕船木價之用，此　祖宗舊制也。前項各物，淮地素不出產，皆係他處販到之數，況已經部關抽納，若再議抽，實爲重徵；且原奏專指長江而言，應聽沿江酌議，等因。到道，相應依議，請乞會　題，等因。各議報到臣，該臣等覆看得，長江之內，竹、木、板、枋，由蕪湖、南京各已抽分；至儀眞，報納河道纜銀，柴、炭船隻止納樑頭兵餉；至淮安，俱赴清江工部分司抽分，供造漕運糧船之用，則竹、木、板、枋、柴、炭之稅，俱經關閘抽過，則應遵照　明旨，不許重疊徵收，伏候　聖裁。

一據土民夏時、鄭榮、蕭栢報稱，侵欺歲改叚、絹、布、疋，浙、直異省各有分守，凡屬浙江者，已蒙　准令浙江內臣劉忠查議定奪。今應屬南直各府者，乞併差儀眞內臣暨祿，會同撫、按查議定奪，庶地方無越境牽制之擾，稽查有親知灼見之明，宿弊頓釐，　國用有裨。前件該臣等查得，江北四府三州，惟揚州一府，歲派各色叚二百三十疋，計該價銀八百六十兩五錢、水腳鋪墊銀六十九兩、生絹七百疋，計該價銀八百八十九兩。水腳鋪墊銀二百四十五兩二項，共該銀二千六十三兩五錢，爲數無多，係所屬高江等十州、縣額徵額觧，本地原無機房，召商承領，其鋪墊水腳原係應用實數，並無羨餘，各年俱已完觧，亦無包攬侵欺情弊。又該錦衣衛百戸王心澤亦行具　奏前因，奉　旨會查，已經行據揚州兵備道查明，議詳前來。該臣等於本年六月初一日會疏，先行回　報，至今尙未奉　旨，伏候　聖裁。

萬曆二十八年七月初三日，具題，奉　聖旨。

## 三　解發逆犯赴京疏　萬曆二十八年八月初一日

題爲大奸謀逆，惡黨就擒，懇乞　聖明誅渠魁，以正典刑，安反側，以杜禍亂事。

本年四月，內准兵部咨，該本部題，該鳳陽撫按官李三才等題報，拏獲妖言惑衆孟化鯨等六名，擬斬，請　旨梟示。辛乾等十八名口，分別遣配發落。首惡趙古元等，逃遁未獲，合行嚴緝，明正典刑。該本部覆議備行，移文刑部，將孟化鯨等招罪，查照覆議，上　請定奪，仍行鳳陽及各原籍撫、按衙門，將趙古元等，上緊緝獲，等因，奉　聖旨。是首惡趙古元等，着各該撫、按，嚴行緝拏正法，不許縱脫；脅從的，遵照前旨宥免，仍通行申飭邊腹督、撫等官，用心防察奸虞，以靖地方，如玩視忽畧的，有事重治不饒。欽此。

該刑部覆議，既經撫、按問明，會　題兵部，移咨前來，相應依擬，覆　請合候　命下，本部移咨兵部，轉行彼處撫、按衙門，將犯人孟化鯨等六名，查照原擬，即便處決梟示；辛乾等一十八名口，發遣、發配、杖贖發落。其未獲首惡趙古元等，仍行彼處衙門嚴緝，獲日另結，有功員役通前優敘，等因，奉　聖旨。孟化鯨等，着便處決梟示；辛乾等，依擬發遣、發配、杖贖發落。未獲的，着各該撫、按，嚴行緝拏正罪。欽此。欽遵。備咨兵部，移咨到臣，該臣遵行淮、揚、潁三兵備道查照，節奉　明旨事理，出示懸賞，多差官兵番快，四散擒拏脫逃首惡趙古元等，并行地方有司、將領，防察奸虞，及將事內發遣、發配、杖贖人犯，查明發落。

所據見獲罪犯孟化鯨、王會衡、王尚禮、王松、吳朝相、馬登儒六名，係奉　旨，着便梟示人犯，即當遵奉，會同巡按御史，即便處決。適按臣安文璧患病杜門，調理都察院勘劄尚未奉到。是以，臣候新差按臣吳崇禮行事，間接得邸報，該巡漕御史佴祺（註一〇）題報，於運船幫內，緝得首惡趙古元踪跡，已於通灣拏獲，隨於寶坻縣，拏獲伊妻王氏，并隨行人犯，一面具　題，一面牌行密雲道項副使、漕儲道李參議會審。近，據漕儲道冊報，已經轉行通州高知州、寶坻縣李知縣會審，得趙古元的名「趙一平」與王氏，皆以左道妖術結合，夫妻傳言惑衆，搆扇人心。在浙江，則淫縱誆騙，每子有百六十孫之名；至徐州，則恣逞狂圖聘黨，有招兵、薦賢之舉。若非天奪其魄，縱未能頓成不軌。而劉六、劉七，師尚詔之擾亂荼毒，似不能免，連人申觧密雲、漕儲二道。

該兩道將淮徐道郭參政，関送趙賊原圖，比對面色鬚眉，俱各相肖；王氏脖瘡，左耳下有疤痕，無異。且在徐州房村嫁口除殘，聘賢圖大；在浙江義烏，復更名、更姓，仍佛爹、佛娘，愚惑鄉民，抗捕官兵、殺傷道人，私造私刋《指南》一經，尤属簧蠱。其在淮徐前案，指結楊酓內應，餽受天鵞絨龍衣，與聘王松女次宮，面賜金鳳冠、玉帶；貼膏藥為號，使人訪問；及刺血書，闖王氣來應，作〈號令歌〉。諸欵為孟化鯨、王會衡、甯炳然、苗清等所招稱者，堅不肯承，須俟面質，乃見眞假。但各犯先後拏獲，見繫徐州獄中，伏乞各院會題，奏請勑下法司。即便，馬上差人，刻期弔取，一併觧京，當面會審。

緣由冊報到臣，該臣會同巡按直隸監察御史吳崇禮，看得趙賊謀逆情形，已明白顯露；於順天院、道諸臣之前，曰：「骨格清奇，必成大事。」曰：「精通神術，要舉大事。」曰：

「殺太監陳增，即舉大事。」曰：「他日必有天分。」曰：「約同舉事。」曰：「趙爺是真人。」曰：「迎接聖人。」曰：「思是宋朝苗裔，常蓄異謀。」曰：「我招有原籍子弟兵萬餘，但少熟諳天文、韜畧幾人。」種種情節，爲妖、爲逆、爲首、爲從，凡有耳目者，所共聞見。但彼恨苗清、寇良相等之質證，而欲出脫孟化鯨、王會衡等之腹心。此自奸雄猾口，牴牾之故態，初無足恠，特此中黨與，孟化鯨等，未經面質，終無以杜逆賊之口，而服黨惡之心。

今順天督、撫、按、関漕諸臣，既奉　命會審，解京正罪，則此中孟化鯨等緊關罪犯，正應起解法司，三面對審，庶彼此共質，既足以破羣兇不軌之遺奸，而情罪昭彰，亦足以申　朝廷不宥之大法矣。但查重犯孟化鯨等六名內，吳朝相據淮徐道呈報，已經病故；所有孟化鯨、王會衡、王尚禮、王松、馬登儒五犯見在，因徐州監獄淺隘，弔至淮安府監候，臣已行令該道右參政郭光復，多撥官兵防護取解；并將浙江節次關報情由，及湖廣拶獲楊酋餽送物件緣由，俱赴刑部告投，歸一究問。

又查事內續獲照提人犯，如：苗清、寇良相，與納聘王二姐，及舉首逆情甯炳然，緊關犯證，節據該道陸續，先已解赴彼中院、道去訖。既經彼中各道會議，吊取徐州各犯解京會審，相應發解，伏乞　勑下刑部，將解到人犯孟化鯨等，併一干證佐，與一應湖廣、浙江関文，及臣先題送刑部文卷、反詩、僞示等項，但係趙古元事內情節，參對會審，正罪施行。爲此具本，專差承差蔡宗竇捧，謹題，請　旨。

萬曆二十八年八月初一日，具題，奉　聖旨。

# 四　報秋災疏　萬曆二十八年八月初四日

題爲久疲地方，復罹旱潦，懇乞　聖明，亟　賜蠲（註一一）恤，拯救殘黎，保安重地事。

本年七等月十三等日，節據鳳陽府屬太和縣申稱，自五月十五日，陡被霪雨，晝夜不息，連陰一月，平地積水尺餘；又於六月二十二日，復遭大雨、大雷，幾如晝晦，前水未退，新水又加，豆禾已晚，不能下種；穀、蔔水漫，下者糜爛，上者萎黃。小民失望，老幼悲啼，俯從速賜蠲賑，庶免民填溝壑。

蒙城縣申稱，五月初十日，連綿陰雨，民舍傾倒；至六月二十六日，方見日色，二麥已腐，秋禾未耕，其近官路渦河兩岸，雖有高阜，間種黍穀，久未瞻日，穗粒緇腐。百姓惶惶，呻吟徧野，今冬明春，不知作何狀矣！申乞覆勘，蠲停改折，安慰民心。

定遠縣申稱，自春徂夏，亢旱異常，延至六月初旬，民間方佈豆、穀，出土寸餘，陡遭霪雨，連月泛濫，盈野禾苗，盡被淹淌；遂而疫痢盛行，流亡滿眼。不惟小民度口無資，抑且秋糧無辦，乞賜轉達蠲賑。

亳州申稱，三月內，麥當吐秀之時，冷雨如注；兼以飛霜冰雹，以致麥皆糠粃。及至五月十一日，霪雨連旬；至六月二十七日，始得晴霽，豆、禾未得布種，穀、秫不能耘鋤。低窪處所，一帶漂流，小民失望，以何爲生？米、麥已竭，豆、粟價貴，新、舊之征賦甚急，田野之啼泣可傷，止有賣男女，相率爲逃亡之續。申乞格外推仁，法中存濟，酌議蠲免，量緩征徭。

霍丘縣申稱，自春入夏以來，亢暘爲虐，雨澤愆期，委的秧禾未揷。雖種些須，豆、禾盡被炎日枯槁；五月將終，始得微雨，復種豆、禾。不意，六月初旬，陡遭霪雨月餘，以致淮、黃等河，水勢泛漲，低處渰沒，高阜浸死，一粒無收，西成失望。早賜踏勘，議處蠲賑。

潁上縣申稱，六月初二日，陡遭驟雨，勢如盆傾，不分晝夜；至七月初一日方止，將各湖、灣地土所種禾苗，十渰其七。今又降陰雨，秋禾有種無收，房屋傾頽，小民失望。切思差從地起，民賴度生，禾苗淹沒，錢、糧何辦？若不重加撫恤，誠恐民盡逃竄。申乞踏勘，以救生靈。

潁州申稱，本州四境地土多係下濕，雨、暘時若，方望薄收。今年春間苦旱，六月以來，屢遭霪雨，平地一望，水深數尺。淮、汝等河，水勢暴漲，閭里愁苦萬狀，若不亟爲區處，餓寒無聊之民，恐不能保其無他志矣。恭候委官踏勘，特賜寬恤，以安人心，以杜他患。

靈璧縣申稱，本縣北鄉，正當黃堌下流，歲歲有水，歲歲被災。自二十六、七年，趙家圈刷深，水勢稍殺，淺處間收，如：中、南鄉地勢窪下，時遇天乾，方收麥、豆。不意，今年

六、七月間，霪雨大作，三鄉水潦連天，難施農力，豆、穀成實者淹沒，菽、粟揚花者萎墊，無論錢、糧無出，即俯仰且難延旦夕之命。目今奉文追徵，舊逋不完，而新徵又行急併，百姓委無戀土之志，伏乞弘賜寬恤。

宿州申稱，本州居黃堌下流，七年困水，百姓爲魚。今年入夏五月以來，一月連陰，疾風暴雨，每日如是，已該州官親履勘驗，符離河一帶，兩岸盡淹；南鄉澮河一帶，平原曠野，積水成豬，潦水連天，萊蕪極目，豆、穀成實者淹沒，菽、粟揚花者萎墊。且今奉文舊逋，兼徵新糧急併，如此災異，何以聊生？伏乞寬恤，俾殘民不致流離。

又據淮安府屬睢寧縣申稱，自黃堌口決，水勢滔天。本縣最居下流，被害尤劇，城外、城內房舍淹殘，鄉村田地半屬波濤；黎庶竄奔，六載杳無顆粒，聞者流涕，見者寒心。本年夏月，洪水暴漲，稻地依舊彌漫；加以冰雹頻仍，孰意遺民，復遭大變？即今新、舊併徵，無人承辦。請乞痛惻民艱，折衷時事，懇將本年錢、糧蠲豁，歷年舊欠，稍從寬緩。

宿遷縣申稱，各鄉七月以來，大雨山水，狂風暴作，秋禾淹沒，人民無望，房舍衝淌，錢、糧從何徵辦？申乞破格扶危，大加蠲賑。

又據徐州屬蕭縣申稱，本縣地當黃河下流，泛濫無時，惟縣治山麓，僅存一區，周圍百有餘里，汪汪無際。今年五月至今，霪雨淋漓，民無棲址，啗無充腹，負老携幼，號泣趂食；（註一二）逃者絡繹不絕，存者巢居絕烟。請乞覆查明實，暫停舊逋，蠲折新徵。

又據揚州府屬如臯縣，里老陳忔等連名告稱，今歲春陰，霪雨淋漓，二麥損壞，已成空望。至夏五月間，亢暘不雨，稻秧旱死，民皆蹙額，改種豆、禾。六月內，又遭狂風驟雨，勢若盆傾，連綿一月不止，平地成湖，所種禾苗，盡沉水底，高處類皆萎翳，又被青蟲蠶食，遍野荒蕪，秋成絕望。百姓驚惶，賦役無輸，命難存活，懇賜蠲賑。

又據泰州分司安豊場，竈戶吳璧等連名告稱，鹽政壅滯，竈煎無利，貧苦日不聊生。今年春陰夏亢，忽於六月天行橫雨，平地水深四尺，倉囤成湖，立見廩鹽消折，禾苗浸沒，竈房漂浮，悲號徹天，竈害切骨，懇准查勘，蘇困超生等情。

各申告到臣，除批行淮、揚、潁三兵備道，作速委官查勘，及酌量賑貸，多方撫輯招徠外。查得前項告災地方，尚不止此數處，欲候類齊具　題，不無過期，如有續報，併聽巡按御史，一體覈實明白，照例題　請外卷。查萬曆十三年（註一三）五月，內准戶部咨，爲欽奉
聖諭，并陳末議，以廣　德意，以消災沴事。該本部題，節開今後災傷去處，許小民各將被災地畝開報，掌印官親自踏勘，一面申巡撫具奏，一面造花名地畝文冊，送巡按覈實，定擬分數奏報，前後不嫌異同。待本部題覆至日，即按冊照例蠲免，夏災定限五月以裏，秋災定限七月以裏，奏報，等因，備咨通行在卷。

今據前因，該臣看得江北地方，無歲不罹水災，亦無歲不遭旱潦。今歲一春有苦雨、苦旱者，二麥既已鮮收，間有數處報夏災至者，臣以爲有秋可望，不必繁　瀆。延及五月，亢暵如

燎，以至六月以來，霪雨如澍，經月不止。而民間所佈秋禾，既被淹漫；所棲廬舍，亦爲傾圮，如當黃堌下流之處，更罹洊臻之慘。臣又見七月十五日以後，颶風大作，至五六日不止，詢之左右，皆謂即有秀成稻穀，亦爲此怪風捽落矣。兼以疫痢相傳，死亡枕籍，見在者惟有携妻子、抛鄉井，趂食他方，而爲逃避差賦之計耳。臣惟雨暘失時，歲不能無，然未嘗有如江北地方，疊遭災沴，旱潦相仍，颶風累日者；值此時勢艱難之日，鹽稅横征之秋，即使萬分收成，猶不能支，矧又加以天時之災厄乎？見徵錢、糧尚不能辦，而又加以數年之拖逋乎？舊欠、新徵，併於一時追呼，箠楚之苦，煢煢奔命之狀，見之痛心，聞之酸鼻。至如豊、沛之間，反側尚多；潁、亳之地，妖黨尤盛。　祖宗根本之地，南北咽喉之區，臣待罪地方，不敢坐視，謹據實上　聞，伏乞　勑下戶部，速行按臣逐一覈實，定擬分數，將舊逋、新徵，破格酌議蠲恤，上　請定奪，行臣遵照施行，庶孑遺殘喘，少緩須臾之命。而　根本重地，可無離亂之虞矣！

緣係久疲地方，復罹旱潦，懇乞　聖明，亟　賜蠲恤，拯救殘黎，保安重地。事理未敢擅便，爲此具本，專差承差蔡宗齎捧，謹題，請　旨。

萬曆二十八年八月初四日，具題，奉　聖旨，戶部知道。

## 五　第三停罷礦稅自陳疏　萬曆二十八年八月十八日

奏爲積勞成病，積憂增劇，懇乞　聖明，亟　賜休致，以全臣節事。

臣係武功衛籍，陝西臨潼縣人，中萬曆二年（註一四）進士，歷由郎署，以至今官。竊念微臣，素門賤品，輪翮無取，幸值　休明，謬蒙　簡拔。方且矢心於天日，願言竭力於涓埃，不謂天不從人，命與時忤。去年出都，于時臣年四十八耳，顏色和暢，頭顱無改；據鞍顧影，儘可馳驅，乃自受事兩月，鬚鬢陡變，延至今夏，更覺枯槁，瀉痢交作，飲食頓減，日卧短榻，奄奄待斃。亟延醫生沈道輝等，並令胗視，俱謂元氣已虛，外邪甚重，非假靜攝，難望生全。況今稅使之督征，星火載道；商民之泣訴，血淚盈庭。臣欲苟順時政，則民命日蹙，且恐有竊發之虞，臣欲少救目前，則　天聽日高，更恐被阻撓之罪，晝夜咨嗟，進退維谷，憂心如焚，病勢轉劇，即今閉門月餘，諸事沉閣，勉強支吾，臣實不逮。伏望　皇上，察臣病非假托，憐臣情非得已，早　賜罷歸，別選才賢，速赴調劑，豈惟病臣免狼狽之苦，而地方亦獲安堵之休矣。

抑臣聞之，衛臣史魚，（註一五）既死之日，猶以屍諫；臣即死生未卜，忠愛之心，豈敢以身之去留，自後前人？蓋聞　九重之位最尊、最苦、極高、極危，實非得肆之地、逸欲之鄉，故有天下者，有四大可畏，而夷狄之侵淩、寇盜之擾攘不與焉，曰：「天命之靡常也。」曰：「民心之易離也。」曰：「古訓之不可不遵也。」曰：「　祖宗之不可不法也。」能知所畏，罔不興；不知所畏，罔不亡。　皇上聰明天縱，實非臣下所敢望其萬一。試以今日之政令，今日之人心，儀度得失於四者之間，當自有　神明睿照，瞻言於萬里之外者，臣下之紛紛喋喋，何爲哉？盖知苦而圖之，則尊而樂矣！知其危而愼之，則高而安矣！故願　皇上之一留意也。

夫西之哱拜、東之關白、蜀之播酋，（註一六）豈不桀敖跳梁，殺人屠城？當今稱大患、巨難哉！不知其害實小，其勢實遠；譬諸人身，猶四肢之有疥癬也。腹心無恙，銷滅可期，未聞有以疥癬，而殺人者也。匹夫、匹婦，至微、至弱，撻之而不敢怒，詈之而不敢言，可謂細小易制矣。不知其害甚大，其勢甚近；譬諸人身，猶腹心之有痞痛也，乘虛一舉，顛仆莫救，縱使扁鵲在前，倉公在後，惟有望之而走耳。四肢雖具，溘焉凋謝，是哱拜、關酋，連袂于中原，播賊應龍揮戈于肘腋也。其輕重利害，豈可同日語耶？

昔人以水喻民，載舟、覆舟之說，眞有味之言哉！盖　天命之所繫者，在此民；古訓之所重者，在此民；祖宗之所保乂者，在此民。故一畏民，而三者無餘道矣。一愛民而畏民，無餘事矣。惟我　皇上猛然回心，幡然改慮，毋狃于小喜，而遠其大憂，視民如傷，保民如子，宗社之福、天下之幸也。人之言曰：「身之既隱，焉用文爲？」不又有曰：「忠臣愛　君，惓惓無已者乎。」臣不自揣，輒盡其愚欵，自附于忠臣之心，竊比于史魚之義，惟　皇上加意省察，臣不勝懇切待　命之至。爲此具本，專差承差蔡宗齎捧，謹具，奏　聞，伏候　勑旨。

萬曆二十八年八月十八日，具題，奉（註一七）　聖旨。

## 附註

一　「引」，當同「靷」，引軸之物，即引車前行的皮帶。

二　「弁」，音「變」，本爲周朝冠名，古時男子年滿二十加冠稱「弁」，以示成年；後作爲官帽，通常配禮服用（吉禮之服用冕）。文冠爲赤黑色布之「爵弁」，武冠爲白鹿皮之「皮弁」，後泛指帽子。「武弁」，又稱紗籠、籠冠，原名「趙惠文冠」，秦漢用其遺制，稱「武弁」，也稱「武冠」，多爲武官的禮冠，故「武弁」也指代「武官」。至唐朝，武弁已不限於武官，近身侍從與不同官階文官也多佩戴，故可泛稱「朝臣」。如《明史．熹宗本紀》：「國家文武并用，頃承平日久，視武弁不啻奴隸，致令豪傑解體。」〔清〕趙翼（一七二七～一八一四）〈紀夢〉詩：「閱罷邸抄正午倦，忽夢遷官戴武弁。」

三　「彀」，音「夠」，本義爲「張弩」，通假借作「夠」。

四　「祲」，音「進」，妖氛，不祥之氣也。

五　「貂璫」，音「雕當」，本指貂尾與金、銀璫，爲古代侍中、常侍的冠飾，故借指宦官。〔漢〕應劭《漢官儀》卷上：「中當侍，秦官也。漢興，或用士人，銀璫左貂。光武以後，專任宦者，右貂金璫。」《後漢書·朱穆傳》：「自延平以來，浸益貴盛，假貂璫之飾，處常伯之任。」〔唐〕章懷太子李賢（六五四～六八四）註：「璫以金爲之，當冠前，附以金蟬也。」

六 「恠」，音義同「怪」。《康熙字典·心部·六》：「恠，俗怪字。顏眞卿學王羲之〈東方朔贊〉，怪作恠，以就楷法。俗因誤从在。」

七 「桑、孔」，漢武帝時代著名理財家桑弘羊（公元前一五二～公元前八〇）與孔僅（生卒年不詳）。

八 〔明〕神宗萬曆四年（一五七六），李三才時年二十五歲。下文「萬曆二十五年」（一五九七），李三才時年四十六歲。

九 據《四庫全書總目提要》卷七十五《史部》三十一《地理類存目四·邊防之屬》，《江防考》六卷（浙江汪啓淑家藏本），提要云：「〔明〕吳時來撰，王篆增補。時來，仙居人。嘉靖癸丑進士，官至左都御史，謚文恪。篆，夷陵人。嘉靖壬戌進士，官至吏部左侍郎。隆慶二年，時來以南京僉都御史提督操江，創爲此考。六年，篆奉命繼其任，以時來書度之，形勢微有不同。因仍其體例，增損重訂。蓋明代以南京爲根本重地，專設操江都御史，與勳臣一人同領其事。所轄水操軍以萬計，上自九江，下抵蘇、松、通、泰，緩急咸責成之。是考於形勝、營制、官兵、沿革頗爲詳備。蓋當時積習廢弛，其立法特密云。」案：吳時來（？～一五九〇），字惟修、維修，號悟齋，謚忠恪。浙江承宣布政使司臺州府仙居縣人，官至都察左都御史。

一〇 據雲南臨安佴氏世系記載，〔明〕佴祺，生卒年不詳，係第八世，其父佴時春，贈文林郎，江西道監察御史；神宗萬曆辛卯年（一五九一）鄉試舉人，乙未年（一五九五）第三甲賜同進士出身，選翰林院庶吉士，改授江西道監察御史，巡按直隸河南、山東、廣西等處地方，崇祠孔廟鄉賢祠。配王氏，生三子：佴夢龍、佴夢鯤、佴夢鼎。

一一 「蠲」，音「捐」，本爲「馬蠲」、「馬陸」蟲名，俗稱「香油蟲」。後假借爲「捐」，免除、驅出、去掉之意。

一二 「趂食」，亦作「趁食」，謀生、謀飯吃之意。下「迯者」，即「逃者」。

一三 萬曆十三年（一五八五），李三才時年三十四歲。

一四 萬曆二年（一五七四），李三才時年二十三歲。

一五 「史魚」，春秋時衛國（都於濮陽西南）大夫。名佗，字子魚，也稱史鰌。衛靈公時任祝史，負責衛國對社稷神的祭祀，故稱「祝佗」。吳國延陵季子經過衛國時，讚史魚爲衛國君子、柱石之臣。衛靈三十八年（公元前四九七），衛國的公叔文子曾設家宴招待靈公。告誡史魚說：「子必禍矣！子富而君貧，其及子乎？」而免禍的辦法，只有富而不驕，謹守臣道。（詳參《左傳·定公·十三年》）史魚多次向衛靈公推薦蘧伯玉。臨死囑家人不要「治喪正室」，以勸戒衛靈公進賢（蘧伯玉）去佞（彌子瑕），史稱「屍諫」。故《論語·衛靈公》篇，孔子稱之曰：「直哉史魚！邦有道如矢，邦無道如矢。」其事載《孔子家語·困誓第二十二》：「衛蘧伯玉賢而靈公不用，彌子瑕不肖反任之，史魚驟諫而不從，史魚病將卒，命其子曰：『吾在衛朝，不能進蘧伯玉退彌子瑕，是吾爲臣不能正君也。生而不能正君，則死無以成禮。我死，汝置屍牖下，於我畢矣。』其子從之，靈公弔焉，怪而問焉，其子以其父言告公，公愕然失容曰：『是寡人之過也。』於是命之殯於客位，進蘧伯玉而用之，退彌子瑕而遠之。孔子聞之曰：『古之列諫之者，死則已矣，未有若史魚死而屍諫，忠感其君者也，不可謂直乎？』」《韓詩外傳》、《新序》亦皆載其事，而稱曰：「生以身諫，死以屍諫，可謂直矣。」

一六　以上「西之哱拜，東之關白，蜀之播酋」，各指蒙古哱拜、日本豐臣秀吉（一五三七～一五九八）與播州楊應龍（一五五一～一六〇〇），此即神宗萬曆二十年至二十八年（一五九二～一六〇〇）間，先後在中國西北、東北與西南邊疆，接連展開的三次大規模軍事行動，史稱「萬曆三大征」——寧夏之役（平定蒙古人哱拜叛亂）、朝鮮之役（平定日本豐臣秀吉入侵朝鮮）、播州之役（平定貴州土司楊應龍叛亂）。「寧夏之役」，自萬曆二十年（一五九二）二月十八日延至九月十八日，耗金二百餘萬。第一次「朝鮮之役」，自萬曆二十年至二十一年（一五九二～一五九三）；第二次爲萬曆二十五至二十六年（一五九七～一五九八），前後八年，耗金七百餘萬。「播州之役」，自萬曆二十七年至二十八年（一五九九～一六〇〇），用金二三百萬。明朝雖然三戰皆勝，但國力損耗巨大，國庫由此空虛，礦稅大興，萬曆派宦官四處收稅，朝野動盪不已，種下明朝覆亡的敗因。

一七　「題」、「奉」二字左半殘缺不全，以各疏文末用語比對，確認無疑。

# 《撫淮小草》卷之五

關西道甫李三才著

## 第六冊　奏議

### 一　查解河道錢糧疏　萬曆二十八年八月二十五日

題爲遵照見（註一）行事例，疏通鹽法，裕國便商事。

萬曆二十七年十一月，內准提督山東徐州礦稅御馬監太監陳增手本，內開該忠義右衛百戶高時夏奏稱，仰覩工邊多費，帑藏匱詘，大小臣工，報舉礦稅、鹽課，濟助時艱。據鹽商于以龍、土民趙節，報兩浙、福建等運司轄屬鹽場，累年積蓄鹽堆，及壅滯引目，疏通變價，濟助大工，大約每年進銀三十萬兩。兼查徐州保船戶于津等所揭，嘉靖年間，因疏通河道，工部尚書朱衡（註二）等設隄，沿江船料等項銀兩，共有二百萬。計除節年工費冒破（註三）外，見有餘銀不下六、七十萬兩，名釘案閣，銀匿寂藏；惟肥司計者之侵漁，合依查取，措濟當急之用，並　勅速行前去，會同司鹽衙門、河道等官，從實研查的確，類解　御前，等因，奉聖旨。這奏內浙、福等處鹽場，累年積蓄鹽堆，及壅滯引目，疏通變價，每年約有銀三十萬兩，有俾國用，准着浙江督理稅務內官劉成、福建督理礦稅內官高宷，（註四）不妨原務，各帶管彼處，督率原奏官、商、士、民前去，會同各該撫、按等官，查理銀兩解進，不許擾害地方，寫勅與他。其徐州沿江船料等項，見有餘銀六、七十萬兩，便着督理山東礦稅內官陳增，公同彼處撫、按等官，查理明實，奏請定奪，該衙門知道。欽此。

除浙、福等處鹽場，聽彼處查理外，該本監看得疏內所稱，嘉靖年間，疏通河道工部朱尙書等官，設隄沿江船料等項，銀兩餘有六、七十萬，事非尠小，要見貯積何處？歷年以來，有無動支？且疏通河道，每年額銀若干，是何府、州、縣，協濟沿江船料？是何衙門，收貯要見？每年用過，若干餘剩，若干收貯、給散，必有底簿；承收接管，必有職名，擬合通行，備查明白，奏　請合用，手本前去，煩爲查照。即將前項存積船料等項銀兩，備開給發，差官齎領過監，以憑復查施行，等因。備行到臣，准此。隨即會同河、按二臣，劄行淮、揚二道，會查徐州沿江船料，始末起止緣由。每年額數若干？何處所榷？是否供給河道支銷？見今各屬，有無存積？在庫若干？應否解濟　大工？有無歷年收支存積卷簿可憑？逐一查明通詳，以憑覆覈，會同奏　請定奪。

又節行查催間，萬曆二十八年五月，內准户部咨，爲分陳緣由，以遵　欽命，以速　國計事。該原奏官商于以龍奏稱，與忠義右衛百户高時夏，將浙、福鹽例，奏獻銀三十萬兩；徐州等處沿江帶船料銀兩，不下六、七十萬兩，已蒙　欽命，准將浙、福鹽例，歸併浙、福內臣收觧。沿江船料銀兩，歸併內臣陳增會查，已有河道衙門開查，節年所設用過三百餘萬，其廣積者實矣。既有廣積，豈無貯存餘剩？且徐州等處沿江船料，自始到今，三十年來，通共止報銀二十餘萬；況徐州等處，四通八達，水便河南、山東、南北直隸、江、浙、湖廣等處，接連沿江一帶，每年船料銀約有十餘萬，俱被各地方經管員役包攬，水手、埠牙人等朦官網利，欺吞國課，見無　勅旨，止有查明，奏　請定奪之　命。由此縱膽相欺，不以實報。近又有吳鎮、王體仁聞風，就奏沿江船隻遺税銀兩，可知其詳；如不星夜具奏分明，日後尤恐紊亂，必致商船一兔二皮，乞　勅內臣陳增督同，着落各府、州、縣管河通判、佐貳等官，責令各地方埠牙人等，嚴革宿弊。查將廬州、湖廣所屬江岸地方，船隻遺税銀兩，聽吳鎮、王體仁等徵收；其餘處所，查數觧　進，彼此不許攙越，擾礙疆界，等因，奉　聖旨。

浙江、福建鹽利，並徐州沿江船料，奉有明　旨，着欽差內官劉成、高宲、陳增，會同各該撫、按等官，查理明實，奏請定奪。如何日久，尚未奏來？便着該部、院，行催上緊，具奏，還立限與他。欽此。合咨前去，煩爲會同廵按，及內官陳增，遵照　明旨內事理，作速查理明實，定限本年五月內，回　奏施行，等因。移咨到臣，該臣隨即會行淮、揚二兵備道，作速清查明白，通詳覆覈去後。先是總理河道尚書劉東星，見得百户高時夏具奏，即移送揭帖到臣，開稱亦准內監陳增手本，行查嘉靖年間工部尚書朱衡等，設隄沿江船料等銀，共有二百萬，計節年工費冒破外，見有餘銀不下六、七十萬兩，名釘案閣，銀匿寂藏，惟肥司計者之侵漁，合依查取，措濟當急之用，等因。本職初聞之，茫然不識所謂，如說鬼、說夢，絕無影響。（註五）

夫河道錢、糧，歲有定額，收支出納，不爽錙銖，黃、運二河所屬南北直隸、山東、河南、浙江，凡五省十一司道，其所轄各府、州、縣庫廠，一應物料、錢、糧，每年分別舊管新收，開除實在，歲終造冊奏繳，直達　御前。此無論正項額徵羨餘，無礙俱在，即一草一椿，米鹽零碎，莫不具載。二十餘年以來，歲報黃冊，存貯工科，無待查明，亦無容置辯者也。姑就其言，一一折之：彼稱嘉靖年間，因疏通河道，尚書朱衡等官，設隄沿江船料等項銀兩，共有二百萬計。夫自嘉靖末年以來，黃河屢決，運道填淤，先河臣朱衡、潘季馴，（註六）相繼任事，固嘗疏河設隄，屢興大役；然查朱衡治河之役，共計用銀四十萬兩。彼時，查得南直、山東，見貯庫銀，不及二萬，乃先後　請發淮、揚餘鹽銀八萬兩，山東、河南、南直隸香稅事例銀七萬兩，鳳陽倉銀一萬兩借支，河南各府河夫銀一十七萬兩，濟寧州寄庫大名府裂三千兩，滕縣寄庫沛縣銀四千五百兩，山東布政司及汝寧、東昌二府原觧外附餘銀三百四十一兩。又留漕米三萬四千五百七十七石，并挼括各庫原貯銀二萬餘兩，通共支過銀三十六萬七千九百二十四兩六錢七分零，尚有未完工程，無銀支用，復題　請戶、工二部，多方設處，方得完工。時未嘗計及船料，又何嘗剩有餘銀？

又查潘季馴治河之役，先後共估用銀八十七萬四千一百九十九兩二錢二分六釐。彼時，查得山東、南直，每年歲修，東那（註七）西補，原無餘積，止有河南各府庫，貯銀一十九萬餘兩，又以本地工多，勢難那借，乃　請發南京戶、兵二部糧剩、馬價等銀二十萬兩，截留漕米八萬石，動支巡鹽衙門議開支河銀三萬五千八百七十六兩外；尚該銀五十九萬八千三百二十三兩二錢二分六釐，無從處置，乃復題　請改折漕糧，將額外餘銀，照數留工支用，始克完工，時亦何嘗筭及船料，剩有餘銀也？又據彼稱，除節年工費冒破外，見有餘銀，不下六、七十萬兩。

夫河道，除估議大工錢、糧，另行　請發，其每年歲修工費，亦先經題　請動支，淮、揚帶徵鹽斤銀一萬八千兩，議留淮、揚、徐三鈔關稅銀各一千兩，河南協濟河夫銀九千兩，共銀三萬兩，解淮安府貯庫，備歲修河工之用。其後鹽引壅滯，無從徵解，鹽銀盡行停止，三關稅銀復還歸戶部；而河南協濟銀兩，又多拖欠，乃復　題留輕齎，扣留二升米等，銀內支用。是節年工費，亦何嘗有船料，而冒破之也？且徐州去江七百餘里，風馬牛不相及也。今沿江船料，惟有湖廣之荊州，江西之九江，太平之蕪湖三廠而已。然皆設自宣德、成化（註八）年間，九江、荊州之稅，逕解戶、工二部；而蕪湖之稅，則分解龍江、清江二廠，打造漕運糧船支用，即清江廠亦有抽分船料，始自景泰（註九）年間，專爲造漕船而設。每歲額造船四百六十餘隻，共該料價銀四萬七千餘兩，以本廠之稅與蕪、杭鮮銀，及軍三小料相湊兼支，並無積剩，亦非河道錢、糧。

及查得徐州船稅，始於隆慶元年，（註一〇）爲御史唐鍊（註一一）所　請而設，鍊先爲呂梁主事，故原議設關於呂梁；後隆慶六年，尚書朱衡始移隸於徐洪。至萬曆六年，（註一二）裁革徐洪主事，而以稅務歸之戶部主事，近已載入　《大明會典》中，每歲多不過萬金，少止七、八千兩，專以支給洪隄各夫工食及河工支用，而原議各司、道添設官員公費，亦取給其中。計徐、呂二洪洪夫九百名，每名工食銀八兩；豊縣隄夫五十名，每名工食銀十兩七錢，并桃源縣隄夫湊支六百八十一兩六錢，每歲共該支銀八千四百二十餘兩。又各添設公費，及書辦工食，額銀六百七十餘兩，一歲所入，不足供一歲之用。而近年黃河南徙，船稅益微，洪夫缺食，紛紛告討，至借河道銀二千七百三十餘兩支給。今因工食銀少，方議將洪夫裁革一、二百名，方可足用；至如淮安、清江由閘樑頭銀兩，每年發淮庫收貯，額供邳州隄夫之用；儀眞由閘樑頭銀兩，充淮安、高家堰隄夫工食；瓜洲閘先年止行漕運，至萬曆二十五年，該前任總河尚書楊一魁，（註一三）欲許民船通行，報納樑頭稅銀，供給河道不敷之用。又爲經紀人等告要，仍舊挑盤包納船稅，一二年來，總計不過二千有奇，鮮濟挑濬徐、邳一帶運河之費。後該本職於二十七年十月內，念此商民挑盤煩費之苦，行令民船由瓜閘通行，報納樑頭稅銀，至今僅一千六百七十三兩零，隨船纜銀五十一兩零，原因黃河南徙，正河不時淤淺，聽備挑濬工料支用。此淮、揚、徐州，歷年收支，簿籍可查；而該科歲報黃冊可考，何嘗剩有餘銀？司計者方苦歲支不給，又何得而侵漁也？此皆係徐州市棍，爭行不遂，故投揭妄言。今徐州戶部分司，見存有于津等，爭行卷宗；今查于津，久已病故，其子徐州吏于繼衡有丁憂呈可據也。今日之奏，又係同行棍徒，借于津出名，以行其奸計耳。原奉　旨着該監，公同撫、按等官，查明奏　請，本職不宜越俎；但河道錢、糧係本職職掌，不得不據實開揭，煩爲查照議行，等因。案候間，今于以龍又行　奏催該臣，節經行催各道，上緊查報。今據整飭淮徐兵備右參政郭光復會呈，蒙總河撫、按各衙門劄案前事，行查高時夏等船料緣由，遵依。

行據淮安府申稱，查得淮安地方，並無設有沿江船料銀兩，其板閘鈔關額收船鈔，俱解戶部買錢，及扣解濟邊之用，與河道無干。止於隆慶四年間，奉河道衙門明文，議設清江由閘，銀兩係供邳州隄夫工食支用。及查河道錢、糧，本府原無額設歲修之數，續於萬曆九年添設歲修銀二萬九千兩；後又議加銀一千兩，共銀三萬兩，出自河南各府協濟銀九千兩、徐州倉麥銀一千五十九兩、鳳陽府隄夫銀四百三兩二錢、漕運車盤腳米銀一千五百七十八兩、輕齎扣留二升米銀四千四百五十九兩八錢、浙江南直隸江南各府過江腳米銀一萬三千五百兩，俱專聽每年修理河道，并防守隄岸應用。今查由閘銀兩所收多寡不等，每年大約不過二千七、八百兩，而截長補短，通融湊支，僅供隄夫支領歲修銀兩。雖有三萬之名，每年拖欠不等，通融接續，亦僅僅足用；但由閘銀兩，隔年既久，事遠人非，卷簿零落，不便查造。其歲修銀兩，萬曆九年起，至二十一年止，彼因工程緊急，所收之數，尚不足用，俱盡數支銷，並無餘剩；且經每年一次查明造冊　奏繳外，今本年督令吏書，倒架找尋，查自萬曆二十二年起，至二十七年十二月終止，磨算明白，分別舊管、新收、開除，實在數目在官，相應造冊，申送候覆。

查回　奏，及查前項錢、糧，見今在庫。二十七年十二月，終止支存之數，由閘銀見有四百八十五兩六錢八分一釐，歲修銀見有一萬四千八百一十五兩九分四毫七絲二忽七微三纖五沙二塵八埃六渺，通共銀一萬五千三百兩七錢七分有奇爲照。前項在庫實在銀兩，係關河道，似應照舊收貯，聽候隄夫，及歲修工程等項支用，難以徑動。但今　大工乏用，奉　旨查解；幸今歲河道安流，此項稍可那解，請乞　裁酌轉詳，准將在庫二十七年終止實在由閘，并歲修銀，共一萬五千三百兩七錢有奇，俱儘數動支，聽候內監陳增處，類解　進用。其隄夫工食，并歲修工程合用錢、糧，聽候續收之數，接續樽（註一四）節支用，倘有不足，從容另行處補，庶　大工、河道兩事兼濟矣。

徐州申稱，先年蒙工部侍郎翁大立題　准，設立民船鈔稅，專備河工之用，自隆慶四年起，在於徐州洪工部分司管理；至萬曆六年，裁革該司衙門前項稅務，改併徐州倉戶部分司管理，原行分司將應稅銀數，批註單內，發徐州秤兌貯庫，登記循環，每月終，將收過數目，申報主事，轉報總河衙門；歲終造冊，報部備照，遵行在卷。但節年收支鈔稅，官吏更代，卷案浥爛，難以查理，已將萬曆六年起，至二十七年十二月終止，奉文發州，收支船稅銀兩，造冊申報本道，并中河工部分司，及內監陳增照驗。訖今，該本州覆查得，所屬蕭、沛、碭、豊四縣，並無沿江額設船料，止查有本州奉戶部分司發下，上下水船戶交納船稅銀兩貯庫，每年專給徐、呂二洪洪夫工食，并總河衙門，及各分司公費，尚不敷用。搜查庫藏，并詳檢卷簿，委無存積銀兩；止查有節年收支河道錢、糧，除正項支用外，見餘河道歲修銀八百九十三兩八釐四毫七絲，隄夫銀一百二十七兩六錢四分八絲一忽三微二纖，漕米銀五百三十六兩一錢二分五釐，曠（註一五）工銀二百六十兩九錢九分六毫一絲一忽，運河餘剩銀二千九百七十四兩五錢八分六釐七毫六絲六忽六微八纖，共銀四千七百三十八兩三錢五分九毫二絲九忽，堪以那觧，等因。到道，該本道會同中河郎中劉不息、南河郎中顧雲鳳，（註一六）看得淮徐地方，原不近江，從來未曾設有沿江船料。

查得嘉靖年間，工部朱尚書開挑南陽夏鎮一帶新河，工費繁鉅，題　請動支南北直隸、山東、河南四省直錢、糧，工程告竣，當經查核　奏繳，事涉年遠，卷案湮沒，無憑查考。秖查隆慶四年間，蒙總理河道翁侍郎題奉　欽依，將淮安清江浦民船，議令由閘，各照樑頭大小徵稅，赴清江工部分司報納，聽給邳州隄夫工食；外河往來船隻，經過徐州者，亦照樑頭大小徵稅。先年赴徐州洪工部分司報納後，因該司裁減，改赴徐州倉戶部分司報納，專聽徐、呂洪夫工食等項支用，各將徵收稅銀，發該府、州貯庫聽支，仍登記循環，按季赴總河衙門倒換稽查，年終造冊報部。節年以來，雖徵收數目盈縮不常，大率截長補短，一年僅可以供一年之用。近來，各處災疲，商販稀少，歲入之數，較之往昔更減。

又查得萬曆九年間，蒙總河潘都御史題　准，每年議設歲修河道銀三萬兩，派徵於河南、浙、直及鳳陽，各府、州協濟，以供淮、徐、瓜、儀一帶，河防修守之費，第各處徵解不前，逐年拖欠。雖有三萬兩之名，而無三萬兩之實，年終總河衙門一併將用過錢、糧、做過工程，造冊　奏繳。在船稅各有額項，而支用間嘗那借在歲修；雖僅足用，而庫藏並無贏餘，設使稍有存積，頻年河工多事，東那西湊，請發　內帑，借留漕米，寧不援括及此，以助目前詘乏耶？且前項錢、糧出納，非止一官查核，非止一處節年支銷，　奏繳已明，難容侵欺別弊。但以前年分收支卷簿，據各府、州回稱，官吏更代，事遠人亡，燬爛無憑，止有近年收支數目，見在可查。茲據淮安府報有二十七年終止，在庫由閘歲修等銀，共一萬五千三百兩七錢七分有奇；徐州報有二十七年終，在庫河道項下銀，四千七百三十八兩三錢五分有奇，二項通共銀二萬零三十九兩一錢二分零。雖係河工正項之需，然當此　大工告匱，高時夏執奏前來，相應權宜那解，以佐公家一時之急。候河道缺用，另行區處，伏乞裁酌，俯賜會議，回　奏施行。

又據揚州兵備、右布政使陳璧呈，行據揚州府申稱，行准本府管河通判王文英牒稱，本府地方鈔關有徵收船料銀兩，按季解京收買錢鈔，及解戶部濟邊，並非協濟河道錢、糧；至於每歲所屬修理河道、隄岸工料價值，俱徑赴淮安府支領，銷筭無憑。牒報又據儀眞縣申稱，本縣凡有四路商客，裝載貨物，經由四閘，俱照樑頭丈尺，赴委官處報納稅銀，充高堰隄夫工食。

後奉明文，每船如原納稅銀一兩者，外加軍餉銀五錢，聽給永生洲兵餉。如下江鹽船一隻，納樑頭銀一錢五分，聽給軍餉；回空糧船，裝載客貨者，每隻納銀一兩四錢，內八錢河道支銷，六錢永生洲兵餉。再查由閘船稅，每年原無定額，除歲聽高家堰隄夫工食一千四百四十六兩支解，其積餘銀兩，見蒙總河衙門，并南河分司，開挑邵伯越河，陸續動支，采買建閘石塊、灰木，并水腳夫工等項支用，候工完類筭止，實存銀六百二十二兩九錢六分六釐三毫三絲貯庫。至於沿江船料，並無此項名色，無憑議報。

高郵州申稱，本州原係入裏漕河，並無沿江去處，船料之設，從來未聞；除先奉府牌，行查文卷，倒架搜查，並無根據。近該徐州內使委官王金印等，來州清查，亦備前由回覆訖。寶應縣申稱，本縣在於淮、揚適中，原非關津、隘口，並無徵收船料銀兩；及查河工每年歲修工程，俱奉司、道明文，估動淮庫銀兩，工完，亦聽總河衙門銷筭　奏繳，無憑申報。及據江都縣申報相同，據此該本府查得徵收船料揚（註一七）地，止鈔關有此名色，徑聽監收發府，自有正項解部，買錢濟邊之用。至於船料銀兩，協濟河道，乃係徐州洪鈔務；而本府沿江一帶地方，並無設有此項錢、糧。近據內使差官王金印，呈送查理船料事宜，揭帖到府，內又開列歲修河道、隄閘錢、糧，瓜、儀由閘船稅、軍餉、樑頭，各衛運糧船隻武官俸鈔，各欵在內。是所原奏船料，本府委無此項，但查本府估脩沿河隄閘，事屬南河分司，並無額派徵收解府錢、糧，應給工料價值。各該州、縣遵奉總河、部、院，詳允明文，徑赴淮安府庫給領，並不經由本府支放。至於由閘銀兩，儀眞閘原有徵收船稅，歲無定額，除額解高堰隄夫工食外，見今又開邵伯越河動支、買辦木石等料，止實存銀六百二十二兩九錢六分六釐三毫三絲，見貯縣庫。其瓜洲閘先年止行糧運，至萬曆二十五年八月，內奉總河楊尚書明文，許民船經行，查與操江軍餉樑稅有碍，該鎮各行經紀屠燧等告，蒙詳允包納，船稅仍舊，挑盤陸續徵完，銀二千七百三十六兩六錢八分四釐二絲四忽。兩次批差縣丞黃恪、經歷張一文，解送徐州挑濬黃河應用，取獲批收在卷，止存府庫銀一千五百一十九兩九錢二分釐七絲四忽。

近又蒙總河劉尚書俯念商困，行令瓜閘通行民船，以省盤壩。自萬曆二十七年十月初三日起，至二十八年五月終，止收過瓜洲由閘船稅銀一千六百七十三兩一錢八分，隨船纜銀五十一兩八錢四分，俱貯府庫，并儀眞閘稅共四項，該銀三千八百六十七兩九錢一分二釐四毫四忽，原聽河道工料支用，今欲解助　大工，前項銀兩，堪以那湊，以佐一時之急，等因，到道爲照。揚屬瓜、儀由閘船料等銀，係供河道支用，原無定額，大約不過數千而已。節年截長補短，僅足支持；緣今歲河道安流，雖有邵伯越河之費，而尚無別項工作，是以微有存積，爲河漕經遠之慮，似難別動。但既稱　大工匱詘，高時夏執有前奏，亦難苦留，即權宜那解，以佐公家一時之急，勢不得不然耳。伏乞裁酌，會議回　奏施行，等因。各呈報到臣，該臣會同巡按直隸監察御史吳崇禮、提督山東徐州礦稅御馬監太監陳增，覆看得百戶高時夏等所奏，先年設隄沿江船料等銀，共有二百萬，計每年冒破之外，見有餘銀六、七十萬兩，爲司計者侵漁，今要查取，解濟　大工。未幾，而于以龍又變其前說，已有河道衙門開查，節年用過三百餘萬，豈無餘剩？徐州等處沿江船料，三十年來，止報銀二十餘萬；又欲自徐州接連沿江，每年約銀十餘萬，查數解進，而廬州、湖廣江岸船稅不與焉。今該臣等，節行司、道、府、州、縣等官，歷查回報前來，臣等細閱其詳，則此輩所奏，全無影響，不謂　聖明之世，有此一等魑魅魍魎之徒，造此不稽之談，誑惑　聖聰，亦至此極耶？

夫自嘉靖年間，黃河變遷，運道阻梗，　朝廷特遣總河大臣綜理，以迄于今，或開挑新河，或開濬淤淺，或築塞决口，或築隄障流，或濬河通江，或導河入海，凡所以捍衛　祖陵，保全運道，奠安民社，計先後河臣，盖悉心籌慮，請自　宸斷，决擇而行。每興一大役，所費不貲，非　請發　內帑，即　題留漕糧，及運司鹽課，省、直協濟，方得完工。每興一大工，非　特遣科臣，即　專勅巡按諸臣，稽察查核，會行多官；自上至下，自細至鉅，節節查盤，年年銷筭，必至明確，方行造冊　奏繳。非一人一手，可得模稜而了者，今道、府所報之冊，即每年　奏繳之數，何庸復造，以煩　天聽？

自興舉河工以來，所費金錢，奚止數百餘萬，未有任其冒費，不爲稽考之錢、糧；未有任其破調，不行經度之工程也。總河大臣正　朝廷寄以心膂，托以綜理河工者也。其中，若有侵漁冒破，豈容置之不問？此河臣劉東星之揭帖，一一分析，甚爲詳備，甚爲明確也。即今，如邵伯開挑越河，約估用銀六萬九千有奇，又在歲修之外，尚在不敷，方在措處，豈有餘剩河道之銀不行，摎查接濟支用者乎？大抵，江北地方河患，歲歲興舉，庫藏在在空虛，卒遇工作大興，題　請設處，極費調劑。不知高時夏等所奏，見有餘銀六、七十萬，名釘案閣，銀匿寂藏，指何所據而言？于以龍所奏，徐州等處船料，三十年來，止報銀二十餘萬，亦指何所據？而見今內臣陳增，委官王金印等，自沿河、沿江府、州、縣，摎查已遍，若剩有餘銀，可問而知者。又謂徐州等處，接連沿江一帶，每年船料銀約有十餘萬，與金吾左衛百戶吳鎭所奏相同，此一項已經各該分司、道、府歷查，皆屬侵越鈔關疆界，重疊徵收，臣等會同內臣暨祿，先行回　奏訖。是淮、揚二鈔關船料，額觧戶部買錢濟邊，不與河道干涉。徐州船料，清江、瓜、儀由閘樑頭稅銀，皆供河道隄夫工食，明係正項、正支。今此輩望空亂談，如同兒戲，不顧　朝廷大體，惟知聳　上剥下，幸賴　聖明洞晰群奸，令內臣陳增，公同臣等，撫、按等官，查理明實，奏　請定奪。臣等今據地方各官所報，再三籌計，將淮、揚、徐三庫，見在歲修河道、由閘船稅等，銀二萬三千九百七兩三分零，類總觧　進，以助　大工之急。

今年河道伏秋修守之費，與夫邵伯開挑越河工程，容河臣另行設處，是亦權宜劑量之計也。相應會　題，伏乞　勅下臣等遵奉，將前淮、揚、徐三庫見在銀兩，聽內臣陳增類取觧進施行。臣等未敢擅便，爲此具本，專差承差蔡宗齎捧，謹題，請　旨。

萬曆二十八年八月二十五日，具題，奉　聖旨。

## 二　州縣正官免　覲疏　萬曆二十八年九月二十二日

題爲衝要地方多事，乞留朝　覲正官，以滋保障，以安民生事。

據整飭揚州海防兵備、右布政使陳璧呈稱，查得揚州一帶，稱江淮要區，負海濱江，外則倭患，而內則苦於鹽徒、劇盜，爲奸雄睥睨之地，如近日趙古元輩之逆謀可鑒已！矧今沿江稅監，沿海鹽監，各項委官，棊布星羅，白晝攫金，人情洶洶，閧爭難免。儀眞、江都、高郵，其最亟者；通州、如皐、泰興，則江海之門户在焉。俗獷難馴，大盜出沒，變且易生，此六州、縣者，非有正官爲之管理、調停，能俾無他虞哉？請乞具　題，將高、通二州，儀眞、江都、泰興、如皐四縣，各掌印官，酌議　題留，照舊供職。庶緩急有濟，地方獲安。

又據淮徐海防兵備、右參政郭光復呈稱，所屬淮徐府、州，濱臨河海，俱當南北咽喉之衝，邇年灾患頻仍，民生凋敝，已不堪命；加以榷使遍布所在，人心洶洶，又逆賊趙古元甫擒之日，餘黨反側未定，所賴正官調停、安輯，誠不可缺。及查淮屬山陽，附郭首縣，政務繁劇；清河蕞爾小邑，地衝民疲；邳州接壤山東，又係臨河凋疲地方，且俱有稅使，差人立関其地，抽取貨稅；蕭、碭二縣，正當黃河之衝，久罹昏墊。至如蕭縣，今歲夏秋災傷，已至十分，更爲重大；碭山上年水災，失城民，苦魚鱉，見今搆砌新堡，方在經營。而徐州鹽盜、逆黨，實繁有徒，且二稅使駐劄其間，彼此爭衡，鎮撫調停，又皆該州正官一身之所仔肩者，較之別郡，大不相同。士、民羣赴控留，亦時勢、人情之所不容已者。請乞俯，將徐、邳二州知州，山、清、蕭、碭四縣知縣，會議題　請，免其入　覲。

又據署潁州兵備道事、鳳陽府知府金時舒呈稱，鳳陽爲　根本重地，如亳州界聯河南，爲盜賊淵藪，且人性強悍，素好白蓮、無爲等教，不時竊發。今歲霪雨爲災，田地無收，民皆流竄。宿州治當南北衝衢，繁難已極，且當黃堌下流，積歲困水，田地成沼，人民逃徙，錢、糧逋欠。近日，州官招撫流移，開墾荒田，拮据整治，稍有次第。靈璧縣與宿州接境，亦當黃堌之衝，田地淹沒，里甲蕭條。泗州拱護　祖陵，頻年淮水爲患，近因分黃導淮，百姓稍稍復業，正賴正官撫摩。今照朝　覲之期，所有前項亳、宿、泗三州，靈璧一縣正官，請乞會題，議留免　覲，以安災黎，等因，各備呈到臣。據此案照，先爲朝　覲事，准吏部咨考功清吏司案呈，照得萬曆二十九年正月初一日，諸司官員。

又該朝　覲之期，所有合行事宜，例應預行知會，該本部覆議欵開來　朝官，俱儘正官；如正官缺，或新任未及三月，方許以次佐貳官，不得越次。除地方事情重大，不可一日缺正官者，聽撫、按臨期酌量奏留，等因。題奉　欽依，備咨前來，通行揚、淮、潁三兵備道，欽遵查照。間，又節據各屬士、民人等，呈告保留正官，撫安災民等情，俱經批行各道，議處去後。今據前因，該臣會同巡按直隸監御史吳崇禮，議照三年朝　覲，乃　國家述職大典。凡在臣工，誼當祗奉，孰敢違越，輕率議免？顧今地方時勢之艱難，有不容不爲之所者。江北郡邑，當南北衝繁之區，爲商民輻輳之地；且連年災沴，與河患頻仍，倭儆并軍興疊出，江、海險阻，鹽盜出沒，加以鹽稅三內使，委官肆行抽榷。近如逆謀趙古元輩，反側未安，此正屬地方多事之時，人心易搖之日，所藉各官撫輯、料理，事（註一八）不可緩，既經各道酌量緩急，議將衝疲多事郡邑正官，乞要　題留，免　覲一節，相應題　請，伏乞　勅下吏部，再加詳議。合無俯准，將高、通、徐、邳、亳、宿、泗七州，江都、儀眞、泰興、如皐、山陽、清河、蕭、碭、靈璧九縣，各該掌印正官，姑留在任，令其整理兵戎，捍衛地方，愛養百姓，調停鹽稅，仍聽臣等，選令佐貳官，帶同首領官吏，齎冊朝　覲，速行臣等，遵奉施行，庶　典禮不廢，而地方攸賴矣。

緣係衝要地方多事，乞留朝　覲正官，以滋保障，以安民生。事理未敢擅便，爲此具本，專差承差蔡宗齎捧，謹題，請　旨。

萬曆二十八年九月二十二日，具題，奉　聖旨，吏部知道。

## 三　完解京庫錢糧各官開俸疏　萬曆二十八年十月二十八日

題爲欽奉　聖諭事。

據整飭揚州兵備、右布政使陳璧呈稱，奉撫、按衙門劄案。該戶部題奉　明旨，將未完京庫錢、糧，各該司、道有司管糧等官住俸督催，候見徵并帶徵分數報完，方許開俸。又蒙節次行催，依蒙節經催行揚州府，查將所屬通、泰、江、興等州、縣，自萬曆十八年起，至二十六年，先完京庫銀三千七百五十九兩九錢四分一釐零，已經批差海門縣典史孫琚，領解赴部交納。即今奉文開催，又將見徵。萬曆二十六年分，原未完京庫各項錢、糧、民竈，共銀三千二百八十五兩五錢四分七釐零，帶徵；萬曆十八年起，至二十五年止，各項京庫錢、糧，共銀一萬一千八百七兩八錢零；今萬曆二十八年，應完三分三釐，銀三千三百二十一兩七釐零，并同見徵。俱經徵完，批差通州判官陳夢鯉等，領解赴部交納，委無官吏收頭人等兜侵之弊。

又據淮徐兵備、右參政郭光復呈稱，依蒙查得淮安府所屬州、縣，萬曆十八年起，至二十五年止，帶徵銀四萬二千八百六十四兩九錢五分一釐零，見徵；二十六年分，銀一萬二百兩一錢九分九釐零，節該本道奉兩院行催，嚴行各屬徵解。今查邳州、山陽、贛榆、鹽城四州、縣，見徵、帶徵，俱全數徵完；海州，并清河、桃源、宿遷、睢寧、沭陽、安東七州、縣，二十五、六兩年者，亦各全完。十八年起，至二十四年者，遵照部限，完解三分三釐，通共完過銀三萬三千八百一十六兩八錢一分六釐零，已差經歷王震亨等，領解赴部交納。

又查徐州，萬曆二十六年分，見徵銀三千一百六十兩三錢五分一釐零，計已全完。二十一年，原欠帶徵銀三百六十四兩四錢五分七釐零，已完過銀一百三十三兩。二十五年，欠銀六百二十九兩三錢六分五釐零，除前完報銀三百三十四兩四錢一分，今又續完銀五十兩，以三分三釐計筭，已溢分數。又二十二年起，至二十四年止，原欠銀七千九百九十二兩八錢二分三釐，除先完銀九百三十五兩，并今續完銀一千七百二兩六錢四分一釐零，以三分三釐計筭，已足分數。其徐屬沛縣，原欠各年帶徵銀八百七十一兩三錢三釐零，今徵完銀三百七兩九錢九分三釐零，以三分三釐計筭，已溢原額。蕭縣原欠二十六年，見徵銀五百九十三兩三錢九分四釐，俱徵全完。碭山縣原欠二十六年，見徵銀四百七十九兩四錢九分六釐，俱徵全完。二十二年起，至二十五年止，共欠帶徵銀二千五百八十二兩七分六釐零，今陸續完過一千一兩二錢八分七釐零，以三分三釐計筭，已溢分數。以上已完銀兩，俱批差沛縣典史何功顯，領解赴部交納，查無侵欺情獘。

又據原任潁州兵備僉事楊繼先呈稱，查得鳳陽府冊開奉文行催帶徵，萬曆十八年起，至二十五年止，戶部錢、糧，除以前完觧，獲批不開外，原未完銀二萬一千四十兩六錢六分三釐零，內除奉例扣留賑濟銀七千一百二十六兩三錢八分七釐零，并奉文扣觧揚州府庫，抵餉銀二千七百八十兩八分零，及遇災傷，奉例勘明，蠲免銀一千五百四兩六錢六分八釐，實該未完銀九千六百二十一兩五錢三分六釐零，未奉行催之先，已完觧部，并見貯聽觧銀二百二兩六錢四分九釐零，奉文行催之後，續追完銀九千四百一十八兩八錢七分七釐零。其見徵萬曆二十六年分，起運戶部錢、糧，除以前完觧獲批外，原未完銀五千二百二十八兩三錢八分四釐零，未奉行催之先，已完解部銀二千六百二十六兩四分三釐零，貯庫見解銀一百八十一兩八錢五釐零，奉文遇災蠲免銀六百四十一兩，奉文行催之後，續追全完銀一千七百七十九兩五錢三分六釐零，并前已完帶徵各年銀兩，已委本府經歷傅好禮（註一九）領解赴部交納，並無拖欠，亦無侵隱情弊，等因，各呈報前來。

據此案查，先於萬曆二十八年正月，內准戶部咨前事，內開萬曆二十七年十二月十七日，該司禮監太監田義（註二〇）等，傳奉　聖諭：「連年以來，典禮繼續，軍旅繁興，經費煩多，以致帑藏匱竭，朕心日夕勞思，加意節省。前已有旨，此財不在於官，又不在民，盡歸贓官、汙吏之私囊，致使國用不敷，民生日乏。且不忍加派小民，故准官民所奏，稽諸　祖宗舊規，各處添設開礦抽稅，乃取天生自然之財，及經紀牙行之餘利，權宜以濟時艱，少待足用，自有處分。何乃撫、按有司，全無爲國急公之心，各懷要譽阻撓之術，意圖遮飾弊端，職守安在？故將年例常賦，遲延怠緩，坐視觀望，致悞國用，好生可惡。本都當拏問治罪，姑且各罰俸一年尒。該部職司國計，不能任勞任怨，及至缺乏，卻乃推避支吾，其於大臣之義奚存？便查照舊例，各省、直內，有見年併拖欠未完應徵年例，帶徵錢、糧的，即便行文立限，上緊催徵解部，以濟急用。其數目，還指名開具來看。欽此。欽遵。」

隨該本部查開，原催未解錢、糧：在鳳陽府，未完帶徵，十八年起至二十五年止，共銀九千五百餘兩；見徵，二十六年銀一千六十餘兩。淮安府，未完帶徵，十八年起至二十五年止，共銀四萬二千餘兩；見徵，二十六年銀一萬二百餘兩。揚州府，未完帶徵，十八年起至二十五年止，共銀一萬一千餘兩；見徵，二十六年銀二千七百餘兩。徐州，未完帶徵，二十一年起至二十五年止，共銀八千二百餘兩；見徵，二十六年銀六千五百餘兩。以上銀兩，皆起運正額，不可愆期者，倘撫、按有司設法催徵，依期起解，何至今日匱乏若此？追究所由，委應罰俸一年，以儆怠玩；但思罰俸，僅懲已往，難責將來，未若停俸督催，尤便策勵。合行各省、直，撫、按有司，官俱不許支俸；嚴督有司，將徵完在庫者，立等發解，定限次年三月內到部。未徵在民者，上緊追徵，隨完隨觧，通限六月以裏，盡數全完報部，方與開俸。其節年舊欠，以十分爲率，每年帶徵三分三釐，照數起解，敢有故違　欽限，及各省民運錢、糧，欠至一萬兩以上者，容本部會同戶科，從重參處，等因，題奉　聖旨。

國用缺乏，固戶部之責，天下臣子，亦宜同心共濟，豈得坐視，任其催討不理？因連年用兵，原無經制，錢、糧徧搜曲處，應用有盡；今既不忍加派小民，每年正賦，係是額供，小民豈不輸納？只因貪官污吏，巧肆漁獵，受私賣法，致令收頭攬戶侵欺偷盜，輾轉沉埋，容隱不舉，拖欠安得不多？撫、按司道食祿忘君，養資待遷，以催徵爲苛刻，以縱奸爲寬大，相倣成風，通不參劾；及至催討，却又推礦稅擾民，圖遮飾弊端，職守何在？你部既指名開具明白，又言罰俸，但懲既往住俸，可責將來？依擬通行各撫、按，及管糧司道官，都住了俸，姑着他策勵供職，嚴督有司，將已完在庫的，立時發解，限次年三月內到部。未徵在民的，上緊追徵，隨完隨觧，限六月以裏，盡數完報，方與奏請開支。帶徵的照數起觧，敢有沿習弊套，支吾借留，怠玩違慢的，尒該部科從重參處，不許仍前狥情寛縱，致令束手無策。其有貪官污吏，乘機攫取，致令小民納一費二，徒實私囊，無資國計的，着撫、按官嚴訪的實，即時拏發追贓，照例盡法處治，具奏勿饒。欽此。欽遵。

備咨到臣，該臣會同前按臣安文璧，待罪住俸，隨即箚行揚、淮、潁三兵備道遵照，將各道、府、州、縣掌印、管糧等官俸糧住支，仍令鳳、淮、揚、徐四府、州查，有徵完在庫銀兩，作速差官起觧，照依　欽限，三月內到部。未徵在民者，上緊追徵，隨完隨觧，通限六月內到部，仍列款項，造冊開報。其節年帶徵，自二十八年起分作三年，每年完觧三分三釐；如有已徵在官中，有官吏收頭、攬戶欺隱等弊，查訪指名，從重參　題究治；又經不次嚴催，提比去後。今據前因，除復行將二十九、三十年帶徵銀兩，分限依期完報；及將造到文冊，覆覈明白，咨送戶部稽查外，該臣會同接管巡按直隸監察御史吳崇禮，查得鳳、淮、揚、徐四府、州，拖欠戶部各年京庫錢、糧，盖緣江北地方，災疲至極，閭里蕭條，人民逃徙，賦役難完，非一年所矣。今値　國用匱乏之際，致廑（註二一）　明旨切責，將地方各官住俸，督令依限催觧，一時在事，諸臣祗奉　綸音，（註二二）莫不凜然欽若，多方措處，設法催輸，共期策勵，以無負　聖明責成之意。

今將户部原　題行催之數，如萬曆十八年起至二十五年止，分作三年帶徵，應於二十八年該完三分三釐者，俱已設處完觧。如鳳屬者，亦已盡數全完。二十六年見徵者，亦已徵完，俱經差官陸續赴臣等衙門，掛號起觧，勒限赴部，交納去訖。所據經管、接管各官，除穎州掌印、管糧，已故知州黃大賁，海州掌印、管糧，今告致仕知州孔貞樗不開外；如見任鳳陽府署印、本府同知史可述，本府管糧并天長縣署印、管糧通判楊維清；泗州掌印、管糧知州曾惟誠，壽州掌印、管糧知州舒琛，宿州掌印、管糧知州馬獻圖，鳳陽縣掌印、管糧知縣李存信，臨淮縣掌印、管糧知縣林錝，懷遠縣掌印、管糧知縣劉一鵬，定遠縣掌印、管糧知縣蘇日登，穎上縣掌印、管糧知縣孫應龍，盱眙縣掌印、管糧知縣盧邦俊；淮安府知府劉大文、代管糧同知崔維嶽，邳州知州鄭元輔、管糧同知晏天相，山陽縣知縣王建中、（註二三）管糧主簿潘向陽，清河縣掌印、管糧知縣關香，桃源縣知縣劉邦傑、管糧縣丞朱楫，宿遷縣知縣王訓、（註二四）管糧縣丞唐從詞，睢寧縣知縣張文炳、管糧典史薛典，沭陽縣知縣杜從心、管糧縣丞唐廷實，贛榆縣知縣喻體義、管糧縣丞黃克勤，鹽城縣署印縣丞廖逢吉、管糧主簿曾三鼎，安東縣署印管糧、山陽縣儒學教諭馮仕。揚州府知府楊洵、管糧被論通判李自治，高郵州掌印、管糧知州孔祖頴，泰州被論知州張驥、管糧判官王執中、接管糧吏目盛燁，通州知州栗永馨、管糧同知王嘉言，江都縣知縣劉之沂、管糧縣丞冷鳳陽，興化縣知縣翁汝進、（註二五）管糧主簿饒恕，泰興縣知縣李開春、（註二六）管糧典史裴天壽，寶應縣知縣宋浚、管糧縣丞賀書，管徵竈糧運司泰州分司判官劉懋和，淮安分司判官、今陞南陽府通判羅元；徐州知州張執、管糧判官倪有觀，蕭縣掌印、管糧知縣魏研，沛縣知縣羅士學、管糧縣丞鄧一中，碭山縣知縣熊應祥、管糧主簿孫思敬，豐縣掌印、管糧知縣李先春，原住俸糧，應准開復接支。

又如揚州兵備、右布政使陳璧，於二十八年六月初五日到任，係奉文之後，原非經管，例不住俸。其淮徐兵備、右參政郭光復，原任潁州兵備僉事；今陞陝西右參議楊繼先，及臣三才，與前按臣安文璧，皆係接管官員，今見徵錢、糧，亦已俱完帶徵，又完及三分三釐，所住俸糧，亦應開復。伏乞　勅下戶部覆議，上　請定奪，行臣等遵照施行。

緣係奉　旨住俸，督催京庫錢、糧。今已如數完報，　請乞開俸。事理未敢擅便，爲此具本，專差承差蔡宗齎捧，謹題，請　旨。

萬曆二十八年十月二十八日，具題，奉　聖旨，戶部知道。

## 四　府佐給由疏　萬曆二十八年十一月初二日

題爲遵例保留，給由府佐官員事。

先據直隸鳳陽府申准本府通判徐鄰，牒稱見年三十六歲，浙江紹興府上虞縣人。由舉人，萬曆二十年四月十四日選授直隸徐州知州，本年六月二十六日到任；二十二年六月十五日，丁母憂，回籍守制。大察降用，服闋赴部。二十五年六月二十三日，改授今職；本年八月二十九日到任，扣至二十八年七月二十八日止，連閏實歷俸三十六箇月，三年任滿，例應給由，等因。牒府申報到臣，隨經批行潁州兵備道，查勘去後。

今據署道事、鳳陽府知府金時舒呈，行據鳳陽府呈，查得通判徐鄰三年任內，並無不明經手錢、糧，亦無粘帶不了事件、公私過名等項，違礙情弊，例應給由，造冊赴部考覈。但潁州素稱多盜，本官設居省、直交會之界，乃盜賊出沒之區；且該州驀設稅使，彼中多事。時入隆冬，州缺正官，地方賴以彈壓，實難離任，合應照例保留，等因，到道。看得通判徐鄰，三年任內，委無違礙，應准給由；但本官駐箚潁州方家集，省、直接壤，盜賊出沒之地，且州缺正官，全藉本官彈壓，難以離任，請乞照例保留，等因，具呈前來。據此卷查，先准吏部咨爲酌議考課之法，以肅吏治事。今後在外三、六年考滿官員，除方面府佐照舊赴京，有事地方照舊保留，聽候撫、按從公考覈賢否，具　奏。先令帶俸，就彼復職，管事牌冊，差人齎繳，其稱職經薦，應得　誥勑命者，照例　請給，等因。題奉　欽依，移咨遵行在卷。

今據前因，該臣會同巡按直隸監察御史吳崇禮，考覈得鳳陽府通判徐鄰，負性峭直，遇事精明，稱職。第本官職司捕盜，專駐潁州，界聯河南，素爲盜藪；且以連年水旱爲災，近復妖黨反側未定，又值潁州適缺正官，署印彌盜，調停稅務，全藉本官彈壓，既經該道查議前來，相應保留，伏乞　勑下吏部查議，上　請照例行令，徐鄰免其赴部，容令接俸，管事造冊差人齎部，考覈施行。

緣係遵例保留，給由府佐官員。事理未敢擅便，爲此具本，專差承差凃麒齎捧，謹題，請旨。

萬曆二十八年十一月初二日，具題，奉　聖旨，吏部知道。

## 五　考察有司官員疏　萬曆二十八年十一月十六日

題爲糾劾不職有司官員，以備考察事。

臣待罪巡撫江北地方，茲値萬曆二十九年，考察外官之期，除將賢否造冊，照例咨送部、院外；其統屬方面，有漕、儲、兵備四道在任去任，雖才品不同，要皆賢良表著，無容指摘。至於有司正佐內，有縱恣不檢，闒茸無爲；或曾被論列，而罰未盡辜；或已經去任，而物議始著。節據道、府開送，及臣公同咨訪，相應先行參論，以備大察。

訪得原任兩淮運司泰州分司判官，今陞　益府審理，正因病回籍常觀正，宅心殘酷，賦性貪婪，謀陞分運，志本在得，恃有奧援，大逞淫刑。初任巡歷，十塲需索，常例共有八百餘金；過送者，陳夢彬也。指稱上京修轎，令場官賠做，費銀四十餘兩，被害者吳洪等也。假以清丁立總，索取富竈劉棟銀二百兩，安望其理賦均差？藉以查丈鹽地，科派各場，使用銀一百兩，尚可謂除奸剔弊？謀鮮餘鹽二次，派得水脚已有六千兩矣。而又每錠多添滴珠銀五錢，以致各商恚怨而赴愬；委觧銀兩赴京，科取長夫，共銀一百餘矣。而又每場加索贐（註二七）禮銀十兩，以致官竈負累而吞聲；濫受詞訟，全無忌憚，已爲不檢；迎接家眷，擅取長夫，更屬妄爲。受場官王嬴餽贈銀二百兩，將竈戶曹從周夾打，以致無罪而就死。取淮、儀二所折禮銀八十兩，累經紀徐仕等揭債，眞爲無故而誅求，在任狼狽已甚，去後物議滋弘。

見任泰州分司判官劉懋和，性即痴騃，行復聾瞶，惟知濫取，罔惜官常。初時到任，即嫌衙宇不整，每場派出銀四、五十兩，共計銀四百餘兩，盡入私囊，總催楊輝、李式之箕歛可證。承委觧銀，即多索火耗，每錠扣耗銀四錢五分，總約銀數百餘兩，盡爲己有，客綱亢永阜等之受累可查。斷理詞狀，宜秉公也，乃得鄧詳銀三十兩，枉江淮以窩訪而縊死；受商人劉佶銀五十兩，將林小山追債而幾亡，同僚常爲不平。舉首奸弊，宜執法也，乃得張國寧銀一百兩，諱其夾帶，而反罪張來受王賓銀六十兩；不究姦情，而寃吳氏奸宄，因之得計。巡督鹽課，受奸總繆紹夔等，常例每場約得銀四五十兩，縱鹽斤之拖欠，亦爲免比；管觧餘鹽，索富安等十場長夫，每場約得銀二十餘兩。雖官竈之議謗，付之不聞。差積阜張華、丁軫，取布帛等物，值價百兩弗償，牙儈蔣應龍之賠累，可憫！聽積書高隱岸等，勒錢、糧羨耗，共五百兩入己，催頭何儲等之負累，奚堪？場官屠思謨，未有大過，受總催施澤等之百金，而擅革其印信，致令奸邪肆惡。犯吏夏文茂，久禁追贓，受鬻女爲娼之九十，而方准其召保，忍使骨肉生離，惟知取盡錙銖，豈顧世有廉恥？桑榆已逼，谿壑難塡。

原任宿遷縣知縣，今降調何東鳳，智能飾詐，才足濟貪，倚墻壁善爲鋪張，而將無作；有任吏胥，甘同猫鼠，而假公營私，民謠有「磨業」之稱，物議有「金山」之號，發買米銀二千兩，加一扣除，致苗廣等包賠蕩產；徵條鞭萬餘兩，加二壓耗，致侯天福等負累呑聲。蔡謙，巨窩也，得其賄賂，而容縱不究；陳大邦，平民也，需索不遂，而冤抑坐斬；晁應貴，私通弟婦，王可代送銀二百兩，竟爾從輕；蔡擎淫毆使女蔡如斗，替過銀七十兩，輒爲開豁；朱沾賜淬死人命，王柳溪過送七十金，付之不理，何錢神之有靈？王相打死人命，蔡如斗過送五十金，置之不檢，令冤魂之抱憤。預散淺夫四百名，故扣曠役工食，以補庫則，典史袁讓之揭，豈屬無因？賒客貨百餘兩，公然不償，則鋪商周僑等之告，實爲有據。鍾吾驛歲編應付銀二千六百，亦可足用，乃勒驛丞胡鯤不行支給，以致累債二百餘兩，申訴無門；挑小河口費銀二萬三千，不爲不多，任義官、桑重思等支銷，咸稱冒破不下千金，人言盈耳。水面商稅，每年不止數百，作何支銷？則葉汝璧之徵收可問；京庫錢、糧透支，不止三千，通無底簿，則王知縣之追補可查。在任巧爲彌縫，去後愈多敗露，官箴已爲大壞，簿處委未盡辜。

以上三臣，贓跡已彰，官防大潰，所當照「貪例」，革職爲民者也。

原任泰州知州，今聽調張驥，年非壯強，性極庸愚，敢於欺公，而不欲忤吏書之意；甘心虐下，而不肯失皁快之歡。徵收鞭糧，則憑猾吏王應登等，播弄撥置；每遇催比，但得常例，即爲寬限，以故事權旁落；擅用里遞，則任該吏顧邦道等，擅標紅票，將家火并下程等項，盡取鋪行，以致怨聲滿道。條鞭錢、糧，本應投櫃，乃改散各房經管，任其侵營；但遇催督，則押空批起解；給散倉穀，本爲小民，乃濫付闔衙吏書，任其轉賣，一遇查盤，惟有展轉支吾。聽猾吏姜尙賢之愚哄，將買到各驛領狀預標，准領以庫貯二六輕齎支放，致覊起解，誰謂無通同納賄之情？憑奸吏謝再茂之巧禀，將莊頭史禮妄作窩主，扳向楠二十餘家，湊銀餽送，是以啓無辜受害之誚；書辦魏政侵欺胖襖，已問永戍也。乃捺案不行，留爲後堂書辦，法紀何在？皁隸胡銘久戀衙門，積年巨蠹也，乃信爲心腹，當堂交頭接耳，體統奚存？兵吏洪聲遠，與承發吏曹柍，侵欺鹽場軍餉銀二百餘兩，已爲同房首發，遂將別項抵補，縱令鼫鼠公行；馬戶顧士科，串馬政吏王三省，橫索買馬大戶，得銀買放，又行改報多人，以致槩州叢怨，眞如傀儡提戲！鹽徒王楝拒捕，戳傷捕快，託腹吏錢雲樓過送銀八十兩，反罪捕快，非清軍廳之辨雪，鹽徒幾致漏網。兇犯李德，誣賴陳元人命，被腹皁胡銘指騙銀一百兩，反坐陳元；非興化縣之覆檢，苦主竟爾沉寃。准理詞狀，一槩問罪，如荀萬祿一家父子，問七不應，仍又罰稻，士民閧然，聞報被論。每事搒尋，將已報積穀贖銀數百兩，盡行支取，署官掩口，滿堂俱是。知州百姓，如在水火，雖入己之贓，未甚狼狽，而親民之職，亦太昏庸。雖經改調，未盡厥辜。

壽州知州舒琛，貌已龍鍾，行同木偶。當官耳目無聞，臨事手足莫措。在閫不勝狼藉，任壽益見鴟張。（註二八）上官公文，每每束之高閣；下民告狀，人人被以淫刑。郭應其等，強盜窩主也，既差快王世奎拏獲監禁，可不謂爲民除暴乎？史玉環過送變産銀百兩，而改招輕釋，何乃禁暴而自爲暴？陳天曉等，強賊大夥也，始差快陸享等，四散訪拏，可不謂彌奸安民乎？萬外郎替送原劫贓銀三百，而不行緝捕，眞是戢奸而反爲奸。殺人自當抵罪，乃張乾告陳有谷、張應成、首劉應登，始欲坐其抵償，或入三百，或賄百兩，竟皆發落從輕。聽訟自有定體，乃葉雲山告黎舉、徐尚賢，訐貝學易，俱先審得情，或投銀一百，或罰稻四百，竟皆改招移罪。指兵道行禮，取戴斗山十一家黃金五十五兩，而全不償價；取客人王士臺，襪褐二十四件，而僅給一半，道路之怨謗有因。聽猾吏獻諛，收羅忠等衆里甲，條鞭三萬七千；而加二火耗，剋馬夫邢桐等工食三百餘金，而盡入私囊，百姓之咨嗟不爽。正陽百姓，激毆委官，既不能鎮定矣；又差腹快陳文，挾騙吳小塘等銀五、六十兩，吳九寶等証佐可查。家人挖開宅墻通外，既不善檢束矣；反差快手何鑽，拆毀隣州住房一、二十家，劉國佐等居民可審。監犯金祝酒醉，爭姦王氏，將李有才毆死，而復自縊，宜據實申報也，乃聽信奸吏楊啓華愚弄，而朦朧了事，最爲罔上狥私。竊盜一十三名，久爲閭閻隱害，幸已就擒，宜正法懲罪也，乃反將失主趙伯松問徒，而諸賊盡釋，眞是殃民縱寇！庫內失銀，累及各役共賠；強盜越監，緝之數月方獲，關防安在？自買座馬，扣除馬戶草料；置辦修城，剋取各行灰甎，剝削可羞。闔郡遭殃，敢怨而不敢言；凡事誅求，知得而不知耻。

原任蕭縣知縣，今聽調俞承宗，質原臃腫，性復乖張，詞訟聽左右之撥置，而濫用重刑，致有「知縣老虎」之稱。收支任該房之重輕，而括取羨餘，遂有「打籮吃麪」之誚。築義安壩買料，任典史謝子立侵冒三百餘金，幾致悞事；散淺夫工食，每年扣曠二百餘兩，人有煩言。徵收鞭銀二萬兩，每兩多收耗銀四五分不等，收頭任敬、劉守金等，其經手之人，發花石料銀一萬兩，每百兩扣銀三兩，工房書辦馬武其過送之役。彭艾告張景龍姦情事，聽門子柴應齊等稟囑，將原告重責四十，人以爲景龍送銀一百兩也。楊應元等，會銀盖大王廟，聽禮房吏楊官、稟差皀隸何青拘拏，重責四十一夾棍，人以爲垂涎會銀四百金也。比限不論緩急，動輒夾打，里遞嗷嗷難堪；問理不論重輕，槩擬不應，原被吸吸不服。前論未盡，調簡爲輕。

原任泰興縣知縣，今陞南京大理寺右評事陳繼疇，（註二九）才能飾過，筆下灑灑可觀，行實多舛，去後紛紛有議。閫中之貪肆已多，經今之轗軻（註三〇）不改；威能治眾，力足通神，結山人王稡登，流連于詩酒之間，聽其囑託公事。復假以修誌書，科歛里遞士夫，而陳元教等三百兩，戴江家二百兩，瓜分之議，未必無因。與狎客江新川，放浪於形骸之外，任其出入衙門，指以誣攀盜情，勒令無辜納賄；而李九等，二百七十兩過送之說，誠爲有據。監生楊琉占人田產，密獻銀數百兩，反託爲心腹，遑恤衆目之睊睊；（註三一）富民陳元慶田土搆訟，擅罰稻二百石，即折充私囊，難免人言之嘖嘖。徵收錢、糧每年四萬餘兩，歲得羨餘數百，櫃頭張士秀封送可查；起運漕糧每年三千餘石，歲要耗米二百，該吏方一元賣女可審。倡首修廣佛寺，劉紹等募化銀三千兩，遂有五百假作小菜之投，捧其罈而過送者，門子褚良勝也。訪知有于寡婦，托其親營運銀四百兩，遂聽城兵趙五報讐之譖，沒其銀，而杖斃者，伊親貞殷賢也。倭儆喧傳，諭令槩縣居民，城上置辦燈籠、旗桿，復申院、道動庫銀二百兩入己，來鼠竊之羞。准受詞狀，不論事情輕重，即問大小，不應贖罪，不報循環，每年計銀數百兩入己，實有攫金之醜。溺愛褚門子，潛通関節以納賄，家資驟富于一時；寵信楊監生，妄生禍福以興謠，唾罵同出于一口，民怨滋深，行已多放。

以上四臣，物議已騰，官守有玷，所當照「不謹例」，閑住者也。

盱眙縣知縣盧邦俊，精力衰耗，性質疎庸，初任即散帖同鄉、匠藝，致有「滿城知縣」之謠；臨民，即任用左右積奸，宜有「沐猴而冠」之誚。土豪許珠，將工人嚴銀毆打而死，宜執法抵償矣，托書辦陸芹等代送百金，反將屍兄問徒，豈念人命至重？鄉民秋童，被署戶朱禮馬跌而亡，說從重檢究矣，得腹吏王濟民過送五十，止罰稻穀備賑，咸稱「錢神有靈」。本縣三十六集，舊有各行，乃每年令其換帖一次，每帖折稻銀四錢，而鎮集之，誅求無筭；槩縣三十七里派定糧長，乃每里索硃銀一兩，四叔又取見面一兩，鄉村之受害無窮。訪知鄉民陳嘉之僕妻縊死，方被收監，而尋即釋放，實緣五十金之暗投；假點農民李邦賢等之輪管義倉，惡其悞卯，而科折稻銀共有六十兩之交納。因夫馬之困苦，而加添額編六百，所以恤郵人也，乃盡扣私囊，而分文不行給發，故靳一元之條陳可據；見公館之頹壞，派里甲出銀二百，已爲擾小民也，乃盡徵入己，而仍拘官匠修理，故朱一松之告訴有因。倉穀出陳易新，原爲救濟貧民，乃四叔得賄十兩，而盡放衙役馬戶，殊失加惠之心。地產稅契粘尾，原係請府印發，乃一年私稅七百，而徑自印給縣尾，安供軍國之用。催徵錢、糧，十日拆封一次，每百兩先除火耗銀十兩，而後充正數收頭，葉永辛受累不勝；差馬百匹，每年印驗一番，每一匹先要惜馬銀一兩，而方准印烙，馬戶吳大德含苦無告。縣官出入無常，市民偶悮門燈，即各罰磚瓦，出票嚴追，折銀九十兩，可謂無故而騷擾。承舍借應有定，徐日昇因悮飯食，畏刑自縊，便將董周痛責，勒鬻女銀四十兩，衹見逞虐以需求，一籌莫展，百事俱弛。

巢縣知縣王以霖，賦才綿薄，臨政傍徨，聽奸吏朱繼堯撥置，以槩縣民壯一百三十名，每名扣工食銀一兩，輒賞牌票勾攝，（註三二）閭閻之騷擾不堪；用積書尹國言科索，將走遞長夫一百二十名，每名扣工食一倍，不惜疲于奔命，郵驛之艱苦更甚。每年支放鎮、高二驛工食草料，共馬四十餘匹，每匹扣剋二兩，仍點富民唐伯河等之幫貼，怨聲載道；每年徵收條鞭，四差應行投櫃，計銀一萬餘兩，每兩索耗一錢，責令收頭梁守禮等之包賠，謗言盈耳。經紀張合告鹽商朱務本之漏稅，應將私鹽入官，乃科罰五十餘金，置之不問，腹皂李應相，即其收送之人；豪惡周枝打趙天裕之既死，即應登場檢驗，乃納賄五十餘兩，竟得從輕，積皂丁枝等，皆其過付之輩。票取紬段、紗綾百十餘疋，每價一兩，止給與五六錢，舖戶方大忠等，不勝賠累；每年經紀換帖三百餘名，假考滿公用，共科罰米價三百餘兩，各行袁世魁等，苦被誅求。稅使之委官，率皆市井之白丁；而公堂交拜，盛席相邀，卒致各惡之驕恣，誰之過與？縣官之舉動，實係一邑之觀瞻，而結歡無藉，吉服相迎，卒致小民之激怒，亦可醜也。歷任三年，例應給由，因其委靡不振，故待大計議處。

以上二臣，應照「不及例」，重加降調者也。

寶應縣知縣宋浚，心類忘機，事多留滯，文移往來，昧焉不知，總吏書之是憑，民情利弊，冥然罔覺，眞父母之惡在。每遇過客，閉門而不內，（註三三三）管支之乾沒，自是良多。例當應付失悞而不顧，迎送之禮節豈宜盡廢？災疲衝劇之區，即手口拮据，猶恐叢脞（註三三四）而生奸，乃高致銜盃，竟日不出，無惑乎？庶務廢閣而莫理，紛拏雜沓之官，即加意防閑，尚虞関節易通，乃怠荒成性，衙宇不封，一任其僮僕出入而無忌。夫頭侵冒綱銀，累民拽木，不能究詰，亦已玩矣！及告府批州，而復爲回護，何其姑息以容奸？南河分司經臨原有統屬，呈送程儀，已属諛矣，乃單開磁卮，而實皆銀器，宜其當面以叱却。雖民俗相安，行己無甚大謬，而性質踈略，衝地似非所宜。此一臣者，應當照「不及例」，量調簡僻，以全器使者也。

伏乞　勅下吏部，會同都察院覆加查覈，如果臣言不謬，分別議處，庶吏治知有懲創於重典，不無小補矣！

緣係糾劾不職有司官員，以備考察。事理未敢擅便，爲此具本，專差承差蔡宗齊捧，謹題，請　旨。

萬曆二十八年十一月十六日，具題，奉　聖旨，該部、院知道。

## 六　府佐給由疏　萬曆二十八年十二月初四日

題爲遵例保留，給由府佐官員事。

先據直隸鳳陽府申准本府通判楊維清，牒稱見年三十六歲，雲南前衛籍四川安岳縣人。由舉人，萬曆十一年閏二月二十九日，除授湖廣長沙府湘陰縣儒學教諭，本年四月二十四日到任，十七年三月十七日陞辰州府沅州黔陽縣知縣，本年六月十八日到任，十九年十二月初十日，丁母憂，服闋赴部。二十三年二月二十六日，復除鄖陽府竹山縣知縣，本年四月二十九日到任，本年九月二十二日調繁鄖縣知縣，本月二十七日到任，二十五年八月內陞授今職。本年十二月初十日到任，扣至二十八年十一月初九日止，連閏實歷俸三十六箇月，三年任滿，例應給由，等因。牒府申報到臣，隨經批行潁州兵備道，查勘去後。

今據署道事、鳳陽府知府金時舒呈，行據鳳陽府呈，查得通判楊維清，三年任內，並無不明經手錢、糧，亦無粘帶不了事件、公私過名等項違礙情獘，例應給由，造册赴部考覈。但本官額管糧馬，時値催儹之會，且督府屬漕糧押運過淮，委爲重務，實難離任，合應照例保留，等因。到道，看得通判楊維清，三年任內，委無違礙，應准給由。及查本官目今徧歷各屬州、縣，催督漕糧監兌押運過淮，委爲重大事務，難以離任，請乞照例保留，等因，具呈前來。據此卷查，先准吏部咨爲酌議考課之法，以肅吏治事。今後在外三、六年考滿官員，除方面府佐照舊赴京，有事地方照舊保留，聽撫、按從公考覈賢否，具　奏。先令帶俸就彼復職，管事牌冊差人齎繳。其稱職經薦，應得　誥勅命者，照例　請給，等因。題奉　欽依，移咨遵行在卷。

今據前因，該臣會同巡按直隸監察御史吴崇禮，考覈得鳳陽府通判楊維清，振拔有爲，彊明自任，稱職。第本官職司糧馬，時値徧臨州、縣，催驗漕糧監兑竣日，復押運船過淮、過洪，事屬委重，既經該道查議前來，相應保留，伏乞　勅下吏部查議，上　請照例行令，楊維清免其赴部，容令接俸，管事造冊差人齎部，考覈施行。

緣係遵例保留，給由府佐官員。事理未敢擅便，爲此具本，專差承差蔡宗齎捧，謹題，請旨。

萬曆二十八年十二月初四日，具題，奉　聖旨，吏部知道。

## 附註

一　「見」，通「現」；「見行」，即「現行」。本書中，都以「見」行文。此外，古文「止」，通「只」；「少」，通「稍」，本書前後文所見皆同此。

二　〔明〕朱衡（一五一二～一五八四），字士南，萬安（江西吉安）人。嘉靖十一年（一五三二）壬辰科進士出身。歷知尤溪、婺源，有治聲。遷刑部主事，歷郎中。出爲福建提學副使，累官山東布政使。嘉靖三十九年（一五六〇），進右副都御史巡撫其地。嘉靖四十四（一五六五）年，進南京刑部尚書。隆慶元年（一五六七），加太子少保。隆慶六年（一五七二），詔朱衡兼任左副都御史，經理河道。在盛應期（一四七五～一五三六）罷後三十年，他循新河遺跡完成新河的開通工程，便利河道運輸。卒年七十三。《明史》有傳可供參考。

三　「冒破」，虚報、冒領之意。如《元典章・刑部十六・官吏檢踏災傷不實》：「各處官吏檢踏災傷不實，冒破官糧受財者，以枉法論。」本書以下內文所見，義皆同此，不另贅注。

四　〔明〕高寀，生卒年不詳，順天文安（今河北文安縣東北）人。明神宗萬曆朝宦官，任御馬監丞，備極荒淫。萬曆二十七年（一五九九）閏四月，廷派稅監督理市舶司稅務。萬曆四十二年（一六一四），在福建任命許多稅役充當爪牙，敲詐勒索、橫徵暴斂，胡作非爲，周起元（一五七一～一六二六）上〈參稅璫高寀疏〉，爲民請命。復據《閩縣鄉土志・侯官縣鄉土志・政績錄二・袁一驥》載曰：「稅監高寀被命兼管粵稅，造樓船，治戎器，招集亡命，徵集百貨，躬出與夷互市。粵民集其門，索市直不與，因群譟，寀殺傷百十人，射火箭，焚民居無算。復馳入轅門請救。一驥叱曰：『爾虐吾民，何救爲？』寀邀至通衢，百姓將群殺寀，驥止之。俄流言，以驥鼓民與寀爲難，遂屢疏乞歸，閩人祀諸九達之衢。」

五　「影嚮」，當作「影響」，俗或通用，本書多作此，下文不再贅注。

六　〔明〕潘季馴（一五二一～一五九五），字時良，號印川，浙江烏程槐溪村（湖州吳興環渚街道常溪村）人。生於明武宗正德十六年（一五二一），卒於神宗萬曆二十三年（一五九五），享壽七十有五歲。潘季馴四次治河，習知地形險易，成績顯著。他主張綜合治理黃河下游，認爲黃河、運河相通，治理了黃河，也就保護了運河；黃河、淮河相匯，治淮也就是治黃，既不能離開治黃談保運，也不能拋開治淮談治黃。他指出，黃河下游善徙的主要原因，在於水漫沙壅。因此，治理上應「築堤束水，以水攻沙」。由於黃河挾帶大量泥沙，有「急則沙隨水流，緩則水漫沙停」的特點，因此要使水流湍急，必須「束水歸漕」。他主持修築的堤防，包括「束水歸漕」的「縷堤」，「縷堤」外的「遙堤」，以及二堤之間的「格堤」（橫堤），三堤構成攔阻洪水的三道防線。穆宗隆慶、神宗萬曆之際，黃河和淮河，經他治理後，「兩河歸正，沙刷水深，海口大辟」，使黃、淮、運河保持了多年的穩定。著作有《宸斷大工錄》、《兩河管見》、《河防一覽》、《留餘堂集》等。

七　「那」，通「挪」，下文「那借」，即同「挪借」。

八　「宣德」，明宣宗年號（一四二六～一四三四）；「成化」，明憲宗年號（一四六五～一四八七）。

九　「景泰」，明景帝年號（一四五〇～一四五六）。

一〇　「隆慶」，明穆宗年號（一五六七～一五七二），享祚僅六年。隆慶元年（一五六七），後文「隆慶六年」（一五七二）。

一一　「唐鍊」（一五二八～?），字純之，湖廣常德衛人。下文誤作「綀」，今改之。

一二　「萬曆」，明神宗年號（一五七三～一六一九）。萬曆六年（一五七八），李三才時年二十七歲。

一三　〔明〕楊一魁（一五三五～一六〇九），字子選，號後山，山西平陽府安邑縣人。於萬曆朝任總河尚書，崇尚「分流導河」的治河方略。

一四　「樽」，當作「撙」，音「zǔn」（ㄗㄨㄣˇ），節省、約制。故「撙節」，即節約用度。

一五　「曠」，當作「礦」；「曠工」，當作「礦工」，其義乃通。

一六　〔明〕顧雲鳳（一五六一～？），字伯翔，號瑞菴，直隸蘇州府常熟縣人，萬曆十四年（一五八六）丙戌科二甲二十三名進士出身。任潼川知州七年，升刑部員外郎。知潼川時編《雲臺勝記》，詳敘眞武神譜，及雲臺觀創建經歷，史料珍貴，今評爲國家一級文物。

一七　「揚」，當作「場」；故「揚地」，當作「場地」。

一八　「事」，印刷漫漶不清，以形義辨之，猶可存疑。

一九　〔明〕傅好禮（？～一六一三），字伯恭，順天府固安縣馬慶里人。神宗萬曆二年（一五七四）甲戌科進士出身。《固安縣志》卷七上《人物志．名臣》、《涇陽縣志》卷五，並有傳，略曰：「傅好禮，北直固安人。萬曆初以進士任。愛民禮士，有古循吏風，更勤修葺官署、文廟、學宮，一時改觀。請邑人魏恭襄作縣志。陞工部主事，民立祠祀焉。」《明史》卷二百三十七，本傳曰：「傅好禮，字伯恭，固安人。萬曆二年進士。知涇縣，治最，入爲御史。嘗陳時政，請節遊宴，停內操，罷外戚世封，止山陵行幸，又上〈崇實〉、〈杜漸〉諸疏。語皆剴直。巡按浙江。歲大侵，條上荒政。行部湖州，用便宜發漕折銀萬兩，易粟振饑民。改按山東。泰安州同知張壽朋當貶秩，文選郎謝廷寀用爲永平推官，謂州同知六品，而推官七品也。好禮馳疏劾其非制，廷寀坐停俸，壽朋改調。好禮尋謝病歸。召進光祿少卿，改太常。時稅使四出，海內騷然。二十六年冬，奸民張禮等僞爲官吏，群小百十人分據近京要地，稅民間雜物，弗予，捶至死。好禮極論其害，因言：『自朝鮮用兵，畿民富者貧，貧者死，思亂已久，奈何又虐征。國家縱貧，亦不當頭會箕斂，括細民續命之脂膏；況奸徒所得千萬，輸朝廷者什一耳，陛下何利爲之。』奏入，四日未報，復具疏請。帝大怒，傳旨鐫三級，出之外。大理卿吳定疏救。帝益怒，謫好禮大同廣昌典史，定鐫三級，調邊方。言官復交章論救，斥定爲民。既而帝思好禮言，下其疏，命廠衛嚴緝，逮禮等二十八人詔獄，其害乃除。好禮之官，未幾，請急歸。家居十五年卒。天啓中，贈太常卿。」

二〇　〔明〕田義（一五三四～一六〇五），號渭川，陝西西安府華陰縣人，司禮太監。生於嘉靖十三年（一五三四），卒於萬曆三十三年（一六〇五）。經歷嘉靖、隆慶、萬曆三朝，「周愼簡重，練達老成」，「始終寵遇不衰，祿米歲增」。逝世時，萬曆輟朝三日，賜祭三壇，賞「東園秘器」，特「樹享堂碑亭」，祠額題爲「顯德」。「田義墓」（又稱慈祥庵、石香爐庵）今坐落在北京石景山區模式口大街西段，墓東有碑亭，碑文題爲〈乾清宮近侍司禮監掌印兼掌酒醋麵局印總督禮儀房司禮監太監渭川田公墓表碑銘〉，詳載其生平事蹟，可供考查。此墓是目前中國範圍內唯一保存最完好、規格最高、石刻最精美的明代太監墓，也是中國首座對外開放的明清宦官墓園，二〇〇六年成爲北京市文物保護單位。

二一　「廑」，音義同「僅」，亦作「蒙受、接受」之義；音義亦同「勤」。於此作「蒙受、接受」解，意義較爲洽切。

二二　「綸音」，指天子帝王之誥命、詔書等。語出《禮記·緇衣》：「王言如絲，其出如綸；王言如綸，其出如綍。」《說文解字》：「綸，糾青絲綬也。」綸，即青色絲帶。

二三 經查以上各官，除「王建中」外，皆生平不詳。王建中（一五五六～一六一五），字銘新，號寰羽，浙江省嘉興府平湖縣人，世宗嘉靖三十四年（一五五六）乙卯年七月十一日生，行一；神宗萬曆四十三年（一六一五）乙卯辭世。治《書經》，年三十一歲中式萬曆十四年（一五八六）丙戌科第三甲第一百六十四名進士。授行人，兵部觀政。《萬曆十四年丙戌科進士同年總錄》可供參考。

二四 「王訓」（一五六七～？），字懋先，江西南昌府南昌縣歷山里軍籍。明神宗萬曆二十九年（一六〇一）辛丑科進士出身。

二五 〔明〕翁汝進，生卒年不詳，字獻甫，浙江仁和縣人。萬曆二十三年（一五九五）乙未科三甲賜同進士出身。浙江餘杭「徑山寺」《徑山志》卷之十一〈外護・翁汝進〉條目下，載曰：「憲副，號周野，杭州人。護持常住，及諸靜室。」

二六 〔明〕李開春，生卒年不詳，字眞吾，江西上高人，神宗萬曆二十年（一五九二）壬辰科第三甲第二十五名賜同進士出身，仕至廣州府同知。

二七 「贐」，音「進」，送行之禮金。故「贐禮」，意即臨別時餽贈之財物、送行之路費或禮品。亦通作「贐儀」、「程儀」。

二八 「鴟張」，音「吃張」，像鴟鷹一樣張開翅膀，形容壞人猖狂囂張至極。今有成語「狼突鴟張」。

二九 〔明〕陳繼疇，生卒年不詳，字師洛，號靜臺，浙江紹興府上虞縣人。神宗萬曆十一年（一五八三）癸未科三甲賜同進士出身。

三〇 「轗軻」，音義同「坎坷」，亦作「轗軻」、「輡軻」。原指車行之路不平坦，今多作「困頓、不得志」解。

三一 「睊睊」，音「眷眷」，側目貌。詳參《四書章句集注・孟子集注・梁惠王章句下》第四章：「睊睊胥讒，民乃作慝。」〔南宋〕朱熹（一一三〇～一二〇〇）注曰：「睊睊，側目貌。胥，相也。讒，謗也。慝，怨惡也，言民不勝其勞，而起謗怨也。」

三二 「勾攝」，一謂處理公務，一謂拘捕、傳拿。本書各奏議文中，作「拘捕、傳拿」解。

三三 「內」，同「納」，古文多作「內」，而音義俱同於「納」。

三四 「叢脞」，音「從錯」，煩瑣、細碎、雜亂之意。語出《書經・益稷》：「元首叢脞哉！股肱惰哉！萬事墮哉！」《傳》曰：「叢脞，細碎無大略。」

# 《撫淮小草》卷之六

關西道甫李三才著

## 第七冊　奏議

### 一　縣官給由疏　萬曆二十八年十二月初四日

題爲遵例考覈，給由縣正官員事。

案查，先據直隸鳳陽府潁州潁上縣申准本縣知縣孫應龍，関稱見年三十四歲，浙江紹興府餘姚縣人。由舉人，萬曆二十年九月二十七日，除授直隸順德府，任縣儒學教諭，本年十一月二十四日到任；二十四年九月初十日，陞授山東濟南府泰安州萊蕪縣知縣，本年十一月二十二日到任。至二十七年四月二十六日止，實歷俸二十九個月零四日，迴避赴部；本年八月二十三日改授今職，本年十月二十六日到任。扣至二十八年五月二十二日止，又歷俸六箇月零二十六日，連前通共計三十六箇月，三年任滿。今任內，因京庫錢、糧未完，奉文住俸，隨已查明觧完，題　准開復，例應給由。

又據鳳陽縣申准本縣知縣李存信，関稱見年三十五歲，江西建昌府廣昌縣人。由舉人，萬曆二十年九月二十七日，除授江西袁州府宜春縣儒學教諭，二十一年三月二十四日到任；二十五年四月初二日陞授今職，本年十一月十五日到任。扣至二十八年十月十四日止，連閏，實歷俸三十六箇月，三年任滿。任內因欠京庫錢、糧，奉文住俸，旋已完觧，題　允開復，例應給由，各等因。到臣，俱經批行潁州兵備道，查勘去後。

續據署道事、鳳陽府知府金時舒呈稱，遵行鳳陽府，及山東濟南府泰安州萊蕪縣查勘得，知縣孫應龍前後兩任月日，委果相同；并知縣李存信任內，并無粘帶不了事件，各縣經管一應起存，錢、糧各完足分數；積蓄稻穀，拆賣引鹽，俱各及數；光祿寺（註一）并河道錢、糧，俱各全完無欠。收支贓罰明白，清觧軍士足數；農桑等項六事，保民實政五事，俱各修舉。二官任內，未完戶部項下，見徵、帶徵京庫錢、糧，奉　旨住俸。今俱督催完觧，已蒙戶部覆題，　准令開復，應准給由。又該本道查覈，別無違礙，等因。呈詳前來，卷查先准吏部咨爲酌議考課之法，以肅吏治事。今後府、州、縣正官給由，免其赴京，聽撫、按從公考覈賢否，具　奏。先令就彼復職，管事牌冊差人賫繳，其稱職經薦，應得　誥敕命者，照例　請給。又爲邊官歷俸已深，偶因公務改調等事，今後考滿，官不論前後歷任月日多寡，俱得通理，各題奉　欽依，遵行在卷。

又准戶部咨，爲欽奉　聖諭事。該本部題，類　覆潁、鳳二縣知縣孫應龍、李存信，原欠見徵、帶徵京庫錢、糧，俱各完觧，各官所住俸糧，應准開支，等因。題奉　欽依，移咨前來。除欽遵查照外，今據前因，該臣會同巡按直隸監察御史吳崇禮，考覈得潁上縣知縣孫應龍，才達而事妥，守愼而民宜；鳳陽縣知縣李存信，撫綏疲民，剔除積蠹，俱稱職。查得各官，因拖欠京庫錢、糧住俸，督徵觧完，俱已題　准開復。既經該道查覈無礙，應准給由。除行令各官，照例復職接俸，管事造冊差人齎部外；伏乞　勑下吏部，覆加考覈施行。

緣係遵例考覈，給由縣正官員。事理未敢擅便，爲此具本，專差承差涂麒齎捧，謹題，請旨。

萬曆二十九年正月二十五日，具題，奉　聖旨，吏部知道。

## 二　就近降補疏　萬曆二十九年二月十一日

題爲鹺（註二）司缺官，乞將應降撫佐，就近降補，以順商情，以全器使事。

據兩淮運司商人汪成、方立等連名呈稱，運司久缺正官，幸委鳳陽府楊通判署掌，撫恤商竈，如保赤子；經收銀兩，秋毫無染；立法徵銀，各商悅服。嚴禁棍徒，群奸屏息；節用澹泊，諸事周詳。商竈實切依賴，今聞降調，遽辭司印，商等無計，攀轅乞准保留，以慰群望。

等情到臣，據此，查得先因運司運使、副使俱缺，止一同知，又當入覲。該司印務缺官署理，行據揚、潁二兵備道，議委鳳陽府通判楊維清代署，自去年十一月至今，已三閱月。

近大察邸報，內開本官才力不及，降一級調用，已奉　明旨。臣等欽遵施行間，今據商人數十成羣，不遠數百里，奔走皇皇，懇留不已，若赤子戀慈母然，是何其得人心如此？臣查本官係雲南前衛人，由舉人先授教諭，陞湖廣鄖陽府竹山縣知縣，調繁本府鄖縣知縣，陞授今職。萬曆二十五年十二月內到任，歷俸三年，管糧署邑，雅有聲稱；及署運司，頗多幹濟。但今考察，應降一級，係干　大典，法無可原，而民情若此，又難恝（註三）視。

該臣會同巡按御史吳崇禮、巡鹽御史應朝卿，議照兩淮運司三分司，惟泰州分司，塩課獨多，竈丁最眾，素號難治。前此判官常觀正、劉懋和，貪肆接踵，政務盡隳，（註四）狼狽已極，拯援料理，亟須得人。彼通判楊維清者，署司既善，興釐分理，必有裨益；且查本官係正六品，運判係從六品，若將本官降補泰州分司判官，於事例相合，於民情頗順。臣等再三審酌，似無不可，伏乞　勅下吏部覆議，上　請將通判楊維清，降調泰州分司判官，行令就便，到任管事，庶鹺官得人，而商竈相安；　計典不撓，而臣工知警矣。

緣係鹺司缺官，乞將應降府佐，就近降補，以順商情，以全器使。事理未敢擅便，為此具本，專差承差涂麒賫捧，謹題，請　旨。

萬曆二十九年二月十一日，具題，奉　聖旨，吏部知道。

# 三　催補淮潁二道疏

題爲重地久缺兵備官員，乞　賜亟補嚴限，以濟時艱事。

該臣會同巡按御史吳崇禮、巡鹽御史應朝卿，查得潁州兵備僉事楊繼先，於舊年十月，內陞陝西參議。因係邊地，即行赴任。顧該道所轄廬、鳳二府，滁、和二州，極稱廣遠；如鳳屬之潁、亳二州，接壤河南，人性兇悍，訟獄繁興。去歲失收，至今青黃不接，盜賊不時竊發；而白蓮、無爲等教，素爲作祟，寔切隱憂。自鳳而南，則廬、和二郡，有江防之責，即今上江一帶商賈，因有重稅之苦，舟楫不行，時有賊船往來，釀禍可虞。今止責成鳳陽一知府帶攝，豈能周顧、彈壓之？

淮徐兵備、右參政郭光復，近被大察，改調去任。該道所轄淮安以東，即海贛、鹽城地方，濱臨大海，東南與島夷相望，西北與遼左相隣；而徐州一郡，水陸衝繁，輪蹄輻輳，舊年逆賊倡亂，雖即底平，而人心洶洶，奸宄叵測，至今未已。見任揚州兵備、右布政使陳璧，近復因病請告，亦閱月矣。該道所轄揚州瓜、儀之地，乃江、海交會之區，實爲南北襟喉，留都門戶。淮徐道缺官，又行令該道兼攝，即今春汛屆期，一切防禦機宜，分布兵馬，整搠（註五）士卒，皆其責任。今有疾在告，雖係微恙，暫令調理。臣等亦再三勉留，絕不聽其陳乞，失此賢者。然目今躬親邊海，料理兵防，固未可必矣。且上年以馬價不准充餉，官兵減撤，幾至太半。於今險要之處，在在單弱；腹心之地，人人自危。實以鹽稅、蘆課之使，交於閭閻；狐鼠魍魎之徒，公行白晝。箠楚慘於殺戮，寃號痛徹鬼神，臣不言則不忍，臣言之又不信。天降禍亂，似終不可逃，惟有坐以待之耳。

夫以地方之危困如此，各官之寥落如此，即臣一人之身，手披目攝，日夜拮据，而分猷共濟者爲誰？臣即春汛巡歷海上，指顧責成者爲誰？萬一地方有警，畫策贊理者爲誰？至於吏治刑名，事事未舉；劫路殺人，日日有報。各監之告訐提解，或過於東，而又發於西；百姓之激變，鼓噪甫定於南，而忽起於北，時事日艱，人心日岌，臣觀其理勢，寔有食不下嚥，寢不安席者矣。雖潁州、淮徐二道，已經吏部推陞有人，然日久　留中未發，伏望　皇上，念江北爲祖宗根本重地，南北要區，當此喫緊之時，經畫乂綏，須藉兵備彈壓，保安地方，速賜俞旨，嚴限勒令到任管事，如所推各官有未稱者，亦乞速賜　勑下吏部，亟爲就近資俸相應者，推補二員，勒限赴任，庶地方得人綜理，而吏治、民生所裨不小矣。

緣係重地久缺兵備官員，乞　賜亟補嚴限，以濟時艱。事理未敢擅便，爲此具本，專差承差涂麒齎捧，謹題，請　旨。

萬曆二十九年三月十八日，具題，奉　聖旨，吏部知道。

# 四　府官給由疏　萬曆二十九年三月二十二日

題爲遵例考覈，給由府正官員事。

先據直隸淮安府申准本府知府劉大文，関稱見年四十歲，山東東昌府博平縣人，由進士除授大理寺右評事，陞本寺左寺副，蒙差南直隸江北恤刑，陞本寺左寺正，未任；丁父憂，服闋赴部，復除本寺左寺正，陞授今職，萬曆二十五年三月初二日到任內。因本年終查參所屬地方，盜賊獲不及數，蒙撫、按題奉　欽依，罰俸二箇月，不作實歷外，扣該二十八年四月初一日止，連閏，實歷俸三十六箇月，三年任滿；任內又因京庫錢、糧未完，俸文住俸，旋以督催完觧，題　准開復，例應給由，等因。申報到臣，隨經批行淮徐兵備道，查勘去後。

今據帶管道事揚州兵備、右布政使陳璧呈稱，查勘得知府劉大文，三年任內，經管夏、秋起存各項錢、糧，除奉例蠲豁，并停候以後年分帶徵外，總計實徵本折錢、糧，完及八分之上，京庫錢、糧亦完足九分之上。帶徵萬曆十八年起，至二十四年止，起運錢、糧亦完及七分之上，清觧軍士計完九分之上，收支贓罰明白，積穀過於原額，發賣引塩足數；招撫開墾，并保民實政五事，俱已督據各屬加意修舉，均有績效。任內委因地方盜賊，歲終查參，罰俸二箇月，已經扣除，不作實歷。又因未完戶部項下見徵、帶徵京庫錢、糧，奉　旨住俸，今亦督催完觧，已蒙題　准開復。雖各項錢、糧，尚有未完一分不等，實係凋疲地方，災民難完，揆之考核事例，委無違礙，應准給由。

呈報間，又據該府申准本官，関稱查得「給由條例」，凡朝　覲官員，回任三、六年滿期已過者，許先赴部告明，令所司造冊，送合干上司考覈，文冊差人賫繳。今本職來　朝，正與例合，隨具狀赴通政使司，告送吏部考功清吏司查明，准行考績案。候本冊到部，題　請併申到道。又該本道查覈無異，等因，呈詳前來。據此卷查，先准吏部咨爲酌議考課之法，以肅吏治，今後府、州、縣正官給由，免其赴京，聽撫、按從公考覈賢否，具　奏。先令就彼復職，管事牌冊差人賫繳，其稱職經薦，應得　誥勅命者，照例　請給。

又爲申飭考滿官員罰俸，以定法守事。節開在外考滿官員，罰俸月日俱不准作實歷，掌印、管糧、官錢、糧料價完過八分以上，照例考覈。又准戶部咨爲酌議錢、糧參罰之例，以安民生，以新吏治，以裕　國計事。內開各省、直轉行所屬，分別地土等差，將見徵、帶徵各定分數，不得混擾，如極疲見徵完至七分免參者，帶徵二分銀內完及一分四釐；次疲見徵完至六分免參者，帶徵二分銀內完及一分六釐，均得免議。其經手拖欠，不准減科，仍照舊例完及二分，方得免議；新任帶管，未及一年，及考滿陞任，非經手拖欠，具准從實奏報。各題奉欽依，遵行在卷。

又准戶部咨，爲欽奉　聖諭事。該本部題，類　覆鳳陽撫、按會題，淮安等府知府等官劉大文等，原欠見徵、帶徵京庫錢、糧，俱各完觧，各官所住俸糧，應准開支，等因。題奉欽依，移咨前來。除欽遵查照外，今據前因，該臣會同巡按直隸監察御史吳崇禮，考覈得淮安府知府劉大文，慱大長才，端方重器，士民怙之如父，僚屬仰之爲師，稱職。查得本官任內，先因地方盜賊獲不及數，年終查參，罰俸二箇月，已經扣足。後因拖欠京庫錢、糧住俸，督催觧完，亦已題　准開復。但本官入　覲在京，滿期已過，已經照例具狀赴通政司，告送吏部考功清吏司查明，准行考績，仍令造冊。送合干上司考覈，案候本冊到部，題　請。既經該道查無違礙，臣等覆覈相同，應准給由。除行令本官照例復職接俸，管事造冊差人賫部外，伏乞勑下吏部，覆加考覈，題　請施行。

緣係遵例考覈，給由府正官員。事理未敢擅便，爲此具本，專差承差涂麒賫捧，謹題，請旨。

萬曆二十九年三月二十二日，具題，奉　聖旨，吏部知道。

## 五　議改將領駐劄要地疏　萬曆二十九年三月二十七日

題爲江巡甫周敬陳末議，懇乞移將領，以重彈壓併操練，以修武備事。

准兵部咨，該巡視下江監察御史朱吾弼題，前事大都巡歷江海之地，議將江南常、鎮參將，改爲永生洲參將。見任參將季金病難遽出，聽其離任，調理赴部，推補別用。永生洲把總張守禮，量加職銜，管本洲參將事。於江北，取周家橋把總信地隸之，以便調度。儀眞守備，改爲瓜、儀守備，付以兩營操練，等因。題奉　聖旨，該部、院知道。欽此。欽遵。

該本部看得巡江御史朱吾弼題議前因，深於地方有裨，第事関因革，且本官亦有移咨會議之說，必須議妥，庶便永行，咨煩查照原題內事理，會同操江、應天各巡撫衙門，并蘇、松、淮、揚各巡按御史備查。常、鎭參將可否移駐永生洲？永生洲把總可否裁革？參將季金既係眞病，相應准令回衛，選擇近便，行委署管。把總張守禮可否加銜管事？儀眞守備，兼制瓜、儀二營，事體果否？妥便逐一酌議確當會奏，以憑覆　請定奪施行，等因。備咨到臣，該臣備行揚州、常鎭二道，會議去後。

隨據揚州海防兵備、右布政使陳璧呈稱，本道看得永生洲横亙長江，接連大海，爲京口門戶，守京口無如守永生洲，故移京口之參將駐劄其地，而裁永生洲把總，其參將亦聽南、北各院節制，事權既重，號令亦一，公署不煩創建，廩餼無用加增。第於南、北兵各設總練官一員，以充中軍；選南北各衛指揮任之，策無善於此者。惟周家橋把總，原屬揚州游擊調度，若取其信地，分隸永生洲，則兩地牽制，應接不暇，應令照舊，與總練官會哨，以免掣肘之患，庶爲長便。把總張守禮經始多勞，機宜亦熟，量加游擊職銜，管參將事，俾益展善後之猷，且可省送迎之費，揆之事體，亦無不可。

至於儀眞守備，兼統瓜營一節，則兩營相距僅四十餘里，勢本相依，其所奉　勅書，原有協同防守之責，祇以江房同知分署在彼，守備官遂爾自諉，跡不履瓜城，目不視行陣，以摻練聽之衛總，漠不相關，所由來久矣。非藉申飭，終成玩愒，故議將儀眞守備，改爲瓜、儀者，所以循名責實，新人觀聽，非別有增置也。特瓜洲當建一守備行舘，以便其往來駐箚，度爲費不過二三百金，設處特易易耳。是永生洲之革把總，而移置參將者，南北統屬，一如其舊；於京口彈壓，無損於長江鎖鑰，有裨便參將，亦以便地方也。而且，省一把總之官，順也；改儀眞守備爲瓜、儀者，一字之間，事體頓殊，責成兼重，不苦於有兵無將，因也。二事皆今日之所當轉移，蓋不勞餘力，可坐收備禦之效者，亦何憚而弗爲哉？

又據常、鎭兵備按察使梁祖齡呈稱，本道看得永生洲砥柱江心，界控三府，蓋江海之要會也。始因巨盜出沒，南北推諉，故設把總一員，居中提調，使南北一心，頻年以來，頗稱寧謐；繼緣朝鮮告警，復設參將一員，駐箚京口，節制常、鎭諸營，爲防守　留都之計。然鎭江雖　留都門戶，實非要害之區，故議移鎭江參將於永生洲，橫遏下流之勢，獨當南北之衝，誠爲得策。且廩糧、公署有減無增，又屬省便。但本將既責兼南北，則周家橋把總，似應屬之，庶可責其應援，絕其觀望，而事在彼中，尙需酌議。若夫南、北各設總練官一員，以充中軍，聽南、北各衛選用，亦理勢宜然。至於把總張守禮，才識力量儘有可觀，而經營創始究心已熟，即將本官量加遊擊職銜，管參將事，不惟人地相宜，而事體亦甚便也。各等因，酌議呈詳前來。

該臣會同提督操江右僉都御史耿定力、江南巡撫右僉都御史曹時聘、巡按御史何熊祥、江北巡按御史吳崇禮，議照永生洲之初設把總，與京口之初增參將，原爲　留都門戶，計深遠耳。但永生洲中流崛起，尤爲江海要津，而把總權力輕微，未能聯絡南北，茲移參將於永生洲，而省一把總，重綰轂之地，得臂指之宜，增置不煩，綢繆益固，錯綜前議，又加詳矣。周家橋密邇北岸，其把總均隸永生洲參將，以便調度。第於江南道、府不相統屬，自無掣肘之患也。參將季金疾病纏綿，宜聽離任調理；把總張守禮經營創始，宜准加銜任事。若儀眞守備，原奉　勑書兼攝瓜營，日久廢弛，自分營衛，相應改正，一字申飭，往來訓練，別建公署，費亦無多。既經南、北二道議詳前來，臣等覆議僉同相應，題　請，伏乞　勑下兵部，再加查議。如果所言不謬，將見任參將季金准令回衛調理，病痊補用；其把總張守禮，量加遊擊職銜，管參將事，駐劄永生洲；改常、鎭參將爲永生洲參將，仍通屬南、北撫、按，及操巡衙門；儀眞守備，改爲瓜、儀守備，往來駐劄操練，各給改正　勑書，一應公署、廩餼、分隸、選委等項，俱照原議，庶南、北相聯，事權歸一，而江、海兩防，可以永固無虞矣。

緣係江巡甫周敬陳末議，懇乞移將領，以重彈壓併操練，以修武備。事理未敢擅便，爲此具本，專差承差涂麒齎捧，謹題，請　旨。

萬曆二十九年三月二十七日，具題，奉　聖旨，兵部知道。

題爲奸徒詐冒横行，淮商受害已極，勢迫難存，課虧奚賴？懇乞　聖明，亟賜嚴察重懲，併請俯從鹽法專任，以安困苦商心，以固邦本大計事。

# 六　回　奏棍徒串同礦稅詐騙疏

萬曆二十九年五月初三日

行據整飭揚州海防兵備、右布政使陳璧呈，觧審問過犯人李良楨等招由，內開問得李良楨，年二十三歲，直隸揚州府儀眞縣民，考入本縣儒學生員，狀招，有在官項九川、姚文煥、胡尚保即胡尚寶、程天業、鮑雙松即鮑本志、蔣季柔、程開經、江應蘭即江應楠、汪岩福，脫逃；吳光謙、黃自得、程守道、汪自度，未到；程德芳、江海樵、張元浩、殷南塘、汪紹水即汪若水，黃新懷即黃新寰，汪齊即汪七，江湛儒、黃時、程夢蘭、吳學、宋利、季天祥、楊尚榮、邵應登、汪大中、邵誠、汪百川、江如練、阮國正、吳明初，各不合與，已遣。不在官金鳳崖㦸罪縊死，張大亨病故；呂尚文先案問遣，禁所在官；程良材即方良才，監故師儒，拿問打死；洪修之，俱不務本等，專一指官，詐騙人財。

萬曆二十五年五月內，良楨與先在官堂兄監生李良材，不在官李良棟，因爭家財不平不合，不告官司，捏寫揭帖，雇令不知姓名刊字匠邗（註八）印各處布散，因而揹得李良材等銀八百兩入己，（註七）仍不遂意。尋向姚文煥計議，伊要扛幫揹財，又不合計，捏李良材家藏玉觀音等項寶物，撰成本詞，聲言奏告，要將李良材家資，獻助　大工。央令不在官夥計汪道�換，將本內寶物開帖，送與李良材，令其處銀，泯滅不從，汪道晦私帖存證。至萬曆二十七年間，程開經雇與在官監生程允達即程敬嚴開當，因事被逐成隙，又不合；捏稱隱稅、抄贓等情，具首要得報復，又不合，故違無藉棍徒，將不干己事情，捏寫本詞，聲言奏告，恐嚇得財。計「贓滿貫者，發邊衛充軍事例」，嚇稱要將前事奏本陷害，程敬嚴懼怕，將銀一百兩送伊，嫌少，又湊銀三十八兩，程開經又不合，嚇受入己，不在官程開奏證。

萬曆二十八年正月內，項九川、姚文煥、胡尚寶、程天業、鮑本志、蔣季柔、呂尚文、吳光謙、黃自得、程守道、汪自度、江應楠、汪岩福、金鳳崖、張大亨，因見不在官中書程守訓奉差，帶同未到名色中軍仝治，前來揚、儀地方拘提人犯，要得乘機騙詐。姚文煥、吳光謙、黃自得、程守道、汪自度等，與方良才先後投入程守訓門下，用事作爲爪牙，胡尚寶因故兄胡尚秀，先年曾與在官商人宋秀合夥生理，胡尚秀身故，胡尚寶遂以人命捏告宋秀成仇，亦要報復。因聞鮑本志綽知程守訓所提疏內人犯，有不在宋文錫姓名，胡尚寶又不合，向鮑本志商議，伊又不合，主唆胡尚寶假捏宋秀即宋文錫，開寫揭帖要送程守訓；因知程天業係程守訓族人，暗將前揭與伊，亦又不合，串同黃自得、程守道、汪自度，轉送程守訓，差人將宋秀捉拿。胡尚寶、程天業、鮑本志、黃自得、程守道、汪自度、各又不合，故違指稱內外、大小官員名頭，併各衙門打點，使用名色，誆嚇財物，計「贓犯該徒罪以上者，俱不分首從，發邊衛充軍，情重者枷號二箇月發遣事例」，齊向宋秀說稱，「如今須要些銀子打點，饒你」等語，伊因無奈，隨處銀一千兩與胡尙寶等，內將銀六百兩送與程守訓，餘銀四百兩照依用事等。第黃自得、程守道、汪自度，各分銀一百兩；胡尙寶、程天業，各分銀四十五兩；鮑本志分銀十兩，各又不合，騙受入己，方將宋秀釋放。

吳光謙同項九川、見在官商人吳啓正，伊不在官兄吳希元良弱，各又不合，故違指稱打點誆騙前例，與呂尙文共謀，揑寫吳希元私販硝（註八）黃通倭等情，揭首程守訓處，吳希元懼怕，吳光謙、項九川、呂尙文乘機說稱，「你須處些銀子，代你了事」，吳希元無奈，處銀三千五百兩，送與吳光謙等三人，項九川又不合於內，先拿銀三百兩，令不在官家人項發回入己，呂尙文將銀一千五百兩送與程守訓，伊就於內膩得銀五百兩入己，餘銀一千七百兩，吳光謙又不合，獨騙入己，吳啓正審證。吳光謙見在官商人吳梅即吳公甫良懦，要騙伊財，又不合；商同項九川，又不合。揑寫狀詞，令呂尙文出名，要告稅監，吳光謙、項九川各又不合，與呂尙文仍違指稱打點誆騙前例，騙得伊銀二百兩。吳光謙、呂尙文稱係原謀，共分銀一百八十兩，項九川止替作狀，分銀二十兩，各入己。

程守訓要騙在官商人汪景元即汪宗文銀兩，亦令呂尙文揑寫窩囤引目等情，要赴山東礦稅衙門訐告，伊因懼怕，處銀一千五百兩付與程德芳，又不合，代拿過送程守訓收訖，汪宗文審證。程守訓又令洪修之、汪七，向在官商人汪光國即汪士龍，及令張元浩向在官商人鮑楚，俱嚇說囤積引目，各因懼怕，汪士龍處銀五千兩與汪七，又不合，同洪修之過送程守訓；鮑楚亦處銀五百兩，併送收訖。程守訓又差洪修之，拘拿在官商人蔣良承，伊不在官兄蔣二郎懼怕，處銀五千兩送與程守訓接受，仝治亦不合，於內挾分銀二千兩入己，蔣良承證。又差黄自得捉拿在官商人潘賓，伊因懼怕，處銀四百兩送與程守訓，方免。又差洪修之同黄自得，執票捉拿在官商人朱謙，及令洪修之，又向在官商人鄭澤俱嚇說，「本上有名」等語，朱謙二次處銀四千兩，鄭澤亦處銀六百兩，俱送與程守訓接受，各商証。

殷南塘、呂尚文要騙在官商人吳光、吳公進、吳公亮即吳公迪與吳公甫銀兩，遂捏積引等情，訐首程守訓處，吳光昇等無奈，共湊銀八百兩，同不在官夥計李夢麟送殷南塘，又不合，與呂尚文過送與程守訓接受，吳光昇等証。汪若水又不合，將在官商人汪標，捏首程守訓處，又不合，乘機故違指稱打點誆騙前例，向伊說稱「須處此銀子送官，方得了事」，汪標當處銀七百五十兩與汪若水，止將銀五百兩送程守訓，餘銀二百五十兩汪若水，又不合，騙匿入己。汪若水主令程守訓，往拜在官商人汪梁，及向汪梁說「你也該送他些禮」，汪梁隨處銀二百二十兩與汪若水，又不合，過送程守訓作爲贄禮，各商證。洪修之揑稱在官商人吳富即吳禎造反，具稟程守訓，要行拿問，伊因懼怕，處銀二千八百兩與洪修之，過送程守訓接受訖。程守訓行至儀眞，差不知告名姓李一人，持帖送在官商人蘇仲即汪啓東店內，要行進拜，伊隨備贄禮銀二百兩、紗叚四疋，送船上收訖。有未到高鳴槐不合，駕揑在官生員高自新無影事情，訐告程守訓處，高自新懼怕，將銀四千兩與洪修之，過送程守訓收訖。程守訓又令黃自得向在官商人方貞，嚇說是另案不在官欽犯方邦化一家，伊因懼怕，將銀三百兩送與本官收訖。

又有不在官徽州木商胡學，疏內有名，程守訓故將在官商人胡明學頂作胡學，要拿解京，胡明學將銀一千二百兩與洪修之，過送收訖。程守訓又稱在官商人江標是另案不在官林章餘黨，令黃新寰向伊嚇說，伊懼怕，處銀六百兩交與黃新寰，又不合，過送收訖。程守訓又騙在官商人方立銀九百兩，亦係洪修之過送；又騙在官商人吳得正即吳騰蛟銀一百兩，係師儒過送。又有在官商人吳一涵，不在官吳文遠，懼怕程守訓勢焰，恐禍及己，吳一涵處銀一百兩、吳文遠處銀八百兩，俱自行送與程守訓接受。程守訓又要騙先在官商人胡大賓銀兩，仍指伊係胡學隨差，失記姓名四人，前至金鳳崖家，令伊轉向胡大賓嚇說，胡大賓處銀三百兩與金鳳崖，過送程守訓收訖。金鳳崖亦騙得謝禮，銀二十五兩入己。

江應楠、汪岩福訪知在官商人汪自立，伊不在官弟汪岩賜良儒易騙，糾串程德芳、江海樵，各又不合；與洪修之商要誣害，江應楠、汪岩福捏稱汪岩賜通倭下海等情，具首程守訓處，差人拘拏汪岩賜不在，隨將汪自立捉禁。江應楠、汪岩福、程德芳、江海樵，各又不合，與洪修之故違指稱打點誆騙前例，乘機向汪自立嚇說，「肘觧須處些銀兩，代你使用了事」，汪自立無奈，處銀一千九百五十兩，浼（註九）不在官許渭南、洪繼塘，付與江應楠、汪岩福、程德芳、江海樵，各又不合，與洪修之接受，內將銀一千五百兩送與程守訓收受外，四百五十兩，江應楠、程德芳、江海樵各又不合，與洪修之各分一百兩，汪岩福亦又不合，分五十兩各入己，本商審証。蔣季柔因與在官商人喬養蒙即喬務本，先年爭訟成仇，思要報復，又不合，捏稱盜礦虛情具告，將伊在官夥計郭衛民捉拿。蔣季柔乘機向未到丁從道商說，伊亦不合聽從，與蔣季柔各又不合，故違指稱打點誆騙前例，帶領不知姓名多人，前到喬務本家，向伊說稱「如今須要些銀兩，替你打點」等語，伊因無奈，處銀五百兩送與蔣季柔等，各又不合，騙受蔣季柔分銀一百兩入己，餘銀四百兩，丁從道與衆人分受，在官劉文證。

姚文煥潛住儀眞，要得賣單覓利，又不合，糾同未到黄三畏、王五、陳信、張九、朱松給帖賣單，每單賣銀一分，約賣三千餘單，姚文煥計騙銀三十兩，餘銀俱黄三畏等，各又不合，騙分入己。有不在官監生張杞方，將未到家人張利逐出，伊就不合，勾引未到京棍佘(衢)，亦不合，捏稱張杞方家藏金盔、金甲等情，具首稅監，差人拘審，姚文煥又不合，故違指稱打點前例，向伊說稱「你處些銀兩，替你打點」等語，張杞方將銀三十兩送與姚文煥，又不合，騙受入己，張杞方證。姚文煥要得逢迎程守訓，又不合，假稱在官姪姚應祖無子娶妾，擅將不在官商人程自修銀八十兩，娶不在官張坤伊不在官女張氏，過門與程守訓爲妾，姚應祖亦不合，不行舉首，姚文煥又不合，故違指稱打點誆騙前例，同方良才向在官商人潘永順嚇騙銀一千六百兩，內將一千兩送程守訓，四百兩送仝治，餘銀二百兩，姚文煥又不合，與方良才各分銀一百兩入己，潘永順證。

姚文煥又見在官季頭、吳福心、鄧羅九，不在官郭陽一、張經等一十六家易騙，又不合，故違指稱打點誆騙前例，輒向伊等說稱「今程中書參論你們，本上有名，可處銀子送他求免」等語，吳福心等慌懼，共處銀四千兩送與程守訓接受，姚文煥又不合，索騙吳福心、鄧羅九，郭陽一、張經四人，每人銀五十兩，共二百兩入己，吳福心等證。良楨前揹李良材未遂，又不合，仍將先日揭帖情節送與江湛儒，伊又不合，同洪修之具狀赴程守訓處首准票，差不在官劉士達、張本行拘姚文煥，又不合，叫令在官義男姚三兒亦不合，依聽引領劉士達等，到于李良材家，將伊捉鎖凌辱，姚文煥、江湛儒各又不合，仍違指稱打點誆騙前例，與洪修之在內說合，騙出李良材銀四百五十兩，內將三百兩送程守訓，一百兩送中軍仝治，各跟隨家人二人每人銀一兩，不知姓名書手得銀五兩，不知姓名船頭門子共銀三兩，江湛儒、洪修之各分銀十五兩，姚文煥分銀十兩，方將李良材釋放。良楨并未分銀，不在官殷士衡、張林芳等證。有在官盛檄，見儀眞掣鹽廳門傾倒，具呈運司崔知事，議令每引出銀二毫，著先在官鄒加禮等十五家，共湊銀六十四兩，付盛檄管修，伊就不合，止用舊木磚瓦修理，約銀十兩，餘銀五十四兩，又不合，詐匿入己。原與姚文煥無干，鄒加禮等證。又有在官富民王懋佶，因與伊另案聽結弟王懋化，告爭家財成讐，王懋化遂揑寫揭帖，投遞程守訓處，姚文煥又不合，撥置程守訓，稱王懋佶有錢，程守訓遂將王懋佶墩鎖船頭，嚇稱「窩藏另案」爲事。不在官高鳴梧在家，王懋佶無奈，令不在官男王惟亮，處銀二百五十兩送與程守訓求免，姚文煥又不合，外得偏手銀五十兩，王懋化亦得銀十兩，各入己，王懋佶證。又有在官楊三，臨河房屋因礙程守訓經過座船，當將楊三拿至江口，責三十板，仍用鉄繩墩鎖，嚇稱「侵占官河」，時姚文煥勸說「與我熟識，可令他處些銀子賞管家」等語，程守訓依聽，遂將楊三押鎖，處銀十四兩。又向在官張蓮池借銀八兩，共銀二十二兩，送與姚文煥，打點管家釋放，姚文煥又不合，外得偏手銀賜兩入己，楊三證。後洪修之蒙江南巡按牛御史拿問打死，師儒亦被運司拿問監故訖。

張大亨探知在官商人翟逢源、李日茂，不在官孫椿、苗動，并儀眞塩所在官書手葉遇春易詐，要得嚇騙，輒向程守訓商議，標押通倭等事，硃語假牌一張，內開翟逢源等四人姓名，并著落葉遇春名下，追要另未到王有成、王子賢、王善、徐法、張武、李臣、方清，各亦不合，與另案已配程有及張大亨，伊問結不在官僕人旺孫即萬旺孫聽從，將葉遇春捉住，用見獲鉄繩一條墩鎖船上，有伊不在官母劉氏慌張，將伊不在官十三歲幼女住兒，央憑不在官沈恩說，合賣與過路張姓水商，得銀十八兩，又將衣帽當銀二兩，共銀二十兩，送與張大亨等接受。張大亨分銀十兩，程有、王有成各分銀二兩，王子賢、王善、徐法、張武、李臣、方清，各分銀一兩入己，仍將葉遇春鎖住不放，要銀三十兩。伊母劉氏赴鹽政魯太監處稟告，拿獲張大亨等，搜出原騙葉遇春用剩隨身銀二兩五錢在官，究出前情，併連人贓票發運司監候，一面備用手本，知會巡鹽應御史，隨蒙憲牌仰司，即將張大亨等問明，招解該司遵行間，翟逢源、孫椿、李日茂、苗動、葉遇春不甘，連名狀赴應御史處告准，蒙批仰運司究解報，原告免解。行間有另案問結，不在官禁子徐賢，失于防範，以致張大亨在監，懼罪縊死，委官相埋訖。

該署印本府清軍孫同知，審看得張大亨以無籍棍徒，營幹假牌，綽號多商姓名，意啚詐騙，竟將葉遇春鎖縛，致令鬻妹求免，殊可痛恨，罪盈自縊，大快人心。程有助惡分贓，徒警爲當。萬旺孫念未分贓，徐賢獄卒弛防，各杖何辭？取供將程有問擬誆騙徒罪，萬旺孫、徐賢俱不應杖罪招解，應御史處蒙批依擬。程有發紅心驛擺站滿放，徐賢等贖杖發落，餘如照實收領，狀收管繳。未獲王子賢等，嚴拏另鮮，該司遵依出單，追完各犯紙贖、發配、發落外，續蒙鹽政魯太監將張大亨、項九川等前項騙詐情由，具本奏奉　欽依。除將程守訓另行山東礦稅陳太監處勘奏外，將張大亨與項九川等倸（註一〇）用手本，知會撫、按、巡鹽衙門會議，具奏。隨蒙巡撫李都御史劄仰署道事、揚州府楊知府，即將張大亨等，并事內有名人犯審明究招，通詳鮮院，以憑覆審會　題，等因。

蒙到案行本府問鮮間，又蒙巡鹽應御史、巡按安御史，案行海防兵備、陳布政使處，究問明確，通詳定奪，蒙道劄仰本府審明招解。遵行間，續蒙巡鹽應御史，訪得項九川、金鳳崖嚇詐商民憲牌開單，仰府提問招解，蒙府審得項九川、金鳳崖，以無籍棍徒，指稱程中書打點過送，項九川嚇騙吳希元等銀三百兩，金鳳崖騙得胡大賓銀一十五兩，均爲黨惡巨奸，已經眾質，相同二犯合照贓邊戍，不枉。其單開汪啓東等犯證未到，無從質對，合候會審之日，另行招詳取供。將項九川、金鳳崖俱問擬誆騙徒罪，各引例充軍招解，應御史處蒙批依擬。項九川、金鳳崖枷號追贓完日，僉妻序發東寧蓋州各衛充軍終身，招達部知，餘如照實收，收管繳。如被害汪啓東等續到，仍再審另詳。吴光謙、吕尚文嚴拿正法，毋令漏網可也。

本府遵依出單，除將金鳳崖追完贓銀，抄招票發本縣，僉妻發遣外，仍將項九川追併間，宋秀因被胡尚寶等詐騙不甘，將情狀赴巡塩應御史處告准，蒙批仰揚州府查報；行間，宋秀又狀赴巡撫李都御史處告准，蒙批仰揚州道查報，蒙道抄詞案，行本府徐推官審明招解。行間，本府行提胡尚寶等前來審問，胡尚寶、程天業各又不合，隱下多贓。胡尚寶止供得銀十兩，程天業止供得銀七兩，鮑本志又不合，妄供未曾分贓，致蒙審看得胡尚寶爲挾私忿，輒搆豪強誣陷平民，掯索多贓，罪惡深重，相應照例究遣。程天業雖與同惡，非出本謀，姑照贓擬徒。鮑本志主唆可恨，但贓未入己，合從量擬均當，罪外加責，以示重懲。取供將胡尚寶、程天業俱問擬誆騙徒罪，胡尚寶引例充軍，鮑本志不應杖罪，招呈巡鹽應御史處候詳。間又蒙本府徐推官審問胡尚寶等，各又不合，仍隱下多贓，妄招程天業於內，止將銀三兩分與鮑本志，致蒙看得胡尚寶以徽棍作程守訓爪牙，將宋秀揑作宋文錫呈於守訓，而指稱打點，詐宋秀銀一千兩，過送程守訓，大奸巨惡，魚肉無辜，神人共憤，三尺不容。

胡尚寶、程天業罪狀，惟均各應擬遣，庶盡厥辜。鮑本志分贓不多，姑擬徒配，取供將胡尚寶與程天業俱問擬充軍，鮑本志徒罪招解。本道蒙批胡尚寶等詐贓千兩，而僅以二十兩坐罪，豈盡皆程守訓得耶？仰府覆勘確，另招解詳。行間，蒙巡鹽應御史將本府前情招由，批依擬胡尙寶僉發威遠衛充軍終身，招達部知。程天業加責二十板，發金斗驛擺站滿放。鮑本志主唆可恨，擬杖稍有餘辜，加責二十板枷號一箇月，發大店驛擺站三年滿放。餘如照實收，領狀收管繳，蒙府遵照，本道批詳。覆審胡尙寶、程天業、鮑本志，各又不合，不將前分實贓，并黃自得、程守道、汪自度姓名供出。胡尙寶止供分銀二十兩，程天業止供分銀十七兩，鮑本志止供分銀三兩，致蒙審看得胡尙寶挾憾枉阱無辜，及與程天業等搆豪詐騙，業經兩案究贓，前審各犯，贓未盡供，今覆鞫確。胡尙寶與程天業仍盡法邊遣，鮑本志遵詳改徒，均當枷號加責，以示重懲。取供將胡尙寶與程天業仍擬充軍，鮑本志誆騙徒罪，招觧本道，蒙批胡尙寶等詐銀千兩，稱送程守訓，其誰見之？祇以四十兩坐贓三犯，難服原告之心，仰再虛公盡法，研究另詳。又蒙本府覆審胡尙寶，方將前分多贓，及黃自得、程守道、汪自度共分去銀三百兩，各實情供出，看得胡尙寶等情罪業，經前案鞫明，兩審各犯隱贓，不從實盡供，狡詐可惡，今覆審明白，夥分多贓是實，合照原擬遣配，仍盡法枷責示懲。

黃自得等嚴提另結取供，將胡尙寶等仍照原擬招詳，本道蒙批據招，胡尙寶等共匿銀四百兩，獨黃自得、程守道、汪自度各分一百兩，而尙寶與程天業、鮑本志皆原謀，首惡三人止供分一百兩，豈人情耶？且鮑本志同事分贓，招稱主唆罪應一律，安得止以徒配也？仰府覆確，盡法另詳。又蒙本府遵依，審看得胡尙寶等，既假借程守訓威勢，嚇詐無辜，必啗以重利，而黃自得等皆守訓用事之人，故宋秀之千金，勢必厭此數輩，而後尙寶等得啜其餘，此所以分銀獨少，非其情有不欲，亦勢使然耳。尙寶等黨惡肆騙前項銀兩，皆惡等持去，其爲過送侵匿，皆不可知，而守訓等俱未到官，誰爲的見？即以千金盡於三犯名下追併，更何矜惜？但贓多難完返，爲本犯拖延之計，而屢經刑審，堅不肯認，似難懸坐，合無仍照前贓追還給主，以便速遣。飽本志獲贓雖少，而黨惡則同，相應改遣，以盡厥辜，招解本道覆審，看得胡尙寶、程天業、飽本志，各以棍惡朋奸騙害無辜，投揭中書程守訓詐宋秀銀千兩，雖分贓多寡不一，而誆騙情眞，例應併遣，轉呈巡撫李都御史處，蒙批胡尙寶等三犯，依擬照例枷號，完日仍各加責四十板，拘僉妻觧序發威遠、山海、鎮朔各衛充軍終身，招達部知，餘如照實收，收管領狀繳。未到嚴提，另結，本府遵依出單。

追贓發遣間，吳啓正與汪宗文因被呂尙文騙詐不甘，連名具狀，赴巡鹽應御史處告准，蒙批仰揚州府盡法究解，蒙府差人將呂尙文捉拿到官，伊將原詐吳希元銀三千五百兩，於內騙銀五百兩情由隱下，止供過送吳啓正銀一千五百兩與程守訓，及混供詐騙汪宗文、方立等銀五百兩，致蒙看得呂尙文所得各商贓銀已五百餘金，相應盡法究遣，追贓給主取供，將呂尙文問擬誆騙徒罪引例充軍，具招批差甲首夏泰、張科觧赴應御史處審畢，仍令原差夏泰等，將本犯連批帶回，行至蕪湖縣來遠坊地方病故，各役備情具呈。該縣行據本坊總甲黃守查勘，本犯身死是的，回申到府。續蒙應御史批，呂尙文攘臂爲首，流毒眾商，禍延南、北，遠遺猶有餘辜，依擬照例枷號，贓完僉妻觧發榆林衛充軍終身，招達部知，餘如照實收，領狀收管繳，未到提結。遵行間，喬務本因被蔣季柔騙詐不甘，將情狀赴巡鹽應御史告准，蒙批仰揚州府速究觧；郭衛民亦狀赴巡撫李都御史處告准，蒙批仰揚州道查報，蒙道行府清軍孫同知問觧間，該本府審看得蔣季柔與喬務本，因房價互告成隙，遂捏稱喬務本盜礦虛情，具告提捉，同丁從道等多人，詐去銀五百兩，季柔於內分銀一百兩，審贓既確，合坐邊遣，仍當加責，以示重懲。取供將蔣季柔問擬誆騙徒罪，引例充軍，招觧巡鹽應御史處，蒙批蔣季柔刁誣嚇騙，奸惡殊甚，依擬枷號，贓完僉妻觧發懷來衛充軍終身，招達部知，餘如照實收，領狀收管繳，逊犯緝結，本府遵依。

追贓遣間，該帶管清軍李同知行提蔣季柔等，審看得喬務本買蔣鐄之房，係在揚州者，與礦事何有哉？蔣鐄，季柔遠族，又非一家之產也，乃以晝字錢之故，無端投告內監，白手詐人多銀，擬以邊遣，允當其辜，仍批枷責，以示懲戒，招觧本道覆審，看得蔣季柔懷二十餘年舊隙，輒捏盜礦虛情，誣告商人喬務本，仍指代打點，騙銀五百兩，自分一百，究贓已明，邊遣不枉，合照例枷示，仍請批責，用儆奸刁。具招轉詳巡撫李都御史處，蒙批蔣季柔依擬，照例枷號，嚴併贓完，加責四十板，照前案發遣。餘如照實收，收管繳。蒙道抄招，仍行本官追遣間，方良才爲因另案，詐騙不在官吳大川銀兩，被伊具告撫鹽衙門，俱批本府審明，招申詳允，批發河間衛充軍，見禁追贓。

江應楠、汪岩福亦因騙詐汪自立銀兩，被告巡鹽應御史處，批行淮安府審供間，江應楠要得鑽謀脫罪，遂密寄書與山東夥黨吳明初，并鄭紹亭等，內稱本府審究分銀二百兩，坐名問軍，「你可求一分上救脫」等語，親筆書帖四封存證。又蒙應御史訪得姚文煥惡狀多端，單內牽有盛檄姓名，票行儀眞縣拿解；又蒙單開牌，發徐推官究解。行間，王懋佶男王惟亮，并伊先在官弟王惟京，將姚文煥等騙財情由，連名狀赴應御史處告准，蒙批仰揚州府究解。本府遵提姚文煥等審究，伊又不合，隱下程守訓得銀二百五十兩，伊得銀五十兩各實情，止供程守訓得銀一百兩，伊得銀七兩及王懋化亦隱下銀七兩，止供得銀三兩，取供問擬。王懋化誆騙徒罪，姚文煥聽另案歸結，招呈應御史處，蒙批王懋化姑依擬贖徒，仍枷號一箇月發落，實收領狀繳，未到，提結。

姚文煥騙贓，抄行徐推官，併招蒙府抄招牒行間，李良材被騙不甘，亦將情具狀，赴巡撫李都御史處告准，蒙批仰揚州道查報，蒙道抄詞備行本府，審明招解。行間，李良材又狀赴本道告准，蒙批仰揚州府究確招解；行間，伊又狀赴巡鹽應御史處告，批仰揚州府究報，蒙府審問姚文煥，又不合，混稱騙出李良材銀四百兩送程守訓，外指謝禮騙銀五十兩，江湛儒、洪修之分銀十六兩，文煥分銀十兩，卻將書手門子船頭分八兩，供係良楨分受，良楨又不合，不行執辯，致蒙看得姚文煥以無籍棍徒，黨惡挾騙，已可痛恨；而良楨身冒衣冠，甘心仇陷，公然爲魑魅之行，尤爲異常不肖，本當照例邊遣，姑念士籍，量擬徒革。姚文煥搆謀害眾，肆騙多端，而良材特其一事，邊戍何辭？姚三兒聽文煥使令，姑以無贓杖警取供，將良楨與姚文煥俱問擬誆騙徒罪，姚文煥引例充軍，良楨黜革爲民，姚三兒不應杖罪，招觧應御史處。蒙批姚文煥惡狀甚多，已行徐推官究招，未報；揚州道通提，併問招詳，本府又將前招呈詳督學陳御史處，蒙批據招李良楨實爲禍首，且青衿爲此殘兒，尤爲庠序大玷，即黜爲民，與姚文煥例遣可也，仍招報本道通詳行繳，本府仍將前招連人觧道，又蒙牌仰本府行提各犯，虛心覆鞫，要見首狀的，出何人之手？要銀四百兩，果否盡送程守訓？其所分五十兩是否謝禮？引例有無相悖？如果罪無可原，李良楨應否末減，務求至當妥議，招詳。

行間，蒙徐推官審得姚文煥徽棍巨奸，始見稅監駐劄儀眞，謀充單行，壟斷多利，及見中書程守訓，狐假虎威，謀爲附翼，因而威讋勢喝，凡係儀眞殷實之家，無不受害。守訓得十，文煥得一，守訓之虐焰，非文煥不燃；儀眞之怨毒，非文煥不深？本犯罪惡貫盈，一遣尚未盡辜。盛檄指倚修理，侵騙多贓，徒亦不枉。姚應祖附會爲奸，亦合杖懲，取供將姚文煥問擬誆騙，盛檄詐欺，各徒罪。姚應祖不應杖罪，姚文煥引例充軍，招呈巡鹽應御史，蒙批據議已當其辜。但李良材所告，亦有姚文煥贓跡，揚州道併問招觧，其原告干證，俱免觧。蒙道抄招劄行本府審明招觧，本府覆審間，姚文煥與良楨各又不合，仍前妄執妄認，致蒙審看得李良楨、姚文煥等告首，李良材情極眞的，而程守訓得銀四百兩，與姚文煥等分銀五十，兩審與前招無異，其首狀實係良楨所爲「謝禮」云者，據其一時假稱之詞，存之以見實跡，天下豈有此等「謝禮」可受，而不謂之詐騙者乎？與姚文煥節騙王懋佶等，盛檄詐匿修衙，各銀兩一一俱實相應，各照原擬招解本道詳審，良楨方將未曾分銀情由，姚文煥亦稱先審之時，將書手門子等役銀八兩，妄招良楨名下，各情供報，蒙批姚文煥詐騙多家，俛首無詞，獨李良楨分銀八兩，面質似誣，即姚文煥亦稱所得李良材銀五十兩，江湛儒、洪修之各分十五兩，家人各一兩，文煥十兩，此外八兩爲程守訓書手索分，五兩船頭門子各分三兩，李良楨未嘗在彼，亦未曾分銀，此衆所共見者也。

大抵，良楨以家財之故，刊刻揭帖，流布有年，曷嘗逆料今日之有程守訓哉？守訓至而文煥扛幫行詐，平地生波，矧良楨之揭，昭昭可指，不待教而投之守訓矣。謂爲良楨所使者，妄也。故原李良楨之心術，自非善類，若以圖八兩之利，敢有投揭之舉，則失之遠矣。此本犯之所以未服也。且姚文煥疊引二例通屬欠妥，未便允轉，仰江防李同知虛心覆勘，務求至當，另議招詳。干犯曾經審發者，不必槩提可也，速報毋緩。隨蒙本官覆審間，良楨、姚文煥仍從實供報，又蒙看得李良楨以爭家之故，讐視堂兄，刊布私揭；已而串棍姚文煥，告赴程守訓，肆行騙詐衣冠中之極無恥、無行者，革有餘辜。獨八兩之贓，不謂無冤。查李良材所費凡四百五十金，三百與程中書，一百與仝中軍，洪修之與其跟隨家人、門子、船頭之類凡五十兩，與四百五十之數合矣。良楨八兩之說，似無下落，況良楨揭中所爭家資數萬，豈八兩可得而甘心耶？而良材亦稱良楨未得銀，止以揭告，致伊多費耳。姚文煥等百口無說，前擬允當，獨良楨揭在中書未來之先，情有可原，相應杖革示儆。取供將姚文煥問擬誆騙，盛檄詐欺，各徒罪；

姚文煥引例充軍，良楨改擬與姚應祖三兒，俱不應杖罪，招呈本道，看得姚文煥罔利害人，毒如蛇蠍，其指委官程守訓詐騙商民，贓證俱眞，即例遣，猶有餘辜。盛檄指修理公署，歛銀侵尅，論徒亦當。生員李良楨以爭論家財之故，揑堂兄李良材，致爲姚文煥誆騙之資，行檢何存？衣巾有玷，革出允宜。但分贓八兩原由，懸坐徒，殊過重，改杖非縱。姚應祖、姚三兒隨從使令，各杖難辭，具招呈詳巡撫李都御史處，蒙批據招姚文煥横肆詐騙，擬遣無論；獨李良楨揭害堂兄，先已揹得八百兩，卻又輒揑本詞，串煥嚇詐，又復首告程守訓處，種種惡狀，而謂無受八兩之贓，其誰信乎？此惡況已得八百兩，又何必此八兩爲虛耶？即今魑魅搏人，極力救之，萬不濟一，此等奸惡，豈容輕縱？仰再覆究確招，速解定奪。

蒙道備劄，仰府覆審招觧行間，李良材因礦監行提不出，蒙本府署印江防李同知查照，數內有名人犯，行提項九川與良楨等，及在官吳尚琦，并行淮安府関提江應楠、汪岩福，與各案有行招卷到官，併審項九川將前騙吳希元銀三千五百兩，妄稱項九川、吳光謙、呂尚文各拏一千兩送程守訓，及將吳光謙、呂尚文各得銀數，未曾供明，止招自己騙分銀三百兩，江應楠、汪岩福亦又不合，妄將前與程德芳等，騙得汪自立銀一千九百五十兩各瓜分，致蒙看得項九川、姚文煥、胡尚寶、程天業、鮑本志、蔣季柔，程開經懼罪自縊，張大亨病故，呂尚文已遣，金鳳崖脫逃，吳光謙均以流棍，希圖網利，見程守訓奉差前來，輒行乘機黨附，其打點過送守訓者，非數千即數百，而其騙受入己者，非數百即數十兩也。淮南商民任其揹騙，懼惡莫敢誰何，眞神奸巨惡，而 王法所不宥者。若非鹽監之具 題，各院之訪究，則各商之被其魚肉，又不知其所止矣。

業經各案究明，覆鞫情的，各犯照原邊遣，不枉。盛檄修理剋落，論徒允宜；姚應祖不行舉首，姚三兒依聽扛幫，各杖何辭？李良楨審未分贓，改擬杖革。吳尚琦既審無干，相應釋豁。取供問擬項九川、姚文煥、胡尚寶、程天業、鮑本志、蔣季柔，俱誆騙；程開經，詐欺官，私取財，各滿貫徒罪，俱引例充軍；盛檄詐欺徒罪，良楨改擬與姚應祖、姚三兒，不應杖罪，及於招照項下，將江應楠、汪岩福并王懋化，聽原案，各歸結具招，連人申觧本道詳審，蒙批據招疎漏甚多，事干奏 請，未便轉詳，仰查照駁單情節，逐一覆勘明確，另招觧奪，備開駁單，併發到府，連卷轉發江都縣劉知縣，覆審項九川等，仍將前騙吳希元、汪自立等家分銀實數，俱報不明，該本官查江應楠、汪岩福，當與項九川等併擬取供，將項九川、姚文煥、胡尚寶、程天業、鮑本志、蔣季柔、江應楠、汪岩福，俱誆騙人財，程開經詐欺取財，各徒罪，引例俱發邊衛充軍。盛檄詐欺徒罪，良楨與姚應祖、姚三兒俱不應杖罪，良楨革去衣巾爲民，具招，連人申觧本府覆照駁單，逐一研審項九川等，方將所騙吳希元、汪自立等家實贓，及各所分的數供出，看得項九川、姚文煥、胡尚寶、程天業、鮑本志、蔣季柔、江應楠、汪岩福、程開經，皆市井奸徒，近見旁門勢焰，立可成家，乃攘臂奔投，或爲腹心而發縱行詐，或爲鷹犬而追逐効勤，動以千百計贓，而良商含寃、茹怨者，不知其幾？不一重懲，何以警眾？

相應盡法引遣，庶快人心。

盛檄指修衙宇尅銀，坐徒不枉；李良楨忍害堂兄，贓惡種種，姑究杖黜革；高自新揮金求媚，姚應祖沽名娶妾，姚三兒引差詐人，併杖何辭？至如未到程夢蘭等，皆一時烏合之輩，近有自回原籍者，有潛住　京師者，有投身內監者，本府節次差人挨捉未獲，姑少俟，再行緝拏究懲。又查得另案，問軍方良才，問徒王懋化等，俱非數內有名人犯，既經別案問明，無容再問；除將方良才、王懋化追完今案贓銀，仍聽原案遣結。程有等前案紙罪贓銀，併聽今案，庶免繁瑣，具招連人申解本道，覆審無異。看得項九川、姚文煥、胡尚寶、程天業、鮑本志、蔣季柔、江應楠、汪岩福、程開經、方良才，同脫逃；吳光謙等，俱以流棍專謀害人，乘程守訓焰張之時，狐媚虎噬，或指爲盜礦匿砂，或指爲窩藏珎寶，或指爲漏稅囤引，或指爲通倭搆逆，凡可以中傷罔利者，無所不至，凌虐騙詐，動至千百，贓證俱眞，并遣猶有餘辜。方良才先經問戍，應聽另案觧遣；項九川、胡尚寶、程天業、鮑本志、蔣季柔，雖經觧允定衛，均係疏中事犯，應與姚文煥、江應楠、汪岩福、程開經，通候　奏行。

盛檄修理侵尅，仍合坐徒；李良楨以爭產鬩牆，捏揭堂兄，至姚文煥等乘機詐害，情雖可惡，而八兩之銀，實未染指，其先年所措八百，稱議處家財之數，似難以贓論也，擬杖黜革，情法亦當。姚應祖、姚三兒聽使附和，均宜杖懲。高自新懼禍送銀，亦程敬嚴等耳，安得獨罪哉？相應免杖。吳光謙等應嚴拏正罪，以警巨奸，各情明白，議得李良楨等所犯，項九川、姚文煥、胡尚寶、程天業、鮑本志、蔣季柔、江應楠、汪岩福，俱合依誆騙人財者；程開經、盛檄，俱依詐欺官、私取財者，俱既贓准竊盜論，免刺一百二十貫罪止律，各杖一百，流三千里。李良楨、姚應祖、姚三兒，俱依不應事理重者律，各杖八十，俱有　大誥及遇蒙　恩例，通減二等。項九川、姚文（註一一）煥、胡尚寶、程天業、鮑本志、蔣季柔、江應楠、汪岩福、程開經、盛檄，各杖九十，徒二年半。李良楨、姚應祖、姚三兒，各杖六十；李良楨是生員，項九川等俱民，項九川、姚文煥、胡尚寶、程天業、鮑本志、蔣季柔、江應楠、汪岩福、程開經，各照例免其徒杖。項九川等八名枷號，遵例放免，與程開經俱定發邊衛充軍終身。內項九川等五名，本應遵照原定衛，分項九川東寧衛、胡尚寶威遠衛、程天業山海衛、鮑本志鎮朔衛、蔣季柔懷來衛，各觧著伍。

緣係奉　旨提問人犯，與姚文煥、江應楠、汪岩福、程開經，通候奏　請，聽兵部定衛，拘僉妻觧發遣審。盛檄、姚應祖俱稍有力，與李良楨各照例納贖；姚三兒無力，依律的決完日；李良楨革去衣巾爲民，發里當差供明。程敬嚴、宋秀等，各省發寧家；方良才、王懋化，各追完今案贓銀，罪聽原案歸結。照追項九川、姚文煥、胡尚寶、程天業、鮑本志、蔣季柔、江應楠、汪岩福、程開經，俱充軍免紙，李良楨官紙銀三錢，盛檄、姚應祖、姚三兒各民紙銀一錢二分五釐；翟逢源、李日茂、葉遇春、宋秀、喬務本、郭衛民、吳啓正、汪宗文、汪自立，各告紙銀二錢五分，并各贖罪不等。李良楨米六石，每石折銀五錢；盛檄銀九兩，姚應祖銀一兩二錢，及項九川等原騙吳希元等銀兩，查照原招入官給主。項九川騙分吳希元銀三百兩、吳梅銀二十兩，姚文煥騙賣單銀三十兩、吳福心等銀二百兩、王懋佶銀五十兩、張杞方銀三十兩、楊三銀四兩，并盛檄詐欺修理掣塩門樓銀五十四兩，王懋化騙王懋佶銀十兩，除前案供出銀三兩外，仍追銀七兩。江應楠、汪岩福各原騙汪自立銀兩不等，江應楠一百兩，汪岩福五十兩，俱合入官，追完貯庫，照例二分糴穀備賑，八分聽候支解。程開經詐程敬嚴銀一百三十八兩，胡尚寶、程天業各騙宋秀銀四十五兩，鮑本志騙宋秀銀十兩，方良才騙分潘永順銀一百兩，姚文煥騙分李良材銀十兩，蔣季柔騙喬務本銀一百兩，姚文煥原騙潘永順銀一百兩，張大亨騙葉遇春用剩銀二兩五錢，俱照數追給各主收，領取實收，收管領狀繳報。脫逃吳光謙、黃自得、程守道、汪自度未到，程德芳、汪七、張元浩、殷南塘、汪若水、黃新寰、江海樵、丁從道、江湛儒、黃時、程夢蘭、吳學、宋利、季天祥、楊尚榮、邵應登、汪大中、邵誠、汪百川、江如練、阮國正、吳明初、仝治、張利、宗衢、高鳴槐，合一面行府嚴拿，務獲招詳。黃三畏、王五、陳信、張九、朱松、王有成、王子賢、王善、徐法、張武、李臣、方清，另行提結。程有、徐賢、萬旺孫，前案紙罪贓銀，俱併聽今案。方良才、王懋化，聽原案，各歸結。其張大亨等原鎖葉遇春鐵繩一條，貯庫備照。程有原騙葉遇春銀兩，招稱花費，免追。不在官吳希元等，俱供明，人免提，等因。具招，連人呈解到臣，據此案照先該經理兩淮鹽務御馬監太監魯保具題前事，奉　聖旨。

這奏內奸徒張大亨等，指稱礦稅衙門，賫執假牌，詐害兩淮商眾，好生玩法，已獲的并有名人犯，爾即公同撫、按等官，嚴拏問擬，具奏，勿得連累無辜，以安地方。其中書程守訓不法事情，便著內官陳增查勘明實，奏請定奪，不許狥私庇護，該部、院知道。欽此。欽遵。該鹽務太監魯保備移手本到臣，隨經劄行揚州海防兵備道，轉行揚州府緝拿，嚴究去後。

今據招觧前來，覆加研審無異，該臣會同巡按御史吳崇禮、巡鹽御史應朝卿、經理兩淮鹽務御馬監太監魯保，看得犯人李良楨、項九川等，前後所犯，事有輕重不同，贓有多寡不一，其屢經多官秉公勘問，俱各參詳眞確，律議邊遣、徒杖，揆之情、法，均屬允當，相應依擬。其逃犯吳光謙等，仍嚴行提結正法，毋遺民害。再照中書程守訓，先經山東督礦太監陳增，奉旨勘奏，已蒙罰處。今據詳勘多贓，事屬干法，臣等不能無議，伏候　聖明，俯賜裁奪。但首惡姚文煥，構黨詐害有年，流毒淮商不淺，似此漏網大奸，非一遣之辜，足以盡法，恐禍萌不剔，民蠹猶存，而眾商難爲生計，合無　請照京師大枷事例遵行，嚴戒奸徒，以安地方良善。滿日追遣發落，除將各犯發回羈禁聽候外，今將問過招由，理合會同具　奏，伏乞　勅下部、院議覆，上　請行臣等，遵奉施行。

緣係奉　旨會問人犯，事理未敢擅便，爲此具本，專差承差涂麒賫捧，謹題，請　旨。

萬曆二十九年五月初三日，具題，奉　聖旨。

# 七　參坐營中軍疏　萬曆二十九年五月十三日

題爲糾劾不職將領，以肅軍政事。

臣駐箚泰州，料理春汛事務，觀海上動靜，以爲廵歷向往，若沿海腹裏各該營寨，自總兵、參遊而下，以至都司、守把等官，莫不時時戒諭、約束，一切私役、尅餉常例之類，盡行革去，明刊條示，使軍士不迫饑寒，不勞力役。然後，訓之以時，可使有投石超距之勇；感之有道，必將有親上死長之心。臣又更爲優卹之令，一應兵士及兵之父母、妻子，凡有病者俱給以醫藥；病而死者，俱給以棺木，所以鼓舞體恤者，纖悉備至。

不謂，乃有貪（註一二）殘將領，如淮安中軍都司陳詧者，不可不一亟處也。蓋臣初到地方，即聞本官馭下近刻處，已多訾；但以本自諸生，頗可理諭，當即面諭再四，令其改過向上，無負任使，嚴爲出示，安撫各軍，一時歛戢，頗幸□□。（註一三）乃頃者，河漕尙書劉東星移書於臣，□□（註一四）都司中軍宋承祖，請臣移駐淮安，彈壓大營各軍者。臣即面詢其故，則以大營各軍，張貼匿名，疾怨陳詧，至欲剸刃其腹，更多狂肆之語。臣一面先出告示撫輯，俟臣出廵處分；一面檄令陳詧，令其改圖自新，毋犯眾怒。

近據該道、府揭報前來，有謂本官每月散糧，隊長扣銀五分，什長四分，兵三分，該營目兵共一千八百餘名，每月計扣銀五十餘兩，馬天祐、吳臣等可審者。有謂本官常將瓷器、棗餅、米油之類，托中軍宋承祖派散眾兵，價值一兩作銀二兩領用；每遇放糧，憑馬天祐扣餉類送，被害兵王嘉賓、史大道可證者。有謂縱名色把總何世爵，指送本官家眷回鳳陽，串同水手姚甫等，收買私鹽數百石，大肆興販，行至臨淮縣被捉，本官得銀二百兩，代囑饒免，葉應時可審者。有謂令中軍宋承祖，指下營查比武藝，嚇取眾兵，科詐銀，每兵三、四錢不等，計得銀五百餘兩，與宋承祖二八均分；把總何世爵，亦勒分銀五十兩，楊煥、王加捷不服，被責幾死，吳臣、張七可證者。有謂指補兵出示，召人投充，毋論老、幼，毋論弓、馬，每名中軍宋承祖得銀一兩，本官得銀五兩，即准申報，雇人解驗，韋賢、李仁可審者。有謂本官每遇年節，假倚各處送禮，頭目一名科銀二錢，兵一名科銀一錢，今經二次科尅，銀四百餘兩，書識葉杏齋過送可審者。有謂本官生日，先令家人在營聲說，索取槩營人情，頭目一名銀三錢，兵一名銀一錢，計二次不止，得銀五百餘兩，俱中軍宋承祖收送可審者。有謂本官謁見上司，就便乘舟過清江浦，邀請舊契光棍蕭鳳竹，攜妓趙文兒、趙小紅飲樂，官箴掃地，心腹胡高可審者。有謂將告假目兵盛滿等三、四百名，照日尅扣口糧，皆管班胡高可證者。有謂倒死戰馬，舊規團糟，本兵出銀二兩，槩眾貼銀八兩，止用七、八兩買馬，餘銀尅收，班頭李春可證者。有謂將親人香油給兵鄭得春等百十餘名，各領一簍，每斤止值價一分八、九釐，令門子小鄒索要二分五釐者。有謂放平機布，發兵蔣應宣等，每疋值銀二錢，令管班董成索要三錢者。有謂賣綿花酒麴給兵王平等，每斤實價五分，令管班董成索要七分者。有謂賣紅、黑棗給兵夏恕等二千餘名，計筭八千餘斤，每斤止值五釐，反索八、九釐，計筭多取銀二、三十兩者。有謂本官性頗嚴刻，御下少恩，操練督責太急，不分賢愚、高下，亂打兵勇、頭目，怨言載道者。

臣再三體訪，一一相同，可見剝軍有據，眾怒已深，若不亟處，禍且不測。謹會同巡按直隸監察御史吳崇禮，據實參論，以肅軍政。參照鳳陽巡撫中軍，以都指揮體統行事、署指揮僉事陳詧，賦性貪殘，制行卑鄙，視士卒如寇讎，假訓練以張蒼鷹、乳虎之威，等法紀如弁髦，託貨物而肆剝，膚錐髓之，計憑胸臆以妄作，匿名豈曰無因？逞市井以行私，怨讟眞爲有自。夫淮安當南、北之衝，士卒幾三千之眾，以若人而統率於上，將、卒異志，上、下離心，脫有緩急，誰其任之？況今四野大水，民無寸苗，豺狼滿目，盜賊公行，魚爛土崩，應在旦夕，囂然不樂生之眾，又堪此輩魚肉之耶？興言及此，可爲寒心。此一臣者，所當亟爲罷斥，以爲將領之戒者也。伏乞　勑下兵部覆議，上　請將陳詧革任回衛，速於江北廉勇將領內，就近急爲推補，刻期到任，以資保障，庶於重地軍務，不無小補矣。

緣係糾劾不職將領，以肅軍政。事理未敢擅便，爲此具本，專差承差涂麒齎捧，謹題，請旨。

萬曆二十九年五月十三日，具題，奉　聖旨，兵部知道。

## 八　報夏秋災傷疏　萬曆二十九年五月十四日

題爲異常重災，遵例類報，懇乞　天恩破格蠲恤，以救民命事。

本年四等月十五等日，節據鳳陽府所屬泗、宿、亳、壽、潁五州，鳳陽、臨淮、盱眙、蒙城、五河、靈璧、懷遠、虹縣、潁上、霍丘十縣，各申報災民告報災傷情由。該各掌印管詣勘，大率謂連年水旱災傷，雖蒙勘恤，民困未蘇，咸賴今歲麥禾成熟，辦納稅糧，苟延生命。不期，去冬無雪，今春至夏以來，霪雨連綿，十無一二晴霽；兼以淮河泛漲，巨浸成湖，傾倒房廬，二麥盡沉水底，秋禾豈能佈種？百姓惶惶，呻吟徧野。中有支持者十之一二，每興失望之悲；素處貧薄者十之八九，大垂無主之泣。老幼皆思就食，錢、糧將何處辦？天災已甚，民命奚堪？道路見之，莫不流涕；離亂景象，匈然莫測，申乞踏勘，拯救（註一五）蠲恤，庶免流亡，等因。

又據揚州府所屬通、泰、高郵三州，如皐、泰興、寶應、興化、海門五縣，各申稱迭災之後，民貧已極。詎自去年冬初，久雨，二麥種遲；迨至冬深春首，嚴寒久旱，麥不發生。三月中旬，麥苗方長，比之往年，已不及半，豈料連雨月餘，至四月初八、九日，盆傾不止，江、湖泛漲，平地成河，二麥盡淹，稻種下田沉水數尺；初十雨止方晴，二月十二日以至十五日，又復雷雨、冰雹相繼，水勢益洪，路道行舟，亦無辨別。房廬盡倒，穀畜漂亡，豈但夏麥秋秧沉腐無濟，且今待哺無食，居住無廬，目前何以聊生？逐處老幼男婦，環泣水中，哭聲震地，觸目傷心，眞有不忍見聞者。流移委壑，援拯爲難，惟有請乞勘　題，軫念積災，大加蠲恤，少存遺孑，等因。

又據廬州府申，據所屬無爲、六安二州，合肥、舒城、廬江、巢縣、霍山五縣，各申據里老鄉約，災民告災，俱該各掌印官踏勘得，州、縣地方每年水、旱，民多失所，舊冬天亢，佈種二麥尚未出土。今春，初得時雨，二麥生發，銜苞吐穗之時，又被久雨，連綿月餘，高聳者泡爛，低窪者淹沒無存；兼以濱江泛溢，迄今佈種秧苗又被凍死，欲再復種，奈因時節過期，但二麥盡皆失望，秋禾又損其秧。況今青黃不繼，米價高騰，男婦嗷聲徧野，錢、糧從何輸納？申乞速賜，轉達早勘，破格蠲賑，以安殘黎。

各申到府，看得府屬地方，自春至夏，天雨連綿，洪水泛漲，二麥既已浸朽，秧苗復遭凍死，高低田畝盡被災傷，秋禾無望，小民困苦，卒歲實難。今據各州、縣申報，良可憫惻，除英山一縣相隔路遠，尚未報到，候至另報，等因。

又據淮安府所屬塩城縣申稱，本縣地方切臨海濱，民不經商，專以佈種養生輸稅，邇來自春入夏，雷雨連綿，所種麥、禾俱被淹沒，收成失望，闔邑生靈，如在倒懸，漕儲鞭餉，從何措辦？請乞俯念邊海異災，早賜勘實，蠲賑拯捄，等因。又據各屬災民周科全、戴美滚、于鎏、吴亢簟、范楠、董業、鮑章、呂昶、江淮、何棟等，百十成羣，遠赴臣衙門告訴災傷苦情，與各州、縣所申相同，俱該臣批行揚、淮、潁三兵備道，作速委官查勘，酌議通詳，仍聽巡按御史覈實，題　請蠲停賑恤外，卷查萬曆十三年五月，內准戶部咨，該本部題爲欽奉聖諭，并陳末議，以廣　德意，以消災沴事。節開今後災傷去處，許小民各將被災地畝開報，掌印官親自踏勘，一面申報巡撫具　奏；一面造花名地畝文冊，送巡按覈實，定擬分數奏報，前後不嫌異同，待本部題覆至日，即按冊照例蠲免，夏災定限五月以裏，秋災定限七月以裏，奏報，等因。備咨，遵行在卷。

今據前因，該臣看得江北地方，數年以來，水、旱頻仍，狼狽至極，詎意今春徂夏，霪雨異常；及今五月過半，尚未晴霽，氣候蕭條，冷如春令，萬物不長，明屬咎徵。且二麥既盡，秋禾無種，間或苗而不茂，又或種而復萎，當此青黃不接，米穀踊貴，萬民泣訴，哀求蠲賑，至於匿寶漏稅之訐告，假　旨僞牌之提觧，雞犬不寧，逃亡滿目。鹽法阻壞，數萬亡命，袖手於大海之濱；盜賊橫行千里，閭閻飲泣於如虎之政，即使時和年豐，家給人足，尚不堪此非理之征、無厭之欲，而況天荐饑饉如此哉？臣雖間行各屬，或出陳易新，或量賑倉穀，然不過苟捄目前，終非長策。更恐倉穀支盡，秋禾不登，前無所蓄，後無所穫，窮餓之民，怨讟之衆，恐不甘心就死。此臣所以食不知味，寢不知席，日夜泣血萬一，冀　皇上之省改也。伏乞　勑下戶部，速行巡按御史，覆加查勘，酌議分數，上　請分別蠲賑，仍行臣遵照施行。其有被災申報未至者，欲候俱齊，恐至躭遲，俟續報。夏、秋災傷者，容臣亦批各道類勘，總聽巡按御史覈報，以免煩　瀆，災民幸甚，臣愚幸甚！

緣係異常重災，遵例類報，懇乞　天恩，破格蠲恤，以救民命。事理未敢擅便，爲此具本，專差承差涂麒齎捧，謹題，請　旨。

萬曆二十九年五月十四日，具題，奉　聖旨，戶部知道。

## 附註

一　「光祿寺」，中國古代掌理膳食之中央官署。原職爲掌宮廷宿衛及侍從，北齊以後改掌膳食帳幕，唐以後始專司膳。明代光祿寺負責御膳食材之採買，凡祭饗、宴勞、酒醴、膳饈之事，都由光祿寺「辨其名數，會其出入，量其豐約，以聽於禮部」。

二　「鹺」，音「cuó」（ㄘㄨㄛˊ），本義爲鹹味，後引申爲「鹽」之別名。原書卷前「目錄」，題作「府佐被察就近降補疏」。

三　「𢗑」，音「夾」，無動於衷、淡然不經心之意。

四　「隳」，音「灰」，毀壞、崩毀之意。

五　「掤」，音「碩」，本義爲紮、刺、提、拿之意。故「整掤」，即同「整頓」之意。

六　根據文義，「邗」當是「刊」字之誤。

七　本書各疏文中，「已」、「己」二字，皆刊刻作「已」，以上下文義辨之，此處當解作

「己」，以下並同。

八　「硝」字印刷漫漶，以形義度之，當作「硝」字無疑。

九　「浼」，音「每」，古同「浼」，請託、央求之意。

一〇　「備」，或作「俻」，行書多作此，「備」之異體字。

一一　「姚」字只印出上半，「文」字未印出空白，以前後文，確定爲「姚文煥」無疑。

一二　此字印刷漫漶，隱約可見上半筆畫，以形義斷之爲「貪」。

一三　此二字印刷漫漶不清，隱約難辨，似爲「妥善」，存疑待考。

一四　此二字印刷漫漶不清，隱約難辨，下文有「鳳陽巡撫中軍」名號，似爲「巡撫」，存疑待考。

一五　「捄」，音義同「救」，古今異體，故「拯捄」即「拯救」。

# 《撫淮小草》卷之七

關西道甫李三才著

## 第八冊　奏議

### 一　回　奏毆死稅官疏　萬曆二十九年五月二十五日

題爲豪強劫擄寶貢，打死二命，請乞　聖明，亟賜重懲，以正法紀，以清錢、糧事。

行據整飭揚州海防兵備、右布政使陳璧呈，詳審問過犯人王聘尹等招由，內開王聘尹年二十七歲，直隸揚州府高郵州寶應縣民，考充本縣儒學生員，狀招有在官弟王二即王應聘、的名王聘說，與在官韓四即韓雪子、王順，俱在本縣北門地方居住，萬曆二十八年六月，內有不在官王金印、劉可熚、朱鴻儒，係山東礦稅陳太監處委官，奉差前往江南等處查理船料，由儀眞、江都回還，帶同先存，今被王聘說毆死倪學禮、溺死朱龍，隨路使喚。本月二十四日，行至本縣地方，倪學禮得患瘧疾，劉可熚將伊票發本縣泰山廟內觀音閣養病，先在官僧人眞喜收票存證。本年七月初三日，倪學禮隨令在官僧人衡定權，向今不在官醫人張爆取藥二劑，服愈。本月初四日，朱龍在於界首湖，遭雨濕漏常用衣物，與各官亦在本廟曬晾，適因慶賀生辰，做戲飲酒；王聘説、韓雪子來廟看戲，有各委官跟隨人役嗔阻，時倪學禮、朱龍率眾，將王聘説、韓雪子踩辱一頓，各披髮回家。王聘説向聘尹，與韓雪子向伊在官兄生員韓士章泣訴，被委官跟隨人毆打情由。聘尹與韓士章各不合，仗倚衣巾，忿然不平，隨即率領王順，同王聘説等，詣廟與委官講論，去時聲氣猛烈，沿街無藉之人，聞知委官事情，多有隨從出力者。及至廟門，倪學禮仍前叱阻，王聘説、韓雪子認得倪學禮、朱龍面貌，與王順各不合，齊聲呼道「不如打他一頓洩忿」等語，遂將倪學禮拏住，王聘説即下手將伊致命處所痛毆，朱龍前來勸觧，亦被韓學子打訖數下，餘各乘勢喧喊，聘尹與韓士章各又不合，不行嗔阻。王金印等，見勢兇惡，迴避閣上，各方散訖。王金印等，當將倪學禮等，帶至船上看視，朱龍傷輕尚可行走，倪學禮傷重垂危，料無生理。至晚，將倪學禮仍送廟內，朱龍留在船上；彼時，先存今故汪四即汪信，并未在內，在官地方張問禮證。

適值本縣宋知縣公出，該巡捕典史帥逑，將王聘説等，并省發徐完等捉拏收禁，王金印等開船；於本月初七日，行至淮安府清江浦地方，朱龍偶因失腳溺水淹死，彼時王金印喚令先在官地方李江，并不知姓名十人，將屍撈獲上岸，王金印賞伊酒銀一錢，隨即買棺埋葬河隄上訖。王金印復虛開搶奪物件，差人粘貼本縣馬頭前；至初八日午時，倪學禮在廟身故，張問禮稟縣，著令王聘説等出銀三兩，與僧人衡定權，買先在官席宗棺木盛殮，及令先在官土工徐舒埋葬訖。王聘説、韓雪子等，因見前帖，及倪雪禮身故，恐問重罪，令聘尹與韓士章措處銀兩，央先在官潘銀匠傾銷色銀二百兩，托先在官義官馬守義及張問禮、衡定權等，趕至清江浦，將銀一百兩與委官，作爲調治藥資，又銀一百兩陪還跟隨人役衣帽，交付劉委官未到，長隨王誠伊不合，拐逃去訖。王金印將朱龍身故，及倪學禮等命垂旦夕情由，虛開劫掠玠玩、方物等多數，呈報本監，備開手本，移送鳳陽巡撫李都御史，并巡按安御史處劄案。備行揚州兵備陳右布政使劄，仰本府上緊緝拏，追究招解。蒙府帖，仰本州即便會同寶應縣，將王二等，并已死朱龍，根由研審，具招解審，等因。

本州遵依，帖行本縣會審間，本縣宋知縣回縣，帥典史將王聘説等具由呈堂，張問禮、眞喜等連名呈稱劉可燁等，在於泰山殿飲酒搬戲，有王二、韓雪子等窺看，被跟隨手下人役不容，互相爭嚷，隨即勸散。本官先有不知姓名跟隨人患病，送本閣醫治，不痊身故等情，呈縣備由通詳。蒙巡撫李都御史批仰揚州道查報，又蒙操江耿都御史批仰兵備道查報，又蒙巡按吳御史批揚州道查報，又蒙巡江朱御史批：泰山殿非戲飲之場，委官劉可燁狐假狼貪，戲飲之中，何所忌憚？而王二、韓雪子，敢犯其鋒乎？申稱委官患病送閣醫治者，的於何日？其搬戲而爭嚷，又的於何日？便難以人命混賴也。仰府查確，併各院詳行報奪，又蒙本道批，仰府併查確速報，續蒙本道備抄前項批申劄，仰本府從公研審，是否毆死？病死？如係毆打，即便委官檢驗；或係患病，即拘寄住僧眞喜等，并用藥醫生，細審致死根因；其單開珎玩、衣囊等物，一併追究下落。果否搆引多人？係何姓名？打搶何物？見在何處？有無實據？一併查勘的確招觧，蒙府備帖，仰州會同寶應縣審究招觧間，委官王金印備稱，家人朱龍於初七日身死，外有倪學禮隨於初八日，在奶奶廟亦氣絕身死，本廟在官僧人眞秀報證等情具呈本監。復用手本移送巡撫李都御史，箚仰本道即委多官查勘追究，擬招通詳；又蒙巡按吳御史憲牌發道，嚴行緝拏查究，等因。蒙道備行本府，轉行本州會勘間，本州備申本監，請發委官王金印等會審，未蒙發下。

聘尹與韓士章，因倪學禮、朱龍相繼身故，各又不合，代弟王聘說等出辯，捏（註一）稱大亂等情狀，赴巡撫李都御史處告准批，仰淮徐道查報，或有別故，一問稅監可也。蒙去任淮徐兵備郭參政遵將原詞粘單，抄發淮安府查審，該府將王聘說等前情具由，回復本道備由請批。就便歸問申詳，李都御史蒙批，仰揚州道，速查報。聘尹又捏抄詐等情狀，赴巡按吳御史處告准蒙批，揚州道查報；又捏假官酷詐情詞狀，赴本道告蒙批，仰府併查確詳；聘尹又捏飛屍挾詐情由狀，赴巡江朱御史處告蒙批，仰府問報，蒙道又將前批詞詳，陸續行府、帖州。後蒙本監將王金印所呈原情，并稱強刼人命情由，批發委官顧其禮，查審僧人衡定權口詞，具蒙備，仰本州即便會同本監委官，并寶應縣正官，從公嚴審，相驗二屍傷痕，塡圖取結追究，進上珎玩、錢、糧下落，具招觧送本監，面審的確，具　奏，等因。

遵行間，隨該顧委員，會同本州掌印孔知州，并本縣掌印宋知縣，於本年九月三十日，帶領該吏毛如新、周自明，并徐州仵作高第、本州仵作鄭冠，及押王聘說等一干人證，親詣已死倪學禮屍棺處所，如法初檢，得本屍仰面偏左，連左太陽穴有傷紅紫色，量得圍圓六寸五分，左太陽穴與偏左傷同，偏右連右額角、右太陽穴、右腮脥有傷紅紫色，四散難量分寸，右額角與偏右傷同，右太陽穴與右額角傷同，右腮脥與右太陽傷同，顖（註二）門連額顱有傷紅赤色，量得圍圓四寸五分，額顱與顖門傷同，上牙脫落六箇，下牙脫落七箇，俱有孔無色，係死後脫落。咽喉用銀片探毒，銀不變色。右胳膊連右胳肒、（註三）右手腕有傷紅紫色，偏傷難量分寸；右胳肒與右胳膊傷同，右手腕與右胳肒傷同，左前肋連左後肋有傷紅紫色，骨散難量分寸。右前肋連右後肋有傷紅紫色，骨散難量分寸。左胯連合面左臀有傷紅紫色，高低骨難量分寸。右胯有傷紅紫色，量得斜長二寸五分，闊七分。左腿有傷紅紫色，量得斜長一寸二分，闊四分。右腿連右膝、右臁肕有傷紅紫色，傷大四散，難量分寸。右膝與右腿傷同，左（註四）臁肕與右膝傷同，右耳根有傷紅紫色，量得圍圓一寸五分。左臂膊有傷紅紫色，四散難量分寸。右手腕與前手腕傷同，脊背連脊膂有傷紅赤色，骨散難量分寸。脊膂與脊背傷同，左後肋與前肋傷同，右後肋與前肋傷同，左臀與左胯傷同，檢畢將屍入棺，責令地方張問禮領看外，取具吏仵，各不扶結，（註五）領在官。

查得朱龍身屍在於山陽縣清江浦地方，又會同於十月初一日巳時，帶領吏仵押發王聘說等，前至朱龍屍所開棺，如法初檢，得本屍仰面，顖門有傷紅紫色，量得圍圓二寸五分。左太陽穴有傷紅青色，量得圍圓二寸。左腮脥有傷紅赤色，三岔骨難量分寸。上牙脫落七箇，俱有孔無色，死後脫落。咽喉用銀片探毒，銀不變色。與偏左傷同，偏右連右額角、右太陽穴、右腮脥有傷紅紫色，四散難量分寸，右額角與偏右傷同，右太陽穴與右額角傷同，右腮脥與右太陽傷同，顖門連額顱有傷紅赤色。上牙脫落七箇，俱有孔無色，死後脫落。咽喉用銀片探毒，銀不變色。在胎膊連左胑脥有傷青紅色，四散難量分寸。左胑脥與左胎膊傷同，左前肋連左後肋有傷紅紫色，傷大四散難量分寸。合面脊背連脊膂有傷紅紫色，四散難量分寸。脊膂與脊背傷同，左後肋與前肋傷同，檢畢將屍入棺，責令地方李江看守外，取具吏仵、土公、地方人等，各不扶，領結在卷。

初審之時，王聘說又不合，隱下的名，仍止供王二及韓雪子等，各又不合，隱下毆死倪學禮眞情，虛認陪銀二千兩，王聘說因見韓學子窮寒，汪信係伊至親，家資稍裕，又不合，妄攀汪信在內助毆等情。致蒙看得王二、韓雪子等，見在廟內看戲，與稅監委官劉可燁等從役廝嚷，伊親汪信從而助毆，於是王順等，與不記姓名共二十餘人，吶喊一聲，致委官王金印避鋒於閣上，則其從役之被毆者，豈止一人？但檢驗二屍，寥寥數傷，雖顖門兩肋係屬致命，而偏傷紅紫，骨節無恙，夫豈速死之證？況倪學禮則有劉可燁給付兩僧養病之票，醫生張爆治瘧之供。朱龍則有地方李江清江浦溺河之言，及土公撈屍、埋屍之證，論以人命，未見的確，或被

顧詢之地方僧醫，及檢委官硃票，則倪學禮乃六月二十四日，發廟閣上醫治之病夫也，他人避鬪，致委官王金印避鋒閣上，誠有爭鬪之情；會檢倪學禮、朱龍二屍，則其所報之傷亦有之，因委官劉可燁等演戲廟中，二犯以看戲爭嚷，乃汪信與王順及生員王聘尹、韓士章等，率眾護同本州孔知州、本縣宋知縣，行提王聘說等覆審，仍前隱情願陪；致蒙看得王二、韓雪子，先內竟爲開削，未必無曖昧之情，仰會同委官覆審明白，觧監親鞫，的確具　奏。續該顧委官會犯觧脫也。查委官顧其禮所申，有黨惡汪四，見以強盜被拘，則前日之聚眾搶刼可知矣。而詳

會審間，又蒙本監批，據詳二屍徧體皆傷，則當時被毆，可謂慘矣，恐不得以病弱，爲兇招觧奪，蒙州遵依，備行本縣。

時搶失，豈據化爲烏有？而何無一眞贓？據稱包賠，是否情願？仰高郵州會同該縣，細加研審多有著落，必須定執，方可成招，而含糊具由，何以允轉？且衣物直可二千金，亦云多矣。一禮有養病之票，朱龍有溺河之說，謂二人之死非由於毆，而適與毆期相值，信如此說，則屍傷於閣上，又言從役之被毆者不止一人，則毆情的矣。至檢驗二屍，既有致命傷痕，而又云倪學楊知府詳批，據審王二、韓雪子因看戲，與委官劉可燁等從役廝嚷，汪信從而助嚷，致委官避不能收拾，則有之耳。具由，於本月十六日，將王聘說等申觧本府，仍具由詳申本監，蒙本府之，以甚其罪乎？至於，誰搶貨物，則屢拷未見眞贓，輒稱毆時圍觀叢亂，其衣服、用器一時毆者未必死，死者非所毆。彼劉可燁等，特以被毆不堪，且二人之死期，適相値也，故併呈

之閣上，可以免毆，則學禮原在閣上者，眾兇惡得毆之？比驗左右太陽穴、左右兩肋傷痕，俱一片紅紫，難量分寸，誠大類乎病夫久臥成傷者；獨顖門一傷，似屬致命，但稱於三月後身死，必其重傷骨破，今痕雖紅赤，骨中無損，則又豈係速死者？蓋必病時滾墊所致，乃右胯、左腿二傷斜長，原非致命，誠係病時扶插撞磕所致也。如果有傷，越三日死矣，則豈不登時留之廟中，而復取回船上乎？

至於朱龍，則審之地方埋葬人，俱稱溺河，而驗其屍，則傷痕尤少且輕，大類溺水者磕墊所致，且果毆傷矣，則何不於送學禮之時一併送之？況毆後落水，律無抵償乎？察傷推情，終難擬以重獄。王二、韓雪子、汪信，應擬徒；王聘尹、韓士章、王順，俱助毆人，姑各擬杖。各犯亦自知爲自作之孽，而俛首無詞矣。取供問擬王二、韓雪子、汪信，俱棄毀人器物，徒罪；王順與聘尹、韓士章，俱不應杖罪，具招，連人申觧本府，蒙批據招倪學禮死於病矣，而傷多致命。夫豈病而傷乎？朱龍死於溺矣，而檢多重傷，夫豈溺而傷乎？且招稱委官從之，被毆者不止一人，則二命又若斃於毆矣。審傷全無下落，近於爲各犯觧脫者。夫人命関天，若果病而死，一徒猶寃；若毆而死，即償不枉，招中漫爲兩可之說。又若毆與溺與病之間，何以定大辟也？至於擄搶貨物，而謂其盡付東流，又若無據，金銀既非曬晾之物，二千金衣服，及數十人不易負，況搶之何心？棄之又何心也？或以補賠，以飾其病與溺之說耳。面質汪信，再三稱寃，即生員韓士章亦爲信觧，是否寃枉？有無別情？仰江都縣虛心，逐一從公檢審停當，毋使生、死兩寃可也，速速！

該縣行提王聘說等人證，到官研審，王聘說等方，將打死倪學禮，捏稱病故，假稱賠銀二千兩，求脫大辟等情供出。看得王二、韓雪子，以看戲被毆時，倪學禮、朱龍爲首倡，王二朋謀報復，入門之時，已熟識倪、朱二人之面矣，乃各㧱其一，而痛毆之，以爲病也，而醫生張爆未見病者何人。且致命重傷，非可因病而得，以顖門爲滚壓所致。夫滚壓能施乎皮膚、面目，而必不能施乎顖門；朱龍之傷，以爲溺水磕墊所致，亦附會之說也。張問禮口稱王二等，率眾惡打，獨委官避禍於閣上，餘無登閣者；且毆時原無汪信形影，安得無端而波及之？貨物既稱委棄於河而行償，則人命反不當償乎？蓋陽借包賠之名，而陰掩抵償之寔也。夫末減難糊巷議之口，而厚利豈媚委官之心？殺人者不死，令學禮含寃於地下；無干者波及，至汪信飲恨於人間，非情、非法也。王二、韓雪子依同謀之律，係下手致命，擬抵；王順以同謀之故，量減擬徒。其生員韓士章、王聘尹以共毆，餘人擬杖。其混搶曬晾衣物，并席間用物，前於清江浦賠銀二百兩，猥云王誠拐走者，非情也。第不較其多寡，究其下落，足矣。欲候檢成招，猶恐遲緩，除先行移屍，候至日檢明，另行揭報外；取供，改擬王二、韓雪子俱同謀，共毆人致死，以致命傷，爲重下手，絞罪。王順元謀，徒罪；韓士章餘人，杖罪。聘尹未到，照提具招，連人申觧本府。

蒙批，據招極的，但審地方張問禮，稱生員王聘尹帶領多人毆打，則死之根源，不徒二兇已也。事干人命，豈得以生員倖免乎？仰嚴提另報，不必招，止追口詞、揭報可也，速速！遵行間，汪信因被王聘說等誣執，致伊賠費過銀二百八十三兩不甘，備以激變情詞，將伊不在官男生員汪有瀾姓名出詞，具狀赴巡撫李都御史處告准蒙批，仰揚州道查報，蒙道抄詞，備行本府江防帶管理刑李同知處，問理。行間，汪信又將前情，仍以汪有瀾姓名，出詞狀赴巡按吳御史處告准蒙批，仰揚州府李同知問報。又以飛殺激變情詞，狀赴本道告准蒙批，仰府併查報；蒙府抄詞，備行江都縣，併審招解。

該劉知縣遵將倪學禮身屍，於本年十一月初一日，移取到縣；於本月初三日，帶領吏仵姚惟時等，親詣倪學禮屍所覆檢，得本屍偏左，牽連左太陽穴有傷紅紫色，圍圓六寸五分。審王聘說，招用拳平打成傷；左太陽穴與偏左傷同，偏右牽連右額角、右太陽穴、右腮脥有傷紅紫色，四散難量分寸。審王聘說，招用拳打去，右向跌倒成傷。右額角與偏右傷同，右太陽穴與右額角傷同，右腮脥與右太陽穴傷同，以上各傷與初檢傷同，顖門牽連額顱有傷紅赤色，量得圍圓七寸五分。審王聘說，招用拳平打成傷，初檢招係四寸五分，額顱與顖門傷同，上牙脫落七箇，下牙脫落九箇，具有孔無色，係死後脫落。口內用銀片探毒，銀不變色。右胎膊牽連右胐脉、右手腕裏外有傷紅紫色，片傷難量分寸。右胐脉與右胎膊傷同，右手腕與右胐脉傷同，左肋牽連左後肋有傷紅紫色，骨散難量分寸。審王聘說，招用亂脚踢下，因而滚跌成傷。右肋牽連右後肋有傷紅紫色，骨散難量分寸。兩胯左連合面左臀紅紫色，高低難量分寸。審王聘說，招用亂拳，因而跌傷。右有傷紅紫色，斜長二寸五分，闊七分。審王聘說，招用竹板打傷。以上各傷，俱與初檢傷同。兩腿左有傷紅紫色，斜長一寸五分，闊四分，初檢招係斜長一寸二分，右牽連右膝、右臁肕有傷紅赤色，四散難量分寸，初檢招係紅紫色，右膝與右腿傷同，右臁肕與右膝傷同。右耳根有傷紅紫色，量得圍圓一寸五分。審王聘說，招用棍條一撞成傷。左臂膊有傷紅紫色，四散難量分寸。各傷與初檢傷同。右手腕與前手腕傷同，脊背牽連脊膂有傷紅紫色，骨散難量分寸。審王聘說，招稱因打滚跌成傷，初檢招係紅赤色，脊膂與脊背傷同，左、右後肋與前肋傷同，左臀與前左胯傷同。沿身上下，翻覆檢驗，并無他故，將屍入棺，責令地方看守，取具吏仵各不扶甘結在卷。

看得王二之毆死倪學禮，檢以致命無詞矣。朱龍雖由韓雪子之毆，然死於溺也，與死於毆者，似有間矣，當與王順、韓士章共毆者，同王聘尹，雖係同毆，而非下手致命之人；且弟辟家破，杖決末減，庶爲情、法兩盡。朱龍之屍未到，雖云未檢，實殞於溺也。伺移屍至日，另行揭報取供。問擬王二同謀，共毆人致死，以致命傷，爲重下手者，絞罪；韓雪子、王順俱元謀，徒罪；聘尹與韓士章俱餘人，杖罪。具招連人申解本府署印江防李同知處覆審。

看得王二因看戲小故，忿毆倪學禮致命，重傷五日身死，抵無說矣。韓雪子雖混毆朱龍，去淮安而死於溺，則當時毆狀，未至狼狽，且檢傷亦輕，難槩坐以重辟也。至於搶擄貨物，審無的據，此正本犯借補賠之說，倖免一抵也。夫錢神有靈，殺人不死，如天理之法何哉？韓雪子與王順助惡扛幫，徒亦允宜；王聘尹、韓士章縱弟毆人，杖亦示懲，具招，於本年十二月十七日，連人申觧本道詳審蒙批，據招倪學禮之死，由於毆；朱龍之死，由於溺，情近眞矣。但生員王聘尹、韓士章率領多人，有無主使羣手行兇，何以辨爲王二毆重也？且衡定權代倪學禮取藥調病，乃緊関干証，何不提到一訊乎？朱龍既稱溺死，而撈屍之李江尚未觧審，即屍傷亦未見溺死之狀，殊屬欠確。至於搶奪財物，固云無據，而曬晾衣服的有若干賠銀之說，誠以餙人命；而汪信無辜，胡被牽連。委官王金印、劉可燁、朱鴻儒，原指查河道錢、糧，自五月至七月，往來淮、揚之間，大張局騙，其捏詞聳稟，得無意耶？招多草畧，難以轉呈，仰府再委勘詳悉，另詳報奪，毋縱毋緩！

遵行間，有不在官阮志學，捏稱妹夫倪學禮，隨同原奏委官劉可燁等，前往淮、揚查理錢、糧，於七月間行至寶應，禍遭慣賊汪信等窺矚，各官帶有珍玩、錢、糧等物，輒起盜心，聚黨打入廟內，刼財殺命，燁等具申，蒙差委官會審，可憐學禮，致命重傷，泣思慣賊汪信造謀率眾，律有明條，懇乞提究雪冤等情，具告本監。查得告詞，又與原招有異，備開手本，移送巡撫李都御史處，劄仰本道即行原問衙門，究確觧審，其打搶銀物，亦須嚴查有無下落，是否的實，一併詳奪，等因。又蒙巡按吳御史案驗本道，轉行該衙門查審，蒙道行府牌行江都縣，即便會同儀眞縣，速提王聘說等一干人犯，細加會勘，明白取具，妥招觧審。蒙江都縣先將汪有瀾所告狀詞，行提聘尹等到官，審得聘尹兄弟濟惡，毆死人命，自思韓生員之貧也，而妄供汪信，以信之稍有家資，而韓生員之親也，欲其無千（註六）包賠，情乎？法乎？汪信已出銀二百八十三兩，姑令聘尹事結之後，陸續交還具由，於萬曆二十九年正月初十日，申詳本府蒙批，汪有瀾後會勘歸結，汪信因被王聘說無故攀害，賠費多銀，因而氣欝（註七）成病，於本月十七日身故。伊男汪有瀾不甘，將活殺父命等情具稟本府蒙批，汪信之死眞爲冤鬼，仰江、儀兩縣一併查究。

該江都縣劉知縣，遵將僧人衡定權，并清江浦地方李江各関提前來，及吊取朱龍屍棺，於本月三十日，會同儀眞縣蘇知縣，帶領吏仵潘春等，押發王聘說等一干犯證，親詣朱龍屍所，如法覆檢，得本屍偏左牽連左太陽穴有傷紅紫色，量得尖圓六寸五分，左太陽穴與偏左傷同。顖門有傷紅紫色，量得圍圓四寸。左腮脥有傷紅赤色，三岔骨難量分寸。兩竅用清水洗出泥沙，取封在官。下牙脫落八箇，具有孔無色，死後脫落。口內用銀片探毒，取出銀不變色。兩血盆骨牽連胷膛心坎有傷紅紫色，三岔骨難量分寸。胷膛與血盆骨傷同。兩胳膊左牽連左胐脥有傷紅紫色，四散難量分寸。左胐脥與左胳膊傷同。左肋牽連左後肋有傷紅紫色，骨散難量分寸。右肋牽連右後肋有傷紅紫色，骨散難量分寸。兩後肋與前肋傷同，脊背牽連脊膂有傷紅赤色，四散難量分寸。脊膂與脊背傷同。沿身上下，翻覆檢驗，別無他故。檢畢，責令地方張經領看外，取各不扶甘結在卷，當場逐一細加研審。看得王二之爭毆，事起倉卒，原無成謀，王聘尹等偶見弟之披髮泣訴，觸景動情，即羣起而毆之，不但不能謀之於人，亦且不暇謀之於心。入廟之時，王二首將倪學禮採打，則學禮之傷重而殞，王二之抵償無詞矣。朱龍之屍，鼻孔尚有沙跡，地方李江撈取有據，則死於溺也，非徑死於毆也。韓雪子當稍從末減，與王順擬徒矣。王聘尹既不能訓其弟，又不能束其身，本當問革，但念弟辟家迫，姑從末減，同韓士章杖懲。此事無原告可執，秖據屍傷檢驗，參以中證之說云耳。汪信無辜累死，情殊可憫，前銀候事結之日，責令聘尹陸續補還，死生有命，亦委之天數可也，取洪仍依原擬。

具招間，李江懼怕拖累，乞要批縣免解，具狀於本年二月初三日，赴本道告准蒙批，仰揚州府查報。遵行間，江、儀二縣將王聘說等前招，連人申解本府，覆審。看得王二之毆倪學禮也，王聘尹、韓士章時與王金印等，在堂理講，原無威力主使之情，而王二因王順等齊聲呼叫，「不如打他一頓」之言，入門即先毒毆，其學禮死於二之手明矣。業經檢認明的，擬抵何辭？朱龍雖被韓雪子毆訖數下，委由溺水而死，檢有泥沙，并撈屍李江可據，難槩抵償。但韓雪子與王順，倡言起釁，各徒允宜。王聘尹、韓士章不忍一朝之忿，而致弟刑家破，雖無共毆之情，而實閧然起事，各杖亦當。再照曬晾衣數，朱龍已死，王金印等未到，無憑對理。汪信無辜被累而死，其情不無可憐，姑照縣斷聘尹名下，將汪信出過銀兩，陸續交還伊男汪有瀾收領，以杜後詞。取供仍依原擬，一面呈詳巡江朱御史處，一面申解本道。查詳間，續該不在官商于以龍，風聞王聘說等，打死倪學禮等二命，及王金印等虛報損失，進　上玉盃、古鏡等寶物，價值萬金，將王聘說名寫作王應聘，具本奏奉　欽依。著原管內官陳增，會同撫、按等官，上緊查勘嚴提，問擬明白，具奏。

隨蒙本監備用手本，移送巡撫李都御史處，劄仰本道轉行原問官員，將于以龍所奏情節，併行鞫審。內開損失物件，與該監節移手本內數目是否相同，俱要嚴查下落，擬招解詳定奪，仍解該監覆審，等因。又蒙巡按吳御史案發本道，即提覆審，具招通詳，蒙道劄撫併案通提，究確招解，仍審王二的名入招，等因。本府遵行間，續蒙本監差人守提王聘說等，本府不敢擅發，具由申詳。本道蒙批，仰照近日劄付行，再審詳報，人犯逕解赴該監可也，繳。又蒙巡撫李都御史憲牌催問，蒙本府署印江防李同知，又逕行提王聘說與聘尹等審。看得王二因看戲小忿，兇毆倪學禮，五日身亡，雖共毆有王順等，而下手致命者，二毆之也。擬以抵償，夫復何辭？朱龍委係溺水身死，檢有兩竅沙泥可證，實與韓雪子無干；但韓雪子與王順輕擅助毆，王聘尹、韓士章黨同嚷鬧，均非善類，分別徒杖，各當其辜。至於奏稱損失進　上寶物，再三研審眾證，稱無實據，難以窮究。取供仍依原擬，具招申詳。本道蒙批，仰查王二的名入招另詳，前行已久，豈該府未見耶？併查報，又蒙牌仰本府，再加酌審詳敘，定擬招首明白，并審王二的名與王應聘的係何人，一併入招，連人解審，等因。遵行間，蒙巡江朱御史將本府前呈招由，批兵備道覆詳確報。行間，蒙府又提聘尹等，到官審問，王聘說方將伊的名，并王應聘即係聘說一人情由供出，除改正敘招外，其各犯情罪，節經參審明妥，無容復贅，相應仍照原擬。具招間，又蒙巡撫李都御史劄付准工部咨，開將于以龍奏奉　欽依內事理，嚴行提問，立

限會同回　奏，等因。備劄本道行府，催申聘尹等招由到道，覆覈無異。

看得王聘說、韓雪子，以看戲被毆，報憤忿不平之氣，各膚愬於其兄，乃王聘尹、韓士章自恃衣巾，逞身而往，意在爭論；而附近街民王順等，聞聲赴援，不約而同，羣手行兇，致倪學禮竟斃四日之內，檢有重傷，其爲毆死無疑矣。王聘說下手最先，抵有何辭？韓雪子、王順原有採打之言，律以元謀，均爲不枉。王聘尹、韓士章身遊黌序，効市井之態，弗懲小忿，激成大禍，情殊可恨。但聘尹弟陷重辟，士章弟爲城旦，創亦至矣，合姑擬杖免革。朱龍之死由於墜水，檢證既明，無可他求。其王聘說等，當初審之時，妄認賠銀，覬脫重罪耳。今屢審財務，毫無指據，人命當償，安容展倖？委難斷追。汪信無辜累死，所費銀兩，合於王聘尹名下，追還其子王有瀾收領。至如損失寶物，審無實據，難以窮追。議得王聘說、韓雪子、王順、王聘尹、韓士章，俱合依同謀共毆人，因而致死者，以致命傷爲重，王聘說下手者律絞，秋後處決。韓雪子、王順俱元謀者，律各杖一百，流三千里。王聘尹、韓士章俱餘人，律各杖一百。韓雪子等有　大誥，及遇蒙　恩例，通減二等。韓雪子、王順，各杖九十，徒二年半。王聘尹、韓士章，各杖八十。王聘說係重刑，牢固會審，轉詳處決。

審韓雪子、王順俱稍有力，與王聘尹、韓士章各照例納贖，照追王聘說重刑免紙。王聘尹、韓士章各官紙銀三錢，韓雪子、王順各民紙銀一錢二分五釐，并各贖罪不等。韓雪子、王順各銀九兩，王聘尹、韓士章各銀四兩，追貯揚州府官庫，照例糴穀支解。其汪信出過銀二百八十三兩，聽王聘尹徑還伊男汪有瀾收領取實，收領狀繳報。未到有罪王誠，另行提結，等因。具招呈詳到臣，據此卷，查萬曆二十八年七月二十三日，先據寶應縣申，據泰山殿地方僧人張問禮、眞喜等各呈稱，本月初四日，有稅監委官劉可煒等，在於本殿搬戲飲酒，有王二、韓雪子等窺看，比有跟隨手下人役不容，互相爭嚷，隨即勸散。本官先有不知名跟隨人患病，送本廟醫治不痊，於初八日身故等情，到縣隨審，地方僧人執稱，彼此打嚷是實，人命尚未究的，合先申報，等因。

行間，續准山東徐州礦稅御馬監太監陳增手本，內開委官王金印等，在於寶應縣泰山殿曬晾衣物，突遭積賊王二等打搶去大卷箱二隻，皮包二隻，玉帶二圍，紗羅叚蟒衣四套，刻絲蟒衣一套，金美人自斟壺一把，重三十二兩綠寶石一塊，重八分二釐無眼大圓珠五十顆，重一兩七錢二分金鑲碧玉絛（註八）環一柄，玻璃酒壺一把，銀福壽自斟壺二把，重五十兩玉香爐一箇，玉果盒二箇，玉盃盤二副，古銅漢鼎爐一箇，漢玉花尊二對，紬叚紗羅一百三十疋，大羊皮圍屏四架，堆沙百美圖圍屏一架，銀酒船二隻，重六十五兩金底翠花五十對、每對重一兩四錢，斷文古琴一張，小李將軍手卷一軸，唐馬四幅，詩畫棕牙檀香扇二百把，并家人朱龍傷重，于本月初七日，氣絕身故，其倪學禮等，命亦垂在旦夕緣由。又移手本開稱倪學禮隨於初八日，仍在泰山殿，亦已身死。行間，又於萬曆二十九年四月，內准工部咨都水清吏司案，呈奉本部送工科抄出，原奏官商于以龍奏，內開采置倭產龍蛋壺一把，金美人自斟壺二把，玲瓏白玉帶二圍，晴碌鑲嵌紫金盤二面，羊脂白玉盃十對，蜜色犀盃十對，古銅鏡十面，周鼎一座，棕竹泥金扇一百柄，湘妃梅綠竹扇一百柄，雕刻篆龍金扇一百柄，古今名臣詩扇一百柄，鑲嵌紫檀諸色文具二架，價值萬金，遣官王金印進　獻，豈金印不體忠誠，嗜酒無賴，行至寶應縣地方，與巨豪王應聘、汪信縱飲，醉後生端，聚眾起鬪，打傷倪學禮、朱龍，損失玉盃、古鏡，當經驗獲，等因。奏奉　聖旨。這奏內巨豪王應聘、汪信，并王金印及原奏官商于以龍，刼擄寶貢，聚眾打傷人命事情，便著欽差內官陳增，會同撫、按等官，上緊查勘，嚴提問擬明白，具奏，還立限與他，該部、院知道。欽此。欽遵。備咨限本年五月終，回　奏，等因，到臣。該臣先後俱經箚行揚州海防兵備道查勘，究問去後。

今據招詳前來，覆覈無異，該臣會同巡按直隸監察御史吳崇禮、山東徐州礦稅御馬監太監陳增，看得犯人王聘說、韓雪子以看戲受（註九）阻，聘說輒逞忿，糾夥毆倪學禮，負傷死於（註一〇）限內，檢究既明，擬抵何辭？雪子亦毆朱龍數下，但龍實在淮安清江浦百十餘里之外，溺水而死，地方李江撈屍的有證據，律無抵償，合與王順坐以元謀，各徒不枉。王聘尹、韓士章仗倚衣巾，縱弟召禍，雖未共毆，實則肇釁，各擬杖懲，似亦允當。至於官商于以龍所奏損失物件，并前稅監委官王金印等，所開衣物等項，節該多官鞫審，委無的據，難以懸追；且于以龍止稱損失玉盃、古鏡，當經檢獲。而王金印等先呈搶奪如許，後于以龍所奏如彼，同夥、同事之人，所開物件亦自前後、多寡迴異，則裝捏挽之情，不待往返訊究，而明知其誣矣。既經道、府究明，又該臣等會勘無異，相應依擬回　奏。除將各犯批令監羈聽候外，今將問過招由，理合會　題，伏乞　勑下部、院覆議，上　請行臣等，遵奉施行。

緣係奉　旨，會問人犯。事理未敢擅便，爲此具本，專差承差涂麒齎捧，謹題，請　旨。

萬曆二十九年五月二十五日，具題，奉　聖旨。

## 二　糾同稅官嚇詐平民疏　萬曆二十九年六月初二日

題爲惡動、逆子，假官詐　旨，合夥挾騙，驚擾地方事。（註一一）

臣奉　命撫淮，値時多事，鹽稅、蘆洲內使四布，幸而仰憚　皇上之明威，俱知歛戢。凡有関提，無不會同撫、按，備行道、府，以及該州、縣。內使不得擅行勾攝，各官不得擅爲執拗，無非奉　皇上之　明命，了地方之公事而已。詎意有假官詐　旨，合夥挾騙，如誠意伯劉世延父子者，不敢不一聞之　皇上也。

近於六月初一日，突有江都民人陸梅，赴臣衙門跪門，扭同光棍數十人進告，內稱徐州稅府王委官差人捉拏至急，臣隨押發泰州署印揚州府江防同知李仙品究問。隨據本官呈稱，審得陸電與伊叔陸心，俱江都縣民，種田過活，并不爲非；至本年五月二十八日，有徐州稅府委官王金印，差人何賢、羅相、周明，并誠意伯家人劉三、張五，協同邵伯巡司弓兵楊正、姚林、蕭爵、王曉、季友、蔡銀等，前來陸電、陸心家內，稱說「你家盜挖　皇墳，窩贓、窩盜，如今差我來，拏你們觧京」等語，將二人用鉄繩鎖靠。劉三講「令陸電、陸心處些銀子，送他了事」，去罷；周明腰內取出稅府王委官信牌一張，上用私記關防號印，內云「著落邵伯巡司等官，添差協拏各正身，鎖扭解監究審」等情，并無原首告主干證名姓，明是紮詐。陸電父陸梅，所以奔告再三，審出前情，擬合回報，等因。到臣，臣不勝驚訝。

夫內監拘人，自有本監印信，自當関會院、道，及行府、縣等官，未有幺麼委官私用印信，徑拏良民者。今謂陸電等，盜挖　皇墳，夫　皇墳乃　祖陵之稱也。　祖陵一在泗州，一在鳳陽，其去邵伯之地，不啻七、八百里。彼中有鎮守內臣、司、道，各官守衛官軍，不下三、四千名；而陸氏叔姪，何等而敢盜挖乎？萬一有之，鎮守內外各官，罪不容於死矣。且堂堂　天朝，誰敢有盜及　陵寢者？非喪心病狂之甚，亦不好出諸口；非喪心病狂之甚，亦自知其誣也。窩贓何人所首？窩盜何人所證？無影無形，平空鎖拏，且騙且搶，勢如狼虎，及臣親審其家人，劉三則稱「我老爺把党太監、曁太監參了，如今　朝廷要拏他，我小爺在此候旨，體訪內外大小事情」。夫所謂「老爺」者，劉世延也；所謂「小爺」者，劉三、劉四、劉六、劉七也。劉世延老誖風顛，信口噴血，逢人即噬，其參曁祿、党存仁也，實出劉四、劉六之手，世延尚屬不知，其藉此聲勢，以嚇詐官民，則諸子一律矣。至於未經奉　旨，而稱有旨拏他；自係舍人，而稱體訪事情，面欺　皇上，以挾制內臣；假傳　聖意，以恐嚇百姓。至於乘輿張蓋，懷金衣錦，特其細故耳。罔上行私，冒濫名器，訛言惑眾，弁髦法紀，世延父子，誠不可勝誅矣。

先是，內臣党存仁丈勘洲田，而劉七乘輿擁眾，多方阻撓，徧稱勳府洲地，不許丈量。稅使暨祿駐劄儀真，而劉七差棍徒陳邦泰等百十餘人，恐嚇收稅，委官鮑世元口稱，「稅監已被參論，你等可備銀千兩，送與六爺、七爺，方免拏問」。如劉三、劉四，則坐在南京水西門外，爲之謀主，爲之佈置，其往來淮、陽之間，侵奪、占據，不知凡幾？其招集亡命，結黨合夥，又不知凡幾矣。魍魎公行，士民膽落，此豈 聖世之所宜有耶？夫劉世延也，向以假印妖言，罪當大辟矣。 皇上弘恩， 赦令回籍，可不謂非常之幸乎？乃尚不省改，而愈肆狂誖，說謊欺 君，縱子挾騙，假 旨詐官，潛不畏死。此再昏濁之時，庸常之主猶所弗堪，而況當此 清明之世？ 皇上之 神明兼照， 威權獨斷如此哉？

若謂此牌原係王金印之擅行，何所差皆世延之家奴耶？且王金印見爲于以龍所奏，奉 旨提問，何得又敢私行牌票，挾詐平民耶？陳增平日提人，未嘗不關會撫、按；脫當住提者，臣即移文止之，而今日何獨不然耶？明屬詐僞，不問可知。除將劉三等發行泰州收問外，其劉世延父子，劉三、劉四、劉六、劉七等詐騙情節，伏望 皇上憫念民窮，特爲作主， 勅下法司，將事內有名人犯，提問明白，回 奏。仍乞 天語，丁寧鹽稅、蘆洲各官，各守疆界，不許侵越，凡有関提，須各監手本，知會臣等，不得縱容下人，擅自挾騙，庶水火之民，猶獲一分之賜；而倒懸之衆，未即土崩之虞矣。

緣係惡勳、逆子，假官詐　旨，合夥挾騙，驚擾地方。事理未敢擅便，爲此具本，專差承差涂麒齎捧，謹題，請　旨。

萬曆二十九年六月初二日，具題，奉　聖旨。

## 三　府佐給由疏　萬曆二十九年六月二十四日

題爲遵例保留，給由府佐官員事。

先據直隸鳳陽府申准本府同知史可述，關稱見年四十五歲，河南河南府偃師縣人。由舉人，萬曆十一年五月十三日，除授河南衛輝府新鄉縣儒學教諭，本年六月二十六日到任，十二年正月初六日，丁父憂，十四年四月初六日，服闋赴部。本年十二月十九日，復除山西汾州孝義縣儒學教諭，十五年二月十五日，到任；十九年閏三月十二日，陞授陝西鞏昌府通渭縣知縣，本年六月二十三日，到任。二十五年十二月十三日，陞授今職；二十六年五月初二日，到任，扣至二十九年四月初一日止，連閏實歷俸三十六箇月，三年任滿，例應給由，等因。關府申報到臣，隨經批行潁州兵備道，查勘去後。

今據署道事鳳陽府知府金時舒呈，行據鳳陽府呈，查得同知史可述，三年任內，并無不明經手錢、糧，亦無粘帶不了事件、公私過名等項，違礙情獘，例應給由，造冊赴部考覈。但本官專管清軍，又兼總補，即今地方災荒，民貧多盜，全在本官彈壓，且近委修培　陵園，見今興舉鳩工庀（註二二）材，難以離任，合應照例保留，等因，到道。看得同知史可述，三年任內，委無違礙，應准給由；且本官職專清軍、總補，事務繁冗，地方多事，見蒙委修　皇陵，均屬重責，委難離任，請乞照例保留，等因。具呈前來。據此卷查，先准吏部咨爲酌議考課之法，以肅吏治事。今後在外三、六年考滿官員，除方面府佐照舊赴京，有事地方照舊保留，聽撫、按從公考覈賢否，具　奏。先令帶俸就彼赴職，管事牌冊差人賫繳，其稱職經薦，應得誥勑命者，照例　請給，等因。題奉　欽依，移咨遵行在卷。

今據前因，該臣會同巡按直隸監察御史吳崇禮考覈，得鳳陽府同知史可述，佐郡廉平，守己謹慎，稱職。第本官職司清軍、總補，時值地方荒歉，訟獄繁興；兼以近日題　准，修理皇陵，工程頗大，全藉本官料理。既經該道查議前來，相應保留，伏乞　勑下吏部覆議，上請照例，行令史可述免其赴部，容令接俸，管事造冊差人賫部，考覈施行。

緣係遵例保留，給由府佐官員。事理未敢擅便，爲此具本，專差承差蔡宗賫捧，謹題，請旨。

萬曆二十九年六月二十四日，具題，奉　聖旨，吏部知道。

# 四　兵備患病疏　萬曆二十九年六月二十四日

題爲道臣因親成疾，照例代　題，更乞就近速補，以安地方事。

據整飭揚州海防兵備、浙江右布政使陳璧呈稱，本職於本年二月，內以親老身病，具呈乞休，業已至再，并蒙各院批留，因思　主恩難報，知遇當酬，專意醫藥，庶幾有瘳，以圖報塞。奈數月以來，雖杜門調理，而時事多虞；兼之代庖淮徐道，事務弗得，弗力疾支，吾精神益耗，疾勢轉增。偶於四月初三日，檢閱公文，忽吐鮮血數口，昏暈者良久，家人失措，從茲飲食罕進，連宵無寐，氣息奄奄。問之醫人韓賓陽、錢蕙等，僉謂爲憂思過度，心血耗散所致，非歸休靜攝，痊可無期，緣是愈憂愈病，愈病愈憂，輾轉相尋，首丘願切，故前之乞休，慮切於親，而因及其身；今之乞休，則身且弗保，夫奚暇爲親謀哉？烏鳥之私，人所時有，茲無再瀆。獨計憂生、慮危之心，鬱不得，遂有槁死於海陵之濱矣。伏望憐察，亟賜　題放，俾獲生還，等因。

據此簿查，本年二月二十日，先據該道呈稱，本職叨登仕籍二十餘年，遭際　聖明，忝列方面，捐糜報　國，職分當然。但稟氣最薄，素有怯疾，今當始衰之年，元神益憊，眾病交攻，筋骨疼痛，左膝痲木，動履甚艱，肌膚頓削；且職父年八十，母亦七十有八，止職一子，遠聞職病，旦暮倚閭，愈加衰颯，職感觸懷思，恐身先朝露，以貽父母之憂，而病益甚。醫人率謂疾在膏肓，非旦夕可治，一聞斯語，萬念俱灰，文移堆閣，政務瓦觧，請乞體人倫之至情，察病詞之非矯，早爲代　題放歸，仍委揚州府署管道事。三月十四日。

又據該道呈稱，本職命蹇願違，二親逼衰，身病日劇；近得家書，謂職父右手疼痛，左足瘡瘻，晝夜呻吟，飲食起居，需人扶侍，職母夙有痰喘之疾，近益舉發，愁苦不禁，日與職父相向欷歔，思見職而不可得。職臥病，聞此倉皇自失，恨難奮飛，憂心如焚，肝腸刺痛，此救死不遑，尚安能躬簿書、期會之事乎？懇惟憐念，速賜　題放，等因。該臣看得，春汛屆期，地方多事，俱經批行在任，調理去後。

今本官復呈前來，且連連具稟，詞益迫切，歸念已堅，難以力挽。卷查先准吏部咨爲申飭告病事例，以明臣職，以安地方事。該本部題，通行各省、直撫、按官，凡在外官員告病乞休，照依舊例，將本官經管事務，別委相應官署印，即爲代　奏本部，訪其素履，酌量題請，等因。題奉　欽依通行，欽遵在卷。今據前因，除將該道事務行委揚州府知府楊洵署管外，謹會同總理河漕、工部尚書劉東星，巡按直隸監察御史吳崇禮，議照右布政使陳璧，年共力而俱強，才與誠而兩合，兵戎既飭，民吏歸心，正當共濟時艱，立需大用，乃雙親俱當八十之年，實獨子不易三公之日，望雲孔殷，愛日誠切，再四具稟，言與淚俱，臣等讀之，亦爲心動；況在本官，其何能堪？且杜門日久，道事多集，似應准其休致，以遂其私，遺下員缺，另行銓補。

又爲眞才難得，正士常淹，以本官之才、之識，鎖鑰樞筦，無不堪寄，乃徘徊至今，一旦投閒，臣等竊爲　國家惜之，合無比照近行事例，候本官病痊之日，撫、按奏薦起用，庶在本官也，既不遺親人，又不後　君在　朝廷也，既足作忠，又足示孝，此兩全、兼盡之術也，世教、風化之関也，豈徒得一官、一才之效用而已？再照江北之地，近以塩稅橫征，剝削殆盡，民心已變，實非昔比，動則竪竿扯旗，搶貨殺官，明欲叛亂，眞不畏死，臣等一人之身、一人之力，雖東安西撫，南諭北曉，而承行無人，何以支持？竊料不測之變，決不在遠。查得揚州府知府楊洵，寬仁特達，能得眾心；新補淮安府知府劉如寵，清正強幹，足當卒變。在楊洵，見今考滿；在劉如寵，已經考滿，歷俸俱深，例應遷轉，合無即於二官之中，就近銓補一員，刻期到任，一旦不虞，臣等得以當面指授，預計早圖，庶不悞事，貽害地方。伏乞　勑下吏部。如果臣等所言不謬，覆議，上　請速爲施行。

緣係道臣因親成疾，照例代　題，更乞就近速補，以安地方。事理未敢擅便，爲此具本，專差承差涂麒齎捧，謹題，請　旨。

萬曆二十九年六月二十四日，具題，奉　聖旨，吏部知道。

## 五　參狼山水陸將領疏

萬曆二十九年七月初四日

題爲汛防已畢，糾劾不職將官，以肅兵戎事。

案查先因倭報孔棘，該南科給事中徐桓　題，爲倭警叵測，要地可虞等事，內陳防禦五款，該兵部覆議，節開沿海省、直各該總督、撫、按官，查照各邊事例，每年終，將見任防汛將領等官，稽覈勤、惰，分別功、罪，具　奏，以憑黜陟，以作士氣。如有剋減月糧，剝削軍餉，營謀陞遷，并貪攘名色、軍功者，聽撫、按查參重究，等因，題奉　欽依，通行在卷。該臣查得江北沿海一帶，每年防汛事畢，年終，行令揚、淮二海防道，將見在將領等官，考核淑、慝，止據其不肖總哨等官，革逐一番，蓋無可指謫之人，故不必過於吹求耳。

今年春汛畢期，節據揚州道開報，內有貪縱將官剝兵，斂怨之尤者，是不可不亟一處之也。況今水旱疊見，塩稅横征，揭竿之變，旦夕莫測。近日閩、浙之報，（註一三）倭奴更狡焉，有窺竊之志，內憂外患，良可寒心。且狼山一營，僻在通州，濱臨大海，與島夷相對，盈盈一水，緩急安危，惟將官是賴。乃承平日久，法紀廢弛，以貪黷爲常事，視軍令如戲局，若不重加懲治，終難振刷。謹會同巡按直隸監察御史吳崇禮，據實查參，以肅營伍。

訪得狼山水兵把總趙嘉賢者，力怯兼人，行惟貪婪，到任即假倚置辦傘轎，令家人趙二串識字孫汝立，計兵一千一百，每兵科派銀二錢，共銀二百餘兩，而褚銀寔為之過送；補兵則科剋見面常例，得民人王尙并捕盜陳有功等，共兵五十餘名，每名索銀五兩，共銀二百有奇。而趙二則為之查收，聲言汰革老弱，可謂勵精矣。受李注等九名，各銀三兩，而免其申革，缺兵召募塡補，允宜從公矣。得李檀等九十人，共銀百兩，而方肯呈驗。舵工張遂等，老弱不堪，前任王總兵查革，各送銀六兩，而准其應役，則過堂鮮驗者，皆雇倩之人。鹽徒曹第等，通江販鹽，福山虞把總會捕，密得銀五十兩，而任其縱橫，雖急為追趕者，亦假飾之意。放糧加二扣除，每月何止百金？行伍不聞操練，惟知賣假取利，撥船送親過江，致陳勝等十三人之性命，殞於風濤，而猶虛報出洋；哨探出汛，設取坐山索沙，狼營七十船之常例，盡入私囊，以致眾兵紛騰怨謗，此一臣者，剝削殆盡錙銖，驅兵不恤水火，使再擁時日，必且脫巾，須早行究處，方弭眾怨。

又若委管狼山總兵標下，陸營中軍事務通州所指揮僉事泰希武，心本奸貪，性尤悍毒，以營兵為奇貨，百出科歛之方，借月餉為利囮，（註一四）屢肆谿壑之欲，領兵卒一千三百餘名，共隊什一百五十餘目，指到任賀禮，即索每兵銀一錢，頭目銀三錢，總計一百七十餘兩，王文等之執稱不爽。假母壽祝禮，需每兵銀一錢，隊什銀五錢，共約銀二百一十有奇，邢武等之扣送有據。中秋，科槩營兵節禮一百兩，作何公用？元旦，歛隊什長節禮四十餘，成何體統？給散舊年三季口糧，每季每名剋支糧使用銀三錢，杜逢時則為收斂之人。委放本年夏季月餉，每月每名派總兵交際銀二錢，張節等則爲辦送之役。征西回兵一百餘名，宜入冊收糧也，乃每兵索銀一、二兩，號爲叩見。春防，分兵二、三百名，此每年舊例也，乃每名科銀一、二錢，名爲紙箚。凡補隊什目兵，必人人餽送見面，方行呈驗，總計得銀二百餘兩，是以公選，而反充私囊。凡見本營頭目，必呶呶厲色，不少假借，乃每扣月糧一箇月，祗以嚴威，而寔行嚇騙。今年給散二、三月糧料，而每兵侵銀三、四錢不等，幾分其半矣。每年春秋祭旗一次，每目兵尅銀一、二錢不等，是吮其膏矣。任事將及二載，誅求不下二（註一五）千，匿狀不爲無因，眾怨亦以太甚。

臣等既得於道、府之開報，復加於體察之相同，敢不爲地方芟除弊蠹，以安兵心哉？伏乞飭下兵部，再加查訪。如果臣等所言不謬，覆議，上　請將趙嘉賢、秦希武，行臣等提問正法，回　奏。將扣尅、科歛各項軍餉，追還給散，以警貪弁，以安眾心，仍容臣等嚴行揚、淮二道，逐一著意振刷，一應獘端盡行釐革、改正，敢有仍前不悛者，不時參　題拏問，務使將領之貪縱少戢，三軍之耳目一新，其於戎務、軍機，未必無小補矣。

緣係汛防已畢，糾劾不職將官，以肅兵戎。事理未敢擅便，爲此具本，專差承差蔡宗齎捧，謹題，請　旨。

萬曆二十九年七月初四日，具題，奉　聖旨，兵部知道。

# 六　就近陞補州官疏　萬曆二十九年八月十七日

題爲正官久缺，就近陞補，以拯凋疲，以濟時艱事。

本年八月內，據新陞直隸揚州府泰州知州弋千仞稟稱，原係陝西延安府神木縣知縣，歷俸六年，拮据萬狀，屢經撫、按保薦，於萬曆二十八年十二月，內陞授今職。脫邊徼，而適中土，正策勵圖報之日，不意命蹇，行至中途，偶得風寒，飲食漸減，怔忡交作，延醫胗視，咸謂積勞所致，必須靜養數月，方能痊可。思欲從容就道，則限期已迫；欲勉強赴任，則病體難支，卑職之進退，實爲狼狽。況泰州爲維揚劇郡，不可久缺正官，今願改教職，以便調理，伏乞憐念半生鉛槧之勤，六載邊疆之苦，准行　題改，庶望生全，等因，具稟到臣。

該臣查得泰州知州張驥，於舊年五月內，先該河臣論降，尋被大察革職，至十二月內，推有神木縣知縣弋千仞陞補，該臣牌行，嚴催到任，（註一六）延至今年八月內，始具稟告病，乞要改教。觀其情詞，委非得已，矧泰州地方，界聯江海，積歲災疲，鹽盜之出沒無常，商民之凋瘵已極，臣復駐箚於此軍門標下，與夫揚州道中軍官兵幾至二千，撫字催科，繩奸稽餉，所藉掌印官，分猷共濟，更爲喫緊。知州弋千仞陞補已久，乃以病甚，竟未到任，願改教職，正官懸缺年餘，須得久於地方、熟練民情者，就近陞補，方克有濟。臣謹會同總理河漕、工部尚書劉東星，巡按御史吳崇禮，巡鹽御史應朝卿，議照量材授職，　國家任官之公典，因地擇人，一時濟變之微權。

泰州爲江海要害之區，又兵民繁劇之會；今弋千仞既以體病告改，員缺不可久虛，故斟酌緩急，應從近便。看得鳳陽府屬鳳陽縣知縣李存信，撫災恤患，極盡規畫之詳；清地平糧，痛革飛灑之弊。此一官者，薦剡交騰，考滿已久，皆經撫、按考覈，會本保留；而鳳地距泰密邇，若令本官就近陞補，不特迎送之間，節省民財，而早任一日，地方亦免一日之叢脞矣。相應題　請，伏乞　勑下吏部，再加查議。如果臣等所言可采，覆擬上　請，將李存信速行陞補，勒限前來泰州到任；將弋千仞或改授教職，或仍以原官改調，以全器使。統乞　聖明裁定施行。

緣係正官久缺，就近陞補，以拯凋疲，以濟時艱。事理未敢擅便，爲此具本，專差承差蔡宗齎捧，謹題，請　旨。

萬曆二十九年八月十七日，具題，奉　聖旨，吏部知道。

## 七　薦江防府佐就近陞補疏　萬曆二十九年八月二十日

題爲急缺衝疲郡守，懇　賜就近塡補卓異佐貳，以安地方事。

頃緣揚州道臣陳璧告病，該臣會議准令致仕，而以揚州府知府楊洵陞補，已該吏部　題覆，荷蒙　聖明俞允。其知府員缺，又當酌議塡補；第今日之揚州，非昔日之揚州也，蓋襟江帶海，咽喉南北，財貨輻輳，商民褋處，理煩治劇，得一能吏坐治而有餘，此在昔日則然耳。今則蘆洲、鹽稅交征，　欽差中使四出，提觧紛紜，告訐叢集；加以本地亡命之投充，更以越境奸宄之出沒，或假官、假　旨，或詐物、詐財，莫不欲渾呑各商，席捲萬姓，故官此郡者，不爲應酬之難，而且稽查之難；不爲擔當之難，而更調劑之難。揚民憔悴於虐政，未有甚於此時者也；揚郡疲劇於他省，未有難於此時者也。

查得揚州府江防同知李仙品，一介不取，百事敢爲，守如處子，用如脫兔，故強暴畏之如神明，良善恃之如慈母，公自生明，廉自生威，無足恠（註一七）者。境內所屬各官，雖頗皆砥礪，求如本官之才與守而俱優，心與口而不爽，不再得也。昔令山西，大有聲譽；偶轉府貳，公論惜焉。頃，山西巡按御史趙文炳，移書於臣，謂本官長治之政，卓爾不羣，今離任雖久，似仍當薦此異等，以風示海內；且本官蒞任江防，已及三年，見今具文考滿，若將本官就近陞補本府知府，庶上下咸宜，商民得所，其爲地方之利賴不淺鮮矣。蓋一則刻期到任，一則吏習民安，一則公道獲伸，一則爲善者勸，此一舉也，具四便，免四難，用是不避煩　瀆，謹會同總理河漕、工部尚書劉東星，巡按御史吳崇禮，巡鹽御史應朝卿，特爲上　請，如蒙　勑下吏部，再加查議。如臣等所言不謬，覆議，請　旨，將李仙品陞補揚州府知府，令其速行到任，地方幸甚，臣等幸甚。

緣係急缺衝疲郡守，懇　賜就近塡補卓異佐貳，以安地方。事理未敢擅便，爲此具本，專差承差蔡宗賫捧，謹題，請　旨。

萬曆二十九年八月二十日，具題，奉　聖旨，吏部知道。

## 八　府佐給由疏　萬曆二十九年八月二十日

題爲遵例保留，給由府佐官員事。

先據直隸鳳陽府申准，駐劄本府白龍王廟地方，歸德府帶銜捕盗通判龐應熊，牒稱見年三十三歲，陝西延安衛靖邊所，籍山西太原衛人。由選貢，萬曆十七年四月初九日，除授四川太平縣知縣，本年九月二十六日到任，二十一年四月初七日，丁母憂，服闋赴部。二十四年四月二十一日，復除河南南陽府鎭平縣知縣，本年六月二十八日，到任；二十五年十月十四日，陞授今職，本年十二月二十五日，到任。扣至二十八年十一月二十四日止，連閏，實歷俸三十六箇月，三年任滿，例應給由，等因。牒府申報到臣。隨經批行潁州兵備道，查勘去後。

今據該道兵備、右參政李維楨呈，行據鳳陽府呈，查得駐劄本府白龍王廟地方，歸德府帶銜捕盗通判龐應熊，三年任內，并無不明經手錢、糧，亦無粘帶不了事件、公私過名等項違礙情弊，例應給由，造冊赴部考覈。但本官設居省、直交會之界，盜、賊出沒之區，近日亳州知州程蘊隆偶爾病故，見今委署該州印務，時値地方災傷，全賴本官料理，難以離任，合應轉達照例保留，等因，到道。看得通判龐應熊，三年任內，委無違礙，應准給由；但本官駐箚白龍王廟，與河南接壤，素爲盜、賊出沒之地，且切近亳州，地方荒歉，適缺正官，全藉本官撫恤、彈壓，實難離任，請乞照例保留，等因，具呈前來。據此卷查，先准吏部咨爲酌議考課之法，以肅吏治事。今後在外三、六年考滿官員，除方面府佐照舊赴京，有事地方照舊保留，聽撫、按從公考覈賢否，具　奏。先令帶俸就彼復職，管事牌冊差人賫繳，其稱職經薦，應得誥勑命者，照例　請給，等因。題奉　欽依，移咨遵行在卷。

今據前因，該臣會同巡按直隸監察御史吳崇禮，考覈得鳳陽府屬白龍王廟地方，歸德府帶銜捕盜通判龐應熊，年富力強，才明守愼，稱職；第本官職司捕盜，駐箚省、直聯界之區，素爲盜、賊之藪，近以地方災荒，饑民流徙，又値逼境亳州，偶缺正官，見委本官署印，弭盜安民，全藉本官撫綏、鎭壓，既經該道查議前來，相應保留，伏乞　勑下吏部查議，上　請照例行令，龐應熊免其赴部，容令接俸，管事造冊，差人賫部，考覈施行。

緣係遵例保留，給由府佐官員。事理未敢擅便，爲此具本，專差承差蔡宗賫捧，謹題，請旨。

萬曆二十九年八月二十日，具題，奉　聖旨，吏部知道。

## 九　報上源水患疏　萬曆二十九年九月十五日

題爲黃河異常徙決，懇乞亟　勅當事臣工趂時疏築，以安　陵、運、民生事。

據潁州兵備、右參政李維楨呈稱，蒙臣批據本道呈報，宿、亳、蒙城等州、縣水患緣由，遵依箚行鳳陽府查勘。續據回稱被災地區遼闊，各官尚未徧歷，急難類報，本府目覩時艱，深切憂懼。看得懷遠縣止於被災無收，尚可議處。在泗州、五河，原屬水鄉，今災視往尤甚，至於河決及於亳州、蒙城，入於潁州、太和、符籬之患，切近宿州、靈璧，浸及虹縣，虹、泗接壤，泗有　祖陵在焉。地當其下，萬一水勢淜湃，不無可虞。各州、縣地方秋水汪洋，田禾淹沒，雖被災各有差等，大約均至九分之上；惟宿、亳、蒙城水勢洶湧，城垣昏墊，人民溺傷者過多，田廬衝淌者殆盡，似不可與勘災往例比。今百姓枵腹待哺，無室可棲，命繫倒懸，莫此爲甚，又豈可照常處之者哉？合無轉達，早賜題　請，大破常格，先發賑濟，以治其標；次議蠲折，以固其本，待水退年豐，另行議處。

第恐黃水入泗，浸至　陵園，必須遙築隄防，庶無衝突之患，等因，到道。爲照勘災事例，夏不過五月，秋不過七月，今已在九月，而報災者方來，其不同一矣。往時霪雨水泛，尚以漸次，易究根因，今黃河潰決，突然而至，不知所從來，其不同二矣。秋雨或秋旱爲災，止是一事。今秋災之後，繼以河決大災，其不同三矣。且所謂災者，爲民生也；今之災，則爲祖陵憂，其不同四矣。被災之民，死者不可復生，而恤之在我；貧者不能自全，而賑之在我。惟　祖陵受河之患，而河之上流不在我，築塞之功不在我，即虹縣有歸仁隄，所以防河決桃源諸縣，以護　祖陵。而今河所經歷，非其地矣。往日，淮與河交匯，淮不勝河壅而上逆，爲　祖陵憂者，淮也。今日，河羼入淮之中，潰而直下，爲祖陵憂者，河也。壅而上逆，潰而直下，其勢之強弱、緩急、大小，不待勘而知也。河決黃堌口以來，宿州之北鄉受水，而由睢寧入海，今河沒亳州、蒙城；宿州之南鄉靈璧、固鎮驛、五河、虹、懷遠各縣，此數州、縣者，水皆入淮由泗州，不待勘而知也。即以今年論，陰雨連綿數月，水之漲溢無恠其然，今九月秋深無雨，而淮水漲溢同於四月，此院、道親臨泗州所見，不待勘而知也。固鎮驛之有澮水，可通歸德府地方，而下會五河縣以入淮；今河入澮，澮舍淮再無別路，往來使客由旱程者，見固鎮水阻，改由他道去，不待勘而知也。夫河勢南徙，黃堌口不塞，致有今日，安知由宿州之北鄉入睢寧者，日後不盡徙，而入固鎮之澮水以入淮乎？語云：「千丈之隄，潰於螘穴。」鳳陽州、縣所在皆穴，而無尺寸隄禦之，不可爲寒心哉？各州、縣各爲其民，但言水災、水災已耳，無一字及於　祖陵者，彼不知水患之及　祖陵也。即泗州但見水長，而不知黃河已潛入其中；惟淮安府管河運同許一誠所具圖說，深知利害原委。

蓋黃河之患有三，一曰　祖陵，二曰運道，三曰民生。運道，不在職；地方民生，則職可任蠲恤；而惟　祖陵，無可措手。涓涓不塞，將爲江、河；今日之勢，豈啻涓涓而已，此職之事也，職之責也。不早爲言，萬一有不測之患，雖身伏斧鑕，何益哉？竊意：救災不過蠲賑，朝下停徵之令，而民夕得安枕矣。賑則便宜行事，可不待報矣。惟防護　祖陵事宜，必　廟議主張，非外臣所可專擅。而築塞上流，又不在江北地方，上流地方未必悉河之爲　祖陵患。如此其急，文移往返，動以月計，轉盼冬、春，議何時定？工何時舉？誠不可不汲汲也。目今報災，當以　祖陵爲先，請乞早行題　請，速計利便長策，以免臨渴掘井之患，其互相勘災各官，緣水勢氾濫，又素無舟楫處，一時難以偏歷，待後勘明另報，等因，呈詳到臣。看得河決歸德，似且盡趨東南，異常變遷，恐於　陵寢有虞，據議詳悉，仍候會議　題行。受水獨慘去處，該道可先行查勘，動銀、穀賑恤，批行去後。

案查先據淮安府管理徐屬河務運同許一誠呈稱，職於本年八月十三日，由宿州固鎮驛，見澮河黃水勢大，面闊五、六里，水深一、二、三丈，詢及土民顧輗等，稟稱七月十一日，河南歸德府隄岸衝決，黃水由澮河、包河，直射東南永城、宿州一帶，勢甚可虞，該職隨差熟知河道水手，同畫匠前去河南，探勘上源衝決隄口，并下流處所。續據各役回稱，黃河自歸德府商丘縣地方，丁家道口西，先將縷水隄決，開一口闊二里，水深一丈五、六尺；又將虞城隄鄧賓口，至楚家灣隄岸，衝決二口，闊五里，水深一丈二、三尺，直抵歸德府西水池舖，由府城週圍南流至永城縣地方會亭驛，衝決隋隄，闊一百二十五里，平地水深七、八、九尺至一丈二、三尺不等。一股由會亭驛南馬頭寺入澮河、包河，又由鄼縣城王家集、和順集、新橋集、栢山集、蔴種集、丹城、臨渙、韓村、孫疃、南平集、開縣、湖溝、固鎮驛下五河，入洪澤湖清口。一股由會亭驛東北鄼陽集、任禮口、鐵佛寺、符離集出白洋河，其黃堌口迆上，舊河沙淤乾斷，止楚家灣順隄，微水東流，闊一、二丈，深一、二、三尺，由唐家口至申家營新決口往南，亦入符離集河。看得黃河潰隄，淤墊舊河，若不早加築濬，彼處久不行水，地勢低窪；又有澮、包等河容納，未免氾濫中原。運道、民生干係重大，爲今之計，築決濬河皆爲急務。一面將徐州李吉口迆西，凡有決口之處併力堵塞，至於未決之隄亦加幫高厚，以免西南遷徙之虞。一面將李吉口迆東，凡有高阜河身相度挑挖，至於窄狹之處，亦展闢寬闊，以順東向奔趨之勢，庶故道可復，　國計有裨，等因。并河圖一本，呈報前來。

續據淮徐兵備副使劉大文呈稱，蒙總理河漕劉尚書批據，管河許運同亦呈報黃河變遷緣由。該本道會同中河分司、濟寧兵備道會勘得，河、漕相須，由來非一日矣。自萬曆二十四年，黃堌口大決，全河由符離集（註一八）徐溪口出小河、白洋河，而徐、邳運道歲苦淺澀；二十七年，開趙家圈三仙臺引河出小浮橋，連年運事頗利，而伏秋河漲，仍多潰決，已蒙總河衙門開濬泇河爲運道計，工未告竣，試已有效，再加展挑，運事可濟，即緩圖於河，待其自定可也。據許運同所報，自本年七月十一日，商丘縣丁家道口西首縷隄決開，闊二里；虞城縣鄧賓口至楚家灣，隄岸衝決二口，闊五里，直抵歸德府城南，流至永城縣會亭驛，衝開隋隄，闊一百二十五里，入澮河、包河。又由酇縣城等處，至固鎮驛下五河，入洪澤湖；一由會亭驛東北酇陽集等處，出白洋、小河口，其黃堌口迤上，舊河悉已沙淤乾斷。是今日之決口，非復前日之決口；今日之遷徙，非復前日之遷徙，萬一侵及　陵園，関係重大，此不可不長慮，而預爲之防也。

查得決口雖闊，水勢彌漫，多未成河，堵築尚易爲力，合無請乞軫念，前項決口所係匪細，速行河南管河等官，上緊堵塞，逼水仍歸舊河，其李吉口相機節制，導之東注，俾免南奔。其於　陵、運、民生，胥有攸濟矣。理合通詳，等因。據此，該臣看得所議河患甚切，但本院職專撫循，河事未可越俎，仍候會同總河、部、院　題議，亦經批行去後爲照。河性不常，從古爲然。故徐、邳直下會合淮河，彼此盈漾，淮弱河強，爲泗州　祖陵沮洳之患者，蓋有年矣。當事臣工焦勞萬狀，議遣科臣會勘，而爲分黃導淮之舉，迄今數年，　祖陵、運道、民生，胥利賴焉。今茲揚、鳳之地，霪雨爲虐，該臣於五月內題　報，行按臣勘議蠲恤，而報災傷者，接踵而至，故臣於疏中說明，俟有續報，并罷秋災者，併聽按臣勘議。臣又不時行令各屬隨宜賑濟，至九月間，鳳屬亳、宿、蒙城等處，報水災至者，異而且大。臣以爲黃堌口五六年來，黃河南趨，俟勘災之輕重，分別蠲恤而已。不謂河決上源，汎濫潰溢，行且爲陵寢、民社之患，則臣有不容已於言者。

先年，總漕大臣兼巡撫鳳陽地方後，緣河道壅逆，議者分行職掌，漕併於河，而獨設巡撫，不與漕河之事矣。今之河道從（註一九）上源潰決，水勢瀰漫，俱當臣撫循之地，故河之決否，臣不敢知；而　陵寢、民患，則臣又不敢不知。既經道、府各官呈報前來，謹據實上聞。至如趂時踏勘，預籌疏治之方，不惜大費增加；防捍之畧，大小河臣自有畫策，則非臣愚所計耳。伏乞敕　勅工部覆議，上　請速宜舉行，庶有以保護　陵寢，上慰　聖懷。而臣待罪地方，亦少逭於罪矣。

緣係黃河異常徙決，懇乞敕　勅當事臣工，趂時疏築，以安　陵、運、民生。事理未敢擅便，爲此具本，專差承差蔡宗齎捧，謹題，請　旨。

萬曆二十九年九月十五日，具題，奉　聖旨，工部知道。

## 附註

一　「挸」，音義同「擬」；又音「聶」，古同「揑」，揑造也。

二　「顖」，音「信」，同「囟」；此誤刻作左從「息」、右從「頁」，當正作「顖」。「顖門」，即「囟門」。「囟門」原指嬰兒出生時，頭頂有兩塊沒有骨質的「天窗」，醫學上稱爲「囟門」。後囟門一般在出生後三個月閉合，前囟門要到一歲半才閉合。人們常說的「天窗」或「囟門」主要是指前囟門。

三　「膕」，音「區」，膝關節；「脉」，音「邱」，股脛之間。

四 「左」，印刷漫漶不清，因前文作「右臁肕」，此當作「左臁肕」。案：「臁肕」，音「連任」，合指健壯之小腿。

五 「結」，即「甘結」之省稱，爲舊時交給官府之一種畫押字據。

六 此字疑誤刻作「千」，當作「干」，「相關」之意也。

七 「爵」，「鬱」之異體字，書法多作「爵」。

八 「絛」，音「韜」，綁繫物品、器具之繩索、絲帶。

九 「戲」字，下半未印出；「受」字只餘右下一撇，以形義斷之爲「受」，存疑待辨。

一〇 「於」字，印刷未清，只餘左側殘筆，以形義斷之爲「於」，存疑待辨。

一一 本書卷前「目錄」書作「參誠意伯糾同稅官嚇詐平民疏」，前、後題目可以並參。

一二 「庀」，音「痞」，治理、具備、籌備之意。故「鳩工庀材」，意即招集工匠，準備材料。

一三 「報」字右旁，增刻「反」字，當是改「報」正作「反」。此「閩浙之反」，或指前疏杭州「趙古元」，結黨謀反之事。

一四 「囮」，音「額」，本義爲「媒鳥」，捕鳥時用於引誘之鳥；後引申爲媒介、誘捕之意。又通「訛」，則爲訛詐、誘騙之意。

一五 「二」以上文，爲卷之七葉五十二；下接「千」以下文，爲葉五十三。而本書裝訂錯葉，誤先接葉五十四疏題「就近陞補州官疏」以下文，若非仔細核對，無法對應上下文字內容，特識存參。

一六 「到任」以上文，爲卷之七葉五十四；下接「延至」以下文，爲葉五十五。而本書裝訂錯葉，誤先接葉五十三「千，匿狀不爲無因」以下，若非仔細核對，無法對應上下文字內容，特識存參。

一七 「恠」，「怪」之俗字，怪異、奇異。

一八 「集」字未印出，就其殘形，以及前文「符籬集」，故斷爲「集」字。

一九 「從」字右上印刷殘缺，從其上下，斷爲「從」字無疑。

# 《撫淮小草》卷之八

關西道甫李三才著

## 第九冊　奏議

### 一　州縣官給由疏　萬曆二十九年十月十四日

題爲遵例考覈，給由州、縣正官事。

先據直隸廬州府無爲州申准本州知州李作舟，關稱見年三十二歲，四川重慶府合州人。由進士，萬曆二十二年四月二十日，除授河南南陽府鄧州知州，本年七月二十二日到任，至二十五年四月二十九日止，實歷俸三十四箇月零八日，聞丁母憂，至二十七年七月二十八日，服闋赴部。二十八年六月二十日，復除今職，本年十月初六日到任，扣至本年十一月二十八日止，又歷俸一箇月零二十二日，連前連閏，通共計三十六箇月，三年任滿，例應給由。

又據直隸鳳陽府宿州申准本州知州馬獻圖，關稱見年三十三歲，陝西西安府乾州人。由舉人，萬曆二十六年六月二十五日，除授前職，本年八月十三日到任，內因查參清勾軍士，不及分數，奉文罰俸二箇月，不作實歷外，扣該二十九年九月十二日止，連閏，實歷俸三十六箇月，三年任滿；任內又因拖欠京庫，并徐州廣運倉二項錢、糧未完，奉文住俸，俱已催徵完觧，題　准開復，例應給由。

又據直隸揚州府江都縣申准本縣知縣劉之沂，関稱見年三十三歲，山東青州府博興縣人。由進士，萬曆二十六年六月二十五日，除授直隸淮安府鹽城知縣，本年九月初八日到任，至二十八年正月初九日止，實歷俸一十七箇月零二日，調授今職，本月十三日到任，扣至二十九年八月十二日止，又歷俸一十八箇月零二十八日，連前連閏，通共計三十六個月，三年任滿；今任內，因京庫錢、糧未完，奉文住俸，隨已觧完，題　准開復，例應給由，各等因。申報到臣，俱經批行潁、揚二兵備道，查勘去後。

續據潁州兵備、右參政李維楨呈稱，行據廬州府及河南南陽府鄧州，查勘得知州李作舟前後兩任月日，委果相同，任內徵收一應起存，錢、糧俱完及九分之上，積蓄稻穀、拆賣引鹽、清解軍士，俱已足額，收支贓罰明白，農桑六事、保民實政五事，俱各修舉。

又據鳳陽府查勘得，宿州知州馬獻圖三年任內，經管徵解過起運本折，并存留折色，各項錢、糧俱足九分之上，積蓄稻穀過額，拆賣引鹽已足九分，收支贓罰明白，保民實政五事、農桑六事，俱各修舉。任內委因清軍不及分數，查參罰俸二箇月，已經扣除不作實歷；又因未完戶部項下京庫，并廣運倉二項錢、糧，奉　旨住俸，今俱催徵完觧，已蒙題　准開復，俱經各府查明。又該本道覆覈，別無違礙，應准給由，等因。

又據揚州兵備副使楊洵呈稱，行據揚、淮二府查勘得，知縣劉之沂前後任內月日，委果相同，經管徵觧起存京庫，一應錢、糧已足八分之上，積穀、拆賣引鹽俱已足額，清觧軍士足數，收支贓罰明白，農桑等項六事、保民實政五事，俱已咸修。今任內未完戶部項下見徵、帶徵京庫錢、糧，奉　旨住俸，旋已觧完，已蒙題　准開復，應准給由。又該本道查無違礙，等因，各呈詳前來卷。

查先准吏部咨爲酌議考課之法，以肅吏治事。今後府、州、縣正官給由，免其赴京，聽撫、按從公考覈賢否，具　奏。先令就彼復職，管事牌冊差人齎繳，其稱職經薦，應得　誥勑命者，照例請給。又爲申飭考滿官員罰俸事例，以定法守事。節開在外考滿官員罰俸月日，俱不准作實歷；掌印管糧、官錢、糧料價完過八分以上，照例考覈。又爲邊官歷俸已深，偶因公務改調等事，今後考滿官，不論前後歷任月日多寡，俱得通理。又准戶部咨，爲欽奉　聖諭事。該本部題，類覆內開宿州知州馬獻圖、江都縣知縣劉之沂，原欠見徵、帶徵京庫錢、糧，俱各完觧，各官所住俸、糧，應准開支。又爲年終查報完糧州、縣官員，乞准開復，以風激勸事。該本部題覆內開宿州知州馬獻圖，原欠徐州廣運倉糧、銀，今已全完，原住俸、糧，應准開支，各等因。題奉　欽依，移咨前來。

除欽遵通行查照外，今據前因，該臣會同巡按直隸監察御史吳崇禮考覈得，無爲州知州李作舟，清嚴守己，和平敷政；宿州知州馬獻圖，才守俱優，勞怨不避；江都縣知縣劉之沂，潔守長才，誠心直道，俱稱職。查得馬獻圖任內，先因清勾軍士，不及分數，年終查參，罰俸二箇月，已經扣足；後因拖欠廣運倉，又與劉之沂俱欠京庫各錢、糧，俱奉文住俸，催徵解完，亦已題　准開復。俱屬因公，既經各該道、府查無違礙，臣等覆覈相同，俱應准給由。除行各官照例復職接俸，管事造冊差人齎部外，伏乞　勅下吏部，覆加考覈施行。緣係遵例考覈，給由州、縣正官。事理未敢擅便，爲此具本，專差承差蔡宗齎捧，謹題，請旨。

萬曆二十九年十月十四日，具題，奉　聖旨，吏部知道。

## 二　急缺兵備疏　萬曆二十九年十月十四日

題爲黃河南徙，潛入淮、泗，方議疏築，偶缺兵備官員，乞　賜速行銓補，以奠根本要地事。

近緣黃河決自歸德，由亳、宿、固鎮一帶，潛入淮、泗，而　祖陵、運道、民生，大是可虞，臣岌岌行令該管潁州兵備、右參政李維楨，淮徐兵備副使劉大文，先行趂時，亟爲料理，

臣即遵　旨，恭赴泗　陵勘視，修隄建閘，分洩下流，俾來年伏秋不至瀰漫。再詣徐州李吉口一帶，查勘上下原委，亟行疏導，俾不悞新運，分行各該有司正官，多方拯濟被水災民，一切便宜可行者，次第興舉。間，適道臣李維楨呈報，繼嫡母陳氏於十月初十日在家物故，即應回籍守制。夫當此河患孔棘之秋，　陵、運艱阻之際，而總河大臣一旦即世，河道無主，非藉該道議處工程，估箕錢、糧不可耳。今潁道兵備既缺，非就近議補不可耳。

臣謹會同巡按直隸監察御史吳崇禮，議照潁州兵備所轄鳳、廬、滁、和四郡，頗爲廣遠，無論素日凋疲繁劇，奸宄叵測，即今之河道變遷，關係　陵園重而且大，兵備之官未可一日缺人，綜理于期間者；而道臣李維楨既丁內艱，未可視爲尋常缺官可比者，伏乞　勑下吏部酌議，於就近江北相應官內，速行銓補，勒令刻期到任管事，庶河道順軌，　陵、運克濟矣。緣係黃河徙潛入淮、泗，方議疏築，偶缺兵備官員，乞　賜速行銓補，以奠　根本要地。事理未敢擅便，爲此具本，專差承差蔡宗賫捧，謹題，請　旨。

萬曆二十九年十月十四日，具題，奉　聖旨，吏部知道。

## 三　江防府佐給由疏　萬曆二十九年十二月初二日

題爲遵例保留，給由江防府佐官員事。

先據直隸揚州府申准本府將防同知李仙品，關稱見年三十三歲，陝西西安府高陵縣人。由進士，萬曆二十三年六月二十五日，除授山西潞安府長治縣知縣，本年十二月十三日到任，二十六年六月十九日陞授今職，本年十二月二十九日到任，扣至二十九年十一月二十八日止，連閏，實歷俸三十六箇月，三年任滿，例應給由，等因。申報到臣，隨經批行揚州兵備道，查勘去後。

續據該道副使楊洵呈稱，行據揚州府申稱，查得同知李仙品，三年任內，并無公私過名、粘帶不了事件，行過事蹟如經理兵、馬、錢、糧、閘座，及委催儹糧運并節署府州印務，催繳錢、糧及數，積儲倉穀足額，問理刑名，清理軍匠，捕獲盜賊，奉行保民實政五事，俱已修舉，例應給由，等因，到道。覆查得同知李仙品，三年任內，委無違礙，應准給由。但本官職專江防，見今委署該府印務，防盜撫災，清戎核餉，地方極爲衝繁，諸務一時萃集，皆賴本官綜理，難以離任，請乞照例保留，等因，具呈前來。

據此卷查，先准吏部咨爲酌議考課之法，以肅吏治事。今後在外三、六年考滿官員，除方面府佐照例舊赴京，有事地方照舊保留，聽撫、按從公考覈賢否，具　奏。先令帶俸，就彼復職，管事牌冊差人齎繳，其稱職經薦，應得　誥勅命者，照例請給。又爲給由事，凡州、縣掌印官，及邊方管糧與管漕河府佐，并地方有緊要事情，官員考滿，俱照舊　奏留。又爲酌議江上事宜，以少裨戎務事。今後江防府佐官，三、六年給由，照舊赴部；遇有緊急事情，勢難離任者，不妨比照邊、海有事地方，具　題保留，等因。俱經題奉　欽依，移咨遵行在卷。

今據前因，該臣會同提督操江兼管巡江南京都察院、右僉都御史耿定力，巡按直隸監察御史吳崇禮，巡視下江監察御史朱吾弼，考覈得揚州府江防同知李仙品，端方正氣，愼守長才，稱職；第本官職司江防重務，見今委署該府印信，時値地方荒歉，江海盜賊不時竊發，兼以稅使橫征，商民歛怨，全藉本官撫恤、調停，委難離任，且與邊、海事例相孚，既經該道查議前來，相應保留，伏乞　勑下吏部覆議，上　請照例，行令李仙品免其赴部，容令接俸，管事造冊差人賫部，考覈施行。

緣係遵例保留，給由江防府佐官員。事理未敢擅便，爲此具本，專差承差蔡宗賫捧，謹題，請　旨。

萬曆二十九年十二月初二日，具題，奉　聖旨，吏部知道。

# 四　造報河道錢糧并陳府官被參疏　萬曆二十九年十二月初十日

題爲河患異常，河臣久缺，敬將淮、揚二府所貯河道錢、糧，造冊呈　覽，并陳府官被論顚末，以聽　聖斷事。

頃接邸報，該山東礦稅太監陳增題稱，會同撫、按查參淮安府署印推官張時弼，不容查理在庫錢、糧，等因。節奉　明旨，行臣等撫、按，會同陳增，上緊查核河道歲積銀糧解進，併行提問推官張時弼抗阻事情。臣一見之，不勝驚駭。卷查先於萬曆二十八年四月內，該官商于以龍具奏，奉　旨查理河道積餘錢、糧，臣等會同總河尚書劉東星督行該道，查將淮、揚、徐三府、州，庫貯見在應用歲修河道由閘船稅等，銀二萬三千九零，已經題　報，解赴陳增類進訖。後於二十九年四月內，又該陳增題爲官商　請查沿江河道船料、錢、糧無已等事，復奉明旨。還遵旨移文各該省、直、撫、按等官查進，隨該臣等，又經會同河臣劉東星，牌行各司、道，再三搜查，并無河道項下餘羨，已具由回覆陳增，并回咨工部訖。

突於本年十月內，傳聞陳增往海州青峰頂雲臺山燒香，臣竊恐增乘河臣劉東星物故，妄有搜括，驚擾地方；臣因會同巡按御史吳崇禮，牌行淮、揚二府，令其謹守冊籍，候總河有官聽其經理支用，不許那移，致悞　陵、運大事。後增果出其不意，逼取文冊，蓋增於十月十八日到淮，即於本日移文，促臣等查庫。夫臣駐箚泰州，在四、五百里之外，按臣駐箚泗州，在二、三百里之外，無論臣等兵馬、刑名，一時不能即離，亦安能乘風御氣，呼吸千里也？淮安府署印推官張時弼，措手不及，況奉臣等憲牌，安敢以冊與增？乃次日增欲參時弼抗違，內有「會同臣等撫、按」字樣，臣隨於十一月初六日，起身抵淮，不意陳增已去，乃移書於增，大都謂前奉　旨查河道錢、糧，已會同查解；後奉　旨再查河道錢、糧，又會同，查無羨銀，俱經回覆。若查直隸前糧，則又奉　旨免查，況今河臣缺官，一應　勑印文卷俱在山東。

夫河決歸德，南徙入淮，此異常大變，將來所費，不知幾百萬，所以撫、按會牌行府，不許那移，此實兩院之責，非張時弼之罪也。即欲清查，亦候總河有官，得有　勅印文卷，乃可查之。該監亦不可過聽左右，致悞　朝廷大事，諄懇回覆去訖。不意，陳增竟有此奏，更借名「會同撫、按」，撫、按方且百方諫止，何曾與知一字耶？夫臣之撫屬地方，內使最多；臣之府屬官民，最爲守法。蘆洲，則邢隆、劉朝用、党存仁；兩淮鹽政，則魯保；儀眞抽稅，則暨祿。惟徐州，陳增耳。乃增謂各官抗拒，不知各官何不抗拒此五人者，而獨抗拒陳增也？每謂百姓打搶，不知百姓何不打搶此五人者，而獨打搶陳增也？大都陳增心地太實，左右投充太多，各棍惟知騙詐肥己，何知有增？又何知有　陵、運，爲　國家萬分重大事情？而增隨其指示，任其發縱，故有此　瀆擾，增實不知耳。此等情狀，明如黑白，劃如晝夜，凡有耳目者，無不見聞；凡有心胷者，無不透徹。而況　皇上以天縱神聖，明并日月，又何待臣辭之畢也？

夫臣係外臣，言不足信。邢隆等具係內臣，俱係　皇上委任，而魯保在揚州，暨祿在儀眞，尤爲切近。　皇上試一問之，臣言有無欺枉？張時弼是否抗違？又勝臣之自言萬萬矣。至於，淮、揚二府所貯河道錢、糧，臣謹備造文冊，進呈　御覽，應否留觧，惟　皇上批斷，行臣等遵照奉行。不惟陳增投充各棍，免得胡猜亂疑，而地方官民，亦省鎖拏、詐騙無窮之騷擾矣。若夫推官張時弼，適值河臣無人，又奉臣等憲牌行事，有罪則惟臣等之罪，亦惟　皇上察其顛末，憐其無辜，應否宥免，惟聽　聖斷施行，臣不勝惶恐，待　命之至。

緣係河患異常，河臣久缺，敬將淮、揚二府所貯河道錢、糧，造冊呈　覽，并陳府官被論顚末，以聽　聖斷。事理未敢擅便，爲此具本，專差承差許炳齎捧，謹題，請　旨。計　進御覽河道錢、糧文冊一本。

萬曆二十九年十二月初十日，具題，奉　聖旨。

## 六　勘議河工截留漕糧疏　萬曆二十九年十二月十六日

題爲河決異常，運道、陵園，均屬可虞，懇乞　聖明，亟　勅即推總河漕臣，及各該撫、按、河道臣等，速行議處築濬，以安　陵寢，以濟運道事。

行據整飭淮徐兵備兼管河道副使劉大文呈稱，蒙臣劄行，准工部咨，備行到道，蒙此遵依，會同中河、夏鎭二分司，看得黃河之變，自古爲然；疏築之工，歷代亦異。而前代只治其害，亦有資其利者，不若今日之甚，故用力猶易。我　朝定鼎燕京，藉以通運，治其害而大資其利，較之前代，施工甚難；而近來日益南徙，勢將漸及　祖陵，是又難之更難者矣。萬曆二十一年，黃堌口決水，由徐溪口符籬橋耿車時兒灘分爲二岐，（註一）一由宿遷之小河口以入運，一由桃源之白洋河以入運，遂使李吉口以至鎭口閘三百餘里，故道日漸湮塞，而徐、邳一帶運河，每有淺涸之虞。節經建議，挑趙家圈三仙臺，挽黃堌之流入小浮橋，以救徐、邳之淺，數年以來，糧運無阻，皆其效也。第時通時淤，難以永恃，故蒙工科暨巡漕察院各查勘修治，及挑河建閘之疏，工部亦有覆行查勘，作何濬治之議。該司、道遵承，督行管河各官勘議未竟，而河南蒙墻寺、蕭家口等隄，相繼報決，大勢南徙，盡由澮、包、渦河，（註二）直入淮、泗，非獨運道、民生大有可虞，將有射激　陵園之勢。

隨該河南管河道條陳，大率謂黃涸已淤，李吉宜濬，及枛隄、修隄、開河、濬河四款，本道與各分司共議，謂大工興舉，竣期未卜，泇河雖通，尚有淺礙；新運將至，大有可虞，故採分管邳、宿河務運使趙坰，管理徐屬河防運同許一誠之議，自鎮口至磨兒莊，倣閘河之制，建閘七座，節宣啓閉，以通糧艘，而東、西各工，一時并舉，亦不妨悞。蓋泇河成，與此閘河兼用，兩路并行，船得速達，此新閘擇於舊河兩旁，堅實地土啓建，即黃堌、李吉工完，引水入運，仍行舊河，亦與此閘無礙。估用銀二萬二千二百二十兩零，俱於淮徐二庫所貯河道項下銀內動給，各該州、縣掌印官採買料物，隨宜調集人夫，借用歸仁周莊王口隄閘石塊，先行鋪底，不足石塊作速採取；并催原買泇河椿木接用，責成各掌印官照地勒限，歲裏建完。其徐、邳應濬河淺，將內華等閘下板斷流，掣調各傜夫酌量深淺挑濬，蓋漕運通，而後大工方可次第興舉，非謂棄河不治，任其橫流而不已也。等因，通詳到臣。該臣看得建閘、疏渠、通漕、濟運，乃目今第一急圖，仰及時先行興舉，務俾不悞新運，仍候會　題去訖。

又據該道呈稱，會同各分司，督率官、夫，見今興工建閘挑渠，以濟新運，惟黃河南徙一節，屢奉各院行勘，又當亟行議處。竊謂：河性靡常，自北而南，幾百年矣。惟至於徐，則萬萬無再南之理，何也？過徐，則入淮，漸入三湖，且及江矣。天下有河、淮、江、湖，匯而爲一，而成世界者哉？故今日挽河東歸，是必不可已之工，即萬不能如漢塞瓠子故事，亦不得不然，安可泄泄而不爲之虞者？據管河各官所勘，往年黃堌衝決，塞之不得；今本口不塞自淤，實爲河復故道之機會，今蒙墻寺、蕭家口之決，河既趨南，漸會澮、包、渦河，直入淮、泗，今不急急挽回，則　陵、運、民生，均屬可虞。故議河於今日，大與往昔不同，見蒙工部行各院、道議，挑宋家莊、徐家口、李吉口等河，塞馬家溜、武家營、何家集諸決，挑唐家口通小浮橋，以免鎮口灌淤，已悉此中利害，俱應遵奉。

第鎮口見有東、西兩口，雖遇淤灌，疊爲啓閉，亦得不誤運事。唐家口小浮橋之水，與二十六、七年，景象又自不同，似應仍挑至鎮口爲便。且河南管河道所議，蒙墻決口於北岸傳家集、山東曹縣地方王家口迎溜處，起至宋家莊後，徐家口開通十二里，仍於本口築壩逼水舊河；自徐家口起，至下劉口，約十二里淤，平合全挑。下劉口起至玉皇廟止，約十二里，河身未沒，合加濬玉皇廟起至新河口，止約八里；自新河口至孫家灣，止約九里，清瀝尚流，合量濬李吉口在黃堌東北，相隔里許，堌口身淤，山東見在埽堵，畧避堌口原潰之勢，貼北岸至李世科莊，約六里五分，從生地闢深；自李世科莊至堅城集西碭山縣界，止約二十四里，就淤河撈淺，此下引接大河。行令本處縣分，相勢著實疏濬。開封府南、北兩岸，河南岸，考成西界頭起，至商丘縣蕭家隄決口止；商丘縣蕭家隄起，東至碭山縣滎家口止，亟議築堤壩各工，等因。查與工部劄開大畧相同，亦應准議。第合用錢、糧尚未估筭，候會明方呈，不無遲悞。

今照江北堅城集至鎮口止，係直隸所轄地方，據運使趙坰、運同許一誠，估計應挑河道長四萬一百六十丈，各照地勢高下展挑，口闊十二、四、五丈，底闊六、七丈，深八尺一丈不等，內除舊河，闊深不等，扣土，并調傜夫疏濬，不議錢、糧外，實共挑土一百六十五萬一千五百方，將土運送南岸，離河二十丈之外，壘築長隄一道，做邊夯杵一總，每方四工，給銀一錢二分，該銀一十九萬八千一百八十兩，用募夫六萬六千六十名，計一百日完工。但前項銀兩，將欲請之　內帑，而　冊立大典，用費甚多，何敢會請？

江北地方連歲災荒，民窮徹骨，且近河者，苦於治河；傍海者，困於防海，兼以　皇簰（註二）拽送，兵餉加增，稅使紛紜，應付支吾，孑遺殘黎已不堪命，若欲加派，惟有速之死，而驅之徙耳。其每年歲修銀兩，先因摎括解進，以濟　大工；繼因開通泇河，那給工費，即存些須，不足建閘之費，見今酌議別項措處，又安有餘資，爲挑河之用？司、道各官反覆籌思，計無所出。夫治河乃所以通漕，河不治則漕不通，雖江南之粟積如山，亦豈能陸地飛輓，以達　神京？顧以直隸挑河，惟漕糧可以議留，費尤稱便，不則，止有束身待罪已耳，又安有神輸鬼運，以充其費哉？請乞具　題，以便興舉。除河南、山東、直隸築塞挑濬，各工准照工部原劄，并各司、道所議，一面議　題，一面責令興工，刻期完報。其直隸之工，合用銀一十九萬八千一百八十兩，准將江北漕糧連輕齎留用，如不足，以江南之糧湊數，河南、山東所用工費，聽估筭明白，或另行議處，或一併　請發，以濟工用。

再照據河南所議，下流不挑，則水無所歸，而上源難塞，此自然之理，亦自然之勢。但李吉至鎮口三百餘里，淤墊河身，工力艱鉅，誠不易舉。縱竭力經營，挑闢深闊，而上流堵塞不堅，一處衝決，則下流即淤，前工盡棄，可爲寒心。按地修守之策，亟宜講圖，請乞一併會議，庶河得就下，　陵寢、運道、民生，俱有攸賴，等因，通詳到臣。該臣看得黃河遷變，必復故道，誠爲確論，即江北挑濬之工，所費不貲，非留漕糧不可，仰先行設處，料理興築，仍候會　題去訖。

又據原任洲兵備，今丁憂，右參政李維楨呈，據泗洲申稱，泗苦水患，從來舊矣，所幸分導河道稍安。詎意，今秋黃決歸德，勢就東南，併汝、潁諸山河，總歸於泗，瀰漫泛溢，洪流淹占民間地土，不能佈種，浸及　祖陵隄岸，難以興舉。歲修固隄防患，又恐下流壅滯。在州東起至龜山、老子山，程子河、安省、洪澤湖、阜寧湖與淮河，會爲巨浸，流至清河口、張福口西南，水深八、九尺不等，通流廣闊，復與黃流東入於海，其傍溪周家橋、高良澗、武家墩三閘，係導淮入高、寶湖，分由金家灣芒稻河，注之于江、湖。水雖湍注，勢尚汪洋，必須堵塞上源，俾黃水不至南徙；濬下流，使淮水得以東注，則　陵寢奠安，民生有賴。伏乞酌議，一應人夫、錢、糧、疏濬下流之策，等因，到臣。該臣批行揚州道，會同淮、潁二道勘議。夫工錢、糧作速預防，通詳定奪。其上源受水獨慘處，該管道、府先查堪動銀、穀，便宜賑恤去後。

隨據帶管潁州道事、淮徐兵備副使劉大文，揚州兵備副使楊洵會呈，遵蒙會行淮安府同知崔維嶽、通判陳正心，督行山陽、清河、泗州、盱眙、宿州，各掌印管河官勘議，呈報到道。該三道會同南、中二河分司，看得黃河來自西北，淮水來自西南，至清口相會，經安東雲梯関，以入於海；然黃強淮弱，勢不相敵，故清口常有壅淤，泗州每遭淹漫，至萬曆二十二、三年間，甚至有浸及　陵麓之勢，後自分黃導淮功成，宣洩有道，水患盡免，縱遇伏秋，亦無盛漲。數年以來，非獨　陵園亢爽，而民間田地亦漸露出；今歲七月以來，河南蒙墻寺、蕭家口相繼衝決，水盡南徙，恐復浸及　祖陵，故有堵塞上源，疏濬下流之請。

今據淮安管河官，督同各該州、縣掌印管河各官，查勘明白，會議停妥，修理武家墩閘座，挑濬淮河口、永濟河、高良澗、周家橋各處淤淺，議調長夫，免動錢、糧，誠於公帑不費，而宣洩有裨。相應及時舉行，請乞示行，乘此冬深，上緊疏濬；如夫、役不足，另行裒撥，勒限正月以裏報完，務要深通，以廣分洩，等因，到臣。該臣看得泗　陵下流分洩之處，時當喫緊，批行如議，作速興工，毋悞時日去訖。

又據河南管河副使張鳴鶚呈稱，蒙河南巡撫曾都御史，牽同本道并分守道、右布政使易登瀛，睢、陳兵備按察使蕭雍，及管河運同錢景醇、通判周應雷，各該地方掌印管河委官，親詣沿河一帶查勘得，前項決口漫流，稍稍消落，非復先時一望無際，會亭以西石榴堌等處，有入澮、入渦、入泡支派，經五河、泗州，其任禮口、白河係新徙，正河勢有所分流不甚力，恐易淤墊；況正河身窄，泡、澮、渦河身寬較順，目前濬復故道，尚在勘查，轉盼來春，桃花水發，萬一大勢南奔，噬臍安及所有，從商丘至永城汴隄一帶約九十里，全藉此一線爲限。即今衝決四出，及節年坍損甚多，見委錢同知、周通判，公同商丘知縣劉育、永城知縣邵可立、夏邑知縣曾士亮、虞城知縣許夢芝，先丈量酌估，量借本省歲修銀夫，限目前興工修築，使各處支流暫總歸之白河，以爲保護　陵寢之計。其永城接壤宿州隄界相連通，爲南徙要害之處，一體增補，其另挑唐家口，注之龍溝，出小浮橋，分殺水勢，待會議停妥另報。已蒙河南撫院批允，汴隄見今興工，今照宿州地方，係直隸所轄，合行彼處查照，會同修築，等因，通詳到臣。該臣批行潁州道上緊，勘議去後。

隨據帶管劉副使呈稱，依蒙行據宿州知州馬獻圖申稱，親詣所轄城西界首舖，接壤河南永城縣地方查勘得，界首舖離州一百里，於內應該接築受水之處，約有三十里，丈量共六千八百八方八分，高低不等，大約用銀一千二百十餘兩，用夫一千二百名，在於本州招募，其磚石、椿埽及各夫工食，將本州舊有歲觧，協濟徐州隄夫銀六百六十六兩扣留，以抵修築汴隄工費，阻塞水勢，免入澮、渦二河，以保　祖陵無虞。不足銀兩，或量動河工等銀接濟，或分派臨近受水州、縣共出，等因，到道。該本道議得，接築汴隄，誠爲保護　陵園，奠安民社之計。合用工料，勢所難緩，但宿州蕞爾積災之地，正項錢、糧尚多逋負，恐難獨任此修築之費，等因，呈詳到臣。該臣批行該道，一面作速設處錢、糧，一面及時興工，仍候通詳去後。案照先准工部咨該工科署科事、左給事中張問達，具題前事，等因，奉　聖旨。黃河橫決，恐侵泗州祖陵，且妨運道，今河槽大臣既缺，著便會官，推舉忠誠練達，堪任的去，剋期赴彼處置，一面先行文與各該巡撫，多方料理，毋得坐視貽患，該部知道。欽此。內開又該臣題爲黃河異常徙決，懇乞亟　勅當事臣工，趂時疏築，以安　陵、運、民生事，等因。又該巡按直隸監察御史吳崇禮，題爲黃河南決，水患異常，懇乞　聖明，亟　勅當事臣工，及時築濬，以奠　陵寢，以濟運道、民生事，等因。俱奉　聖旨，工部知道。欽此。欽遵。

該本部議得黃河南徙，河臣病故，奉　旨嚴切，合先通行，議將蒙墻寺西北宋加莊至上流傅家集，兩河相望約十里許，乃黃流灣曲之所，須開濬直河，可以引水東流，仍自徐家口起至下流口止，約長十二里，大加挑挖，務俾深闊容受水汛，併將李吉口以下，堅城集三十餘里沙淤河道，盡力挑通；且黃堌口迤南，如馬家溜、武家營、何家集各處決口，速行堵塞，更加堅厚，使河流盡歸正漕，免致旁瀉。又恐全河來復，灌淤鎮口，再改挑唐家口，而注之龍溝，入小浮橋，庶既資其利，又免其害，目前急切之計，似無出於此者。然此乃本部據昔日之見聞，備陳其說，以俟當事者之覆勘，倘河有變遷，別有經久良策，不妨明白議覆，弗得遷延、推諉，以至冬盡、春初河流暴漲，愈難爲力；且使空船不得南還，有悞新運，等因，備咨到臣。

該臣看得黃河自上源歸德蒙墻寺、蕭家口報決，瀰漫亳、宿一帶，入澮、包、渦河，下五河，經泗州洪澤湖，以至清河口，汪洋無際，其李吉黃堌鎮口，徐、邳一帶舊河，遂爲平陸，不惟陵寢可虞，而於運道、民生，尤爲萬分喫緊，事関　國家利害，臣與有拊循之責，實切疚心，故汲汲偕按臣吳崇禮具　題，亟　勑當事河臣，趂時疏治。適總河尚書劉東星物故，臣即馳赴泗州，躬謁　祖陵，會同按臣吳崇禮，環視四圍，風氣完固，松楸蓊鬱，實四、五年間，分黃導淮之功，即今河盡南趨，漫散而來，亦強弩之末耳。惟舊龍嘴金水橋下有水，然俱在金水溝中，謂之「隨龍水」；法應有之者，即遇水漫，有東隄一帶可恃，此「東隄」者，乃萬曆二十五年，欽天監監副楊汝常奉　命前來，看視風水改建，置有閘座，節宣以時，驗看今年水痕，比先年尚少二尺餘，惟慮來年伏秋水發，有難逆覩耳。

行據道、府各官將泗州以下高堰之周家橋、高良澗、武家墩三閘，趂時疏治，即來年水大，由此三閘旁洩入高、寶諸湖，直下金家灣芒稻河，注之於江，又挑濬淮河口、永濟河，由清河口經安東縣雲梯関，東注於海，此目前疏導下流，保護　祖陵之計也。河南管河道，因歸德之決，見今修復汴隄，而江北宿州與此隄接連，行據該道議詳，自永城縣界首舖接築三十里，歸之徐溪口白河，挽河東向，此目前節制上源，保護　陵寢之計也。至若鎮口閘以下，徐、邳、宿遷磨兒莊一帶，運道不通，雖有泇河，止行輕小之舟，轉盼重運將臨，其何能濟？行據道、府各官，自鎮口閘起至磨兒莊，倣照閘河之制，每三十里建閘一座，依時啓閉，以通糧艘，蓋洳河成，與此閘兩路并行，即河復故道，仍行舊河，亦與新閘無礙，在事諸臣，胼手胝足，歲底雖不能告完，諒在正月內，可以報竣，此目前救濟新運之計也。然目前之計，苟就而挽河歸復故道，又不可不爲急圖，自歸德蒙墻寺決口，以至李吉、黃堌、堅城集疏河塞決，築隄工程係屬河南、山東地方，彼中當事諸臣，見今勘估料理，而在江北自堅城集起至鎮口閘止，挑濬河渠，大約費銀一十九萬有奇，須議留漕糧，乃克濟事，此恢復故道，維護　陵寢，保全漕渠，奠安民社經久之計也。

蓋河不兩行，此塞彼通，行之數十年，又必他徙，或仍趨故道，而淤者又復成河，自古迄今，無百年不治之河。惟今急將衝決處所，厚築隄防，相機順水之性，使其束水就道，即挑渠不過引流而衝刷，實藉全河之力，因勢而導，以水治水，則事一功百矣。必須能塞，方可議挑，則堵塞視開挑，更爲費力，一挑一塞，兩功并興，審勢度力，非臣愚一手一足，可以獨任者，伏乞　皇上，上以　萬世根本爲重，下以　國計民生爲急，責成總河大臣，星夜前來，綜理河事，庶主任專，而責成效，此臣勘視河道，料理大槩如此。若夫悉心區畫，請發錢、糧，鳩夫庀材，由細及鉅，懲前慮後，別求利涉，以圖久安長治之策。合河南、山東、直隸地方諸臣，同心共濟，以期河流順軌者，此惟總河大臣加之意耳。蓋專任易於底績，亦非臣愚一手、一足，可能越俎而治者。所據前項，各道估勘工程，節經詳議前來。該臣陸續批行，可以便宜行事者，先行興舉；應該會題者，仍候會議題　請。但今事勢孔急，伏乞速　勑工部覆議，行令新任河臣，一體遵照施行。

緣係河決異常，運道、 陵園均屬可虞，懇乞 聖明，亟 敕即推總河漕臣，及各該撫、按、河道等臣，速行議處築濬，以安 陵寢，以濟運道。事理未敢擅便，爲此具本，專差承差涂麒齎捧，謹題，請 旨。

萬曆二十九年十二月十六日，具題，奉 聖旨，工部知道。

## 七　縣官被逮歷查貢扛疏　萬曆三十年正月十八日

題爲恭報奉 旨，杻解官犯起程，并查廣東錢、糧已經解 進事。

臣於萬曆三十年正月初六日，接得邸報該尚膳監少監魏希高題稱，廣東開采珠池太監李鳳，差委官舍押解稅課銀兩，據參隨趙安偷走來京口，稱行至臨淮縣濠梁驛，有知縣林錝不行應付夫馬，勘合扯碎，復令夫頭周恩、徐紹南等，打搶官舍錢、糧，堆放於街，等因，奉 聖旨。進貢錢、糧經過地方，不行應付，卻又裂碎勘合，採打押解人役，好生欺玩。奏內知縣林錝，并夫頭周恩、徐紹南，便著錦衣衛差的當官，校拏解來京，究問其錢、糧，著該撫、按等官，行催上緊，解禁應用，該衙門知道。欽此。

臣捧讀之餘，不勝駭愕，事関進 貢錢、糧重務，豈容稽阻若此？隨經會同巡按御史吳崇禮、巡鹽御史蔣以化，牌行潁州兵備道并鳳陽府嚴查，進　貢廣東稅課人員，的於何日到於臨淮地方？知縣林錝因何不行應付？復又扯碎勘合？夫頭周恩等，因何打搶官舍？行李的係何物？即今進　貢錢、糧，曾否起觧？用何應付前進？有無堆寄疎失？仍將官犯先行拘禁，聽候駕帖行事。

今據帶管潁州道事、淮徐兵備副使劉大文呈，據鳳陽府呈遵奉，查得舊年十一月二十六日，濠梁驛損夫廠，陡有浙江軍門差照磨吳文簡賫執勘合，往北京管觧銀兩，損七十擡，用夫一百四十名。至二十七日，又有南京司禮監太監張勤，承觧　上用圍屛損箱，用夫二百八十名。本日，又有兩淮鹽法太監，委官羅弘祖，往北京管觧銀，鞘二十二擡、箱四十八擡，用夫一百四十名。又儀眞抽稅太監，委官韓文盛，往北京進錢、糧，損十擡，用夫二十名。至二十八日，又有廣東珠池太監，委官李文觧市舶銀兩，損一百二十擡，用夫二百四十四名，外隨從人役穆堂、趙安等二十名，用廩給一分、口糧二十分、馬二十八匹。二十九日，又有浙江督稅太監，差舍人趙良璧等，管觧　龍袍、銀鞘等，共五十五擡，用夫一百一十名。三、四日之內，進　貢錢、糧盈庭，共用夫九百三十餘名。該縣夫廠僅額設損夫二百名，歷來舊規，縣丞、主簿、典史輪流承管，今該典史俞時行應付遵依，撥夫以先後爲序，於次月初二日，撥夫先發廣東珠池，委官起程；隨有浙江織稅委官人等，與伊奪夫，分爭先行，廣東　貢損，本日先發一百擡，其二十擡，委因無夫，於初三日，李委官押損隨行，前途固鎮驛，轉送去訖，并無疎失堆放及打搶情由。

夫廠委係俞典史輪管，與林知縣并不干預，參隨趙安并未見面，而勘合何由？扯碎如毀，勘合前途，憑何應付？彼時銀損到驛，共四、五起不等，紛攘索取夫馬，有要人夫二、三百者，有要四、五百者，典史俞時行一時催辦不給，押損人役，肆行凌虐，逢人輒自毆鎖；且一夫、一馬，另要折乾百文，以致四鄉馬頭人等，逃竄無蹤，遂赴縣，蜂擁典史衙前，將典史幼子百般羈勒、弔鎖，林知縣但聞此風聲，即督促典史、縣丞、主簿，同雇人夫應付去訖。不意，參隨趙安密走赴京，揑情虛誣，以致林知縣被逮，豈不寃哉？伏乞具　題，庶使黑寃昭明，而濠梁百姓，不致驚惶逃竄，等因，備呈到臣。續於正月十七日，又據鳳陽府申稱，　欽差錦衣衛官校徐文魁等到府，十二日午時，設　龍亭於察院，文、武各官行禮畢，官校開讀駕帖，當將臨淮縣知縣林綜，并夫頭周恩、徐紹南發放，如法上刑杻鮮，起程去訖。

該臣會同按臣吳崇禮、鹽臣蔣以化，看得江北濠梁一驛，爲四通八達之衝衢，輪蹄輻輳之要路，連年水旱薦臻，凋敝至極，加以礦稅進　貢，絡繹不絕。舊年十一月二十六日，以至二十九日，四日之內，浙江、南京、兩淮、儀眞、廣東等處，進貢　上用錢、糧叢集，到驛所用損夫，計且千名，區區濠梁，豈能辦此？不惟無額外之銀雇夫，亦且無額外之人應募，以故各官無奈，定以先後爲序，先到之損先發，後到之損後發；先發之夫送回前損，然後後發之損，方得有夫輪流挨撥，以致守候二、三日者，誠亦有之，實萬分艱難，不得已耳。至如押鮮人員，彼此又有強弱焉；強者，奮力爭奪，即得先行；弱者，不能爭奪，不免在後，此嗔彼恠，胡打亂搶，即地方官、民，方且閉門藏躲，誰敢爲之主張者？知縣林錝職司一邑，綜理百務，雖應付自有專委之人，而當變亦欠區處之法。然督責縣丞、主簿、典史，雇夫催攢，先後齎發，亦可謂有急公之義矣。本官原未曾與押役相見，何從有不准應付之語？原未曾見，所執何文？又安得有裂碎勘合之事？況山東、南北直隸一帶，一一應付前進，非得勘合，誰憑信之？竊計：此時前項錢、糧，俱已到京，此中并無時刻堆寄，萬耳、萬目，共見、共聞，何敢欺也？至於，夫頭下賤奔走，使令之人耳；一見官舍參隨，奉之如神鬼，畏之如虎狼，方叩頭乞命之不暇，又敢與之毆搶相抗哉？此等事情，此等景象，明如觀火，易於指掌，自難逃於 聖明萬里之耳。

夫林錝果係裂碎勘合，果有「不准應付」之語？則無父、無 君，本犯死有餘罪， 皇上之逮之也， 雷霆之震也，其誰敢不畏？今錢、糧到京，并無稽滯，是原無「裂碎勘合」，原無「不准應付」之語，則奉公、奉法，本犯情實可矜， 皇上之赦之也， 日月之照也， 雨露之濡也，其誰敢不服？ 怒而執之， 察而舍之， 威莫赫焉！ 德莫厚焉！天下萬世，誰不舉手、加額，共頌 堯、舜也哉？臣等據實上 聞，不敢代爲辯白，知 聖明必有 洞鑒，無庸臣下之曉曉也。今照廣東稅課錢、糧，已經起解赴京，奉 旨拿解官犯，已經杻解起程，相應會本題 報，仍乞 勑下兵部弔查，浙江、南京、兩淮、儀眞、廣東等處，解 進錢、糧勘合長單，查驗是否三、四日內齊到？濠梁、廣東，應付勘合，有無碎裂？即今前項管解員役，曾否到京？有無疎失？情由逐查明悉，覆議，上　請定奪施行。

緣係恭報奉　旨，杻觧官犯起程，并查廣東錢、糧，已經觧　進。事理未敢擅便，爲此具本，專差承差涂麒齎捧，謹題，請　旨。

萬曆三十年正月十八日，具題，奉　聖旨。

# 八回　奏貪肆將官疏　萬曆三十年正月十八日

題爲汛防已畢，糾劾不職將官，以肅兵戎事。

行據整飭揚州海防兵備副使楊洵呈，觧審問過犯人趙嘉賢等招由，內開問得趙嘉賢年三十三，浙江紹興府山陰縣人。由會試中式武舉，除授紹興衛右所鎮撫，陞授狼山水兵把總。狀招萬曆二十八年正月內，有通州守禦千戶所在官指揮僉事秦希武，奉文委管狼山陸營中軍事務，伊就不合，不守官箴，專肆貪濫，指倚到任爲由，索得在官哨長王文等一百五十名，每名見面賀禮銀二錢，共銀一百三十兩；散兵一千三百名，每名銀一錢，共銀一百三十兩，俱接受入己，王文證。本年二月內，值遇秦希武母親生日，有在官哨長邢武，希圖逢迎，及要就中歛取財物，亦不合，指倚餽送祝禮，科歛槩營隊什長、兵勇，共銀一百兩，內止將銀七十兩送與秦希武，又不合，接受餘銀三十兩，邢武又不合，收匿各入己。本年各兵支領口糧，秦希武又不合，故違衛所管軍人等，関出糧物扣減入己，値銀三十兩以上者，問罪追贓完日，軍職立功五年滿日，降一級，帶俸差操事例。槩營兵勇一千三百名，每名剋銀四分，共銀五十二兩，又不合，侵剋入己。秦希武委放本年夏季月餉糧、銀，伊指餽送總兵交際，又不合，科歛在官隊什長張節等，共銀一百兩入己。本年八月內，秦希武又不合，指倚中秋節禮常例爲由，索得隊什長銀共三十兩入己。至本年十一月十一日，嘉賢陞授前職，到任管事，亦不合，效尤貪黷，令在官家人趙二，亦不合，依聽指倚置辦傘轎，每兵一名索銀二錢，計兵一千一百名，共銀二百二十兩。有後故褚銀過送與嘉賢，又不合，收受入己。嘉賢又不合，倚稱見面常例，索得在官捕盜陳有功等五十名，每名銀一兩五錢，共銀七十五兩入己。本營缺兵召募頂補嘉賢又不合，仍令趙二索得不在官李檀等九十名，每名銀一錢，共銀九兩。以上三項，趙二指替過送，伊又不合，科索各兵銀不等，共得銀十兩入己。嘉賢因見各兵易於需索，又不合，聲言沙汰弱兵，索受在官李注等九名，每名銀一兩，共銀九兩。及有不在官柁兵張遂等八名，老弱不堪，該前任王副總兵選革，每人出銀六兩，共銀四十八兩，央浼趙二送與嘉賢，又不合，俱接受入己。准令頂補，向因無缺，故未收補。比，有江南福山不在官虞把總前來會哨，捕捉脫逃鹽徒曹悌，伊亦不合，將銀四十一兩送與嘉賢，又不合，接受入己，致縱脫逃，未獲。凡遇支放糧、銀，嘉賢又不合，故違前例，每月扣剋兵糧、銀二十兩，計七箇月，共銀一百四十兩，又不合，侵剋入己。嘉賢又令捕兵駕船遠送親人，致兵陳勝等十三名遭風淹死海內，嘉賢希圖摭飾，又不合，妄稱出洋哨探未回。本年出汛，嘉賢又不合，索取沙營九船，常例每船銀二兩，共銀一十八兩入己。本年十二月內，有陸營征西發回兵士八十四名到營，秦希武又不合，每名索要叩見銀五錢，共銀四十二兩入己，方准入冊收糧。本月終，秦希武又不合，指稱元旦節禮，索得隊什長，銀共三十兩入己。萬曆二十九年春季，舊規例應分兵防守，秦希武又不合，指稱紙劄使費，共歛各兵銀二十兩入己。秦希武凡遇僉補隊什、目兵，又不合，索要見面常例，計更換五十名，每名銀三兩，共銀一百五十兩入己，俱王文、邢武、張節，并在官杜逢時等證。及每年春、秋二季祭旗，秦希武又不合，指以置辦祭品，共歛各兵銀二十兩入己。比，秦希武要得作威濟貪，凡見各兵，遂就厲色呼叱，及遇支放，本年二、三月分糧料、銀兩，伊又不合，乃違前例，於內侵剋各兵糧、銀九十兩入己，以致眾兵怨聲騰沸。彼蒙前任揚州海防兵備陳右布政使，訪得嘉賢與秦希武貪濫不職，將各前項贓私，一併揭報，巡撫鳳陽提督軍務李都御史覆行查訪是的，隨蒙具本　題參，當蒙兵部覆奉　欽依。著巡撫衙門提問，亦蒙兵部備由，移咨李都御史處，又蒙轉行揚州海防兵備道，案行揚州府，會同江防李同知、黎推官，行提嘉賢等一干犯證到官，嚴加究問前情，明白具招，連人申解，本道又經再三駁審無異。

三名：秦希武，年四十二歲，原籍兩淮運司通州分司呂四場竈，有父秦泮，以援例義民，官於嘉靖三十四年間；征倭有功，歷陞直隸揚州衛通州守禦千戶所指揮僉事；嘉靖三十七年，陞周家橋把總，被論年老，閱所申詳住俸。希武係嫡長親男，襲替前職，於萬曆十三年四月二十四日到任管事。

邢武，年三十歲；趙二，年二十六歲，各招與趙嘉賢招同。議得趙嘉賢、秦希武俱合，依官物當應給付與人，已出庫而未給付，但有守掌侵欺者，計贓以監守自盜論，四十貫，律斬；係雜犯，准徒五年。邢武、趙二，俱依非因公務而科斂人財入己者，計贓以不枉法論，無祿人各一百二十貫之上罪，止律各杖一百，流三千里。邢武、趙二，俱有　大誥，又與趙嘉賢、秦希武，遇蒙　恩例，趙嘉賢、秦希武各減去一年，止徒四年。邢武、趙二各通減二等，各杖九十，徒二年半。審趙嘉賢、秦希武俱有力，趙二稍有力，各照例納米折工價贖罪。邢武無力，免杖，定發衝要驛，分照徒年限，擺站滿放，各完日。趙嘉賢、秦希武，免其立功，趙嘉賢係所鎮撫，原非實職，應革職爲民。秦希武革去中軍，仍於原職上降一級，帶俸差操，不許管軍、管事。邢武革去哨長。查得趙嘉賢等各罪犯，在萬曆二十九年十月十五日，昧爽以前，但係奉　欽依，提問人犯，例不宥免，照追趙嘉賢、秦希武各官紙銀三錢，趙二、邢武各民紙銀一錢二分五釐，并各贖罪不等。趙嘉賢、秦希武各米四十石，俱每石折銀五錢，各共銀二十兩。趙二工價銀九兩，俱追貯揚州府官庫，照例糴穀支解。趙嘉賢索眾兵傘轎銀二百二十兩，見面銀七十五兩，沙汰弱兵銀九兩，頂補兵缺銀九兩，柁兵銀四十八兩，鹽徒銀四十一兩，侵剋兵糧、銀一百四十兩，出汛船銀一十八兩。秦希武原索見面賀禮哨長銀三十兩，各兵銀一百三十兩，餽送生日銀七十兩，扣剋各兵二十八年糧、銀五十二兩，科歛交際銀一百兩，中秋節禮銀三十兩，元旦禮銀三十兩，回兵見面銀四十二兩，紙劄使費銀二十兩，僉補什長常例銀一百五十兩，春、秋祭旗銀二十兩，剋扣各兵二、三月分糧銀九十兩，并邢武收匿銀三十兩，趙二索銀十兩，合照原　題追完，給散槩營隊什、兵勇取實收，收管領狀繳報。脫逃鹽徒曹悌，仍行該總嚴拿另結，等因。具招連人，呈觧到臣。據此卷查，先准兵部咨職方清吏司，案呈奉本部，送兵科抄出。該臣具　題前事，等因，覆奉　聖旨。是趙嘉賢等，著巡撫衙門提問，具奏。欽此。欽遵。備咨到臣，隨經劄行揚州海防兵備道，究勘去後。

今據招觧前來，覆加研審無異。該臣看得趙嘉賢、秦希武，各以武弁庸愚，官常敗壞，不思將領重寄，敢恣市井貪饕，或假傘轎、祭旗，科擾（註四）肆出；或指見面、壽節，需索公行，補兵則有常例，支餉則有扣除，種種贓私，歷歷可據。此二官者，誠爲營伍之豺狼，士卒之蟊賊也，擬徒革降，實不爲枉。邢武、趙二，借勢科剋，徒亦允宜。既經道、府反覆駁審明白，又該臣覆勘無異，相應依擬，除將各犯發回監羈聽候外，今將問過招由，理合具　奏，伏乞　勑下兵部覆議，上　請行臣遵奉施行。

緣係奉　旨提問官犯。事理未敢擅便，爲此具本，專差承差涂麒賫捧，謹題，請　旨。

萬曆三十年正月二十九日，具題，奉　聖旨，兵部知道。

# 九　本院給由疏　萬曆三十年二月十六日

奏爲給由事。（註五）

臣見年五十歲，武功右衛籍，陝西西安府臨潼縣人。由萬曆二年進士，六年四月除授戶部山東司主事，九年正月奉　欽依候裁，本年二月塡補本司主事，十二月陞本部雲南司署員外郎事主事，十年九月實授，十一年二月陞本部山西司署郎中事員外郎，本年三月降調山東東昌府推官，七月陞南京禮部祠祭司主事，十二年十一月陞本部儀制司署郎中事主事，十五年二月陞山東按察司僉事，十六年閏六月陞河南布政司右參議，十七年十二月陞河南按察司副使，十九年閏三月調山西按察司副使提督學校。二十年五月，因病具　奏，回籍調理；二十三年五月，起山東按察司副使提督學校，本年六月內陞南京通政司右參議；二十六年九月初六日，陞大理寺右少卿，本年十二月十三日到任；二十七年閏四月，內轉左少卿，至本年五月初十日止，連閏，實歷俸計五箇月零二十八日，荷蒙　聖恩，陞授今職，本年八月十三日入境，交代接管行事，扣至三十年二月十四日止，又歷俸三十箇月零二日，連前例應通理，實歷正四品俸三十六箇月，三年已滿，例該給由。但臣欽奉　勅諭，巡撫鳳陽等處地方，兼海防提督軍務，不敢擅離，伏乞　勅下吏部查例，上　請定奪，行臣遵照施行，臣無任感激，隕越之至。

緣係給由事理。爲此具本，專差承差涂麒齎捧，謹具　奏　聞，伏候　勑旨。

萬曆三十年二月十六日，具題，奉　聖旨，吏部知道。

## 十　參狼山副將縱容販鹽疏　萬曆三十年二月十六日

題爲糾劾不職將領，擅役兵船，夾帶私鹽事。

萬曆三十年二月初八日，據狼山副總兵黃榜稟帖內開，據揚州遊擊孫繩祖報稱，本總所差船隻前抵揚州，該府、縣各衙門巡捕人役上船搜有私鹽，并捉獲隨船人役送官，緣由到職。據此照得本職陞任狼山有二壻，俱係生員，向來隨任讀書，今當考試之期，於本年正月內，同家眷回籍，差撥補兵徐忠座船裝送行時，惟慮兵役壞事，本職親自臨船禁諭，復差水營中軍掌號官吳志道逐一搜檢，回稱并無夾帶私鹽，方發開行。今據所報，豈捕兵不畏法度，以利迷心，於沿途裝鹽船隻私相偷買，藏匿頭梢艙內，今被搜獲送官，爲照船兵倚公差，而夾帶私鹽，法所不宥。而本職踈縱之罪，萬不能逭矣！等因，具稟到臣。

臣一見之，不勝驚訝。夫黃榜身膺總帥之任，職司水、陸之防，所差座船者，即該營戰船也；所差捕兵者，即水營額兵也，二者皆當時常訓練，以備衝鋒破敵之需；輪撥偵探，以利海洋巡緝之用。故臣之禁約，不許私役兵船，擅離信地，而本官乃敢撥以送壻，號令謂何耳？本官職掌固在緝捕鹽盜，各該將領莫不斤斤，而本官乃敢自帶私鹽，典守安在耶？故私鹽不可帶也，兵船亦不可撥也，私鹽諉於不知也，兵船又何以自諉也？知而使之是不潔，不知而使之是不明，不潔、不明，安望其振刷營伍，督率屬官，而捍禦邊海重地乎？況當此春汎緊急之時，而本官乃恬不畏法，肆行無忌，亦可恨之甚矣。

除夾帶私鹽，係捕兵搜獲，聽巡鹽御史究問正法外；臣謹會同巡按御史吳崇禮、巡鹽御史蔣以化，參照提督南直隸狼山等處地方，副總兵黃榜，貌若堂堂有餘，內實空空無物，溺兒女之私，視軍令爲故事，甘市井之見，等法紀於弁髦，據其平時舉動，雖云尚無大過，即其今日所犯，百口實難自觧，所當革任、降調，以示懲創者也。伏乞　勑下兵部。如果臣等所言不謬，覆議上　請將副總兵黃榜革任，回衛聽候降調別用，庶將領知警，營伍益肅，其於戎務、鹽法，未必無小補矣。

緣係糾劾不職將領，擅役兵船，夾帶私鹽。事理未敢擅便，爲此具本，專差承差涂麒賫捧，謹題，請　旨。

萬曆三十年二月十六日，具題，奉　聖旨，兵部知道。

# 十一　歷陳　國勢病由疏　萬曆三十年閏二月初十日

題爲歷陳　國勢之所由病，與其機之所由危，懇乞　聖明，勵精整頓，以保天下事。

嘗聞「明主不好利而忘國，忠臣不先身而後君」，蓋利有大、小，義有緩、急，其辯之早也。竊見近年以來，　國事日非，時政日異，正言、讜論，如水投石，豈不以邊烽不起，四海無虞，吾遂可以恣意縱志，晏然於　九重之上哉？不知其勢甚病，其機更甚危也。臣請歷陳其狀，蓋不敢不忠，而惟望於　明主之垂察也。

臣自束髮登　朝，正我　皇上御極之始，　郊廟必親，　朝講日事，用人未必賢而必才，行政未必平而必勤，庶官思奮，百度具修，　國有餘粟，民有餘食，熙熙恬恬，亦一時之盛也。蓋自火酋內訌，而　國之費侈矣。自哱拜外叛，而　國之用匱矣。雖然此猶內事也，不得不應之兵也。未幾，而日本之役興矣。夫謂朝鮮，貢獻之邑也，唇齒之勢也，爲之屯兵鴨綠，以爲聲援可也；爲之收復王京，因而宣捷可也；爲其危亡不保，取而郡縣之亦可也，乃計不出此，無端驅袵席之赤子，勤瘴海之外夷；奪有限之口食，塡無用之絕壑，勞師百萬，費財亦百萬，士民愁苦，海內驛騷，其於　中國毫毛有裨哉？如曰：「彼，我之衛也，不救非所以爲智，乃實不足爲衛矣。」如曰：「彼亡，我且鄰倭也，不救非所以自保。」今我九邊，每每鄰虜矣。如曰：彼，夙志忠順也，有之非所以爲義，然猶勝爲敵人之所取矣。」且今亦不能禁敵之不取也，此一失計，而　國家遂索焉不能堪矣。

又未幾，而播酋之難作矣。夫楊應龍之殺其妻也，夷狄之人，夷狄之性耳。夷狄之事，中國不之治也，乃計不出此，無端而欲繩之以法。始而議勦矣，繼而議撫矣。無何又勦，無何又撫，朝更夕改，二三其政，彼酋之習見我如斯也，遂睨然有輕　中國之心。而狡焉肆其跳樑之志，攻陷我城池，屠戮我軍民，劫縛我職官，侵突我疆界，於是不得不起六郡之師以赴之，雖天贊其決，旋即殄滅，我之殺傷糜費亦略相當，是其終之勦之也，誠是也；其初之治之也，則非也。勞師百萬，費財亦百萬，何故哉？此一失計，而　國家遂耗焉，不可支矣。

乃者，天不厭禍，黃河又決。夫此黃河也，一徙千里，此數百年，未有之變也，非細故也，非遠憂也，　國家之安、危，天下之治、亂，從此始也。蓋治之，而不必復其故也，則泇河恐終不足恃，漕運恐終不可濟。　京師百萬之眾，嗷嗷待哺，即使沙礫化爲南金，瓦石變爲和玉，民不能食也；民既無食，雖羲皇再世，堯、舜復生，亦豈能保蕭墻之內耶？治之，而必復其故也，則百萬之費、數十萬之夫將，焉取之？取之於民，而民不堪也；取之於官，而官無應也。失業之眾，歎食愁衣；不逞之徒，窺端伺釁，一旦羣聚河上，是借之地也，是爲之所也。一夫倡亂，勞民競起，投鍤攘臂，謀於版築之間；登高遠呼，奮於饑寒之後，義不能止，法不能禁，雖使管、晏之智，賁、育之勇，恐亦無方收也。此有識者之所憂，而時俗之所忽焉者也。

興大役，動大衆，自古奸人之資也，所謂「挑動黃河，天下反也」，故此一役也，　國之所以安危、治亂者也；此危機也，上而　陵園，下而民生，臣猶未及言也。夫前之失計，既如彼；今之大患，又如此，譬有人焉，血氣充足，觔骨強盛，本無恙也。今日生一瘡，一誤之，而身弱；明日生一瘡，再誤之，而身危。既已弱矣，既已危矣，突而大毒出焉，不在四肢，不在皮膚，而適當腹心、咽喉之際，不治不可，治之而不愈，不可己身不自知其端，醫人莫能名其狀。當此呼吸、存亡之秋，瞬息不保之日，而尚爾縱慾肆情，犯霧蒙露，即金石之軀，安能當此銷鑠哉？而況百孔千瘡，又且蘊隆崇結，待時而決耶？即今太倉無二年之儲，九邊有終歲之餓，小民皮骨，飫飽於豺狼；四海脂膏，橫塡於谿藏，所以拯溺救焚，出民水火，轉危而爲安，易亂而爲治，無如前日傳奉之　聖諭矣。

故礦稅之旋復，臣不必言；其弊政之當亟罷，建言之終斥，臣不必言；其忠良之當亟收，無辜之復繫，臣不必言；其刑罰之當亟改，蓋　聖心原無不照，　聖智原無不周，故臣不避忌諱，不顧利害，惟歷陳　國家所以受病之勢，與　國家所以致亂之機如此。　皇上清晏之暇，平明之際，試一思之：無聊之民，尚可當此礦稅否？用人之日，尚可棄此忠賢否？積怨之衆，尚可終此濫及否？　穆然深念，　毅然猛斷。前所傳　諭，務在必行，啻在一念，而利在天下；屈在一時，而伸在萬世，而更　旰食宵衣，　側身脩行，　郊廟必親，　朝講必復。盡祛近日之獘，一還當年之美，將見在　廷諸臣，莫不洗心滌慮，努力向風，必勤必慎，必公必廉，共鮮倒懸之民，齊贊維新之政，此猶救時之策，所謂尚得其半者也。不然，民心不可再傷，事幾不可再誤，苟且躭延，日復一日，蓄毒一潰，莫可爲也。已惟　皇上留神，照察施行，臣不勝惶恐，待　命之至。

爲此具本，專差承差涂麒齎捧，謹題，請　旨。

萬曆三十年閏二月初十日，具題，奉　聖旨。

## 十二　内使被弄無已疏　萬曆三十年三月初二日

題爲内使被弄無已，微臣不堪重任，懇乞罷斥，以明臣節事。

臣受　命撫淮三年於今，頃者報滿，自分幽黜，更蒙　聖恩特賜俯留，此　皇上高厚之德，　天地之施，非臣盡瘁鞠躬，所能上報；結草啣環，曷能自已？豈忍言去？豈敢言去？第勢有不得不去，理有不容不去者，惟　皇上垂憐，罷臣，俾臣早去，以明臣節。

前者，接戶部咨文，傳奉　聖諭，罷止礦稅，臣已即行揚、儀、徐州各監，知會遍曉小民，禁止搶截，此臣弘宣　上德，撫安眾庶之職分也，亦政體也。後又奉有復稅之　旨，更聞礦稅自有停止之日，各監已俱照舊徵收，百姓亦安心顒望　後命矣。不謂，徐州稅監陳增投充各役，一向恨臣約束，必欲乘此機會，百計搆臣，欲上激　聖怒，下鬪陳增。今日某處殺人，明日某處搶奪；今日提解某人、某人，明日追徵某贓、某贓。移臣手本，有一日三、四至者，比前未罷礦稅之先，虐焰更張十倍矣。

夫陳增所管者，徐州一處耳，淮、揚、廬、鳳，原非所轄之地，　皇上明知也，增亦明知也。今無奈各役提掇木偶，恣逞虎狼，陽肆劫擄，陰設陷穽，其意只在去臣，而後爲快。故一人也，而牽連數十人；一事也，而波及數十事，鎖官拏吏，四境騷然，臣欲不奉行耶，彼則挾皇上之命以命臣，謂臣爲抗違，謂臣爲阻撓。夫爲抗、爲阻，臣罪當死，豈惟　皇上不知，即增亦不知也。蓋增原不曉文理，不識字義，龐然、悍然，隨人播弄，是聽、是信耳。臣欲奉行之耶，則商民倒懸，如在水火，搥胸頓足，恨地呼天，臣不忍見也。豈惟不忍見之，更恐激成大變，開禍無窮，臣罪亦當死。臣非不足制之也，臣亦非不能制之也，（註六）放虎噬人而斬之，擒縱盜殺人而斬之，捕固有所主之者矣，豈惟斬之，又從而助之，不啻絆騏驥之足，而縛孟賁之手也，雖有聖哲，豈易爲力哉？

其手下投役，如王桐石者，原係一充軍書手耳，已起家至三十萬，一應文移、本章俱出其手；見今父子納監，富倍陳增，人人共知，增不知也。　皇上試問內臣暨祿、魯保，臣言有一字之欺，即寸斬臣也。至如王一鵬、周子連、孟近川、岑中臺、石玉山、吳見田、袁友松、湯連泉、許西湖、林龍池、張西峰、于以龍、王金印、王振吾、周萬國者，不下三、四十人，而此其尤也。故臣自入淮以來，有謂增欲於座上殺臣者，有謂增曾遣刺刺臣者，有謂增欲進銀三十萬，必且斥臣者；又謂臣糾聚百姓，謀欲殺增者，反覆恐喝，捭闔啖軋，皆此輩所弄，增實不知耳。

夫臣，外臣也，疎也，遠也。增，內臣也，親也，近也。內外、親疏之分，既不相侔，而臣一人之身耳，愚直之性耳。增雖不通文理，不識字義；而王桐石等，如鬼、如蜮，晝謀夜計，此資其策，彼藉其力，巧、拙之數，既已相懸；眾、寡之智，又所不敵，雖　皇上日月之明，　雷霆之斷，疎遠愚臣，可恃無恐。然三至之讒，慈母不能保其子；浸漬之灌，膠漆不能有其堅，彼方熱言、冷語，巧發奇中，　皇上即廣照如神，不動如山，亦安能不疑臣？怒臣哉？臣非懼罪也，臣非懼死也，自古及今，未有不死之人，不罷之官也。死而有裨於　國家，有利於地方，是死而猶生，臣不之懼也。臣所懼者，死而無益，徒足以貽禍士民，虧損聖德，令萬世而下咲（註七）臣之愚，悲臣之遇。故不如早罷臣之爲愈也。夫臣一罷，則臣職已盡，增怒已泄，投充各役，又得快心而逞志，　皇上亦可省心無事，免其終日之　瀆擾矣。

方今英賢滿　朝，地方事宜，自有能者任之，如臣乘鳧隻雁，何足爲有無哉？若謂臣憂讒畏禍，自潔其身，輕棄　主恩，不恤民命，　天地神明，可以鑒臣之心，明臣之志，不惟不敢，亦不忍也。至於，依戀名位，弗能割捨，受制奸人，不早決斷，取咲當時，遺譏後世，臣亦有所不屑矣。況臣今已劘虎之牙，撩螫之尾，朝夕共事，更叢怨怒，以理、以勢，無不當去，惟 皇上憐臣、察臣，速令臣去，以全臣節，臣不勝惶恐，待 命之至。

爲此具本，專差承差涂麒齎捧，謹題，請 旨。

萬曆三十年三月初二日，具題，奉 聖旨。

## 附註

一 「岐」，當作「歧」，分歧也。

二 「渦河」（渦，音「郭」）是淮河中游左岸一條支流，古作「過（音「郭」）水」。南北朝、東魏時改爲「渦水」，明朝萬曆四十四年（一六一六）又改「渦水」爲「渦河」。現爲淮河第二大支流，河道全長四百二十一公里，流域面積一五九〇五平方公里。

三 「簰」，音「排」，亦音「闢」，筏、大桴也。故「皇簰」，當即「皇船」。

四 「科擾」，謂以捐稅差役騷擾百姓。

五 〈本院給由疏〉係李三才自陳授官履歷，可作爲年表之補充資料。

六 「也」字印刷漫漶，其左下似有別刻字蹟殘筆，然以上文校之，作「也」字爲正。

七 「咲」，音義同「笑」，下文所見皆同此。

# 《撫淮小草》卷之九

關西道甫李三才著

## 第十冊　奏議

### 一　自劾待斥按臣謬推疏　萬曆三十年三月十五日

題爲愚臣自劾待斥，按臣堅意謬推，懇乞　聖明亟　賜廷議，以濟河漕事。

臣待罪兩淮，了無善狀。頃，緣礦稅復行，稅監投棍，乘機橫擾，欲激　聖怒，甘心於臣，臣責在拊循，勢不能制，更恐釀成大變，貽禍地方，已具疏自劾，束裝待斥。乃河漕督臣李頤，臥病濟寧四十餘日，不見司、道，不收文書，而河道變遷，正當堪議；春汛戒嚴，正當防守，臣不敢以欲去之身，玩視　國家大計，故復躬行防汛，兼視河工。隨於三月初八日，閱操揚州，適會巡漕御史崔邦亮，議及河道原委，因謂舊歲河決歸德，干係　陵、運，一應工程、錢、糧，全賴總河綜理，自劉東星物故，　廷推半年，而後李頤始奉　簡命，即今勘議方興，而李頤又復病篤。夫天下之事，全在乘時，去秋做起，費力三倍；今春做起，費力七倍；如今目下，費力十倍，運道且未知如何耳。即雖督行各官，上緊會議，然其專主，尤須總河裁決；至若河南、山東，更屬別省，蓋江北自漕、撫兩分之後，所奉 璽書，并無「河道」字樣，故河工事宜，一向不相關；白管河部司，亦不相涉，如今河臣病勢如此，即文移往來，亦有所不便，此臣與邦亮面議之大槩也。

隨於本月十四日，接得邦亮揭帖，爲河漕孔亟，督臣病危等事，內有謂臣毅然自任，又謂臣言兼漕而不兼河，亦屬未便，臣不覺愕然失措，星夜移書止之。大都謂臣無論才力不堪，且正在具疏求去，今揭云：「毅然自任，是方求去，而又求治河也，以漕歸撫，猶或可兼；以河歸撫，勢所不逮，即下 廷議，亦必不肯。夫自任以河，而終不收效，當如之何？自任兼河，而 廷議不肯，又當如之何？萬爲俯改，另推大臣，火速前來任事，方爲妥當；不然，是爲鑽求，是爲無恥，一面求去，一面求用，致 皇上謂爲如何人，令 廷臣謂爲如何人，必當具疏辯白。」等語。尋得邦亮回書，則謂河工緊急，巡撫設處，錢、糧便宜動用，此近 旨也。撫、按對面，敢謂推託？即謂「毅然自任」，何嫌哉？蓋漕乃撫臣舊物，至謂「兼河不過如河南、山東加管河」字樣，「非如總河兼漕、兼河也」上、下文，若血脈曉然， 廷議有何不肯？台下有何鑽求？其云「另推大臣一員」，不佞雖愚，豈智不及？此緣總河任重，雖據各道報揭，尚不敢謂 廟堂信以爲真。倘許總河回籍，不佞別有一段說話，決不敢貿貿相累，非常之人，當爲　朝廷任非常之事，台下是何等品格？何等經濟？猶存不必然之慮如此哉？回覆到臣，該臣節據邦亮之辭，逆料邦亮之意，止緣河漕重務，事在然眉，總河病篤，痊可未卜，故欲將淮北一段，總責臣身，邦亮自謂無他，亦信其無他。但其意在急公，辭不及詳，既未諒臣才力之不堪，又不察臣去志之甚決，使不知者聞之，必謂臣爲干進，謂臣爲無恥，如臣前所慮云云也。

夫士人守身，如女子守節，晝行則掩面，夜行則秉燭，豈故爲是硜硜哉？别嫌明微，禮當如此耳。至若，臣萬不得已之情，萬不得已之勢，前疏已明，不敢煩　瀆，惟望　皇上俯念漕河事急，速　勑部、院會議處分，仍望察臣前疏，早　賜罷斥，别選才賢以充任使，豈惟陵、運？民生胥有攸賴而已。

緣係愚臣自劾待斥，按臣堅意謬推，懇乞　聖明，亟　賜廷議，以濟河漕。事理未敢擅便，爲此具本，專差承差涂麒齎捧，謹題，請　旨。

萬曆三十年三月十五日，具題，奉　聖旨。李三才既推託，著他去罷。員缺即便另推來用，吏部知道。

## 二　坐營參將患病疏　萬曆三十年三月二十日

題爲春汛戒嚴，糧運鱗集，將官患病，急移更補，以保重地事。

據管鳳陽巡撫中軍事參將金一清呈稱，卑職於萬曆二十九年十月初二日到任，因有舊疾，時常舉發，於本年十一月內，三十年正月內，兩次具文呈詳休致，復蒙批諭，「地方多事，即出視事」，敢不力疾，以圖報塞？詎期運蹇，愈醫愈病，近於三月以來，左膊筋骨痛甚，忽然有聲，手垂不起，梳洗俱皆倩人，醫生田養德等診視，皆謂氣、血兩虛，新、舊疾舉，有此沉痼，誠非歲月能痊。因思，淮甸重鎮，即今糧船盛行，春汛當期，豈病廢之夫，所宜勝任？若不再爲呈懇，悞事非細，伏乞早賜具　題，另推將官一員代替，容令觧任調理，等因。據此簿查，先據本官兩次具呈，患病乞休，該臣批行，調理去後。

今據前因，謹會同巡按直隸監察御史吳崇禮議照，淮安一鎮，寔爲南、北襟喉，江、海要地，大軍駐彼，而臣三才遠駐泰州。一切控禦機宜，全屬將官彈壓，往時都司陳晉行事乖張，以致軍心離畔，隨經參處，而金一清以徐州遊擊，又係淮安世職，素稱廉勇，更服兵心，故爾咨行兵部，陞以參將職銜，管中軍事務。不謂本官到任之後，每行告病，乞要休致，而臣三才因值春汛屆期，河道多故，一以勘歷河工，一以閱兵海上，於三月內，經由淮上；而金一清臥病不出，乞要休致，是本官之病勢纏綿，殆非朝夕可望奏效者。且今不但春汛當嚴，而糧艘銜尾而進，防護調度，將何所藉耶？相應會　題，准其休致，另行推補，伏乞　勑下兵部，將參將金一清准令致仕，遺下員缺，速於江北沿海守備、把總內，推陞一員，仍照舊規，以都司職銜，剋期前來任事，庶無悞防汛、護運之大計也。

但人材難得，年力易衰，金一清雅負韜鈐，正堪馳逐，屢經薦剡，行期大用，乃三次告休。雖其病體實然，恐其官於桑梓之地，或有掣肘之嫌，一旦棄置，不無可惜，待其調理痊可之日，另行咨薦調補相應員缺，以全器使。

緣係春汛戒嚴，糧運鱗集，將官患病，急宜更補，以保重地。事理未敢擅便，為此具本，專差承差蔡宗齎捧，謹題，請　旨。

萬曆三十年三月二十日。具題，奉　聖旨，兵部知道。

## 三　州縣官給由疏　萬曆三十年三月二十日

題為遵例考覈，給由州、縣正官事。

先據直隸廬州府六安州申准本州知州孫一俊，関稱見年三十九歲，浙江嚴州府建德縣人。由舉人，萬曆二十六年十月二十五日，除授前職；二十七年二月初六日到任，扣至三十年正月初五日止，連閏，實歷俸三十六箇月，三年任滿，例應給由。

又據直隸揚州府泰州如皋縣申准本縣知縣張星，開稱見年三十四歲，湖廣黄州府蘄州人。由舉人，萬曆二十六年十月二十五日，除授今職，二十七年二月初二日到任，內因查參獲盜不及半，奉文罰俸二箇月，不作實歷外，扣至三十年閏二月初一日止，連閏，實歷俸三十六箇月，三年任滿，例應給由，各等因。申報到臣，俱經批行潁、揚二兵備道，查勘去後。

續據潁州兵備副使劉如寵呈稱，行據廬州府查勘得，六安州知州孫一俊，三年任內，經管徵解過起存各項錢、糧，俱已完足十分，積蓄稻穀、拆賣引鹽俱足原額，收支贓罰明白，清解軍士足數，保民實政五事、農桑等項六事，俱各修舉。又該本道覆覈，别無違礙，應准給由，等因。

又據揚州兵備副使楊洵呈稱，行據揚州府查勘得，如皋縣知縣張星，三年任內，經徵坐派起運，一應錢、糧俱完足九分之上，積穀、拆賣引鹽俱已足額，清觧軍士足數，收支贓罰明白，農桑等項六事、保民實政五事，具已咸修。任內委因獲盜不及半，年終類參罰俸二箇月，已經扣除，不作實歷，應准給由。又該本道覆查，并無違礙，等因，各呈詳前來。

據此卷查先准吏部咨爲酌議考課之法，以肅吏治事。今後府、州、縣正官給由，免其赴京，聽撫、按從公考覈賢否，具　奏。先令就彼復職，管事牌冊差人齎繳，其稱職經薦，應得誥勑命者，照例　請給。又爲申飭考滿官員罰俸事例，以定法守事，節開在外考滿官員，罰俸月、日俱不准作實歷，掌印管糧官，錢、糧完過八分以上，照例考覈，各等因，題奉　欽依。移咨前來，除欽遵通行查照外，今據前因，該臣會同巡按直隸監察御史吳崇禮，考覈得六安州知州孫一俊，質樸無華，廉愼有用；如皋縣知縣張星，通明之才，清嚴之守，俱稱職。查得張星任內，因獲盜不及半，年終查參，罰俸二箇月，事屬因公，已經扣明。既經各該道、府查無違礙等，覆覈相同，俱應准給由。除行令各官照例復職接俸，管事造冊差人齎部外，伏乞　敕下吏部，覆加考覈施行。

緣係遵例考覈，給由州、縣正官。事理未敢擅便，爲此具本，專差承差涂麒齎捧，謹題，請
旨。

萬曆三十年三月二十日，具題，奉　聖旨，吏部知道。

## 四　州官給由疏　萬曆三十年四月十五日

題爲遵例考覈，給由州正官員事。

案查先據直隸徐州府申准本州知州張執，關稱見年三十七歲，陝西西安府耀州富平縣人。由舉人，萬曆二十一年三月二十九日，除授山西平陽府解州安邑縣儒學教諭，本年六月二十七日到任；二十五年四月初一日，陞授南京國子監學正，本年七月初五日到任；二十七年三月二

十四日，陞授今職，本年閏四月十一日到任，扣至三十年三月初十日止，連閏，實歷俸三十六箇月，三年任滿，任內因欠京庫錢、糧，奉文住俸，督催旋已完解。題　允開復，例應給由，等因，到臣。隨經批行淮徐兵備道，查勘去後。

續據該道副使劉大文呈稱，行據徐州查勘得，知州張執，三年任內，經管夏、秋起存京庫各項錢、糧，除奉例蠲免外，總計實徵本折錢、糧完及九分五釐，積蓄稻穀、折賣引鹽俱各及數，收支贓罰明白，清解軍士足數，農桑等項六事、保民實政五事，俱已加意修舉，均有績效。任內委因未完戶部項下見徵、帶徵京庫錢、糧，奉　旨住俸，今俱督催完解，已蒙戶部覆題，　准令開復，例應給由。又該本道查覈，別無違礙，等因，呈詳前來。

卷查先准吏部咨爲酌議考課之法，以肅吏治事。今後府、州、縣正官給由，免其赴京，聽撫、按從公考覈賢否，具　奏。先令就彼復職，管事牌冊差人齎繳，其稱職經薦，應得　誥勅命者，照例　請給。又爲申飭考滿官員罰俸事例，以一法守事。內開在外考滿官員，掌印管糧、官錢、糧料價完過八分之上，照例考覈，各題奉　欽依，遵行在卷。又准戶部咨爲欽奉聖諭事。該本部題類覆鳳陽撫、按會題，內開徐州知州張執，原欠見徵、帶徵京庫錢、糧，俱（註一）已完解，所住俸、糧，應准開支，等因，題奉　欽依。移咨前來，除欽遵查照外，今據前因，該臣會同巡按直隸監察御史李思孝，考覈得徐州知州張執，年富力強，才優守潔，稱職。查得本官任內，因拖欠京庫錢、糧住俸，督催解完，亦已題　准開復。既經該道查覈無擬，應准給由。除行令本官照例復職接俸，管事造冊差人齎部外，伏乞　勑下吏部，覆加考覈施行。

緣係遵例考覈，給由州正官員。事理未敢擅便，爲此具本，專差承差□□（註二一）齎捧，謹題，請　旨。

萬曆三十年四月十五日，具題，奉　聖旨，吏部知道。

## 五　報收漕運印卷疏　萬曆三十年四月二十日

題爲河漕兼攝不便，撫臣偏駐非宜，懇乞　聖明，亟復舊制，以重責成，以便彈壓事。

萬曆三十年四月十五日，准吏部咨，該巡按直隸監察御史吳崇禮題前事，本部會同戶、工二部覆議，合無將總理河道衙門專管河務，照舊駐劄濟寧，往來督理；其總督漕運衙門，照舊監管鳳陽巡撫防海軍務，駐劄淮安。恭候　命下，本部行令見在各官，查照舊制管理，仍咨行各該部換給　勑書，以便行事，等因，題奉　聖旨。是總河著專管河務，總漕照舊兼管巡撫。欽此。欽遵。合咨前去，煩照覆奉　欽依，內事理欽遵。先將漕運事務，一面管理，其加銜請勑，已經具題候奉　旨，另行知會，等因，備咨到臣。隨據濟寧兵備副使衛一鳳，將漕運關防吏卷，於本月十九日呈送前來。

先是河漕督臣李頤臥病濟上，河道一切工程，無從秉白，該臣節遵　明旨，躬詣淮徐，料理糧運事宜。詎意督臣物故，隨奉漕撫歸併之　命，臣隨即分委漕儲、漕河等道，管河、兵備等官，催儹官旗，晝夜前進；但徐、邳、宿遷一帶，間有一二淺澀，或量行起剝，或併力抗捎，新建七閘，亦於三月中旬放水行船，兼之霖雨，新漲河水盈漕，各幫官旗，揚帆競渡，今年運事，或可無虞。惟過淮、過洪之限，稍覺後期耳。

今准吏部覆奉　欽依，令臣先將漕運事務，一面管理，臣即欽遵行事，又通行漕屬省、直監兌督糧司、道等官，一體遵照施行外，所有接管受事緣由，理合題　報。爲此具本，專差承差涂麒齎捧，謹具，題　知。

萬曆三十年四月二十日，具題，奉　聖旨，該部、院知道。

## 六　報糧船過淮疏　萬曆三十年四月二十八日

題爲恭報糧船過淮事。

案照舊例，每年過淮畢日，漕運都御史、總兵官與巡漕御史會疏題　知。續於萬曆二十八年八月，內准戶部咨，以後運船過淮、過洪，數目、日期，總河、總漕、巡漕等衙門，俱據實奏報，毋得聽憑運官，先期虛掜，等因，題奉　欽依。欽遵在卷。今照萬曆三十年起運，二十九年分漕糧四百萬石，節經奉文永折、改折，并山東、河南在北糧船不開外，實該過淮船五千七百六十四隻，糧一百九十三萬五百一十八石六斗七升八勺，該臣接管官督行漕儲道，并各糧兵等道，監兌押運等官，上緊完兌，開幫催進，自本年閏二月初一日起，至四月十八日止，節該　中都等總留守、左等衛指揮馮京等官，重運過淮糧船五千五百六十七隻，尚有武昌、荊州等衛領兌，長沙等府，荊門、景陵等縣糧米，及各衛趕幇零船，該一百九十餘隻，委以各縣，因災　請折後，部覆不允，仍徵本色，遂致愆期。

催據湖廣帶管糧儲道按察使楊道，會管理漕儲道、右參政董漢儒，各呈報俱已完兌開行；然尚滯儀閘之外，過淮之期未卜，以零星餘艘，而槩遲通漕之報，恐廑　九重之宵、旰，臣蓋有寢食不寧者。謹會同提督漕運總兵官、新建伯王承勳，巡按直隸監察御史崔邦亮議照，今歲起運糧船，初因總漕缺人，全單緩發，臣即受事，亦在後時，致阻凍軍衛，撐駕不前，災祲民牧，互相觀望，漕事之參差，未有如此日者，幸仰賴　皇威夙播，川瀆效靈，羣工宣力，遠近輻輳，俱報過淮，涉歷江、湖，亦無大患，臣等待罪漕司，豈勝慶忭？但揆之單例，不無稍逾，而勢有偶然，難盡苛責。除將未到者，嚴行該道速催，至日并查違悞緣由，另疏參懲外，合先馳報，仰慰　聖懷。

緣係恭報糧船過淮事理，爲此具本，專差承差涂麒齎捧，謹具，題　知。

萬曆三十年四月二十八日，具題，奉　聖旨，戶部知道。

## 七　被論留守毆傷知府疏　萬曆三十年五月初八日

題爲被論武職，抗不候　旨，私逃中途，持刃毆傷府官事。

據潁州兵備副使劉如寵呈稱，本年四月二十九日戌時，據鳳陽府同知史可述呈稱，照得本府金知府泰州公幹，將門禁、倉庫、獄囚鎖鑰，関送到職管看。本月二十八日，據濠梁驛馬夫王寶報稱，本府金知府自泰州公幹回府，行至府南二十餘里，臨淮縣鹿塘地方，途遇被論留守司協同僉書韓有光回籍，下轎相見；有光用拳將金知府打訖一下，又拏轎上小扛，照左臂膊、左胳膊狠打二下，皮破骨折，當時昏倒在地。又喝令家僕、精兵、舍人數名，各執棍劍，亂行毆打；適有定遠縣主簿謝具慶、濠梁驛驛丞李文明，向前跪勸，混將謝具慶砍訖一刀，李文明并門子高應選，各被打傷，幸虧地方保甲長，將金知府就擡得脫等情。據此，嗣後本官回府，卑職面會，據與前報相同，本官左膊果打折傷，見今臥床，不能舉動；及查韓有光，先蒙巡按吳御史論核，續蒙本道憲票行令有光，候　旨施行。今有光不行候　旨，私逃回籍，途遇金知府挽留，有光先疑金知府開送，心已懷恨，又見挽留，兇心益逞，輒持刃、棍狠打，又令家僕、精兵亂毆折傷，變出異常，除將家僕、精兵、舍人各姓名，查的另報，等因，到道。據此案照，先蒙本院憲牌爲舉劾武職官員事，照得留守司協同僉書韓有光，已該前巡按吳御史論劾行道，即選相應官員，呈詳兩院批，委將本官原管事務，暫代管理，行令韓有光候　旨施行。蒙此，已經牌行鳳陽府，轉行韓有光，聽候　明旨。一面將本官原管事務，選定相應官員，呈詳前來，轉詳批委去後。

今據同知史可述報稱前因，看得留守司僉書韓有光，居官不檢，物議沸騰，致蒙按、院參論，應候　明旨處分。今乃私逃回籍，已屬有違，更不自省，反疑怨金知府開送，偶遇途次，下轎勉留，何嘗不有同城、同官之義？輒敢自先拳擊、棍毆，復又率僕、兵，擅用刃、棍，亂行砍打，以致左膊折傷，謝主簿亦因救被打，當時若非鄉兵地方人等救護，更不可知。似此橫暴舉劾，亦可報之讎，候　旨屬虛文之具，無將無法，何以越此？除將率領家僕、精兵、舍人各姓名，本道已經牌行同知史可述，及移文署正留守淡章查明究外，所有韓有光持刃傷人，干係紀綱法律，異常大變，合請速賜查處，庶紀綱振、體統尊，武弁不致縱橫矣。等因，到臣。據此，又據鳳陽府呈，爲被論武職，酗酒逞兇，中途棍毆府官傷重，乞賜參究，以彰　國法事，准本府知府金時舒，関照得留守司僉書韓有光，蒙巡按吳御史參論不職，蒙潁州兵備道憲票，仰府行令本官，候　旨。本府遵行。知會訖。

詎意有光心生狐疑，本月二十八日，故違，不俟　明旨，擅自啓行，探知本職因河工事，泰州謁見撫、院回還，本日未時，行至地名鹿塘曠野處所，離府約三十里，有光統率家丁、人僕，各持刀、棍突到，稱說謝辭職，不逆其詐，隨出轎相見，有光喝稱「我被參革，此事你曾曉得否？」職答云「此舉劾縝密之事，我安得而知？」有光隨逞酒性，將職兇毆數拳，搶去轎上懸劍一口，搶奪轎上小扛，將職左臂膊、左胎膊狠打數下，皮破骨折，當時昏倒，命懸須臾間；又喝令家丁各舞刀、劍，精兵各持槍、棍，驚散吏書、皁役，不容進前扶救，仍將坐轎砍碎，幸有定遠縣主簿謝具慶、濠梁驛驛丞李文明，向前攔勸，與門子高應選俱被打傷，又幸地方保甲救脫回府。寮屬各官一聞，不勝駭異，親到看視傷重，咸爲痛恨。職今因傷偏身發熱，筋骨痛甚，不能動履，飲食少進，切照韓有光居官不檢，既蒙按、院參論，即當杜門省愆，恭候　明旨處分可也。夫何挾按、院參論之忿，而遷怒於府官，逞一己兇暴之性，敢肆打搶，傷人之慘，似此窮凶極惡之武夫，雖夷虜，蔑以加矣。此曠古所未聞，於今始僅見之，亦豈　盛世所宜有哉？若不參究，將使此輩以　王法爲弁髦，視府官爲贅疣，將來效尤者接踵，其流禍必至於極重，而不可返矣。合關轉達，等因。

又據該道呈，本年五月初二日午時，據該府同知史可述具稟，內稱有留守司被論僉書韓有光，先於四月二十八日，路遇金知府逞兇，毒毆傷重，當時南行至紅心地方，有署正留守淡章，遵奉本道憲票，差人留回。本官次日自乘小轎，令家丁四名，精兵、舍人五、六名，各持刀、劍，左、右跟隨，徑到本司衙門駐下，於本月三十日夜至三更時分，本官自上本司大堂擊鼓三通，帶領家丁糾率打手、舍人、軍牢人等，齊聲吶喊，聲言要闖入鳳陽府，將金知府殺死，驚動一方市民。當報到職，隨會同龔通判登府大門樓看守，至五更方止。又聞差人往原籍南京，傳叫弟男、子侄數人，各有膂力來府，并力助惡。況　中都重地，似此武官肆橫無禁，搖動地方，事干重大，理和稟報，等因，到道。看得韓有光毆打金知府，傷重骨折，已屬異常大變，乃復因正留守淡章趕回，又輒糾率軍、兵，各持刀、劍，暮夜擊鼓，齊聲吶喊，稱言鬨殺金知府，以致市民驚動。雖史同知、龔通判登樓看守，事未必然；然以糾劾　重典，不自引咎，乃敢橫暴叱吒，目中無人，幾於無法，等因。到臣，不勝驚訝。除牌行該道令，其親詣鳳陽安戢、防備外，續准巡按李御史會稿前來，理合會　題。

該臣會同巡按直隸監察御史李思孝，爲照江北地方河患頻仍，鹽稅交訌，人人思亂，在在生心，時事孔棘，未有甚於今日者，臣等督率文、武將、吏，百計撫禦，一意調停，唯恐地方有事，貽憂　君父，詎意骫（註三）法敗度，淫威以逞，如留守僉書韓有光者哉？心本貪賊，性復桀暴，既經按臣論劾，自宜席藁待罪，靜聽處分，乃敢撾鼓嘯兵，謀殺守臣，徒逞私憤，不顧　陵園，目無　朝廷，敢爲亂首，倘愚民觀望效尤，乘風而起，其爲地方無窮之害，尚忍言哉？該臣當即差旗牌官王斌等，星夜齎臣原奉　令字旗牌，前赴鳳陽，著落署正留守淡章，先將韓有光拏送該司羈候，俟　明旨至日，按法處治；隨從家丁，先行提究。又行潁州兵備道，整頓兵馬，嚴爲防禦外，參照（註四）今被論留守司協同僉書韓有光，剛愎存心，暴虐成性，始以狼貪被參，繼因狐疑遷怒，郡守被其橫毆左膊摧殘，部軍痛遭鞭箠，移時殞命，官、民泣救，輒敢挺刃以戕人，寮寀慰留，更復鳴桴而鼓譟，弁髦法紀，毫無忌憚之心，震驚　寢園，大悖人臣之禮，所當盡法重擬，以警狂肆者也。伏乞　勑下兵部覆議，上　請行臣等，提問如律，并前所參贓私，一併究明，回　奏施行。

緣係被論武職，抗不候　旨，私逃中途，持刃毆傷府官。事理未敢擅便，爲此具本，專差承差涂麒賫捧，謹題，請　旨。

萬曆三十年五月初八日，具題，該刑部覆奉　聖旨。是韓有光被論私逃，毆傷方面，好生兇悖，著革了職；撫、按官嚴行提問，具奏。欽此。

## 八　報離任疏

查近例候代具而未上　萬曆三十年五月□□日

題爲恭報離任日期，併瀝愚誠，萬懇　天恩，特賜　垂聽事。

臣於本年四月三十日得報，奉　旨准臣回籍，長林豐草，頓遂麋鹿之思。蹐地跼天，罔報高厚之德；感激泣下，死且不朽。及查吏部　題准事例，凡總漕衙門及腹裏巡撫，俱不候代，臣謹遵依。隨於五月十三日，自泰州起身，一應関防吏卷，交與淮徐兵備副使劉大文，候新任督臣，徑自呈送外；但臣身雖去　國，而區區微誠，猶有不能自已者。竊不自量，必欲披瀝於　皇上之前，願我　皇上之終一　垂聽也。

夫犬、馬異類，猶知戀主；葵、藿微物，亦且向陽，何況臣者，戴髮含齒，（註五）沐祖宗三百年之教養，竊　皇上三十年之祿位，而曾草木、禽獸之不如乎？蓋昔臣之在事也，猶恐或與諸璫競利，或於百姓要名，或挾私而妄陳，或信口而沽直；今臣已去矣，無復爭名、爭利，已立於是非、風塵之外矣。臣今日所言，皆平心易氣，熟思旁觀，固忠言也。且凡塡撫諸臣，如及三年；地方各司，例有疏舉，亦有揭薦，臣皆不行，非嫌於市恩也。以吏治臧否，不過安民之一事，況內有部、院，外有按臣，酌斟才品，自有攸當。　國家之治亂、安危，尚不在此，且豺、狼滿路，麟、鳳何爲？痞、結當心，參、蓍無用，故臣不暇及耳。乃若日夜憂皇，食不甘咽，寢不沾背，惟在「礦稅」二字而已。

蓋礦稅之害民也，甚大！而內使之害民也，尤甚！內使之害民也，已甚！而委官參隨之害民也，則更甚！蓋若輩者，奸貪殘賊，原非良善；或歇案之盜、賊，或犯罪之軍、徒，一充內監，遂莫敢何。虎、狼嘯聚，虐焰奔騰，晝則傀儡登場，夜則娼酒共嬉。嗟乎！嗟乎！士人進身，叨寄一命，始則鄉舉　廷選，繼而量材授官，內有閣部、臺省之體訪，外有撫、按監司之廉察，綜覈之法至嚴、至密，蓋以民命甚重，操刀必傷，故　祖宗重之如此，實不敢輕易受人以政耳。

然，如此立法，尚且有貪婪、酷暴，不顧身名，卒掛吏議者；而況主之以目不識丁之內使，附之以肆無忌憚之羣賊，無天於上，無地於下，喜怒由心，刑戮在口，而乃獨當財利之權，斷制萬民之命，豈不痛哉？近且積威所刼，相習成風，有司懼禍，甘心於不報；上官推事，藉口于罔聞，藐爾窮民，何所怙恃？惟有忍氣呑聲，或逃或死，如水斯壅，如毒斯蓄，潰必滔天，決當殞命，雖有神聖，豈能救其萬一哉？

夫歷代興亡，載在方冊。三代而下，宋、元而上，班班（註六）可考，歷歷有徵。蓋其得之也，莫不以導利，而布之下；其失之也，莫不以斂怨，而厚之藏。書之于古，傳之于今，原使後人鑒於前車，改此覆轍，此古先聖帝、明王，所以仁愛萬世之心，哀矜萬世之意也。豈徒焦唇敝舌，嘔血剖心，弄其文墨已耶？故使所載，而皆不足信也，則可使所載，而果有可信也，寧不爲之寒心哉？臣近年以來，仰觀俯察，遠稽近取，每臨食而長嗟，忽中夜而起坐，既非老悖皇惑，又非病狂喪心，不知何故膠結、糾纏？不能自解如此，豈於古今、成敗之跡，或小能窺其萬一耶？

爲今之計，惟願　皇上，亟罷礦稅，亟撤內使，一應投充諸惡，嚴行各處撫、按，查其眞正名姓，明許首告，果得情實，即行籍沒，不惟　國典得伸，民怨可雪，而羣奸入官之多贓，即可充百姓三年之賦稅。取彼殘賊，救民水火，固聖主、明王之大政、大法也。抑臣聞之《詩》矣，「雖無老成人，尚有典刑，曾是莫聽，大命以傾」。（註七）夫自古無有不亂之國，而患無以制亂者，人是已；自古無有不病之人，而患無以制病者，藥是已。夫人者，固對病之藥，而制亂之具也。方今閣部、臺省，濟濟盈　朝；放逐閒廢，悠悠滿野。典刑斯存，老成具在，顧　皇上曾否聽之耳。目今，縱使礦稅盡罷，內使盡撤，竊恐大病之後，凋瘵已甚，元氣已傷，非上、下同心，大、小協贊，未易救也。尤當親信大臣，委任臺省，　旰食宵衣，脩廢補墜，諸凡以言被棄，以事相罣者，俾之并包於　葢載之下，兼收於藥籠之中，則有其具者，易其備，野無遺賢，自　朝無失政。縱使海內困窮之後，必無揭竿、斬木之憂；即有弄兵潢池之警，亦無薰天、燎原之勢，所謂「則猶可及止」耳。

臣言盡於此矣，從此再無可言之會矣。安、危之機，成、敗之數，亦決於此矣。據案援筆，血、淚滿襟，倘得犬、馬之誠，上格　皇天葵、藿之心，回光白日，　采此芻蕘，哀彼下民，臣即殞首九原，捐軀草莽，夫復何恨？夫復何悔？伏望　皇上察臣事外之身，事外之口，極公、極平，無偏、無僞。特賜　省覽，速見施行，天下幸甚！臣愚幸甚！至如藉口「焉文」之說，託名「斯辱」之旨，輕棄　主恩，悻悻自好，忍心者則爲之，臣不能也。

緣係恭報離任日期，併瀝愚誠，萬懇　天恩，特賜　垂聽事理。爲此具本，專差承差涂麒齎捧，謹題，請　旨。

萬曆三十年五月□□（註八）日。

# 九　報夏災疏　萬曆三十年五月十五日

題爲地方災傷疊至，疲民艱苦難堪，懇乞　聖明，破格蠲恤，以蘇積困事。

本年四等月十一等日，節據鳳陽府屬宿、亳、泗三州，定遠、懷遠、潁上、虹縣、盱眙、靈璧、霍丘七縣，各申報災民告報災傷情由。隨該各掌印官詣勘，各州、縣地方，每年非旱即水，民多失業，去歲黃河衝決，麥禾淹漫，房廬傾淌，幸蒙勘恤，蠲停改折，小民稍有樂生之心。正賴今歲麥禾餬口，不意，正、二月間，異常風雪，盡遭凍爛，復種晚麥，三、四月以來，又值猛雨、冰雹，二麥亦被淹沒，秋禾又損，其秧時已過期，又難佈種，小民終年絕望，老、幼悲號徧野，私奔他鄉就食，錢、糧從何出辦？此等景象，觸目傷心，眞有不忍見聞者，惟有請乞勘　題，軫念積災，大加蠲恤，少存孑遺，等因。

又據淮安府屬海州、鹽城、清河、安東、贛榆、沭陽、睢寧六縣，各申稱疊災之後，民貧已極，各郡、邑俱臨邊海河岸，地勢低窪，災沴接踵，年望一年，強圖生活。去冬，耕鋤高阜，栽種二麥，滿擬今夏收穫，餬口當差；詎意，正、二月久雪，三、四月冰雹霖雨，入土者被凍不發，出土者浥爛無遺，時值青黃不接，又逢饑饉相仍，米價騰貴，斗粟錢餘。二麥既已無收，秋禾復淹過半，雖高阜之地，僅存一二，尚不足以餬口；新舊錢、糧，羽檄交徵，急如星火，從何輸納？災民俱皆菜色，男媍（註九）悲啼震天，至於哀求蠲賑之狀，情委難堪。伏望早賜委官踏勘，盡蠲以前各項未完改折當年米、麥，極捄（註一〇）倒懸生命，等因。

又據揚州府屬高、通、泰三州，興化、如皐、海門三縣，各申稱地聯江、湖，形若釜底，賦種差繁，民窮徹骨，既無行商，生理止靠種田養命，二十八、九兩年，二麥盡行淹死，顆粒無收，稻無半穫，民遭塗炭，逃亡不可勝計。今年，猶望二麥救生，何期自春入夏以來，大雪、霪雨，月無停日，四野田地，一望汪洋，二麥秋禾盡沉水底，萬民俱屬失望，目前胡以聊生？諸所呼號之聲，不忍見聞，若不早爲申請，破格蠲賑將來，民命何所瞻依？正賦何所辦納？誠有大可慮者。合無俯念疊災殘黎，速爲題　請，大破常格，以鮮瘡痍，等因，各申報到臣。俱經批行淮、揚、潁三兵備道，作速委官查勘，酌議通詳，仍聽巡按御史覈實，題　請蠲停賑恤。及有續報夏、秋災傷至者，總聽按臣勘報外，卷查萬曆十三年五月，內准戶部咨該本部，題爲欽奉　聖諭，并陳末議，以廣　德意，以消災沴事。節開今後災傷去處，許小民各將被災地畝開報，掌印官親自踏勘，一面申報巡撫，具　奏；一面造花名地畝文冊，送巡按覈實，定擬分數奏報，前、後不嫌異、同，待本部題覆至日，即按冊照例蠲免，夏災定限五月以裏，秋災定限七月以裏，奏報，等因，備咨，遵行在卷。

今據前因，該臣看得江北鳳、亳、蒙、潁一帶，適當黃河新決之所，淮、揚各屬，又係江、海斥鹵之地，數年以來，無歲不遭旱、澇之災，百姓彫瘁已極；時復鹽稅橫征，河工大舉，以故閭里蕭條，生民愁嘆，眞有令人不忍見聞者。不意，今春至夏，風雪、霪雨、冰雹交作，二麥盡皆淹爛，秋禾亦被損傷，縱有高阜之地，僅存一二，實不足以供餬口，如此景象，雖救死不暇，舊逋新徵，豈勘敲朴，若非破格蠲恤、改折，恐民窮盜起，而　國家　根本之地，大有可慮者。伏乞　勑下戶部，速行巡按御史，覆加查勘，酌議分數，上　請分別蠲賑、改折，仍行臣，遵照施行，災民幸甚！臣愚幸甚！

緣係地方災傷疊至，疲民艱苦難堪，懇乞　聖明，破格蠲恤，以蘇積困。事理未敢擅便，爲此具本，專差承差涂麒齎捧，謹題，請　旨。

萬曆三十年五月十五日，具題，奉　聖旨，戶部知道。

## 十　報糧船過洪疏　萬曆三十年六月初六日

題爲恭報糧船盡數過洪，以慰　聖衷事。

據專管漕務右參政董漢儒、淮徐兵備副使劉大文呈報，各總衛所運萬曆二十九年分，實該過洪糧一百九十七萬七千五百六十六石六升八勺，船五千八百九十八隻，俱於本年五月二十七日，盡數過洪訖，緣由到臣。案照萬曆二十年八月，內准戶部咨開，以後過淮、過洪船隻數目、日期，總河、總漕、巡漕等衙門，俱應據實奏報，毋得聽憑先期捏報，題奉　欽依，備咨在卷。

今據前因，該臣會同提督漕運總兵官、新建伯王承勳，巡按直隸監察御史崔邦亮，議照今歲糧船過洪，視往年少遲旬月，蓋緣漕臣物故，發單原遲兩月，殊非有司軍衛，敢於怠玩，該臣接管看得，過淮、過洪期限已違，節經傳檄官軍，星飛儹進，及行沿河司、道，毋容停泊時刻遷延，驅逐出境；若已發單月、日，較往年過洪之期，尤早月餘，及稽諸往牒，常年過洪，驚濤怒浪，患在漂失；頻年以來，患在淺阻。曩自河決黃堌，則全河強弩之勢南下，僅餘一線河流；舊歲再決蒙墻，而故道遂成乾涸，致厪　宵、旰南顧之憂，即在　廷當事諸臣，罔不疾首蹙額，咸謂無漕矣。

臣等帶罪地方，殊切隱憂，茫無所措，乃循行河上荒度，周咨議建閘座，以時節宣，蓄水濟運，荷蒙　皇上特賜　俞允，庀材鳩工，克期報竣。舉皆仰賴　皇上，一德格天，百靈效順，霖雨時若，河流增深，萬艘雲飛，揚帆競渡。且今歲漂流絕少，計過洪入閘之後，河道安流，可保無虞。臣等得藉以逭後事之誅，莫不私相慶幸，豈區區文、武將吏，所能致歟？除行該道嚴督各把總官，催押前進外，緣係恭報糧船盡數過洪，以慰　聖衷，事理為此具本，專差承差涂麒齎捧，謹具題　知。

萬曆三十年六月初六日，具題，奉　聖旨，戶部知道。

# 十一　就近陞補運同疏　萬曆三十年六月二十二日

題為急缺運司佐貳官員，乞　賜就近推補，以裨鹺政事。

據揚州海防兵備副使楊洵呈稱，兩淮運司歲辦課銀，當天下漕粟之直；近日邊儲無措，至差司屬乘傳，督催相望於道，此往年所未覩者。蓋自新增工本存積等項，加派以來，引鹽日阻，徵觧益艱，是兩淮轉運，視他處爲倍繁，在今日尤難處。向，運使已缺兩年，近幸銓補，而遠在萬里外，履任尚未有期；獨一運同陶允明，拮据支撑，今又病故，似不得不議處者。

查得揚州府清軍同知杜糜，清操勁節，卓識長才，揮霍儘有擔當，沉練雅能幹濟，資俸已深，例當陞轉，若使之就近推補運同員缺，人、地相宜，實爲妥便，等因，呈詳到臣。該臣會同巡按御史李思孝，巡鹽御史蔣以化議照，兩淮運司賦課最鉅，綜理寔艱，運使雖以銓補，而遠地未能即至，所藉以攝事代庖者，僅一運同陶允明，今奄忽淪亡矣。既乏其人，鹺政曷舉？臣等求一相應官員，共資幹濟，則惟揚州府同知杜糜者，其人也，本官守峻一塵，法嚴三尺，州、邑小民，在在誦爲青天；遠、近商賈，人人稔其治行，若以之推補該司運同，必能承蜩削堊，艱鉅克勝。第運司各官，向來陞轉稍抑，以故中、外厭薄，杜糜才品、資俸允宜，優以顯秩，不當復令治鹺；惟是兩淮浮課横增，弊竇叢啓，拯援補救，斯時更難。且招攜流亡，追徵積課，一日似不可缺人，擇官任人，尤於鹽政喫緊。臣等但求官得其人，不遑計處，非其地也。伏乞　勑下吏部，再加查議。如臣等所言不謬，亟爲上　請，將杜糜准補兩淮運司同知，行令就便到任管事，庶鹺司得人，商竈有賴矣。

緣係急缺運司佐貳官員，乞　賜就近推補，以裨鹺政。事理未敢擅便，爲此具本，專差承差涂麒齎捧，謹題，請　旨。

萬曆三十年六月二十二日，具題，奉　聖旨。

## 十二　管河府佐給由疏　萬曆三十年六月二十六日

題爲遵例保留，給由府佐官員事。

先據直隸淮安府申准本府清軍管河同知崔維嶽，関稱見年三十八歲，直隸大名府大名縣人。由舉人，萬曆十七年除授直隸眞定府欒城縣儒學教諭，至二十年九月内陞國子監助教，二十二年三月内陞直隸鳳陽府宿州知州，二十六年六月内陞授今職，本年八月二十二日到任；内因二十七、八兩年，清軍不及分數二次，奉文罰俸三箇月，不作實歷外，扣至二十九年十月二十一日止，連閏，實歷俸三十六箇月，三年任滿。任内，又因接管前官拖欠二十一、二、三年馬價錢、糧，又因代管京庫錢、糧未完，俱奉文住俸，督催其京庫錢、糧，旋以催完馬價錢、糧，遇蒙　恩詔，及遇災蠲免，俱經題　准開復，例應給由，等因，申報到臣。隨經批行淮徐兵備道，查勘去後。

續據該道副使劉大文呈，行據淮安府城查勘得，同知崔維嶽，三年任内，經管馬價、草料、場租，除奉例蠲停外，總計實徵、帶徵錢、糧完及八分之上，清觧軍士計完足九分，經管河道，開墾荒田，俱有成績，委署府、州、縣印務，經徵錢、糧完及分數，積穀亦已過額，收支贓罰明白，保民實政五事、農桑六事，俱已咸修。任內，先因清軍不足分數二次，罰俸三箇月，已經扣除不作實歷；又因錢、糧馬價未完二次，奉文住俸，督催或已徵完，或遇災蠲豁。及蒙　恩詔，俱已題　准開復，別無違礙，應准給由，造冊赴部考覈。但本官專管清軍，并海口河道，且見今委署該府印務，催徵各項錢、糧，難以離任，正與有事地方保留事例脗合，相應保留，等因，到道。看得同知崔維嶽，三年任內，委因清軍不及分數二次，奉文罰俸三箇月，俱經扣除，不作實歷；又因拖欠京庫錢、糧馬價二次，奉文住俸，錢、糧督催完解，馬價遇災蠲豁。及奉　恩詔，俱已題　准開復，委無違礙，應准給由。且本官額管戎馬事務，兼管海口一帶河道，正當修防之時，且又見署府印起派河工、夫、役，催徵各項錢、糧，皆賴本官料理，似難一日暫離，伏乞照例保留，等因，具呈前來。

據此卷查，先准吏部咨爲酌議考課之法，以肅吏治事。今後在外三、六年考滿官員，除方面府佐照舊赴京，有事地方照舊保留，聽撫、按從公考覈賢否，具　奏。先令帶俸就彼赴職，管事牌冊差人賫繳，其稱職經薦，應得　誥勅命者，照例　請給。又爲給由事，內開凡遇州、縣掌印官，及管漕河府佐，并地方有緊要事情，官員考滿，俱照舊保留。又爲申飭考滿官員，罰俸事例，以定法守事。節開在外考滿官員，罰俸月、日，俱不准作實歷，掌印管糧、官錢、糧料價完過八分以上，照例考滿。又准兵部咨開清軍事例內，一欵清勾事宜，通行撫、按，嚴督各掌印清軍官，將奉單清勾軍士，務要加意清理，如數起解，每年終，聽巡按御史計算分數，如司府清軍官，州、縣掌印官，完及六分以上者免議，七分以上者敘薦，八分以上者題請紀錄。又准戶部咨爲欽奉　聖諭事。該本部題類覆鳳陽撫、按會題，內開淮安府同知崔維嶽，帶管原欠見徵、帶徵京庫錢、糧俱已完解，所住俸、糧，應准開支。

又准兵部咨爲　開讀事。該本部題准鳳陽巡撫衙門咨，內開淮安府管馬同知崔維嶽，先因各屬拖欠馬價銀兩，照例住俸，近該本部題免，又遇　恩詔，所住俸、糧，應准開支，各等因。題奉　欽依，移咨前來。除欽遵查照外，今據前因，該臣會同總理河道、工部右侍郎曾如春，巡按直隸監察御史李思孝，考覈得淮安府同知崔維嶽，操持嚴愼，政事詳明，稱職。第本官職司清軍、馬政事務，專管海口一帶河道，伏秋已至，正値修防之際，又委署管該府印務，即今河工大興，起派人夫催徵錢、糧，全藉本官料理，既經該道查議前來，相應保留，伏乞勑下吏部查議，上　請照例行令，崔維嶽免其赴部，容令接俸，管事造冊差人齎部，考覈施行。

緣係遵例保留，給由府佐官員。事理未敢擅便，爲此具本，專差承差蔡宗齎捧，謹題，請旨。

萬曆三十年六月二十六日，具題，奉　聖旨，吏部知道。

# 十三　府佐給由疏　萬曆三十年六月二十六日

題爲遵例保留，給由府佐官員事。

先據直隸鳳陽府申准本府推官王家相，牒稱見年三十一歲，直隸眞定府獲鹿縣人。由進士，萬曆二十七年四月二十五日除授前職，本年六月二十九日到任，扣至萬曆三十年五月二十八日止，連閏，實歷俸三十六箇月，三年任滿，例應給由，等因，申報到臣。隨經批行潁州兵備道，查勘去後。

續據該道副使劉如寵呈，行據鳳陽府呈，查勘得推官王家相，三年任內，并無不明經手錢、糧，亦無粘帶不了事件、公私過名等項違礙情獘，例應給由，造冊赴部考覈。但本官即今奉委督修泗州護　陵隄工，實爲地方重務，且工作方興，勢難離任，合應照例保留，等因，到道。看得推官王家相，三年任內，委無違礙，應准給由；且本官見今委修泗州護　陵隄工，難以離任，請乞照例保留，等因，具呈前來。

據此卷查，先准吏部咨爲酌議考課之法，以肅吏治事。今後在外三、六年考滿官員，除方面府佐照舊赴京，有事地方照舊保留，聽撫、按從公考覈賢否，具　奏。先令帶俸就彼復職，管事牌冊差人齎繳，其稱職經薦，應得　誥勑命者，照例　請給，等因。題奉　欽依，移咨遵行在卷。今據前因，該臣會同巡按直隸監察御史李思孝，考覈得鳳陽府推官王家相，品格眞誠，才諝敏練，稱職。第本官見委督修泗州　祖陵隄工，事屬喫緊，委難離任，既經該道查議前來，相應保留，伏乞　勅下吏部覆議，上　請照例，行令王家相免其赴部，容令接俸，管事造冊差人齎部，考覈施行。

緣係遵例保留，給由府佐官員。事理未敢擅便，爲此具本，專差承差蔡宗齎捧，謹題，請旨。

萬曆三十年六月二十六日，具題，奉　聖旨，吏部知道。

## 十四　州縣官給由疏　萬曆三十年七月初十日

題爲遵例考覈，給由州、縣正官事。

先據直隸鳳陽府泗州申准本州知州曾惟誠，関稱見年三十歲，四川敘州府富順縣人。由舉人，萬曆二十七年四月內除授今職，本年六月十一日到任，扣至三十年五月初十日止，連閏，實歷俸三十六箇月，三年任滿。任內，因拖欠京庫錢、糧，奉文住俸，旋已完觧，題　准開復，例應給由。

又據定遠縣申准本縣知縣蘇日登，関稱見年三十七歲，廣東廣州府順德縣人。由舉人，萬曆二十年四月內除授福建延平府永安縣儒學教諭，二十五年五月內，丁父憂，服闋赴部。二十五年四月內復除浙江寧波府慈谿縣儒學教諭，二十七年四月內陞授今職，本年六月初十日到任，扣至三十年五月初九日止，連閏，實歷俸三十六箇月，三年任滿。任內，先因京庫錢、糧未完，繼因地方失盜獲不及數二次，奉文住俸，京庫錢、糧隨已徵完，題　允開復，未獲盜賊亦已捕獲過半，遇蒙　恩詔，詳允開復，例應給由。

又據直隸徐州蕭縣申准本縣知縣魏研，関稱見年三十五歲，陝西漢中府石泉縣人。由選貢，萬曆二十一年十二月內除授山西平陽府絳州絳縣縣丞，二十六年十二月內陞今職，二十七年三月初五日到任。任內，因地方失盜獲不及半，奉文罰俸一箇月，不作實歷，扣至三十年閏二月初四日止，連閏，實歷俸三十六箇月，三年任滿。任內，又因京庫錢、糧未完，奉文住俸，隨已解完，題　准開復，例應給由，各等因。申報到臣，俱經批行潁、淮二兵備道，查勘去後。

續據潁州兵備副使劉如寵呈稱，行據鳳陽府呈，查勘得泗州知州曾惟誠，三年任內，經管徵解過起運本折，并存留折色各項錢、糧完及九分，積蓄稻穀過額，拆賣引鹽、清觧軍士俱已足數，收支贓罰明白，保民實政五事、農桑等項六事，俱各修舉。定遠縣知縣蘇日登，三年任內，徵收各項錢、糧完及分數，積蓄稻穀、拆賣引鹽俱已過額，清觧軍士足數，收支贓罰明白，農桑等項六事、保民實政五事，俱已咸修。二官任內，委因未完戶部項下京庫錢、糧，奉旨住俸，俱經完觧，已蒙題　准開復。蘇日登又因獲盜不及數，奉文住俸，後已捕獲一半之上，遇蒙萬曆二十九年十月十五日，　恩詔開復。又該本道覆覈，別無違礙，應准給由，等因。

又據淮徐兵備道副使劉大文呈稱，行據徐州申，查勘得蕭縣知縣魏研，三年任內，經管各項錢、糧，除奉例蠲免外，實徵銀兩已完九分之上，積穀、清軍俱已足數，拆賣引鹽已盡，收支贓罰明白，農桑等項六事、保民實政五事，俱已修舉。任內，委因地方失盜獲不及半，奉文罰俸一箇月，已經扣除，不作實歷；又因未完戶部項下京庫錢、糧，住俸督催，旋經觧完，亦蒙題　准開復。又該本道覆查，委無違礙，應准給由，等因，各呈詳前來。

卷查先准吏部咨爲酌議考課之法，以肅吏治事。今後府、州、縣正官給由，免其赴京，聽撫、按從公考覈賢否，具　奏。先令就彼復職，管事牌冊差人齎繳，其稱職經薦，應得　誥勑命者，照例　請給。又爲申飭考滿官員，罰俸事例，以定法守事。節開在外考滿官員，罰俸月、日，俱不准作實歷，掌印管糧、官錢、糧料價完過八分以上，照例考覈。又准戶部咨爲欽奉　聖諭事。該本部題類覆內開泗州知州曾惟誠，定遠縣知縣蘇日登，蕭縣知縣魏研，原欠見徵、帶徵京庫錢、糧，俱已完觧，各官所住俸、糧，應准開支，各等因。題奉　欽依，移咨前來。

除欽遵通行查照外，今據前因，該臣會同巡按直隸監察御史李思孝，考覈得泗州知州曾惟誠，明敏才諝，謹嚴操履。定遠縣知縣蘇日登，清約守己，豈弟宜人。蕭縣知縣魏研，明敏之才，和平之政，俱稱職。查得各官任內，因拖欠京庫錢、糧，住俸，督催觧完，俱已題　准開復。蘇日登又因地方失盜獲不及數，類參住俸，今已捕獲一半之上，遇蒙　恩詔開復。魏研亦因地方失盜獲不及半，類參罰俸一箇月，已經扣足。俱屬因公，既經各道查無違礙，臣等覆覈相同，俱應准其給由。除行各官照例復職接俸，管事造冊差人賫部外，伏乞　勑下吏部，覆加考覈施行。

緣係遵例考覈，給由州、縣正官。事理未敢擅便，爲此具本，專差承差蔡宗賫捧，謹題，請　旨。

萬曆三十年七月初十日，具題，奉　聖旨，吏部知道。

## 十五　釋放高墻罪宗疏　萬曆三十年七月初十日

題爲酌議高墻宗庶情罪，乞　賜釋放，以廣皇仁事。

行據整飭潁州兵備副使劉如寵呈，蒙鳳陽撫、按衙門劄案，准守備鳳陽太監手本，內開高墻禁住罪庶，比照近日　恩詔，查審情罪，會　題釋放緣由。備仰本道督行鳳陽府掌印官，會同守備太監，并留守司正官，查將高墻各該宗犯，吊取原發文卷，查其所犯事情輕重，年、月遠近，有無牽連被誣，情有可矜者，參酌情罪，應否釋放，逐一查勘明白通詳，以憑會　題施行，等因。

蒙此，隨該本道遵依轉行鳳陽府知府金時舒遵奉，會同守備太監吳忠、留守司署正留守淡章等，查將在墻各罪庶所犯情罪，造冊呈送到道，逐一覆加參詳，除罪犯深重，及發禁未久，俱不開外，今將罪犯稍輕、年力已邁、禁錮已久，揆情可原，共罪宗五起，計正犯并各原來及續生男、婦，共二十八名口，列欵登答，開報到臣。（註一一）據此案查，先准守備鳳陽太監吳忠手本，為懇恩踈活，救拔無辜，乞賜轉達，俯憐朽命還鄉事。

萬曆三十年閏二月內，據守護中、高等墻委官千百戶初登等呈據，後西等宅庶人廷堂等，各擊門哀泣，投告訴詞，內稱堂等禍，因先年讐惡，架詞陷害、誣枉，送發高墻，幽禁四十餘年，守法拘禁，終日涕泣，苦楚萬狀，羅網無伸；雖欲伸寃，無門控訴，近蒙　詔書一欵，凡官員、軍民一切犯罪，俱量減宥；近又幸蒙撫、按兩院，代天行道，堂等泣思　皇上洪恩，三年一次恤刑，憫民間之苦，減赦罪贓，死者復生，惟庶宗之愆，并未纖毫仰霑，各犯之罪輕、重有之，寔與軍、民事同一體，伏望洞察久銜寃苦，俯賜垂憐，朽命還鄉，頂恩再造，等因，具呈到監。據此為照告詞，其中情眞罪當，委難議擬；內有牽連被誣，兼有老邁龍鍾、鰥寡孤獨、尪羸憔悴、自食自爨者，情皆可憫。今値　覃恩頒　詔之際，正當天赦減法之秋，又行管事太監等官周春等，公同前去各墻，督令防範；看墻委官，查審各該宗犯具訴情由，與軍、民犯罪，事雖各異，而情有軒輊之殊，軍、民既屬宥憫，天潢宗派，尤當矜恤，等因，到監。看得各庶哀痛，乞欲轉達釋放，情有可原，伏乞會議具　題，庶罪宗早得超囹圄之困苦，拔覆盆之冤情，而每日供億之需，每歲修理住宅之費，亦可節省一分，則民受一分之賜矣。准此。隨經劄行潁州兵備道，查勘去後。

今據前因，該臣會同巡按直隸監察御史李思孝、守備鳳陽等處管文書內官監太監吳忠，議照高墻庶人所犯情罪，各有重輕，至如（註一一）犯該眞正人命強盜重情，自難輕議，第其間有無知誤犯，情似稍輕，且禁錮年久，懲創已深，尪羸憔悴，殘喘奄延，況又續生子女繁夥，俱係無辜，在禁抑鬱愁苦，誠可矜憐。臣等查得嘉、隆（註一二）年間，或遇蒙　恩詔，或特奉　明旨，屢有釋放；至我　皇上萬曆十三年，採言官王繼先「天時亢暘」一疏，特奉　明旨行鳳陽撫、按官查審，將情輕各庶正犯并家屬，分別具　奏釋放。自後遇有正犯身故，遺下家口，臣等不時具　題禮部，覆奉　欽依釋放，送回原府居住。今遇　冊立　覃恩，赦及於未發，恩加於齊民，蓋（註一四）幽禁高墻罪庶，原係　天潢一派，豈有不得霑涓滴之恩？故各庶在禁，日夜悲思，翹首跂足，不啻枯木之望雨露，嚴寒之望春溫也。

今據該道會同司、府各官，詳審明白前來，而臣等覆加查覈無異，謹將各庶原行押發硃語，畧節情詞，分別禁住久近，與應釋緣由，開具前件，逐起登答，題　請，伏乞　勅下部、院，再加查勘原犯情節，果無隱諱重情，議擬上　請釋放，則　皇上好生之德，無不溥被；而再造之仁，先及於　宗親矣。

緣係酌議高墻宗庶情罪，乞　賜釋放，以廣　皇仁。事理未敢擅便，爲此具本，專差承差蔡宗賫捧，謹題，請　旨。計開：

一起稽查隱匿人命，以昭法紀事。

萬曆十九年，該刑部參發庶人廷堂到墻，該監查得本庶與竊盜蕭天福相毆未死，後被羣賊將蕭天福打死，禍及本庶。況夥賊俱已監，故足已抵償，續生男、女五口，見年六十八歲，幽禁十二年，朽邁龍鍾，委可矜疑。據該府知府金時舒查得，廷堂係山西　代府和川王府奉國將軍，因竊盜蕭天福強梁，夥賊陳天祿、董文珠、趙鎮，恨欲謀殺已久，適值廷堂往楊思仁家逼取債銀，會羣盜在彼嚷罵，內蕭天福出言不遜，廷堂不忿，用鐵尺將天福打倒未死，陳天祿等乘機用刀將天福殺死，分屍滅跡。事發，陳天祿等擬辟，將廷堂發高墻禁住切詳。蕭天福本非善類，其殺之者，實係夥賊陳天祿造意董文珠手刃，與趙鎮支解其屍，各犯俱已服罪，足償蕭天福一命矣。廷堂雖下手一擊，未至於死，且又不曾相與支解，幽禁一十二年，似足示警。矧年已龍鍾，情殊可原。

前件據該道覆看得，蕭天福既係竊盜，本非善良，而夥盜陳天祿等惡其強横，有心謀害，已非一日；乃因廷堂一擊之頃，遂爾乘機殺死，實非本庶殺之也。今天祿等既已監故，則天福一命已有三抵，較比眞正人命，似已過重；況本宗年已衰殘，情委可憫。罪犯稍輕，相應議宥，該臣等覆詳無異，委應釋放，伏候　聖裁。

一起橫暴兇逆，舉刀箚傷堂叔垂命事。

萬曆二十一年，該都察院等衙門，參發庶人謨埃（註一五）到墻，該監查得本庶兇性，因事持刀，意欲自刎，誤傷族叔，本庶續生男、女四名口，見年二十八歲，幽禁十年，原係誤傷，似屬頗輕，當可矜疑。據該府知府金時舒查得，謨埃係陝西　韓府通渭王府未祿宗室，因與緦麻叔融燚同飲俱醉，融燚說其逆母之事，本庶不服抵觸，致叔採打，回家持刀上門刎頼，而叔復毆，奪刀（註一六）誤傷，肋皮血出，致發高墻。切照本庶，酒醉持刀，意欲自刎，不意叔奪刀，誤傷皮膚，傷既甚微，旋即平復，情有可原，似應矜恤。

前件據該道覆看得，謨埃與緦麻叔融燚，飲酒忿爭，語言譏刺，遂持刀欲行自刎，因其奪刀，以致誤傷叔肋，實與有意持刀殺叔者，情似有間，罪犯稍輕，相應議宥。該臣等覆詳無異，委應釋放，伏候　聖裁。

一起稔惡逆賊，盜發墳塚，劫棺暴屍事。

隆慶五年，（註一七）該都察院等衙門參發庶人安范、（註一八）一中到墻，其一中禁故，遺下家屬，題　請釋放外，止遺安范隻身。該監查得安范同一中盜發墳塚，一中已經禁故，安范妻子俱已禁亡，本庶鰥居自爨，殘疾行走不便，見年六十一歲，幽禁三十二年，罪重情輕。據該府知府金時舒查得，安范係河南　汝陽王府奉國將軍，先同已故一中發掘嬸母劉氏墳墓，未見棺槨時，被安濱遇見，浼免未詞，將墳封填，過五日後，一中復領蕭仕子，將劉氏墳墓掘開，仕子與一中進內，一中開棺，盜出珎珠、金銀等物，追出在證。安范未見同掘開棺，亦無追出珎珠等物，致發高墻。一中禁故，安范妻子亦皆禁亡，本庶年老殘疾鰥居，幽禁三十二年，情殊可矜。

前件據該道覆看得，安范先雖與禁故一中發掘嬸母之墳，原未見棺，後一中自掘盜財，本庶實未同行，又未追出財物，逮發高墻，幽禁三十餘年，妻子物故殆盡，年老殘疾，鰥居自爨，情委可矜，相應議宥。該臣等覆詳無異，委應釋放，伏候　聖裁。

一起兇宗糾眾打死人命事。

隆慶六年，該都察院等衙門參發庶人俊蕈，（註一九）原來二名口到墻。該監查得本庶同俊轃、充狄、充熙家人尙的，毆死張霞，已將尙的問絞，蕈發高墻，同宗共毆，罪及一人。本庶見年六十二歲，幽禁三十一年，情有可矜。

據該府知府金時舒查得，俊榆係山西　代府潞城王府鎮國中尉，同弟侄俊轃、充熙等，挾妓出城飲酒，因恠張霞在於墳傍地內拔草，回言不遜，謀同各庶并家人尙的，將霞毆死，尙的問擬，加功絞罪，蕈以造意，致發高墻；但人命已有人抵償，本庶似屬矜疑。

前件據該道覆看得，俊蕈與弟侄俊轃等，出城遊戲，遇張霞在墳拔草，嗔其回言不遜，謀毆張霞身死，今家人尙的既以加功擬絞，足以抵霞之命矣。本庶禁錮多年，悔艾日深，似在可宥。該臣等覆詳無異，委應釋放，伏候　聖裁。

一起地方賊情事。

嘉靖四十三年，（註二〇）該刑部參發庶人知墩、新珪、知賧、（註二一）新壄，（註二二）表櫝（註二三）知炭、知𠟱（註二四）到墻，其知墩等六名，陸續病故，遺下家屬，俱經題　請釋放訖。止遺新壄，係已故知墩子，并續生男、婦女共十三名口。該監查得本庶父知墩等六名，俱已禁故，止遺本庶，原係牽連，見年六十九歲，幽禁三十九年，情委可矜。

據該府知府金時舒查得，新壄係山西　慶城王府奉國將軍，因同父知墩及新珪、知賧、新壄，表櫝知炭、知𠟱，夥盜百人，劫殺多命，致發高墻，禁錮多年，情猶可恤。

前件據該道覆看得。新壄係知墩之子，因父與新珪等爲盜，發禁高墻；但知墩等，俱已禁故，止遺本庶，原情一家盡科，寧無以父，而累其子者乎？今幽禁三十九載，行已又六十九年，情在可原。該臣等覆詳無異，委應釋放，伏候　聖裁。

萬曆三十年七月初十日，具題，奉　聖旨，該部、院知道。

## 附註

一　「俱」字印刷漫漶，以其殘形與上下文例，斷爲「俱」字無疑。

二　□□爲留白空格，二字並未刊刻；以前後疏文比觀，疑爲專差「涂麒」，存識供參。

三 「骫」，音「委」，本義爲骨端彎曲，後引申爲枉曲、彎曲之意。

四 「照」字印刷漫漶，但從其殘形，斷爲「參照」一詞無疑。

五 「戴髮含齒」，意謂長著頭髮、牙齒，即指「人」也。典出《列子・黃帝》篇：「有七尺之骸，手足之異，戴髮含齒，倚而趣者謂之人；而人未必無獸心，雖有獸心，以狀而見親矣。」案：「髮」於此刊刻爲「髪」之異體字，上從「髟」、下從「火」。

六 「班班」，通「斑斑」，明顯貌，語出《後漢書・趙壹傳》：「不敢班班顯言，竊爲〈窮鳥賦〉一篇。」故「班班可考」，亦通作「斑斑可考」，而兩詞微有異同。「班班可考」，意謂清晰明白，有脈絡可尋；或形容事理至爲明顯，有充足資料以爲徵信；或形容事理。十分明顯，可以考證。而「斑斑可考」，則意謂線索清晰明白，足以考查得知。

七 此詩文，原出《詩經・大雅・蕩》篇：「文王曰咨，咨女殷商。匪上帝不時，殷不用舊。雖無老成人，尚有典刑。曾是莫聽，大命以傾。」其中，「老成人」，指德高望重之長者；「典刑」，則謂舊法、模範也。亦引見於《荀子・非十二子》篇：「……遇君則修臣下之義，遇鄉則修長幼之義，遇長則修子弟之義，遇友則修禮節、辭讓之義，遇賤而少者則修告導、寬容之義。無不愛也，無不敬也，無與人爭也，恢然如天地之苞萬物，如是則賢者貴之，不肖者親之。如是而不服者，則可謂妖怪、狡猾之人矣，雖則子弟之中，刑及之而宜。《詩》云：『匪上帝不時，殷不用舊。雖無老成人，尚有典刑。曾是莫聽，大命以傾。』」

八 此處空白兩格，並未刊刻任何文字，以前疏爲「五月初八日」、後疏爲「五月十五日」，此疏日期未標記，當在此二疏日期之間。

九 「媍」，音義同「婦」。「男媍」，前文都作「男婦」。

一〇 「極捄」，當即「拯救」；「極」，當作「拯」；「捄」，古「救」字，前文已見。

一一 「臣」字，印刷漫漶不清，以其側書殘形，以及上下文例，斷爲「臣」字無疑。

一二 「如」字印刷重疊，初視似「起」字，細審當是「如」字。

一三 「嘉、隆」，明世宗嘉靖（一五二二～一五六六）與穆宗隆慶（一五六六～一五七二）年間。

一四 此字印刷殘缺，僅餘上一畫未全，以形義度之，疑當作「蓋」字。

一五 「堗」，音「禿」，古同「突」，煙囪。

一六 「奪刀」二字，印刷漫漶殘缺，以餘形與下文有「奪刀」文字度之，當作「奪刀」無疑。

一七 「隆慶五年」，明穆宗辛未年（一五七一）。

一八 「范」字，於此刊刻之字，左邊再加一「水」部，經檢索查無此字，故以「范」字姑代之，以下各「范」字並同。

一九 「蒹」，音「兼」，亦作「槏」，同「箋」。

二〇 「嘉靖四十三年」，明世宗甲子年（一五六四）。

二一 「贆」，音「標」，古貝名。「贆」右旁之「猋」，於此刊刻作「焱」。

二二 「壄」，音義同「野」。「壄」上部中間之「矛」，於此誤刊刻作「爻」。

二三 「櫝」，音「讀」，木匣也。「櫝」右部之「賣」，於此刊刻作「売」。「表櫝」，疑同於「表棣（弟）」。

二四　此字權以「劂」替代，原刊刻爲右部「厥」之「厂」內作「焱」，其上加「林」，再合「刂」成一會意字，檢索字書，未見此一罕見刊刻文字。

# 《撫淮小草》卷之十

關西道甫李三才著

## 第十一冊　奏議

### 一　會勘河道疏　萬曆三十年七月十一日

題爲遵奉　明旨，會勘河工，議論已定，底績可期，懇乞　聖明，速　賜裁決，以奠
陵、運、民生事。

頃，該總理河道、工部右侍郎曾如春，題爲河工經理方殷，勘臣　簡用難緩，懇乞　聖
明，俯賜速裁，以決大議，以圖永賴事。奉　聖旨，河工事急，就著漕河御史崔邦亮，上緊赴
彼，會同總河及山東、河南、南直隸撫、按等官，悉心勘議，務期永久無虞，具奏舉事，工部
知道。欽此。此隨該儹臣崔邦亮，移書到臣，約於曹單地方會勘；復又會行各該兵、河等道爲
照，河自蒙墻寺再決，全身南徙，逼　陵日近，去運日遠，數邑市廛廬竈，盡被傾危，內、外

諸臣蹙額相告，聖天子蓋宵、旰不寧矣。事聯三省，工費百萬，業聞鳩工卜吉，用濟燃眉，奈何復有勘河之請，豈以大雨時行，鍤畚難施，亦以總、撫各院見未歸一，恐類道舍之築耶？

聖皇不慨然用科臣，而急著債臣會議。卷查節該漕、河等道，呈議河工事宜，凡十餘詳，開濬已有定地，督理已有定人，俱經批發，其間不嫌異同，想各道留心講求，屹有成說，今恭承新旨，責以悉心勘議，期以永久無虞，具奏舉事，蓋欲在事諸臣，盡脫形迹，勿苟目前，誠鑒徹此中弊端矣。業經約請各院彙集面議，爲此牌發本道，照依，備奉明旨。內事理即便會同各該司、道，督同各該府、州、縣掌印管河等官，再行踏勘，仍將前詳平心酌議。開口的，在何處？督理各官，有無阻礙難行？勞、逸適均，所議丈尺，可否能容全河？此開彼塞，機括應否全舉？上源下流緊関，應否預行料理？務要商榷明白，刪去繁文，據事直說，以憑復勘會行。其應開、應濬、應塞工程，應費錢、糧，仍的具簡明冊揭，作速呈報，勿聽奸猾之輩，恣意冒辜；勿令模稜之徒，展轉支吾，務期永久無虞，仰副明旨。倘有秦、越異視，偏謬掣肘，定行參究，等因，行道去後。

臣隨於今年六月二十五日，會同總理河道、工部右侍郎曾如春，巡撫山東、都察院右副都御史黃克纘，巡漕御史崔邦亮等院，躬率中河郎中劉不息、夏鎮郎中梅守相等司，管理漕、河按察使汪可受，河南管河、右參政朱思明，山東曹、濮兵備右參政來三聘，兵、河副使衛一鳳，南直兵、河副使劉大文等道，河南歸德府知府張與可，山東兗州府知府劉廷杜等府，河南管河運同錢景醇，山東管河同知褚國祥，南直管河運使趙坰、運同許一誠等廳，及掌印官成伯龍等縣，各乘輕舟，自王家口歷潘家口、蒙墻決口，上下踏勘，相其地形，質諸人心，因勢利導，無踰開王家口者。行間，復准工部咨前事，又經箚行各司、道遵行外，續據按察使汪可受，右參政朱思明、來三聘，副使衛一鳳、劉大文等會呈，蒙臣憲牌遵依，會同各該司、道，督同各該府、州、縣掌印管河等官踏勘外；行據直隸河南、山東管河史等官，趙坰、許一誠、錢景醇、褚國祥、汪兆龍等，各照原議呈詳前來。各道會同中河分司郎中劉不息、夏鎭分司郎中梅守相，再親踏勘，反覆參詳群策，看得決河之患誠亟，治標之策已舉，若暫導東流，以保　陵濬閘，河以濟運，則不出二、三年間，南墊日高，北轉成下，徐觀水勢之所歸，而大爲之圖，誠有如所謂「力寡而利永」者。

然　聖明捐　內帑之金，中、外望平成之績，則勢之所難，姑待也。如議開銀河者，是破北堤，而引水衝張秋運河也，賈魯故河，非不可復；然半用決河，而決勢方變遷未定，衆謂難圖，小股河雖有順隄一線，時通時塞，然導之出楊先口，以保陵最順；導之歸李吉口，以濟運稍逆。潘家口即淤河也，水力便於衝虛，人力便於踏實，開挑之工亦未見其甚易於王家口，而迎溜弗若之。以上皆管河各官未有擔當賛行者，地勢、人心之所歸的，以開王家口，下達李吉口，經唐家口出小浮橋爲便，先是各省、直所分議，俱有案存。今會議已息，異同之說，無復阻礙難行。應待九月之初，水落土乾，大集人夫舉事；至於開挑丈尺，前議入口四十丈，漸收至三十丈以及二十丈，深一丈五尺爲度，職等亦懼全河之闊，計一、二百丈，深計二、三丈者，非此所能盡容，量議入口增挑，已約費錢、糧至百三十萬之上，役丁夫至二十萬之上，若通加深闊，恐民力亦不支矣！挽回全河，是在開濬後，相機堵塞之力耳。此時河臣與水有不得不爭之勢，必力障大川，則狂瀾可迴而東也。惟是王家口至蒙墻一帶，南與決河爲隣，隄防最爲喫緊；北與山東老隄爲隣，而以南隄逼之，所爲保全運河計，亦屬喫緊。應將此處開河之土，并築南、北縷隄，以求兩全。其蒙墻等處舊隄，皆攔河壩，補築更加堅闊，以爲遙隄，務取直以順水，無迴曲以逆水；再於隄岸堅實處，多築滾水石壩，以減新河所不盡容之水，其所減水疏向楊先口，通馬牧入白河，出宿遷小河口，無使滴流復向沙崗入泗，斯完策也。

王家口至下劉口之開濬，并堵塞蒙墻決口，及此一帶築隄防守，應爲中州信地、管河等道共任之；下劉口至堅城集之開濬，并堵塞黃堌口，爲山東信地、兗西道分任。孫家灣以上，濟寧道分任；李吉口以下，堅城集至宿遷，爲直隸信地、呂梁分司任。六座樓以西，及唐家口以東，夏鎮分司任；六座樓東至唐家口，淮徐等道，往來催督，一應分委員、役，派支錢、糧，俱各道隨便徑詳，庶責有專屬，工無推諉，等因，呈詳到臣。該臣批據議畫地分工，酌量緩急，更爲詳確，誠於　陵、運有裨矣。仰候總河、各院詳示，會　題去後。

續據管理漕河按察使汪可受呈稱，蒙儹院批駁河工事宜，該各道遵依，覆加會議，各陳所見；又經行據直隸、河南、山東管河運使等官，趙堈、許一誠、錢景醇、褚國祥、汪兆龍、龐應熊會呈，查議得黃河自商丘縣蒙墻寺隄決，舊河全徙，南有　陵園之憂，東爲運道之梗。該運同錢景醇、通判周應雷奉委，即偏歷相視蒙墻寺、蕭家隄口迤南，一望瀰漫，無緒可尋；唯是曹縣地方王家口有迎溜入懷之勢，于此因勢開導，可以成河，但勢已南奔，而欲驅之使東，是挽回難也。浮土之下多是溜沙，是開挖難也。決口不塞，則故道不復，于洪波洶湧之中，而以土苴阻遏，是築塞尤難也。又該運使趙堈、運同許一誠，同知褚國祥、汪兆龍會同覆勘得，河既南趨，則其施功當在北岸，下流無緒，則其要領，宜在上源，奪已逸之全河，而還之於故道，勢之利便，無踰于開王家口矣。但自王家口以至徐州九里溝一帶，道里延袤四百里，中間有開闢生地者，撈洗積沙者，有遙隄曠遠而不能束水者，有中洪深溜而椿埽難下者，設非多費金錢，大爲修濬，愈久愈難收拾，將來　陵、運之憂，有不可勝言者矣。

職等矢心共濟，各照信地估勘，應開、應濬、應塞、應築事宜，地里丈尺，錢、糧數目，開列欵項，查得王家口至徐家口十二里，係開挖生地，口面窄小，恐水不吞入。今議第一段開口面六十丈，第二段開口面五十丈，第三段開口面四十丈，俱開深一丈八尺，估工銀十六萬九千九百七十九兩四分。徐家口至下劉口十二里，係撈洗舊淤，舊淤不淨，恐水復倒流。今議挑濬，第一段口面開闊三十五丈，第二段口面闊三十丈，俱開深一丈四尺，連舊河形深一丈八尺，估工銀八萬五千四百二十八兩。王家口築逼水壩三道，長一百五十丈，估工料銀九千三百四十五兩，又本口築壩塞河，長三百六十丈，估工料銀六萬九千四百三十八兩二錢四分。又用埽防護新開河口，估工料銀二千四百二十二兩。徐家口築攔水壩一道，長二百一十丈，估工料銀九百三十八兩四錢。又自考城縣石家樓起，至單縣黃堌口止，創築無遙隄一道，長一百五十里，築頂闊三丈，底闊十丈，高一丈二尺，估工銀十四萬六千七十二兩一錢六分。以上通共銀四十八萬三千六百二十二兩八錢四分，計用夫五萬二千四百二十四名，限二百日工完。

自下劉口起至孫家灣止，長三十一里零六十八丈八尺，照原估于舊河底上挑濬，除舊河形，見深七尺、四尺、五尺不等，今第一段挑口面闊三十丈、深一丈一尺，第二段挑口面闊二十五丈、深一丈，第三段挑口面闊二十丈、深八尺，連舊河形，總計深一丈五尺，該土方工銀一十一萬九千三百四十兩三錢六分，用募夫一萬九千八百九十名，計二百日完工。全河東流盡歸故道，則下源黃堌舊日決口，當堅築大壩，以防南奔。議于本口加幫舊壩，創築新壩，共長二百九十六丈，根三十丈，以至七丈，頂闊十丈以至五丈，高三丈以至三丈八尺，用山東黃河傜夫一千七百九十四名，做一百七十一日完工。

傜夫有本等工食，不給工銀外；本壩北面黃河當溜之處，須用椿埽相護，以防衝決，計用大埽三百六十八箇，該用埽料銀四千三百七十六兩一錢五分。單縣李吉口起繞北至李世科莊止，舊河身瘀爲平陸，今議禹王廟前取直迎溜之處，創挑生地五里七十二丈二尺，第一段四百丈，挑口闊四十丈，底闊二十丈；第二段二百丈，挑口闊三十五丈，底闊一十七丈；第三段三百丈，挑口闊三十丈，底闊十五丈；第四段七十二丈二尺，挑口闊二十五丈，底闊十二丈五尺以上，俱深一丈五尺。內除先調徭夫開過闊十丈，深一丈二尺，不筭錢、糧，自李世莊起至碭山縣堅城集交界止，河長二十一里一百七十五丈九尺，除舊河淤墊口闊止十丈，底闊三丈五尺，深五尺五寸；今應連舊河挑口闊二十丈，底闊十丈，深一丈五尺，挑出河土運送南、北兩岸，調用徭夫築成縷隄，每名日給犒賞銀一分，量給犒賞銀一千兩以上，挑河築隄，共該銀一十一萬六千一十六兩一錢五釐，用募夫一萬九千一百七十名，計二百日完工。

碭山縣堅城集起至徐州九里溝止，計長二百七里零五十七丈。自萬曆二十一年，山東單縣黃堌口決後，節年淤墊窄淺，見存河形口闊九丈至十二丈，底闊二丈至五丈，深五尺至一丈一尺各不等，先奉文勘估量挑，就舊河展口闊十二、三、四、五丈，底闊六、七丈，深八尺一丈不等，該土方銀一十九萬八千一百八十兩，已經呈詳去後。今王家口議開六十丈以下，漸收至二十丈，深一丈五尺，下流若不展闢挑濬，恐水勢未必迅駛，應接挑口闊二十丈，底闊八丈，自岸至底，連舊河形深一丈五尺內。龐家屯起至宋彥崗莊止，長二十二里，舊河灣曲，水勢不順，今取直止開生地七里，又陳萬寺西王家莊起至六座樓止，灣曲長三十里，取直止開生地十三里，俱口闊二十丈，底闊八丈，深一丈五尺，二段省工三十二里。又勘唐家口至鎮口，原係故道，先年黃水倒灌鎮口閘座時，常挑濬，勞費不貲。今議開唐家口支河一道，長一十四里四十七丈，下通徐州小浮橋，因舊河淤墊淺狹，止口闊十丈，底闊三丈，深九尺，應闢生地口闊十丈，底闊五丈，深一丈五尺，并舊河底接挑深六尺以上，各挑濬工程，共估土方銀六十八萬一千一百二十四兩二錢三分，用募夫一十一萬三千五百二十一名，計二百日完工。

其堅城集至九里溝一帶，挑河泥土運送南岸，調用臨近徭夫修築縷隄一道，做邊夯杵堅實，量給犒賞銀四千兩，職等各逐欵會議，查筭明白，另行造冊外，再照人夫逾二十餘萬，而限之以六、七閱月之間，河南江北重罹灾傷，即調之，而恐其不能集也。烏合多亡命之徒，災黎虞意外之變，即集之，而恐其不能馭也。工費鉅繁，限期促迫，即督之完竣，而恐其不能如期也。職等採之民情，度之時勢，須假二年，方可告竣，況爲目前之計，護　陵見築汴隄，資運見有閘河，雖容寬假，似無妨礙，合無准令河南先行創築遙隄，隄工完日，方濬上劉口及開王家口以下；山東、直隸酌量夫數，次第挑濬，庶事體不病於欲速，里夫不苦於派募，全河挽而　陵、運、民生，均有攸賴，等因。

據此，又准河南管河道朱參政，関稱看得大工未易舉也，舉大工動衆固難，而動衆於民力匱竭之日尤難。然　朝廷以　陵、運爲憂，則河不可以不治，縱今日不治，而異日必有以治之；則今日民力雖匱，有難恤者，顧稽諸往牒，有河決而塞之者，有河徙而分之者，未聞全河之彼，可以仍挽而之此者。挽河之說起於王家口，有對河迎溜之勢而言。夫河深三丈，闊有百餘丈，新開之地深不過一丈五尺，闊不過五、六十丈，其數不勝也，何以奪全河而東向，此勢也。新河迎懷之勢，順；舊河灣環之勢，逆。惟順，則新河一開，得水之分數常多，多則日衝刷、日深闊，安知新河非洪流也？惟逆，則舊河一洩，得水之分數自減，減則日緩漫、日停蓄，安知舊河非平陸也？因其日深之勢，高築一帶隄岸以防南逸；因其日淤之勢，堅築截河埽壩逼向東流，而又於旁溢者塞之，疎漏者補之，築塞未盡者導而歸之，似亦可爲，要在口開之地深闊。而徐家口、李吉口、堅城集以下，一一開挑無梗隘不平之處，庶可成功。

近議堅城以下，開闊三十丈，似未足多，不然河身狹矣，既不容其縱橫自如，又不容其衝刷得去，尚可冀全河乎？所謂水平者，取河底之平，而不取土面之平，則節縮之計，即在於此，惟臨期逐段酌之而已。若夫放水之日，必在清明前後，水稍漲則借水之力以殺沙，水入口則因河之淺以堵塞，人力可施，樁埽易下，及至伏秋水發，而此根基已實矣。倘云工程難完，姑待五、六月間放水。夫伏水暴漲五、六日即退，或十餘日而止，不數日又漲如前，漲則河狹不勝其溢，退則河淺不勝其淤，如此至再，則新河日墊，乃欲於下流處，方堵、方塞，未幾洪濤又至，駴目驚心，人將束手河濱，敢與之相抗衡也，何也？新、舊河深淺、闊狹，原自懸絕，不可與蒙墻寺南下之勢，同日語也。故善治河者，因天時，順地利，知人心，一有未備，寧需物力，以固根本，講求畫一，正惟此時。今據該廳任築汴隄以保　陵，兩閱歲以竣事，未爲無見。會估王家口起至下劉口，開河塞決築隄，通共用人夫五萬一千四百二十三名零四十三工，銀四十八萬三千六百二十二兩八錢四分。以上工程皆因前道估計，原用冊量行增益，本道酌議相同，等因。

又准濟寧兵、河道衛副使，關稱看得王家口屬山東地方，先該本道議得開渠，不過引流而衝刷，實藉全河之力，必須能塞，方可議挑。則堵塞視開挑，更爲喫緊。又查得先年題有禁例，南岸不許築隄，若自築隄，恐南岸強，北岸傷；又恐南、北俱強，上流受傷，灌城郭，魚人民，絕運道，其禍立見，載在〈總河疏議〉可考。王家口逼近曹縣老隄之外，若於此處築南隄，恐致如昔年民生運道之害。後該司、道會議濬塞利害，俱係河南擔當，諒有兩全之策，無容再議。惟是本省分任工程，自下劉口至孫家灣，李吉口至堅城集，開河五十八里零，築舊決口二百九十六丈，估計該募夫三萬九千六十名，工時埽料銀二十三萬九千七百三十二兩七錢一分五釐，當此民窮財盡之時，復多起派，民力何堪？困苦之極，恐生他變。衆議欲將前項工程，分爲兩年，興作用民，不盡其力，工亦次第可完，等因。

又准分巡兗西兼曹、濮道來參政，關稱看得議開王家口，以洩黃河者，遠慮在　陵，其次在運，最急在河南水災也。河南首議，固所宜然，山東未敢擔當者，止恐他日河射山東，患運道，亦由今日之河南也。今既衆議已決，山東復何異議？惟是同心共事，必期成功。竊觀今日全河闊一百數十丈，深至三丈四尺，而據議開濬王家口，河闊始六十丈終於二十丈，深一丈五尺，恐成河而水不盡洩，究竟築塞爲難，即竭盡人力以塞之，水將安歸？誰敢保其不潰溢於上流南、北兩涯之間乎？似宜於王家口一河之外，別求分洩之法，方必成功。故此特論，功求成耳。若以三百里河工，欲取必於冬、春一時，用夫二十餘萬，蕭、碭、豐、沛之間，豈無意外不測之憂？而況水未即近　陵也，運尚有別處也。水災雖急，亦應酌量時勢，儘力而圖，委如眾議，期以兩年成功爲便，等因。

又准中河分司劉郎中，夏鎮分司梅郎中，淮徐兵河道劉副使，潁州兵備道劉副使，揚州海防道楊副使，関稱會看得興工動眾，當察利害，而分緩急。近時治河，率以數月爲期，蓋運道必資黃流，而計工筭程，不得不取，必於目前，非萬全之計也。旋通旋淤，未必不由于此。今運以閘濟，若歲加繕治，則運道不阻，運道不阻，則儘有餘力，從容以治河，何事匆卒，必以難挽之河，而取效于數月之間也？據管河運使趙坰、運同許一誠估勘得，堅城集以下，應挑河道長二百七里零五十七丈，該土方銀六十八萬餘兩，用募夫一十一萬餘名，二百日完工，估費不爲不多矣。然較量全河，勢未一半，其數猶少，而又不能加，則前估斷不可減者，亡論工費，即此人夫一項，江北之地萬不能堪。江北四府、三州，共只五十七州、縣，槩行攤派，則每處該夫二千有餘，如今歲清、桃、山、鹽、睢、沭、安、贛、海州，泗、盱、臨、鳳、靈、虹、高、寶、興、泰等州、縣，陰雨連綿異常，水災流移殆盡，見今　奏題蠲賑，即有孑遺，能辦乎？不能辦乎？勢不激，而成亂不已矣。司、道目擊心恫，不得不曲爲之防，而預爲之計。竊以十一萬之眾，而催促於六、七月之間，則小民不堪。若以二百日完工，而寬假於四百日之內，則成功自易。念及於是，而收拾人心，寬舒民力，在此一轉移之間矣。自古興大役，動大工，聚數十餘萬眾，而御之無法，未有不釀禍者，秦元驪山、黃河之役可鑒已，何忍盡言也。合無類議轉達，准將直隸河工，限以二年合用，人夫止起一半赴工挑挖，計日工程，等因，准此。

該本道看得河性重濁而湍急，其所向大則有衝刷之勢，小則成淤墊之害，非若清流之可以人力捉摸，開寸則寸，開尺則尺者也。舊河數尺之下即多溜沙，開井去水，然後去沙，甚至沙深人陷足，不能立而以膝行，器不能施而以手扒，大都開河至一丈以下，人皆如豕負塗之狀，其用力苦矣。今河已斷流七百里，實應開濬者幾三百里，欲人力所施盡，闊如河之百有餘丈，深如河之三丈，其將能乎？初議自四十丈，收至二十丈，續議入口處漸次增挑，則度之物力止此耳。此中州河臣所謂挽河之說，起於王家口，有對河迎溜之勢而言，蓋恃人力者十之三，恃水力者十之七也。新河直而舊河曲，故計一開，則直可奪曲；新河高而舊河下，又恐不塞，則下可奪高，前詳以爲挽回。全河尚在開濬，後相機堵塞、濬塞并舉，庶幾全功可收，舍此無永圖矣。東省河臣於王家口之開塞，議已僉同，惟是所引漕河禁例「南岸不許築隄」之說，誠恐南強北傷，衝及運道，亦職分之所宜長慮。然傍決河而開河，無隄是無河也，南隄斷不可少，前詳多築滚水石壩，導餘流歸白河，以減新河之漲，爲新河亦爲運河也，爲北隄亦爲南隄也，兩全之計，所望實行之耳。

堅城集以下，大勢誠低，積淤亦久，今議開河闊二十丈，在直隸河臣見以爲多，在中州河臣見以爲少，尚須從容酌驗水平，省深以增闊，總之費不出所估外也。惟是十一萬之衆，委非五十七州、縣之所能辦，強而行之，不亂不已，直隷司、道所議，引秦元驪山、黃河之役以爲殷鑑，欲少起人夫，寬計工程，以爲兩年竣事爲期，實爲　國家根本之慮。查得弘治間，黃陵岡之役，塞決計五十日，并開河，通計二載，今挽復全河，較塞半決之工爲多，假以歲月，似不爲遲。本道又竊計，自黃河變遷以來，中、外臣工惶惶，冀復舊於旦夕者，爲　陵耳，爲運耳。茲中州河臣任築隄，以保　陵業，已半收其效；直隷河臣任建閘，以濟運業，已全收其效，續而成之，可保　陵、運無虞，則今日殫時詘之財，疲孑遺之眾，興繁難之役，圖希有之功，非惟不能計成於旦夕，亦不必計成於旦夕也。隄以漸築則堅，河以漸濬則深，工以漸覈則實，力以漸用則寬，物以漸辦則備，合無通限本年九月興工，至三十二年三月工完放水，庶爲長便，准各道閱報管河各官估過工程，共計應挑二百八十九里六十三丈七尺，應築一百三十三里一百二十五丈，應塞二里，共夫工、埽料銀一百四十萬八千四百七十九兩七錢八分五釐，先估二百日完工，用夫二十萬四千五名，今議四百日完工，合減夫一半，止派夫十萬二千零二名，相應如估，類報以候委官覆覈，所有畫地分工等項，已具前詳，無容別議，等因。又該臣批據議河工事宜，酌分緩、急興舉，誠得標、本確論，悉如議行，仍候總河、各院詳示，會題去後。

復據按察使等官，汪可受等會呈，蒙僕院又經批駁覆勘，蒙此隨經行據直隷、河南、山東管河運使等官，趙垌、許一誠、錢景醇、褚國祥、汪兆龍、龐應熊會呈覆議，得王家口等處河工，省、直會估夫工、料價共銀一百四十萬八千四百七十九兩七錢八分五釐，爲數委屬不貲，但上下長四百餘里黃河水面，見闊二、三百丈，深三、四丈不等，今開前河迎溜生地闊六十丈，深一丈八尺，以東漸收至二十丈，深一丈五尺，總計不及黃河十分之一，若謂錢、糧難措，合應節省，恐河窄不能容納，河淺不能通流，至於隄壩防禦潰決，尤爲喫緊。河南創築縷隄一道，係募夫用工；李家口以下至九里溝一帶，將挑出河土修築南隄，係傜夫用工，每日止議犒賞銀五釐，以上合用錢、糧，遽難減削，工程期限二年，原議河南先築遙隄，山東直隸先挑一半，不與黃水相通，雖經伏秋，雨水未至淤澱，通候完日，方挑王家口，即本口稍有更變，上下不踰十數里，臨期不妨酌量開挑。其開歸上下隄岸，慮恐衝決，合行該管地方嚴加修防，以圖萬全，等因。

據此，職等看得淤河七百里，今議實挑止三百里，從省也；所議挑土方，深、闊不及河深之半，又從省也。據各管河官估費百四十萬，尚有管工員役各廩口糧，部、院閱工犒賞，及各棚廠醫藥等項不在數內，重行覆估，俱稱難裁，查得原　題開王家口疏內，有據曹縣估費百萬之說，僅至堅城集止耳。今并堅城集下全挑，即增四十萬，未爲多也。除見在錢、糧尚少百萬，內、外帑藏俱竭，似於事、勢不得不議加派。然民力竭矣，非司、道所敢擅議也，王家口再經伏秋，其迎溜與否，誠不可知；但今日建議，不得不據見在而言，用工自下而上，空此一段，以待來秋酌開，即有變遷，諒不出本口十數里之外，所虞開歸上流再決，在申嚴防手之法耳。職等前詳，惟酌理之，可爲如此；職等所深慮者，夫、役既聚，錢、糧不繼，散之則廢前功，留之則生他變，須錢、糧派有下落，然後可定起工日期，倘以時詘難於舉盈，民窮難於加賦，則成汴隄以保　陵，而亟疏東流，以斷南衝，以防上決，濬閘河以濟運，而徐開泇河，以備運道之緩急，此但通括省、直歲脩錢、糧，通調省、直歲修人夫，可以剋期竣事，即見發囧金，毫不敢支矣。但保　陵濟運，嚮屬一事，若分而圖之，恐非所以答　聖明宵、旰之慮，慰中、外平成之望，合候本院裁奪俯照職等，前詳具　題，乞如數發錢、糧，以濟河工，則永賴可期矣。等因，覆議前來。

該臣會同總理河道、工部右侍郎曾如春，巡撫山東都察院右副都御史黃克纘，巡按直隸等處河漕監察御史崔邦亮，巡按河南監察御史楊光訓，巡按廬、鳳監察御史李思孝，兩淮巡鹽監察御史蔣以化，勘議得自古及今，無不治之河，亦無必治之河，盖水性靡常，人力有限，惟察其標本，酌其緩急，使不爲害而已。去其害，而更資其利，此事之不可幾者也。然本不治，則害必深，利必失，此又勢之不得已者也。故今日河勢，蒙墻寺其奔逸者，王家口其新開者，兩者相對，此不下則彼不來，開深而後能容，費多而後功就，今司、道、府、廳堅謂夫須十萬矣，限須二年矣，銀須百四十萬矣。至於量財度時，憂深慮遠，蒿目苦心，不啻詳盡。夫今日河患之急，惟在陵、運二事，前臣恭謁　祖陵，見其東隄障水，松楸蔥鬱，見今誠無事矣。修築汴堤，逼水東行似也，倘故道不復，河盡南徙，不惟奔騰瀰漫，隄必衝決而拖泥帶沙，河底淤高，金水河之閘，遂不敢開浅，盖開則恐外者隨入，不開則內者不出，于是　陵不敢知矣。至於徐、邳之間，運道梗澀，臣已采司、道之議，建閘蓄水，糧船賴以通行矣。然此係今歲之多雨，偶得以苟全耳。若故道不復，此流終細，倘值天道亢旱，泉流乾涸，即欲蓄水，而無水可蓄，糧艘雲集，人力難施，于是運事不可知矣。故築隄建閘，終屬日前之計，實非永久之圖，必復故道，乃爲完策。

臣之前疏，固言之詳矣。但今費用無處，勞民可憂，歲多霪雨，水患異常，所以厚其工食，安其身家，時其犒賞，嚴其彈壓，是在當事諸臣加之意而已，故臣等懇懇以故道爲請，又廩廩以錢、糧爲憂，惟我　皇上神明之察，　雷霆之斷，大發　內帑，務期必濟，永妥聖祖在天之靈，長保　京師百萬之命，在此舉矣。若夫工程之疆界，脩舉之次第，河道之圖冊具在，儹臣　進呈　聖覽外，伏乞　勑下工部再加酌議，覆　請行令河臣及地方各官，酌量次第施行。

緣係會勘河工，事理未敢擅便，爲此具本，專差承差蔡宗賫捧，謹題，請　旨。

萬曆三十年七月十一日，具題，奉　聖旨。

## 二　報秋災疏　萬曆三十年七月二十六日

題爲水患異常，民命莫必，懇乞　天慈憐憫，速行賑恤蠲折，以解倒懸，以安殘黎事。

本年六等月初一等日，節據鳳陽府屬宿、亳、潁、泗、壽五州，蒙城、五河、潁上、靈璧、虹縣、懷遠、太和、天長、定遠、臨淮、盱眙、霍丘十二縣，各申報災民泣告，疊罹重災緣由，隨該各掌印官踏勘，各該州、縣地方，路當極衝，土瘠民貧，糧差重大，加以連年水患，民窮徹骨。始自萬曆二十一年，黃堌口報決，鳳屬盡爲水鄉，僅存高阜些須田地耕種，麥、禾尚不足以供輸差餬口；至二十九年，蒙墻衝決，黃水盡趨宿、亳、蒙、潁等處，小民已不堪命。豈意今歲正、二月久雪，三、四月氷雹霖雨，盡將二麥渰沒，已經申報，委官踏勘；繼至五、六月；又遭霪雨傾盆，洪水泛漲，城垣、衙宇倒塌，民間房廬、田地半沉水底，一望皆湖，觸目傷心，不忍見聞。即多方寬恤，加意招撫，莫能盡挽百姓流徙之心，當此內使榷稅委官横爭，民窮財盡之時，錢、糧新舊追併之日，縱加箠楚，委難卒辦。至於漕糧若徵本色，秋禾既無收割，從何輸納上倉？即今起派河夫，人丁逃竄，將何應役？其悽慘之狀，悲號之聲，甚屬可憫。若非即爲破格拯救，則垂死之民無以延生，合無早賜題　請，大加蠲折，豁免河夫，破格賑濟，以安殘喘，等因。

又據淮安府属海、邳二州，清河、桃源、鹽城、安東、贛渝、沭陽、睢寧、宿遷、山陽九縣，各申稱各州、縣地方俱臨海邊，河岸地極低窪，正當黃、淮交會之區，又値山水橫漲之日，連年罹災，民困未蘇。今歲雨雪大降，二麥失收，早禾又沒，間存高岡佈種豆、穀、晚禾，陡遭霪雨傾注，晝夜靡止，氷雹并作，平地成河。又被山水暴漲，海潮泛溢，四望皆湖，房廬、畜產漂淌無存，秋禾、豆穀顆粒無收，小民絕望，老、幼、男、婦四散逃生，流離滿道，號籲震天，舊逋新徵，急如星火。河夫數萬里遞追呼，而又加以稅監榷稅，商賈不通，萬分危急，官吏實難支持，詢之鄉老人等，共稱隆慶三年之水患，莫過於此，視萬曆二十一年，殆尤甚焉。而清河、安東、桃源、宿遷、鹽城之災、更尤勝於他州、縣者，惟今若不極力陳請，則小民終難存活，合無俯將萬曆二十九年以前舊欠，一應錢、糧，盡行議蠲，併將見年漕糧鳳米，准其改折，河夫免行起派，仍　請多發　內帑，遍行普賑，早救一方，數萬生靈，庶廢墜郡、邑可存，而垂死之民，或有更生之望矣。等因。

又據揚州府属高、泰、通三州，興化、寶應、江都、泰興、海門、儀眞、如皋七縣，并泰州分司各申稱，各該地方節年以來，水、旱頻仍，民困已極，今年自春入夏，雨雪并作，二麥腐爛，秧苗沒水，已經申報踏勘。夏災雨時尚存，棲址高者尚望秋收，低者或栽植蓮藕，聊可活生。詎意五、六月以來，疊被霪雨盆傾不止，湖、河水勢陡長丈餘，城垣、公所傾倒太半，民廬、產業漂淌一空，田地悉滰水底，老幼流離，悲號載道，觴（註一）目傷心，可爲嘆息流涕。或告求城上地址，搭草棲身者；或附託在城親識，安存老小者；或編筏駕舟，灣住隄岸者，斗粟如珠，薪草如桂，即今起派河夫，失業之民豈能堪此大役？往歲被災，未必夏、秋兼有，民力猶可支援。今且終歲無望，慘困既極，加之理鹽、徵稅二監，取盡錙銖，若非大爲拯援，則區區孑遺，何以舒目前之急，而延旦夕之命？伏乞俯念天災流行之數，憂恤閭閻小民之苦，將二十九年以前拖欠錢、糧，悉行罷徵，見年錢、糧速議蠲折，額外加派河夫，進行豁免，仍望　請發　內帑，大加賑恤，招撫流移，庶灾黎積困稍甦，官吏苟免參罷之累！等因。

又據各州、縣災民章慶、劉松、王萬成、賈應兆、趙遠、鄒桂芳、段應加、韓璧、朱德峻、崔九德、仲言賢、刁鴻秋、王汝翼、張剛、徐惠、葉政、紀世科、仇喬、成繆、孫花、耿作、吳書紳、何洪運、吳德、潘橋、唐庫、王希堯、孫雲、顧通、陳賓等，千百成羣，遠赴臣駐箚衙門，及臣趨赴曹、單地方，會勘河道，經由高寶山、清、桃、宿、睢、邳一帶，沿途遮道泣訴，有告求賑濟者，有告免派河夫者，有告追徵舊欠、連鎖帶杻難再刑比者，有告免河下應付進　貢船夫者，有告蠲折錢、糧者，種種苦情，月無虛日，俱該臣批行淮、揚、潁三兵備道，作速委官查勘，酌議通詳，仍聽巡按御史覈實，題　請蠲停賑恤，多方撫慰去訖。又特行牌示被災各重大州、縣掌印正官，備查倉庫堪動銀、穀，先行便宜賑濟、安撫，及暫緩催徵外；卷查萬曆十三年五月，內准戶部咨該本部，題爲欽奉　聖諭，并陳末議，以廣　德意，以消災沴事。節開今後災傷去處，許小民各將被災地畝開報，掌印官親自踏勘，一面申報巡撫具奏，一面造花名地畝文冊，送巡按覈實定擬分數　奏報，前、後不嫌異、同，待本部題覆之日，即按冊照例蠲免，夏災定限五月以裏，秋災定限七月以裏，奏報，等因，備咨遵行在卷。

今據各屬申報前因，及災民告訴前來，臣惟雨暘失時，固歲不能無，百姓憔悴，亦勢所必有；但詢之士人，稽之往牒，從未有如今歲之異者，亦爲有如江北之甚者。先是一春久雨，至三、四月不止，臣見所屬地方申報，二麥淹爛十有八九，已經　奏行按臣勘報；至五、六月以來，暴雨連綿，狂風數日，前項地方夙積之水既盈，蒙墻一帶決口之水更發，亳、宿、潁、壽以至五河、盱、泗，皆成巨浸，而高、寶、邵伯諸湖之水勢難分洩，蕩漾盈溢，遂至決隄，賴有南河郎中顧雲鳳將越河打壩，親行築塞，手口拮据，幸猶即止；然而，安、清、桃、宿、興、鹽等處之民，已受衝淌廬舍之苦矣。此臣因勘河經過，目擊其狀，逃難灾民哭聲震天，其流離狼狽，千辛萬苦，有難以言語形容者，雖經行令有司撫戢、招徠，便宜賑恤。第此江北地方，乃　祖宗根本之地，　國家咽喉之關，積年水患，民甚不堪，昊天不弔，更復如此。近且議復河道，派夫十萬有奇，加以部文追徵積逋半月一比，又況稅監委官船貨兼榷，士民逃竄，商旅斷絕，夫以積疲之衆，久困之鄉，縱使綿綿樂歲，穰穰豐年，加之以撫摩，需之以時日，猶恐病深難醒，瘡痍不起，況當此非常之灾，不數之患哉？爲今之計，不過曰蠲曰賑，乃江北彈丸之地，倉庫如掃在在空虛，那移不給，又安得贏餘，爲災民抵補惟正之供乎？此蠲免之難也。至若賑濟一節，臣已便宜舉行，少延旦夕，但一杯之水難捄車薪之火，儘其見在銀、穀，能活幾何？即使水落地出，失業之眾無廬、無食，意外之變，必所不免，移民無地，移粟無粟，此賑濟之難也。當此極重之地，極困之時，極苦之民，極異之灾，非大破拘攣之例，弘施曠蕩之恩，蠲其宿逋，改其正賦，濟以　帑金，宣以　德意，其何以拯阽危之眾，而消隱伏之禍哉？臣雖候代，尚在地方，目擊水火倒懸之民，心切危急存亡之慮，故敢冒死爲災民祈旦夕之命。伏乞　敕下戶部，速行巡按御史覆加查勘，破格上　請，大加蠲賑，行臣遵照施行，庶孑遺殘喘，少獲安全，而　根本重地可保無虞矣。

緣係水患異常，民命莫必，懇乞　天慈憐憫，速行賑恤、蠲折，以鮮倒懸，以安殘黎。事理未敢擅便，爲此具本，專差承差蔡宗齎捧，謹題，請　旨。

萬曆三十年七月二十六日，具題，奉　聖旨，戶部知道。

## 三　回　奏府官并未隱匿河道錢糧疏　萬曆三十年七月二十六日

題爲府官抗違　明旨，隱匿庫簿文冊，情獘顯露，懇乞　聖明電究，以肅法紀，以清錢、糧事。

行據整飭淮徐兵備副使劉大文呈，據廬州府知府錢汝梁、鳳陽府知府金時舒、淮安府署印同知崔維嶽會呈，抄蒙本道案驗，內開淮山東礦稅陳太監手本，并詳蒙撫、按二院批允勘問，淮安府推官張時弼奉文查取河道船料、鈔稅、錢庫、庫冊，緣何抗不送查，有無侵隱情弊，從公問擬明白，具招詳奪，等因。蒙此，今該各官將各有行文卷吊取到官，查得淮安府先於萬曆二十七年十一月內，蒙前任淮徐兵備郭副使案驗，該蒙河、撫、按三院劄案，准陳太監手本，據官商于以龍等　題，查省、直沿江船料，每年額數若干？何處所榷？是否供給河道錢、糧支銷？存積各若干？即今各屬在庫，有無見貯若干？是否存積？是否聽支？應否觧濟大工若干？查明通詳，以憑會覈轉詳。

蒙此，彼時該府查得淮安地方，并無設有沿江船料銀兩，止於隆慶四年間，奉河道衙門明文，彼困邳州堤夫工食無銀支給，議設由閘銀兩每年所收多寡不等，僅足各夫支領，及查河道錢、糧原無額設歲修之數；續於萬曆九年；添設歲修銀二萬九千兩，後又議加銀一千兩，共銀三萬兩，出自南直隸浙江、河南協濟，專聽每年修理河道并防守隄岸應用，雖有三萬之名，每年拖欠不等，通融接續，亦僅足用。但由閘銀兩隔年既久，事遠人亡，卷簿零落，不便查造歲修銀兩；萬曆九年起至二十一年止，彼因工程緊急，所收之數尚不足用，俱盡數支銷，并無餘剩，每年一次查明造冊，　奏繳訖。本府督令吏書倒架找尋，查自萬曆二十二年起至二十七年十二月終止，磨筭明白，分別管收，除在數目備細造冊送查，及查前項年分，見存在庫支剩由閘銀四百八十五兩六錢八分一釐，歲修銀一萬四千八百一十五兩九分零，俱係實在之數，係関河道，合應照舊收貯聽支，難以輕動，但今　大工乏用，似難終止，已經通詳河、撫、按三院批允，將前由閘并歲修二項，共銀一萬五千三百兩七錢七分零，儘數動支，於萬曆二十九年二月內差委名色、把總何世爵、蔡繼祖解赴本監交收，同徐州、山東等處河工銀，共搜刮五萬三千兩，類總解　進訖。

又爲遵奉　明旨，合請親詣查徵，以全　欽命事。本年三月內，蒙帶管淮徐兵備陳布政使箚付，蒙撫、院箚付准本監手本，等因。行府，即查于以龍所奏河道船料歲修等項銀兩要見，前已搜查，既已解進，今又稱有未用前銀，即今有無存積在庫，前查因何隱漏，逐一查明造冊，聽候該監委官并同本道委官崔同知會查，如無前銀亦要明白聲說。行間，又蒙本道箚付該蒙總河劉尚書批，該本道呈詳，搜查河道錢、糧緣由，蒙批于以龍妄呈，該監已洞知，之前奏內，亦明說其誣，何得覆查？即今黃河衝決，歲修不貲，何有贏餘？已具文回覆該監矣，不必委官生擾，仍呈撫、按詳示行繳，又經詳蒙巡撫李都御史批如議，免查回覆繳。又蒙巡按吳御史批總河部、院，既已批示矣，該道遵照行繳，備蒙俱經箚行，本府將前項河道、船料歲修等銀，遵照免查遵行訖。本年八月十五日，又准本監手本行府，仍欲清查；行間，又蒙中河工部劉郎中、淮徐兵備劉副使箚案，俱同前因，已經本府備帖轉行所屬州、縣遵照聽查，及申報總河部、院定奪。不意，劉尚書停止文移，至九月病故，日竢新院蒞任，詳示允日，方可回覆；至十月十三日，該監遣牌前往海州青峯頂，至十八日到淮，二十日上院，本日親詣查庫。該本府署印張推官看得河道錢、糧文卷雜沓，因先奉總河、撫、按三院批行免查，故未整備，一面諭令該庫吏書上緊查理造冊，一面申請兩院親詣會查，後本監因冊籍未完，於二十四日前往青峯頂去訖，續蒙撫、按兩院憲牌內開，又准本監手本，開稱親詣淮安查覈河道、船料，煩至淮安公同查進，等因，准此。查得河道、船料等項錢、糧，節行多官編查，各有正項、正支，并無積餘，不得已將淮、揚、徐歲修等銀那觧，已經會同本監，回　奏訖。

後本監并于以龍等所奏，搜查庫藏積餘無碍銀兩、又係少監張燁題奉　明旨，南、北直隸不許會查，節經回覆本監訖。況今河道徙決，　祖陵、運道大是可虞，方且急箚河臣，星夜修築，將來所費不知其幾？尚無所出，即河道有銀，尚且預儲備用，且河臣　勑印文卷，見在山東撫院收貯，而親詣會查，敢不奉　勑印，不檢文卷，而擅動　陵寢、運道之急需耶？即有堪動，亦惟總河知之，須待總河商之，若行起觧，有悮　陵、運大事，　朝廷究責，恐不獨在兩院也。已經回覆及具書叮嚀本監外，今照本監此行前往青峯頂查理香錢，順過淮安，而河道、船料俱已明白回覆，爲此牌仰本府官吏即便查照遵守，不許違錯，蒙此備云前牌，回覆本監訖。又經責令吏書整理冊卷，仍候本監回淮，不意本監自青峯頂便道徑回徐州，恠府送冊遲悮，將署印張推官參　題，備行臣等會勘遵行間，近接邸報，該工部等衙門，一本爲　陵、運噬臍可虞，河工束手坐困等事，奉　旨那借太僕寺馬價銀三十萬兩，以濟河道急用，其原係河道錢、糧五萬三千兩，仍著留用，以後不必搜刮。欽此。

臣等看得河勢南徙，非獨湮沒民居，淤塞運道，即泗州　祖陵亦有可慮，故蒙　皇上俯允大臣之請，既發太僕寺馬價銀三十萬兩，而本監前解銀五萬三千兩，亦准留用。夫已解者尚准復留，而未解者無容再查，張推官原遵撫、按明示，候總河至日定奪，且已諭令該庫隨即造冊，祗因本監便道回徐，未經查理，并無抗阻情由；矧今河務繁興，疏築並舉，所費甚鉅，欽發欽留之外，不足者尚多，此本監所目擊者，即別項之數尤須湊用，而河道額銀安有盈餘？況已奉　明旨，以後不必搜括，所有河道錢、糧，相應欽遵免查，張推官原未抗阻錢、糧，並無不明，應免查究，等因，會呈到道。

勘得清查河道錢、糧一節，先經本道行府遵照聽查，祗因該府奉有河道、撫、按衙門免查明文，所以未經造冊，本監遣牌詣青峰頂公幹，至淮之日即行詣庫查理，第文卷繁多，倉卒之間，冊籍未備署印，推官張時弼一面督令該庫吏書連夜造冊，一面申請兩院會同查理，本監以冊籍未完前詣青峰頂，而張推官造完文冊，聽候回淮送查，不意便道回徐，具本參　奏，今該廬、鳳二府掌印知府，及淮安府署印同知，再三查覈本道；又經覆勘得推官張時弼，先奉免查明文後，本監詣府，隨即督令造冊，原無抗阻情由，而該庫河道等銀，除前次解　進外，見在聽支之數，隨蒙撫、院查明，具數　題報，亦無不明情弊。況今河工大興，見奉　欽發馬價不足者，尚該五十餘萬，行令設處，已蒙免行搜刮河道錢、糧，張時弼并未抗阻，而河道錢、糧原無不明，相應免究，等因，呈詳到臣。卷查先該山東礦稅太監陳增　題前事，奉　聖旨。前有旨，各該省、直、撫、按等官，清查河道歲積銀兩解進，以濟應用，既經移文日久，如何尚未回報？好生玩視，職守何在？便著遵奉前　旨，會同內官陳增上緊查核，具奏。所奏淮安府署印推官張時弼抗阻事情，准尒會同撫、按等官提問，奏請定奪，立限與他。該部、院知道。欽此。欽遵。

隨據淮徐兵備道呈，詳行委廬、鳳、淮三府知府，勘問推官張時弼抗阻緣由。該臣及前按臣吳崇禮批允會勘間。近於萬曆三十三年五月內，准工部咨爲　陵、運噬臍可虞，河工束手坐困，懇乞　聖明，速賜允行計議，以濟救患急需事。該本部等衙門會議，河道工費甚鉅，分毫無處，時下疏築方殷，畚鍤雲集，　請發帑金百萬，責令河臣併力興工，無致失時悞事。至於河道歲積錢、糧，原爲河設，近以稅使搜刮五萬三千有奇，當此工作繁鉅，纖毫亦藉補苴，乃望　諭令該監照數還給，以爲目前急切之用，等因，　題奉　聖旨。朕覽卿等會議，治河重務，費用浩繁，再三縈心，非不軫念；但今內庫缺乏，各項近供待用，有何積餘？茲不得已，且那借太僕寺馬價三十萬兩，差官送去，以濟急用，其原係河道錢、糧五萬三千也，著留用，以後不必搜刮。其戶部原議協濟之數，依擬行。此外，尚須接濟你部裏，還悉心計議措處來說。欽此。欽遵。備咨到臣，隨經通行道、府，各官遵照去後。

今據前因，該臣會同巡按直隸監察御史李思孝，爲照河道錢、糧，一歲僅足一歲支用。先因官商于以龍等具　奏搜查，已將淮、揚、徐三庫見用歲修河道、由閘等銀，那解內監陳增類進訖後。又復行具題，奉　旨查進，遍行搜刮，並無河道羡餘，再三回覆該監，并咨工部訖。

適緣河臣劉東星物故，河決蒙墻，盡由南徙，　祖陵、運道大是可虞，修築之費不啻百萬，其時在事大、小臣工，相顧失色，計無所出，必　請發　內帑，始克有濟。而該監倏至淮安，一面相約撫、按，一面逼取冊、卷，是以臣會同前按臣吳崇禮、行令淮、揚二府謹守冊籍，候總河有官，聽其支用、不許有悞　陵、運大事。而署印推官張時弼，委因兩院有行，致備參論抗阻，隨該臣將淮、揚二府河道合用錢、糧，備造文冊，應否留觧　進呈　御覽，推官張時弼寔出無辜，應否宥免？惟聽　聖斷。

今荷　皇上軫念　陵、運之艱虞，　俯允廷臣之公議，既發冏寺馬價，復留應觧河銀，不足者尚須措處，在庫者又免搜刮，則推官張時弼似應免行究問。今該道、府各官查勘前來，相應題　請，伏乞　勑下工部覆議，行臣等遵奉施行。未敢擅便，爲此具本，專差承差蔡宗齎捧，謹題，請　旨。

萬曆三十年七月二十六日，具題。

# 四　第一催代疏　萬曆三十年八月初四日

題爲蒙　恩既久，漕事已竣，懇乞　聖明，亟簡督臣代任，以重　國計，以救民生事。

竊念：臣愚，猥蒙　任使淮、揚之役，三年于今，智短心長，靡所報稱。頃，因內使之横噬，正自刻而待斥，適值按臣之謬舉，遂具疏以自明，仰荷　天恩，特　准臣請。本年五月初一日，接得邸報，奉　聖旨。李三才既推託，着他去罷！員缺即便，另推來用，吏部知道。欽此。

隨該吏部會推四員，列名上　聞，翹跂至今，未蒙　簡用。臣因咨部　題催，亦以至再；然政関軍　國，事切民生，義難遲延，致有耽悞，故臣循例疏　請，惟我　皇上，憐而察之也。先該　廷臣會議，歸漕於府，吏部題奉　俞旨，移行到臣，臣欽遵，受事未及旬日，旋被後命。于時，糧艘如雲，河流如線，臣方從事，僨臣同心督理，建閘（註二）蓄水，必濟爲期，禮則然矣，不敢　請耳。今過淮、過洪，既已黽勉，苟完驗米，稽程行，且次第修舉，今年運事，庶幾可幸無罪。但轉盼之間，新運届期，派糧發單，事既連夫七省，積弛久廢，義又難更因循；況時值霪雨，水患異常，淹城漂屋，流亡殆盡，高、寶、興、安之間，鹽、清、桃、宿之處，巨浸千里，哭聲滿路，于時正當總河僨臣，約臣勘河，自泰歷徐，船行半月，盡當目擊，不屬風聞。至於，告賑、告蠲，告免河夫，告免催徵者，衝泥赴訴，千百成羣，遮道長號，天地爲震。臣一面出示，且借、且賑，一面行道，議恤、議蠲，然臣去　國之身，人心怠玩，即雖手口之拮据，終恐奉行之未力，指揮徒切，功效罔陳，萬一勞民不安，運事有闕，臣雖百口，何以自觧免耶？

盖漕、撫二者，皆属大政，典守既曠，廢墜可虞，整頓無人，決裂斯在，于時臣罪愈深，用是臣心滋苦，展轉思維，竭誠上　請，伏望　皇上撫念大計，早賜　宸斷。前所　廷推，亟簡一員，刻期前來代臣任事，　國計民生，于焉攸賴。豈獨臣愚，免於罪戾而已。

緣係蒙　恩既久，漕事已竣，懇乞　聖明，亟簡督臣代任，以重　國計，以救民生。事理未敢擅便，爲此具本，專差承差蔡宗齎捧，謹題，請　旨。

萬曆三十年八月初四日，具題，奉　聖旨。

# 五　薦舉押運官員疏　萬曆三十年八月初六日

題爲薦舉押運官員，以飭漕政事。

照得今歲漕運糧船，俱已過淮、過洪，該臣等具本題　知，所有押運、效勞文、武官員，例應薦舉。除淮安坐營參將金一清告病，徐州參將田有成陞任不開外；該臣會同巡按直隸監察御史崔邦亮，看得專管漕務山東右參政董漢儒，濟川雅望，舟楫長才，萬艪奏星馳之效，千帆收雲擁之功。江西都司僉書康九皋，恩孚醪纊，氣鼓風雲，揚帆擊節爭先，後運前幫並至。山東都司僉欒維城，才優分閫，志切請纓，催儹翔青雀之舟，防護靜綠林之冠。以上三臣，自江、淮以達濟、汶，星羅棋列，畫地分兵，防護無虞，俱應薦揚者也。

湖廣武昌府押運通判陳久可，御風壯志，破浪雄圖，監兌則悍卒無譁，儹運而漕規不振。

江西瑞州府押運通判施大經，三年轉餉，久歷勤劬，冒險不避，艱危竭蹶，寧辭勞瘁。應天府押運通判焦蕃，硜硜律己，翼翼急公，黃龍未駕雄風，彩鷁先飛雪浪。以上三臣，押運、效勞，俱應敘薦者也。伏乞　勑下戶部，再加查覈，覆　請將前薦舉官員，咨送吏、兵二部，紀錄優擢，庶勞臣用勸，而漕政益脩矣。

緣係薦舉押運官員，以飭漕政。事理未敢擅便，爲此具本，專差承差蔡宗齎捧，謹題，請旨。

萬曆三十年八月初六日，具題，奉　聖旨，戶部知道。

## 六　查參奸黨妄獻鹽利疏　萬曆三十年八月初六日

題爲奸黨欺　君，妄奏捐資，全然說謊，乞　賜乾斷，明正刑章，以寢邪謀，以消禍亂事。

臣於本年五月內，接得邸報，該虎賁左衛指揮僉事魯登科，奏奉　聖旨。這奏內，兩淮運司鹽商余元俊等，願捐已資鹽利銀五十萬兩，助治河工，具見忠義。准着原奏指揮魯登科前去彼處，聽從欽差內官魯保，會同撫、按、巡鹽御史等官，照數查收，完日奏請定奪，不必差官，以滋擾費。該部、院知道。欽此。

隨即行兩淮運司查據回稱，邊內水三商張思明等，并經紀地戶店戶羅正啓等，俱結稱，徧查商人中，并無余元俊，本司細檢簿冊，俱無元俊姓名，隨該鹽臣具本上　陳，并乞治說謊之罪，未蒙　批發。又該經理兩淮鹽務太監魯保，　題催魯登科等，赴淮以便收銀，奉　聖旨。前指揮魯登科奏稱，兩淮運司鹽商余元俊等，願捐已資鹽利銀五十萬兩，助治河工，已有旨着去，聽從內、外官員，會同照數查收，完日奏請定奪。如何遷延，日久未去，好生違慢，姑且不究；便着該部嚴催魯登科，勒限前去聽用，該衙門知道。欽此。臣等欽遵。專候魯登科等至淮，查收前銀間，該總理河道侍郎曾如春，因河工經理方殷，題奉　聖旨，河工事急，就着漕河御史崔邦亮，上緊赴彼會同總河及山東、河南、南直隸撫、按等官，悉心勘議，務其永久無虞，具奏舉事，工部知道。欽此。

比，因河、漕關係重大，而魯登科遷延不來，臣等只得遵　旨，急趨徐州、蕭、沛等處，會同河、漕諸臣勘議黃河，已經另行具　題外；又經會同牌行運司署印判官聞金和、判官楊維清、揚州府署印同知李仙品、同知杜麋，公同細加查勘，魯登科所奏商人余元俊等，是否兩淮邊內水商？見今住居何處？其願捐已資五十萬兩，見在何所？如果是實，即一面具由呈報，一面收銀貯庫，聽候奏請　定奪。若本無其人，亦無其銀，亦要開具緣由，通詳立等會議，具題去後。

臣等勘河事畢，回至中途，准太監魯保揭帖，內開魯登科已到揚州，即會查前銀，據登科稟稱，原奏願捐已資鹽利銀兩，委係虛情，禍由別卷騙財事犯，今監禁長蘆運司未到，余元俊并見在劉顯忠主謀，於本年三月內，在京糾同，今脫逃湯迎時、王泰蓮、顏完禎、童申、沈萬田、鄭長、呂鍾、司子春、茅禎吉、王榜等，假以治河名色，揑稱願捐已資鹽利銀五十萬兩，本章仍請　差官督工，希圖奏□（註三二）等情。及審余元俊在官男余邦爵同劉顯忠，各吐前後情詞，與魯登科稟報無異，備供在案。本監已經具　題，等因，到臣。該臣會同巡按御史李思孝、巡鹽御史蔣以化議照，　國家資鹽利以餉邊，兩淮稱重鉅焉。

淮商四方逐末之人，有利則趨，無利則散，乃其常態。近日困累消乏，徙業者眾；見今運司徵課零星，比併尚不能完顧，安所得忠義富商如余元俊者，肯捐五十萬之多金耶？祇緣近年利孔叢開，無聊奸宄，妄窺　上意，奏獻百端，凡可以利己害民，罔不攘袂詿　奏，一奉綸音，則人人稱　欽差，在在皆狼虎，藉　雷霆不測之威，恣吞噬無饜之毒，貧而往，富而歸，冠服焜煌，夸炫閭里，頓使俠猾之流歆艷聚談，日尋詭誕，圖爲效尤。彼余元俊係長蘆舊商，欠課二千，監追無納。其於兩淮絕無干涉，何能捐五十萬於淮，而不能完兩千兩於蘆？此不待智者，而後知其詐。若劉顯忠、湯迎時等，皆造謀結黨之人，而李尚質等，又妄稱神禹之術；魯登科貪鄙武夫，夤緣結搆，如發囈語，此其志，直欲大家打成一片，摩牙吮血，苟可快意，遑恤裂軀？且余元俊乘此脫獄，爲計甚狡，幸我　皇上洞矚其奸，　不准差官滋擾，止命內臣魯保與臣等查收，奏請　定奪。於是肺肝　照破，黨棍皆逃，而元俊身繫圜扉，無銀完課，不能倖脫；魯登科亦逡巡不出，及奉　嚴旨責其違慢，登科始拉元俊之子，并劉顯忠前來，臣等查收銀兩，彼皆空握兩拳，所稱願捐者，全屬脫空畫餅，臣等於此諦觀其狀，固可恠，猶可喜焉。

可恠者，何堂堂　天朝，視五十萬兩，直太倉稊米耳。登科等，乃敢明目張膽，揚揚闕廷，一疏未已，復進一疏，要內臣爲盟主，搆流（註四）棍爲爪牙，爲害民肥己之舉，伏覩我　皇祖禁令，「奏事不實，說謊者，斬」，非不昭赫，何物武弁？下不顧民生利害，中不憚法紀森嚴，上不畏　祖禁明肅，其視我　皇上爲何如主？而敢於輕瀆至此，不令天下後世，姍笑無已乎？臣愚以爲可恠也。

臣等又以爲可喜者何？天下蒙蒙，皆攘臂矢口，指石爲金，以誑欺　皇上，我　皇上聰明睿聖，電照無遺，而說謊欺誣者，猶然以利爲媒，接踵　京師，乃魯登科一旦以窮囚之余元俊，假捏有五十萬兩，何異夢中說夢？今奸狀已破，及登科亦搖手閉目，自悔無及，此事上動宸聰，必展轉思惟，痛恨奸黨相聚欺誑，始　知一切報虛稅、報虛金、報虛銀、報虛租者，似襲魯登科之故智，豈　高廟神靈，故使一登科敗露，而俾我　皇上幡然一悟乎？臣愚以爲可喜也。伏乞　勑下戶部查議，上　請收回　成命，將魯登科、余元俊等，速下法司，照依律例正罪。見在及脫逃各犯，容臣等嚴行提問，倘姑縱不嚴治之，各棍如魑魅魍魎，東竄西伏，又思巧設方畧，以圖一逞，竊恐今日懷奸飾詐，以欺　皇上之民，及他日操戈持梃，以叛　皇上之民，関係非細，安可泄泄，不嚴治之哉？

緣係奉　旨，查收願捐銀兩，奏請　定奪。事理未敢擅便，爲此具本，專差承差蔡宗齎捧，謹題，請　旨。

萬曆三十年八月初六日，具題，奉　聖旨。

## 七　州縣官給由疏　萬曆三十年九月初二日

題爲遵例考覈，給由州、縣正官事。

先據滁州申准本州知州陳允升，関稱見年三十八歲，浙江湖州府歸安縣籍烏程縣人。由進士，萬曆二十七年四月內除授前職，本年六月二十三日到任，任內爲因查參清軍不及分數，奉文罰俸三箇月，不作實歷外，扣至三十年八月二十二日止，連閏，實歷俸三十六箇月，三年任滿，例應給由。

又據直隸揚州府泰興縣申准本縣知縣李開春，関稱見年四十三歲，江西瑞州府上高縣人。由進士，萬曆二十年六月內除授直隸常州府宜興縣知縣。二十二年正月調簡，本年三月內，聞丁父憂，接丁繼母憂；二十七年二月，服闋赴部。本年六月內復調今職，八月二十七日到任，除前任歷過月、日不筭外，今任扣至三十年七月二十六日止，連閏，實歷俸三十六箇月，三年任滿，任內因拖欠京庫錢、糧，又因清軍不及分數，俱奉文住俸，其京庫錢、糧，旋已徵完起觧，清軍完及八分九釐，俱經題　准詳明開復，例應給由，各等因，申報到臣。俱經批行潁、（註五）揚二兵備道，查勘去後。

續據潁州兵備副使劉如寵呈稱，行據滁州查勘得，知州陳允升，三年任內，經管各項錢、糧，及清觧軍士，俱已完足十分；積蓄稻穀、拆賣引鹽，俱各過額，收支贓罰明白，保民實政五事、農桑等項六事，俱各咸修，均有績效。任內，委因清軍不及分數，查參罰俸三箇月，已經扣足。又該本道查覈，別無違礙，應准給由，等因。

又據揚州兵備副使楊洵呈稱，行據揚州府查勘得，泰興縣知縣李開春，三年任內，催徵一應起運錢、糧完及十分，積蓄稻穀過額，拆賣引鹽足數，清勾軍士完及八分之上，收支贓罰明白，保民、農桑各事，俱已修舉。任內，委因清軍不及分數，類參住俸，已經完及分數，詳明開支。又因拖欠京庫錢、糧，奉　旨住俸，督催旋已完觧，亦經題　准開復。又該本道查覈，別無違礙，應准給由，等因。各呈詳前來。

卷查先准吏部咨爲酌議考課之法，以肅吏治事。今後府、州、縣正官給由，聽撫、按從公考覈賢否，具　奏。先令就彼復職，管事牌冊差人齎繳，其稱職經薦，應得　誥勑命者，照例請給。又爲申飭考滿官員罰俸事例，以定法守事。內開在外考滿官員，掌印管糧、官錢、糧料價完過八分之上，照例考覈。又准戶部咨，爲欽奉　聖諭事。該本部題類覆鳳陽撫、按會題，內開泰興縣知縣李開春，原欠見徵、帶徵京庫錢、糧，俱已完解，所住俸、糧，應准開支。又准兵部咨開清軍事例內一款清勾事宜，通行撫、按嚴督各掌印清軍官、將，奉單清勾軍士，務要加意清理，如數起解，每年終聽巡按御史計筭分數，如州、縣掌印官完及六分以上者免議，七分以上者敘薦，八分以上者題　請紀錄，各等因。題奉　欽依，移咨前來。除欽遵查照外，今據前因，該臣會同巡按直隸監察御史李思孝，考覈得滁州知州陳允升，才既優良，守更清潔。泰興縣知縣李開春，心性慈祥，政事平易，俱稱職。查得陳允升，任內因清軍不及分數，年終查參罰俸三箇月，已經扣足；李開春亦因清軍不及分數，查參住俸，已足八分之上，又因拖欠京庫錢、糧住俸，催徵完解，俱已題　准詳明開復。俱屬因公，既經各道查無違礙，臣等覆覈相同，俱應准其給由。除行二官照例復職，管事造冊差人齎繳外，伏乞　勑下吏部，覆加考覈施行。

緣係遵例考覈，給由州、縣正官。事理未敢擅便，為此具本，專差承差□□（註六八）齎捧，謹題，請　旨。

萬曆三十年九月初二日，具題，奉　聖旨，吏部知道。

# 八　第二催代疏　萬曆三十年十月初二日

題爲　聖主馭下過恩，微臣守身有義，再懇　聖明，亟簡督臣，以重紀綱，以明風教事。

蓋聞　朝廷有予、奪之典，上、下有各盡之道，故爲人君止於仁；然雖有仁君，恩不可過也，過則名分隳，紀綱紊。爲人臣止於義，然雖有庸臣，義不可不及也；不及則廉潔喪，風教微。竊念愚臣，誤蒙　任使于淮之役，三年有餘，臣實不才，遭時多故，減餉于揚，借兵于播；兼之逆惡潛起於徐方，加以羣兇橫噬于四境，內讒外侮，如沸如羹，左支右吾，不日不夜，所賴　皇上日月照臨，山海茹納，苟延時歲，以至于今。臣之始願，初不及此。

頃者，更荷　洪慈，鑒其苦迫，憫其勞瘁，特　允臣疏，俾遂臣志，長林豐草之間，固莫非　高天厚地之所覆載矣。乃　予歸之命甫臨，而總漕之　旨復下，于時河流如線，糧艘如雲，而臣受事方新，豈遑安處？于是，匍匐赴之，手口交作，仰藉　皇靈，幸不辱命。蓋一日在公，一日匪懈，臣義宜爾也。顧今漕事竣矣，候代久矣，臣業兩咨之部，亦既自　題之矣。而　簡在未聞，交代無期，翹首跂足，以日爲歲，是　皇上既鑒臣苦，而又不遽去臣；既憫臣勞，而又不輕棄臣，徘徊顧復，眷然愛惜，豈不謂如　天之恩哉？然在　君有恩，在臣有義，雖小人貪幸，寧獨無心？故臣之自處，則固有道矣。何也？「用之則行，舍之則藏」，（註七）古之訓也，不爲利誘，不爲威惕，臣之節也。

皇上查皇上恩加棄物，雖存墜履遺簪之思，微臣義切守身，敢冒貪容、患失之戒，伏望　皇上查其愚、誠，全其終始，亟　簡督臣速代臣任，于以示　朝廷予、奪之典，于以明上、下各盡之道，其于紀綱、風化，豈曰小補之哉？若夫地方之艱難，禍機之潛伏，漕政之廢弛，河工之喫緊，臣前疏已盡，無復贅詞。統惟　皇上照察施行。

緣係　聖主馭下過恩，微臣守身有義，再懇　聖明，亟簡督臣，以重紀綱，以明風教。事理未敢擅便，爲此具本，專差承差蔡宗齎捧，謹題，請　旨。

萬曆三十年十月初二日，具題。

## 九　縣官給由疏　萬曆三十年十月十四日

題爲遵例考覈，給由（註八）縣正官員事。

案查先據直隸廬州府舒城縣申准本縣知縣錢允燦，關稱見年三十九歲，山東東昌府冠縣人。由進士，萬曆二十六年八月二十五日，除授直隸河間府任丘縣知縣，本年十二月十五日到任，至二十九年二月二十二日止，實歷俸二十七箇月零八日，調補今職，本年六月二十七日到任，扣至三十年閏二月十八日止，又實歷俸八箇月零二十二日，連前連閏，通共計三十六箇月，三年任滿，例應給由，等因到臣，隨經批行潁州兵備道，查勘去後。

續據該道兵備副使劉如寵呈稱，遵行廬州府及直隸河間府任丘縣，查勘得知縣錢允燦，前後兩任經管，一應起存各項錢、糧，俱已完觧，并無拖欠。積蓄稻穀、拆賣引鹽，亦俱足額，清觧軍士及數，收支贓罰明白，農桑等項六事、保民實政五事，俱已修舉，委無違礙，應准給由。又該本道查覈無異，等因，呈詳前來。

卷查先准吏部咨爲酌議考課之法，以肅吏治事。今後府、州、縣正官給由，免其赴京，聽撫、按從公考覈賢否，具　奏。先令就彼復職，管事牌冊差人齎繳，其稱職經薦，應得誥勅命者，照例　請給。又爲邊官歷俸已深，偶因公務改調等事。今後考滿官，不論前、後歷任月、日多寡，俱得通理，各題奉　欽依，遵行在卷。今據前因，該臣會同巡按直隸監察御史李思孝，考覈得舒城縣知縣錢允燦，自守眞，一塵不染；莅政果，百度維新，稱職。既經該道查覈無礙，應准給由。除行本官照例復職接俸，管事造冊差人齎部外，伏乞　勅下吏部，覆加考覈施行。

緣係遵例考覈，給由縣正官員。事理未敢擅便，爲此具本，專差承差蔡宗齎捧，謹題，請旨。

萬曆三十年十月十四日，具題，奉　聖旨，吏部知道。

## 附註

一　「觴」，疑當作「觸」；或作「傷」，以與「傷心」對文。

二　「間」字，疑「聞」字之誤，二字形近而訛，於義當以「聞」字爲是。

三　此字印刷殘缺空白，以前後文參校，疑爲「請」或「題」字。

四　此字印刷漫漶不清，以其殘形，約可斷爲「流」字，存識備參。

五　此刊刻作「頴」，即「穎」之異體，但「潁州」之「潁」，俗誤通作「頴」，當正之，下文所見「頴」字同此。

六　此二字空白，並未印出；但以前後各疏「齎捧」者，皆爲「蔡宗」，以此度之，疑爲「蔡宗」，存識備參。

七　典出《論語・述而・第七》：「子謂顏淵曰：『用之則行，舍之則藏，唯我與爾有是夫。』」此疏亦可視爲李三才明志請辭、選代之至情心聲。

八　「給由」二字，印刷殘缺不全，但以疏文例度之，斷爲「給由」二字，確然無疑。

# 《撫淮小草》卷之十一

關西道甫李三才著

## 第十二冊　奏議

### 一　第三催代併陳民情國勢疏　萬曆三十年十一月二十七日

題爲三懇　天恩，早賜交代，併陳民情萬分困苦，國勢萬分危殆，萬望　聖明，猛圖省改，以無忘天下事。

竊念：微臣於本年四月內，甫奉總漕之　旨，旋荷　予歸之　命，束裝（註一）待發，業已半年，咨疏催代，俱已至再，並聞留中，未蒙　批示。蓋　皇上之准臣去也，憐其勞也；皇上之不即令臣去也，優其禮也。臣雖至愚，豈不知感？豈不知重？但臣自候代以來，勞與憂而並劇，媿（註二）與懼而俱增，精神日昏，飲食日減，醫藥徒勤，功效罔見，自是福過，豈謂數奇？顧臣之始　請也，猶恐地方之多虞；而今，且虞及臣身矣。臣之再　請也，猶謂分義之當然；而今，則不得不然矣。伏冀　皇上既憐臣勞，而並念臣病；既優臣禮，而更體臣私。早　簡督臣，刻期相代，乃臣之日夜心禱，不離夢想者也。然臣行且去矣，此身已立於風塵之外矣，既不竊聲，又不攘利，而無偏、無黨之公言，實忠　君、愛　國之至計，惟　皇上猛回，　聖慮一念天下，臣即死有餘榮，他無足道矣。

蓋臣有大懼焉，非爲臣一身之不得代已也；有大憂焉，非爲臣一方之不堪命已也。何謂大懼？夫自古無不病之人，而恃有制病之藥；自古無不亂之國，而恃有制亂之人，故曰：「人存政舉，人亡政熄。」（註三）夫人者，國家對病之藥，當今之所需者也。今內而閣部、臺省，雖間備之，而不任；外而督撫、藩臬，甚久缺之，而不補。至於建言被斥，因事波及者，又一棄不收，如遺跡焉。即今虎狼爲政，徵役無休，四海、內外，怨聲鼎沸，家家有將死之嗟，人人蓄曷喪之怒，三尺童子，皆知其必亂也。在　廷諸臣，努力共爭，唇焦舌爛，如水投石；近以言之無益，而不之言，付之無可柰何，惟相視流涕而已。至于左右近習，怯者懼威，猾者飾諛，更且內、外欺矇，巧於作奸。　皇上方愉然自快，以爲我有以馭羣下矣。羣下遂莫敢誰何？唯予言，而莫之違矣。

夫天生賢才，原與　皇上共理天下；君必有弗弗之臣，上必有詻詻（註四）之下，可否相濟，美惡相救，所以斟酌民情，參定國是也。今乃烏不爲烏，鵲不爲鵲，方且自墮其股肱，自蔽其耳目；惟知有利，不知有害，惟見可欲，不見可畏。呼吸變作，則海內驛騷，士民糜潰，固自其所遭之不辰，但不知勢、理至極。當此之時，　皇上何術以禦之耳？貂璫不足使，珠寶無所用，土崩瓦解，良足寒心！夫中流而去其楫，踰險而去其輔，此眞諱疾之沉痾，忌醫之危症也，豈不痛哉！故曰：「不信仁賢，則國空虛。」（註五）此臣之所謂大懼者是也。

何謂大憂？夫醫之人治病也，必視其標、本，而察其形、聲。人君之治國也，必量其輕、重，而審其緩、急，危中求安，死中求生，先急後緩。此醫國、醫人之道也。今天下處處必亂矣，人人欲亂矣，無備則不可，無所不備則不能，臣日夜熟思，惟東南之區，尚可少緩；閩、廣、滇、貴、楚、蜀之間，其俗雖悍，其氣稍脆，即有礦稅之擾，不過亂及一方，縱有殺傷，當不出其境內，我提大兵臨之，即可傳檄而定，從未有謀王、圖伯（註六），突有大志者也。惟中原之地，西北一帶，如齊、魯、燕、趙之間、吳、越、秦、晉之地，風俗強勁，奸猾出沒，舟（註七）車所會，形勝所依，實皆英雄窺伺之鄉，古今必爭之地，此數處者，其先亂者也。然此數處之亂，又必因於九邊；九邊之亂也，則又以遼東爲可畏，何也？各邊軍餉連年搜括，盡入　內帑；太倉已盡，借之太僕；太僕又盡，更將何借？邊軍有半年無食者矣，有終歲無衣者矣，給之既不以時，扣之又屬多端，左支右調，日延一日。然額餉必不可少支，調必不可久；一夫脫巾，借口興亂，據城戕帥，勢所必然。至于遼東，則實爲京師左臂，最爲喫緊，最爲要害。今虜無日不來，我兵無日不戰，虜之肆刼也，來去無時；我兵之防禦也，死傷殆盡。以有限之疲兵，當無窮之勍虜，即能以一當百，亦不能支也。況遼人已盡，遼城已空，獨有數千家丁，惟日保守城池而已。竊計：歲月之間，遼東恐非我有，而況既患外虜，又患內虜，中使橫恣，虎冠猴沐，貨賄所聚，戎且生心。遼如不虞，　京師震動，即雖黃金徧地，珠玉際天，豈一人、一身之所能守？又豈一手、一足之所能運哉？故爲今之計，必須大破常格，加添募兵，早出內帑，保此重地，毋目爲迂闊，毋辭以費不足。蓋此鎮日日被兵，士民實朝不謀夕，加之愚妄驕闇，招釁納侮，壘卵之危，固不在遠。若猶因循苟延，視爲戲譚，脫有疎虞，國家大事去矣。一邊首難，各邊皆震，外憂既然，內患必烈。此臣所謂大憂者是也。夫此二者，皆所謂救急之術，防亂之計耳。

若欲挽回人心，保全　社稷，非　皇上猛然改圖，痛切自悔，清心寡欲，一意安民，不易得矣。蓋虐政之毒人也已深，四海之怨讟也已甚，上下之怠緩也已極，庶務之叢脞也已久；況今星變河涸，訛言日至，民窮盜起，法令滋章。故雖礦稅即罷，諸璫即撤，而既傷之民心，豈一日所能即平；既搖之國勢，豈一日所能即定者哉？而尙高高、下下，作不急之池臺；銖銖、兩兩，括已盡之膏血。輕其所最重，而重其所最輕；緩其所最急，而急其所最緩，此扁鵲、倉公望之而卻走，忠臣、義士拊膺而大痛者也。傳曰：「雖有善者，亦末如之何矣！」（註八）信乎！其末如之何矣！

臣既非病子，又非狂人，獨念犬、馬異類也，而知戀主；葵、藿微物也，而能向陽。況臣乃戴髮含齒，沐　祖宗三百年之教化；衣繡懷金，竊　皇上三十年之祿位，實不忍堂堂之天下，遂壞于三、四貂璫之手；更不忍　皇上以一代英明之主，而祇蔽于小小好貨之一念，遂忘天下，以至此也。痴愚血誠，終耻不如禽獸、草木徒爾，默默而去，伏望　皇上，詳其輕、重，度其緩、急，窮民是恤，　社稷是憂，毋寶糞土之珠玉，而寶康濟之才賢；毋圖耳、目之狎玩，而圖身、心之安泰。　沛下更新之　詔，盡袪無益之作，不憚後圖，力返前政，毋使倉、扁有却步之走，忠、義有拊心之痛、則舍己從人，何必有虞？改過不吝，豈獨成湯哉？臣言盡于此矣！　國家之安危、治亂，亦判于此矣！惟　皇上速賜　省覽，以無忘天下。

至於，微臣交代一事，亦望亟　簡督臣，以俾　國家之大計，以全始終之臣節。況今清河斷流，回艘盡阻，日夜驚惶，嗟此異變，尤目下漕事然眉之急。臣不勝懸切，待　命之至。爲此具本，專差承差蔡宗齎捧，謹題，請　旨。

萬曆三十年十一月二十七日，具題，奉　聖旨。

## 二　府佐給由疏　萬曆三十年十二月十二日

題爲遵例保留，給由府佐官員事。

先據直隸淮安府申准本府推官張時弼，牒稱見年三十五歲，江西南昌府新建縣籍，南昌縣人。由進士，萬曆二十七年六月二十五日除授前職，本年八月二十七日到任，任內爲因搜查河道錢、糧，奉　旨罰俸二箇月，不作實歷外，扣至萬曆三十年九月二十六日止，連閏，實歷俸三十六箇月，三年任滿，例應給由，等因，申報到臣。隨經批行淮徐兵備道，查勘去後。

續據該道副使劉大文呈稱，行據淮安府查勘得，推官張時弼，三年任內，委署本府印信，經徵各部錢、糧，通融計筭已完八分八釐。俱經起觧，內户部錢、糧完及九分之上，積穀亦已過額，其招撫、開墾、捕盗、鹽斤、人犯等項，俱有成績，罰過俸、糧亦已扣除，并問理刑名、行過事蹟，俱查明白。揆之考覈事例，别無違碍，應准起送給由。又該本道覆查相同，但本官職司理刑，見奉總河衙門，委查河道堅城集、鎭口等處，工程錢、糧并撫、按、鹽各衙門，會委查盤揚、鳳二府所属一應兵馬、鹽課等項錢、糧，實爲地方重務，勢難離任，請乞照例保留，等因，具呈前來。

據此案查，先准吏部咨爲酌議考課之法，以肅吏治事。內開今後在外考滿官員，除方面府佐照舊赴京，有事地方照例保留，聽撫、按從公考覈賢否，具　奏。先令就彼復職，管事牌冊差人賫繳，其稱職經薦，應得　誥勑命者，照例　請給。又爲申飭考滿官員罰俸事例，以定法守事。內開在外考滿官員罰俸月、日，俱不准作實歷，各等因，題奉　欽依。備咨通行遵照外，又准山東徐州礦税御馬監太監陳增手本，爲府官抗違　明旨，隱匿庫簿文冊，情獘顯露，懇乞　聖明電究，以肅法紀，以清錢、糧事。內開推官張時弼已經勘明，回　奏，奉　旨罰俸二箇月，煩爲知照，等因，在卷。

今據前因，該臣會同巡按直隸監察御史李思孝，考覈得淮安府推官張時弼，守己清嚴，讞獄平允，稱職。但本官任內，爲因搜查河道錢、糧，奉　旨罰俸二箇月，已經扣除，不作實歷，委無違碍，應准給由。第本官奉委專駐河工，監督工程，稽覈土方錢、糧。又經會委查盤兵、馬等項事務，實難離任，既經道、府查覈明白，臣等覆覈無異，相應照例保留，除行令本官造冊，差人齎部外，伏乞　勑下吏部，覆加考覈施行。

緣係遵例保留，給由府佐官員。事理未敢擅便，爲此具本，專差承差蔡宗齎捧，謹題，請旨。

萬曆三十年十二月十二日，具題，奉　聖旨，吏部知道。

## 三　報清河水涸稽阻糧船疏　萬曆三十年十二月初六日

題爲清河水消，回船盡阻，見今疏濬地方無虞事。

本年十一月二十一日，據管理南河工部郎中顧雲鳳呈報，清口運河原係仰受黃、淮之水，以濟糧運，每歲水落沙淤，量加挑濬。然而，黃、淮之灌輸不竭，則輕、重之舟行無滯。今歲十月初八日，本司過清口查探，水勢尚深七、八尺，見謂淤沙甚少，方切慶幸。不意，連日西風大作，日耗尺許，蓋霜降之後，上流既微，而淮、黃會合，乘風入海，其疾如駛。至二十一日，本司復到清口，則運河可褰裳而渡，回空船阻滯千餘矣。事勢危急，且恐天寒氷合，遂不及請詳，一面牌行淮安府管河同知王建亳，會同清河縣知縣關香，督率該縣縣丞張正習、主簿胡來佐，調集長、淺隄壩堡閘夫一千六百七十六名，於二十五日興工，晝夜挑挖至十一月初七日，水深四、五尺，以爲船可通行矣。故於初八日，開壩通船，不意運河內水外洩，纔過空船二十八隻，而淺阻如故。初九日，旋復築壩，嚴督開深河底；至十七日，又開通河心高亢處所三百一十丈，闊二、三、四丈，深三、四尺不等，及接引各塘蓄水，注之運河，似亦足以通舟。比，一開壩，而水之奔入淮、黃者，勢若建瓴，不半日而深者復淺，淺者復涸，旗軍六、七萬人，環立兩傍荷篙而待濟者，徒有相顧駭嘆耳矣。

竊照運河之水，本借資於淮、黃；今內水反向外流，此淮、黃異常大變也。從來清口止闢浮沙，今則河心老土，墾闢三、四尺矣，顧內深一尺，外亦消一尺計，今運河之水比平時消一丈五尺，挑濬之功，終不勝其消落之勢。行據清河縣查報，未進口回空糧船三千一百六十四隻，是進口之船且不及半，能無誤新運，妨　國計乎？必須大濬，務使運河老底，再闢闊五丈，深七、八尺，庶得與淮、黃相接而無虞矣。第事務已迫，夫役無措，淮、揚州、縣應調傜夫不過二千餘名。又衝寒觸凍，晝夜不休，見今肌膚盡裂，殊爲可憫，合無容查堪（註九）動錢、糧每日量犒食米；并另募千名，齊力合作，而後今歲之河工可完，將來之重運有賴。再照回空既阻，新運必遲，計挑濬之功，必需一月。若河、氷既合，風、雪驟至，又有不可預期者。伏乞題　請，少寬期限，庶免倉卒追呼，軍民逼迫，致生意外。

又據該司稟稱，清口淺阻官、民回空船隻不下五千，夾岸而泊，相望數里，軍、民幾及數萬，恐盜、賊竊發，地方多事。又據淮安府報稱，大夥強盜連刼三家，已經拏獲，各等因，呈稟到臣。隨該臣一面批云清口挑而復淤，不但阻滯回空糧船，而於新運大有妨誤，仰該司星夜上緊，督率官夫挑濬。若夫役錢、糧不繼，即於歲脩銀內動支二千兩，再另募夫一千名、限十日內報完。如再誤事，責有攸歸。一面牌行淮徐兵備道及淮安府，將大營官、兵分布郡城內外，清江浦、清河口及沿河一帶地方，嚴加防禦；及出示懸賞，有能擒拏眞正強盜，及夥賊自首，拏獲夥賊首官者，犒賞有差。又出示守淺船隻，首尾相銜，風、火不測，行令相離停泊，不許吊幫去後。

臣惟清口一帶，淺阻官、民糧船五千餘隻外，水工人、挑河夫役不下七、八萬人。當此隆冬寒冱之時，又值水、旱災傷之際，蕞爾清河，絕無儲蓄，一時米價湧貴。此輩螘聚，餓寒切身，不能自禁，潛至清江浦地方，肆行打刼；且復漕船既阻，新運必誤，臣隨馳赴清河地方，督同各該司、道南河工部郎中顧雲鳳監督淮安鈔關，南京户部郎中汪若水、淮安管倉户部員外郎羅文綱、清江管廠工部主事沈孝徵、漕運理刑刑部主事張鳳翼、管理漕務右參政董漢儒、淮徐兵備副使劉大文、淮安府知府張經世、管河同知王建亳、推官張時弼、山陽縣知縣楊師孔、清河縣知縣關香，及管河等官，俱會集工所，逐一查勘，慰安旗軍，曉以守淺違限，准與分豁。及行淮安府動支漕庫脩船銀兩，每船借給行糧一箇月，接濟目前之急；又犒賞挑河夫役，每名椒、姜銀五分，以示優恤。又查淮安府縣各倉，有積貯糧米、稻穀，行委廉幹官分投平糶，以示和糴，一時人心，稍覺安戢。

前項淤淺工程，自清口至通濟閘一段三百九十六丈，河底露出三尺有餘，高亢難挑。今挑下八、九尺，即比之淮河水面，深五尺五寸，自通濟閘而下一千九百四十九丈，中間深、淺不等，非必一槩挑濬者，總計工程已有八、九分。據司、道各官，僉謂期於十二月十五日，可以報完，開閘放船南行矣。爲照漕運，關軍　國重計，清口寔運道咽喉，徃年黃、淮水溢，內灌爲虞；乃今消涸異常，內水外出，此從來未有之變。盖由上源潰決，黃河散漫，以致來流微細，故清口淤墊，至此極也。今各該在事諸臣，胼手胝足，星夜督率官夫，併力疏濬，務求必濟。倘或愆期誤運，容臣據實參處施行。

緣係清口淺阻回空糧船，見今挑濬事理。爲此具本，專差承差蔡宗賫捧，謹具，題　知。

萬曆三十年十二月初六日，具題，奉　聖旨，工部知道。

## 四　停查田房稅契疏　萬曆三十年十二月二十日

題爲極苦、極危重地，不堪稅房、稅田橫擾，懇乞　聖明，俯從停止，以慰殘黎，以安根本事。

本年十二月十三日，准南京內守備太監邢隆揭帖，內開該大興左衛百户王遇桂奏，奉聖旨。這奏內南直隸一十四府田房稅契，共銀二十萬兩，并高淳等縣馬場官地變價銀十萬兩，俱着南京守備官邢隆等，會同各該撫、按等官，一併查勘解進應用，勑諭不必又給。如有欺隱官吏，着邢隆等指名參奏，不許狥私姑息，該衙門知道。欽此。欽遵。

擇於萬曆三十一年二月初八日，離任前往句容、蘇、松、常、鎮等處地方，會同各該撫、按等衙門，查徵田房稅契，煩爲轉行各該府、州、縣正官，預爲料理，聽候本監巡歷查勘，合先知會施行，等因，到臣。臣當即轉行揚、淮、潁三兵備道，及行廬、鳳、淮、揚四府，徐、滁、和三州知會，并刋刻大字告示，不許愚民，驚惶聚衆生事外；先是，臣聞有查徵田房稅契之旨，即欲具疏上　請，適南都臺省諸臣，貽書到臣，謂「此行乃邢隆門下之人，假名誑奏，邢隆一聞此　命，氣蠱欲絕，即已具　奏停止，猶是災民之幸」等語，臣亦素知邢隆乃老成安靜之人，切知民隱，必不爲此騷擾之事。臣因止而不言。今據邢隆移文前來，乃欲於明年二月內，親行查徵稅契。臣見在地方，豈忍默默，謹將所属危苦之狀，與查契擾害之情，會同巡按直隸監察御史李思孝，一一爲　皇上陳之。

夫江北鳳、泗，寔我　皇祖發祥之所；揚、淮徐、沛，又爲漕運咽喉之區，自昔稱爲　根本重地，盖爲　祖宗重，爲　國計重也。連年以來，黃、淮泛濫，水患相仍，巨浸一望，民胥爲魚；既有鹽課之擾，又有蘆洲之擾；既有抽稅之擾，又有差船之擾，加以拽送　皇漳（註一〇），常起夫二、三千名挑復河道，共起夫六萬餘名，庫藏搜括，里甲賠貼，大縣已及萬金，小縣亦且數千金，地方多事，天下未有如江北今日之甚者！百姓憔悴，天下未有如江北今日之極者！官司之追呼，閭巷之號哭，誠有目不忍見，耳不忍聞矣！即今，百姓棄室，焚廬逃走，強半呼天怨地，忿恚欲死，此等時勢、此等景象，而更堪此沿村履畝，挨門逐户，搜查稅契之擾乎？夫民間典賣田房，報納稅契，十年過割，此定制也；所納稅銀，或觧户部以濟邊，或給官軍以充餉。報稅者，有道、府號印；隱匿者，照律例入官，爲數既不多，爲法亦至嚴且密矣，又何事查徵爲哉？且百姓買房以棲身，買田以餬口，多者百年，少者數十年，豈有終日買田、買房之事？況此災荒之地，野無青草，路有餓莩，縱賣者有人，買者誰歟？況或係祖、父傳流產業，或係本身置買多年，既無稅文，何從起稅？既不起稅，何從徵銀？此乃奸弁、土棍，誑詞奏　准，哄掇邢隆親行查徵，不過欲假漏稅之虛名，乘機而嚇騙。故起告訐之刁風，伺間以呑噬，肥家而寄國，行私而託公，致令家家喪生，人人俱斃，殃及雞犬，毒徧閭閻，此其爲害，豈在礦稅下哉？民愈窮，而歛愈急；　國益危，而政益虐，臣誠不知終矣。前者，王遇桂妄　奏，尚欲於廬州　皇陵開礦，幸荷　聖明篤念根本，　洞鑒誣妄，　特允臣疏，免行開采。今既未正欺誑之罪，尚寬上刑之誅，却又欲於此極危、極苦之重地，肆此無頭、無緒之横擾、此眞　國之仇讐、民之殘賊也。左右反覆，千方百計，惟恐　國事之不速壞，民心之不

速變也，可恨哉！若遇桂者，罪誠不容於死矣。伏望　聖明，加意垂察，　留神繹思，仰念
祖宗之肇基，俯圖　國家之大計，　灼見根本重地，萬分危苦，比之他處，眞屬懸絶！　勅下
户部，速行移文邢隆，將此中田房税契，免行查徵，庶已盡之孑遺，猶幸一入之餘生；既枯之
膏澤，尚有不絶之遺瀝矣。
至於，百户王遇桂欺誑誤　國，　皇上自有洞見，　國家自有常刑，臣等不勝激切，懇祈
待　命之至。
緣係極苦、極危重地，不堪税房、税田横擾，懇乞　聖明，俯從停止，以慰殘黎，以安根
本。事理未敢擅便，爲此具本，專差承差蔡宗齎捧，謹題，請　旨。
萬曆三十年十二月二十日，具題，奉　聖旨。

## 五　報獲潁州賊首疏　萬曆三十一年正月初九日

題爲擒獲臨境賊首，相機正法，餘黨諭散，謹據題　報事。
萬曆三十年十二月二十日，據整飭潁州兵備副使劉如寵，呈准分巡汝南道黃副使手本，爲
勦盜救民事。本年十一月十九日，據新蔡縣申蒙汝寧府捕盜覃通判，牌稱息縣人朱傑，告稱被
盜打刼，行縣，即查本地方聚有強盜若干，窩主某人，燒刼失主某家，查明呈報勦捕。蒙此，

查得練村集、李家集、汪家店，居民被盜刼財，燒毀失主張良相等家房屋地方，具稟署新蔡縣事柳通判，差官、兵懸賞，捕獲賊犯汪友德，到縣審招，供稱大賊首廖萬、賈恒等百十餘名，小賊首熊繼言等四、五百名，及本犯與張繼存，又有黨賊易得福等五千餘名。

又審據張繼存供稱，先有賈恒等，在於黃旛集鄭綵家久窩作賊，後有廖萬因截吳舉人，事發投賈恒轉窩與潁州人李大榮，後因打刼朱傑，恐怕人少，與瓦店人李小溪合夥百十餘人，去打刼長陵、新李集等處。又合陳小官等三、四百人，李大榮窩住不下，有潁州人詹希楚要來合夥，隨將陳小官等賊首六名，帶領各名下副賊，窩住劉三等三家作腳，要刼化庄等語。除將見獲賊犯枷號、遊營、監故外，又該柳通判單車直指汪家店，隔河瞭望。據居民鄉約保甲人等，各稱汪家集離城五十里，過河東岸係潁州地方，北至艾亭集八里許，南至息縣黃旛店五里許，中有三大姓人家，北爲廖家營，東爲李家營，南爲鄭家營、詹家營即詹希楚，李家營即李大榮，二家係潁州民，鄭家營即鄭綵係息縣民。此三家住處，西阻河南東北一帶，有淤河一道周繞東北，是其家各有濠深廣，村落繁茂，庄奴衆盛，俱係累年爲盜，亦且窩盜得慣。今此衆賊盤據於此，不但三家草木，秋毫不犯，並無騷擾。每日上艾亭集飲酒、賭錢、行禮、買賣，與良民無異。獨每日過河，小則抄畧鄉村，大則焚刼集鎮，除獲有名賊犯二十三名到縣，其餘業已指授方畧番正，間諜料可得獲，且能令一人、一馬，不敢復渡河西；但過河之盜，雖可捕獲，而河東之窩囤不除，勢必隨勦隨起、旋散旋聚，終釀大患。合無俯念荒邑，民生塗炭，移文南直隸，着落潁州，將詹希楚、李大榮二家勦捕，再徑文着落息縣，將鄭綵勦捕，俾大盜無羣棲之所，勢必解散，而解散勢孤，可以悉就擒縛矣。

惟是事體重大，不敢張大，以駭遠邇之聽聞；又不敢隱匿，恐貽地方之大患，等情到道。除分委官、兵在於新蔡、息縣防守、緝捕，行牌息縣擒拏賊窩鄭綵外，本道親詣新、息二縣巡歷，撫拯荒民，解散賊盜，似已寧靜；但此輩烏合，嘯聚出沒無常，據稱焚刼三集，白晝公行，勢甚狂逞，寧復知有三尺？今雖暫避，後將復來，各鄉百姓心寒股慄，不能一夕安枕。而此屬既飽所欲於中土，則歸巢穴於潁地，飲酒宿娼，錢盡復掠，聚至數百人，詎止鼠竊？雖盈盈一水，近在十里之內，而地隔兩省，非盡汝、蔡之民。日復一日，長此安窮？潁州多盜，從古已然，所據大窩詹希楚、李大榮，負嵎險固，徒黨衆多，羣盜以爲歸不及。今一大創之，恐其害有不可言者。俱係潁州百姓，河南似難差兵徑拏，合用手本前去，煩爲發兵勦捕，殲厥渠魁，傾其藪窟，庶兩省軍民得以安寧；諸奸褫魄，而數萬赤子，並受其福矣！等因，准此。

又據河南息縣申報，賊勢大畧相同，爲照練村、黃旛等集，係隸河南地方，界接潁州，爲省、直交會之處，本已易生奸宄，盜賊數多；况益以灾荒、饑寒逼迫，計畫無之，愈加縱肆，向蒙撫、院憲牌，嚴飭防禦；復經本道遵依，通行防守。今准前因，除又經牌行方家集駐箚捕盜通判郭蒙吉，潁州營哨官丘祖堯，整搠兵馬，以備不虞；并令潁州同知蔡敬中，前去方家集，將前盜賊恊同息縣，設法解散，仍一面嚴督巡捕員役，將倡首渠魁密拏正罪，及嚴查詹希楚、李大榮是否潁州百姓？果否窩盜？一併查明剿拏，獲日另報外，但前項盜賊生發，雖係中州，而逼臨道屬地方，指稱潁州人户，擬合呈報，等因，在卷。

續於萬曆三十一年正月初八日，又據潁州兵備道呈詳，先准汝南道手本，內開息縣人朱傑被盜打刼，內有潁州人詹希楚、李大營窩藏盜賊緣由，手本到道，准此。隨行潁州，即令同知蔡敬中星馳前去方家集，嚴查二犯是否潁州百姓？如果窩盜是實，嚴督廵捕員役火速擒拏。該本州遵依，移關蔡同知前去方家集嚴緝。又批差快手楊正仕等九名，於十二月三十日至艾亭集、棗林庄、李家營、李大榮家，與前河南柳通判斬首李許，并伊堂兄李大機，相連居住有房數十間。蔡同知亦令于哨官帶快手王選等，并鄉夫人等至集，本犯先已逃出，潛躲小庄上；楊正仕、王選等夜訪到十四日，天明擒獲。十六日早送到州，審李大榮，委係潁州人，親自招承與詹希楚並係賊首，同夥爲首者十餘人，打刼官庄廟、長靈集等處，白日持弓矢、鐵尺、邀刼息縣黃生員騾一匹，其詹希楚未奉之先，十二月初三日，息縣差兵捉觧河南究審去訖。各快隨又捉獲同夥賊首一人，渾名「回三老大」，監候另行招詳外；再照李大榮親口招承，白日持弓矢、鐵尺邀刼道路，非引例梟示，不足警眾絕後，且羈候獄中，仍恐意外之虞，合先申報，等因。

又據本道委官壽州衛千户楊東鳳呈稱，本職遵依前去潁州，會同蔡同知嚴查間，准潁州差送民壯潘貴等六名，并家丁楊東尚等前去榮家集，查訪詹希楚、李大榮窩盜情由。行至李家集、張愷庄，已被潁州快手楊正仕等，并地方人役捉獲。強盜李大榮、李大化并伊父李彩餘黨，詹希國、張官、魏大等六名，本職親入賊巢協同綑綁解州，見今監禁審問。及查詹希楚未奉之先，已該河南通判柳緒帶領官、兵千、百餘名，在於艾亭集擒獲李許，隨割首級，詹希楚等四十八名綁解去訖。

又據楊東鳳稟帖報稱，方家等集一帶居民，十逃八、九，至於守產之家，多被盜賊殘害；但潁州地方連界河南，原係久反之地，兼以年歲凶荒，饑寒所迫，盜賊易生，動輒三、五百衆，擄掠民財、放火殺人，不分晝夜。被盜之家不敢拒敵，財刼房焚，束手待斃，盜賊烏合勢衆，造言劀富濟貧，鼓舞饑民，拉旗稱王，豈成世界？請乞行會有司安撫，或行衛官勦捕，其爲首數人盡法示衆，餘黨自散，等因，各申呈到道。據此，案照先准黃副使手本，并據河南息縣申報前事，已經備由，呈報各院外；爲照大窩李大榮、詹希楚，與河南已梟首李許，恃居省、直接壤之區，平日無事，已爲包藏禍心，乘此荒年，便行勾引亡命，流毒地方。被刼者不敢聲言，被脅者只得隨徃，稍有得過之家，日夜惶惶，莫能貼席。蓋十一月以前，原在河南流刼，而十二月以後，始在直隸潛藏，及今兩地嚴加捕撲，各窩業已就擒。第李許已該河南捕盜官快斬首，而此中所獲李大榮，合應比例梟示，以令衆知。再照艾亭集一鎮，釀成盜賊淵藪，所稱持器晝刼，扯旗稱王，訪之止有一次，但情似無將（註一一），萌當先折；若不急行撲滅，恐成江河，而尋斧柯，貽害更遠，費事愈多。合無請乞詳示，准將李大榮嚴行成招，一面比照河南前例，梟首示衆。其艾亭等鎭，作亂羣兇，除本道發有告示，許令自首免罪外，凡有仍前不散，再行調發兵馬勦捕，必使巢穴盡犂，地方寧謐然後已，等因。呈詳到臣，該臣隨批李大榮窩聚羣盜，白晝刼人，豎旗稱王，明属反逆，即今年歲凶荒漸，豈可長依，擬先行梟示，以懾羣兇，以安省、直百萬赤子之心。其餘黨從，許其出首，觧散免罪；有不可原者，相機摘拏正法。

臣又隨出大字告示，爲示諭被誘災民，早圖歸正事。大率謂賊首李大榮豎旗稱王，已梟首正罪，其餘災民皆因被誘，情猶可矜。倘一槩勦捕，深爲可憐，合行諭散，爲此示仰被誘災民知悉，各宜自省，不得失身從賊；雖爲迫於饑寒，不得已圖爲目前之計，殊不知本欲求生，反速其死，不如及早首正解散，但係本院所属者，准照前行明文，聽赴有司賑粥，只至麥熟而止；係河南所属者，聽所在官司給與照身一票，量資路費，使得生還。即眞正賊首痛悔，願求歸正，亦准贖前愆，許與自新，速行觧散，毋得執迷不悟，自取殺戮不便，如有司故將投首者妄拿冒功，定行參處，并牌發該道張掛。臣又密示一箚該道，若有餘黨，須急早觧散爲妥，恐持久養成大害。河南有官、兵追捕，必奔江北，可張兵勢，以遏其來；示招撫，以散其黨。仍令潁州照前行多設粥廠，急救民心，臨境亳、宿等處，一體戒備去後。

今照地方拏獲大盜，已經正法，合應題　報，該臣會同直隷監察御史李思孝，看得河南、江北兩地，俱係久罹水患之區，潁州地方切近河南，舊歲禾黍不登，且人性剽悍，勢必思亂。

臣等已經　題勘災傷，爲之蠲免錢、糧，以維繫人心，行令有司動支倉庫銀穀，設廠爲之賑粥，以存恤饑民；申飭軍衛、州縣分布官、兵，爲之嚴加防禦，以消彌萑葦，安民之策、救民之術，臣等已不遺餘力矣。今潁州方家集、艾亭集等處，與河南新蔡、息縣，乃接境聯界曠野之處，賊首李大榮、詹希楚、鄭綵等，得以據爲巢穴，糾聚餓民，蜂屯蟻聚，幾至數千，流刼南、北、東，東逐西奔，甚至白晝刼擄焚燒、豎旗稱王，何物么麼，敢行狂逆若此？河南官、兵所擒李、許，已行斬首警衆，而李大榮係潁州道所捕，當此人心反側之時，臣謹遵照，欽奉　勑諭，從宜處置，批行該道先行梟首示衆，以懾羣兇。今渠魁伏誅，而脅從許首自新，但目今青黃不接，閭閻萬分困苦，容臣等再行申諭各該有司，多設粥廠，加意撫綏；申嚴保甲，多方防禦，務期地方寧謐，以紓　聖懷外，緣係擒獲臨境賊首，相機正法，餘黨諭散，謹據題　報事理，爲此具本，專差承差涂麒賫捧，謹具，題　知。

萬曆三十一年正月初九日，具題，奉　聖旨，該部、院知道。

## 六　第四催代疏　萬曆三十一年正月十□日

題爲漕撫多故，病體難支，四懇　天恩，即　賜交代，以重國計事。

臣於去年五月初一日，接得邸報，奉　旨予歸，臣隨查臣衙門舊有條例一書，凡漕運總督及腹裏巡撫不必候代，臣隨具疏發牌，擬於本月十三日離任矣。次日，節據司、道、府、州各官顧雲鳳、楊洵等稟稱，查得近年新例，不拘腹裏邊方，一體候代，未可便行。盖臣急于遵旨，不敢少安，誤於前例，未及致詳耳。因復赶牌回泰，敬候代臣。數月以來，引領北望，豈意　皇上恩加非分，不忍遽棄，以至今日也。夫臣之所蒞，與他省不同。故臣之望代，比他省獨急，何也？他省巡撫內有布、按諸司，外有守、巡各道，或爲之分布、或爲之巡行，故可以閉門，可以卧理，即遲以時日，亦不廢事。

今直隸所設，止有揚、淮、潁州三道，各分其地，各守其官，文移來往，動稱千里，而臣以孑然之身，僻處一隅，獨斷獨行，莫爲面商；必躬必親，罔敢他諉。故臣自聞　命以後，稍一閉門，而奸究突恣，良民潛遁；時當議派河夫，而泰州百姓，萬有餘衆，叫哭轅門；更以留守韓有光，毆打知府，至於折肱。遠邇洶洶，無天無法，臣不得已，仍前開門，示彈壓焉。遍出曉諭，撫慰士民，更發　令牌，拏問留守；于時，人心稍稍安戢，今又九月餘矣！夫臣欲閉門，則奸人鼓扇，訛言繁興，地方踈虞，罪將安屬？且一日在公，一日匪懈，所以敬　君事也，此閉門不可也。臣欲開門，則迹涉濡滯，意類千澤，徘徊繫戀，適足貽羞，且即日罷官，即日就道，所以尊　君命也，此開門不可也。故時當開門，而實不可不閉；義當閉門，而又不得不開，欲退不退，出處無憑，已去不去，狼狽爲甚！

况臣頃以清河涸阻，刼擄紛拏，冒寒力疾，躬行安撫。回至高郵，風痰大作，日呻夜吟，困頓莫支；內熱外寒，飲食不進。此按臣蔣以化所目擊，而心憐者，非臣之飾說也，即今糧運盛行，漕事孔棘，餓民滿目，盜賊橫恣，即使強幹之才、精壯之力，日夕籌度，南北奔馳，猶懼不支、猶懼不及，而況以臣將歸、未歸之人，已病、復病之身，當之哉！故臣咨部，已再；疏 請，已三。汲汲皇皇，萬不得已，誠懼一不得當，有負 皇上耳。且 皇上之所以遲留不忍者，豈以微臣曾有毫毛之益於地方，而以去臣爲可惜耶？不知 君之使臣， 予奪惟其所命；臣之事 君，進退皆關其忠。故臣子之進也，或將美救惡，或宣德達情，是計安 社稷之臣也，是有功於 皇上之治道也，固不可不謂之忠也。臣子之退也，或執禮守義，或立懦廉頑，是扶植風教之臣也，是有功於 皇上之治化也，亦不可謂之非忠也。補闕維風，事雖異，而功則同；廊廟江湖，迹雖殊，而機則貫，豈必儋圭析爵，而後爲得用？漱石枕流，而遂爲無用耶？夫以庸劣如臣，何所比數？即今仁賢滿 朝，又何足比數？獨以 皇上久留， 慈念遲回，不忍徒以惜臣之故，而誤 國家之大計。故復陳其進退之旨如此。若微臣者，固不必惜也已。伏望 皇上俯念漕撫多故， 國計可虞。臣病既眞，臣義當退，速 簡代臣，以信 前旨，以安地方。不然，躭延日久，致有他虞，即雖執以罪臣，亦何補於國家哉？且臣亦得以有辭矣。爲此懇切上 請，伏惟 皇上照察，速 賜施行。

緣係漕撫多故，病體難支，四懇 天恩，即 賜交代，以重 國計事理。爲此具本，專差承差涂麒齎捧，謹題，請 旨。（註一二）

萬曆三十一年正月十□日，具題，奉　聖旨。

## 七　清河日涸改限疏　萬曆三十一年二月初九日

題爲清河日涸，重運難前，懇乞　聖明，俯賜寬限，併　勅當事河臣，速行開濬事。

萬曆三十一年二月初五日，據管理南河工部郎中顧雲鳳呈稱，河口運道自去歲十月初十日以後，黃、淮驟落，至二十一日回空阻滯。隨該本職督同淮安府管河同知王建亳、清河縣知縣關香，調集高、寶、江、儀、山、清、桃源等州、縣傜夫，委高郵州判官王萬育、清河縣縣丞張正習、主簿胡來佐、山陽縣主簿謝侗、寶應縣主簿盛治世，晝夜挑濬，從河心中另開一小河至通濟閘，復從通濟閘至清江閘二十餘里。內凡探水勢淺澁者，俱加開闢。至十二月十八日工完，候至二十八日氷開，二十九日放船南下，至正月十九日過船一千一百零一隻。彼時新開河渠尚深，只因通濟閘底樁木盡露，進船一塘必須打壩塞口，接引湖水滿漕，方可過閘，雖云費力，船猶可行。至本月二十、二十一二日，淮、黃驟耗三尺，船不復可行矣。乃築壩車盤，日僅可車一、二十隻，然船猶可車也。至二十六日夜，東風大作，至二十九日三晝夜之間，頓耗水六尺。每一船過，用夫千名，船稍舊者，竟折而爲二，又不復可車矣。本職爲萬不得已之計，另於迎溜去處開河一道，彼時較量外河水面務深丈許，以爲必濟之計。然自二十一日興工以來，水消八尺，此時僅深二尺矣。以千夫之力，數日之工，曾不足以敵旦夕之耗，則此河雖工已將完，恐又成畫餅。夫空船尚爾，重運可知。在今日。雖進一船爲一船之幸，而將來又多一船，爲一船之憂。本職百方計議，蚤夜圖維，智窮力竭，莫知所措。或謂張福口宜塞，使淮、黃不至旁溢者。此一策也，方議堵塞，而張福三百丈之口，一朝忽涸，無復涓滴之流矣！或謂引接高、寶湖水，以濟運者，亦一策也。嘗試洩之，若覆杯水於坳堂之上；在內河，若有餘而出，外河則烏有矣。況高、寶諸湖，原以淮水爲源，今向外洩，則無本之水也。若令常流，將不數日，而淮南三百餘里立涸矣。或謂天妃、龎灣諸壩宜開者，此其瀉洩湖水，較河口爲甚，而其不能運舟，與河口同也。至謂桃花水發，宜姑少待者，此尤渺茫。目今，孟春已盡，地脈宜融，而立春以來，水消八、九尺，是四時之令，且不足信，而況未定之天乎？總之，河涸病根由於八月，至今未有雨澤，亢旱既久，百川皆竭，人力竟無如之何耳！目擊事勢窮促，擬合呈報，等因。

又據郎中顧雲鳳、淮徐兵備副使劉大文、揚州兵備副使楊洵稟稱，奉文遵將花木　貢船二起，俱各拽送出口訖。又據淮徐兵備道稟稱，開復故道，山東工完在旦夕。直隸官夫奮力，計日成功，亦不過二月，惟喫緊之着，全在王家口，而議論尚多，緩急未可必也。此處如樞紐，然緩則俱緩，其關係寧止于緩而已哉！清口放過船隻，則此月之中糧艘，當盡回南；第新運萬無車盤之理，環視清口上下左右，無可措手處，仰藉東注，一了百了，不獨人力之恃，蓋亦有天命焉！等因。本月初七日，又據稟稱，本職親駐清口，會同顧郎中車壩，但遇東南風起，外水消落數尺，不能接濟，必得西南風，方可進船，即勉強完回空之數，新運斷不可恃，環視周遭，別無可引之水，亦無可議之路。且宿遷白洋河而下，日漸淺澁，各湖俱竭，豈人力所可施者？自古以來，無淮、黃湖澤乾涸之事，於今見之，可爲寒心。惟恃黃水之至，不知上源王家口，黃河挑止深一丈七尺，即放水東流千餘里至清口，能敓淮丈餘，而入閘乎？似萬不能。若亢旱不雨，天下事未可知也。據目前光景，先行實報，倘議有可爲，另行馳聞，等因，各呈稟到臣。看得時當新運過淮之期。清口外水自冬至今，消至丈餘，即空船尙爾艱阻，矧重運何能速達過淮、過洪，限必違悞，除又牌行管河郎中、漕河兵備各官，講求長策，務在速濟外，爲照　國家定鼎燕都，六軍、萬姓仰給漕糧，是誠　京師命脉所関，至緊、至切、至重、至大之務也。然非河渠通利，則縱有粟如山，徒付之無可柰何者，乃近年以來，河勢屢變，蒙墻一決，遂盡南徙，徐、邳淤墊，漕船阻滯。適河臣偶缺，臣不得已預與司、道各官。議建閘座，節宣啓閉。偶値天雨連綿，幸爾苟完，然實人力不至于此矣。

臣於舊年四月內，奉　命督漕，雖尋荷　予歸，而催儹之令，實未敢懈。每年空船遷延，躧悞赴兌，臣即嚴檄各運，星夜回南矣。每年發單遲滯，躭閣徵收，臣於九月初旬，已盡派行，嚴令有司驗糧聽兌矣。方謂諸事料理，既早過淮、過洪，必早文、武同心，官、軍併力。自幸　國計可完，　聖憂可釋矣。詎意清河陡涸，空船忽阻，臣即力疾冒寒，馳至彼中督同司、道借銀、募夫，期於臘月報完，開放空船。隨經具本題　知訖。但今外水不來，旋挑旋消，高、寶湖水日漸外出，回空之船尚不能南，重運之船如何能北？前南京監丞張敬管昇進貢　欽取萬年寶粟牡丹花卉二起，該臣移咨總河及牌行河官，多撥人夫盤送出口，但　貢船既輕，又属花木，故易於爲力；運船既重，又属米糧，實難於爲功。今建陽等衛，業已陸續渡江，然運口既阻，跬步難移，費日躭時，　欽限必悮，臣之職掌所関，催督之檄可謂不遺餘力。而河臣曾如春駐劄山東，日夜拮据，誠勞誠苦，然必上源速開，全河東注，而後清口無阻，利涉可期；但聞王家口尚在持議未決之時，重運已塞淮南高、寶之際，數千糧艘，數萬官旗，風火盜賊，無不可虞。臣眞寢不沾席，食不下咽矣。雖畢智盡力，竭蹶以從，而勢窮理極，勞瘁何補？詢之士民，訊之舟師，俱以爲從來未有之變，蓋眞有非人力之所能爲者，更不知何時方能出此清口，以完此一年　國計也。事在焚眉，有不得不據實上　聞者，伏乞　皇上軫念河道異變，糧船久稽，　勅下户、工二部，先將過淮、過洪限期，量行寬假，仍急行總河大臣嚴督司、道等官，極力河工，克期完報，俾運道早通，糧船攸濟，豈獨漕臣得免罪戾而已？

緣係清河日涸，重運難前，懇乞　聖明，俯賜寬限，併　勅當事河臣，速行開濬。事理未敢擅便，爲此具本，專差承差涂麒齎捧，謹題，請　旨。

萬曆三十一年二月初九日，具題，奉　聖旨。（註一二）

## 八　州官給由疏　萬曆三十一年三月初六日

題爲遵例考覈，給由州正官員事。

案查先據直隸揚州府通州申准本州知州栗永馨，關稱見年三十四歲，山西潞安府長治縣人。由舉人，萬曆二十七年六月二十五日除授前職；本年十二月二十九日到任，內因查參獲盜不及半，奉文罰俸二箇月，不作實歷外，扣至三十一年正月二十八日止，連閏，實歷俸三十六箇月，三年任滿，任內又因拖欠京庫錢、糧，奉文住俸，督催旋已完解，題　允開復，例應給由，等因，到臣。隨經批行揚州兵備道，查勘去後。

續據該道副使楊洵呈稱，行據揚州府查勘得，通州知州栗永馨，三年任內，經徵坐派起運一應錢、糧，俱已完足九分之上；清勾軍士亦已及數，積蓄稻穀過額，收支贓罰明白，保民實政五事、農桑等項六事，俱各咸修。任內，委因獲盜不及半，年終類參罰俸二箇月，已經扣除不作實歷；又因未完户部項下，見徵、帶徵京庫錢、糧，奉　旨住俸，今俱督催完解，亦經題准開復。又該本道查無違礙，應准給由，等因，呈詳前來。

據此卷查，先准吏部咨爲酌議考課之法，以肅吏治事。今後府、州、縣正官給由，免其赴京，聽撫、按從公考覈賢否，具　奏。先令就彼復職，管事牌冊差人齎繳，其稱職經薦，應得誥勅命者，照例　請給。又爲申飭考滿官員罰俸事例，以定法守事。內開在外考滿官員罰俸月、日，俱不准作實歷，掌印官糧官錢、糧完過八分之上，照例考覈。又准户部咨爲欽奉聖諭事。該本部題，類覆鳳陽撫、按會題，內開通州知州栗永馨，原欠見徵、帶徵京庫錢、糧，俱已完觧，所住俸、糧應准開支，各等因，題奉　欽依，移咨遵行在卷。

今據前因，該臣會同直隸監察御史李思孝，考覈得通州知州栗永馨，守己貞誠，敷政豈弟，稱職。查得本官任內，因獲盜不及半，年終查參罰俸二箇月，已經扣明；又因拖欠京庫錢、糧，住俸，亦經題　准開復。俱屬因公，既經該道查無違礙，應准給由。除行令本官，照例復職接俸，管事造冊差人賫部外，伏乞　勅下吏部，覆加考覈施行。

緣係遵例考覈，給由州正官員。事理未敢擅便，爲此具本，專差承差涂麒賫捧，謹題，請旨。

萬曆三十一年三月初六日，具題，奉　聖旨。（註一四）

# 九　減兵留餉疏　萬曆三十一年三月初六日

題爲江海地方遼闊，兵馬盡難減銷，乞　賜酌議俯留，以寓安攘大計事。

行據整飭淮徐海防兵備副使劉大文、楊（註一五）州海防兵備副使楊洵會呈，蒙臣憲牌照得各營，自倭儆喧傳以來，　題設水陸官兵、戰馬、戰船，一歲糧餉、草料、船租、器藥、犒賞等項，所費不貲，議留鹽課、馬價、關稅、漕糧、贓罰各稅，賦役、丁地等銀，僅足支用後，緣釜倭歸巢，鹽課、關稅、漕糧、馬價不允充餉。各營兵馬雖經節行銷汰，仍有存留新募官兵，惟以賦役、丁地、贓罰各稅，通融支放，近奉　恩詔，裁減加派征倭丁畝、丁糧，備行各道會同將淮南、淮北各營兵馬、戰船等項，查照地方險易，何者照舊，何者應裁，逐一酌議妥當通詳。又蒙節次行催議報，今該兩道會議得，兵與餉原兩相須，而議兵、議餉，惟在視時緩急，緩則不得不去兵以節餉，急則不得不存餉以蓄兵。夫民力已竭，而猶欲取以養兵，詎不憫然深恤？然亂形已成，而使防禦反踈，則地方轉爲可慮。前因兵部取解馬價六萬七千兩，已經銷兵五千五百員名，今日兩淮兵餉，誠未可輕議減者，且自徐、邳而下，以至海、贛、廟灣、鹽城，由狼山而西，以至掘港、大河、周橋，在在皆江海險要，　陵運重地。見在官兵已節次減汰，已極單弱。若再行減撤，則不成營伍，緩急何藉？況今鹽稅流毒，已深人心，思亂更甚，兼以河工大舉，役夫十餘萬，螘聚蜂屯，皆漕艘涉歷之地，非藉兵威，曷以彈壓？而沿江、沿海流移日衆，盜賊滋蔓，災沴重數，象緯示異，此何等景象也，而兵顧可減乎？兵不可減，而餉又不可停乎？故七萬四千丁賦之數，雖係新增，實爲備倭之用，而備無時不嚴，則餉無時可省。此所以寧存餉，以裕兵也。

今再三會議，於淮南、淮北各營新舊官、兵，除前次奉文取解馬價，減汰官、兵及奉詔之後，又陸續汰革及事故不補不計外，今將見在者，相應量行減汰，以示畫一。今查軍門內中軍摽下營，乃節鎮重兵揀選各營精壯者，湊足一千員名、戰馬一百七十四匹，以資彈壓；其狼山陸營，見在官兵一千三百五十五員名、戰馬一百一十匹；水營，見在官兵九百員名，大小戰船六十一隻，該營當江海交會之衝，最爲險要，姑於陸營內減退一百五十五員名，實留水陸二千一百員名。又有見在沙營，官兵三百員名、沙船十二隻，原係雇募，所當盡行減退，如有警息，可以臨時召致。大河營，僻居邊海，先年倭所必犯之地，見在官兵五百二十五員名、戰船十隻、戰馬二十一匹；今再減退二十五員名，實留五百員名。掘港營，見在官兵四百一十九員名、戰船十隻、戰馬一十八匹，該營之險不減於大河，今再減退一十九名，實留四百員名。周橋營，見在官兵四百五十六員名、戰船二十四隻、戰馬一十一匹，該營逼近江干，鹽盜淵藪，港汊數多，難於分布，今再減退五十六員名，實留四百員名。

揚州道泰州中軍營，見在官兵七百員名、戰馬五十九匹，係本道駐劄之處，亦有海防之責，姑量減退一百員名，實留六百員名。揚州遊擊營，見在官兵九百六十員名、戰馬三十一匹，該營乃南北咽喉之衝，取爲繁重，且分布諸處數多，亦應照舊。丁美舍營，見在官兵二百員名、戰馬七匹，該營設在鹽城掘港二界海岸之中，相距各一百四五十里，倘倭入犯，兩營遠不及顧，似應照舊。淮安中軍大營，見在官兵一千九百三十八員名、戰馬一百九十六匹。淮地亦南、北咽喉，軍門重鎮，居重馭輕，且護運防，分派有定名，雖千餘在營，常操者甚寡，姑量減去三十八員名，實留一千九百員名。廟灣營，見在官兵一千六百五十六員名、戰船三十三隻、戰馬一百零四匹，該營駐箚射陽湖口，乃由海入內之途，亦稱要害，今再減退一百五十六員名，實留一千五百員名。鹽城營，見在官兵四百八十五員名、戰船一十一隻、戰馬九十匹，該營坐落鹽城縣地方東南要害，海洋港汊甚多，無處不可登岸，而新洋、斗龍二港，尤爲最險，姑量減退三十五員名，實留四百五十員名。東海營，見在官兵九百五十五員名、戰船三十七隻、戰馬四十四匹，該營孤懸海中，與釜山相對，而鶯遊、荻水等處，切近山東，險隘更多，今再減退五十五員名，實留九百員名。徐州參將營，舊額皆城操軍壯，自倭亂時，防護糧運，應援海、贛添募官兵，節行裁減分派，止存二百員名、戰馬三十五匹。

淮徐道駐箚徐州後，因倭奴復犯朝鮮，警報孔棘，將淮北海防事務，責成本道專管，議將參將營募兵分派三百員名、戰馬二十匹，立爲本道摽下營；其淮南、淮北各營官兵，自二十九年十月，奉　詔之後，內有老弱、事故，不時揀選，共汰革過六百二十五員名，今又於前項見在官兵內，共減汰過九百三十九員名，二次共汰革過官兵一千五百六十四員名、沙船一十二隻。大約一歲計省餉銀二萬餘兩，儘將先次加增賦役二萬兩，自今豁免實存後，次加派丁地銀五萬四千六百八十八兩，併同舊額軍餉八萬餘兩，及院、道贓罰三千兩。四府三州稅契銀二千兩，醃切海船稅銀九百兩，僅足見在各營新舊官兵一萬一千四百一十員名，糧餉、戰船、戰馬、租料、修艌、造器、火藥、犒賞等項，一歲通融支放。今次額定官兵、船馬數目以後，歲以爲常遇有事故，仍令選補，倘有警息，不妨另行酌議添募。如此庶兩淮兵食，無煩於措處，而重地藉以保障矣。請乞會議具　題，等因，呈詳到臣。據此查得萬曆二十九年十月內，欽奉詔書一欵，內開近日征倭、討播，量有科派加增丁畝、丁糧銀。今事寧已，各增派如舊，各該撫、按官嚴行查究禁單。欽此。已經通行淮、揚二兵備道，裁減去後。

續據各道節次呈詳，南北各營自奉　詔之後，已經汰革過老弱、事故兵勇六百餘名，但淮、揚江海要地，兵馬單弱，委難再減。又該臣等節行批駁及不次催議間，近於萬曆三十年十二月內，准兵部咨爲屬藩告急，倭釁可虞，懇乞嚴飭內、外之防，以弭未然之變事。該本部題，內開該朝鮮國王奏稱，倭使之來已及三次，聲言動兵厮殺，要請兵將，以壯聲勢。本部覆議，倭奴狡詐異常，情形叵測，其虛聲於東，安知其不實於西？陽通於此，安知不陰犯於彼？則夫自內及外，先事設防，皆今日所當亟講者，况閩、廣、浙、直沿海地方，無處不可通，倭則隨處皆當嚴守，合行省、直各該督、撫衙門，選將練兵，謹烽密報，加意隄備，共保無虞，等因。節奉　明旨，沿海備禦，着各加申飭。欽此。備咨前來。隨即備行沿海鎮、道將吏，整飭兵馬、船器，加謹防禦間。又於萬曆三十一年正月內，准兵部咨爲東事久寧，民困未息，謹議裁將領，以節浮費等事。該本部題，節開大率謂東事雖寧，而倭情叵測，此時正欲先事預防，誠難輕議裁減，與其冒濫充斥，徒事虛靡，孰若得人訓練，以求實用；且向當事變倉卒之時，固無暇爲詳審斟酌之慮，如南京、新江口、江南、天津、浙江、福建，添設官兵數多，江北狼山添水陸三千餘名，地方一時措處不及，不免那移，那移不已，漸至編派，編派不足，又復撮借其費，年復一年，其民日困一日。今欲及時綢繆，尤宜加意節省，移文各該省、直、撫、按衙門，遵照申飭事宜，相與從長酌議兵防，務據險要，毋令備多而力分，餉額務守成規，毋令有名而無實，等因。題奉　欽依，備咨前來。又行淮、揚二道申飭查核，減汰去後。

今據議，詳前因。該臣會同巡按御史李思孝、巡鹽御史蔣以化，議照江北地方，寔　祖宗根本，漕運咽喉，江海要衝，留都門户，由江至海延亙二、三千里，而海州、贛榆接連山東，狼山、海門接連江南，與日本、釜山、對馬島一水相望。先緣倭奴直犯朝鮮，沿海、沿江各營舊兵僅至七千，前後撫、按諸臣議增兵馬萬餘，後屢經議減，復又議增，頗費措處。續奉　恩詔，裁革征倭丁畝、丁糧，而淮、揚二道再三執議，謂前日取鮮馬價六萬七千，已銷過官兵五千五百有餘，今難再減。臣等檢查節次增減舊牘，自萬曆二十年，因倭添設新兵一萬四千餘名、戰馬一千餘匹、戰船二百餘隻，并器械、火藥、犒賞等費，歲該餉銀一十九萬七千有奇，議留鹽課、漕糧、關稅、贓罰各稅，馬價開加增賦役等項湊支，迨至二十四年，東事議封，户部將前節次留充兵餉銀兩，取解赴部；以是，新增之兵銷汰殆半，止存五千三百餘名，歲該餉銀七萬二十九百餘兩，題　准原留淮、揚、鳳三府馬價四萬七千兩，巡撫贓罰二千兩、淮、揚、潁三道贓罰一千兩，各府、州稅契約銀二千兩、淮安醃切稅二百兩、海船稅七百兩，并加派四府三州賦役銀二萬兩，充爲一歲餉料之用。嗣因二十五年，倭奴毁盟，復陷朝鮮之閑山。

又該督、撫、按、鹽諸臣增復官兵六千餘名，連船馬、租料歲該餉銀七萬四千六百八十八兩，該兵部覆　准廬州府馬價二萬兩，户部議留揚州鈔関稅銀一萬兩，巡按贓罰銀七千兩，其議留鹽課銀三萬七千六百八十八兩，不准留用。

續該前任撫臣李銡，初莅海防，閱兵海上，會議新兵不足糧餉，仍於鹽課內支給。該户部覆議鹽課、關稅、巡按贓罰，止留一年，以後比照，各省量派丁地，題奉　欽依，加派四府三州丁地銀五萬四千六百八十八兩。自二十七年起，與同四府馬價，并賦役贓罰各稅，相兼支用。旋，該户、兵二部行文釜倭退歸，查豁東征加派錢、糧取觧，前留馬價六萬七千兩，而臣適代匱茲土，歷陳江海險要，乃昔年倭奴屢犯之處，待警息稍緩，將前馬價觧部，會同按、鹽各臣具　題。隨該兵部差官將前馬價六萬七千兩，並坐派各屬應觧折色銀三萬三千兩，觧濟川、貴軍門征播之用。該臣見得，播事正在喫緊，將前坐觧馬價十萬，暫行借處，二次差官起觧，另查補還訖。第前不允充餉馬價六萬七千兩，則當銷兵五千五百餘名，行令淮、揚二府推官汰革，但此輩聚之甚易，驅之實難，紛紛赴愬，皆云技精人壯，不肯觧散。適川、貴需兵甚急，狼山總兵王鳴鶴調赴嫠川，臣於中挑選精銳三千名，令其順領前去援播，餘者令其歸農，俟有儆急，仍行召復，始帖然而去矣。止存先後二次加派賦役、丁地銀七萬四千六百八十八兩，并贓罰各稅五千九百而已。後奉　恩詔，查革征倭丁、糧，且近日兵部行文謂，倭使三至朝鮮，自內及外，先事設防，所當亟講。沿海地方無處不可通，倭皆當嚴守，題奉　明旨，申飭沿海督、撫防禦。隨又行文加意節省，以恤民困，第兵餉乃　國家大事，去留係地方安危，故各道反覆酌議，歷陳時勢艱危，不可撤防忘備，而臣等駁查不啻數四，始據分別險、易，量減九百三十九員名，并一向奉　詔之後，陸續選汰事。故不補者六百十二員名，議減先次加派賦役銀二萬兩止。有後次加派丁地五萬四千餘兩，仍留充餉。

夫邊塞防虜，猶能探知入犯之期，亦能知其來去之路。今海濱防倭，既難知其犯與不犯，又不知其所犯何處，沿江、沿海，遼闊既如彼，迫近險要又如此，即今東風簸蕩，倭情難知。萬一突犯我境，無兵、無馬，何以應之？似萬不可再減、再汰者。矧今淮徐、潁、亳之地，災荒特甚，而江北河夫加至十萬，私幫、私貼，騷動閭閻，鹽稅横征，商民歛怨，潁州、河南交界，饑民、大盜蜂起，雖經擒治賑恤，而禍亂尚在隱伏。玄象示異，川谷變遷，考沿革之故，實察江海之形勢，酌時勢之利害，未可謂爲宴安無事之時也。此今日兵部申飭防禦，良爲有見，合無將先次加增賦役銀二萬兩，先行豁免，以寬民力，止存後次加派丁地銀五萬四千六百八十八兩，照舊徵解，以充存留新兵四千餘名、戰馬九百二十匹、戰船一百八十六隻之用；待後，倭警大寧，地方安戢，再行銷減江北所存新、舊之兵，僅一萬一千而已。是總名雖衆，而分布江、海腹裏，一十五營則寡矣！夫當此民窮財盡之時，非不知節省軍餉，不知事有經、權，時有安、危，有難以膠杜而鼓瑟者。既經兩道酌議前來，相應依擬會　題，伏乞　勑下户、兵二部，再加酌議，覆　請定奪，俯將先派廬、鳳、淮、揚四府，徐、滁、和三州，賦役銀二萬兩，即行豁免。其後次所派丁地銀五萬四千六百八十八兩，與同原留院、道贓罰各屬稅契，淮安醃切、海船二稅，俱照舊徵觧，充爲存留見在官兵四千餘員名糧餉，并船馬、租料、修艌、器藥、犒賞等項，通融支用，庶外嚴內固，緩急有賴；而於咽喉重地，可保無虞矣。緣係議減、議留兵餉事理，臣等未敢擅便，爲此具本，專差承差涂麒齎捧，謹題，請旨。

萬曆三十一年三月十五日，具題，奉　聖旨。（註一六）

## 附註

一　案：「束裝」，疑當作「束裝」，整備行裝也。「束」字，當是省筆誤刻。

二　案：「媿」，音「饋」，古同「愧」，慚愧也。

三　案：典出《禮記．中庸》：「其人存，則其政舉。其人亡，則其政息。」

四　案：「諮諮」，音義，同「諤諤」，直言論爭貌。以上二語，典出《墨子．親士》篇：「君必有弗弗之臣，上必有諮諮之士。」〔清〕孫詒讓（一八四八～一九〇八）《墨子閒詁》曰：「案：諮，洪頤煊謂與諤同，近是。」或解爲嚴肅貌，如《禮記．玉藻》篇：「戎容暨暨，言容諮諮。」〔東漢〕鄭玄（一二七～二〇〇）注：「教令嚴也。」

五　案：典出《孟子．盡心．下》篇：「不信仁賢，則國空虛。無禮義，則上下亂。無政事，則財用不足。」此疏更可見李三才憂國、憂君、憂民之悃忱。

六　案：「伯」，音義同後來之「霸」字，蓋謂古代稱諸侯盟主爲「伯」，如「春秋五伯」是。

七　案：此字印刷殘缺，僅餘上一筆，以形義推之，斷爲「舟」字，存識備參。

八　案：典出《禮記·大學》傳第十章，釋「治國平天下」：「長國家而務財用者，必自小人矣。彼爲善之，小人之使爲國家，菑害並至；雖有善者，亦無如之何矣！此謂國不以利爲利，以義爲利也。」

九　案：「堪」，當作「勘」，疑此誤刻，當正之。

一〇　案：「滜」，音「牌」，或音「派」，水名。《說文解字》：「水出汝南弋陽垂山，東入淮。」

一一　案：「無將」一詞，典出《詩經·小雅·無將大車》：「無將大車，祇自塵兮；無思百憂，祇自疧兮。無將大車，維塵冥冥；無思百憂，不出於熲。無將大車，維塵雝兮；無思百憂，祇自重兮。」「將」，音「匠」，推也。〔東漢〕鄭玄（一二七～二〇〇）《箋》曰：「將，猶扶進也。」〔清〕方玉潤（一八一一～一八八三）《詩經原始》云：「此詩人感時傷亂，搔首茫茫，百憂並集，既又知其徒憂無益，祇以自病，故作此曠達聊以自遣之詞，亦極無聊時也。」本書下文所見「無將」一詞同此。

一二　案：自「旨」以下文字，除「題奉」二字印刷清楚，「具」、「聖旨」稍嫌模糊外，其餘各字印痕隱約可見。細審之，全文疑作：「萬曆三十一年正月十六日，具題，奉　聖旨」，存識於此備參。此疏爲李三才第四篇催代文，並可與前三疏並同參教觀照。

一三　案：下有一道黑色長墨，約至行中段，疑是覆蓋原來「聖旨」以下文字。

一四　案：同前疏，此下亦有一道黑色長墨，約至行中段，疑是覆蓋原來「聖旨」以下文字。

一五　案：「楊」，當作「揚」；「楊州」，當作「揚州」。俗或亦兩詞通用無別。

一六　案：同前二疏，此下亦有一道黑色長墨至行底，疑是覆蓋原來「聖旨」以下文字。

# 《撫淮小草》卷之十二

關西道甫李三才著

## 第十三冊　牌劄

### 一　咨訪地方興除事宜

爲督撫地方事。

照得江北地方，路當孔道；加以頻年水、旱災傷，河工、倭警、賦役繁興，徵歛疊出，閭閻日以蕭條，民生日以愁促。本院蒞鎭伊始，自惟學術闇昧，思欲休養生息，必須廣集衆思，所賴賢監司久歷地方，良有司素親民事，開誠布公，矢心共濟，以圖治理，以阜斯民。爲此牌仰淮、揚、潁三道，廬、鳳、淮、揚四府，徐、滁、和三州，即將該道、府、州所屬地方，一切興革事宜，與凡官邪、吏弊、民隱、時艱，及軍機、兵食、海防、險要，有裨長策者，逐一用心詳究，隨事直陳，以憑採擇施行。

## 二　禁止參謁

爲禁止參謁事。

照得本院欽奉　簡命，督撫地方，已於本月十三日，撫臨徐州，入境行事。誠恐撫屬官員、將領遠來參謁，合行禁止，爲此除經過地方外，牌仰運司、四府、三州官吏，并轉行所屬州、縣正官，及地方大小將領，悉令遵照，不許擅離地方，遠赴參謁。如有故違，定行提吏，究治不貸。

## 三　戒飭違例參謁司官

爲禁約事。

本院駐劄泰州，地僻且疲，前已有文，遵照　明例，禁止參謁；非有公務，不許相見，乃運司副使韋崇節不守禁約，專來參謁，殊違法紀。姑以到任未久，牌行該司戒飭外，合再通行申諭，爲此牌仰揚、淮、潁三道，即便轉行所屬文、武大小官員知悉，以後但有無事遠謁，勞民廢職者，定行參究，決不輕貸。

## 四　禁送節禮

爲禁約事。

查得往年，該道總差人辦送本院節禮，但此地方灾疲，凡事宜從簡約，即送本院一物不收，徒爲勞費。又如新歲賀節，不惟有妨職業，抑且擾累驛遞，爲此牌仰淮、揚、潁三道，狼山副總兵，照牌事理，即將節禮免行辦送，并免親來賀節。至如差人投遞賀啓，亦是彌文無益，併宜免之，務相體諒，仍轉行所屬司、府、州、縣及地方將領，亦不許遠來謁賀。如有故違，擅離職守者，定行處治不貸。

## 五　申明屬官相見禮節

爲申明體統，以一遵守事。

照得本院俱奉　璽書監臨一方，各司相見禮節，自有一定之體。盖假名分以隆事權，即等威以定民志，過卑則失位，過抗則出位，失與出，凌替之漸也。各院職司風紀，實所深懼，今會同提學御史陳、巡按御史安、巡鹽御史馬，議照前事擬合通行申明，以便畫一遵守。爲此牌仰淮、揚、潁三道，即便轉行所屬府佐，并州、縣正官，各要恪遵　憲典，自明分義。凡參見各院禮貌，宜查照舊規，序立唯諾，卑不過遜，高不過抗，毋徒自侈，以取凌替之失。具行過緣由，繳報查考。

## 六　申飭隔省遠年牌票

爲嚴禁詐冒，以清應付事。

照得淮、揚地方，四民雜處，加以礦稅交訌，詐騙四出。訪得近來各處棍徒，假作舉監名色，營買勘合，及隔省遠年牌票，指稱地方官員、親識鄉里、年家名頭，索討夫馬，詐騙酒食，煢孑灾民，豈復堪此！各該有司不加辨驗，任其公行，殊爲地方之蠹，合再痛加申飭。爲此牌仰淮、揚、潁三兵備道，即便刋刻大字告示，分發所屬州、縣、廠、驛，及掛號應付衙門。如有前項棍徒，執有勘合牌票，務要辨驗眞僞，或係借名，或係枉道，或係隔年，或係隔省，牌票逐一嚴加盤詰；但有指稱名色、面貌可疑情弊，就便擒拿，觧赴院、道，從重究遣。若各該有司、廠、驛，阿承應付者，該道不得准其銷筭，仍以罷軟註考，不時查訪揭報，以憑施行。俱毋違玩。未便。

## 七　申飭公差多索馬匹

爲公務事。

照得本院公差員役，塡給馬匹應付，不許分外多索，已經申飭再三。今舍人陳棟差齎按、院會稿，給馬一匹，回至徐州，索要二匹，馬户不從，伊徑將蕭縣馬匹騎過；輒又危言妄稟，隨經提來面審是虛，除將陳棟責發究罪外，合再申飭。爲此牌仰廬、鳳、淮、揚四府，徐、滁、和三州官吏，照牌事理，并轉行所屬廠、驛衙門，今後如遇公差員役一到，即照原來牌票、馬糧數目，星火應付，如積年馬户故意違悞者，本院查實，定行拿來捆打枷號；如各員役分外多索馬匹，許即申來，以憑究處。俱無違玩，未便。

## 八　禁約承舍騷擾驛遞

爲禁約事。

本院一應承舍，止令衙門伺候，並不差用；至於齎奏會稿，及有不得已過客交際，俱各給有口糧、馬匹，不許需索取禮例賞，及折乾、折馬等項。訪得承差劉魯舍人蔣文，放肆無忌，姑以在本院未任之前，從寬革退外；以後，各該府、州、縣，但有前役經過，需索地方，凌駕官司，許即時密稟，以憑拿究，定行重責四十板，枷號兩箇月，問革。情重者，究遣，決不姑息縱容者，即此可以卜本官才力。爲此牌仰各府、州官吏，并轉行所屬州、縣，一體遵照施行。

## 九　發問生事承差

爲公務事。

照得本院帶隨官承等役，俱每日各給有行糧，並不許州、縣驛遞供應飯食，訪得承差蔡鯨於按、院處會稿，韓枝、彭嘉會跟隨本院，俱在盱眙縣塘舖，需索酒食常例，不遂，輒將家活打毀，放肆無忌，殊可痛恨。爲此除將韓枝、彭嘉會重責，押發鳳陽府監候外，牌仰鳳陽府推官王家相，即將承差蔡鯨移文宿遷縣，提解到官，同韓枝等，一併審究招詳，有無得財？孰爲首從？解院以憑施行。

## 十　禁約回南兵士騷擾

爲禁約事。

照得回南各兵，謹守紀律者固多，其間有等兇悖之徒，每每恃衆，擾害地方，搶奪貨物，淫辱婦女，居民無所控訴、管押。各官位卑權輕，往往姑息不問，大非法紀。爲此牌仰淮、揚二道，嚴諭沿河一帶地方，如南兵船到，管押官嚴督出境，不許生事，敢有仍前兇肆，不遵約束者，輕則該管官捆打，重則連人解赴軍門，以軍法重處，如或縱容，定行參處不貸。

## 十一　申飭皇簰運官

爲議處拽運木簰人夫事。

查得川、湖觧運木簰，係　大工緊急之需，議動户、兵、工三部錢、糧，雇夫拽送議行，責成沿河州、縣佐貳官，領銀召雇，不許尅減夫價，及科派里遞、門房、鋪行。蓋爲不忍騷擾災民，但運木府官，固皆自愛，而小委官如佐領、武職與夫長、隨簰頭人等，指（註一）索折乾，猶然如故；且本地所委佐貳官領銀雇夫，未必潔己，不擾於民。即今地方多事，再加拽簰之擾，小民何堪？合再申飭。爲此牌仰淮、揚二道，即便轉行沿河府、州、縣掌印官，嚴行申飭。凡遇川、湖委官，觧運木簰到彼，照依原來勘合夫數，即動户、兵、工三部錢、糧，責令佐貳官給散募夫，即時拽簰前進。如長隨官役勒索、折乾，神福赶捧，就便據實參申兩院，以憑拿究。如本地所委佐貳官尅減夫價，騷擾里遞、門房、鋪行者，該道不時訪報，從重究處；沿河一帶，刋刻大字告示張掛。俱毋違玩，未便。

# 十二　察院置辦家活答應上司不許擾累里甲

爲嚴禁擅用里甲，以除民害事。

照得里甲供應本院，申飭禁約，不啻再四，訪之各處州、縣，仍復輪派，騷擾勞民。爲此牌仰淮、揚、潁三兵備道，即便轉行所屬府、州、縣，將答應上司并過客，及佐貳各衙門，合用家活、屏帳物件，俱令酌議詳動官銀，一一置買，齊備收貯公用，上刻「某衙門公用」字樣，臨行交代，一毫不與里甲及地方居民相干。該道將發去告示，刋刻給發，每府、州、縣衙門首，及四城門廂鎮處所，張掛曉諭。各具結狀，徑報查考，如有隱匿，不行懸掛，查訪得出。各官臧否，即此可見，定行議處，決不輕貸。

## 十三　清革衙門冗役

爲嚴禁衙門積弊事。

訪得各屬司、府、州、縣、場司等衙門，書辦、皂甲等役，書辦有每房二、三十人者、有每廳衙七、八十人者、皂甲副役有至百數者，此輩如狼如虎，夥同騙詐，破人之產，傾人之命，無所不至，即如天長縣張廷軾等，以縣中吏役，遂指官騙詐，百兩不足，殊可痛恨！除各犯已經告發，究贓發遣外，擬合通行禁革。爲此牌仰揚、淮、潁三道，即便嚴行所屬司、府、州、縣等衙門，將在官書皂各役，酌量煩簡，實開所用人數，類冊封送院、道。所報之外，不許多用一名。每年即據送冊查，其更革限文到十日內，將應用、應革名數，徑報查考，毋得以虛文了事。本院別有訪聞，定行參究不貸。俱毋違錯，未便。

## 十四　申革衙門掛搭積役

爲申嚴禁革掛搭積役事。

據揚州府同知李仙品呈詳，犯人孫銀、楊禎招由，內稱有銀與楊禎，并脫逃張實，各以副役掛搭在縣聽差。比，強盜楊春妄攀，任相寄贓。該縣票差巡捕正役快手蔡龍等起贓，彼時蔡龍等不在，銀與楊禎，張實冒頂，前往任相家起贓，乘機詐得銀六兩均分，任相具狀（註二）本院，批行本官，問擬孫銀、楊禎各詐欺，徒罪；蔡龍、張實照提，等因，呈詳到院。隨批二犯各加責三十板，俱於該縣門首枷號兩箇月，序發各驛擺站，故違吏書，究鮮去後。

案查副役掛搭之害，先該本院通行嚴革，今如臯縣，又復玩縱前項副役掛搭，公然領票詐騙平民，但恐不止如臯一邑爲然，合再嚴禁。爲此牌仰淮、揚、潁三兵備道，即便轉行各府、州、縣及佐貳等衙門，嚴查皂快人等，照依前留名數，止許一人充當，不許再容副役掛搭、扛幫詐騙。若有此弊，限文到，徑行裁革，如再違玩，該道不時查訪揭報，或被告發，定將故違吏書，從重究革。各官議處，先將遵依緣由，有無副役掛革過名數，徑報查考。俱毋違玩，未便。

# 十五　申飭假訪詐騙

爲嚴禁假充訪察，詐騙害人，以安良善事。

照得本院撫属地方，其應拿官吏勢豪，惟據道、府揭送，酌量情罪最重者，然後發問，並不差人體訪，致滋弊端，屢經申飭，不啻再四。乃鹽城營中軍把總李應乾黜退，生員馬遵等指稱「本院訪察」，嚇詐愚民。除已經照例枷號，問發充軍，合再禁諭，以後不拘軍民人等，但有指稱「本院訪事」者，即係詐僞，許諸人即時扭解首告，所在官司連人申解，得實告者賞銀五十兩，本犯照例究遣；如有縱容不舉者，同罪；官司不即究解者，定行議處外，爲此牌仰淮、揚、潁三兵備道，即將發去告示，刊刻分發。各該有司營衛、大小衙門，張掛曉諭，該道尤須留心體訪。各該郡、邑將領等官，有無縱下，窩訪詐害情由，不時揭報，以憑施行。仍令各具遵依緣由，徑報查考。

## 十六　嚴究違法衙役

爲督撫地方事。

查得天長縣知縣江楫，已該漕、院參革。盖由衙役縱横，羣小肆騙，如金友會強姦幼女，書手何惟恩指倚過送銀一百兩，而竟保放；王和等毆殺劉恩勝，快手高奉指倚過送銀一百兩，而竟免究；該吏馬鋭等撥置，縣官示減當鋪利息，指倚過送，騙商人倪永正、潘裔等銀三百兩，而復加增，快手陳元等密稟，縣官拿汉澗私和人命，王汝賓指倚過送銀五十兩，竟不處分。縣令既爲此輩敗官，而此輩不一懲治，何以示警？爲此牌仰天長縣署印通判楊維清，提取前項犯證，到官研究明確，照依律例，具招解審詳奪，無干證佐，先行省放，毋得枉縱。未便。

## 十七　訪拏通州惡人

爲督撫地方事。

訪得通州惡人周可成，結黨綽號「天罡」，興詞夥騙良善，流毒地方，士民切齒，合行拏究，以警其餘。爲此牌仰揚州府江防同知李仙品，即將犯人周可成行拏，并拘單內有名犯證到官，逐款究質明確；有罪人犯，依律擬招摘其緊関者，觧院詳奪，無干證佐，先行省放，毋得枉縱。未便。

## 十八　斥逐不肖官員

爲斥逐不肖官員，以安民生事。

會同提學御史陳、巡按御史安、巡鹽御史馬，照得江北地方，災沴頻歲，兼以鹽稅騷擾，民日流亡，所賴各司同心共濟，最爲切至。其實心爲民，賢能卓異者，自當　奏薦優擢；如不肖掌印各官，例應具疏參劾，其餘佐領、教職等官，或老疾無耻，或貪酷有聲，凋瘵之民，豈復堪此？既經該道、府查揭前來，實與各院體訪相同，法應罷免。爲此牌仰揚、淮、潁三道，即將單開不肖各官，轉行該府、州、縣，以文到之日，即行驅逐離任，不得容令遷延。騷擾舖行及科派夫馬，違者定行拿觧重究，决不輕貸，取具各官出境日期，類報查考，將不肖官開後，以後倣此。

## 十九　禁約管糧官科歛

爲嚴禁收糧科歛，以甦民困事。

據宿州申稱，徵收漕糧正耗，共該米一萬四千六百有奇，每年糧衙積年，書手張鹿鳴、宋國、林阜甲、周洪等，指添蓆草，每石加銀二分，不下百十餘兩，串票千餘張，每張要銀二錢，不下百十餘兩。每年預指修倉墊廒，每一大户三、五錢不等，共七十名，又不下百十餘兩，大户至徐州討保，每名五、六錢不等，亦不下百十餘兩。用斗子七十名，每名各里私幫工食銀三兩，不下二百餘兩；大户每日輪流供給官書人等飯食銀一兩，計開倉之日起，至兑軍完日止，共四箇餘月，又不下百十餘兩。舊有鐵鑄漕斛。今改木斛較大二升，十斛之中，五斛淋尖，五斛平堆落地米，又入官，總計不下千百餘石；又有墊倉等米、紙箚、硃圍等項，又折收帶徵糧、銀，俱用私等秤收，弊竇百端。總之，皆剝民膏，等因，具申到院。除批行痛革嚴禁外，爲照江北地方，連歲灾傷，即今民窮財盡。各該掌印官若肯人人留心撫恤，則百姓何事不舉？但恐徵糧、加耗、科歛等獘，不獨一宿州爲然，合應通行嚴禁。爲此牌仰淮、揚、潁三道，即便轉行各該府、州、縣掌印官，各大書告示曉諭，管糧官徵收漕糧，如有踵習舊弊，外加耗米扣尅羨餘，私充囊橐，及縱令書手、門皀人等，指稱加添蓆草、串票、修倉、墊廒、討保、輪流供給飯食，私幫斗子工食擅改木斛、淋尖、墊倉等米，紙劄、硃圍等項，假以驗看米色，措勒常例，需索小民一文一物者，許該道、該府不時查訪揭報，以憑拿觧究遣，如掌印官通同容隱，定行從重參論，毋得因循姑息。未便。

## 二十　拏問科尅羨耗署印州同

爲查究事。

訪得壽州同知徐簪署印，貪讟有聲，行己放肆，不檢收條鞭，重加火耗，五、六日拆封一次，每百兩計尅羨耗一、二十兩，正數印封貯庫，餘銀盡送本官宅內，希圖尅扣羨餘。差人下鄉，催糧急如星火，百姓賣妻鬻子上納，以該州鞭銀數萬，每收一萬則民多費一千，此其爲害甚大，以致農民遮道，訴說於查盤官之前。當此陰陽失調，二麥無收，民困至極，米價騰貴，閭閻有朝不保夕之時。在上者，方拯捄之不暇，而本官身膺民社之寄，尚恝然朘剝如此，何無人心一至此哉？法既有違，合應拏究，會同巡按御史吳，巡鹽御史應，議照前事，擬合就行。爲此牌仰鳳陽府推官王家相，即提壽州同知徐簪到官，嚴加究問，如律通詳，定奪施行，仍將本官自署印日起，所收鞭銀、尅過羨餘、火耗銀兩，盡數追出，賑濟該州饑民，毋得循縱。未便。

## 二十一　禁解捆委官擅取貨物

爲督撫地方事案。

照本院蒞鎮之初，頒示一款，不許所司各官紅票，徑取民間貨物，不給價値；近訪得運司委官前赴儀眞，觧捆掣鹽，因循如故，仍用紅票擅取鋪牙鎮物，致有威逼牙儈自盡者，合行查究。爲此牌仰揚州道即便嚴查觧捆掣鹽，係何委官？因何擅行紅票，徑取鋪牙貨物？如牙人鄒守愚、蔣有忠，因何自盡？葉來儀因何監追？逐一查明干碍職官，參呈前來，以憑從重究處。該道一面摘出大字告示張掛，二委官衙門曉諭；一面行令儀眞縣將觧捆掣鹽委官取用物件，置立循環二簿登塡，每季終赴道倒換、稽查，毋得遲違。未便。

## 二十二　知縣被論小民報怨行署印官禁諭

爲印信事。

照得天長縣知縣江楫被論，隨該本院牌行潁州道委官署掌印務去後。今據該道詳委鳳陽府通判楊維清前來，除批允外，近訪得該縣愚民，見江知縣被論聚衆，數千喧呼縣前，欲報擾害讐恨。典史宋元和將江知縣私罰稻四百餘石，盡行放散，衆怒洶洶未息；爲照知縣江楫，貪婪不職，上司自有耳目，既被參論，亦已盡法，乃愚民何得乘機無狀，殊非法紀。除出示禁諭外，爲此牌仰潁州道、鳳陽府，即便催促通判楊維清星夜前去該縣，一面曉諭百姓，安分歸農生理，毋得自罹法網，如有冤抑，許其申理，一面與知縣江楫交盤明白，候　旨處分。如有奸徒執迷不悟，仍復鼓衆呼噪者，就將爲首之人枷號問罪。其交代日期，火速報院。俱毋怠違。未便。

## 二十三　申飭鄉約勸懲善惡

爲申飭勸懲，以正風教事。

查得「巡方總約」一款內稱，化民成俗，惟鄉約一法，猶爲近古。責令有司着實舉行，但上每以實求，而下恒以虛應。近日，僅見揚州府知府楊洵，倣照陞任郭知府，條陳將取到各屬善惡人犯實跡，及應獎、應戒緣由，按季覆覈，報院詳批勸懲；其餘府、州、縣，並未興舉數報，合行申明着實遵守。爲此牌仰淮、潁二道，即便轉行所屬府、州掌印官，督率所屬州、縣正官，務要各遵「巡方總約」，申明鄉約，每季將勸懲過善惡姓名，實跡塡註循環文簿，赴該府、州覆核參酌果否。若善行著聞者，給以獎善扁；惡行暴露者，給以警惡牌，仍擇其善惡之尤者，分別應旌、應獎、應究治緣由，通詳院、道，以憑分別施行，毋得違玩。未便。

## 二十四　地方災荒行撫屬賑粥

爲饑民流徙，量行賑恤事。

該本院會同總理河漕工部左侍郎劉、巡按直隸監察御史安，照得今歲簿收，本地居民日不聊生，而鄰近山東、河南等處饑民，趂食經過，無衣無食，何以禦冬？不聚而爲盜，則凍餓以死耳，深爲可憐。爲此牌仰四府、三州官吏，即便遵照，轉行所屬動支倉穀、舂米於村鎮、野店、往來衝路，選委的當員役，或好義人家設廠煮粥，人給兩碗，聊度生命，其柴水供費亦給價值，毋累居民。本地有乞丐者，亦隨時給食，至二月初農事起即止，不過兩月事完。將動過倉穀數目，造冊送三院查銷。各州、縣膺民社之寄，同有惻隱之心，必不忍流離失所，特束于文法耳，推廣德意，別有長策，惟徑行之。

## 二十五　刊刷練兵書冊發營習練

爲軍務事。

據狼山王副總兵呈送練兵說書冊到院，看得該總留心戎政，加意職掌戰陣之法，刊刻成帙，預爲教練，如人人習熟，足稱有制之兵，所據書冊，合行頒發。爲此牌仰狼山總兵王鳴鶴，即便移文通州動支應觧充餉稅契銀兩，買辦扛連紙張，多集匠役，將練兵說書冊印刷裝釘，轉行單開各營將領，照該營兵目名數，人給一冊，令其時常習練。本院閱操之日，查其曾熟否，以行賞罪。如有視爲故紙，怠玩不習者，定以軍法處治。原板仍行翻刻明淨，以便觀覽。該州事完，明白開銷，具用過銀數繳報查考，毋得遲悮。未便。

## 二十六　發三眼鎗與沿海各營操練

爲軍務事。

先該本院牌行淮、揚二府，將發去三眼鎗式，動軍餉銀兩，委廉能官并選上好鐵匠，每鐵十斤煉成一斤。孔用攢打，不許捲鐵圖省工夫，務要着火施放，去直且快，不致崩裂，柄用堅實楠木，每府置造一千桿，就令原造官匠解院驗試，如有不精、不堅，定行究贓，追賠去後。

今據陸續觧到，驗俱合式，擬合分發各營，給兵操練。爲此牌仰各營副總、參遊、守備、把總官，即便差官前赴內中軍副留守班印處，支領三眼鎗，派給該營兵勇，時常操練；其火藥務須碾細，令兵士用油紙包盛。如天陰潤濕，天晴必要晒乾。凡裝藥時，先入長火線臨點放，將火線用指掐一印，火到處微慢，以防身患。如有炸裂，即行呈報究治。此鎗爲各邊禦敵長技，各將官留心教練，一一精熟，庶臨敵不致慌張，方稱如法，候本院閱視較驗，如有生疎，則將官平日勤惰可知。先具遵行緣由，并收管，繳報查考。

## 二十七　行各營置旗鼓

爲軍務事。

照得營伍中旗幟、金鼓，乃三軍耳目，關係最緊。訪得各營旗幟、金鼓，率皆混雜、敝壞，不可辨認，萬一有儆，何以統衆臨敵？爲此牌仰淮、揚二兵備道，即行各該將官，將該營旗幟、金鼓，逐一看驗，如有損壞不堪者，即具數徑詳院、道，於軍餉銀內支給，一一置辦齊備、應用，總責該營中軍官收藏，如不用心管理，致有毀壞者，本官賠償，仍行究革不貸。

## 二十八　考試旗牌聽用

爲軍務事。

查得標下旗牌，聽用各官皆係傳宣號令，指揮士卒。本院未曾閲視，暫爾收留，其於技能優劣，俱未盡知。爲此牌仰揚州海防兵備道，即將發去旗牌、官方臺等，聽用官龔彪等，逐一較試，某能弓馬熟閑、某能諳練世務，應答便捷、某係平常、某可充旗牌、某可聽用，應去、應留開列款項。具揭，密封呈報，以憑覆試施行。

## 二十九　委官點選營兵

爲軍務事。

照得倭雖遁歸，而沿江、沿海一帶，盜賊出沒，兵防豈可遽怠？且聞各營冒占之弊猶未盡，除合行委官清查，以驗將官臧否。爲此牌仰揚州府推官徐鑾、淮安府推官張時弼，文到之日，即便親詣揚、儀、瓜洲、三江、永生、周橋、大河、狼山、掘港、丁美、泰州標下各營，大營、廟灣、鹽城、東海、徐州各營，查照各該官、兵有無怠惰，弛防兵馬？有無老弱、羸瘦？戰船有無堅固？旗幟有無齊整？器械有無朽鈍？兵隊有無冒名，虛糜糧餉？即今小陽防汛之期，水營有兵不在船，船不在汛，但一有前項獘端，逐一據實填註。各營原造冊，內轉報本院，以憑據冊親查，具遵行。起程日期，先報查考，俱毋違玩。未便。

## 三十　挑選精兵援西

爲緊急夷情事。

據新調嵏川參將王鳴鶴呈稱，蒙將淮南減餉應汰之兵，挑撥三千調赴援西。今尙少五百，揚道行文于狼營挑選，乞要明示，等因。據此查得，兵部不允江北充餉馬價六萬七千兩，計銷兵五千五百餘名，酌量裁減戰船、戰馬，方可抵數。行委揚州府推官徐鑾前赴淮南各營，點汰過二千一百四十九名；淮安府推官張時弼前赴淮北各營，點汰過八百八十八名，共汰革老弱三千餘名。今湖廣撫院行文調動淮、揚官兵近萬，赴偏橋地方應援。本院即藉此減餉之時，於各營挑選二千餘名，并東征撤回兵內，挑選五、六百名，共成三千一營。適王副將調赴嵏川，順委統領前去，以寓銷兵之計。昨據淮、揚二道會詳，淮北無兵應援；又經批行該道，即於淮南減餉應汰，及東征回兵之內，凑足三千去後。今據前因，爲照本院初意，以不允馬價六萬七千爲率，淮南、北汰去老弱三千餘名。再照近議，於淮南挑選二千四百三名，以抵不允馬價，再湊東征回兵五、六百名，以足三千應援。今往返文內，未喻此意，合行知會。爲此牌仰揚州道并參將王鳴鶴，即便查照，將兵部不允馬價六萬七千兩，計銷兵五千五百餘名。除揚、淮二府推官汰革三千餘名不用外，再於淮南，不拘何營，挑選二千三、四百名，以抵馬價六萬七千；再選東回官兵五、六百名，共足三千，以合應援之數。事完，具選過兵數報查，毋得違錯。未便。

## 三十一　選補新兵驗中開糧事故糧銀扣解貯庫

爲軍務事。

據揚州海防道呈詳，各營新兵選補，觧道驗中，發營類詳軍門，方許支糧；但營兵事故無常，隨補隨呈，未免煩瀆，必類詳允，方准開支，則發營隨操之後，豈容枵腹？及事故，兵糧扣支下月。然方存即散，稽考何從？名有實，無書識爲奸，但一遇營中緊急公用，又費區處，請乞詳示。觧驗新兵，准以本道驗中發營之日爲始，造支口糧，每季終，將選補過各兵，開具年貌、籍冊，報院查考；事故兵糧，當月扣除。有司貯庫，聽營中緊急公用，請詳動支，不必扣作下月餉銀，等因。據此看得，揚道所議選兵，以道驗發營之日，開糧，免新兵聽候類詳，枵腹從事之苦，而事故兵糧方存即散，致生侵冒之弊。今扣貯有司，遇緊急公務，請詳動支，俱于營務有裨；除批行該道如議行外，擬合通行知會。爲此牌仰淮徐道即便轉行，淮徐各營將領，凡遇選補新兵，以該道驗中發營之日，入册支糧，仍每季終，將選補過兵勇，類詳批行。至於，事故兵糧，即扣貯有司官庫，聽候緊急公務，請詳批允，方准動支，不得扣作下月之餉，以免侵冒，仍令各營登報循環，按季赴院、道倒換查考，俱毋違玩。未便。

## 三十二　行泰州蓋營房

爲軍務事。

照得標下兵馬七百餘名，先盖營房一百五十六間，不足棲住，其餘各兵皆僦民居，大屬不便，合再量添二百間，如不足再陸續添補。又駐劄衙門土神祠，甚属湫隘，合再移改，其周圍墻垣大門二門，并皀隸各房，俱當修理。爲此牌仰泰州官吏，即委勤幹官於向東寬廠空處，估建營房二百間，計該木植、磚瓦、灰料銀若干，再將王公祠基址，修建土神祠，通兵工料銀若干，俱各估計明確申詳，於軍餉銀內動支，務要刻期興舉，毋得苟簡違玩。未便。

## 三十三　查征西回兵私賣

爲軍務事。

據署狼山總兵事揚州遊擊孫繩祖禀稱，征西回兵，前發道查驗，皆係正身，及選發各營，受價私賣、受賄容頂。今檢閱狼山營征西之兵，頂替老、弱者十之五、七，請乞明示，等因。具禀到院，看得征西回兵，因念其遠役，故行選用；今乃受財頂換，大非軍令。除批令本官盡數查驗，如有前弊，解院以軍法捆打究罪外；第前兵分發，各營者尚多合應通查。爲此牌仰揚州道，即將該道陸續選過分發各營征西回兵名數，行委附近州、縣正官，逐名點驗，如有私下受財賣頂，及將官受賄容留，限文到十日內，逐查明白，就將賣者、買者觧道審的，轉解赴院處治。該營將領如有受賄容縱者，一併參來，以憑施行，俱毋遲違姑縱。未便。

## 三十四　拏問狼山中軍將官

爲軍務事。

據揚州兵備道揭開，狼山陸營中軍指揮泰希武，近有兵訐告贓私不法事情，等因，到院。

看得狼山營中軍官繫一營頭領，乃指稱剋歛，爲部兵所訐，更與本院平日體訪畧同，合行拏問。爲此牌仰揚州海防兵備道，即將狼山陸營中軍泰希武拏提到官，併拘事內干證。照依單開事件，逐一嚴行究問明確，依律擬招，連人解院審奪；其該營中軍事務，値此春汛屆期，速選廉勇官二員，呈詳前來，定委接管，俱毋違玩。未便。

## 三十五　申諭坐營都司

爲軍務事。

照得將領之於兵目，平日當愛如子弟，臨敵則驅以斧鉞；常時訓練，惟量行賞罰而已。訪得淮安大營坐營中軍陳簪，於馭兵緩急、輕重之間，少有未當，頗有不服，以致徧貼匿帖，殊非事體，將卒異心，何以克敵？除本院出示曉諭，各兵俱要安心操練，精熟武藝，候本院巡歷，即行閱視，明示賞罰。凡有不便各兵者，盡令面禀，自有處分，不許違犯，自干法紀外。爲次牌仰淮安坐營中軍陳簪，即便查照改省，務要多方撫恤，毋再違玩。未便。

## 三十六　申明捕盜賞格

爲申飭弭盜事宜，以靖地方事。

照得江北地方，幅員廣遠，災沴頻仍，近加榷取之令，日急一日，民窮財盡，未有甚於此時者。但人窮思盜，勢所必然，且有大奸大猾，賄通衙役，窩隱四方流徒，大夥聚刼，地方畏懼而不敢言，捕役明知而不敢問者。近據揚州府開陳積盜王八，根連株引，滋蔓無已，如皋、泰興以東，往往有之。楊子橋有羣盜，白晝行刼，開寫富家粘貼備銀待取，不則殺害。又據徐州開報蕭、碭之間，萑苻之寇竊發不常，甚至白晝邀刼，嘯聚無時。又據潁、亳、霍丘、沛縣、山陽、海州諸處，申報盜賊行刼，綁拷傷人。此皆各屬巡捕、守把官兵，既不能潛消於先，又不能嚴捕於後，縱寇殃民醸禍，貽害踈玩，如此罪責匪輕。合行嚴加申飭，懸示賞罰，以重責成。爲此牌仰揚、淮、潁三道，即便轉行所屬府、州、縣、衛、所掌印操捕巡司官，及地方將領、守把、巡路等官，申飭保甲之法，嚴加防範；挑選精壯伶俐兵快番役，如有盜賊行刼，及大奸窩家，務在即時體訪緝拿。如能擒獲眞正强盜、眞正窩家賊首，一名賞銀三兩，從賊一名賞銀一兩，俱於本院及該道、府、州、縣紙贖銀內動支，仍將賊贓及盜窩貳產不拘多少，該司當堂驗明，並不給主，不論鄉兵在官人役盡數充賞，如夥盜中有能據實自首，除免本身死罪外，仍與有功人役一體給賞，並不食言，以致失信小民。如有隱匿不報，及改強爲竊，苟且誤事者，各該官役重究，情節重大者參處，若報而不獲，不妨寬限嚴緝，遲以月日。蓋不獲之罪小，隱匿之罪大，報而不獲，賊猶知懼；隱而不報，賊愈無忌矣。該道須着實嚴加申飭，遵行查覈，仍遍發大字告示，張掛曉諭，毋得坐視怠玩，致釀禍患，取究。未便。

## 三十七　申飭捕快不許私下徑拿賊犯拷打

爲禁約事。

近據泰州招詳，淮安府巡捕快手潘明等五名，押帶賊犯王思文作眼，前往何垛場緝拏夥賊陳應科，輒將名字相近陳能科，擅拏嚇詐銀五兩徑放，等因，到院。爲照快手假盜打詐之禁，屢行申飭，乃今淮安府快手擅至異境，流毒良民，既不稟明州、縣，又不着落場司，嚇詐多贓，徑行擅放，骫法犯禁，恬不知畏。除批駁從重究遣外，合再嚴行申禁。爲此牌仰揚、淮、潁三道，即便轉行所屬府、州、縣掌印巡捕官，如差壯快兵番人等，帶眼緝拿強盜，嚴飭各役，須要蹉實踪跡，稟明所在官司，添差捕役，協拿審明，起贓觧發。如有私自徑拿起贓，擾及妄拿平民拷嚇財物者，許被害之人，即赴院、道稟告，不論賊之多寡，定行從重究遣，仍出示通知，具遵行緣由，徑報查考。毋得故違。未便。

## 三十八　給牌隔省緝拏賊盜

爲緝捕論盜賊事。

據張家灣守備劉諫臣禀稱，奉院、道明文差中軍丁大賢，率領兵番二十名前來浙、直等處，緝拏瀰縣地方打刼山東京海錢、糧賊盜，誠恐隔屬阻滯等情，乞要給批執照。據此看得，捉拏行刼官銀強盜，係干重事，合行准給。爲此牌仰中軍官丁大賢，即便督率原來兵番前去，設法緝拿，前項打刼官銀賊盜，務在得獲，經過関津把隘，亦不得乘機生事擾民。俱毋違玩。未便。

## 三十九　訪拿鹽盜窩主

爲地方事。

訪得泰州離城不在五、六里，刼奪公行，有殺人剜目之慘。如濱江臨海之地、塲堡團鎮之間，鹽盜出沒無常，皆有窩贓窩主。此地亦切近揚州遊擊，係有地方之責，合行委捕，以靜地方。爲此牌仰揚州遊擊孫繩祖，即將該擊手下，素日所用伶俐兵番，分布各該江海、塲鎮等地，躧訪大夥強盜、興販鹽徒、積年窩主、首惡，密報本院，以憑分行道、府、州、縣拏治，如前項鹽盜、窩主的有顯跡，就便擒拏，觧赴本院施行，毋得托任匪人，藉此生事，取究。未便。

## 四十　發問強盜窩主

爲嚴拿通盜人犯，以安地方事。

照得通、泰一帶，盜賊竊發，雖懸賞格嚴捕，而衙門積蠹，地方土豪或受贓窩藏，或通信賣放盜賊，何所忌憚？良善何所安生？若不嚴處一、二，何以示懲？爲此牌仰揚州府推官徐鑾，即將訪拿強盜窩主，見在泰州監候王道立等一干人犯，并原發詞狀。照依發去訪單，逐一通提到官，究問明確有罪人犯，具招解詳，無干證佐，先行釋放。具無枉縱。未便。

## 四十一　朝會屆期申飭防禦賊盜

爲地方刼盜事。

節據各属申報，淮安、清江浦強盜，打刼會試舉人客船，通濟閘打刼過往官船，定遠磨盤山打刼南京尚書家屬，及江洋邊海鄉村鎮城，大盜出沒不常，失事不一，案照先該本院看得，江北地方災疲多盜，各該巡捕、守把員役因循縱玩，畧不加意，已經懸賞，嚴加防範，設法擒捕去後。今盜賊猶然滋蔓，即今朝會之期，尤宜加謹，合再申諭。爲此牌仰淮、揚、潁三兵備道，即行所屬有司軍衛及附近將領等官，毋分水、陸查照近行，逐程派撥官兵番快，加意防禦；如有失事，定將各該員役，及地方保甲人等，提觧究比，仍以軍法捆打。如能隨時擒拏眞正窩家強盜，不拘在官、在民，即照前行賞格，一體施行，毋再怠忽。未便。

## 四十二　行令淮徐兵備駐劄淮安

爲軍務事。

查得淮徐道先年駐劄徐州，盖爲河道變遷之故，後緣倭報孔棘，該前部、院褚會　題，沿海地方遼闊，兵防單弱，議令該道駐劄淮安防汛之期，巡歷沿海整搠兵馬，至伏秋之時，料理河工換給　勅印，加以海防字樣，覆奉　欽依，通行遵照。即今時當防汛正殷，徐州逆黨已擒，而浙中妖妄供報，首惡趙古元三月內，尚在淮安糾合黨與；揚州近亦捉獲招兵人犯，殊爲可慮。爲此牌仰淮徐道，即便移駐淮安地方，整飭兵馬，嚴謹城池，即今防汛之期，沿海水陸官兵分布哨探，與夫一切操防調度事宜，悉行處置妥當，事関軍機，毋得違玩。未便。

## 四十三　又令淮徐兵備專駐淮安彈壓

爲軍務事。

照得淮安乃南北重鎭，素號衝衢。近日如滿浦坊、清江浦等處，屢屢失盜，而大營兵馬幾至三千，疲羸虛冒，無所稽考，即今春汛在邇，本院奉　命駐泰，既不敢擅移，而泰州地隘民稠，又不足以容大軍，駐劄區區都司一官，實不足以彈壓大鎭，領署三軍，所據該道，係奉欽依駐劄淮安。至伏秋，料理河工，今年五月內逆黨倡謀，已經申明，今照地方事，更應責成。爲此牌仰淮徐海防兵備道，即便專駐淮安，分布官兵，申嚴防禦，務期盜賊潛消，地方安靜，如大營官兵數多，須躬行點驗，若有疲癃殘弱、虛兵冒餉等弊，逐一點察，務期奸弊盡釐，人得實用；仍料理明年春汛事務，調度一切，操防哨探事宜，務要處置停當，其革過、虛冒、點查器械操練事宜，一一先行揭報，俱無違玩。未便。

## 四十四　責成江防總巡同知并參將協拏江洋大盜

爲督撫地方事。

行據揚州府條陳興革事宜，到院內。「彌盜」一款，有大奸大猾、武斷鄉曲、勢傾閭里、賄通衙門人役、窩隱四方流徒，或通江興販、或大夥聚刼，如積盜王八，根連株引，滋蔓無已，自如皐、泰興以東，往往有之。又楊子橋有羣盜，白晝行刼，開寫富家，粘貼令備銀待取，不則殺害，乞要申飭沿江內地各官，分任責成，等因。據此看得揚郡爲南、北要津，値此連歲灾荒、鹽稅騷擾、奸人窺伺，實爲亂階。今大奸窩家，稱盜王八，與楊子橋白晝行刼，並未聞地方各官擒治之績，此責成不專之故耳。除另將彌盜賞罪事宜，通行申飭外，所據該府捕盜責任，合再申明。爲此牌仰揚州道，即便轉行揚府掌印官將捕論事宜，以沿江責之江防同知，如有鹽盜興販，即行設法擒拏；以內地責之總巡，往時總巡專以准理詞訟，而官亦由此敗。近日一切杜絕，今以捕盜責之，庶副總巡之實，任使既專，並不許推避，如內地有前項盜賊竊發，及大奸窩家，設法擒除。至如揚州參將，併有地方城守之責，併行該營，分布兵番，嚴加巡緝，有功一體賞錄，如有縱盜殃民，定行參究不貸。

## 四十五　責成徐州參將緝捕強盜

爲責成捕盜事。

簿查，節據徐州申報魏思弟、孫承廕、李楫等家，被夥盜刼財燒房。又報六月二十六日未時，黄三善家被強盜一夥，刼去銀物，戳傷地方四人，殺死劉津一人。又沛縣申報，李鎬家被盜刼去財物馬匹。又徐州揭開，蕭、碭之間，萑苻之寇，竊發不常，甚至白晝邀刼，嘯聚無時，各等因。據此爲照徐属地方，素苦河患，歲比不登；徐、沛之間，適當水陸之衝，舟車輻輳，盜賊不時竊發，閭閻在在靡寧。今陸續申報強盜刼財、放火殺人，不論黑夜、白晝，如入無人之境。地方有司既爾踈防，衛所將領又復推避；除另將彌盜賞罪事宜，通行申飭外，所據徐州參將，亦有地方城守之責，合再申明。爲此牌仰淮徐道，即便轉行遊擊金一清，當此地方多事之時，嚴加防範，分布伶俐兵番，晝夜巡邏緝捕。有功一體賞錄，或推諉縱盜殃民，定行從重參究不貸。

## 四十六　申飭緝捕奸細防護糧運

爲督撫地方事。

照得即今糧運盛行，流移滿道，強徒不逞，結黨爲非，事関地方重務，合行申飭防禦。爲此牌仰揚、潁二道，即便轉行各該有司、軍衛等衙門，申嚴保甲，督率巡捕、巡邏官、兵壯快人等，日夜在於各該鄉集、鎮市往來，嚴加巡緝，遇有可疑之人，即行擒拏，以靖地方。仍通行各該將領，分布信地，加意防禦，如有失事，定行從重連坐究罪，決不輕貸。

## 四十七　申飭嚴防逆黨

爲逆黨事。

准浙江軍門劉，差把總李光祖等，前來江北赶拏逆首趙古元。見今的，在淮安衛糧船幫內潜藏，浙江拏獲各惡供報，瓜、儀、濟寧一帶，盡屬伊黨；過江以北，勢如破竹等情。看得首惡趙古元，謀爲不軌，一敗徐州，一敗浙中，尚不甘心竄伏，二、三月內，尚有淮、揚地方，糾黨起手。據浙江各惡所供，瓜、儀、濟寧，盡屬伊黨；過江以北，勢如破竹，其機不無可虞，合再嚴行申飭。爲此牌仰揚、淮二道，即便轉行所屬有司軍衛、將領，并沿江、沿海守把等官，整搠部下官兵，嚴加隄備，仍分布伶俐兵番，在於緊要把隘及鄉村鎮店、泊船馬頭，人烟集輳去處，密行哨探。如有異言、慌張可疑之人，或指佛法，或假加兵，即係奸黨，就便盤詰明白，拏送官司究問，毋致疎縱怠忽。未便。

## 四十八　分布官兵防緝逆賊

爲賊情事案。

據淮徐兵備道呈報，拿獲徐州賊黨孟化鯨等，供與首惡趙古元，糾合各處賊黨，稱有精兵夾襍糧船內倡亂，已該本院暫留總兵王鳴鶴，將援川官兵三千，分布瓜、儀、揚州一帶地方，防守去後。今該道已擒渠魁，餘黨解散，而西事喫緊，已令援川官、兵起行外，尚有未獲賊首趙古元，倏往倏來，奸謀四布，仍應戒嚴防禦。爲此牌仰揚州道即行揚州府，并所屬州、縣，及附近將令營衛，各多委的當官兵壯快，在於緊要把隘地方，及各衛所糧船幫內，加意譏察，仍嚴行申飭保甲，晝夜巡守，遇有奸僞情形，即速擒拿，以靖地方，毋得踈玩。未便。

# 四十九　續獲逆賊奸細申飭道府防守

爲續獲奸細事。

二月十六日，本院審獲匿名告狀一人，已發該道查問。據徐推官報稱，本犯的名汪通爲王尚禮等辨罪。據伊十五歲男汪繼忠，當衆直供趙古元，舊年與父相識，先後送銀九兩、絲紬一疋，替趙古元召兵殺進徐州。今孟化鯨等事敗，本月十三日，古元差家人趙才來徐，與父探問王尚禮死生消息，稱三月十三日領衆前來搶奪，先殺太監，次殺地方各官等情。看得汪繼忠乃一稚子，而於父前直供前情，終始甚悉，則伊父汪通的爲趙古元奸細，閔不畏死，謀爲出脫，殊爲可駭！但「三月十三日，刼奪」之語，不可不加愼隄備，即今糧運盛行，瓜、儀、揚州咽喉重地，前云「奸黨潛伏糧幫內」之說，又不可不信。本院又當躬赴料理，則該道不可輒離徐州。爲此牌仰徐州道即便遵照駐劄徐州，加謹防衛。雖各院出巡所屬地方，亦當委曲具文申請俯從，免爲陪巡，方爲萬全之策。仍再申飭各該地方將領、軍衛有司，各官比常加意防衛，嚴謹門禁，盤詰奸細。凡有城守各官，不得擅離職守，致取參治。未便。

## 五十　逆賊謀亂調兵防禦

爲地方賊情事。

照得徐州妖言惑衆逆黨就擒，而元惡趙古元暗令奸細打探消息，仍圖一逞，而徐營官兵原少，雖調有大營官兵，尚不足分布。爲此牌仰廟灣遊擊姚伯潼，限文到日，即將該營官調撥五百員名，委一名色把總統領，馳赴徐州調遣，其行糧照大營例，以發行日起，具文赴淮安府先支一箇月，以後按月找支，待事寧之日住支，先具啓行，緣由馳報。務要切責領兵官，星夜儹行。尅期到徐，如有怠玩軍機，定行處以軍法，不貸。

## 五十一　逆犯餘黨發配

爲大奸謀逆等事。

案照先准刑部咨開，覆議孟化鯨等招罪緣由。已經題奉　欽依，備咨前來。通行該道遵照，將孟化鯨等，聽兩院處決；其辛乾等，查照發遣、發配、發落外，內劉尙忠、候獲趙古元至日，另行定議。萬時和、袁義，責令緝捕；趙古元獲日，萬時和贖罪，袁義發廣陵驛擺站去後。今照逆首趙古元，四布擒拏，尙未有獲，甚有報稱竄入播黨者，行跡不定。今遇　恩例熱審之期，監獄又當清理。所據劉尙忠等，合行發配、發落。爲此牌仰淮徐海防兵備道，即便轉行徐州，將徒罪犯人劉尙忠抄招，發毘陵驛，袁義發廣陵驛，各擺站滿，放取收管，繳報查考。萬時和贖罪發落，毋得遲違。未便。

## 五十二　釋放逆犯脅從

爲大奸謀逆等事。

案照先該兵部題覆逆黨孟化鯨等緣由，奉　旨將妖犯孟化鯨等正罪，逆首趙古元、唐雲峰，通行省、直地方，嚴行擒拿，其餘脅從罔治，已經行令各道遵照去後。近據豐縣申稱，奉本院清理監獄明文，內有孟化鯨等家屬一十三名，未敢擅放，等因爲照。時當　恩例熱審之期，而孟化鯨等事內一應脅從，如苗清等并監候。各犯家屬及王二姐人等，未據該道清理申報前來，合行知會釋放。爲此牌仰淮徐海防兵備道，即將孟化鯨等事內一應脅從，如苗清、寇良相、任百曉等，并監候各犯家屬人等，限文到，分投行令各該州、縣，速行盡數釋放。王二姐亦當先決發，具行過緣由，繳報查考。

## 五十三　解逆犯赴京行道府撥兵防護

爲大奸謀逆等事。

近據密雲漕、儲二道，將拏獲趙古元，會審明白，議欲　勑下法司，吊取孟化鯨等解京面審，已經本院一面具　題，一面行令淮徐道，將淮安府見監犯人孟化鯨、王會衡、王尚禮、王松、馬登儒五犯，多差人役探取，解赴刑部參對，會審去後。但孟化鯨等，係干梟斬重犯，黨與頗多，若伴解人少，途中不無疎失之虞。爲此牌仰淮徐兵備道，即行大營中軍官選撥武藝精強兵勇五十名，如該道是取孟化鯨等五犯解京，每一重犯以十兵押解爲一起，先後陸續各起發行，不許聚齊一處，所撥各兵量給行糧，務要丁寧。各兵沿途嚴加謹慎，亦不得凌虐重犯，致有踈失，具撥過兵勇姓名，報院查考。

## 五十四　議徐州改府及潁州道屬地方廣闊應否再分一道

爲地方衝要遼闊，議處防禦事宜，以重彈壓，以圖久安事。

照得徐、潁、壽、亳之地，界聯山東、河南，極其廣遠，而兵防單弱之甚，故盜賊易於嘯聚，奸宄不時竊發。先年，盜首王自簡倡亂於潁州汝、蔡、沈丘之間；近日，逆賊趙古元，糾黨於徐、豊、單縣、永城之境，皆由防禦難周，兵力寡少，以故不逞之徒，往往聚此爲亂，如潁州兵備所轄鳳、廬、滁、和。而駐箚壽州，即在平昔，尚不暇遍顧，況在今日徐州，適當鮮貢漕河之要津，兩京、各省舟車之孔道，區區一州，何能卒辦？先年，建議陞府，良爲有見，此皆於時勢喫緊，未可視爲尋常故事。愛惜小費，致悞　國家大事，會同總理河漕工部尚書劉，巡按御史安，巡監御史應，巡漕御史佴，議照前事，擬合就行。爲此，除外牌仰淮、潁二道照牌事理，即便會同從長酌議，要見各道所轄地方，既於山東、河南鄰境，封疆廣闊，即今兵防單弱，作何增設？糧餉作何供給？潁道所轄州、縣，既屬煩多，應否再設一道？徐州既屬衝要，應否仍陞爲府？所隸地方，作何分屬？俸廪供需，作何處給？具要一一會議妥確，通詳各院定奪，以憑會　題施行，毋得遲違。未便。

## 五十五　申嚴獄禁

爲申嚴防範獄囚，以安地方事。

竊照撫属地方，盜賊時時竊發，就執於獄，自當嚴加防範。顧各属漫不加意，屢有踈縱。近年，山陽、儀眞衛、滁州、睢寧，并目今揚州各獄，屢報越脫，雖旋即殲滅，職守謂何？緣守裡禁卒單弱，且聽各賊哄誘鬆刑，輒被屠身隕命，貽害匪輕，相應嚴行申飭。爲此牌仰揚、淮、潁三道，即查所属府、州、縣，各設看監禁卒若干名，日夜撥派守裡若干名，凡遇重囚，俱剪髪赭衣，即遇脫逃，人皆認識，仍嚴查司獄官吏、禁子人等，嚴加巡察，但有受賄，放鬆枷杻者，即行重責究罪，毋得視爲泛常。未便。

## 五十六　申飭獄禁

爲申嚴獄禁事。

案查本院莅鎮之始，見得各属屢有越獄之虞，通行該道申飭。各該府、州、縣嚴加防範，將重囚俱剪髪赭衣，即有脫逃，人皆識認；但有鬆刑，即行重究去後。乃今，沭陽、滁州二處，相繼申報強盜越獄，甚至毆打吏卒，公然兇擁出城，無人追捕。此皆吏卒、人役，因循猫鼠，受賄玩縱之故，若掌印官平日留心禁獄，防範謹嚴，何至疎脫如此？除嚴行該道將滁陽、滁州官吏人等，查究　題參外，合再申嚴防範。爲此牌仰淮、揚、潁三道，即便轉行所屬府、州、縣各該掌印官，將監獄禁卒，及內外巡防兵壯人等，揀選精壯人役充賞，不許容令疲羸酗酒之徒應役。每晚責令佐領官一員閘監一次，點驗重囚枷鎖杻鐐，責令吏卒眼同上櫃刑房，該吏務要輪流宿監，不許虛應出監偷安。掌印官不時間一查閘，如有吏禁人等受賄鬆刑，不論在監輕重人犯及防夫等役，首告究贓從重問罪。各具選過禁革兵壯人數花名年貌、文冊，徑報查考。毋再因循踈玩，致取參究。未便。

## 五十七　清理監犯

爲清理監犯事。

照得夏令已深，溽暑將至，囹圄淹禁，所當清理，如各屬監倉舖禁人犯，情有重輕、贓有多寡，或因事牽連，或覊留候問，或欠贓無幾，或追給主贓銀。若不分別踈放，不無染疫瘦斃，甚非恤民命，而召和氣也。爲此牌仰三道、四府、三州，即便轉行所屬衙門佐貳各官、附近衛所掌印官，限文到日，即親詣監倉、舖所，逐起清審；除眞犯死罪，照舊監固，囚糧依時給與外，其軍徒已結者，速查原行遣配杖罪以下，不得一槩監候。如或應發遣者，贓有未完速行議發，原審有力、稍有力、貧無措納、願改無力者，及無力願改、稍有力，免配決者，各量情法輕重，查詳原批衙門定奪，毋令該吏刁難，其見問未結情重者，即時問結，勿致久淹干證。情輕者，徑行釋放，如果事情過重，或待過暑月提問，毋得濫禁拖累，以傷天和。至於原批枷號犯人，以文到日，暫行開疎。俱候至七月內，并未枷號者，一併照日補枷，通限半月內，各將清審發放過人犯起數、名數，具冊徑報查考。

# 五十八　行三道置循環簿

爲督撫地方事。

照得督屬衙門催徵錢、糧，緝捕盜賊、稽查驛傳、詳審刑名等項事務，皆係該道職掌所在。其州縣責成在府、各府責成在道，而本院則總其綱焉。至於，兩京咨文多，係考成行查、行勘、行催、待報事宜，與夫本院一應批詳、批詞、文移、牌劄，要皆關係兵馬、錢糧、人命、強盜重務。在各省、直三司并守巡、兵備各道，皆載在循環文簿，責差吏書赴兩院查比，此亦率作省成之意，上下相維之體。今江北各道，一向廢弛，至如考成一節，參罰甚嚴，各道回報既遲，或有全不報者，本院乃取之州、縣回文，據以報　奏。脫蒙　詰責，咎將誰諉？事不歸一，何以督程？擬合申明，置簿塡比。爲此牌仰淮、揚、潁三道，即將該道凡奉本院有行，新、舊考成，錢、糧、詞詳、牌箚，一應未完事件，一一速爲清理，備載循環文簿，每季終塡報登答。前件責差書吏一名，赴院對號查比。下屬若有遲錯、虛捏該道，徑自提究招詳，大抵法在必行，而政令齊一，成效可臻矣。如有遠年難結事件，不妨明白呈詳註銷。俱毋違玩，遲錯。未便。

## 五十九　申飭倒換循環不得違季赴比

爲申明倒換循環，以便季比事。

照得撫屬各該府、州、縣等衙門，俱額有軍餉考成，詞詳、庫倉、軍器、缺官、柴馬、商稅、稅契、監舖、船料、格眼、起存、錢糧等項循環，俱按季赴院例比。今本院臨鎮以來，間有州、縣，或差一吏，或差一代辦農民，齎簿赴比審問。各事皆懵然不知，俱係雇替，及旋僉鄉民應比，除隨提各正身觧究外，然亦有任隨吏書，經年不行塡比者，有通不置簿倒換者，遂以稽考省成，視爲虛應故事，因循廢政，莫此爲甚，本當提究，姑記申飭塡比。爲此牌仰四府、三州，并轉行所屬州、縣，將前項循環，該府、州止留應比較軍飭餉，考成、詞詳、牌票三簿，應倒換庫倉、缺官、柴馬三簿，收稅府佐應倒換收支稅銀簿，各州、縣止留應比較軍餉，詞詳、牌票二簿，應倒換倉庫缺官、柴馬二簿，其府、州、縣應比軍餉照舊於簿內，塡上季比過未完某年分銀若干；今比某季已完某年某年銀各若干、未完若干，責觧經承吏書赴比考成、詞詳、牌票。每房不及五件者，免比照舊，差人倒換未完多者，仍照舊令。經該各吏書齎比簿內，務要明白，開塡上季比過，共未視若干件、續奉若干件，今比某季完過連前，共若幾件，某件爲某事，查寫署節批語前件下，登荅已完、未完之故。若果年久難完，及不係緊関事件，不妨明白請詳註銷，仍各開具簡明揭帖併報，春季限四月十五日以裏、夏季限七月十五日以裏、秋季限十月十五以裏、冬季限正月十五日以裏。若過違時日，及正身恃猾雇人，并僉擾鄉民替比者，定行從重提究。如有未置簿者，文到即行置簿，請印塡報。至於商稅、稅契序入庫倉後塡查，其格眼起存錢糧、監舖船料等項循環，俱赴該道倒換稽查，不得一槩混擾。先令各具遵依緣由，徑報查考，俱毋違錯。未便。

## 六十　申飭吏書比較不許雇人代替

爲申嚴吏書雇替代比，以清奸弊事。

案查先該本院申飭各属有司軍衛衙門，凡遇比較，一應未完錢、糧，及考成、詞詳、牌箚等項應比，吏書人等俱要正身，定立限期，按季觧比去後。近據虹縣申觧未完軍餉銀兩，應比書手朱伯良到院，隨審朱伯良未完餉銀情由，伯良寂然不知，看係雇替；隨行該縣查究招解，今據該縣具招，內稱塡完，二十七年冬季分未完軍餉文簿，當堂印僉批文，責差兵房。該吏孫應賀書手董彥貴齎簿赴比，不意二役私雇棍徒朱伯良替比，各又欺玩作獘，將批文洗改塡作朱伯良名字，充爲書手領簿投比。當蒙審出雇替情獘，將孫應賀、董彥貴杻觧赴院，審得二犯以奸猾吏書，故違作弊，洗改公文，不親赴比，玩法尤甚，已經重加責治批行。該縣追批革役發落外，第此弊不獨虹縣一處爲然。而各司府、州、縣，亦間有代比之獘，屢經發覺，恬不知畏，合行申飭。爲此牌仰淮、揚、潁三道照牌事理，即便轉行所屬司府、州、縣等衙門，今後凡遇比較，各該掌印官遵照前行，務要按季依期將應比者，責成吏書正身，差人押觧赴院比較，敢再似前容縱雇替，查審得出，官聽另處，吏書并押觧人役各枷號，罪革。至於，應該倒換循環，近又遲違，今後亦要依期，赴院倒換，如再過期，定提承行吏書重究，决不輕貸。

## 六十一　知會出巡事宜

爲出巡事。

照得時當春汛，本院不日巡歷海上，閱視兵馬，所有校閱事宜，合先知會。爲此牌仰揚、淮二道照牌事理，即便轉行所屬司、府、州、縣。各該營衛場司、大小衙門遵照單開條款，一面預爲料理整搠，一面開造册揭，俱候撫臨下馬之日呈遞，仍聽候次第牌示旋行，毋得臨期有悮。未便。

一、考察運、府、州、縣將領，軍、衛等衙門官吏，應送文武各官賢否册，吏役臧否册，并應戒、應逐、應拏官吏。另具一揭，備查。臨考之日，仍造官吏點名文册，其附近衙門官吏，俟另牌調考，如有托病規避不到者，查明分別解院補考。

一、各營將領官，止造部下水、陸兵馬、哨隊、年貌册一本，衛所掌印官止造城操、軍舍、哨隊、年貌册一本，聽候閱視；如有臨時雇倩，及疲羸不簡武藝，不精器械，不利戰船，不堅者，定以軍法綑打，仍行參治。

一、鄉兵、民壯、竈勇、弓兵、墩兵，各該掌印官備造年貌、隊伍册一本，聽候閱操查點。

一、閱射箭彈把子，即以前院頒發爲準，仍嚴諭監射官吏，禁止代鼓虛報之弊，如違查，出坐贓究問。

一、有司軍衛、掌印官，將城池、墩堡圖册，聽候閱視，如有殘闕不修，樓櫓不整，定行提究。

一、撫臨處所，行香後放告一次，其餘果有機密重情等項，許抱牌進告。若情輕者不准，仍行責究。

一、本院閱操較藝，犒賞花紅、酒米之數，各該有司預備聽候行賞，要見應於何項出辦，如無可動官銀，暫行借處，事完申請，以憑於軍餉內撥補。

一、府、州、縣未完軍餉，自二十四年起至二十七年止，分別年分，某項某年，原額銀若干，已完觧獲批收若干，未完若干，前件下塡註，應比承行官某人、某房吏某人、書手某人，一同送院比較。

一、有司起存稅糧京庫各項錢、糧，衛所屯糧，俱以三年爲率，分別年分款項，某年原額銀若干，已完獲批收若干，未完若干，前件下塡註，應比承行糧屯官某人、某房吏某人、書手某人，一同送比。

一、未完詞詳、牌票、箚付、考成事件，盡數開報，某房、某佐貳等官，未完幾件，要見不完者，如何不行完結，亦於前件下登答，仍註某件應比承行吏某人、書手某人，并押單皀快某人，一同送比。（註三）

## 附註

一　「掯」，音kèn，強迫、刁難之意。

二　此字印刷殘缺，就其形義度之爲「狀」，亦有可能是「告」字，兩存備參。

三　「送比」二字，印刷漫漶，以前條末亦有「送比」二字，故推斷無疑。

# 《撫淮小草》卷之十三

關西道甫李三才著

## 第十四冊　牌箚

### 一　禁止假倚内監查稅擾民

爲嚴禁棍徒，假倚稅監，嚇詐商民事。

據瓜州李同知招解犯人鄧奎，充瓜州陸營民壯，鑽跟內府委官收藏舊票，偷匿封條，嚇詐良民丁舉，封閉大門。又據淮安府招解犯人馬如壯、王穆等，假充內府巡船，嚇騙布客蔡侃銀兩，搶奪布疋。俱經告發，照例問擬充軍，枷號兩箇月，解院重責四十板，批行嚴併贓完，速行解發外，爲照亡賴光棍，不畏法紀，假倚內監名色查稅，騙詐商民，不止此數人而已。若不嚴加拿究，災疲之民，豈堪此輩魚肉？爲此牌仰揚、淮、潁三道，即便刊刻大字告示，遍發鄉村、鎮店去處，如有棍徒假稱內府抽稅，騙害商民者，許被害之人及地方巡捕人等，徑將奸徒紐赴所在掌印官處，照例究招，鮮院捆打枷號發遣，毋得容縱。未便。

## 二　行查清丈蘆洲惡棍裘廣等

爲俯循職掌，酌議蘆田等事。

准蘆政分司揭帖，參論走空惡棍裘廣、李存義、王應遇，突至南京詭託　欽依，假稱清丈洲田，擅出告示，捏造洲冊，羅織洲民，株連沿江南北上下、腹裏州縣，其謀甚奸，見住儀眞，恐嚇小民，其爲地方之害，不可勝言，題參亟勦，等因，到院。會同巡按御史吳，看得清丈蘆洲，該南京內守備衙門題奉　明旨，行委太監党，會同蘆政分司專董其事。未聞又有別委員役參雜其間，今裘廣等三人，奉何明文，徑住儀眞，大張虐焰，驚嚇小民，借使奉委，何不關會撫、按衙門，如此狐鼠縱横，有司官亦不申報，紀綱倒置，法紀何存？合行查究。爲此牌仰揚州兵備道即速查訪，駐箚儀眞裘廣、李存義、王應遇三人是何官職？奉何明文，前來查丈洲田？即今何等行事？有無借踰名分？既有監部專管，已經丈過，何得重丈？各奸所出告示，是何文義？有無詐騙情節？曾否恐嚇洲民財物？如有害人的據，就便擒拏解院，以憑參究，仍查何日到於儀眞，該縣何不申報？一併查究施行，毋得遲悮。未便。

## 三　行道查跟隨復丈蘆洲内監手下人役

爲嚴禁刁棍，以安地方事。

近准南京內守備太監邢手本，約同原委太監党，前來復丈洲田。爲照江北蘆洲，素稱瘠薄，百姓賠累已極，萬分困苦。先該党內監公平丈勘，稍能安戢，本院加意撫綏，再三曉諭，方得不致激變。即今邢內監復查，尤屬老成持重，慈善廉平，並不干擾百姓，接受詞狀；恐有一等奸徒，假借詐害良民。本院已經分發告示，各該州、縣禁諭外。爲此牌仰揚州兵備道即便嚴行，各該掌印官每處摘差的當人役，潛跟內監行住地方。凡探有刁棍窺瞰鹽商富有之家，假以侵占蘆田，私盜礦窖，挾仇恐嚇，在於內監告狀者，就便擒拏，所在官司解院，以憑究遣，如有狥縱，定行從重參處不貸。

## 四　侵越鈔關會題停免

爲安撫事。

近據淮、揚二府，并正陽關巢縣，申報稅監徑自委官抽取船料遺稅，商民阻激，等因，到院。看得千户王承德所奏盧、鳳遺稅，百户吳鎮所奏淮、揚內外河道、沿江一帶船料，俱奉旨公同會議奏行，不許侵越鈔關疆界，重疊徵收。見今本院已會　題停止。爲此牌仰淮、揚、潁三兵備道，即便速刋大字告示，分發張掛，安撫商民，俱聽候　明旨處分，不得惶懼逃匿，及抗違生事，違者即行拏究，毋得違玩。未便。

## 五　河道錢糧不得搜括解進

爲官商　請查沿江河道、船料錢糧無已等事。

准山東徐州礦稅太監陳手本，前事內開親詣淮安查覈河道、船料，煩至淮安公同查進，等因，准此。查得河道、船料等項錢糧，節行多官徧查，各有正項、正支，並無餘積，不得已將淮、揚、徐三庫，見用歲修等銀那解，已經會同按、院及該監回　奏訖後。該監并于以龍等所奏，搜庫藏積餘無礙銀兩，又係少監張燁題奏　明旨，南、北直隸不許會查，節經回覆該監訖。而于以龍假以人命行賄，冒領工部咨文，擅改　明旨添查省、直船料，見行查究。況今河道徙決，　祖陵運道，大是可慮。方且急簡河臣，星夜修築，將來所費，不知其幾？尚無所出，即河道有銀，尚須預儲備用。且河臣已故，　勅印文卷見在山東撫、院收貯，即親詣會查，敢不奉　勅印，不檢文卷，而擅動陵寢、運道之急需耶？即有堪動，亦惟總河知之，須待總河商之。若行起觧，有悞　陵、運大事，　朝廷究責，恐不獨在本院也。已經回覆，及具書丁寧該監外，今照該監此行必係前往青峯頂，查理香錢，順過淮安，而河道、船料俱已明白回覆，會同巡按御史吳，爲此牌仰淮安府官吏，即便查照，遵守施行，不許違錯。未便。

## 六　回稅監不得參奏府官

爲府官抗違　明旨，隱匿庫簿、文冊等事。

本月二十四日，准提督山東礦稅太監陳手本，前事內開奉　旨清查河道等項錢、糧，屢行淮安府催取簿冊，漫不回答，及至親臨詰取，亦不送查，中間明有情弊，相應會參，請將封去疏稿，註題前來會參，等因，准此。查得河道、船料等項錢、糧，節准貴監移文行查，節據道、府各官回報，並無積餘，而河、漕、部、院又云「歲修各有正項，僅足一歲支用」，本院亦據此節行回覆貴監訖。今貴監適於十月十八日抵淮，即於是日約會撫、按兩院；又於此日，勒令該府送冊查庫。不兩日，又會疏查參署印推官張時弼。夫兩院駐箚在三、四百里之外，各有兵馬、錢糧、刑名文卷，一時何能卒到？一時何敢擅離？該府惟知兩院已回免查，惟知貴監已據回　奏。今一旦出其不意，忽然臨查文冊，未齊錢、糧雜沓，何以措手？況今總河病故，河道變遷，　陵運、民生皆屬岌岌，須待總河有官。本官到任，方可共事，奉　勑印文卷，公同會查；且在庫錢、糧各有正項、正支，非下司可得侵欺者，亦非一署印推官可得而侵欺者。今遽參之，似爲太驟；前兩院，以總河無官，曾牌行該府不許擅有那動，致悞　陵運大事。若如貴監所責，此實兩院過於敬慎之罪，非推官敢於違悞之罪也。爲此合用手本前去貴監，煩將參奏疏稿暫行停止，俟總河有官，公同查覈，庶前後文移，不致逈異矣！仍希回示施行。又備云，牌行淮安府山陽縣查照。

## 七　知會停税

爲傳奉　聖諭事。

萬曆三十年二月二十六日，准户部咨，本月十六日内閣接出　聖諭，開礦抽税，爲三殿、兩宫未完，帑藏空虚，權宜採用。今着傳諭各處礦税、織造、燒造，俱着停止其南京供應機房，係舊制并蘓杭織造，内官有御用及婚禮袍服，俱着照舊，已採徵在官金銀等件，并織完緞疋、燒完磁器，還着原差内官押觧進用，如有奸惡截阻，及驛遞應付遲慢者，指名參處。鎮撫司及刑部，干連前項犯人都着釋放，官各還職；建言諸臣，都着復職；行取科道，俱着補用。兵部尚書田樂、户部尚書陳蕖，俱着即出供職。工部尚書楊一魁，失塞黄堌口，衝我　祖陵，着革職爲民。該部、院知道。欽此。欽遵。傳奉到部，擬合就行，爲此合咨前去，煩爲會同應天巡撫，并應天、蕪、松、淮、揚巡按、巡鹽御史等衙門，遵奉　聖諭內事理，限文到之日，將廬、鳳、淮、揚、應天、徽、寧、蕪、松等十八府礦稅等項，盡行停止，原差內官押觧起程，速離地方，勿得延緩，以宣　皇上恤民德意。其無名棍徒，盡行驅逐，一體欽遵施行。准此。會同巡按御史吳、巡鹽御史蔣，擬合就行。爲此合用手本，前去儀眞太監暨、監政太監魯、徐州太監陳處，煩爲查照，欽奉　聖諭內事理，限文到日，即將抽稅、船料、理鹽等項，盡行停止，速離地方，希勿延緩，以宣　皇上恤民德意。其無名棍徒，盡行驅逐，一體欽遵施行。仍將回京起程日期緣由，即付差去人員齎回，以憑　奏報施行，幸勿遲滯。箚仰揚、淮、潁三道照依咨箚，備奉　聖諭內事理，欽遵查照。即將所屬地方各監所，抽一應各稅船料、理鹽等項，限文到日，盡行停止，仍大書告示，分發抽稅處所張掛曉諭，仍即差官伴送該監出境回京，先將起程日期，差官職名馬上馳報，以憑　奏報施行，毋得時刻違延。未便。

## 八　查究首領官誤犯鹽監

爲悍肆卑官，欺藐　欽差撓法事。

准經理兩淮鹽務太監魯手本，前事切照。本監徃祭運船回自小東門，隨從員役各乘小轎於後，適遇揚州府知事徐志立，比因路狹並行，本官怒其衝道，即喝令皁快將小轎二乘擊碎，從役被傷，衣帽俱毁；又諭該方聚集百人，擁路喧騰，勢如變亂，本監人役俱驚逃避，仍鎖拏轎夫。本監即差人善諭本官寬釋，豈愈激暴怒，即指本監姓名毁罵，將轎夫四名責二十板，姑免枷號；據其罵詞，異常狂悖藐視，傍若無人，請煩嚴提究，斥庶尊卑名分不淆，體統不失，等因，准此。爲照太監魯銜　命理鹽，與官商甚是相安，知事徐志立於六月初二日，偶遇鹽監員役喧嚷，本監已置之不問，可謂能容、能明；何至今月餘，反爲挾詞倡議，鼓噪激變之說。會同巡按御史吴、巡鹽御史應，合行查究。爲此劄仰揚州府官吏，即提知事徐志立，到官嚴加究問，要見曾否毁詆鹽監？有無聚集數百人喧騰變亂？本監寬明相諭，如何反爲挾詞倡議？若果是實，依律擬招，通詳定奪，如有別故，原無放肆欺罔之情，就行重加戒飭，仍令前赴本監謝罪，以釋前嫌，毋得枉縱。未便。

## 九　禁立私税

爲嚴禁擅立私税，以甦民困事。

據睢寧縣申稱，本縣因黄堌口决，水漭民逃，致虧額賦。該前任熊知縣議將芹溝、養田等湖，出產魚鮮船隻網斷，徵收水面魚課。又各鄉土產、豆麥、醃切、魚肉等項貨物，四外客商來集收買者，以納商税俱抵，民逃水、占田地，錢、糧盡被經收，衙積浸漁。近蒙本院訪拿張志孟發問，但查前稅原爲抵補正項錢、糧，既歸積戀，私囊無濟實用。即今又被抽稅人等，攔關疊徵之苦，且魚船人户，皆本地貧民，詳乞革除，等因。據此，除批行淮安府通查禁革，再有擅立小稅私用者，拿究外；案查本院莅鎮之初，出示禁諭，內有州、縣不許擅立小稅，衙門私用。今睢寧縣前弊仍在，具抽稅委官重徵疊收，再加私立小稅，災疲之民貧促益甚，合再通行嚴禁。爲此牌仰淮、揚、潁三道，即便嚴諭所屬府、州、縣各官，但有在於湖塘鎮集處所，擅立小稅私用者，即行痛革。如有違犯。許被害商民徑赴院、道陳告，以憑拿究發遣。該道不時查訪揭報，仍備刋大字告示，每州、縣印發一百張，懸諭小民通知，毋得故違。未便。

## 十　祈晴

爲祈晴事。

照得今歲春、夏之交，天降霪雨，兩月不止，夏麥、秋禾不能無害，小民何以爲命？明屬咎徵，本院深用憂惕，擬合祈禱。爲此牌仰廬、鳳、淮、揚四府，徐、滁、和三州官吏照牌事理，并轉行所屬掌印等官，以文到之日，各加修省禁，止屠、沽，督率寮屬官吏人等，竭誠祈禱，務期晴霽，以阜吾民，仍令各將設壇，得晴日期，徑報查考，毋得視爲虛文。未便。

## 十一　祈雨

爲祈雨事。

照得時當入夏，正二麥結秀之時，又布種揷秧之際，天道亢暘不雨，國計民生，將何所賴？擬合通行祈禱。爲此牌仰四府、三州，并轉行所屬，但有亢暵去處，掌印官修德、省愆、省刑，斷屠，督率僚屬官吏、耆民人等，設壇齋戒，竭誠祈禱，務期甘澍大霈，地脉霑足，方見各官精誠爲民之效，各具獲雨日期，入土分寸，徑報查考，毋得違悞。未便。

## 十二　申飭武官不許受詞

爲武官違例，擅准呈詞事。

據本院巡捕泰州吏目盛燁呈奉，本院查據船户袁春妻卞氏禀稱，泰州所千户吉卦擅受丁學增呈詞，遵依，隨差快手行拘見在監責。隨該本院審得，巡捕千户吉卦祗受丁學增銀三錢，輒敢故違　明例，准受民詞，擅行拷禁，情殊可恨。姑以受贓不多，量從寬釋責治。本院蒞鎮之初，已經出示，嚴禁佐領武職，不許違例擅受呈詞。今千户吉卦在本院駐劄之所，乃復違玩，若此則其他衛所官員，又何憚而不擾害平民？合再申飭。爲此除將本犯原管捕務，另查相應官員詳委外，牌仰三道即便轉行所屬各衛所巡捕、巡邏、海巡等官，以後敢有准詞受賄生事，拷打害人者，許被害之人赴院陳告。該道仍不時查報，定行拏究不貸，仍備云刋刻告示，分發張掛，毋得遲違。未便。

## 十三　禁分司官不許受詞

爲禁約事。

照得兩淮運司額設通、泰、淮安分司所屬各鹽場，督催　國課，撫恤商竈，乃其常職。凡拖欠鹽課，與夫竈户中，有户婚、田土小事，得以勾攝而聽理之。至如有司之民居住各場，凡許訟事情，各有司存，豈得越俎，參雜其間？近訪得各分司官，濫准呈詞，不分民、竈，不論事情大、小，一槩拘拏，其追呼騷擾之害，不可勝言，合行禁飭。爲此牌仰淮、揚二兵備道，即便轉行通、泰、淮安三分司官，令其專心催辦　國課，恤竈安商，凡有商竈干碍鹽法事情，得以聽理其附場居民，一應呈詞，不許越俎濫准，以致騷擾多事，違者，該道訪實，參呈前來，以憑施行。

## 十四　申飭誣告

爲申飭誣告事。

照得告狀人等，本院置有印戳，在原狀上如有誣告，即行反坐解院究懲。近各府、州、縣間，有不遵印戳，徑具招詳者；除將各該故違吏書，批行併究招解外，合再申飭。爲此牌仰四府、三州即便轉行佐貳各官，并所屬州、縣，今後凡奉到本院批行一應詞狀，提取狀内人犯到官，逐一細加隔別研審，務得其情。果係無影裝誣，即遵照印戳，將原告及摘緊關人證，解院究治，以警刁頑。其無干證佐，先行省放，如有仍前故違，徑具招詳者，定提承行吏書解究，毋再怠玩。未便。

## 十五　禁白蓮無爲等教

爲禁約事。

照得江北地方習俗信佛，如白蓮、無爲等教建會，燒香男女混褋，而徐、碭、潁、亳之間，尤甚愚民，被其鼓惑，倡爲亂階，自昔可爲殷鑒。爲此牌仰淮、揚、潁三道，即便出給大字告示，分發所屬府、衛、州、縣張掛，鄉村鎮集處所曉諭。凡有白蓮、無爲等教，燒香做會，集徒說經念佛，夜聚曉散，搖惑人心者，許地方保甲隣佑舉首到官，照例究遣；如知而不舉，許諸人首告，一體重究，仍重賞首告之人，各具遵行，緣由繳報查考。

## 十六　禁止揚州妖巫

爲嚴禁左道惑衆事。

訪得揚州廣儲門內轉北空地，舊有土地廟。自二月內，有妖巫倡言捐資修庵，棍徒附和，遠邇震動，晝夜燒香，不止千百。每起，必竪立旗桿一根，計兩月；監旗桿二千餘根，將民田強占十餘畝。祠旁奸民大張酒肆，容留遠方之人，鼓樂雜劇，惑世誣民，此誠一郡之妖孽也，即今逆首趙古元謀爲不軌，徐州事發，逃往江之南北，或假佛法，或假召兵，糾黨造釁，見今嚴拏。維揚何地？今日何時？乃有妖巫棍徒，敢於違例，倡言惑眾。倘奸人乘機潛發，爲禍不小，爲此牌仰揚州道轉行揚州府，即便出給大字告示，禁止燒香、竪旗，觧散妖黨，將所竪旗杆盡數拆發，修理府學之用，敢有仍復燒香聚眾人、煽惑人心者，即行嚴拏爲首一二，以正法典，先具遵行，緣由繳報查考，毋得違玩。未便。

## 十七　查涿州賊犯

爲軍務事。

據涿州傳報馬兵徐應登稟稱，四月十三日，自泰州發行本箱，至二十二日戌時至涿州，彼時城門已闗，不料賊徒郭義乘機截打，將箱奪搶跑走，追至伊家，叫地方人等，當時拏獲，驗箱鎖開，觧送涿州巡捕官處倉禁，等因。又據良鄉馬兵薛堯稟稱，四月二十三日申時，涿州馬兵遞到倒報本箱封皮鎖鑰俱無，稱係被賊打奪，以致遲悮，等因。據此，看得本院擺設馬兵傳遞京報，俱係緊急軍情、章疏，非可時刻稽悮者。今至涿州被賊奪去，豈容將封皮鎖鑰皆開？而本章雖未失落，即其打奪、擅開封鎖、違玩時刻，法不容貸。爲此牌仰涿州官吏即將拏獲寄倉賊犯郭義，并拘馬兵徐應登到官，究問從實，具招申詳，定奪施行。

## 十八　緝拿打劫過客強盜

爲盜刼官舟事。

據平湖縣人馬鉅告稱，家長主事馬應圖偪儀眞座船，於九月十六日行至淮安通濟閘，二更時，被盜一夥打入官艙，捆縛人身，將皮箱等件錘開，盡刼銀物、衣被去訖等情。據此，看得淮安以至清河地方，屢行失事，今盜賊公然打刼，過往士夫，則平日踈防，可知除批行淮徐道緝究，如十日內不獲，將捕盜官役究罪招解外，爲此牌仰淮安府官吏，即便懸賞，多差伶俐兵番，四散緝拿前賊，務在必獲。每三日一比，有功人員更加犒賞，如過十日，將失事員役，提究招解該道，轉解赴院究比，毋得怠玩。未便。

## 十九　申飭馬兵

爲軍務事。

據抄報吏涂夢麒稟稱，四月十九日，蒙發倒報本箱，五月初二日方到京，計行十三日已爲遲悞，且又不知何處馬兵拆開封皮，將包本紙盜去，止剩十數張副本封，又行拆動，稟乞挨查重究。又先據本吏節稟，倒報封皮拆動，違悞時日，等因。據此，查得本院發行本章，非緊急軍務，即機密重情，擺設馬兵，原爲傳遞之速。本箱一到，自宜驗封不動，逐程交割速遞，以此厚餉，豢養此輩，一效其力，且從前違悞，姑不查究。乃今四月十九日發行至五月初二日，到京已遲玩更甚，而又有擅自拆封開箱，私看副本，盜去包本紙張，萬一有地方機密重情，亦任其拆封洩露軍機，此其干紀違令，眞不容輕貸者，合行嚴查。爲此牌仰內中軍副留守班印，即便逐程挨查，是何馬兵遲悮日時？再嚴行查究；是何處馬兵將本箱擅自拆開？責成兩隣馬兵首舉，務必根究的確，拏解赴院，以憑施行。仍申飭沿路馬兵知悉，如往來報箱封皮損動，許於封皮上註明，仍具呈內中軍官，轉呈本院拏究，如上下首馬兵容情隱護，一併連坐，究革不貸。

## 二十　取大察賢否

爲朝　覲事。

照得大察賢否，係關黜陟，萬一賢者誤去，則終身無登用之期；不肖者倖留，則地方未免受害；最當詳愼。爲此牌仰三道運司、四府、三州及理刑推官照牌事理，即將萬曆二十六年正月起至二十八年終止，大小官員不分在任陞遷、丁憂，任滿降調、聽勘等項，逐一細加體訪、秉公塡報、正官多不過四句，其餘小官、不過二句；但心術、才守、年貌，俱要括盡，各於考語之下，酌定賢不肖、才品，定擬應去、應留，或貪酷，或不謹罷軟，或老疾才力不及等項，俱要明白開註，不許含糊兩可，仍將訪來實事，條開于後，如廉於何事見其廉，能於何事見其能，貪取何項之財、酷傷何人之命，其罷軟老疾不及等項，有何事情、狀態徵驗于內，仍擇賢、不肖之尤者，細開事蹟少則十餘件，多則數十件。另具一揭仍本諸實事，飾以詞藻，定註眞切考語，賢者止於四句，不肖者不拘句數，至事盡而止，以備論劾。其有賢能卓異者，仍註卓異；貪酷異常者，仍註「提問」字樣，一併固封送院。本院所注意全憑揭帖爲實錄，毋以毀譽爲愛憎，毋以資格分優劣，毋以同事、同鄉而容隱曲庇，毋以巨室、巨族而忌諱阿承，毋沿舊套而取冊契交，毋習故聞而輕信差遣，務使善類不致誤傷，貪庸不得漏網，斯見同心報　國之意。限文到一月內，星馳送院。若有事無指實，止具一二泛語，致難去留者，定行駁回，蓋憲典可畏，鬼神難欺。秉筆者之人品，亦於此可見矣，可不愼哉！

## 二十一　議留朝　覲正官

爲　覲典屆期，酌議要地正官，以拯時艱事。

會同巡按御史安，議照今冬朝　覲屆期，此固　國家大典，爲臣子者誼當祗承；但江北地方，素號凋疲，値此鹽稅交征，時政告急，徐、淮、揚、潁之間，亂萌猶在，反側未安，則全藉掌印官彈壓，誠爲岌岌，合行查議。爲此牌仰揚、淮、潁三兵備道，即將所屬府、州、縣正官內，酌量極衝險要多事之處，逐一從長議處，何者應當免　覲，通詳定奪，以憑具　題會留施行。正官朝　覲，申飭署印官爲朝　覲事，會同巡按直隸監察御史吳，照得今歲各郡邑正官

入　覲，其印信、庫獄，必須委官署管，諸務皆藉料理，百姓皆賴撫摩，若有志之士，借此展布，着實幹濟，從此德民，獲上超擢可待；若聽信羣小，撥置科擾生事，恐媒利未得，而參拿隨之，合行禁諭。爲此牌仰揚、淮、潁三兵備道，即便嚴行各該署印官，各要爲　國爲民，以期遠大，如有濫罰罪贖，重加火耗虧損、鋪行科擾里甲者，該道訪實，不時揭報兩院，事完之日，仍將各署印官逐一甄別淑慝，開揭報院，以憑薦劾獎拏施行，毋得違玩。未便。

## 二十二　催朝　覲官事畢回任

爲嚴催正官回任事。

照得各府、州、縣正官朝　覲事完，宜當速行回任，矧今稅監紛擾，春防屆期，一切調劑、禦備事宜，所藉正官料理，更爲喫緊，合行催促到任。爲此牌仰廬、鳳、淮、揚四府，徐、滁、和三州官，并諭所屬各正官，作速回任，撫綏軍民，料理城守事宜，不得枉道回籍，戀住私家，致悞地方大計。如辭朝後，二十日內不到地方者，定行指名，參究不貸。

## 二十三　清查解京錢糧

爲清查觧京錢、糧事。

節據淮安府呈詳犯官林萬叢，于二十五年，領觧工部料銀一千二百餘兩，被吏書門快陳守儉等騙分四百餘兩，餘銀萬叢侵用，一向容隱不觧；至二十八年，該本院行催考，始得發覺。又犯吏李世輝，于二十一年，領觧禮部藥材銀二百五十兩侵用，被府縣吏書韓儉等挾分，各具招由到院。看得京庫錢、糧，屢奉　嚴旨，載在考成，如有不完，年年部科查參。各犯乃敢延玩侵騙，弁髦法紀如此；除駁行淮徐道嚴究盡法，重懲招觧外，但此弊恐不獨此一府爲然，而所侵又不止料價、藥材二項而已，合應通行清查。爲此牌仰淮、揚、潁三兵備道，即查所屬府、州、縣，但有各年起觧及買觧本色京庫，各項錢、糧領觧員役，如半年內不行銷批者，即杖；併批收追究侵營下落，中間有無該房吏書、皁快人等，侵那挾騙情弊，務要着實嚴查，從重究招觧奪，毋得遲違。未便。

## 二十四　行查海門生員侵占官地

爲查究事。

據海門縣官廖自伸稟稱，有生員侵占縣治地基，奪去縣用官船，船已取回，房仍未拆，乞行查究，等因。爲照生員身居學校，乃敢於行霸，侵奪官衙，殊爲可駭。除船已發還不究外，爲此牌仰揚州海防兵備道，即便行委嚴明府官，前詣海門縣查勘，是何生員霸占縣治基址？務須根究明確，依律治以應得罪名，通詳各院定奪施行，毋得偏護違玩。未便。

## 二十五　行有司保護被逮馮鄉宦家屬

爲公務事。

照得盱眙縣鄉宦湖廣馮僉憲，奉　旨削籍，尋又被逮，今已詣鳳陽府待命。第本官家徒四壁，家眷伶仃，宜當保護。爲此票仰鳳陽府官吏，即委勤能官督同該坊保甲，將馮鄉宦家眷人等，加意保護，毋令驚擾。未便。

## 二十六　查宿州封筒内匿名揭帖

爲公務事。

本年六月十四日，舖司投遞宿州照詳公文一角到院，拆封封筒內護封外一帖，係該州民人孟守信等所開，上書指揮百戶、生員、老人、吏書人等，冒領倉糧并扣侵官銀等弊。看得凡發公文，必於該州當堂封發。今此帖何爲至此，原請倉糧救濟貧民，本院批允借給不過一石，不許衙役冒領，今徑容武官、生員、吏書人等冒領，動則百石以至二、三十石，是與本院原批有悖，此必奸人怨家，假此相傾。本院已置之不問，但吏胥、舖遞敢於匿投，殊非法紀，擬合發查，爲此牌仰宿州掌印官照牌事理，即將發去原遞詳文，面對護封，并拆出原帖，即查實係何人開寫？在於何處裝入？如無影響，不得株連無辜，更屬不妥，以後文書須着實釘封，如有緊要，馬上差人投遞；其倉糧官銀，本官亦要嚴查，冊報，俱毋違玩。未便。

## 二十七　河工做工徒犯原解

爲督撫地方事。

查得各驛擺站徒犯，非係竊盜，則係打詐；前一挑濬河道告改做工，雖間有批允，亦隨即逃回，更復生事，陷害良善，奸宄橫肆，法紀蕩然。會同巡按御史吳，擬合就行。爲此牌仰潁、淮、揚三道，即行各該管河官，逐一查明；仍將各犯拘解原驛取收管，繳報查考。如有脫逃者，行令該管衙門，務要追獲解發，毋得違延。未便。

# 二十八　塞黄堌濬故道

爲河患可虞，修治宜急事。

近據河南管河道張副使呈稱，蒙墻決口，全河澎湃而來，水無所歸，徒塞無益；且壅灌別攻，爲害更烈，必俟宣導，稍有次第，乃可措手。若下流未復，而專事隄築，以抗橫流，恐非完計，等因，到院。行間，又該道呈稱，除王家樓、劉獸醫等口，見今堵塞斷流訖；惟商丘決口，原闊四十餘丈，今且三百餘丈，前深二、三丈，今且四、五丈矣。趂今橫流未成河形，挽回尚易爲力，若更遲延，明年水發，全河南注，將何防抵？豈不寒心？近山東直隸或議泇河可通，或議徐、吕建閘，總之爲新運時迫，曲計苦心，雖未嘗不謂黄河爲正道，開濬所當先，而省、直工力各分，恐狃一時權宜之計，緩　萬年根本之圖。展轉躭延，倘致決裂失事，職縱罪死何益哉？等因。據此，除另行外；該本院會同巡按御史吳、巡鹽御史應，議照黄決商丘，全勢南徙挽回之策，惟濬淤塞決。昨據淮徐道議呈，黃河建閘，以濟新運，固是救時急務，但河不歸故道，則　祖陵之患日深，欲塞決口，俾水無南注，爲　祖陵患，則濬下流不可不急，該道原議亦云，李吉口宜濬，今果否應即興工，其應動錢、糧，作何申請動支，近來未見着落，倘遷延遲悞，河南得以下流，未濬水無所歸，決口難塞爲辭，該道其何以自觧？若黃堌口應否併塞，以防再決，及商丘以下李吉以上，有係山東地方者，應否會山東管河道，一齊興工疏濬，俱宜蚤圖。當今總河缺人，事權無統，在地方者，何得坐視？而在該道，尤有專責。大抵事宜急，不宜緩，時宜乘，不宜失，轉盼春水發生，傾注　陵園，可爲寒心，往事宜鑒，毋曰：「新運可濟，便完該道事也。」爲此牌仰淮徐道照牌事理，即便作速議妥，通詳施行。

## 二十九　查各院贓罰解助河工

爲河工事。

頃，會巡漕察院，議及河道變遷，一切修濬工料，所費不貲，各處庫藏在在空虛，　內帑匱乏，請發又難搜括。院、道贓罰，有額觧濟邊，派濟　大工，備倭軍餉，地方賑濟等用。目前河工興舉，將何措手？是不可不爲，籌計湊處者。查得各院有行贓罰，向來彼此拘礙，未經支取，或可觧助河工萬一之費，會同總理河漕右都御史李、巡按御史吳、巡鹽御史蔣、巡漕御史崔，議照前事，擬合就行。爲此牌仰淮、揚、潁三兵備道，即將該道并各府、州、縣，但有通詳各院有行項下贓罰、紙罪銀兩，盡數查出，分別明白，觧赴淮安府庫另項收貯，作爲河工買辦料物支用，事完該道取數類冊，通報各院查考。

## 三十　禁諭運船夾帶

爲儧運糧儲事。

訪得江西等衛幫船多帶竹木，假稱起剝，暗受民船之賄，每軍船一隻夾帶民船一隻竹木，仍在運船糧米，反剝民船，甚至民船貨物搬移運船。又有旗軍擅拏民船，棄客貨於泥沙及外水，光棍搶打快船，毆人幾死，總運各官佯爲不知，全無約束，違法悮運，莫甚於此。除另行查究外，爲此牌仰漕儲、淮徐二道，即便嚴諭催儧把總，并沿河有司、掌印管河等官，如各幫運船有竹木，即行起卸，不得拖帶船尾，如係糧米着淺，就便撥船起剝，敢有夾帶民船進閘，及旗軍擅自拿船外水，嘯聚生事打搶者，許即時擒拏，輕則梱打遊營，重則觧院追贓究遣，俱毋違玩。未便。

## 三十一　查漕庫預備造船

爲查補缺船，以備全運事。

照得漕運廢弛，良由軍疲船缺，年復一年，敝壞已極。查得每年清江廠，除額造淺船外，又補造二百餘隻，尚不足用，必須持循往例，大破常格，查刷缺額淺船，再補二、三百隻，方不悮運。但清江廠年例造船計八百餘隻，該用銀八萬餘兩，近准戶部咨，打造河西務剝船三百隻，計費銀一萬五千兩。若加額外刷造，大約計費一十二萬有奇，但不知漕庫所貯堪動銀項若干，有無足供各項年例刷造之用？合行查數。爲此牌仰淮安府官吏，即查該府庫所貯漕運項下官銀，除年例補造淺船、剝船之外，餘剩若干，可足修船、什物、篙纜、優恤等項，及刷造漕船之費，逐一查明，具數揭報，以憑酌量刷造施行。

## 三十二　行潁道馳赴鳳陽安戢

爲地方事。

據潁州道報稱，留守僉書韓有光被論，不行候　旨，率領兵僕，輒於中途持刃、執棍，毆折金知府左膊，主簿、驛丞人等，亦被刃傷，及至赶回，復又擊鼓聚兵，謀殺知府，地方官民學校，驚恐不定。據此，爲照韓有光被論，自宜待罪候　旨，乃敢横施酷烈，爲此無將、無法之舉，實爲地方異常大變。除差旗牌官着落署正留守淡章，將韓有光監候聽參外，爲此牌仰潁州兵備道，即便馳至鳳陽飭兵防備，仍候本院不日撫臨，安戢施行。

# 《撫淮小草》卷之十四

關西道甫李三才著

## 第十四冊　告示

### 一　禁約有司營衛條件

爲督撫地方事。（註一）

照得江北地方災傷頻仍，鹽稅煩擾，民不聊生，日就流亡，本院職在拊循，深用憂惻，所以宣上達下，還定安集者，全賴地方各官，各舉其職而已。所有一、二禁約，合行示諭。仰各該司、府、州、縣、衛、所等官，一體遵守，本院且藉以免於罪戾，不則三尺具在，本院何敢讓焉？今將條列，開列於後：

一、徵收錢、糧，平兌、平收，不許厫（註二）頭、戶吏，掯勒火耗。

一、條鞭之法既立，則里甲管支、管庫、供應等役盡革，不許仍前僉派里甲。

一、鋪行貨物，不許官票徑取，不給價值；及指稱官價，虧損小民；與夫僉派鋪戶，輪流答應。

一、各處民間房屋，派定總甲、小甲，原屬防禦火盜而設，並不許令出辦修理衙門夫役，派出土坯、荊棘、床帳、桌椅、圍屏、家火、檢尸、棚廠、法物等項。

一、州、縣有正額課稅，或解京或充餉，不許擅立小稅，衙門私用。

一、各屬詞狀告紙銀，止許三分，不許多收，以累貧民。

一、各屬問理詞狀，除罪名外，不許任情罰銀、罰穀。

一、各屬應付夫馬，自有審定編銀，不許私派坊民馬匹，撥用地方人夫擡損。

一、各屬中火去處，不許各鎮、市鋪戶，供辦包賠。

一、司、府、州、縣、衛、所，佐貳、首領、巡檢、鹽場等官，不許擅受詞狀手本，勾攝騷擾。

一、巡捕官緝獲強盜，即送正官究審，不許私下拷打，妄攀良民。

一、各屬不許縱容快壯人等，帶領強盜作眼，指稱拏賊，騷擾生事；樂戶、娼家，無端索詐。

一、各屬審問狀詞、戶婚、田土，小事不過五日；人命、強盜大事，不過十日。不許沉閣淹禁，累及多人。

一、各屬署印官，不許聽信羣小，科擾里甲，濫罰罪贖，重加火耗，虧損鋪行。

一、廠驛、衙門，凡遇各院、道差人多索口糧、乾馬，即據實申呈，以憑重治，不許容隱不舉。

一、領兵官不許虛名支餉，私捕兵役，及剋扣不法等弊；違者，許諸人首告，得實，兵徑陞哨總，仍賞銀十兩，民賞銀二十兩，決不食言。

一、領兵官不許私養山人、墨客，及蓄俳優、結縭之人，冒支糧餉；違者，許諸人首告，仍照前例，厚賞舉首之人。

一、衛、所掌印官，不許剋扣操軍月糧，占役軍伴，包納月錢。

一、衛、所巡捕官，緝獲強盜；巡鹽官，緝獲鹽犯，即時送有司正官究問，不許私下拷問，妄攀平人。

一、管屯官徵收屯糧，不許私自營運，及侵欺肥己，稱爲拖欠。

一、衛、所各項公費，俱已議有官銀，各於屯糧內支給，不許指稱辦　表修倉等事，科歛軍丁、人夫。

一、凡奸惡刁徒，或捏人過犯，暗投狀揭；或以曖昧事情，造作歌謠。許諸人，據其實跡，赴院陳告，以憑拏問。

一、凡勢惡土豪，結交窩訪，陷害良善，報復私讐。許諸人，據實赴院陳告，以憑拏究。

一、凡輕生愚民，稍有不平，即尋自盡，其父、兄糾衆打搶，公行圖賴者，許赴院陳告，以憑拏問。

一、凡白蓮、無爲等教，扇惑人心，朔望會茶，糾結奸徒者，許諸人，赴院陳告，以憑拏究。

一、凡窩囤之家，收囤四外，拐畧人口，販賣遠方；但有拐帶子女，形迹可疑者，許諸人，拏送所在官司究招，觧院詳審發遣。

一、凡慣訟刁徒，如此中不勝，即假捏外籍，前往南京告狀，買夥京棍前來凌官提人者，許被害之人赴院陳告，以憑拏問，併究代書之人。

## 二 應恤應禁軍令

爲軍令事。

本院塡撫地方，安內攘外，原賴爾將領三軍，爲之腹心、爪牙，凡可憂恤，當無所不至，愛之如子弟，惜之如手足，眞有同氣一體之義。如不衛父兄，不捍頭目，則是不才之子弟，不仁之手足；雖有仁慈之父，愛身之人，在所必棄，何也？以無益，而有害也。爾將領三軍，各有良心，靜夜思之，當知吾言不謬。本院體下極周，立法極恕，行法極信，願爾等悉遵約束，毋自貽爾戚。爲此，除將領舉劾，應用、應斥，不在此例外；今將哨長、各兵，應恤、應禁軍令條件，開示於後：

一、凡本身疾病危篤者，給醫藥銀五錢。
一、凡本身病故者，給棺木銀一兩。
一、凡對敵被傷者，給醫藥銀三兩。
一、凡對敵死者，給棺木銀十兩，仍以賊贓盡數給其父母、妻子；或以其弟姪、子男，准其替役，以養贍其父母、妻子。
一、凡父母疾病危篤者，給醫藥銀五錢。
一、凡父母病故者，給棺木銀一兩。
一、凡妻子疾病危篤者，給醫藥銀三錢。
一、凡妻子病故者，給棺木銀五錢。

以上八條，哨長、各兵凡遇此項，即稟該營中軍官申達將領，一面查明，照數，先於犒賞銀內借給；一面報院，按季，於軍餉銀內補還。如軍餉不敷，即本院供給俸薪，俱可動支；但有掯勒，遲延一日不報者，中軍官究罪。

一、凡遇賊，不即奮勇擒拏、逗遛推躲者，綑打一百；臨陣退縮者，斬。
一、凡挾持兵刃，聚眾搶擄者，捆打一百；殺傷良民，姦汙婦女者，梟示。

一、凡聚衆要挾，阻撓官司者，捆打一百；挾持兵刃，惡語凌犯者，斬。

以上三條，俱易知、易守，極重、極大，必不可犯之律，必不可赦之罪。如有犯者，定不輕貸。其餘，或一時錯悞，或止係小過，俱當從寬，以示優恤之意。

## 三　禁諭坐營官兵

爲軍務事。

仰中軍陳督，及該營各官、兵知悉：照得將之與兵，須恩、威並至，上、下相信，乃能所嚮有功，不負任使。除本院優恤軍令，已另有示外；訪得中軍陳督，守己未疵，執法太固，彼此不恊，安能用衆？以後，務要深加優恤，聯爲一體，如父、兄之於子、弟，頭、目之於手、足，但有休戚，曲爲處置；如有不敢擅專者，不妨明白申請，本院定奪。爾各官兵，亦務要聽其號令，遵其約束，尊之如父、兄，親之如頭、目，不許違拗、失悞，致干軍法；如有不便情節，亦不妨明白赴訴，以憑議處。本院馭衆極寬，行法極信，爾中軍及各官兵，俱一體遵守。毋違。

## 四　斥逐不肖官員

爲斥逐不肖官員，以安民生事。

照得江北地方，災沴頻仍；兼以鹽稅騷擾，民生日蹙。今訪有不肖官員，操守大壞，詐騙多端，恫瘝之民，豈復堪此？既經道、府查揭前來，又與本院體訪相同，法應罷免；除牌行該道斥逐外，合行出示曉諭。盖豺狼當道，則馴羊爲殃；蟊賊滿徑，則嘉禾日萎。本院執掌所關，曷敢自逸？今將應斥各官姓名開示。

## 五　申明出首盜贓

爲申明出首盜賊，以靜地方事。

訪得近來水陸強盜，公行殺人，各該地方巡捕、官快，毫不經心，已行該道嚴究重處外；所有積年窩盜之家，及屢次行刼大盜，限十日內，許諸人指實首告，得實，賞銀十兩。但有能自首者，免罪；有能捉獲到官者，仍與應捕，一體給賞。所有各贓，當官驗過，盡數充賞；如待本院體訪拏獲，即時如律處死，無悔。

## 六　禁約泰州生員

爲禁約事。

照得本院奉　勑，撫此一方，自勳臣、貴戚、縉紳以下，凡有不公、不法事情，皆得糾之、問之，況其下焉者？諸生聚至十人以上，阻撓官府，爲首、爲從，明例具在，即諸司且不可，況其上焉者？前日，生員王袞縱婿毆母，打奪罪人，姑以諸生之請，特爲免責。其拘問事情，聽該道、府覆審招奪，本院自從寬處，諸生不得干預，以取罪戾。本院叨在撫循，故於諸生有情、有義；且以諸生，僻在一偏，寡於聲聽，不知　朝廷法度之尊，不知本院優厚之意，故特行該學諭之。爲此，仰該學教官，即將發去告示，榜揭學堂，仍嚴諭諸生，共守　臥碑（註二）明訓；該學亦嚴行教諭，毋自取不職之罪。此示。

## 七　禁生員囑託

爲嚴禁橫惡士風，以安良善，以存法紀事。

照得江北士風，素稱醕謹，近有一二生員，冥悍無知，犯分亂法，如海門之侵占縣治，天長之面辱縣官，行由中門；泰州之罵詈州官，打毀吏目，扯毀總兵執事；寶應之率眾毆打委官，致死人命。其初，起於不知法度，肆行無忌；及陷於罪，則身家性命不保，禍貽地方。情雖可憫，而明法森嚴，誰敢私之？蓋有志之士，閉戶讀書，決不甘心犯法，不顧身家，其放肆無禮，干預外事，如前項諸生所爲，每學亦不過二、三人，諸司以學宮體面，過爲寬假，不知其弊，遂至於此。若不嚴禁，無論法紀掃地，良善何以安生？有司何以行事？除行各道禁約外，合行禁諭。爲此，示仰各該有司，凡遇生員本等身家差徭，情法可通者，即行優免；至於死喪、冠婚之事，量爲資助，一以盡提調之責，一以見一體之情。若有毆奪良民，打罵職官，把持官府，投遞匿名，及糾眾十人以上，生事擾害者，各該有司及該學教官，據實指名，通申各院，以憑拏問究處，應遣、應死，　明例具在。其或以不干己事，受人賄賂，妄行囑託；或本家父、兄、子、弟，必不可免之差徭，恣意求免，一有不遂，輒行罵辱者，即將所囑之人，及其父、兄、子、弟，盡法究治，情重者解院詳奪。如各司及該學教官，隱忍容縱，該道不實查揭，即以罷軟參處，罷斥決不輕貸，決不虛示。

## 八　禁通州匿名豎旗

軍門示。

訪得通州六月初六日，東門外有人豎杆懸旗，上書「激變民情」，外書一封寫「栗大爺開拆」等語，爲照。豎旗投帖，該州愚民往往有此；但本院前有告示，凡一應文、武官豪，如有不法事情，令其明白赴告，自應據法施行，若匿名暗帖，例不准理，律應擬絞。夫何愚民，恬不知畏，自蹈法網如此。合再曉諭，今後凡有不才官員，漁獵小民，許徑赴院直陳，以憑拏問；如奸民敢再倡率，匿名豎旗投帖者，許地方官，即時訪拏解究。特示。

## 九　禁止誣告

爲嚴禁誣告事。

近據道、府等衙門呈詳，問過犯人招由，到院檢閱招情，多因小事成讐，輒欲報復，裝砌無影刼殺、打詐虛詞，誑聳批問，殃及貧民，累及婦女。如揚州府招詳，朱桐以一交易鬪毆，遂告刼財傷人；江防李同知招詳，盧鑑以一爭田夙讐，妄告江洋刼殺。又，李富以一錢債小事，揑告聚眾截奪，種種刁誣，殊爲可恨！除批行俱問滿徒，加責四十板，枷號一箇月發落外；合行嚴禁，爲此示諭軍、民人等知悉。今後凡戶婚、田土一切細事，據實，俱赴有司告理，不許仍前裝揑虛詞，赴上誑告，敢再違犯，如各衙門審問招誣前來，定從重反坐，并拏代書之人解院，一體重責枷號，如律究遣，決不虛示。

## 十　禁諭里甲供應

爲嚴禁里甲，以除民害事。

照得里甲供應，本院申飭禁約，不啻再四訪之，各處州、縣仍復相沿輪派，擾害窮民。除一應上司、過客，答應酒席，各項家活；與各府、州、縣各衙門及佐貳等官，日用各項家活，俱行道酌議，詳動官銀一一置辦，收貯公用，絲毫不許派及里甲，借及地方。居民敢有仍前指稱，借辦及買辦管支名色，騷擾百姓者，許即時赴院陳告，應參處者參處，應拏問者拏問，決不姑息，爲此特示。

## 十一　安撫遺稅商民

爲安撫事。

近據淮、揚二府，并正陽關、巢縣申報，稅監徑自委官抽取船料遺稅，商民阻激，等因，到院。看得千戶王承德所奏，廬、鳳遺稅；百戶吳鎮所奏，淮、揚內外河道沿江一帶船料，俱奉　旨公同會議奏行，不許侵越鈔關疆界，重疊徵收。見今本院（註四）已會　題停止納繳。

（註五），牌仰淮、揚、潁三道，即便速刊大字告示，分發張掛，安撫商民；俱聽候　明旨處分，毋得惶懼逃匿，及抗違生事。違者，即行拿究，爲此特示。

## 十二　安撫蘆課佃户

爲蘆課事。

照得通州、如皐沿江一田，近該馬尚仁具奏陞課解　進，見行蘆政太監党（註六）丈勘所納田價、蘆課，尚未議定。爲此，示仰沿江沙田人戶知悉，俱聽候會議停妥，題　准明文至日，然後徵收，毋得驚疑。未便。

## 十三　嚴禁棍徒查洲嚇詐

爲嚴禁刁棍，以安地方事。

照得江北洲田素稱瘠薄，百姓賠累已極，萬分困苦。賴有內監党公平丈勘，稍能安戢，而本院加意撫綏，再三曉諭，方得不致激變。即今，南京內守備太監邢，奉　命前來。第本監尤屬老成持重，慈善廉平，並不干擾百姓，接受詞狀；敢有刁惡棍徒，假借教唆，嚇詐良民，驚擾地方者，許各該有司嚴拿解院，以憑究遣。如有狥私縱容者，參處重治，决不虛示。

## 十四　禁諭棍徒詐冒丈洲

爲禁諭事。

訪得有等走空棍徒，駐箚儀眞，假查蘆田，詐出告示，大張虐焰，恐嚇洲民；已該蘆政分司，見今　題參。但查清丈洲田，係奉　欽命，南京守備太監邢、劉，行委太監党，會同蘆政分司專管，並無別項人員參褀其間。除會按、院牌行揚州道查究外，誠恐小民驚慌，合行出示安撫。爲此，示諭沿江上下洲民知悉，俱專聽監部查理，如有棍徒假托，擅行拘擾，即係奸徒詐嚇，許被害之人扭赴所在官司，解赴院、道，從重參究處治；各該洲民安心生理，勿得自生驚疑，輕棄產業，遠行逃避。特示。

## 十五　安撫舒城合肥二縣因稅監提人鼓噪

爲禁約事。

據廬州府申報，提督礦稅太監陳，差人前至舒城、合肥二縣提人，兩縣士民因見無辜平人被枉，遂爾驚慌激噪，旋即解散，等因。該本院看得該監在地方素稱安靜，即有閑提，無一不會同兩院。今兩縣一時並有此申，此必奸徒假詐，已經批行該道，備文知會本監禁約去後。近聞廬、鳳一帶，多有假冒內監提人，百姓皇皇不寧，合行出示安撫。爲此，示仰軍、民人等，如遇稅監提人，必有兩院明文可據；如係白頭牌票，定是奸徒詐冒名頭，騙害良民，許赴所在官司告明，究觧兩院施行，毋得妄行鼓噪，自取罪戾。未便。

## 十六　嚴禁奸民指礦訐害

爲禁約事。

據寶應縣闔學生員呈稱，近被刁奸棍徒，屢倚委稅威權，不云家藏異寶，則曰地掘多金，訐首稅監平白破人家（註七）產，等因。爲照奸徒假倚礦稅，騙害良民，節該院、道訪拿，從重究遣。近寶應縣生員王聘尹無知，與稅監委官鬬毆，已經奉　旨查問，其餘生員、百姓，俱良善守法，並與礦稅無干；而奸惡之徒，乃敢突生騙詐。除批行該道，嚴查訪拿外；但各處土棍，不止寶應一處爲然，詐騙小民，亦不止寶應一縣爲然，合再通行撫諭。爲此，示仰一應小民知悉，凡有奸徒挾讐，指倚礦稅，前赴內監訐害者，即便扭赴該管官司，毋分曲直，先行觧院，以憑捆打，究遣不貸。

## 十七　禁諭陳監委官打詐

爲禁諭事。

據揚州府商民楊寧等告稱，棍黨違　旨假稱礦稅府委官，夥聚百人，越境潛踞揚城，綽名偏捉良民，勢勝抄劄，恐罹毒殺，激變紛逃，等因。查得各監，凡有提人，關會院、道，近因棍徒假詐拏人，已該本院出示禁諭，敢有平空越境拏人，不分眞僞，扭赴所在官司解究。乃今，楊寧等復告前情，奸棍敢於橫行，致有激變，干係匪細，合再出示曉諭。今後，凡有棍徒係越境打詐，許地方保甲協同被害之人，扭赴官司，解院究遣，毋得狥縱，致令激變良民，自取參究。未便，特示。

## 十八　安撫稅監侵擾淮揚商民

爲嚴禁投充惡棍，假詐平民，以安地方事。

近淮督理鹽政太監魯揭稱，淮安商、民二、三百人，赴訴稅監陳太監手下四、五百人，前來搶奪，人人逃避，箇箇寒心；仍赴揚州騷擾，乞要禁止。隨該督稅太監暨，遣牌前來泰州，約會本院查議侵奪、抽稅事情；又據淮安災民一、二百人，赴訴太監陳手下，各處投充棍徒，將平民柴草、米豆，遍插黃旗封禁，以致裸貨舖店，一時閉門逃散，河道斷絕，並無米柴，激變良民，仍要遍行高、寶、揚、儀一帶擾害等情。照得礦稅太監陳，先奏查鮮河道、船料等銀，已該本院會同本監，及按、院回　奏，並無餘積去訖。後據官商于以龍等，又查河道、船料，並庫藏無礙，已該本院遍行委官，查無前項銀兩，已回本監并工部訖。若南、北直隸庫藏，則已奉　旨，不許行查；若地方疆界，則淮、揚自有暨監，原非本監地方。然本監素行安靜，此來原說要往青峰頂打醮，到此經過，决不敢違悖　明旨，嚇騙商民。各該居民因何罷市、閉門，驚慌逃避，遠近騷然，大駭觀聽？除牌行司、府、州、縣各官，及淮、揚各營參遊等官，整頓兵馬，以防不測外，合行出示撫諭。爲此，示仰商民、軍兵人等，俱要各安生理，並無他虞。如有投充棍徒，假以本監名頭，前至各該地方擅插黃旗，封禁柴、米，詐取舖商貨物者，即便扭赴所在官司、府、州、縣，鮮赴兩院，以憑究遣，毋得輕聽驚擾，反取罪戾，須至告示者。

## 十九　奉　旨停罷礦稅

爲欽奉　聖諭事。

即今礦稅等項，奉　旨停罷，各監自將回京，仰地方商、民人等，各宜安心貿易，感戴皇恩，不得乘機搶截，呼噪生事；如違，定以軍法重處。爲此，特示。

## 二十　被論留守毆打知府安撫地方

爲禁諭事。

近據鳳陽金知府報稱，留守韓有光被論，不行候　旨，率領兵、僕，輒於中途持刃、執棍，打折本官左膊，等因。爲照本院奉　旨回籍，例應候代，即今海上防汛，風帆叵測，江洋寇竊，不時出沒，一日不離地方，有一日責任。今留守毆及知府，此異常之變；除會按、院，從重參　題外，時當礦稅復徵，人心不定，猶恐奸頑之徒，乘隙不逞，妄行擾攘、倡亂。如違，重則提兵勦捕，輕則拿解軍門，處治不饒，特此諭知。

### 附註

一　案：此卷並未別爲一冊，而係與前卷之十三，合併爲第十四冊，特此說明，俾便核對。

二　案：「厫」，音「熬」，屋頂隆起之糧倉。

三　案：「臥碑」，係明、清兩代在明倫堂所立石碑，碑上鐫刻約束生員生活、言行準則之條文。

亦爲世人衡量士子人品之規矩尺度，作爲文士言行圭臬之表徵，具有歷史文化意義與價值。

四　案：「院」字印刷殘損，只餘下半隱約可識，從殘形、文義判斷，當作「院」字無疑。

五　案：「納繳」二字印刷殘損，僅餘「納」字上半，「繳」字未見，以文義判釋備參。

六　案：「党」字下空一格，僅刻其姓，而省其名。以下所見，皆同此例。

七　案：以上「白破人家」四字，印刷油墨暈開，稍微漫漶不清，但據形、義辨之，釋文無疑。

# 《撫淮小草》卷之十五

關西道甫李三才著

## 第十五冊　批詳

### 一　淮徐道

一件申飭畫一之法等事。淮徐道呈淮北各營官兵支糧，詳　批。各營官兵七月分糧料等銀，俱如議支給，冊七本并發；以後敢有混冒開支者，該道照議嚴行，不得以虛文了事。仍申飭各營將領，毋自貽悔。此繳。

一件大夥強盜刼財事。淮徐道呈賊犯朱可興等招，詳　批。據招各犯盜情已眞，但趙科將衣與鄭思文母易糧後，供寄放，仍送酒、飯；王才寄贓，又引領趙科并妻，往時宗智宅後潛住。二犯似属知情窩主，及查報前，未獲石守德、陳良友、閻世卿照提數內，遽爾開除，事干強刼，未可草率，仰再一覆審，妥招詳奪。

一件選委府官，以董稅課事。淮徐道呈徐州稅務改委州同姜繼周，詳　批。如議。姜繼周准委專管稽查收稅，該州掌印官尤須譏察，如有奸人生事擾民，及假稱內府名頭嚇詐者，許不時揭報院、道，以憑拏究，仍置循環倒換，查考張國麟回衛。此繳。

一件恩赦查襲事。淮徐道呈徐州左衛舍人李國昌襲職，詳　批。據詳，李得陽因保勘不實革職，揭黃伊男、李應卿奏辯未結，而父子物故，即令李國昌所稱贖徒復職者，徒仗區區一文卷耳。今文卷又稱無存，則國昌何所憑而承襲耶？仰令徑自赴部告查。此繳。

一件蠹國侵盜事。淮徐道呈犯人韓訓等招，詳　批。韓訓侵欺糧銀并火耗五十兩以上，罪不止徒；黃思和、韓放以積戀快手，誣執平人爲盜，嚇詐財物，即當擬遣，况亦有拷打之實乎？各犯皆積惡棍徒，不重懲之，何以示警？仰該道覆審，明的解奪。

一件地方事。淮安府申報涇河地方船上殺死男婦三人，詳　批。據申，殊可駭異，各該巡捕、巡邏、巡河員役、兵勇，寂然無聞，所司何事？十二月初八日失事，延至半月後，方行報府，若非拏獲陳楝等，終將隱匿，仰淮徐道嚴拏脫逃二犯，一併究解。

一件地方事。淮徐道呈報碭山與單縣等處地方，有唐雲峰勾引流徒嘯聚，詳　批。唐雲峰雖係山東籍民，而倡亂強貸，乃切近蕭、碭之間，不可以爲隔省縱之，漸不可長耳。仰該道嚴緝，以靖地方，仍通行申飭，不許悮事。此繳。

一件重地兵力單弱等事。淮徐道呈調兵防守徐州，詳　批。即今糧運始行，徐属多事，淮安官、兵准調一千名，已牌行陳晉速發矣。繳。

一件逆賊蓄謀既久，海內亂形已著等事。淮徐道呈拏獲逆賊孟化鯨等，詳　批。據呈，各賊逆狀已著，但首惡趙古元尚未拏獲，此賊往來淮徐境內，各賊必的知其行止，該道嚴鞫細探，務得眞跡，差人密捕。至於二國主告示一張，尤爲各賊不軌的據，俱要查收貯庫。本院業已星馳赴徐，已獲各賊，該道究招明確，本院面審，方敢具　題，火速報。

一件捉獲惑眾奸賊事。淮、潁二道呈犯人孟化鯨等觧審招，詳　批。據招，趙古元雖未擒獲，與見獲孟化鯨等，凡相會、相語，皆屬逆情；至如謠言、號令、僞示、反詩，一一有據，則古元眞爲罪之首矣。化鯨等受贓附奸，傳言惑眾；辛乾等保相結納，妄許招兵，擬以妖言、左道之律，是否盡其辜也？又劉尚忠不知來自何許，搭船至徐，蔡童、王尚禮先爲往拜，而尚忠次日答拜；既未見趙賊之面，又未受趙賊之贓，應否同罪？此獄係干題　請，務要事得其實，情當其罪，必詳！必愼！毋得枉縱。仰兩道再會行多官，斟酌妥確，其招內冗褻之語，前後不合，更須刪摘簡當；另招速報妖書等件，查檢明白，一併封送，以憑咨部查考。

一件逆賊扇亂已形，要地兵單可慮等事。淮徐道呈徐州添兵，乞將各府馬價及鹽課銀，題留充餉，詳　批。徐、揚重地，又當時事多虞，委宜設兵彈壓；但六萬七千馬價，再三請留，而部覆不允。即廿七年用過者，尚坐觧四川，委曲議題，移於下年觧補，尚不爲信；且懸四萬七千無處耳，安望戸七、兵三之鹽課、馬價，以充新設之兵餉乎？須別爲區處，方經久可行，部中以搜刮殆盡，固自不支耳。仰移文揚州道，從長會議，停妥通詳，以便會題。繳。

一件捉獲逆賊奸細事。淮徐道呈犯人汪通與趙古元共謀不軌，詳　批。汪通布散謠言，匿名投狀，伊幼男面供甚詳，仰道嚴究招報。

一件防汛將屆，查議分布事宜等事。淮徐道呈條議分布各營官兵防禦，詳　批。據議，分布事宜俱已詳悉，仰即行各該文武各官遵守，如有推避，處以軍法。淮安大營調赴徐州五百兵，昨已取回。此繳。

一件請築城垣等事。沛縣申士民公舉出磚建城，詳　批。據申，誠保障急務，但照里地畝出辦，士民果否樂從？仰淮徐道覆議，通詳定奪。

一件失盜事。淮徐道呈賊犯張友倉等招，詳　批。依擬，張友倉等四犯，俱固監會决；劉一綱贖完，還職；朱希陽、劉邦才，責令拏賊，反行賣放盜賊，何由而息？仰該道嚴究另觧，法令不行，該縣之政可知。餘如照實收、收管領狀。繳。未獲、未到，嚴行提緝。結。

一件捉獲賊犯事。淮徐道呈賊犯張洪道等招，詳　批。依擬，張洪道、王守儒，俱固監會决；劉守金被盜，誰肯隱匿？此巡捕、員役地方之所爲也，姑免罪領狀。繳。未獲，緝。結。照後，脫落實收領狀字樣，仰改正。行。

一件奉　旨擒拏反賊事。淮徐道呈緝拏逆賊趙古元，糾合楊酋爲害由，　批據招各犯附和逆謀，不約而同，其爲不軌之民甚的；但各院前疏，止欲嚴拏元兇趙古元，寬其脇從，各犯應否究罪？仰該道會同潁州道覆招，通詳定奪。

一件地方機密事。山陽縣申淮會稽縣關差捕快，緝拏妖犯石九天到縣，隨給回関，令來差押回原籍，詳　批。趙賊黨與甚重，不獨石九天一人，仰淮徐道嚴緝，毋使滋蔓。此繳。

一件酌選舊兵，清查餘餉，以嚴重地防守事。淮徐道呈徐州添兵五百名防守，詳　批。徐州元係緊要地方，況加以時事如斯，故不軌之徒，屢屢糾眾。所議加添兵馬，即如行。繳。

一件捉獲大夥強盜事。淮徐道呈賊犯吳四等招，詳　批。據招，各犯聚至十人以外，且明火傷人，尚謂之竊盜耶？至如張庫未行，猶稍近之。李明遠投潘守智爲主家，守智久爲窩主，被獲，且攀王五以報私仇，謂之非盜可乎？此中事理自明，仰再究確招奪。

一件懇全恩赦事。淮徐道呈徐州左衛指揮李國昌告要承襲祖職，詳　批。據申，李得陽被革事情，即王通判文卷亦不在，所據　誥命見存，豈當時追奪之時，得陽遂故，以是未及追耶？李國昌何由承襲？該道亦何據類送耶？仰徑赴兵部告查。繳。

一件懇恩嚴究營蠹，侵冒官銀等事。淮徐道呈解犯官鄭國賔（註一）等赴審招，詳　批。據審王業昌所呈，鄭國賔等侵剋、虛冒事情，種種有據，此係軍餉重事，豈容含糊，狥縱了事？若王業昌妄呈，自當盡法參處，亦豈得藉言，另案參罰輕縱？仰道嚴行覆究招解，王業昌細開手本并虛冒，底冊并發。

一件逆孽就戮，發覺有因等事。淮徐道呈逆賊趙一平，始初，幸得都給事中張貞觀發覺，乞將本官特加敘薦。今本道因親老多病，請乞告休，詳　批。發覺逆謀自是該道之功，而張鄉官欲發其端，人人知之，推讓良是。但今　廟堂正在敘錄，未見分別，似未可以此參入；且張鄉官夙望隆重，似無藉於此，該道亦未可即爲辭讓。總之，候　旨處分而已。此繳。

一件朦天大弊事。淮安府申問犯官董世明等招，　批。據招，董世明剋減、科歛，大爲不法；但本犯每季派銀，買紙公用，未明開數目。至於冒支兵糧，侵占營兵，自有各季支糧印冊，安得以無據爲詞？似此種種弊端，該營將領並不發覺，是否通同？仰淮徐道通查明確，盡法招解。

一件捉獲收稅假官事。桃源縣申犯人趙盛等招，詳　批。據招，趙盛詐冒稅監委官，擅豎旗號，恐詐商民，種種違法，恐造謀不止於一犯。至於僞雕關防，係何文篆？仰淮徐道速查招解。

一件懇天嚴革吏弊，時給俸、糧，存恤武弁、寒官事。邳州衛五所千百戶王壽等呈支俸、糧，詳　批。各官俸祿，自當官徵貯庫，按季支給，如何票令自討，是何法紀？是何體統？該州官吏，所幹何事？仰淮徐道查議改正。繳。

一件軍務事。淮安管河運同許一誠呈徐州犯人常誥等招，詳　批。據招，田思進等，各以管庫，串同積書李應節，將在庫餉銀，任意侵盜；及至行查，輒稱冒支，或係隱造，至於那借錢、糧，自有正項，既不申請，又不補還，又不開造冊，內徑自刪去，明白侵盜五千餘兩，而各役擬徒、擬杖，是無天日矣。何輕縱至此？仰淮徐道嚴行究招，限文到五日內解，報冊并發。

一件殃民事。淮安管河許運同呈解犯人莊繼先等赴審招，詳　批。據審，莊繼先、蘇永祿，各以書筭，久戀衙門，詐騙簰夫，陷害良民。秦梓以軍犯逃回，妄稱執照，仍鑽謀管馬，各犯贓不止此，罪亦不止此，仰淮徐道覆究招報。至如僱募夫役，果於民便，仰即出示諭知。

一件人命事。淮安崔同知呈犯人王士學等招，詳　批。據招，徐蘭教唆徐眞，平空誣告，致陳進死於限內，至檢有重傷，則稱係王士學一掌，又係死者自拳捶打，見證爲誰？醫藥何人？通屬含糊，人命豈宜草草？至於佐領不許受詞，本院再四嚴禁，張巡檢乃敢如此，仰淮徐道通提覆檢嚴究，限半月內招解。

一件反叛殃民事。徐州申賊犯王尙禮等私逃回家，詳　批。王尙禮等，交結逆賊，已經奉旨遷遣，却敢私逃回家，謀殺報仇，此爲地方之患不小，仰淮徐道嚴究解報。

一件河道事。徐淮道呈議自鎭口，以至邳、宿等處，建閘通行糧船，詳　批。據議，建閘疏河，乃目今第一急務，不妨先行興舉，庶不悞新運，仍候總河部、院詳行。繳。

一件地方事。淮安府陳通判呈清江稅課司副使和萃，被盜刼去官銀，并衣物、首飾等項，乞行嚴拿，詳　批。淮属地方，屢次失盜，並未拏獲。今又肆刼官銀，砍傷職官，府、縣巡捕、巡邏各官，快兵勇，何爲？仰淮徐道勒限半月內，務獲眞盜究報；如過期，并將各該承行吏書，一併解比，該道仍申飭各属，嚴加巡緝。

一件黄河南徙，勢甚可虞等事。淮徐道呈留江北漕糧輕齎、挑濬河道，詳　批。黄河必復故道，誠爲確論。據議，江北應挑之處，所費一十九萬，非留漕糧不可，仰行預先料理，仍候會議　題行。繳。

一件患病危篤，乞恩轉詳等事。淮徐道呈總河李患病，乞准具　題，回籍調理，詳　批。此時當河工大舉，漕艘麟集，所賴河漕、院、部，經綸康濟，以奏底績，何遽有此違和之報耶？此盖初到，荒度勞苦之所致也，仰道多撥醫人，用意調治，務期勿藥，濟此時艱，仍候各院詳示行。繳。

一件衝地逋負過多，上、下額徵孔亟等事。山陽縣申本縣拖欠各年錢、糧，准作災傷緩徵，詳　批。據申，開報未完，多有觧京錢、糧，事干考成，節該　題豁未允。第該縣衝疲至極，亦應爲之從長酌處，仰淮徐道查議，報冊并發。

## 二　揚州道

一件緊急夷情事。淮、揚二道會呈調狼、淮、揚等處兵、馬，赴川應援，詳　批。本院具題，二十七年馬價六萬七千兩，已用三分之二，而兩次所派丁地照舊充餉，仍欲留二十八、九年馬價，待海上大寧，逐漸起觧，今不知部覆如何？據議，於淮南汰減二千五百名，付王總兵應川、貴之急，得矣。然計餉止該馬價一半，而淮北尚不在減內，且今年馬價僅足供今年官兵支用，明年馬價又須見徵，恐不能作川、貴行糧之用。仰再會議，以馬價六萬七千兩爲率，通融應減兵馬若干，揀爲應援若干，動何項錢、糧開銷，應汰若干，而明年馬價始得觧部。又東征撤回之兵，皆不散去，如何安插，亦併議妥貼詳奪。

一件嚼民事。泰州申觧犯人張慤等招，詳　批。張慤兄弟五人，皆當里長，科索甲首，不止包學一人，狀稱造酒、屠猪，沿庄派送，招內未見究出。張思買包淮之田，是否騙索？仰揚州道通一查明招報，如有包攬稅糧等弊，則當照例究擬。

一件指官歛詐事。泰州申犯人陳湖等招，詳　批。據招，陳湖恃強科騙，贓證有據；至於躧（註一）死孫關元之女，逼致楊相之縊，尤屬違法。豈止擬徒？仰揚州道再一查的確招報。

一件捉獲盜首事。如皐縣申觧強盜王八等招　批。據招，王八等橫行刼掠，盜情已的。但招內有罪人犯，或稱在官，而不擬罪；或已擬罪，而不到官，事干大獄，難以草率。且王八之名，充滿海濵，而所獲之贓，多係衣、牛，以此盜機變異常，賄賂四布，尤當深防之。仰揚州道作速行嚴明官，通提究招，有功員役，照依本院賞格行。繳。

一件通計處，以濟時艱事。揚州道呈跟隨王總兵赴川官兵，應給糧銀，并置旗幟、軍器，詳　批。各官兵原係在營調發，不比新募，如何又議給安家銀兩？且路費及旗幟、馬匹等項，俱屬過多。當此民窮財匱之日，須萬分節省爲是，仰道速查停妥，詳報。

一件營務事。揚州府申永生、瓜洲二營官兵餉銀，乞准將軍餉、梁閘各稅，通融支給，詳批。沿海各營額餉，每歲所入，僅供所出；而瓜、永二營之餉，原議梁頭由閘支給，若於額餉通融，則沿海官兵，何以給之？前院行令通融，是爲稅使一時權宜，後季照舊矣。梁頭由閘，何得而虧乎？仰揚州道查議明妥，報。

一件緊急夷情事。揚州道呈西援官、兵奉文調住瓜、揚防運，預給半月口糧，准其開銷，詳　批。援川兵住二十日，名爲防守，彼實未齊，不得起行，安得遂支行糧，幾至千兩？當此軍餉費處之時，又何堪此濫用？仰該道移文該總，責令原解委官，帶還該府。此繳。

一件申議餉期，以一遵守事。揚州道呈三江、儀眞二營兵糧，准照議派廬、鳳、揚、太平各府，滁、和、廣德三州，丁田銀內湊給，詳　批。據議，沿江各營官兵，時當多事之時，既未可汰減，而由閘梁餉日漸虧縮，誠難繼給。今權宜加派丁田，雖係舊例可行；但屬操院主行，仰候詳示借過餉稅等項，姑從開銷，瓜營暫借三月分餉銀，俟有定議補還。此繳。

一件枉盜事。揚州府申觧犯人何谷等招，詳　批。據審，林守仁實被快手高時等十名詐財，原非何谷等妄供，即何谷亦不承認，該縣縣丞安得妄拿？爲下人開騙局也。若拐帶情節，則細事矣。仰該道再行嚴明官，覆查觧奪。如林守仁誣揑，則當反坐；金縣丞有無詐騙，亦併查之。內緊關人犯，如李林、陳大儀等，通提一查。

一件毆母事。揚州道呈觧犯人王袞等赴審招，詳　批。據審，陳其文因姦父妾之恨，痛毆親母，拔其鬓髮，毀其耳目，已經親告面證，斬有餘辜。依擬，固監會决。王文、王裔、韓福兒，恃其富豪，故敢糾眾打奪，若准其贖銀，未能濟　朝廷分毫之用，而使　朝廷之法紀蕩然。仰仍序發桃園、金斗、夾溝各驛擺站，俱候枷號，完日發落。王袞溺愛無法，本當究黜，姑以闔學代稟，已許寬議；且陳其文既已正法，准如議贖完復學，餘如照實收，收管。繳。

一件捉獲強盜事。揚州道呈賊犯胡忠等招，詳　批。據招，高富始以窩主分贓，先按擬斬。今以續獲夥犯胡忠，供爲知識，誤寄贓物；但富彼時，與忠同爲傭工，豈不訝其物之何從？而遂爲之收貯。及捉獲之時，又豈不爲執辯，而俛首自服重刑乎？出入之間，情罪殊懸，仰再審確招報。

一件督撫地方事。揚州徐推官呈觧犯人孫應試等招，詳　批。據審，孫應試白晝放火，穢辱良婦，猶其細事；而糾毆族兄，折肋三棍，死於五日之內，檢傷已的，則死有餘辜矣。事関人命，不厭詳慎，仰揚州道覆審確報。如皋縣前日如何檢驗，并查其故，如吏書作弊，私隱人命，則何所不至？一併究之。

一件申飭收銀積獘等事。揚州道呈詳各属徵收各項錢、糧，不許里甲私收，仍令該吏管收，詳　批。據議，徵觧之法，可謂切中時弊。至於分別緩、急，尤濟時艱，有司果能秉公遵守，則小民受賜不小。仰即通行，着實遵照。該道仍不時稽查，違者，指名參呈。此繳。

一件首獲強盜事。揚州江防李同知申詳犯人陳紀等招，詳　批。據招，各賊情節似的，至於王奉夥刼孔時一家，殺死妻子二人，見獲四犯，豈俱未動手，而獨諉之未獲之許二耶？仰揚州道覆審招奪。

一件活殺事。泰州申犯人李奇觀等招，詳　批。據招，李英之死，或以爲盜賊所擊，或以爲李奇觀所毆，一出一入，生死懸殊，大爲可訝。第未經覆檢，所致命傷，定在何處，其緊関干証，俱屬未到。仰揚州道覆拘各犯，一一對質明的，務求眞當招解。繳。

一件僞詐事。揚州道呈犯人汪大賢等招，詳　批。各惡横呑良民，正以本地奸人爲之導引，汪大賢操戈自戕，遠遣無說。趙應泰同夥嚇詐，即論無贓，亦以不分首從問遣。況已分十兩，不爲不多矣，豈容輕縱？仰再審確招奪。

一件目擊時艱等事。通州申詳洲田比照丹陽縣事例徵解，詳　批。洲田一事，原奉　旨會議具　題，而後徵收，江南、江北，地有肥、瘠，原自天淵。今無論未經請　旨，即道、府南北，尚未一議，遽行徵收，何恤士、民之皇皇迯竄耶？內監不習文移，或屬未知，該州、縣掌印一方，豈有不関白（註三）院、道，而擅自催徵，糊塗亦不應如此，應否參處？仰揚州道速查議報。

一件拏獲積窩大盜事。揚州道呈賊犯夏龍孫等招，詳　批。江洋大盜横刼，原以窩主爲盤據之地，夏守德父、子，造謀窩盜，實非一日。如守德二十四年，給引回家；二十五年，夏龍孫等尚刼荊副使財物，而彼父忠分有金銀、器服等件，守德安得不知情耶？况屢經多官駁審，守德並無一言致辯，今見父與夥賊俱故，即藉以展辯，是誰欺乎？未可以賄買鄉鄰，一保而縱之。大抵盜獄，以初審得情爲主，今安得以妄辯之故，縱此大盜？仰再一覆審招，解報。

一件申飭勸約，以端風教事。揚州府申觧犯人楊大臨等赴審招，詳　批。據審，楊大臨辱罵其父，縊死當夜，伊婿關祿親見，隣里鄉約共質之，即醫生田增，亦謂取藥原在一年之前，眾証共攻，神人同憤矣。但縣擬毆律，既無的據，而所引罵父之條，又經已死，正例所謂「威逼父母至死」，比毆者律也。再審，高氏溺愛逆子，忘報夫恨，是亦有罪。楊大通雖係聾啞，聞亦能書寫，大復雖幼，俱當并提細究之。既係重辟，又關風化，故不可不詳且愼也，仰揚州道復究確招。報。

一件惡殺事。儀眞縣申觧犯人王朝寅等赴審招，詳　批。據審，王朝寅持刀，聲言殺叔，及串刼奸黨詐財，種種兇惡，眾証俱明；至於威逼親母致死，合族亦稱甚確。許氏亦稱十九年八月二十九日，朝寅回家，親遞一繩、一刀於母，二十八日蔡氏自縊果爾，當時何遂隱匿？亦嘗經縣，不知作何狀？事関重辟，仰揚州道通提原卷，并緊関人證確究。報。

一件自陳奉職無狀，士論繁囂，乞賜休致，以全微名事。江都縣知縣劉之沂，因丈洲田，生員不服，倡爲議論，橫行詆毀，卑職自揣不才，濫司民牧，乞諒微情，俯容休致，詳　批。查丈洲田，係奉　明旨，自有成案，而生員豈得詆毀？該縣亦豈得緣此告休？仰揚州道一面行令知縣劉之沂，即出供職；一面行查倡首生員，因何妄詆？本官從公究。報。

一件人命事。瓜洲江防李同知呈犯人張承傑等招，詳　批。據招，陸奇因與張承傑相毆，而奇死於限外十日；但檢有致命傷痕甚多，豈得以病爲觧？即病招內，亦未見用何醫藥，事係人命，豈容草草？仰揚州道覆審，確報。

一件圮壞學官，懇恩修葺等事。揚州府申估修泰州儒學工料銀兩，請乞本院批助，本府亦量行設處，其餘仍備行該州查議，詳　批。事神治民，本有司職業，至於　文廟，尤士、民之瞻仰，爲政之首務，奈何提調官怠慢之甚？該州儒學幾盡頹廢，孰不可忍？仰道通查所屬各處儒學，及時脩葺；已廢者，通詳估造，務使士子瞻仰有地。至於該府估用甚多，本院贖銀又坐充軍餉，及觧京助工，今准動三百兩助之，其餘仰揚州道覆估的數，仍查各院共行紙贖，并該道、府、州措處，通詳定奪。繳。

一件絞殺事。揚州道呈觧犯人施所藴等赴審，詳　批。施所藴淫縱無忌，禍及其女，若婿不知自愧，尚欲誣人，即雖憐而寬之，亦何面目，復登明倫堂乎？孫祉奸雖非強，而敗壞風俗，殊爲可恨！姑念已經重責，從寬與施所藴，姑依擬發落。至於陳一鶚、姜氏、周春慶，何罪之有？俱免之，實收。繳。

一件帑藏匱乏，無措錢、糧等事。揚州道呈揚屬奉派織造叚疋，請留四司料價，詳　批。該項錢兩准暫動支，行令委官先行督造，議有銀兩，先儘補還鹽折、馬價，但二部原文不許，議留本部錢、糧。惟今此中府、州設處，則四司料價銀亦難議留。仰再會淮、潁二道搜查，有何堪動協濟？有何工作省剩？湊支其叚價，該道亦須覈實的數，作速議處詳奪。

一件自陳奉職無狀等事。揚州道呈犯人孫尚忠等，招　批。據招，孫尚忠抗違憲法，詆毀縣官，正所謂「把持」，不得行事也，何無知乃爾？夫以漕糧均派，以不得已之賦，當不得已之時，既奉明文，自當遵守，何至聚眾妄行乎？脫內監聞而具　奏，地方官不爲申救，則於心不忍，於職不盡；救之則無益，其禍且蔓及，前鑑不遠，獨不思身家、地方無窮之禍乎？姑從寬，依擬發落，行令猛改，仍詳學院示行，餘如照實收。繳。

一件季稅事。通州申本州舖行自認稅銀，詳　批。抽稅原爲有貨即抽，並無包認之說，無論商人貨之多寡不同，而一時貨到之多寡亦異，是否各行情願，該州徑不呈詳院、道，擅自坐派，有無情弊？仰揚州道查議明妥，速報。

一件軍務事。揚州道呈觧犯官秦希武等招，詳　批。據審，秦希武剋扣科歛，贓銀不下二千，王文等眾證甚明，正當盡數追還，給散各軍，明正其罪，以警貪縱。仰揚州道速行李同知，從公、從實，嚴查招觧。近來，沿海一帶廢壞已甚，而狼山營尤属可恨！仍行黃總兵着意振刷，一應弊端盡行查革，毋徒姑息，縱此蟊賊。此繳。

一件倭警叵測等事。揚州道呈狼山黃總兵條議增兵，詳批。據議，中軍器、藥准照行；至如添兵四百，募船數隻，奈軍餉不足，即有節年減省之餉，恐一旦有事，何以應卒？仰候再議行。繳。

一件假牌抄詐事。揚州道呈犯人張懋等招，詳　批。據招，張懋串黨張英等，假仗勳勢，僞牌嚇詐，強姦良婦，罪不止遣。但英等多未到官，豈容漏網？仰再嚴拏，盡法招解。張懋先於該府門首，枷號示眾。

一件督撫地方事。儀眞縣申解犯人蔣印等，赴審　批。據審，蔣印以積快投充監，嚇詐商民是的；但印於二十六年被告配革，雖賄買萬壽，追贓延捱，而該房吏書何不稟官催比？明係受賄，互相欺隱。至於邵應登同詐陳上言，辛應立同詐施維各財，豈有不分贓之理？徐應麒同詐汪吾溪，既有分贓，雖另案擬罪，亦當總徒，如何仍聽前案？且緊關正犯多不解審，仰揚州道通提嚴究明確，盡（註四）法招奪。

一件人命事。泰州申犯人凌擲等招，詳　批。據審，凌擲率四男共毆潘梓，至以人穢灌至一碗，丁裕、丁遂執證甚確；雖死限外，實因傷重而殞，檢究已明，擬抵不枉。但事干奏請，招內未見明開，仰揚州道覆檢招奪。

一件懇恩超拔，俯從　恩赦事。揚州衛各所千百戶劉嗣勳等呈，蒙　欽恤除舊跡，俯容改正更新。呈　批各官，既勉力從善，一應考語，自當改洗；且武官一經劣考，終身不變，亦非政體，不在奉　恩詔也，仰揚州道查行。繳。

一件公務事。揚州道呈建唐都御史祠堂，詳　批。先撫臺荊川唐公，文章、氣節，表章一時，死事於倭，尤屬盡瘁。今士、民公舉如此，准如議建祠崇祀，以昭前烈，倘公費不繼，不妨陸續呈請，務要堅固，以垂永久，事完冊報。

一件人命事。揚州府申犯人季四科等招，詳　批。據招，劉希孟致命多傷，季四科賄買四出，希孟是否自盡？仰揚州道覆審招解。

一件人命事。泰興縣申犯人成策等招，詳　批。據招，成策誘哄蔡剪兒在店相嚷，今稱病故，未審嚷於何日？病用何藥？恐有別情，仰揚州道覆究。報。

一件越殺事。高郵州申觧犯人陸森等，　招批。各犯依擬發落，實收繳。越江百里之外，例不提發，本院嚴禁再四，該州何不遵行？至稱趙劉禮詐銀八錢，猶不足盤纏、酒食，不知京皁提人，例該酒食、盤纏耶？招中南京清吏司是何衙門？種種錯亂，仰揚州道即提承行吏書嚴究招報。而越江関提，尤爲地方大害，仍通行所屬禁止，更出大字告示，於各屬衙門張掛曉諭。

一件假牌抄詐事。揚州道呈犯人張懋等觧審招，詳　批。據審，判票拏人，原係誠意伯第七子劉守愛所爲；其圍繞房屋，輪姦李氏，實係張英等所爲，此俱張懋親招。即今李氏之死，亦属有因。近來，動勢越江生事，奸棍往往投充，豈容徑置不問？仰揚州道上緊嚴拏，通招解報；仍先出大字告示，遍行所属，但有指稱動勢越江拿人者，該地方官即行拿觧究處，如狥情容縱，定以霸軟參治。此繳。

一件姦殺事。揚州道呈舉人劉有光等解審招，詳　批。據審，劉有光姦占王鳳兒爲妾，猶謂娼婦耳。至於王玉兒則係曹玉已定之婚，非所謂良家子女耶？有光亦行姦占，面質甚眞，何貪淫至此？此罪豈止於徒革，及至解審，尚託疾不出，是何法紀？仰揚州道覆審明的，限三日內解奪。

一件查勘河道事。潁州道呈詳施家渡會勘，酌議興工疏築，詳　批。據議，疏濬下流，保全　祖陵甚善；第下流之處乃揚属之地，仰揚州道再行會勘妥當，火速通詳定奪，圖并發。

一件蠹國事。揚州府申犯人張鳳舉等，招　批。據招，該關鈔銀每年外加使費，數至二千四百兩，不無冗役冒濫，既設收銀吏役，又何有私充？鈔戶張清攬納侵欺，張鳳舉係經收吏役，豈無朋侵之弊？仰揚州道覆審明確，招報。

一件滅孤事。揚州道呈犯人郭師道等招，詳　批。郭師道列名青衿，暴棄兄屍，搶奪寡嫂，士、民切齒，乞丐嗤咲，此等行誼大関風化，該道何不申聞　學院，不獨爲此一惡也。餘姑依擬發落，行令該府給照，付嗣興子母收照，仍出示張掛其門，再有搶奪者，拏解院、道重究，實收領狀。繳。郭師道仍聽　學院究治。

一件蠹國罔民事。揚州道呈犯人翟文華等招，詳　批。翟文華、姜文華鑽謀織造，打點騙財，仰各加責四十板，照例枷號兩箇月，嚴併贓完拘，僉妻解發永平山、海各衛充軍終身，招達　部知，餘如照實收，收管。繳。二犯爲詐騙之故，無端遺害地方，務要着實枷責，不許狥縱。

一件慘殺事。揚州府申生員王聘尹等招，詳　批。據招，王聘尹縱弟毆死人命，卻妄供生員汪有瀾，致費銀三千餘兩，而聘尹亦詐騙四百兩，無論人類，無論士行，即禽獸中有此乎？且令陳增將本生重責監禁，更無天日矣！仰揚州道覆審明的招解。

一件人命事。揚州道呈犯人王茂德等招，詳　批。據招，初覆檢審徐守之死，實由於毆；本院面審，眾證甚眞，並無自縊之說；果爾，則彼時仵作，何無一言喝報？而本犯及干證，亦無一言執辯耶？生者可怜，（註五）死者之冤更可怜，仰從公、從實，覆查招奪。

## 三　潁州道

一件地方盜賊事。潁州道呈賊犯李朝益等招，詳　批。李朝益等敢於刼擄，盖緣本地窩主，故各賊有安插處耳，此實治盜之本。今鄒虎分贓有據，安得謂之寄？汪謨之妾且與賊通，安得謂之不知情？仰道嚴行究確，招報；未獲上緊緝拿，并報。

一件公舉貞潔，懇乞轉達，俯賜旌表等事。潁州道呈鳳陽縣節婦黃氏、俞氏，給扁表揚，詳　批。二婦節義可嘉，如議行縣，置扁表揚，仍高豎紅旗一面，上書「全節」二字，各給青布十疋、白布十疋，俱於本院贖銀內動支。繳。

一件打死人命事。鳳陽府申犯人梁世才等招，詳　批。據招，梁世才毆死董舒，檢有重傷，引律不合；且以殺抵縊，不惟不相當，亦非法體。繆仲達以縣吏，陰爲謀主，教唆詞狀，安得隱諱而輕置之？種種情節未妥，仰潁州道查的，招解報奪。

一件盤獲強犯事。無爲州申賊犯章簿等招，詳　批。據招，盜情已的，但許崇儒容留秦氏，葉廷香寄借贓銀，是否知情？赤石岡遺落護書、首飾各贓，亦未見何人收取，仰潁州道嚴查的確，招報。

一件捉獲賊盜等事。鳳陽縣申犯人蕭九功等招，詳　批。據招，蕭九功假雕印信近眞，但在張眞家飲酒，有無得財？內稱行詐已久，似不止此一次，仰潁州道覆查詳奪。

一件失盜事。潁州道呈賊犯毛禮等招，詳　批。盜至十人，各持利器，尚可謂之竊乎？盜竊（註八）犬洞以爲展辯地，官改強字以爲避罪地，無怪盜賊橫行而無忌也。除以往不究，以後再有如此摭飾失事，縱賊殃民者，先行參究。該道通行各属知之，各犯俱已問明，依擬毛賢等四名牢固，監候會審詳決；何現發邵伯驛擺站滿放，餘照行實收，收管領狀。繳。未獲，嚴行緝結。

一件預修緊要垣屋等事。潁州道呈估修　皇陵工程浩大，議派四府、三州協濟，詳　批。江北地方皆久災積疲之區，安得堪此重役？據稱先年修　陵，動支牛犢等銀，今獨不可查動乎？而更欲派之各府也，仰道再議妥當，詳報。

一件強刼事。全椒縣申強犯韓相等招，詳　批。據招，各犯盜情甚眞，但韓鐸送竹作梯，及知情不首，明有同盜之意，安得輕擬？若果出先首，則當明開其罪。又不得，恐碍補役之功，而泯其先首之情也。陳際被盜肆刼，具狀在縣，乃該縣竟不申報，明係隱匿，何以止盜安民？巡捕、典史及該房吏書，違玩可惡，仰潁州道覆審明確，并招解奪。

一件捕詐事。壽州申犯人趙弼進等招，詳　批。本院前有禁約，各衙門皂甲止許正身一人，並不許副役擾害。今據招，潁上縣崔鳳奉差，何又得有副役趙弼進等之詐騙耶？此輩公然盤據，而本院禁約若故紙焉。小民何罪？仰潁州道嚴查，併該縣承行吏書，究解速報。

一件抄焚事。鳳陽府同知史可述呈解犯人閻義等赴審招，詳　批。據審，楊付科、閻義等詐騙是的，其餘誣死多命尚不肯服，事干重辟，且中間情節殊未明確，仰潁州道覆審，招報。

一件敬陳未徵遺稅等事。潁州道呈暨太監徑行委官徵稅，小民驚惶，詳　批。鳳、廬地方既僻而疲，既無牙稅羨餘，若量地派認，是背　明旨，加派小民矣。本院行且會題，仰候行。繳。

一件敬陳未徵遺稅等事。潁州道呈暨太監委官收稅，商民鼓噪，該鳳陽高通判、巢縣王知縣救護出城；近聞該監欲行參奏各官告休，詳　批。廬、鳳遺稅船稅，本院已會按、院稅監具題停止，仰候　明旨遵行。至如正陽、巢縣等處，愚民激噪，非地方各官調護，幾至大變。此皆各官之功，稅監心地甚明白，天理不昧，豈有他虞？仰行令各官安心供職，毋自疑畏求退。

此繳。

一件盜換礦金等事。舒城縣申山東陳太監差人到縣，提被告楊蘷等，百姓激變，詳　批。本監在地方素稱安靜，即有事無不關會兩院，今舒城、合肥二縣一時並有提解，此必奸徒假詐，仰潁州道備文知會，本監禁約之。此繳，揭并發。

一件盜賣事。潁州道呈犯人戴鍵等招，詳　批。戴鍵棄己妻於民壯，又另娶程氏，又棄；乃復奪生人之妻，而毆死其夫之父，眞人倫之大變，禽獸之不爲，而謂學宮有是哉？仰道面審眞確，速解招報。

一件乞憐銜苦，請給明示，禁止繁差等事。睢陽驛申請乞禁止借名隔年勘合、隔省符驗牌票，詳　批。據申，借用隔省符驗牌票，并隔年勘合火牌，洗補年月，至於額外多勒馬匹等弊，已有　明例，不許應付。各該官司，豈容阿承如此？仰潁州道出示禁革，仍刊刻大字通行所屬，如違，該道從重參治。此繳。

一件盜賣事。潁州道呈解犯人戴鍵等赴審招，詳　批。戴鍵毆死朱策，傷經屢檢，眾證俱明，擬抵不枉。而輕棄結髮於非偶，強奪艷色於他人，敗倫傷化，凡有心者，無不髮指，依擬固監會審，奏　請定奪。賽魁棄貧就富，亦屬可恨，乃奸狡躲避，該道亦以他人抵解，何也？仰勒限拿解，如一月不獲，即以小虫女監比，餘如照實收領狀。繳。

一件河道南決，滨沒州、縣等事。潁州道呈泗、宿等州、縣被水滨漫，乞蚤題　請堵築，

詳　批。河決歸德，似且盡趨東南，異常變遷，恐於　陵寢有虞，據議極爲詳細，仰候會議題行。繳。受水獨慘處，該道可先行查堪，動銀、穀賑恤之。

一件人命事。鳳陽府推官王家相呈犯人王夢麒等招，詳　批。據招，王夢麒等恃倚衣巾，橫毆趙一鵬，死於當日，殘毒可恨。胡氏逼夫自盡，各檢已明，罪俱不枉。但陸鵬程、王尚聘帶有兇器，同毆一鵬致命多傷；今尚聘未獲，獨以一刀坐之，而鵬程乃未執一器，事干重獄，仰潁州道嚴拏王尚聘，并究明確，如律招觧。

一件神水變幻異常等事。宿州申修築汴隄，詳　批。修復汴堤，因該道詳議未至，已據該州前文入疏據　題矣。其合用錢、糧，更須先行設處，趂時興工。至如塞上源，方可治下流，此亦確論，仰潁州道作速関會該管道、府，協同修舉，上緊酌議，通詳行繳。

一件打死原奏，搶擄錢、糧事。鳳陽府申靈壁（註七）縣收稅委官吳環，因聞停稅，私拐銀兩逃走，被赶自刎，詳　批。　聖諭停稅，本院已行道、府、州、縣遵照，出示商、民人等，不許乘機搶截，呼噪生事。今靈壁地方，如何有此？仰潁州道作速嚴究，的確招報。

一件打死原奏，搶擄錢、糧事。潁州道呈靈壁縣稅官吳環自刎，該監欲參鍾知縣，詳批。吳環自刎，自有認罪之人，與地方士、民有無相干，彼帶隨娼婦，眾人活口見在，一審可知。鍾知縣遠在七、八十里之外，何能救護？今委官人等前來靈壁，借此橫詐，恐致激變，該道何以諉罪？此盖本監秉性純實，爲此輩欺瞞，倘知之，必亦爲痛恨；據議甚明，仰再移文本監，知會允從。此繳。

一件被論武職酗酒逞兇，中途棍毆府官等事。鳳陽府申　中都留守司僉書韓有光被論，疑是金知府開送，中途相遇，將金知府重毆折骨，主簿救護，亦被刀砍，詳（註八）　批。據申，韓有光被論，自宜候　旨處分，乃敢率領兵、僕，橫毆知府，刀砍主簿，一何兇惡，無忌如此？仰潁州道先將兵、僕究罪，韓有光仍候會　題，參究施行。

## 附註

一　「賔」，古同「賓」。書法多作「賔」字。

二　「躧」，音「喜」，本義爲「舞履」，或爲「草鞋」、「無後跟之小履」；於此作動詞用，則爲「踩、踏」之意。

三　「関白」，即「關白」，此取其本義，爲「陳述、稟告」之意。

四　「盡」，上半部印刷殘缺，準以形義與全書文例，斷爲「盡」字無疑。

五　「怜」，「憐」之異體，哀憐之意。

六　「窅」，於此刊刻作一罕見字，查無所出。此字左邊，上作「穴」下作「頁」；右邊作「刂」。疑爲「剜」字異體，意同於「挖」。

七　「靈壁」，當作「靈璧」，以下並同。案：靈璧縣位於中國安徽省東北部，現爲宿州市下轄縣，物產豐饒，鍾靈毓秀，盛產「靈璧石」（磬石）。

八

本書卷之十五第十五冊到此結束，而誤將以下第五十一葉未完內容，錯移裝訂於後卷之十五第十六冊「廬州府」之前一葉。特此說明，以便參核對照。

# 《撫淮小草》卷之十五

關西道甫李三才著

## 第十六冊　批詳

### 四　廬州府

一件敬陳未徵遺稅等事。廬州府申本府並無遺稅，委官徑要徵收，詳　批。仰候會議題覆，明文至日施行。此係原題事理，該監豈有徑行之理？或委官恐嚇之說耳。繳。

一件懇乞照例，請給勘合資助旅櫬還鄉事。廬州府申知府龔廷賔病故，請給勘合資助，詳批。龔太守竭力爲民，客死可憫，准給長夫六十兩，外加四十兩，作兩院共給之數，勘合長單并發取領。繳。

一件懇恩，請建官倉等事。無爲州申動倉稻銀，修建倉房，詳　批。建倉原爲貯積漕糧，遽動備賑稻銀，一遇灾荒，何以措手？仰廬州府覆查該州每年兌運，有無餘米堪動，一併議報。

一件懇查舊例，出陳易新等事。廬州府申倉稻年久，乞准出陳，詳　批。據申，倉道出陳扣銀，誠爲妥當；但今地方灾傷，既無所穫，又無所蓄，恐爲將來之憂，姑准動三分之一借給，其餘備賑。至於一兩五石，不太賤乎？查之，徑行另報。

一件衙蠹事。廬州府霍同知呈犯人葉正達等招，詳　批。據招，葉正達以書筭積戀把持，冒領官銀，肆行索騙，正宜重懲，豈容以徒罪縱之？且本院已批招觧，而輒又以妄稟徑免，何不省事如此？仰廬州府照單覆究，限文到五日內招觧，其干証審明先放。

一件殺詐事。廬州府申犯人江繼遠等觧審招，詳　批。據招，鄒繼禎以積快承差拘人，指稱打點、詐騙財物，更將陳可興等不帶見官，徑稟繳票，該州官吏何爲？汪繼遠因親謀害韓應材，同黨索詐，情罪俱不止此，仰通提覆審，盡法招奪。

# 五　鳳陽府

一件督撫地方事。天長縣申犯人馬鋭等觧審招，詳　批。據招，馬鋭夤充庫吏，横肆索詐，徒革不枉；但何惟恩、陳仕元，久戀衙門說事、過錢，指官詐騙，贓證甚明，宜盡法嚴懲，擬徒似未盡辜，仰鳳陽府覆審招報。

一件敬陳未徵遺稅等事。鳳陽府申暨太監委官立限徵稅，詳　批。前事已會該監，及按、院具　題矣，似不可不候　旨擅行也。繳。

一件土豪事。鳳陽府王推官呈犯人張仲全等解審招，詳　批。張仲全橫霸一方，致死多命；張梅、張權、張玉、王文禮，濟惡詐騙，均屬可恨，五犯俱於宿州門首枷號兩箇月，不許狥縱，如畏惡狥私，官吏究處。張仲全拘，僉妻解發山海衛充軍終身，招達　部知。張梅等各贖徒杖，張玉發界首驛擺站；餘如照實收，收管領狀。繳。

一件稽查走漏，以裕　國課事。鳳陽府申五河縣報稱，暨太監發示差人，把守荊山關抽稅，詳　批。稅監把守該縣，原爲稽查漏稅，斷無重徵之理；如有奸徒指稱詐騙商民，則稅監待下素嚴，必且深惡，該縣即據實通詳，以憑拏究，仍出示諭知。此繳。

一件預修緊要垣屋等事。鳳陽府申委官買修　陵工木植，乞行沿河地方，撥水手、夫船拽送，詳　批。即今川、貴解運　大工，木筏、用夫甚多，沿河地方苦累已極，此項可於原估銀內動支，一併銷筭可也。繳。

一件申飭勸懲，以正風教事。鳳陽府申犯人徐雲東等解審招，詳　批。徐雲東過惡種種，擬遺亦是；但據審金帶稱雲東原是酒店，在屍場相近，偶以前銀托彼給散屍，親帶與雲東面散。若是，則與指稱誆騙者有間，及審被告各証，俱稱本犯豪強有之，未敢橫肆，仰府不妨從公、從實，究擬招報。以後各處開報善、惡，須令的確，毋致枉濫，庶小民有所懲勸耳。繳。

一件積困地方，復罹重災等事。霍丘縣申動倉稻賑濟貧民，并出陳易新，詳　批。如議行，但不許衙役、棍徒冒領，使小民不沾實惠，仰鳳陽府查行，如違，申報拏究。繳。

一件打詐事。蒙城縣申犯人楊魁等招，詳　批。據招，潘策等詐騙已的，但吳永福承差勾攝，（註一）却令掛搭楊魁代行，又不分贓，天下寧有是理？且各衙門掛搭，嚴禁已再，該州何更有此？仰高通判覆查明白，并提故違吏書，招報。

一件貪殺事。鳳陽府申犯官靳克紀等招，詳　批。靳克紀等依擬發落，仍革去職。役內吳以忠等五名，把持衙門，夥告官吏，刁惡之甚，俱加責四十板，該驛門首枷號兩箇月，不許狥縱，實收。繳。

一件公務事。鳳陽府申原奏官顏文獻往各州、縣指查錢、糧，百般擾害，乞出示禁止，詳批。稅監委官查庫，項項皆係正支、正觧，惟令各屬明白清楚，彼何能搜擾？禁諭之示，前已行之再三矣！此繳。

一件倒塌房屋、墻垣等事。鳳陽府申修理高墻，詳　批。准動修理，但銀至九百八十有奇，中間恐有虛冒情弊，該府掌印官務要嚴查，仍將管工官姓名報冊，如不完固，究罪補賠。此繳。

# 六　淮安府

一件督撫地方事。淮安府申訪犯胡科脫逃，越江聳告，反行淮安提人，詳　批。胡科既被訪拏，乃糾眾打奪；今又假名冒籍，誑告江南，反來淮安提人，是可謂之有法乎？奸豪敢於抗肆如此，仰該府即差的當員役，移文揚、鎮二府多差快壯，將各犯協拏解問，誼同一體，彼中官司，自無偏護不發之理。此繳。

一件打詐事。淮安府申犯人王穆等招，詳　批。王穆等指稱內官巡船嚇詐布客，正與指稱內外、大小官員名頭，誆騙財務之例相合，豈得止擬徒贖而已？馬三既不詐財，與穆等作夥，何爲？仰照例再究招解。馬如壯仍着落穆等追究下落，務在得獲，併報。

一件稽查章奏等事。淮安府申解各州、縣未完漕折銀兩，吏書赴比，詳　批。該項漕折係屢次題　請改限，即今回　奏期迫，接管正官仍以泛常視之，殊爲悞事。仰府差人分投守催，姑限文到五日報完，以憑立等　奏報，如遲，即提接管管糧官解比，無管糧官提首領官解比，掌印官徑行參來，以憑　題參，住俸督催。此繳。

一件地方火災異常事。淮安府申清河縣民，被火延燒一百七十餘家，請動倉糧賑濟，詳　批。清河災疲之民，何復堪此？據報深用惻然，該府縣麥、稻，准如數動支賑恤，救焚拯溺，宜速、宜實，該府查行之。此繳。

一件虎皀詐殺事。淮安府申犯人侯松解審招，詳　批。佐貳首領不許擅准詞狀，本院申飭已明，吏目孔逑乃敢濫受妄罰，縱役需索，且此稅係何處抽取？孔逑仰府先行革職，究招解奪；侯松等，姑依擬贖革；侯松、劉浦仍各於該州門首，枷號一箇月，實收領狀帖文。繳。

一件請明革縣稅等事。睢寧縣申革水面魚課等稅，詳　批。仰淮安府通查禁革，再有擅立小稅私用者，拏究；仍刊大字告示，每州、縣發一百張。

一件欽奉　聖諭事。淮安府各州、縣拖欠戶部各項錢、糧，先行處解後徵補，詳　批。數十年積欠，併徵一時，該府設處抵補，良見爲灾民苦心，如議借解；應催還者，速還。繳。

一件十惡事。淮安府申犯人盧訓等招，詳　批。盧訓觸母自盡，死有餘罪，姑以已經問結，免深究。今又毆辱叔孀，小人之兇惡如此，仰加責六十板，於該縣門首用大枷枷號兩箇月，餘照行實收。繳。未到，提結。

一件箴（註一）憲事。淮安府申犯人陳燦等招，詳　批。陳燦所告劉相嚇詐多贓，虛則坐誣告實，則劉相豈止一杖？未可爲兩可之辭，輕縱衙蠹也，仰府再一覆查，明確招報。

一件打詐事。淮安府張推官呈犯人劉養性等招，詳　批。據招，劉養性等假以捕快，妄拏良民，嚇搶多家財畜，擬徒是否盡法？仰府覆審，限文到五日招解。

一件貪殺事。淮安府申犯人胡敬等招，詳　批。據招，王紀、李標串同鍾英和假稅詐騙，豈獨英和獨得？二犯相幫何爲？胡敬、張舉投爲牙爪，所受之贓恐不止此，仰盡法嚴究，併拏解奪。

一據淮安府張推官具稟陳太監差棍徒數十餘人，徑拏富商方道煥等，由批。清江浦不係山東徐州疆界，即方道煥、劉存義等果係違法，稅監必關會院、道，行有司提人。王春、龔思正，豈得夥黨，徑自拏解？仰府備文知會本監，如係詐僞，從重究招解奪。

一件疊詐事。淮安府張推官呈犯人何隆等解審招，詳　批。何隆無端唆告，刁惡可恨！何氏亦頑潑之婦，但係軍職正妻，例不的決，仰改正，與隆俱贖罪發落，實收。繳。

一件患病官員事。淮安府申覆議淮安中軍坐營參將金一清，相見各院、道禮，及朝賀禮節，詳　批。據議亦是，但兵部原題加銜，是否遂與實職，一體行事；且各處中軍多有職銜不同，本部必有一定禮節，仰府備文申呈本部，查示另報，以免他日紛紛之議。此繳。

一件打詐事。淮安府申犯人方子居解審招，詳　批。據審方子居因仇誣盜，嚇騙多贓，情甚可惡！但本犯原係陳貴等親屬，既非捕快，又無拷打情由，引例未合，姑以情浮于罪，仰加責四十板，府門首枷號兩箇月，完日照本律發界首驛擺站，餘如照實收，收管領狀。繳。

一件衝繁要地，查照舊制，重建公館事。淮安府申建淮陰驛公館，乞賜捐助工程，詳批。建驛誠於上下甚便，即如議行，仍於本院贖銀內，動支四十兩湊給，餘聽詳各院、道批助。繳。

## 七　揚州府

一件民詐壯民事。瓜洲同知李仙品呈犯人鄷奎等招，詳　批。鄷奎以無藉棍徒假充內府，肆行詐騙，恐夥棍尚多，被害尤眾，仰再嚴究贓證，并其黨與招觧，救此一方。該廳留心民瘼，本院深取之速。繳。

一件捉獲強盜事。瓜洲同知李仙品呈賊犯陳陸等，招　批。陳陸等兩次行刼，贓證俱的；高富窩盜分贓，並斬不枉，仰揚州府再一覆查招報。巡檢董以來兩次獲盜，亦見留心捕務，其各項贓物不分入官、給主，盡數賞給拏賊有功人役，本官紀錄。此時盜賊横行，非信於賞罰，嚴禁窩主不可。該府着實遵行，務要盜息民安。此繳。

一件捉獲大夥強盜事。瓜洲同知李仙品呈賊犯李坦等招，詳　批。李坦等盜情甚眞，但所分舊衣並無贓銀，招稱置買衣物，但未無銀，且失主止揚州一家，如羨餘寺、儀眞北門外，亦可拘而問也。盜情原重，窩主楊高既不分贓，何故甘犯重罪，而匿此數輩乎？失盜者無匿報，捕盜者無匿贓，本院牌行已久，何尚未遵行？以致招情種種未竟，仰揚州府覆查明的觧奪。至於嚴於窩主，信於賞格，尤救時弭盜之急務，不可不一即舉行之。此繳。

一件跋扈詐僞，匿軍缺伍等事。揚州府孫同知呈犯人周應弼等招，詳　批。生員周應選恃刁誣告，止究伊弟唆使之罪，何也？周應弼姑依擬，仍加責三十板發落。應選倚恃衣巾，肆行誣捏，仰行該學重責二十板戒諭。以後再犯，該學逕申究革，實收。繳。

一件傷化事。揚州府推官徐鑾呈犯人葉時泰等招，詳　批。葉時泰、何二俱依擬，贖發完日；葉時泰革役，追批塗抹，餘如照。肆兒既的係時泰所生，姑免官賣，歸宗，實收領狀。繳。隔江越告之禁，本院已經揭示，金玉乃敢犯之，仰嚴拏究報。

一件大變事。揚州府推官徐鑾呈詳吳棣等所告，積虎、蕭自愚等包管辦禮，侵欺官銀，詳　批。該縣節禮既有公費官銀，即少有不足，官爲設處，不則寧有已之耳？乃令牙儈包賠，吏胥又從而需索之，可厭！可恥！仰揚州府盡行裁革，備出大字告示，永爲遵守。違者參究，吏皂拏問，決不輕貸。

一件掠詐事。揚州府申觧犯人陳秉資等，招　批。據審，陳秉資嫁女之時，王全已領銀四十兩，仍復刁告，如此，則王全可恨。若未曾給銀，而秉資架謊聳告，則秉資當重罪枷號，仰府再一查的觧，報。此雖細事，而此中刁誣之風，可痛惡耳。

一件人命事。揚州府申觧犯人王世爵等赴審招，詳　批。據審，王世爵懷隙毆妻，剜目折體，死於當夜，始訴其觸母，繼誣其通姦，反覆支吾，兇而且狡，依擬牢固監候，會審詳決。王世卿贖發，餘如照實收。繳。

一件強盜刼殺事。瓜洲同知李仙品呈詳犯吏周繼宗等招，詳　批。各犯發問已經九月，斃獄已至七名，該吏曹繼周如何通不稟官？殊爲可恨！仰從重究革，以儆怠玩。餘依擬發落，實收。繳。未獲、未到，嚴結。

一件抄殺事。泰州申鮮犯人高濟等招，詳　批。據審，高濟糾眾，將兄圖、屍圖、曹漢等，毀產搶物，反行捏告，斷給葬埋，似非法紀；且所搶衣物，打毀房產，未見究出的數，仰徐推官覆審明確，招報。

一件殺兄事。揚州府推官徐鑾呈犯人王家聘等招，詳　批。王家聘誦法聖賢，却以田埂小節，輒以弒父、殺兄，誣其同胞之弟。况其父見在，是忍言哉？本當重究，姑以親族議息，且不忍彰學校之醜耳。王應荐加責二十板，王家聘行學戒責二十板，贖銀各追完，即給其父王蘇，以爲養老之資。教子讀書，致有如此之子，豈不令人媿死？領狀。繳。

一件公務事。泰州申鮮犯人張壽禎，鮮審　批。張藻父、子，指官詐騙，萬民共忿；及至告發，乃該州奪禁告者，縱脫奸犯，無恠闔州如在水火，視本官如土偶也。仰徐推官嚴行緝拿，務在得獲；不然，奸惡肆志，何以示懲？且州民何罪焉？其詐媽情罪，併脫逃日期，并報。

一件督撫地方事。揚州府推官徐鑾呈犯人張應春等赴審，詳　批。張應春等俱以積惡書快，把持官府，通同巨盜刼掠一方，及其交好結親，流毒百姓，又何問其分臟？至於指盜嚇詐，賭博局贏，（註二）又其細事矣，仰該廳嚴究，另報。

一件捉獲歇案強盜事。泰州申犯人朱量等招，詳　批。朱量既係強盜，王松招內有名；及至得獲，又同王麻子供報，糾夥王松、史大兒等打刧，人財兩相符合，似非妄供，仰徐推官再一確究，招報。

一件指官事。揚州府推官徐鑾呈犯人喬應科等招，詳　批。喬應科貪財悔婚，元係細事，却教唆喬澄誣告，首盜詐財，打點官書，情可痛恨！何不遵照印戳解究？何以示懲？仰將故違書手，併招解奪。

一件殺男事。揚州府推官徐鑾呈解犯人李安等赴審招，詳　批。李時開幼年無知，放蕩流落，固李杰之親姪也，何忍令其至此？無論初之不能教訓矣！李時開重責二十板，以懲其干犯名義之罪。安氏及時開責，令李杰收養，爲之娶妻、生理，如再不改，聽其責戒可也。各犯俱免罪，以全其骨肉之誼。此繳。仍各給執照一紙。

一件囑殺事。揚州府申解犯人吉恩等赴審招，詳　批。吉德原欠喬元私債，且出息已久，與夏應芳何干？而乃假以漕糧爲名，令管糧官爲之追耶？豈喬元力不能討，而借名對付，以污人名節不顧耶？不然，私債原不准理，該廳豈不知之？而責父之負於其子，追喬之銀於夏耶？公家租賦，屢催不完，而有此餘力及此耶？前債聽喬元自討，該廳書手併委捏漕糧，姑免究，餘依擬時收。繳。

一件敬陳未盡事宜等事。揚州府申暨內監委官徵收裏河小船稅鈔，詳　批。貨抽已有五、六處，不在正額，豈得再加船稅？　明旨節戒重疊，本院業已會　題停止，據各官已報有三處激變，本院已行道安撫之。如再有不候　旨擅徵，致生他變，其罪誰任？仰即諭各委官知之。繳。

一件軍務事。瓜洲同知李仙品呈買木植，詳　批。各項物料已牌行該府置買，應否可用，仰同各匠面問辦之，其嚴查各員役，不許冒破與虧損行戶，及裝載船戶，爲第一義耳。該廳留心。此繳。

一件懇恩周恤貧寒等事。揚州府呈詳告助生員周恤，詳　批。本生既貧而未婚，情自可憫，准動該府倉稻二十石助給，該府有提調之責，亦行量助。但須本生定有婚家，約日完娶，而後給之。若徒到手花費，亦無益也。領繳。

一件申飭勸約，以端風教事。揚州府申報各屬善、惡獎戒，詳　批。據報，善、惡如議，給扁獎戒；內吳藻、胡九功、曹容，行無大善，不必濫給；陳勉已經擬絞，牌亦免懸。至於侯壽、楊大臨毆母逼父，審證既明，豈容漏網？仰即提究招解。

一件嚴盡擅用里甲，以除民害事。揚州府申詳修理各衙門，應用家活、物件，詳　批。該府佐領修衙，并置家活，既有成規，仰刊牌分發，永爲遵行；但答應上司家活、屏帳，曾否全備？如無，仍議動官銀置之，毫不與民相干可也。繳。

一件均差蘇困事。揚州府申置造各衙門鋪陳物料，詳　批。不拘本府及各州、縣，置買應用叚疋等項，通照時價，不必官爲之定，仍出示曉諭。繳。

一件殃詐事。瓜洲同知李仙品呈犯人韓大有等招，詳　批。據招，韓大有、張喬串黨程高，揑告詐騙，而程高出力更得多贓，安可擬杖輕縱？三犯各加責三十板，枷號一箇月發落。程高改徒二年半，發金斗驛擺站實收，收管領狀。繳。巡檢楊佑擅受呈詞，并原差人役究觧。

一件刼殺事。揚州府申觧犯人楊復初等赴審招，詳　批。據審，王崇義以王祿親姪過繼，原與他姓螟蛉不同，則祿之產業自當崇義承受，女婿安得侵之？但祿家資亦厚，即以五百兩給婿，亦不爲過。王廷藎初告楊復初呑產，暴屍王崇義，本院特准其狀。今審全虛，却又以九十歲之老婦出名，尤属奸詐，仰府另究招報。其復初欠銀，即照批示追給，領狀先繳。

一件極惡事。泰州申觧犯人洪擅等赴審，詳　批。據招，洪擅横毆蔣稽妻子多傷，致成篤疾；今審本犯用鐵圈打傷，正宜遣懲，豈容輕縱？仰揚州府覆審，招報。

一件人命事。通州申犯人凌一鵾等招，詳　批。據招，凌一鵾等既未與姜舜成交手，該縣何謂舜成之死，實由一鵾，而爲葬埋乎？姜格既告全虛，自當依律反坐，又何爲念其老憊輕之？種種情節，似属買和；舜成既死於限內，不可不一嚴究，仰揚州府覆審招觧。

一件宿弊事。瓜洲同知李仙品呈問犯人顧承聘等，招　批。顧承聘已經本院訪拏問罪，何又尚在縣管事？該縣官何爲？　朝廷縣印反不及吏書私戳，令人驚恨不已。其中若不需索，私戳何事？仰揚州府嚴究，并前案通查明的，限五日招觧，不許狥縱。繳招與狀中，年月不合，并查。

一件羣棍結黨，指明詐冒，擾害地方，玷辱名節事。山東礦稅原奏官顧其禮呈詳，拘提犯人姚文煥等赴監審問，詳　批。各犯俱鹽、稅兩監奉　旨提問人數；今顧其禮有此呈請，仰府移文知會鹽監定奪。此繳。

一件詐擄事。揚州府申犯人周譽等招，詳　批。據招，周譽串兄將妻強賣，輒聽李欽主唆，誣告李欽，罪豈止杖？至於軍官受詞，本院已有嚴禁，吉卦何乃故違？王元之贓，是否本犯自得？仰再通提覆究招解。

一件殺詐事。揚州府申犯人尤貯等招，詳　批。二犯依擬發落，尤貯恃勢妄稟，徐三益又何得妄拏平民詐財？但一向徐府極能守法戢下，三益果係何人？當此百姓嗷嗷之日，又添出動爵詐騙，何以堪之？仰府移文徐府一查明的回報。尤貯并觧去質之，仍加責三十板。繳。

一件十惡事。瓜洲同知李仙品呈犯人李盈等招，詳　批。李盈爲曹棘誣告，曹棘豈曰不知？至於率眾毆人於娼家，是尚得爲士類？姑免罪，仍行學重責二十板示警，若不自悛，是惡父之緒耳。餘依擬發落，實收。繳。

一件軍政事。揚州府申犯人王克義等招，詳　批。各兵餉銀原當每月唱名給散，王維賢何爲總領一季？又不令該州面給，謂非放債，其誰信之？且克義繡匠也，隱占之，又以克義之稟恩，及其包娼之夫，而林成、王元之冒領，猶其小小者，本官革去管事，嚴行提問。王克義首弊得實，何罪之有？以後誰敢訐告營伍之弊？仰再通行覆查招解，毋致枉縱，速繳。

一件紮詐事。揚州府申犯人葉來儀等招，詳　批。程明亨以葉來儀錢債小事，却揑稱內府打詐，刁誣可恨！仰府如律招解。夫內使固害人，而光棍又假揑瀆擾，混人視聽，此風不可長。該府以後，但有指稱內府不實者，即反坐解究。

一件督撫地方事。揚州府推官黎民範呈犯人張應春等招，詳　批。張應春積戀衙門，交通強盜，始而朦官，不行起贓；繼與結親，傳報消息，此更甚於窩主，而謂無賣盜分贓之情耶？十五兩打點之銀，每年共百餘石之麥，何爲者？仰李同知嚴查明的，限月終解報。

一件大叛憲法事。揚州府申解犯人王好良等赴審招，詳　批。假稅監詐騙之禁，不啻再四，而王好良、丁應斗仍敢違犯，殊爲可恨！仰於該縣門首，用大枷枷號兩箇月，示眾完日，拘僉妻解發河間、神武各衛充軍終身，招達　部知。餘如照實收，收管領狀。繳。其姚四名姓解文內無，批文內又有，何也？仰查明改正。行。

一件紮詐事。揚州府推官黎民範呈犯人曹愷等招，詳　批。曹繼祖等以捕快誣盜詐財，原與愷無干，其謂愷主使者，欲出繼祖之罪耳。但愷擬遣已久，何至今不解着伍？仰再覆審明的，通行招解。

一件殺人事。揚州府推官黎民範呈犯人許奇等招，詳　批。許奇強奸良婦，情甚可恨！仰加責三十板，於該州門首枷號一箇月，完日依擬發落。高氏截髮刎項以見志，殊可嘉尚，仍於許奇罪贖銀內，給賞五兩，以旌表之。實收領狀。繳。

一件督撫地方事。揚州府申解訪犯汪眞老等赴審招，詳　批。汪眞老投充稅監，夥騙害人，死有餘辜，仰照另牌枷示完日，姑依擬嚴，併贓完拘，僉妻解發山海衛充軍終身，招達部知。餘如照實收，收管。繳。未到，提結。如前贓三月不完，仍行解究。

一件殺民事。揚州府申犯人高其等招，詳　批。前日准本犯之狀，謂其替人賣畫，却被人奪去，無以回復畫主，情殊可憐耳。今畫主無有，其虛可見，何等棍徒？動以小忿聳告，仰加責二十板，枷號一箇月，追紙發落實收。繳。

一件弊冤事。揚州府申犯人徐成雯等解審招，詳　批。徐成雯等投托勳勢，假借報仇，本勳宜參各犯，豈止徒杖？姑從寬，如擬宥免發落。內沙壞陳姻，仍於該州門首枷號一箇月實收領狀。繳。未到，免提。

一件借兌事。揚州府申興化縣萬曆十六年，（註四）災民原借工部事例銀，租牛耕種，無還免追，詳　批。此係還官緊急錢、糧，如何豁免？仰將見在之人，訴追完報，逃故者該縣處補，如悞，該吏究罪。此繳。

一件姦殺事。江防李同知呈犯人張連等招，詳　批。據招，劉堯佩夫妻三人投賣張連，曾未踰年，既非撫養之人，又無配合妻室，一旦毆死，焚屍賣妻，是何慘毒？且毆打偷盜，並無的証，中間恐有故殺情弊；不然，何焚殺、賣妻，以滅口也？仰府嚴審明的，限十日內招解。

一件姦殺事。揚州府申原告張龍所告張一明等，係住金華地方，隔省難拘，原詞註銷，詳批。據張龍告稱惡監張一明，隣居姦擄，安有一爲揚州，一爲金華，而稱隣住者哉？必有買和、賣放情弊，仰府觧張龍審之。

一件十惡事。揚州府申犯人牟一倫等招，詳　批。牟一倫嫖賭毆母，明係父告，今招稱抵觸，得無以重典，姑隱諱之爾。仰重責四十板，枷號兩箇月，如再不悛，定行問死。餘依擬，實收。繳。

一件賣船枉法事。揚州府杜同知呈犯人倪淳等招，詳　批。殷馬兒前該趙通判詳允運旗，本院業已批允，招內如何删去原批？殷馬兒前既脫逃，今復投託，告擾漕糧重務，仰照前詳解運，如有違悮，定行重究。此繳。倪淳如擬，宋聯科免罪，實收領狀，并繳。

一件督撫地方事。揚州府申軍犯張林左足已折，難以發遣，姑准收贖，詳　批。張林本院前審時，即稱廢疾，及驗之，非也；此小人奸惡詭計，安得聽之？若有財、有勢者，皆以請託免罪，安所稱法紀耶？仰府即將三犯，勒限五月中觧遣，如有遲延，觧究承行吏書，并觧。

一件畧殺事。揚州府申犯人方祿等招，詳　批。方祿始因無子，娶吳氏，生二子矣。却以其疾而棄之，又不通知其家，既忍而無禮，仰加責三十板，追銀二十兩給吳夢龍，將吳氏領回，聽其改嫁，夢龍免罪。餘如照實收，領狀。繳。

# 八　各州縣

一件懇全民便，平糴捄荒事。和州申二麥失收，平糴倉糧救民，詳　批。准照行，此原美意、善政，若衙役、土棍包買，反爲惡事。該州嚴查之，毋悞。繳。

一件割肉孝父事。宿州申軍人王宗文染病，伊十四歲幼子王延齡，割肉烹進即痊，乞賜旌獎，詳　批。割股非正，但王延齡以稚子知此，自其天性，惜未學問耳。然即此，亦可以風薄惡之俗，准置扁，仍立大紅旗一面，上書「孝子」二字，如　學院考試，即送收錄，以爲青衿之勸。此繳。

一件殺詐事。通州申犯人劉敬等招，詳　批。據招，劉玉爲子誣告，正當反坐，安有免徒之例？宗繼先是否止索酒食？至於巡場等官，不許擅受呈詞，草堰場官何又故違？仰併提袁春兒等，覆究招解。

一件公務事。通州申城外，暗竪旗杆，上有黄旗書「激變」二字，又縫偏匿名狀一紙抄報，詳　批。據申，各犯被刼，不明赴官司告理，却懸杆匿名，仰州即置之，毋問！但該地方保甲，當各犯竪杆之時，不即拏觧，深爲可恨！該州嚴拏究報。以後再有刁徒，擅投匿狀者，地方保甲重究，當時拏獲者，照例重賞，出示曉諭。繳。

一件懇恩助喪，以全子道事。通州申生員錢元亨、錢閎中委果親喪，又值妻變，不能舉葬，詳　批。二生既貧不能葬，准動倉稻二十石助之，即令速殯領狀。繳。二生呈多文辭，大非居喪之禮，仍行該學諭知之。

一件誣盜打詐事。如臯縣申犯人盧田等招，詳　批。盧田一縣皂耳，以誣盜一事，遂致黃鼎父、子俱死；且失臚之時，田與王沛將鼎扭扯，豈無共毆之情？招內多隱諱，仰泰州速提各犯，并屍親針兒，確招解報。

一件猖亂事。泰州申犯人袁世熙等解審招，詳　批。袁世熙姦人之婦，反毆及其夫，捉鎖綑打，誣指爲盜，情殊可恨！豈止杖贖而已？仰州嚴查綑打誣盜，何人見證？執持何物？傷在何處？狀稱王大觧勸王同救散，此係緊関證佐，如何遺落不提？再一究招報。

一件請給告示，完公全運事。泰州判官王執中稟委濬河，請給告示募夫，由　批。此係欽依至緊事理，該州當細心料理，呈請　總河及該道、府查處，如何專委之一州判官乎？且此工頗大，而每地一丈，出夫一名，民又何以堪之？及漕運有悞，該州其何以自觧？仰上緊留心議處。繳。

一件窩訪事。泰州申犯人華烜等觧審招，詳　批。依擬，華烜照例枷號，嚴併贓完拘，僉妻觧發山海衛充軍終身，招達　部知。許弘道贖杖，其原占官田及社學房屋，仰行該學查文行兼優生員佃種、居住，永爲學田、社學，不必取租賃之值，置簿赴揚州道循環查考實收，收管領狀。繳。未到，提結。

一件打詐事。泰州申犯人潘明等招，詳　批。五人押賊，如何潘明詐財擅放，彼四人何在？此明係四人，共貼一人領罪，奸猾積役，豈容輕縱？仰再覆審招奪。

一件表揚貞節等事。泰州申表揚節婦王氏，詳　批。王氏守貞教子，誠爲儒門之光，仰照發去扁式製給表揚，再動本院贖銀十兩，折充青、白布四十疋，以爲獎勸之意。繳。

一件公務事。泰州申遵奉本院憲票，令生員在於學宫設會作養，詳　批。諸生會課，有所甚善，仰行該學訂期遵行；至於每會茶餅之費，該州亦當設處。此繳。

一件存恤孤貧事。泰州申遵奉本院批揭，加添孤貧口糧，詳　批。孤貧口糧，每日五釐，遽添一倍，又恐額賦不繼，准日加三釐，是并衣布、柴薪，已足一分。此繳。

一件恤貧資娶等事。泰州申生員薛景瑄，家貧未婚，乞恩資助，詳　批。本生既貧寒未婚，該州既已資助，再動本院贖銀八兩、倉稻十石助之，即令擇娶領狀。繳。

一件遵例公舉篤孝，以敦風化事。泰州申民人周溢，割股二次，廬墓三年，相應旌表，詳　批。割股、廬墓，俱非正道，但周溢以蠢然之民，能知父母，爲可嘉耳。准給扁，書「知孝」二字，表揚之。此繳。

一件公舉孝行等事。泰州申孝子生員萬中英，例應表揚，詳　批。刲股療親傷身，以傷親之心，固孝道所不載，　明例所嚴禁者也。但以少年未學，而能如此，此自根之天性者，准給扁表揚，仍候該道類行。繳。

一件民害事。高郵州申馬夫馮時等招，詳　批。即今驛遞疲困，拯救無術，郭檜乃敢倚恃公差，肆行需索河開討馬，又徑騎寶應之馬過州，馬之倒死，誰之咎也？至於剝衣凍馬夫，尤屬眞的，該州故縱寬之，豈大公之道？姑以已經重責，量爲革役，馮時免罪，以後承舍再有如此者，仰州不時查申，以憑拏究。此繳。

一件遵例更新，以濟民艱等事。高郵州申倉稻年久，碾米糶價救民，詳　批。即今地方灾歉，米價騰貴，只照時價平糶，每賣不過一石，仰即出示曉諭，如有奸徒包買，及衙役總領者，拏究，該縣嚴查，事完冊報。

一件懇准休致事。巢縣申知縣王以霖因稅官虐民，願告休致，詳　批。時値地方多事，正藉本官撫安，異政日張，何恤乎窮民之洶洶？該縣前日安定，已見苦心，何得引疾求歸，仰安心供職。繳。

一件申稟量賑等事。蒙城縣申量捐俸銀百兩，買穀賑濟灾民，詳　批。該縣捐俸賑饑，具見恤民至意，但爲政有體，愛民有道，食人之食，事人之事，聖賢亦不過如此。若如此而後爲盡職，無論非體、非道，將置　朝廷百官於何地？仰照原文，即動倉稻酌量遍賑，得不令奸棍冒領，即良有司矣。此繳。

一件誣殺事。儀眞縣申監生張杞芳被棍揑告山東，稅監差人提解，詳　批。張杞芳一監生耳，有何玠寶？有何違法？此皆棍徒挾仇捏害，山東稅監不許捏造誆騙之禁，亦自明白可遵，該縣何必復請？仰立案住提，仍備申本監知會。繳。

一件姦殺事。如皋縣申犯人董儒等五名口，俱依擬贖決；餘如照實收，領狀。繳。董儒姦淫蔑倫，可恨！仍於縣門前，枷號一箇月示衆。張氏宣淫，况出嫁董儒爲妾，業已半年，母子之義已絕，安得復回爲秦氏母？何以見秦禮於地下？仰責令歸宗，聽其改嫁。此繳。

一件陳利弊事。贛榆縣申陳太監委官，在於本縣沙河、青口二鎮抽稅，民心驚慌，詳批。該縣係淮安府所轄，應、暨榷使疆界，仰徑申兩監定奪。此繳。

一件禁約事。贛榆縣申商民汪弘仁等，被光棍金明倫等誣盜礦稅，捏告陳太監差伊捉拏，詳　批。稅監提人，無不關會院、道，該縣又非山東境界，金明倫等徑行夥騙，仰即申該監候示，如係虛假，即拏究招解。

## 附註

一　「勾攝」，一謂處理公務，一謂拘捕、傳拿。於此，意謂處理公務，應較洽切。

二　「篾」，當作「蔑」，蔑視之意。

三　「嬴」，刻誤，當作「贏」。

**四**

萬曆十六年，明神宗戊子年（一五八八），李三才時年三十七歲。是年，閏六月，陞河南布政司右參議；翌年，十二月，陞河南按察使副使。

# 第十六冊　序跋

## 一　董基〈讀李道甫《撫淮小草》〉

嗟（註一）乎！西夏一變，所糜費　國家財力何限？其所殺戮生霛（註二）又何限？無論國體矣。（註三）頃，趙豎（註四）情形，直欲附於陳勝、吳廣之流，向使遲之旹（註五）日，則攘臂一呼，四方嚮應，（註六）如火之燎原，其尚可撲滅，乃道甫咲（註七）譚之間，賢於十萬之師，其所省物力，及所全活生靈，又不知幾十萬矣！誰謂吾輩負　國家哉？

且自有礦稅以來，中璫搏人而食，百姓在又（註八）思亂，寧獨（註九）趙豎而已？　君門萬里，誰復知者？且每小臣言事，斥爲好名，逆爲干進；道甫既名滿天下，又大中丞，貴重矣，何爲也哉？無亦心不容已，義不可已，庶幾冀一感悟，救民於水火之中，故身之厺（註一〇）留，榮辱不恤耳。使在事皆爾，則圖之未蔓，何至有今日？不然，即共力爭之，　聖心亦未必不可回，亦何至終於今日？

吾讀是艸，盖三復流涕云。

萬曆庚子（註一一）中穐（註一二）日，友人東萊董基書。（註一三）

## 二 沈淮〈讀《撫淮小草》〉

不孝淮以先司空故，奉諱南奔也，煢煢疚以瘠，（註一四）寢食台弗知，矧皇知？外會道淮，得覩 中丞李公《撫淮草》。猶憶，庚子便覲時，先司空亟稱 中丞公，定變不動聲色，蓋政就一二《疏草》梗槩云。今見是書，函而歸家，則九京不可作益，甚台私哀也。稍約略序意，知 中丞有遠心。

嗟乎！以宴（註一五）人匍匐所徑，漕艘啣尾，萬河不絕者綫耳。此地又不獨咽喉，此時重 中丞，又不獨此地，寧詎冥鴻決志時？聊綴數行紙尾，亦以志先司空之意焉。

萬曆壬寅（註一六）春季，浙人沈淮（註一七）艤舟（註一八）下邳，謹識。（註一九）

## 三 楊洵〈《撫淮小草》跋〉

今 上偶聽言利者計，而礦稅煩興，諸中貴所陳請，朝上而夕 報可，顧獨枘鑿於中、外諸臣之言。至於，事或硬而遇有急，則又未嘗不委重于守土諸臣，蓋以諸臣制天下之重，而後吾之私人，得以獵取其間， 上未始不洞然於此也。豈以其重如彼，其輕若此哉？（註二〇）

淮南、北，襟喉江、海；中貴之権，利於茲者，實繁。洵謬以譾薄，承乏維揚，適與事會，日夜拮据，以力支於紛拏之間，無異螳臂，蓋岌岌乎殆者，數矣。幸　上念，淮南、北為天下重地，特　簡大中丞李公，來撫茲土。公素以忠鯁，受知於　上，自郎署以歷中、外，慷慨大節，雷動風行，皆發于忠悃至性；而操縱伸縮，則恒情有莫測者，　上以故特重之，以為淮南、北，非公不可也。

公至，則簡營兵，部署將領，以重彈壓；下令戒諸言利者，勿縱其爪距，犯者輒捕，而置之法。詢民一切疾苦，以次論罷，疏凡數上，　上皆報可。其大者，如止廬礦停門稅、擒逆豎，皆宇內所同快者。於是，諸中貴皆為斂戢，揚地稍甦。而不佞洵，奉揚憲令，亦得有所蔭芘，以少逭罪戾。久之，公不自懌，曰：「礦稅不止，則民害不息。奈何令海內，坐受荼毒之苦？」乃具疏極言之，不報；復連疏論之，言益切至。自礦稅以來，未有也。

蓋公之初至，謂可調停，使民不大害，猶足相安；既而，目擊其狀，不勝感憤，不覺其言之盡，而論之激者，蓋當公之地，值公之時，覩公所撫之民，而謂有所不欲言，與不必言者，皆非其意也。公知盡所當言，發所欲言之意已矣，又烏知平日勳名，足以為重，而不必於言，與夫言之益，以為重於天下，而有心言之哉？言之不聽，則吾可無憾。逆揆（註二一）其　上之不聽，而遂不為之言，公弗忍也。且千鈞之重，加銖兩而移，矧大臣素著威望於朝，為　主上所倚信而敬憚者，其重非特銖兩也。藉令當事者，皆如公言弗已，安知　主聽終不移也。

夫人情向利者，不可以義理禁，而可以利害奪。然方其意有所偏溺，則雖曉然於利害之分，心是其言，而重失其所溺；常愎而不用，及其所溺者，有時而厭，未嘗不深思嚮者之言，而翻然改焉。愉拂之機相反，而實相待，人情大都然矣。

然則，公烏得無言？而又烏可無公之言哉？今外之閭閻，日就窮蹙；而內之帑藏，日以盈羡，度　上意，亦已稍厭，豈其終溺而不返？會且覩礦稅之害，翻然思公之言，而一朝報罷也，洵日望之矣！

屬下吏直隸揚州府知府，楊洵（註一二一）謹跋。

## 四　徐鑾〈《撫淮小草》後跋〉

大中丞李公，以節鉞撫茲江北時，則礦稅之使，驛騷道路，江、淮、齊、岱之間，戎且生心矣。公來而內政修、武備震，乃悉捕諸稅使羽翼，爲奸利者，置以法；諸中貴人，素憚公威名，則咸頫心弭耳，藏毒螫而未敢肆，故江北時稍康焉。（註一二二）

公至逾半載，所條上封事無虛月。其大者，則在止廬、陽之開採，戢淮、徐之逆黨。疏具上　報，可以一言，而造百萬生靈之命，可不謂迴天之力哉！然公意猶未愜，曰：「　主心一日不悟，利源一日不塞，即江、淮庶幾無恙；忍令海內元元，坐視其荼毒，而莫之捄以死耶?」迄今疏愈懇，詞愈激烈，必欲以身去就，爲天下請命。（註一四）讀公疏，而見公忠君、愛國之心，天地可以震動，鬼神可以感泣，頑懦可以生氣，豈以天子神聖軼代，有不幡然感悟?一正君而國定，在此舉矣!蓋公自爲郎，即以諫顯，使　主心一日未悟，雖以三孤九列榮公，不能一日安其身于　朝廷之上。區區鎖鑰之權，何有?公之行止、去就，亦在此舉矣!

鑾承乏攝篆海陵，請鋟公疏，爲董其役，知公非久于江北者，當令吾曹屬吏，讀公疏而感動奮發，皆將捐功名、死生，以發舒其憤懣敢言之氣，則夫不負公知己者，乃所以不負　朝廷者乎!遂拜手，而志之末簡。

屬下吏，揚州府推官，徐鑾（註一五）謹跋。（註一六）

## 附註

一　「嗟」，右邊「差」，書法原蹟刊刻作「荖」，經查並無「從口從老」之字，以文義辨之，此釋爲「嗟」字，義洽可解。此篇版心魚尾下題作「序」，爲楷行書影刻，書法老練沉穩。

二　「生霛」，即「生靈」，本文以其書法原蹟，刊刻作此。

三　「矣」，本文書法原蹟，上作「幺」，下作「大」，合之釋讀「矣」，形義皆洽。

四　「趙豎」，指「趙古元」糾結黨與作亂謀叛事，詳參本書奏議各疏。

五　「旹」，「時」本字，古多書作「旹」。

六　「嚮應」，通「響應」，常作「響應」。

七　「咲」，古同「笑」，書法家一般多寫作「咲」。

八　「又」字，於此書、刻皆縮小，其右似有一筆印刷殘跡，疑爲「內」字。

九　「獨」字，於此左右兩形對調，作左「蜀」右「犬」，「獨」之異體寫法。

一〇　「厺」，「去」之異體字。

一一　「庚子」，明神宗萬曆二十八年（一六〇〇），李三才時年四十九歲。

一二　「中龝」，即「中秋」；「龝」，「秋」之古字。

一三　跋末鈐有正方陽文篆印「董基」，正方陰文篆印「廷尉之章」。「董基」生平，檢索未詳。

一四　「瞀」，音「茂」，本義爲目眩、眼花；於此當作「心緒紊亂」之意。惟此字書法，下從「月」（肉）部，經查無此字，故釋以「瞀」字，並採此義爲解。此篇版心魚尾下亦題作「序」，以楷書爲主，偶用行書筆法，端正雅潔，與前記書法風格近同。

一五　「窶」，音「巨」，本義爲屋室簡陋，此謂貧寒之意。

一六　「壬寅」，明神宗萬曆三十年（一六〇二），李三才時年五十一歲。

一七　（明）沈漼（？～一六二四），字銘鎮，浙江湖州烏程縣人，萬曆二十年（一五九二）壬辰科進士出身。

一八　「艤」，音「以」，停船靠岸；故「艤舟」（或作「艤船」、「艤舶」、「艤楫」），爲船隻停靠岸邊之意。

一九　後有正方篆印兩方，陽文「沈潅之印」、陰文「胥史氏」。

二〇　此篇版心魚尾下題作「跋」，此跋爲楷書，偶用行書筆法，勁利峻爽，甚爲佳善，斐然可觀。

二一　「揬」，音「圖」，衝突之意。惟此字當解作「探」，「揬」爲「探」字書法異體。

二二　〔明〕楊洵（一五五九～一六二七），字暉吉，號崑源，山東兗州府濟寧州人，萬曆二十年（一五九二）壬辰科進士出身，初授南京刑部主事，後歷任中憲大夫、揚州知府。萬曆二十九年（一六〇一），升爲揚州海防兵備副使，後又調往蘇州、松江一帶，不畏權貴，法辦惡盜；後居鄉十多年，晚年短暫出任河南布政司參政、徐淮兵備道。任揚州任知府時，曾主持修撰《萬曆揚州府志》，因此而入祀揚州名宦祠。楊洵平生潛心理學，謂「構大廈必固其基，篤踐履尤當慎細微」，著有《述言》、《適堂稿》、《適園草》等書，均已佚。

二三　此篇版心魚尾下亦題作「跋」，此跋書法以楷書爲主，偶有行書筆法，端裝整飭，規矩方正，亦一書法佳作。

二四　此「命」字書法結構特殊，上從「人」，下從「丙」，以形義度之，當是「命」之異體字。

二五　〔明〕徐鑾（？～一六一四），任揚州府推官時，曾爲僚友郭光復《倭情考略》作叙。又參贊萬曆二十九年（一六〇一），揚州知府楊洵主持修撰之《揚州府志》，任編纂一職。

二六　此爲本書最後一葉，版框邊欄線於地腳左下角處，鈐有長方陽文小篆「完」字標識作結。

# 附錄　增補未收序跋十一篇

# 一　顧憲成〈中丞脩吾李公《漕撫小草》序〉

案：全文刊於〔明〕顧憲成（一五五〇～一六一二）撰《涇皋藏稿》卷之六，葉十一至十三，收錄於《四庫全書・集部・別集類・二十五》，甚便學者參考研究。以下一至五各序，感謝本系碩士班指導學生、兼任研究助理之林士翔仁棣，勤奮好學，代爲檢索複印打字，教學相長，師生觀善，鼎助圓成，無任感禱。

予讀中丞脩吾李公《漕撫小草》次第，及海內諸君子所論著，其於公致主之恭，徇主之勇，悟主之巧，得主之奇，崎嶇艱險之苦心，旋轉補浴之壯略，詳哉其言之矣。惟是予交公最久，習公最深，竊又有窺於一斑也。

始，公艱於得子，已乃連舉數丈夫，予爲色喜，貽書賀之，而曰：「願公自愛。公之身，非公之身也，宗社之身也。」且申之曰：「公之身，非公之身也，宇宙之身也。願公自愛。」公笑而謝曰：「不佞生平喜讀書，於今益甚，往往午夜始就寢，即鉛槧書生未必若斯之勤也。

夫固曰是可以尚友千古，發我神智，作我典刑，抑亦曰是可以收拾精神，幷歸一路，不令旁泄，有無限受益處耳。若妄自菲薄，以危其身，而憂知己，惡乎敢！惡乎敢！」予聞之，忽不覺悚然心折也。已晉總漕，望實日益上，予欲借以嘗公，稍稍貽書張之，比於古之鉅公長者。公驚而起曰：「噫！是何言也！不佞落拓人耳，自與君周旋，始有聞。受事以來，兢兢業業，不敢毫髮放過，特恥效俗人飾邊幅、裝格套於青天白日之下，作鬼魅技耳。且夫性分無窮，職分無窮，心分無窮，堯、舜事業亦如太虛浮雲一點，而況其凡乎？嘻！是何言也！君且休矣。」予聞之，愈不覺悚然心折也。

嗚呼！微矣！先正論人有聖賢、豪傑二品，又言豪傑而不聖賢者有之，未有聖賢而不豪傑者也。是故，豪傑大處不走作，聖賢小處不滲漏。豪傑於天下之事，處之常若有餘；聖賢於天下之事，處之常若不足。豪傑作用在功能、意氣之中，聖賢作用在功能、意氣之外。跡公之洗心勑慮乃爾，駸駸乎由豪傑而上矣。

憶昔寧陵新吾呂公嘗與公論學，公目爲迂闊，去之。由今觀之，世之所爲營營逐逐，不憚决性命而趨之者，既公之所陋，而不屑爲；而公之所爲，潛磨密鍛，期自致於純一者，又世之所笑，而不肯爲。然則，語迂闊者，宜莫如公，何以猥見厭薄？即公猥見厭薄，竊意向所指爲迂闊者，應別有在，而惜乎未及竟其說也。異日，予請得就公竟之，而聊爲之引其端，且以待讀是編者共參焉。

# 二　湯顯祖〈讀《漕撫小草》序〉

案：全文刊於〔明〕天啓（一六〇五～一六二七）刻本，湯顯祖（一五五〇～一六一六）撰《玉茗堂全集》卷之四，葉二十至二十三，收錄於《續修四庫全書・集部・別集類》，甚便學者參考研究。

漕撫關中李公道甫，初以東南海警，開府維揚，海波澄謐，而稅使乃始稱詔，橫亂徐、沛、吳、揚之間，皆公履也。其爲夷戮甚大，非迅鬭所支。公能以筆墨、口舌動　主上，黠者喑以死，次者屈服受事，此朝廷之喉咮，而天下之要脊處也。五方四裂之民在焉，莫不倚公爲命，歌謠萬里，此亦足以控厄乘流，發決英雄之氣矣。

當是時，公亦欲以微罪去，舉朝爭之，　天子若爲不得已者，而盡其用。居之淮，筦天下金粟之運所，上下疏奏教答，委積至若干卷，蓋政成而思其所嘗遊逮於余，以相示也。受而讀之，大者力奮其身，號怒戲笑，與中貴人相橫決，爭數千里之民命，貧者、徙者可以復業，居可以居，行可以行，而亂可以止，所謂　社稷之力臣也。

夫功有所自成，而力有所自積。小夫愞臣之徒，其於天下事，潰敗無足論者，蓋亦時有有力人矣。與之扛千鈞之鼎，探豻虎之穴，旋轉噴薄而無懾；使之提細物，抵蜂蠆，或反倉卒頹破，螫觸而無當，何也？以爲其力無所用之也。夫力豈有異哉？用之，則大可以全；不用之，小可以敗。用世之力，亦何以異？此公疏奏文檄中大者，所謂：「舉鈞石，而當猛鷙，瞋喝示武，嘻噱示閑，英雄之槩，有固然者。」至其所爲繩墨，吏士罰笞以上，未嘗不親極其微渺；出入之情，而誚責所治於罷士、細人，拊循收恤，無有二也。孝敬中行之理，時取以生其善，而滅其詭；單語微詞，皆有法則，氣整而味平，此有力之士所爲常器，小螫無所屑意者。

然則，公之用力於世者，豈有餘哉？教義、刑名不爲小，而河渠、盜賊不爲大。公所以收百萬士民之心，起百十吏士之氣，而感動　天子，擊折亂倖，至十疏以去，而滿朝爭之，　天子終不聽公去，更以委重者，豈非力之有所積，而功之有所成哉？皐陶言「九德」之行曰：「亂而恭，剛而塞。」恭固可以治亂，而塞所以積剛。彼亂而訖以不治，剛而不至者，無所積，而空以才氣相噐也。吾嘆世之稱公者，在彼不在此，而以震耀其功，公蓋有德者也。

# 三　趙南星〈《漕撫小草》序〉

案：全文刊於〔明〕崇禎十一年（一六三八）范景文（一五八七～一六四四）等刻本，趙南星（一五五〇～一六二七）撰《趙忠毅公詩文集》卷之八，葉十九至二十二，哈佛大學燕京圖書館典藏「高邑趙南星著」、「門人梁維樞、梁維基、劉駿譽同校」、「重甥王原膴、後學李士劭重刊」、「孫趙悅學」傳世刊本，並有線上數位全書掃描版本，甚便學者參考研究。

夫人子能諫其親之過，可謂孝乎？《詩》之言孝備矣，有〈南陔〉焉，孝子相戒以養也。又有〈白華〉焉，孝子之潔白也。進潔〈南陔〉之養，退修〈白華〉之行，繇是而親有過，乃可以諫。不然，而徒慕諍子之名，謷謷焉揚其親之過，救敲之不給，而安望其能聽？何則？其平素不足見信於親也，故曰：「信而後諫。」人臣之諫其君，亦若此矣。

夫極公思職，是人臣之奉養也；後食絕賄，是人臣之潔白也。如是，而後可以諫其君矣。夫臣子之所爲，君父未必不知也。恕于己，而苛於人，等夷猶不能堪，而况於君父耶？今上聰明神武，資不世出，進賢黜佞，天下已太平。近者，羣小爭言利，鏟山榷市；中使織於道路，附鴟假虎之徒實繁，海内大騷，人皆思亂。而李道甫開府淮上，痛繩其黨，以法不貸，中使翕肩累息不敢動，而第蝎譖之。道甫又屢上書，求　上盡撤中使；不然，天下且叛亂，　社稷且不保。辭甚危苦難讀，上留其章不下，道甫求去，　上聽之，然不以代者至。

蓋道甫潔白出天性，其所察吏甚嚴，墨斂屏迹。其所爲疏河通漕計，盡瘁不倦，　上皆知之，是以容其直諫，不令去，而道甫益求去，奈何陰用而陽棄之？　上竟不聽。繇此觀之，豈不可爲堯舜，乃中道而傷太平之業。余以爲：在位者宜自反也。

夫中使之在郡國，各自有耳目，彼見夫引綱維、任大節者，未必無可議也。有司之貪漁者，又比比也，將謂：「我實取之，以潤朝廷；爾皆取之，以充囊橐。」而乃云：「害天下者，獨中使乎？」中使幾人哉？其言未必不　上聞，亦未必不信，于是　上有輕臣下之心，故諫不入，其去就不足爲意，官之有無不足爲軒輊。若爲大吏者，人人自滌濯盡職，以簡其屬，褫蝨賊之綬，則中使自服，　上皆重之。如道甫以　上之聖明，不待諫說，而礦稅之役自罷。蓋樊姬不食鳥獸之肉，而楚王爲之罷田獵，況以滿朝君子，不能悟一　聖主哉！

林下之人不宜言國家事，然見天下如此，未嘗不憂。以道甫之聲名滿天地，而利益斬數州，願在位者與道甫同心，以動　聖上，安此窮民，以弭禍亂，輒以此序道甫之所爲《漕撫小草》者。

# 四　陳懿典〈《撫淮小草》序〉

案：全文刊於〔明〕萬曆四十八年（一六二〇）曹憲來刻本，陳懿典（一五五四～一六三八）撰《吏隱齋集．陳學士先生初集》卷之三，葉三至五，收錄於《四庫禁燬書．集部》，哈佛大學燕京圖書館典藏「吏隱齋」傳世刊本，並有線上數位全書掃描版本，甚便學者參考研究。

海內大勢，以江、河爲界限，故稱江南、江北，河南、河北。而淮又介于江、河之中，淮、揚四郡以及徐、滁諸州，雖隸于南服，而實稱江北。其形勢襟帶江、海，綰轂黃、淮，古來號爲重地，以其控制南北，爲天下樞也。我　明受命，　高皇帝肇基于此。迨後　兩都竝建，而鳳陽尤號爲　中都，設留守，豈徒以湯沐故？夫亦謂　祖陵爲國家根本，漕渠關　京師咽喉。淮、徐安，則南北之勢合，即四方有變，可恃以無恐；淮、徐動，則南北之勢隔，即海內晏如，不能以無憂。故撫淮必用重臣，而軍府尤以鳳陽爲號，意居然可覩矣。

邇歲以倭警，析漕于撫，既又因漕梗，仍合撫于漕。其耑撫也，重在扞南北之衝；其合漕撫也，重在通南北之絡。要之，合者爲長計，爲舊制也。脩吾李公之秉鉞于茲也，始單開府，已總漕撫，稱督府。于時，淮、徐之間，脊脊多故，因備倭而增兵餉，動以數萬計；河患幾更，治河而役夫，動以數十萬計。中貴人出筦利權，千里之內，眞州、維揚、彭城，相望棊置，三稅監之下，虎冠而噬人者各十百餘人。加以歲之不時，人人皇皇，仰屋而歎，草澤因而生心，大盜累起，每以榷採爲辭。公念茲土爲天下動靜之首，茲土之民情爲四方安危之倡，身任封疆，而不以利害得失之故、窮愁怨歎之情，爲　聖主痛言之，非所以達民隱也。苟言之而不中實，與可言而不可行；或有所隱伏避忌，而不盡吐，與夫徒責望于　朝廷，而不拯救于疆埸，有一于此，非所以明不欺也。故凡有所見必言，凡有所言必覈，眞吐露而無不盡。其辭危，而皆實語；其氣直，而皆朴誠。陳憂亂之言，即畫消亂之策；畫消亂之筴，即行救亂之事。　上于公言，雖或俞或格，而　神聖度越尋常，能不于公久益相信哉！

惟　上信公之深，不拘局于形迹，故許公乞身而委任之，　天語獨切，條奏之　俞旨獨多。如彭城諸無賴，中外撼之不動，爭之不得，而獨以公言伏其辜，惟公感上之信，不引嫌于去留，故求代之章時有，而任事之精神益自發舒。蓋上下之所交相重者，誠獨注于南北交會之間也。

公奏草積而成帙，皆關天下大計，其云「小草」，公自道云爾。余觀公之材力勳名，其與韓魏公之鎮陝、張方平之定蜀，可以並稱。然魏公之功畧，而世或短其不能文章；方平之鎮重擔荷，而〈諫用兵〉一疏，猶假手于子瞻，猶未及公之見事風生，若是其淋漓而雄快也。

古人事業，半載奏疏，有如公者，乃可與古人並傳；不然，即摛藻如春華，曾何益于殿最矣？

# 五　葉向高〈中丞李公《撫淮疏草》序〉

案：全文刊於〔明〕葉向高（一五五九～一六二七）撰《蒼霞草》卷之六，葉五十一至五十三，萬曆刻本，收錄於《四庫禁燬書．集部》，臺北「國立故宮博物院」典藏《蒼霞草》善本與哈佛大學燕京圖書館典藏《鐫蒼霞草》傳世刊本，並有線上數位全書掃描版本，甚便學者參考研究。不過，《欽定四庫全書》收錄明末清初藏書家黃虞稷（一六二九～一六九一）《千頃堂書目》卷三十，葉二十三，載錄「李三才《漕撫小草》（一作《奏章》十七卷）」；而〔清〕萬斯同（一六三八～一七〇二）所編《明史》中，清抄本《續修四庫全書．史部．別史類》卷一三五，則載錄「李三才《漕撫小草》十五卷（一作《奏草》十七卷）」。

諫之途多端，其大指不過曰「婉」，曰「直」。世之言曰：「寬主宜直，嚴主宜婉；主俞宜直，主咈宜婉。」是殆不盡然也。夫主嚴也，而爲婉言，將以爲怯而不盡，無所惕于衷矣；

主咈也，而爲婉言，將以爲順而寡違，不深惟其故矣。夫事嚴主，而當咈逆，此非直言不可也。嚴主負過人之姿，而具絕世之識，其于事，雖有得、有失，然是、非之致，固自明也。其于人，言雖有納、有吐，然忠、佞之概，固自辨也。

吾言直，則必以爲不欺，以爲無隱。執于心者，可以理奪；逆于耳者，可以誠動矣。昔之稱戇直者，無如汲黯，黯所事何如主？乃多欲仁義之言，雖恠（怪）其妄發，而社稷臣之許，千古嘆息。爲臣主之殊，知黯非直言，何以有此？　今上神聖在宥，太平之業已三十餘年，間以鑿山榷貨，使中貴人得借而行其私，而釀海內之釁。中外臣工爭之不得，則相與計，謂宜從容委婉，俟　上之自悟。而中丞李公道父獨憤發力爭，其爲疏無慮十數上，每上無慮百千言，皆披心抉膽，指事開陳，無所避忌，如怨、如慕，如泣、如訴，讀之者，至于神悸魂搖，舌矯不下；而聽之者，凜乎見天下勢，若抱火厝薪，不能一日安也。

其所轄境內二三中貴人，與中貴人之爪牙百千輩，欲有所吞噬，公一切裁以法，無所假貸。諸訹公而不敢肆，因而爲謠諑，與陽嚴憚公，而陰欲中傷者，其設謀不知凡幾，度其勢皆且　上聞。而　上于公之言，時俞、時咈，終不以爲罪；于讒者之言，若有、若無，終不以介意。間嘗一聽公去，主爵者以代請，則又不聽。其聽公去，若以折敢言之心，而明主威之重；其不聽公代，又若以昭犯顏之忠，而伸吾直臣之氣。操縱伸縮，莫得其端。天下人始意　上之不釋然于公，遂以公之言，謂有餘于直，而不足于婉。久之，而知　上之倚公，終異于羣臣，又知公之所以自結于　上，致其徘徊眷戀，欲舍而不能舍者，乃其侃侃之論，諤諤之談，有以深中其心，而大發其神明之見也。

今宇內璫毒甚熾，如在湯火中，而環維揚數千里，閭里晏然，無虎冠之暴，非公在事，何以能爾？然則，公之言雖不盡見施行，而其所施行者已不少矣。公又屢上疏乞代，眞誠懇切，若不可一日留。　上，嚴主也，亦明主也。嚴主欲臣之奉公，而明主欲臣之難進。盖（蓋）錢若水有言：「吾輩不能輕視官爵，以感動上心，致爲所薄。」公之欲去而不得去，雖不得去而必欲去，固宜　上之重公，嘔喻容受其直言，而不爲忤也。

始，公爲曹郎，嘗以抗疏有所論救，左遷去。自躓而起，氣益振，而其爲直，益甚大，非世之感發意氣，一敗而輒餒者所敢望。語云：「薑桂因地而生，不因地而辛。」公之敢諫盡言，孤立行一意，盖因時而顯，夫豈因時而直哉？令公而委婉遷就，姑言而姑待之，如史所云「開陳其端，以俟人主之自擇」者，公不能矣。黯不能爲弘，猶弘不能爲黯，此可以觀公。

公在維揚，所條畫甚多，如發徐、碭之奸，瀹河、淮之塞，計轉、漕之宜，弭許、潁（穎）之亂，皆具在疏中，余不具論，而第論公之所爲，披鱗觸忌于　上前者，如此以見公之所難在此，而不在彼也。嗚呼！千秋而下，有稱三代之遺直，任社稷臣者，其在公矣！其在公矣！

# 六　李三才〈《漕撫摘草》自敘〉

案：〔明〕李三才撰《漕撫摘草》刻本二十卷六冊，北京：中國國家圖書館南區善本閱覽室典藏（ID號：008362272，索書號：19693），唯出版者與出版地均不詳。從其自序文「萬曆戊申」落款時間，可知爲萬曆三十六年（一六〇八）後刊印，李三才時年已五十七歲，對照《撫淮小草·自敘》署於「萬曆庚子夏五月」，爲萬曆二十八年（一六〇〇），李三才時四十九歲，可知《漕撫摘草》爲八年後所摘錄；《漕撫摘草》卷前三篇序文，感謝北京中國人民大學中國文學系碩士生謝久勝學棣協助取得原刊書影，特標點釋文於下，提供參考；至於《漕撫摘草》正文全帙，猶俟來日親往借閱，再核對二書內容繁簡異同。

李三才曰：余自庚子之秋，嘗有《撫淮小草》之刻矣。及承乏總漕，乃仍兼撫，又易之曰《漕撫小草》矣。今摘之者云何，蓋余自己亥受事，自分粗淺，宜無當於中外，半年期月，必且罷歸，因將一應疏奏、簿書，付之剞劂，以待後之賢者，于以附古人舊政，必告之義云。豈謂遭逢　仁聖，明見萬里，雖果罷之，旋復收之，荏苒時日，遂踰十年。所刻疏奏、簿書，集至三十餘卷，何纍纍也？

於是，遂有三難焉：卷目雜沓，檢刷之難；道路脩阻，懷遺之難；篇章汗漫，縱觀之難。豈惟覽者苦之，固自苦之矣。乃交遊之相索者，日無虛也。同志諸君，不得已商爲摘之。凡係漕撫舊章，仍全錄之，以存衙門典故；其不係漕撫舊章，盡摘出之，以便交遊觀覽，此《小草》之由摘乎！此《摘草》之由名乎！庶孤臣之危深，一披即見；時事之艱虞，撫卷可想矣。

然非　聖明在御，衆正盈朝，何敢望此哉？何敢望此哉？深危之，亦深幸之也。戊申冬吉，自序。

# 七 薛近兗〈《漕撫摘草》敘〉

案：〔明〕薛近兗（一五六九～一六二一），字信余，號又損，南直隸常州府武進縣人，戲曲作家。萬曆十九年（一五九一）辛卯科應天府舉人，二十三年（一五九五）乙未科進士，歷官崇德縣知縣、漕運推官、刑部主事、兵部員外郎、浙江參政。四十四年（一六一六）升本省按察使，四十六年（一六一八）升右布政使，四十七年（一六一九）爲雲南左布政。天啓元年（一六二一）卒。著有《繡襦記》四卷。

盖（蓋）聞大臣以道事君，則又聞上臣以人事君。夫惟以人事君者，而後能以道事君，上臣、大臣合而爲一大臣也。以論今日，則孰有如中丞李公者乎？公束髮登朝，當癸未歲，爲戶曹郎，盖久得蚤暮遷時。

南樂魏公上書落職，公遂憤發抗言，左遷東昌。李以去，直聲震天下矣。未幾，遷儀部、遷藩臬；再起，再告，已遷納言、遷廷尉，駸歷復幾二十年。而始奉　名撫淮揚，適中使四出，揚以鹺、廬以礦、徐以稅、眞州以稅，彼其憑城依社，而又挾無賴之武弁、逋逃之惡少，如虎傅翼，眈眈擇人。公危言極論，坐剪其爪牙，而徐制其死命。俄而，逮者逮、斃者斃，留者俛首帖耳，奉公要束惟謹。他如理河河效，理漕漕效，潢池之兵不得弄；而耰鋤鈐棘，長爲農夫。氣薄雲霓，才凌日月，其大者乃在否、泰之關，君子、小人、內、外之際，痛斥匪人，力扶善類，以以（衍一「以」字）人事君之心，始終以道事君之誼，惟其有之，是以似之。公眞上臣，眞大臣也。

嗟乎！今之所謂大臣者，何如也？　明主豈嘗有意於礦，而大臣導之。　明主豈嘗有意於稅，而大臣導之。椎吸　祖宗數百年以來，休養之元元，蕩搖　祖宗數百年以來，岡陵之血脈。民萌蘊憤於內，夷虜伺隙於外，所不至隍決而瀰潰者，幸有清議之一綫，以維世道，而植人心。　明主自愛社稷，寧不亦加意賢士大夫，蘄與天下更始，惟是便於　明主者，必不便於權人，顯挑　明主以厭棄之倪，而陰激　明主，以消磨之術，勢且馴至黃河、白馬之禍，并國祚隨之而後已。此固孔子所謂「不可與事君」者也。

何名大臣？蓋兗侍公久，每見公搤擥談天下事，髮豎眥裂，其於賢人君子，眞如〈泰誓〉所稱「若已有之，不啻口出」者，亶乎！其爲子孫黎民之利，公眞上臣，眞大臣也。

嗚呼！寇公望重，何以不在中書？一撫淮揚十年，不歸禁闥。說者謂淮、揚，南、北之襟喉；河、漕，千古利源，天下大命，而又鳳、泗之間，　陵寢在焉。且也豐、沛、蕭、碭之區，古英雄發蹟之地，其土風囂悍，旦旦有揭竿斬木之謀。 明主以爲非公不可。嗚呼！得無乃 明主以爲北門之鎖鑰，而彼人因以爲淮南之臥治乎？雖然，公身在外，而封事日上， 明主即任公於外，而封事時下，不惟寢跋扈之謀，兼亦落權奸之膽，彼人忌憚公，以爲何可使在 朝廷？ 明主倚任公，或亦以爲何必在 朝廷也。彼人以爲顛倒之善用，而明主亦以爲駕馭之微權， 明主豈不知公、信公？而公亦何必即在朝廷之上哉？

公疏無慮數百，名之曰「小草」，頃刪其循故事者，而名之曰「摘草」，公以爲卷帙汗漫，覽者未易竟乎哉？顧人臣而極身無二慮，盡公不還私，即一言半辭，天下爭先誦覩，公即欲行其摘者，而天下且望其全者，公終不能摘也。兗以爲不必摘也。

萬曆戊申秋九月吉，漕運理刑刑部主事，薛近兗頓首拜譔。

# 八　趙參魯〈《漕撫小草》敘〉

案：〔明〕趙參魯（一五三七～一六〇九），字宗傳，號心堂，浙江鄞縣（今寧波）人，進士出身。歷任户科給事中、高安典史、饒州府推官、福建提學僉事、南京光祿寺少卿、太僕寺少卿、通政司右通政與左通政，南京太常寺卿、大理寺卿，以至刑部、兵部、吏部侍郎，加太子少保、太保，謚端簡。

余以職事入　朝，往返大江以北，竊聞載道口碑，靡不津津頌李中丞之烈。若震風凌雨，而大廈之爲帡幪；若巨浪驚濤，而舟師之爲把握也，則異其何以得民若是？及讀《漕撫小草》，而知中丞之所爲重地生靈計者具矣，民烏得而無頌？

《草》凡百十餘章，不暇枚舉。其所危言極諫，莫如礦稅，余觀天下之言礦稅，懇悃無慮千牘，然率哆口事外，而鮮或以身任之；即以身任而未有當豺虎、搆鬼蜮，如中丞所遭者。彼其上竊威福，下布爪牙，晝夜思以攫人血肉，盜人精魂。中丞明與之持，而時爲剪劃，欽欽對陣，毒螫罔計，卒俟其內潰外訌，醞釀數年，而決之一旦，以衽席水火之民，此其烈最顯。以禍既稔，而收之遲也。其所滔圖力竭，莫如妖黨。夫首妖古元，素與播通，起東浙，樹黨淮、徐間，將扼運道、截糧艘爲亂，意在據中原，以牽制大征。此機稍失，不特羽翼播酋，而咽喉受困、南北中斷，爲患何可勝道？乃密防守、廣追捕，先擒其黨，竟縛其魁，而滔天燎原之勢，以捧土杯水息之。論功當不在平播下，此其烈似隱而最鉅，以禍（禍）未熾，而收之早也。

若夫銷萌於許、潁之嘯聚，拯危於蕭、碭之沉淪，皆於時艱喫緊，而簡精銳，以佐蜀師；馳援兵，以赴楚變，不以境外岐（歧）觀，且時而攝漕督，全運於涸流；又時而行河，酌開塞於新議，左畫方而右畫圓，既以游刃八面，前無瞻，而後無顧，業且幻視一身，雖乍蒙　賜罷，而志節益彰，即候代久稽，而精勤匪懈，　上常以不測示駕馭，而公但以不貳，竭謀猷，試以《小草》陳說，質諸堂皇，措施昭然不虛設，可指而覩也。

嗟乎！輓近士節不立，敢言之臣固難，而士聲多虛，敢任之臣尤難。至敢任於難任之時，則又難之難者，而中丞盖（蓋）兼之矣。世之淺乎窺中丞者，謂中丞始爲郎署，輒奮筆言事，祇慷慨喜言耳。而不知其深心自盟，不愧衾影；當其遇事，憤激髮衝，皆裂告天，起《草》避人以焚，惟求以發舒肝膽，匡濟艱難。其於身之利害、死生，舉所弗恤，何有於其《草》之存且傳也？盖身在事中，不得已而有言；事以言紀，亦不得已而有刻。若將曰：「是刻也，以徵時則變故詳，以捄（救）民則方略備，爲　國家鑒往詔來，眞使人讀之而可流涕，按之而見苦心也。倘徒偉其諤諤盡言，而不察其蹇蹇盡瘁，非中丞指矣。

太子少保、資德大夫、正治上卿、南京刑部尚書，趙參魯頓首譔。

# 九　于慎行〈李中丞《撫淮奏草》敘〉

案：全文刊於〔明〕于慎行（一五四五～一六〇八）撰《穀城山館文集》卷之十二，葉十二至十六，萬曆間于慎行嗣子于緯（一五七七～一六二五）刻本，收錄於《四庫存目．集部．別集類》。于慎行及其嗣子于緯，俱有史傳述其生平事略，茲不贅述。以下增補三敘，感謝本系碩士班指導學生、學習型兼任研究助理林士翔學棣協助蒐集打字，教學相長，師生觀善，學以時進，謹致謝忱。

夫主之於臣，有抱獨知之符，而示不測之御者，此其人有不得不重也。語曰：「知臣莫若君。」此所謂「知」者，「獨知」也。獨知而不以人，則信之不貳，不貳而後不測。嘗有概于季布之言：「陛下以一人之譽而召臣，以一人之毀而去臣，心誠知之，何有於譽毀？此所繇窺淺深矣」。夫惟明聖之主，得忠鯁之臣而任之，羣而譽之，至於國人之公而不加親；羣而毀之，至於左右之私而不加疎，此所謂「獨知」也。知而欲遂親之，而又若有所憚；憚而欲遂疎之，而又若有所倚。且憚且倚而不可親疏，則其人不得不重，而又不欲以重之情示，然後不測之權寓焉。夫誠有不可親疏之臣，而國亦重矣。

吾友李中丞道父，貞姿亮節，束髮登朝，平生慷慨扶義，言論風旨，凜凜以名節自持。所交遊海内英流，用意氣相矜許，見宵人媚士，白眼酸鼻，若將浼焉。自爲郎署，以上書陳言有所觸忤，斥補外吏，邅延且二十年，卒被特簡，以御史中丞監撫淮陽四郡。已而，爲稅使所搆，屢疏乞身，　上第爲一許而不聽也。主爵爲請更，則不報；請兼漕，則報臺諫；部使請留，則又不報；請行河，則又報依然節制七部，分東南之半壁，而委成焉。

自己亥至今，且五易歲，所擘畫指陳，無慮百十餘疏。其職事大者，於撫，則率作羣吏，與之共憂元元，而澹滌其災；於漕，則瀹淮渠之塞，轉百萬之舳艫，而致之天府；於河，則窮源疏委，别白所宜塞與通之故，以授豫、兖。而其最要而偉者，則止廬江之餕，以保　二陵之地脉，發徐、碭、潁、亳之盜，以翦揭竿之萌。而其最艱危險阻，出萬死一生之計，則禁稅使之虐，而與之搆難。彼其張彌天之罦，漁獵徐、淮之野，鞭貙虎而驂猰貐，磨牙吮血，甘人肉而啖舑之烈，已迺矢不與共生，危言苦辭，極陳禍福興亡之故，冀　天聽之一回，而陰以其間，假便宜禽制，以漸消其爪距。吳、楚、江、淮之民，仗中丞之彈壓，幸有寧居，而憑社負隅之徒，夤緣釜鬵，所以媒蘖齮齕，窮萬道而無餘。

上獨察其繇，而不爲動也。於中丞之言，示不欲受，而卒不忘；於其身，示不欲用，而卒不舍；於所彈擊根柢，示不欲盡法，而卒潛消默遏，稍除其十二三，天下遂以顛倒鼓舞，頌不測之恩威。而不知　上之於中丞，乃若有所甚倚，而不肯遽親；又若有所甚憚，而不肯中踈者，辟得千金之藥，既畏其苦口，又冀其蠲痾，既嚬眉而卻之，又裂吻而啐之爾。夫人主之情，無論勤逸，疇不欲國之輯寧，亦疇不欲志之順適，今忍其情之所不堪，制其欲之所必遂，以饗貞臣之利於國無已，而姑爲不測焉，　明主之爲社稷亦勞矣。臣而見知若是，亦何必三錫九遷，乃稱遇合乎？

往，余從道路傳言，得中丞保障江、淮之狀，固已動顏而喜。及今，讀其奏疏，句風霜而言金石，直欲爲蒼生哭者，毛髮悚慄，三擊節而服焉。而中丞以書來，言時事棘矣。一介孤臣，仰已無親，俯幸有子，不以身負吾師，必報　國恩，有死無二。嗟乎！中丞之簡在　聖心，有以也，孰不爲臣而言，何獨痛與？嗟夫！中丞於君臣之際，奇矣。

緊！君之知臣欲密，而臣之受知欲顯，顧誠何如？信則爲不測，疑則爲不斷；不測出于不貳，不斷成於貳。夫不測與不斷之形，非相遠也，則奈何抱獨知，而不貨信乎？武帝知汲黯爲社稷臣，而棄居淮陽，不得與朝廷議，乃曰：「徒得君之重，卧而治之爾。」夫淮陽重，則何如社稷重哉？　上蓋曰：「吾且召君矣。」

# 十　于若瀛〈《漕撫疏序》跋〉

案：全文刊於〔明〕于若瀛（一五五二～一六一〇）撰《弗告堂集》卷之二十五，葉二十二至二十三，萬曆間刻本，臺北「國立故宮博物院」與哈佛大學燕京圖書館典藏傳世刊本，並有線上數位全書掃描版本，甚便學者參考研究。

不佞自癸未通仕籍，即欣慕關西李道父與江右鄒爾瞻，蓋不啻慶雲景星云。兩公官南曹時，不佞已將母歸養，不及見。比自中州臬僉入爲南璽卿，則道父亦爲南右納言，日日上下今古，如石投水。而爾瞻以北部尚書郎先期請　歸矣，竟未一交臂屬者。

道父總漕淮上，聲稱震海內，刻其疏若干首，一時序者如林，方愧無能一言附疏簡，而程將軍自江右來，出爾瞻序索書，遂書之。夫不及序，爲之書序，不及見爾瞻，代爾瞻書，甚愉快。至于道父、爾瞻之文章、功業、氣節，與將軍之任俠，則海內士紳爭艷說之，不佞不復置喙。

# 十一　鮑應鼇〈《漕撫疏草》序（代）〉

案：全文刊於〔明〕鮑應鼇（？～一六二二）撰《瑞芝山房集》卷之一，葉十七至二十，崇禎間刻本，收錄於《四庫禁毀書．集部》。

今天下所稱督撫重臣，則莫不嘖嘖關西李公矣。自其《疏草》行，而海內誦者聲相譯也。余奉　命按江南，既親覩聞公前後治行之異，又得公《疏草》，讀而有慨焉，曰：「李公駿豎訏謨，鴻名章智，夫人莫不豔言之，以爲度外之事，非常所操，非其才足動勸，氣足彈壓，常人必至於皇惑、震掉、失措，而惟公乃慷慨提挈而有餘，以是爲　國家重臣固然。」而余竊以爲人臣事主，非必無它異能，惟是赤忠一心，獨有淋漓痛切，發于不容已，而結於不可解者，故言之而諤諤，樹之而轟轟，皆此心之爲也。今夫督撫大臣居右，食嘉於疆場之上，稱最尊重。然人臣受疆事，功令在前，繩察在後，業以身競競束三尺，而況公所履地，爲兩都要脊，爲　陵寢肩背，爲漕艘咽喉，地莫重焉，務莫叢且鉅焉。且是時，中使交訌，天下所稱首悍如陳閹者，踞境內，其黨千百棊布，來如風雨，飛而視肉，擇而食之，江南、江北幾釀大亂。公奮不顧身，蘄盡殲此，而後朝食，有觸必碎，有犯必誅。於是，數千里內，懾公威名，羣黨戢不敢肆，此亦足以發明公之聲實。而公之心，固不在一己聲實也，所以懇罷中貴人，爲天下蒼赤請命者，皂囊封事疾首痛心，歲屢上而不止。久之，　上意不能無咈。忽聽公辭，然竟不與公代也。公上十章乞身於　天子而不可得，而又必不以乞身之故，少怠其輯寧綏靖之心。猶是，盡瘁犯難者，無日不然。竟用乘間，縛大璫之黨，以制其死命，而國家之重地旋安，天下之稅璫，亦遂聞風稍戢。

於戲！公之功偉矣，公之事奇矣。夫臺諫昌言疆場，茂伐官家之度也。晉用龍躍，退隱鴻冥，貞諒之軌也，公詎不熟於此？顧自視此心之公忠不貳，眞有憂國如饑渴，視天下之元元肝腦，塗於中涓手也。眞如寒熱在身之必救，鏌鋣傅體之必搏，以爲此乾坤何等時耶？而猶拘拘於內外用舍之間，規規效尺寸繩約之用，則環視糜爛之民，誰與解脫？故當時中人之所毒螫，其焰不可嚮邇，而公力與之角，不知其他。正如商丘開之蹈火，曰：「奚物而謂石？奚物而謂火？」破除格調，迅掃故常，不憚以疎逖之身，危論苦辭，顯與天子之左右摩切，而不顧失官三載。直以身任江南北之重，視漕兼河，勤勤懇懇，於職業之間，而斷不敢以秦越人視之。蓋一腔忠赤誠之無貳心，它人見謂可已，而公不已；它人見謂可解，而公不解。以是，精誠所積，前後感動　人主，雖若有所格，而實無所忤；雖似怒其戇，而實全藉其力；雖暫奪其秩，而竟顯用其身。如先疏止廬江之礦，以保　二陵則報；既疏發稅監之奸，以振法紀則報；後疏議稅務之併，以杜殘暴則報。公所危論苦辭於礦稅者，　上已十用其四五，而他如視漕，則轉百萬之舳艫；視撫，則振羣吏之窳惰。畫便宜，晰利害，條因革，秩秩章章，恢恢燿燿者。其於漕撫諸疏，　上又未嘗不報而見之施行者，未嘗不十用其八九也。卒以樹大濟艱，潛消逆折徐、潁、蕭、碭之亂萌，而撐柱東南半壁。譬如，蛟龍在淵，而雷雨以興；虎豹在山，而藜藿不採。非公之忠赤心，淋漓痛切，眞有不容已與不可解者，能致此乎？語曰：「微病恆醫皆巧，篤劇扁鵲乃良。」以公所歷危險，若是斡旋擘畫，動出意表，而不爲後事方案，何以使望國表者，昭然知路？則《疏草》之行，固有不可已者歟？

雖然，能御驥騄者，必良造也；能用豪傑者，必英主也。公以非常用世，　上以不測用公，臣主相知，誠足千載。而要之，惟有是心，縮結于其間。《詩》曰：「樂只君子，殿天子之邦乂。」曰：「樂只君子，天子葵之。」蓋惟爲天子殿邦，而後葵于天子。故人但知公之才氣非常，以爲能作度外事；而不知公之忠赤一心，有發于不容已，而結于不可解者如此。所以，贏縮變化，卒能當　上意，而來不測之用，其本固在此，不在彼也。

女人

取材《京小歌劇》十三幕

# 參考文獻

## 一　李三才傳世與相關著作

〔明〕李三才撰：《撫淮小草》，刻本十五卷二函十六冊，日本東京：東京大學總合圖書館典藏。

〔明〕李三才撰：《漕撫摘草》，刻本二十卷六冊，北京：中國國家圖書館南區善本閱覽室典藏。

〔明〕李三才撰并書：〈李三才詩〉，明刻墨拓本，臺北：國家圖書館典藏。

〔明〕李三才編：《李何二先生詩》，四十八卷，北京：中國國家圖書館善本特藏部，〔明〕萬曆三十年（一六〇二）刻本。

〔明〕李三才輯校：《李何二先生詩集》，線裝四十八卷、十六冊、三函，北京：北京大學圖書館典藏，〔明〕萬曆三十年（一六〇二）刻本。

〔明〕李三才撰：《李修吾集》，〔明〕陳子龍等編：《皇明經世文編》第二十六冊，臺北：國聯圖書出版公司，一九六四年據〔明〕崇禎間平露堂刊本影印。

## 二　李三才研究論著（依出版時間先後爲序）

〔日〕小野和子：〈東林黨考（一）——淮撫李三才をめぐって〉，《東方學報》第五十二冊，一九八〇年三月，頁五六三～五九四。

林麗月：〈李三才與東林黨〉，臺北：《臺灣師大歷史學報》第九期，一九八一年五月，頁九十五～一一〇。

周忠泉：〈李三才與東林黨新論〉，《史苑》第五十一期，一九九〇年十二月，頁三十一～六十。

小野和子：《明季黨社考——東林黨と復社》，收入《東洋史研究叢刊》之五十，京都：同朋舍，一九九六年二月。

蔡瑞霞：〈論淮撫李三才〉，《溫州師範學院學報》（哲學社會科學版）第二十卷第四期，一九九九年八月，頁二十八～三十二。

殷勇：〈《明史·李三才傳》勘誤三則〉，中國：《陝西史志》二〇〇四年十月，頁五十四～五十五。

邱雯惠：〈晚明李三才行止考論〉，臺北：《臺灣師大歷史學報》第三十四期，二〇〇五年十二月，頁五十九～九十六。
邱雯惠：《晚明的輿論——李三才個案的研究（一五九三～一六二三）》，桃園：國立中央大學歷史研究所碩士學位論文，吳振漢教授指導，二〇〇五年一月，頁一～一七九。
趙承中：〈《石匱書．逆黨列傳》「李三才」辨正〉，中國：《文獻》，二〇一〇年一月，頁一七五～一七七。
賴貴三：〈明儒李三才及其《撫淮小草》考略〉，《國語日報．書和人》，臺北：國語日報社，二〇一五年八月。
賴貴三：〈明儒李三才及其傳世文獻考查紀要〉，《澳門文獻信息學刊》二〇一六年第二期（總第十七期），二〇一六年八月，頁一～十四。
廖筱慧：《明儒李三才《撫淮小草》研究》，臺北：國立臺灣師範大學國文學系碩士學位論文，賴貴三教授指導，二〇一八年，頁一～二〇一。

## 三　古籍（依作者時代先後爲序）

《二十四史》縮印本，北京：中華書局，一九九七年十一月。
《子書二十八種》，臺北：廣文書局，一九七九年五月初版。
《新編諸子集成》，北京：中華書局，二〇一七年。
〔戰國〕荀況著，〔唐〕楊倞注，〔清〕盧文弨、謝墉校：《荀子》，北京：中華書局，一九八五年。
〔西漢〕韓嬰：《韓詩外傳》，臺北：臺灣商務印書館，一九六五年。
〔西漢〕司馬遷，楊家駱主編：《新校本史記三家注并附編二種》，臺北：鼎文書局，一九八七年。
〔東漢〕班固撰，〔唐〕顏師古注，楊家駱主編：《新校本漢書并附編二種》，臺北：鼎文書局，一九八六年。
〔東漢〕許愼撰，〔清〕段玉裁注：《說文解字注》，臺北：漢京文化事業有限公司，一九八五年。
〔三國・魏〕王肅注：《孔子家語》，臺北：臺灣中華書局，一九八一年。

〔西晉〕陳壽撰，劉琳譯注：《三國志》，臺北：錦繡出版社，一九九二年。
〔南朝．梁〕蕭統編，〔唐〕李善注：《昭明文選》，臺北：文津出版社，一九八七年。
〔唐〕李淳風、袁天罡合著：《推背圖》，臺北：中央研究院歷史語言研究所「傅斯年圖書館」典藏，全彩二冊。
〔唐〕張守節：《史記正義》，臺北：臺灣商務印書館，一九八三年。
〔唐〕李延壽：《新校本南史》（附索引），臺北：鼎文書局，一九八五年。
〔元〕脫脫：《宋史》，臺北：臺灣中華書局，一九八一年。
〔明〕王世貞：《弇山堂別集》，臺北：臺灣學生書局，一九六五年。
〔明〕沈鯉：《亦玉堂稿》，收入《景印文淵閣四庫全書．集部．別集類1288》，臺北：臺灣商務印書館，一九八三～一九八六年。
〔明〕顧憲成：《涇皋藏稿》，收入《四庫全書．集部．別集類．25》，臺北：臺灣商務印書館，一九八三～一九八六年。
〔明〕湯顯祖：《玉茗堂全集》，收入《續修四庫全書．集部．別集類》，天啓（一六〇五～一六二七）刻本，上海：上海古籍出版社，二〇〇二年。
〔明〕趙南星：《趙忠毅公詩文集》，美國麻薩諸塞劍橋市：哈佛大學燕京圖書館典藏，崇禎十一年（一六三八）范景文等刻本。

〔明〕陳懿典：《吏隱齋集．陳學士先生初集》，收錄於《四庫禁毀書．集部》，哈佛大學燕京圖書館典藏萬曆四十八年（一六二〇）曹憲來刻「吏隱齋」傳世刊本。
〔明〕葉向高：《蒼霞草》（《鐫蒼霞草》），收錄於《四庫禁毀書．集部》，臺北「國立故宮博物院」、哈佛大學燕京圖書館典藏萬曆刊刻善本。
〔明〕于慎行：《穀城山館文集》，收錄於《四庫存目．集部．別集類》，萬曆間于慎行嗣子于緯（一五七七～一六二五）刻本。
〔明〕于若瀛：《弗告堂集》，臺北「國立故宮博物院」與哈佛大學燕京圖書館典藏傳世刊本，萬曆間刻本。
〔明〕鮑應鰲：《瑞芝山房集》，收錄於《四庫禁毀書．集部》，崇禎間刻本。
〔明〕顧起元：《客座贅語》，北京：中華書局，一九八七年四月。
〔明〕郭光復撰、郭師古校正：《倭情考略》，臺北：藝文印書館，一九七二年。
〔明〕毛紀：《密勿稿》，上海：上海古籍出版社，二〇〇二年。
〔清〕錢謙益：《列朝詩集小傳》，上海：上海古籍出版社，二〇〇八年四月。
〔清〕黃虞稷：《千頃堂書目》，收入《欽定四庫全書》，臺北：臺灣商務印書館，一九八三～一九八六年。
〔清〕萬斯同編：《明史》，《續修四庫全書．史部．別史類》，清抄本，上海：上海古籍出版社，二〇〇二年。
〔清〕張廷玉編，楊家駱新校：《明史》，臺北：鼎文書局，一九七八年。
〔清〕阮元審定校勘：《重栞宋本十三經注疏附校勘記》，臺北：藝文印書館，一九九七年。
〔清〕趙翼：《二十二史箚記》，臺北：世界書局，一九六二年三月。

## 四　今著（依作者姓氏筆畫爲序）

〔日〕小野和子著，李慶、張榮湄譯：《明季黨社考》，上海：上海古籍出版社，二〇〇六年一月。
毛佩琦：《中國明代政治史》，北京：人民出版社，一九九四年。
方志遠：《明代國家權力結構及運行機制》，北京：科學出版社，二〇〇八年。
文史哲出版社編輯部：《明清進士題名碑錄索引》，臺北：文史哲出版社，一九八二年。
王天有：《晚明東林黨議》，上海：上海古籍出版社，一九九一年。
王春渝、杜婉言：《明代宦官與經濟史料初探》，北京：社會科學出版社，一九八六年。
王春渝、杜婉言：《明代宦官》，北京：紫禁城出版社，一九八九年。
史傳遠等：《臨潼縣志》，《中國方志叢書》第五四二號，臺北：成文出版社，一九七六年。

杜乃濟：《明代內閣制度》，臺北：臺灣商務印書館，一九六九年。
杜婉言：《中國宦官史》，臺北：文津出版社，一九九六年。
何高濟、王遵仲、李申譯，何兆武校：《利瑪竇中國札記》，北京：中華書局，一九八三年三月。
周駿富編：《明人傳記資料叢刊》，臺北：明文書局，一九九一年。
魚宏亮：《知識與救世》，北京：北京大學出版社，二〇〇八年八月。
黃仁宇：《十六世紀明代中國之財政與稅收》，臺北：聯經出版社，二〇〇一年一月。
趙園：《明清之際士大夫研究》，北京：北京大學出版社，一九九九年。
樊樹志：《晚明史》，上海：復旦大學出版社，二〇〇三年十月。
劉志琴：《晚明史論——重新認識末世衰變》，南昌：江西高校出版社，二〇〇四年六月。
劉新風：《明朝權宦》，臺北：雲龍出版社，一九九二年。
鄭克晟：《明代政爭探源》，天津：天津古籍出版社，一九八八年十二月。
衛建林：《明代宦官政治》，石家庄：花山文藝出版社，一九九八年。
謝國楨：《明清之際黨社運動考》，北京：中華書局，一九八二年。上海：上海書店，二〇〇四年一月。
〔法〕魏丕信（Pierre-Étienne Will）監修，田濤主編，岑詠芳、王家茜助編：《法蘭西學院漢學研究所藏漢籍善本書目提要》，北京：中華書局，二〇〇二年第一版。

嚴紹璗編著：《日藏漢籍善本書錄》，北京：中華書局，二〇〇七年三月。

## 五　論文（依作者姓氏筆畫爲序）

王家儉：〈晚明的實學思潮〉，《漢學研究》第七卷第二期，一九八九年十二月，頁二七九～三〇二。

林麗月：《明末東林運動新探》，臺北：國立臺灣師範大學歷史研究所博士論文，一九八四年。

傅榮珂：〈晚明政風與學風之探微〉，《中華文化復興月刊》第二十卷第五期，一九八七年五月，頁三十五～四十四。

潘富堅：《明末黨爭之研究》，臺北：國立政治大學政治研究所碩士論文，一九八四年。

簡毅銘：《明末清初儒者經世致用之道》，臺北：東吳大學中國文學系博士論文，二〇〇九年。

蕭敏如：《東林學派與晚明經世思潮》，臺北：國立臺灣大學中國文學研究所碩士論文，二〇〇三年。

1606002

# 李三才《撫淮小草》校注

校　　注　賴貴三
責任編輯　呂玉姍
特約校對　林秋芬
封面設計　呂玉姍

發 行 人　林慶彰
總 經 理　梁錦興
總 編 輯　張晏瑞
編 輯 所　萬卷樓圖書股份有限公司
臺北市羅斯福路二段 41 號 6 樓之 3
電話　(02)23216565
傳真　(02)23218698

發　　行　萬卷樓圖書股份有限公司
臺北市羅斯福路二段 41 號 6 樓之 3
電話　(02)23216565
傳真　(02)23218698
電郵　SERVICE@WANJUAN.COM.TW
香港經銷　香港聯合書刊物流有限公司
電話　(852)21502100
傳真　(852)23560735

ISBN 978-986-478-844-6
2023 年 8 月初版
定價：新臺幣 1200 元

**如何購買本書：**

1. 劃撥購書，請透過以下郵政劃撥帳號：
   帳號：15624015
   戶名：萬卷樓圖書股份有限公司
2. 轉帳購書，請透過以下帳戶
   合作金庫銀行　古亭分行
   戶名：萬卷樓圖書股份有限公司
   帳號：0877717092596
3. 網路購書，請透過萬卷樓網站
   網址　WWW.WANJUAN.COM.TW

大量購書，請直接聯繫我們，將有專人為您服務。客服：(02)23216565　分機 610



**國家圖書館出版品預行編目資料**

李三才<<撫淮小草>>校注/賴貴三校注. -- 初版. -- 臺北市 : 萬卷樓圖書股份有限公司, 2023.08
面 ;　公分

ISBN 978-986-478-844-6(平裝)
1.CST: 奏議 2.CST: 文書 3.CST: 明代

652.6　112007285